고전소설의 양식과 비판정신

정 학 성

도서출판 월인

머리말

이 책은 그동안 저자가 관심을 두고 연구해 왔던 한국 고전소설의 여러 작품들과 함께 몇 가지 양식 문제에 대한 글들을 모아 엮은 것이다. 여기에는 이런 책으로 엮을 것을 예상하면서 비교적 근래에 쓴 논문도 있지만 이제 새삼 책으로 펴내기도 쑥스러울 정도로 오래 전에 쓴 글도 있다. 또한 학적 기획에 따라 호출되어 쓴 글도 있고 스스로의 문제의식과 관심에 따라 쓴 논문도 있다. 목차를 정리하며 책 제목을 고르다가 작품론의 경우도 나름대로 양식적 전통이나 특질을 염두에 두고 진행한 연구물인지라 '고전소설의 양식'을 제목으로 내거는 만용을 부리기로 했다.

우리 고전소설은 구비문학이나 한문학의 여러 서사 양식에 접맥되며 서술 방식이나 지향, 서사 구조를 달리하는 여러 양식으로 발달해 왔다. 따라서 고전소설의 세계나 소설사의 체계적 이해를 위해서는 창작과 향유의 배경과 함께 구조와 미학을 서로 달리 해 온 다양한 고전소설 양식에 대한 변별적 이해가 필요하다. 이는 고전소설 연구자라면 누구나 마주하게 되는 과제이고 저자 역시 이러한 작업 한 꼭지를 들고 고전소설 연구에 입문하였다. 물론 이 같은 양식에 관한 논의는 개별 작품들에 대한 연구의 축적에 기초하며 이와 병행하는 것이다. 양식론에 작품론을 묶어 놓은 이 책의 편제 및 양식론과 작품론을 겸하기도 한 논문들의 체재는 이런 점에서 이해되기 바란다.

그러나 이 책은 전기(傳奇)와 우언(寓言) · 우화 소설, 몽유록 등 한정된 일부 양식과 작품들을 주로 다루고 있고 소설사 전체를 아우르는 이론적 구도나 내용을 온전히 갖추지 못하고 있다. 또한 검토의 대상이 되고 있는 양식과 작품 일부는 '소설'이라는 양식 범주를 넘나들기도 한다. 하지만 소설적 성격을 함축하고 있는 이러한 양식이나 작품들을 소설사의 영역에 포함시킬 때 다양한 서사 양식들의 합주와 변주 속에 발달해 온 우리의 고전소설사는 온전히 이해될 수 있다는 것이 저자의 기본 시각이다.

고전소설의 '양식'과 함께 '비판정신'이라는 용어를 제목에 나란히 내세운 것은 이러한 시각으로 검토된 소설 양식이나 작품들의 주목할 만한 특질을 좀 더 도드라지게 드러내려 한 것이다. 인간 · 사회의 감추어진 부조리와 결함을 문제 삼으며 그 시정과 극복을 요구하는 비판정신은 기실 소설가의 윤리의식이나 작가정신의 기본을 이루는 것이라 할 수 있다. 기성의 세계 질서나 지배적인 세계관 및 사고방식 · 가치관에 매몰되지 않고 그 한계와 모순, 결함을 삶의 심각한 문제로 제기하는 김시습 · 임제 · 박지원의 작품은 이 같은 비판정신 · 작가정신이 구현된 전형적인 예로서, 우리 소설사에서 뜻 깊고 값진 전통을 이루고 있는 것이다.

이 책의 제1편에서는 한문체 속에 설화문학을 흡수하며 초기 소설로 성립한 전기 양식을 다루면서 『금오신화』와 함께 후대의 한 전기집을 조명하였다. 심미적 성향을 일면 지니면서도 치열한 비판정신의 구현 속에 새로운 윤리를 추구하고 있는 『금오신화』의 작품세계에서 억압적 현실과 맞싸우는 이 양식의 소설미학은 정채를 발휘하고 있다고 본다. 제2편에서 다루고 있는 우언 · 우화 소설의 경우는 지적 · 비판적 성향이 두드러지는 양식이라 할 수 있다. '우언' 및 '우화'는 호환적인 용어라고 할 수도 있겠으나 주로 한문으로 되어 있고 관념적 성향이 강한 작품들을 우언소설이라 이름 붙여, 동물우화에 맥을 대고 사실적 성향이 강한 우화소설과 구분하였다. 제3편에서는 역시 비판정신이 서사의 중요한 계기로 작용하고 있는 몽유록과 함께 풍자적 작품 둘을 다루었다. 소설의 경계를 넘나드는 양식적 특징과 작품 세계를 논의하기 위해서는 '서사'라는 용어를 함께 쓰며 이를 포괄하였다. 또한 우언과 풍자는 비단 서사 양식의 개념으로만 쓰이는 용어가 아니어서 전기와 우언, 우언・우화와 풍자 등은 그 양식적 범주가 서로 겹치기도 하는데 이는 이 책뿐만 아니라 양식론 일반이 지니는 한계일 수도 있겠다. 그리고 특정 작품들은 예컨대 판소리와 같은 또 다른 양식 전통과 연관하여 논의될 수도 있겠는데, 이 책에서도 구체적 작품론에서는 이런 논의를 포함하고 있음을 밝혀둔다.

이 책 중 이른 시기에 쓰인 글들의 주제에 대해서는 이후 학계에서 많은 연구가 진행되어 왔다. 지금 보면 보완되어야 할 부분이 적지 않지만, 글 쓸 당시에 가졌던 문제의식은 나중에 쓴 글들로 이어지기도 하기에, 철지난 글들을 별로 손대지 않고 정리해 실으며 권말에 참고논문 형식으로 서지를 밝혀 놓았다. 부족한 능력으로나마 성실하게 연구에 정진했더라면 이렇게 산만한 책을 꾸려내는 부끄러움을 면할 수 있었으리라는 만시지탄을 금할 수 없다. 그동안 동학제현(同學諸賢)들께 진 학문적 빚을 이 책을 통해 얼마간이라도 갚을 수 있기 바랄 뿐이다.

끝으로 극심한 불황 속에 팔리지 않을 책을 출판해 준 도서출판 월인의 박성복 대표와 원고의 입력과 교정에 수고해 준 후학들에게 감사의 뜻을 표한다.

2015년 봄에

지은이 적음

목차

제1편 전기소설의 세계

1. 전기소설과 『금오신화』

2. 『신독재수택본 전기집』

제2편 우언·우화소설의 세계

1. 우언 서사와 소설

제1편

전기소설의 세계

전기소설(傳奇小說)의 문제

한국과 중국의 문학사에서 소설문학의 길을 개척하며 등장한 전기소설(傳奇小說)은 그 초기적 성격과 한계에도 불구하고 탁월한 예술성을 지녀, 후대의 소설 창작에 큰 영향을 미쳐 왔다. 전기소설의 이러한 문예적 가치는 『금오신화(金鰲新話)』를 중심으로 한 개별 작품론을 통해 누차 언급되어 왔으며, 초기 소설로서 지니는 이들 작품의 구조적 특성은 한국 고소설의 형성 및 발전사와 소설 유형론을 구도하는 데 이론의 기본적 골격을 마련하는 개념으로 거론되어 왔다. 그러나 소설 유형으로서의 전기(傳奇)를 논의하는 경우 논자마다 각기 다른 범주를 설정하고 있어 전기소설의 성격을 파악하는 데 어려움을 주고 있다. 또한 근년에 들어서는 설화와 분수(分殊)되는 전기소설이 『금오신화』에서 시작된 것이 아니라 이미 나말여초(羅末麗初)에 완성된 형태를 이루고 있었다는 의견이 제시되고 있어 전기소설의 문제는 새롭게 검토되지 않으면 안 될 주요한 국면으로 접어들고 있다.

「기이(奇異)를 전술(傳述)한다」는 뜻의 전기(傳奇)는 본시 '지괴(志怪)'와 구분하기 위한 당대(唐代) 소설의 범칭으로서 특정한 역사적 성격을 지닌 장르 명칭으로 보는 것이 옳겠다. 그러나 후대의 아작(亞作)을 통해 전개된 장르의 역사적 변질 및 한국 문학 속에 굴절된 그 특수성으로 인해 전술한 바와 같이 국문학에서는 전기소설의 명칭이 보다 넓고 유동적인 개념으로 쓰여오고 있다. 즉 당(唐)의 전기를 염두에 두되 이러한 '전기'적 요소가 비교적 두드러지는 일군의 한문소설(1) 또는 국한문소설군(2 · 3)을 포괄하여 이를 전기소설로 보려는 견해가 있었는가 하면, 봉건적 성격과 함께 환상적 비현실적 성향을 보여주는 조선의 고소설 전반을 포괄하여, 서구의 romance에 대응되는 개념으로 전기소설의 명의를 설정하려는 견해(4)가 있어 왔다.

그러나 「전기」를 하나의 장르 개념으로 설정하고 이에 대해 논의를 한정할 필요가 있는바, 다음 몇 가지 특성을 전기소설의 장르적 성격 규정에 우선적으로 필요한 조건으로 들 수 있겠다. 첫째, 사대부들의 의도적인 개인창작으로서 전아(典雅) · 미려(美麗)한 문언문(文言文 ; 漢古文)으로 기술된 단편적(短篇的) 형식의 서사체이며, 둘째, 봉건사회 속의 사대부 혹은 귀족계층의 인물을 주인공으로 하여 그를 둘러싸고 있는 사회 · 현실을 반영하고 있되 셋째, 사건 전개에 있어 신이(神異) 즉 비현실적 환상적 요소나 낭만적 성격을 벗어나지 못하고 있다는 것이다. 이상과 같은 특성은 대체로 당의 전기가 구비하고 있는 일반적 성격이기도 하지만, 일반문학적 견지에서 한국 전기소설의 장르규정으로 통용해도 좋을 듯하며, 『금오신화』에 수록된 작품들은 이러한 의미에서 전기소설의 전범이 될 수 있는 작품들이다.

『금오신화』를 발견해서 처음으로 소개한 최남선은 그 「해제(解題)」 속에서 『금오신화』를 『전등신화(剪燈新話)』의 모방이라고 못 박고, 유사한 작품들을 도식을 통하여 열거하였다(23). 이후 두 작품집을 비교하는 연구가 속출하였으나(5 · 6 · 7 · 8), 『금오신화』의 구조가 한 · 중의 설화 및 전기집(傳奇集)의 풍부한 전통과 접맥되어 있다는 사실이 밝혀지면서(9 · 10 · 13) 『금오신화』가 『전등신화』의 모작이라는 견해는 불식되었다. 『금오신화』에 대한 연구는 작가론과 병행해서 이루어지면서 보다 큰 진경을 보였다(11 · 12). 특히, 작가 김시습(金時習)이 당대 집권층에 비판적인 신흥사류(新興士類)로서 유교이념에 기초하여 불교 교리를 파악한 사상가였음을 밝힌 정병욱(鄭炳昱)은 이러한 작가의 이념과 현실생활과의 갈등이 예술적으로 표현된 『금오신화』가 봉건적 질곡에서 해방되려는 인간의 참모습을 보여주고 있음을 이야기하고 있다(12). 이 견해를 이어받아 김시습의 철학사상을 일원론적(一元論的) 주기론(主氣論)으로 파악한 임형택(林熒澤)의 연구(13)는 『금오신화』의 작품세계가 인간성(인간적 요구)과 현세[此岸的 현실]를 중시하는 현실주의적 세계관에 기초하고 있음을 역설하였다. 그리고 이러한 인간적 요구가 사회적 모순이나 인생의 유한성 때문에 좌절되기를 거부하는 비극적 정서가 『금오신화』의 주조를 이루고 있으며, 작품 속에 등장하는 환령(幻靈)이나 초월적 이계(異界)와 같은 비현실적 · 신이적 모티프는 이러한 비극적 정서나 현실 속에서 쉬 실현될 수 없는 사회적 이념을 비유적 · 역설적으로 표현하기 위한 매제(媒材)로서 기능하고 있다는 것을 논증하였다. 여기서 그가 말하고 있는 비극성이나 전기적(傳奇的) 모티프의 비유적 기능 등은 탁월한 예술적 성과를 거둔 당대(唐代) 전기 작품들이 공유하고 있는 유형적 특질이기도 한데, 전기소설의 장르적 특성 및 현실성을 올바로 이해하기 위해서 반드시 인식되어야 할 중요한 개념들이다. 그러나 이처럼 비현실적 모티프를 통해 전개되는 작품의 허구세계는 현실적 갈등을 현실 내에서 해결하지 못한 채, 오히려 낭만적 태도로 이를 초월하고자 하는 중세적 한계를 보여주고 있는 것 또한 사실이다. 따라서 『금오신화』의 작품세계는 종래부터 주장되어 오던 민간신앙 · 불교(14) 또는 도교(15) 등 초월적 세계관의 표현으로 재해석될 소지를 안고 있다. 그러나 작품을 어떤 방향으로 해석하든 간에 문제가 되는 것은 전승되어 온 모티프 또는 플롯 자체가 아니라, 전대 문학의 전통 위에 거둘 수 있었던 작품의 예술적 성과와 그 역사적 의미가 무엇이냐는 점일 것이다.

한편 임형택의 연구 성과를 긍정적으로 받아들인 조동일(趙東一)은 『금오신화』가 내포하고 있는 이 현실주의적 성격의 한계를 초기 소설의 유형적 특질로 파악하고, 이를 근거로 해서 한국소설의 형성론(16)을 제시하여 그의 소설 장르 이론과 더불어 주목을 받아오고 있다.

그러나 『금오신화』를 『수이전(殊異傳)』 및 『삼국유사(三國遺事)』의 발전적 계승이라고 보았던 임형택은 이러한 그의 구상을 진전시킨 근년의 연구에서 전기소설은 이미 나말여초(9~11세기)에 성립되었다는 시론(17)을 전개하고 있어 주목을 끌고 있다. 그의 견해에 따른다면 「최치원(崔致遠)」(『수이전』 逸文) 「김현감호(金現感虎)」(『삼국유사』 권3) 「조신(調信)」(『삼국유사』 권5) 등등의 작품들은 당대(唐代) 전기와 『금오신화』에 비견될 수 있는 전기적 특징을 뚜렷이 지니고 있어 다음과 같은 추론이 가능해진다 : 작품 속의 비현실적 모티프를 『금오신화』의 경우처럼 비유적 상징적 의미로 해석한다면, 신분의 차이로 인한 애정・갈등과 고독・번민을 그리고 있는 이들 작품에는 나말 이래 심화된 신분 갈등과 사회적 모순이 예술적으로 굴절 반영되어 있음을 볼 수 있다. 나말의 비판적 지신인 그룹인 육두품이나 이들의 후예인 여초(麗初) 문인들은 당시의 사회적 모순과 갈등, 불평등에 대항하는 민중층의 동향을 의식하면서도 귀족적인 한계로 인해 이러한 사회적 갈등을 신비롭고 낭만적으로 착색해서 전기 작품으로 형상한 것이다. 경주를 중심으로 한 성시(城市)의 번성, 당과의 교류를 통한 전기문학의 향유, 높은 수준의 한문학 등은 이 시기에 전기소설이 성립되기에 충분한 문화적 기반을 이루어 놓았다고 보인다.

이상과 같은 추론은 원전 해석의 방법이나 장르 성립의 역사적 설명－예컨대 육두품 출신의 작가 및 독자, 봉건 도시의 번성 등의 문제에 있어 적지 않은 의문점을 남기고 있다. 그러나 예술적 허구가 가미된 『삼국유사』의 설화 및 『삼국사기』 열전 작품들이 단순한 설화의 채록이 아니라 개인에 의해 재창작된 『수이전』류의 새로운 개편이며, 『신라 수이전』이 김척명(金陟明)·박인량(朴寅亮) 등에 의해 계속 윤문 개작되어 왔다는 사실(18), 그리고 전기소설의 형태가 완비된 「최치원」(『태평통재』 수록 『수이전』 일문)의 존재 등을 결합시켜 생각해 볼 때, 이 나말여초의 전기 발생론은 신중히 검토되어야 할 과제임에는 틀림없어 보인다. 문제는 과연 전기소설이 당대(當代)에 하나의 장르로 정착될 만큼 발달했었느냐는 것인데, 이에 대한 앞으로의 연구 성과 여하에 따라 한국소설사의 출발점은 『금오신화』로부터 5세기 정도가 앞당겨질 수 있을 것이다.

이상에서 전기소설의 문제를 소설사의 주요한 논점으로 부각시켰던 연구자들이 전기의 근본적 성격을 어떻게 이해하고 있는가 하는 것이 대충 드러났다. 이가원(1) 정병욱(12) 임형택(13·17) 조동일(16)에 의해 논의된바, 전기소설은 귀족·사대부들의 문학이되 집권벌열층보다는 오히려 그들과 대립하고 있는 신진세력 또는 비판적 사대부들에 의해 주로 창작되었다. 그들은 집권층과는 달리 민중의 삶을 보다 가까이 이해할 수 있었고, 민중의 인간적 각성과 요구 일부를 자신의 것으로 받아들일 수 있었다. 때문에 그들은 봉건적 질곡이나 모순에 찬 사회현실과 대결하려 하였고, 여기서 생기는 심각한 갈등을 전기 작품을 통해 표현하였다. 그러나 그들은 근본적으로 봉건질서 테두리 안에서 자신의 요구와 이상을 실현해야 하는 역사적 조건 속에서 살아야 했으며, 이러한 그들의 현실인식과 대결에는 일정한 한계가 자재(自在)해 있을 수밖에 없었다. 봉건적 인습이나 사회현실이 자신과 동시대인의 요구를 끝내 좌절시킬 때 그들은 경험적 현실의 구속을 일부 배제하는 낭만적 환상을 빌어 자신의 현실적 요구와 사회적 이상을 실현하거나, 원혼(冤魂)의 환체(幻體)를 빌어 자신과 동시대인을 패배시킨 사회의 모순을 삶의 심각한 문제로 제기할 수밖에 없었던 것이다. 그러나 이와 같은 한계에도 불구하고 전기소설이 중세문학에서 중요한 위치를 점할 수 있는 것은 바로 이처럼 현실적 갈등을 예술적으로 승화시키거나 혹은 현실적 문제를 예술적으로 해명하고 있기 때문이다. 중요한 것은 현실적 갈등이나 문제를 심각하게 반영하고 있다는 점이며, 바로 이런 점에서 전기소설은 현실성과 역사성이 결여된 군담소설(영웅소설)·몽자류 소설과는 우선 작가의식의 면에서 크게 구분되어야 한다.

그러나 민생에 대한 봉건적 질곡에도 불구하고 예교에 얽매어 있던 조선전기 사대부들에 의해서는 『금오신화』의 뒤를 이을 만한 전기가 나오지 못했다. 하지만 김시습의 시대 이후로도 봉건적 모순은 계속 심화되어 사대부사회는 분열되고 그 결과는 전란으로 인한 민생의 침탈로 이어졌다. 이러한 역사과정에 불안을 느끼거나 집권층에게 불만을 느낀 사대부들이 당면한 역사적 모순을 극복하고자 하는 의지와 갈등을 전기형식으로 표백한 것이 16·17세기에 유행되었던 몽유록류이다. 실재했던 역사적 인물이 허구 속에 등장하는 이들 작품은 교훈적 성격을 띠고 있어(19) 비록 전기소설의 적통이라 할 수는 없으나, 현실의 모순을 심각한 문제로 제기하고 현실 속에 쉬 실현될 수 없는 이념을 제시하는 전기소설의 특수한 변형으로 볼 수 있다(9·20).

임란 이후 봉건사회가 서서히 해체될 조짐을 보일 때까지도 전기소설은 계속 창작되었다. 그러나 이 시기에 창작된 대부분의 작품들에서 우리는 진지한 작가의식을 찾아보기 힘들며, 『금오신화』에서 볼 수 있었던 전기소설의 전형적 성격이나 예술적 성과를 기대할 수도 없다. 뒷날 「무정(無情)」의 한 원천이 되었음직한 「주생전(周生傳)」이나 「영영전(英英傳)」 등의 애정물에서 우리는 사회의 모순과 질곡에 대결하려는 비극적인 사랑의 고뇌나 의지를 찾아볼 수 없다. 모든 고난이 쉽게 풀려가는 「최척전(崔陟傳)」에서도 현실의 진정한 모습은 회피되어 있다. 요컨대 이들은 모두 이기적 위안을 위한 통속소설이다. 「운영전」은 그 비극적 성격 때문에 주목을 받아왔으나(21) 비극론은 자칫 추상적으로 흐르기 쉽다. 사회와 차단된 채 유폐돼 있는 궁인(宮人)의 삶이 조선후기 봉건사회 내의 전형적인 삶이라고 보기는 어렵다. 「장생전(張生傳)」 「장산인전(張山人傳)」 「오대검협전(五台劍俠傳)」 등의 작품을 모두 전기소설로 본다면(22) 그 전형적 장르적 성격의 파악이 매우 힘들게 된다. 이런 유의 소설들이 지니는 문학사적 성격은 이들을 출현시킨 역사적 배경과 함께 따로 논의될 필요가 있다.

이상에서 전기소설의 문제 및 이와 관련된 연구사를 개관하였다. 논의를 줄이기 위해 미처 언급하지 못한 작품이나 중요한 연구 및 논점들이 많았을 것이라 생각된다. 한국 고소설사에서 전기소설이 차지하는 위치가 명확하게 이해되려면 예컨대 『삼국사기』 열전의 「온달(溫達)」과 『금오신화』 및 봉건 후기 도시사회를 배경으로 한 「심생(沈生)」과 같은 작품들의 문체나 서술구조가 어떻게 다른가 하는 문제가 해명되어야 할 것이다.

논저

1. 이가원(李家源), 「이조전기소설연구」(『현대문학』, 1955.7~8)
2. 김기동(金起東), 『이조시대소설론』(정연사, 1969)
3. 이재선(李在銑), 『한국단편소설연구』(일조각, 1975)
4. 장덕순(張德順), 『국문학통론』(신구문화사, 1960)
5. 김태준(金台俊), 『조선소설사』(학예사, 1939)
6. 박성의(朴晟義), 「비교문학적 견지에서 본 금오신화와 전등신화」(『고대 문리논집』 3, 1958)
7. 이재수(李在秀), 『한국소설연구』(선명문화사, 1969)
8. 한영환(韓榮煥), 『전등신화와 금오신화의 구성비교연구』(개문사, 1975)
9. 장덕순(張德順), 「몽유록소고」, 『국문학통론』(신구문화사, 1960)

10. 김현룡(金鉉龍), 『한중소설설화 비교연구』(일지사, 1976)
11. 정주동(鄭鉒東), 『매월당 김시습 연구』(신아사, 1965)
12. 정병욱(鄭炳昱), 「김시습의 생애와 사상」, 『국문학산고』(신구문화사, 1959)
13. 임형택(林榮澤), 「현실주의 세계관과 금오신화」(『국문학연구』 13, 서울대 국문학연구회, 1971)
14. 이석래(李石來), 「금오신화의 전개적 고찰」(『이숭녕 박사 송수기념논총』, 을유문화사, 1968)
15. 이상택(李相澤), 「취유부벽정기의 도가적 문화의식」, 『한국고전소설의 탐구』(중앙출판사, 1981)
16. 조동일(趙東一), 『한국소설의 이론』(지식산업사, 1977)
17. 임형택(林熒澤), 「나말여초의 전기문학」(『한국한문학연구』 5, 1981)
18. 최강현(崔康賢), 「신라수이전」(『국어국문학』 25 · 26, 1962)
19. 서대석(徐大錫), 「몽유록의 장르적 성격과 문학사적 위치」(『한국학논문집』 3, 계명대, 1975)
20. 정학성(鄭學城), 「몽유록의 역사의식과 유형적 특질」(『관악어문연구』 2, 서울대, 1977)
21. 소재영(蘇在英), 「운영전연구」(『아세아연구』 14-1, 1971)
22. 유종국(柳鍾國), 「이조전기소설의 특성에 관한 연구」(전북대 대학원, 1980)
23. 최남선(崔南善), 「금오신화 해제」(『啓明』 19, 1927)

『금오신화(金鰲新話)』에 구현된 해방과 구원의 정신

『금오신화(金鰲新話)』는 김시습(金時習)이 30대의 젊은 나이로 금오산의 산사에 칩거하던 시절에 지은 전기(傳奇) 소설집이다. 현재는 5편만이 남아 있으나 본래 소설집에는 더 많은 작품이 실려 있었던 것으로 기록에 나타나 있다. 『전등신화(剪燈新話)』의 독후감과 『금오신화』의 발문 격으로 김시습이 쓴 시들 및 『용천담적기(龍泉談寂記)』 등의 기록을 통해 볼 때 그는 명(明)의 구우(瞿佑; 1347~1433)가 지은 『전등신화』에서 큰 감명을 받고 허구 속에 진실을 담는 소설의 문예적 가치를 높이 평가하였으며, 또한 『금오신화』의 독창적 소설세계를 통해 자신의 뜻을 후대까지 전하려 한 만만찮은 의도를 지니고 소설 창작에 임했음을 알 수 있다.

현전하는 『금오신화』의 다섯 작품은 그 주제 의식이나 사상적 내용, 구조에 있어 공통점보다는 각 편의 독자성이 더 두드러지는 다양한 작품세계를 보여 주고 있다.

「만복사저포기(萬福寺樗蒲記)」와 「이생규장전(李生窺牆傳)」은 생사를 초월한 남녀 간의 애정을 주제로 한 작품으로 유사성이 가장 현저한 경우다. 「만복사저포기」는 왜구의 난에 희생된 처녀의 환신(幻身)과 불우한 서생 간의 짧은 사랑과 운명적인 생사의 이별을 그리고 있다. 이에 비해 비극성과 현실성이 강화된 「이생규장전」의 경우, 가문의 지체를 달리하는 남녀 주인공이 부모의 반대를 무릅쓰고 결혼을 쟁취하였으나 홍건적의 난으로 여주인공이 비명에 죽자 그 피란했던 남편이 아내의 환신과 더불어 미진한 사랑을 더 나누고 마침내 유명을 달리한다는 이야기이다. 이들 작품에는 가부장적 권위와 간단없는 전란 등 인간성을 억압하고 삶을 유린하는 중세 봉건사회의 질곡과 횡포의 처절한 실상과 함께, 이에 맞서 인간적 욕망을 실현하고 행복을 추구하기 위해 고난을 감내하는 비극적인 삶의 자세가 형상되어 있다. 여기서 우리는 부조리한 세계의 횡포에 맞서 주체적 자아의 내면적 요구와 이상을 관철시키려 한 작가 김시습의 비극적 저항정신을 다시 만나게 되며, 이 같은 그의 저항정신이 보편성을 획득하여 인간성을 긍정하고 그 해방을 추구하는 인도주의 정신으로 확대·승화되고 있음을 볼 수 있다.

「취유부벽정기(醉遊浮碧亭記)」는 고조선·고구려의 유적지인 평양 부벽정에서 회고의 상념에 젖어들던 개성 출신의 청년이, 위만의 찬탈 후 단군의 신력으로 선녀가 된 기자조선의 마지막 공주와 만나 하루 밤의 시정(詩情)을 나눈 뒤 그녀를 따라 선계로 올라갔다는 이야기이다. 망국민의 우수와 한을 품은 남녀 주인공의 형상에는 불의와 폭력으로 유린당한 역사 과정과 현실에 대한 작가의 고뇌와 비분이 투영되어 있는데, 두 주인공의 결합을 매개하고 있는 회고적인 역사의식과 이에 따른 애상적인 정조가 작품의 구도와 분위기를 지배하고 있다. 앞의 두 작품에 비해 비극성을 약화시키는 대신 작가는 여기서 민족사의 전통에 도선적(道仙的)인 신비주의를 착색한 이념계로의 초월을 통해 좌절된 역사 창조의 의지를 승화시키고 있는데, 이는 『금오신화』 작품 전체에 관류하고 있는 위무적(慰撫的)인 정신의 발로로 볼 수 있다.

「남염부주지(南炎浮洲志)」는 강직한 성품과 비판적 사상의 소유자인 주인공이 꿈에 염부에 가서 염라왕과 더불어 정치·철학·사회적 제

문제에 대한 문답과 토론을 나누고 돌아온 후 염왕의 선위를 받아 이승을 떠났다는 이야기다. 작가는 자신의 분신이라 할 수 있는 주인공과 염왕 사이의 대화와 논변을 통해 당시 민중을 현혹하고 있던 불교의 천당·지옥설과 귀신 숭배 및 각종 미신에 반대하는 합리적·현실주의적 사상을 제창하는 한편, 국가의 기본이 백성에게 있으므로 봉건군주와 지배층이 폭력으로 백성을 억압하거나 권력을 탈취하면 민중의 항거가 불가피해진다는 민본사상을 피력하면서, 세조의 찬탈에 대해서도 은근한 비난을 가하고 있다. 서사의 대부분을 사상적 토론에 할애하고 있는 이 작품에는 사대부[儒家]로서 그가 지녔던 진보적 현실주의 사상이 집약되어 있다. (조선 전기 사상사에서 거대한 발자취를 남긴 대사상가이기도 한 작가 김시습은 뒷날 「태극설(太極說)」 「귀신설(鬼神說)」 등 철학 논문에서 '기일원론(氣一元論)'적 사상체계를 확립하면서 이 작품에서 피력한 철학 사상을 더욱 철저한 무신론적 현실주의 사상으로 발전시켰으며, 또한 「애민의(愛民義)」 「인군의(仁君義)」 등 정론적인 글을 통해 생산을 담당하는 민중의 중요성을 강조하고 봉건군주와 지배층이 그들의 요구에 부응하여 인정(仁政)을 펴야한다는, 민본사상에 기초한 애민·인정 사상을 역설하였다.)

「용궁부연록(龍宮赴宴錄)」은 불우한 문사인 주인공이 꿈에 용궁으로 초대를 받고 가서 자신의 문재를 한껏 발휘해 전각의 상량문을 써주고, 기이한 용궁의 별경을 구경하며 그곳의 군신들과 극진한 환락을 맛본 후 후한 상급까지 받아 가지고 현실계로 돌아왔다는 이야기다. 「남염부주지」가 죄악과 폭력, 무지와 고통이 만연된 현실세계의 부조리와 혼란상을 이성의 빛으로 계도(啓導)·감계(鑑戒)하려는 교훈적 의도를 내포하고 있는 작품이라면, 「용궁부연록」은 군신이 갈등 없이 화합하는 가운데 선과 미가 지배하고 환락과 영화가 흘러넘치는 이상세계로의 꿈과 심미적 취향이 투영된 작품으로서, 제제다사(濟濟多士)가 만전(滿殿)한 세종의 어전에서 자신의 천재를 자랑하던 작가의 어린 시절 추억과 좌절된 정치적 이상이 신기한 별세계의 모습에 용해되어 있음을 볼 수 있다.

이상에서 보다시피 『금오신화』의 작품 세계는 현실과 환상의 절묘한 결합으로 구성되어 있다. 작가는 자신의 체험을 당대인의 삶 속에 용해시켜 좌절과 소외 속에 고통 받는 인물의 형상을 통해 갈등에 찬 당대인의 삶을 전형화하고, 그들의 고뇌와 수난을 묘사함으로써 불합리한 봉건사회 현실을 비판적으로 제시하고 있다. 동시에 작가는 좌절된 당대인의 요구와 자신의 이상을 여기에 투영시켜 환상적·낭만적 사건을 연출함으로써 당대사회에서 실현될 수 없었던 그의 사회·윤리적 이상을 구현하고 심미적 이상을 추구하고 있다. 이 같은 서사구조 속에서 꿈이나 원혼(怨魂)과 같은 환상을 통해 부조리한 현실세계의 억압과 횡포는 더욱 첨예하게 부각되고, 현실 속의 심각한 좌절과 고통의 경험을 안고 있기에 환상 속에 추구되는 이상은 오히려 고양된 진실성을 얻게 된다. 현실과 환상의 대립적 통일, 이것이 전기소설집 『금오신화』가 특징적으로 취하고 있는 서사적인 갈등구조다. 또한 작품마다 갈등의 농도와 양상을 비록 달리하나, 결국 작가와 동시대인이 현실 경험 속에서 벗어날 수 없었던 중세적 질곡으로부터의 해방과 구원, 이것이 현실과 환상의 대립적 통일로 이루어진 『금오신화』를 통해 작가가 추구하던 예술적 이상이라고 할 수 있다. 그리고 이 같은 예술적 이상은 앞서 말한 대로 환상과 허구 속에 진실과 교훈을 담는 전기소설의 미학적 원리에 대한 작가의 투철한 이해와 함께, 유교적 현실주의 사상을 중심축으로 하여 불교와 도선 사상의 초속적·구원적 정신을 포섭하며 자기 시대 삶의 문제를 해결할 길을 찾던 작가 김시습의 폭넓은 사상과 상상력을 통해 구현될 수 있었다.[1)]

---

1) 이 글은 『민족문학사 강좌』 상(창작과비평사, 1995)에 실린 「조선전기의 비판적 문학」의 일부로서, 다음 장에 이어지는 『금오신화』론의 도론(導論) 정도로 함께 읽혀지기 바란다.

「만복사저포기(萬福寺樗蒲記)」와 「이생규장전(李生窺牆傳)」의 작품 세계와 전기 미학에 대한 재성찰

1. 머리말

『금오신화』에 대해서는 그동안 작품집론, 개별 작품론, 작가론, 비교문학론, 전기소설 양식론, 환상문학론 등 다양한 시각과 여러 방면에서 수많은 연구가 축적되어 왔다.[1] 본고는 그 중에서 『금오신화』의 작품 세계에 대해 환상과 현실이 교직된 그 의미와 구조, 미학적 특징 등을 작가 의식이나 전기(傳奇) 소설로서의 양식적 특성과 연관하여 논의한 기왕의 연구를 보완하기 위해 이루어진다.[2] 이러한 작업은 『금오신화』의 작품 세계를 다 함께 검토하면서 이루어지는 것이 바람직하겠으나 현실적인 제한이 있으므로 여기서는 비극성이 두드러지는 「만복사저포기(萬福寺樗蒲記)」와 「이생규장전(李生窺牆傳)」 두 작품에 우선 논의

---

1) 『금오신화』의 연구사는 이미 여러 논문을 통해 정리된 바 있으므로 여기서 재점검할 필요는 없을 것이며, 본고의 논지와 관련된 연구에 대해서는 참고문헌 주석란을 참조하기 바란다.

2) 필자도 일찍이 개설적인 글들에서 전기소설과 『금오신화』에 대해 논급한 적이 있는데 이 글은 짤막하게 논급했던 이때의 발언들을 보완하려는 의도를 함께 지닌다. 졸고, 「전기소설의 문제」, 『한국문학연구입문』, 지식산업사, 1984 ; 「조선전기의 비판적 문학」, 『민족문학사강좌』 상, 창작과비평사, 1995, 146~148면 참조.

를 한정하고자 한다. 논의의 내실을 위해서는 여러 작품의 공통성보다는 개별성이 두드러지는 『금오신화』의 다양한 작품 세계에 대한 구체적 검토가 더 필요하고, 기왕의 논의에 보태야 할 여러 논점을 함께 안고 있으므로 작품론을 병행하며 이 같은 논의를 진행하려는 것이다.

논제와 관련된 기왕의 방대한 연구를 세세히 점검하기 어려우니 여기서는 본고의 논지와 깊이 연루되어 있는 일부 논저만을 집중적으로 살펴봄으로써 입론의 단서로 삼고자 한다. 「만복사저포기」와 「이생규장전」에 대해서는 일찍이 작가 김시습의 현실주의적 세계관과 연관하여 『금오신화』를 이해하려는 시각에 의해 두 작품의 비극적 성격이 주목되어 논의된 바 있다.[3] 이 같은 논의는 그러나 현실계를 초월하려는 도선 사상을 지녔던 작가가 이러한 사상을 도교의 영향 속에 발달해 온 전기소설의 초현실적 환상을 통해 펼치고 있다는 견해에 의해 논박을 받게 된다. 「이생규장전」만이 비극성을 지닐 뿐, 비극성을 종국에서 초극하고 있는 「만복사저포기」를 포함하여 『금오신화』의 나머지 작품은 현실의 질곡을 초극하고 초월계로 귀의하거나 이를 지향하는 의식을 담고 있어 비극성이 없거나 희박하다는 것이다.[4] 이후 서상한 선배 학자들의 시각의 대립을 지양한 새로운 견해가 제출되었다.[5] 『금오신화』에는 전기소설의 관습에 따라 현실계와 초월계가 병존하는 이원적 세계상이 구축되어 있으며, 고독하고 불우한 작가의 심리・정서가 투영된 작품의 비극성과 현존 세계를 부정하는 초월은 서사 구조 속에서 불가분리의 관련을 맺고 있는 것이 『금오신화』 전체의 전기 미학을 특징짓

3) 임형택, 「현실주의적 세계관과 금오신화」, 『국문학연구』 13집, 서울대 국문학연구회, 1971.

4) 최삼룡, 「금오신화의 비극성과 초월의 문제」, 『어문논집』 22, 고려대 국어국문학연구회, 1981 및 『한국초기소설의 도선사상』, 형설출판사, 1982, Ⅰ・Ⅱ장 참조.

5) 박희병, 「『금오신화』의 소설미학」, 『한국한문학연구』 18, 1995 ; 『한국 전기소설의 미학』, 돌베개, 1997, 215~244면.

는 가장 중요한 특성이라는 것이다.

이 같은 연구의 축적 과정에서 우리는 논의의 일정한 진전을 볼 수 있거니와, 한편으로 이 지점에서 다음과 같은 문제들이 제기될 수 있겠다.

우선 『금오신화』의 작품 세계가 과연 다 같은 비극적 성격을 가지고 있는가, 혹은 「이생규장전」을 제외하고는 「만복사저포기」까지도 포함하여 다른 작품은 모두 현실의 초월을 통해 비극성을 벗어나고 있는 것인가 하는 문제이다. 이는 '비극성'을 어떻게 규정할 것인가 하는 문제와도 연관되어 있으며 작품 세계와 연관하여 구체적 논의가 좀 더 필요한 문제라고 보인다. 필자로서는 주인공의 좌절과 패배로 인한 비통과 애도의 정서가 잘 나타나 있지 않거나 부족한 작품들을 일괄하여 비극적이라고 볼 수는 없으나,[6] 「만복사저포기」의 경우는 「이생규장전」과 함께 비극성이 뚜렷한 작품이라 보고 두 작품의 비극성을 비교하며 재검토해 보고자 한다.

다음으로 비극성과 현실의 초월이 맺는 관계에 대한 문제이다. 이 문제에 대해서는 우선 초현실적 환상이라는 뜻에서의 현실의 초월과 초월계로의 지향(또는 현실초월적 세계관)이라는 뜻에서의 현실의 초월이 구별되어 논의될 필요가 있다. 후자의 경우라면, 비극성은 기본적으로 현실 중심적 또는 현실주의적 세계관의 소산이 아닌가, 이 경우 비극성

6) 『금오신화』 속의 여러 작품에는 현실에 대한 환멸이나 부정, 또는 비관적 세계관이나 피세적(避世的) 정서가 다소간 나타나 있으며, 이러한 의식이나 정서가 초월계의 동경과 지향으로 나타나는 작품들도 있다. 그러나 문학 작품의 비극성에 대해 말한다면 세계와의 비극적 갈등을 형상함으로써 비통한 감정을 환기하는 작품에 한해 이 용어를 사용해야 되리라고 본다. 『금오신화』의 작품들을 다함께 비극적이라고 보는 견해는 비극성이 짙은 작품과 예컨대 「용궁부연록」처럼 초월지향적이고 피세적 정서가 나타나 있는 정도의 작품 등을 일반화하면서 『금오신화』에 관통하는 어떤 미학적 원리를 규명하려는 의도에서 나온 것이며, 여기에는 작가 김시습의 비극적이고 불우한 생애에 대한 고려가 일정하게 작용하고 있다고 보인다.

과 초월 지향의 모순적 공존은 결국 어느 한 쪽의 해소나 극복을 뜻하는 것이 아닌가, 비극성과 초월지향성 중 작가의식이나 작품의 의미에서 중점이 놓이는 쪽은 어느 측면인가 하는 등의 문제가 함께 논의되어야 하리라 본다.

한편 전기소설의 한 특징으로 논의되던 초현실성이나 초월성의 문제는 2000년대를 전후하여 환상문학론이 대두되면서 '환상성'에 대한 논의로 대치되며, 『금오신화』에 전개되는 환상 세계는 현실과 비현실 사이의 '경계 영역'으로서[7] 비극적 현실과 함께 그것을 초월하고 치유할 지향을 함께 담고 있다고 하는, 새로운 방식의 논의가 이루어지기도 하였다.[8] 현실과 환상의 절묘한 결합으로 구성되어 있는 『금오신화』 작품 세계 전체에는 위무적(慰撫的)인 정신이 관류하고 있으며, 중세적 질곡으로부터 해방과 구원이 『금오신화』를 통해 작가가 추구하던 예술적 이상이라 보았던[9] 필자는 이러한 견해에 동감하는 바 있다. 그러나 『금오신화』의 여러 작품에서 환상 세계를 작품 속에 불러들이는 예술적 의도나 심리 기제, 작품이 주는 미감이 다 같지는 않다고 보며, 아울러 이들 논의의 일각에서 혼동되고 있기도 하는 비현실적 낭만성과 초현실적 환상성은 구별해서 논의될 필요가 있으리라 본다. 그리고 환상의 초현실성이 반드시 현실초월적 지향을 담고 있는 것이 아니라면 작품에

---

7) 이에 대해서는 윤경희, 「「만복사저포기」의 환상성」, 『한국고전연구』 4, 보고사, 1998, 235~255면 및 「인귀교환모티프의 환상성과 패로디적 적용」, 『한국문학과 환상성』, 예림기획, 2001, 106~131면; 김문희, 「애정전기 서사의 환상적 표지와 세계인식」, 『한국문학과 환상성』, 132~157면; 김수연, 「『금오신화』의 구조미학: 相違와 疏通의 "遊"」, 『고전문학연구』 38, 고전문학연구회, 2010, 311~340면 참조.

8) 윤경희와 김문희는 앞의 논문들에서 주로 「만복사저포기」의 환상성을 중심으로, 김수연은 『금오신화』 작품 세계 전반에 걸친 미학적 원리를 중심으로 하여 이러한 논지를 전개하였다.

9) 졸고, 「조선전기의 비판적 문학」, 『민족문학사강좌』 상, 창작과비평사, 1995, 146~148면. 본서의 바로 앞 장에 일부를 재수록한 이 글은 전게한 박희병의 논문에 앞서 발표되었다.

환상 세계를 불러들이는 작가의 예술적 의도가 무엇이며, 이 같은 환상성과 낭만성은 작품 세계 속에서 비극성과 어떤 관련을 맺는가 하는 점이 논의될 필요가 있을 것이다.10)

비극성이나 환상성 또는 낭만성은 모든 전기 작품이 가지고 있는 일반적 속성은 아니나 각각 여러 전기 작품들이 공유하고 있는 문예적·미학적 특징들로서, 전기소설이 지니는 양식적 특성이나 속성의 주요한 일부를 이루고 있으며 두 작품에는 이러한 특징들이 함께 결합되어 나타나 있다. 비록 두 작품에 대해 논의를 한정하고 있으나 기왕의 연구를 보완하는 의도에서 이루어지는 본고는 다양한 스펙트럼을 보이고 있는 『금오신화』의 전기 미학 전반과 함께, 상호텍스트성을 지니고 있는 전대의 중국 전기를 함께 시야에 두고 있다. 두 작품이 공유하고 있는 비극성에 관한 논의는 본고에서 미처 다루지 못하는 『금오신화』의 여타 작품들과 두 작품의 미적 특성을 비교하고 준별하려는 의도를 포함하고 있음을 밝혀둔다.11)

2. 「만복사저포기」의 비극성과 환상성

2.1. 원혼의 저항과 탄원

고독하고 불우한 청년과 전란에 희생된 처녀 원혼(冤鬼)과의 덧없는 사랑을 그린 「만복사저포기」에서 작품의 주인공은 서술의 초점인물인

10) 비극성, 환상성(또는 초월성) 등과 함께 낭만성이라는 용어는 의미 부하가 큰 용어이나 본고에서는 문면 속에 그 의미나 개념들을 한정해 가면서 쓰고자 한다.

11) 비극성이 두드러지는 「만복사저포기」 및 「이생규장전」과는 달리 비극성이 약하거나 미의식이나 서술의 지향을 다소 달리하는 작품들에 대해서는 추후 별고를 통해 좀 더 논의가 되어야 할 것이다.

남주인공 양생이지만 비극의 주동인물은 여주인공인 원혼의 환체(幻體)인 하씨이다. '원귀(또는 원혼)'는 전란처럼 살인적 폭력과 억압을 자행하는 현실 세계에 의해 부당하게 희생된 인간의 상처, 좌절된 욕망과 염원을 상징하는 인물이며, 그를 희생시킨 사회의 부채의식, 살아남은 자의 연민과 동정이 빚은 환상적 존재이다. 삶과 죽음, 현실과 비현실의 경계에 존재하는 환영 또는 환상적 모티프로서 원귀는 한편으로 희생자에게 가해진 현실 세계의 부조리한 횡포를 반영하며, 한편으로는 현실적인 좌절에도 불구하고 인물의 의식 내에서는 이를 거부하고 현실에 굴복하지 않으려는 비극성을 기본적으로 내포하고 있다. 「만복사저포기」의 서사 구조의 중심에 자리하고 있는 '원혼과의 사랑'이라는 모티프는 이 '원귀'에 '사랑'이라는 원초적 욕망이 결합되어 있는 보다 특수한 모티프로서, 그 원래의 비극성이 탈색되어 나타나기도 하는 이른바 '人鬼交驩'(또는 '冥婚') 모티프와 함께 설화와 전기의 오랜 전통 속에서 다양한 변주를 보여주기도 한다.[12] 「만복사저포기」는 이 유서 깊은 모티프의 비극성을 온전히 살리면서도 여기에 불교 색을 착색해 소설화시키고 있는 것이 특색이다.

불전(佛殿)에서 좋은 짝을 보내달라는 기원을 드린 가난하고 고독한 청년 양생은 이윽고 나타난 여인이 자기와 같은 소원을 글[狀詞]로 적어 부처에게 바친 것을 보고는 사랑을 원하는 그녀와 바로 정을 통하고, 밤이 들자 시녀를 시켜 차린 술자리에 노래까지 베푸는 그녀의 매력에 점점 끌려들어 가게 된다. 이러는 동안 그는 귀한 집 처자인 줄로 여겼던 그녀가 이 세상 사람이 아니라는 것을 차츰 눈치 채나 사랑하는 마

12) 이에 대해서는 이혜순, 「금오신화에 나타난 인귀교환소설의 유형적 고찰」, 『이숭녕 선생 고희기념논총』, 탑출판사, 1977 ; 윤경희, 「인귀교환모티프의 환상성과 패로디적 적용」 참조. 본고는 '인귀교환'이라는 보편적인 모티프의 일반적 양상보다 '원귀의 사랑(명혼)'이라는 보다 특수한 양상이 이 작품에서 의미 있는 측면이라고 보고 그 특성을 주목한다.

음이 깊어지자 더 이상 괘념하지 않게 된다(繾綣意篤, 不復思慮).[13] 이어 그녀가 이끄는 대로 집에까지 따라가 사흘을 지내며 사랑을 나누고 그 이웃 여인들을 만나 시연(詩宴)을 갖기도 한다. 그러나 이별의 날을 당해 급기야 그녀가 왜구의 침략 때 목숨을 잃은 원귀이며 대상(大祥)의 장례가 치러지면 곧 명부(冥府)로 떠나가야 할 운명이라는 사실을 그는 확인하게 되고, 비통에 잠기는 양생을 홀로 남겨 둔 채 여인은 마침내 자신의 사랑에 대한 이해를 구하며 인연을 저버리지 말라는 당부를 남긴 채 영결을 고하고 명계를 향해 떠난다.

작품은 소재로 삼고 있는 원혼 모티프가 이미 그러하듯이 환상적이고도 비극적인 이야기를 담고 있다. 그리고 비극적인 문학은 인간을 좌절시키고 희생시키는 냉혹한 현실을 반영할 뿐 아니라, 현실과 맞싸우는 인물의 분투와 그 패배가 불러일으키는 비통한 감정을 통해 억압적이고 폭력적인 현실을 문제시한다.[14] 그녀의 목숨을 희생시킨 것은 일차적으로 폭력을 자행하는 왜구의 침략, 전란이라는 불의(不意)의 재앙이다. 작가는 무고한 생민의 삶, 특히 유약한 여성의 삶을 불시에 침탈하는 전란과 그 야만적 폭력성을 희생자인 여인의 원혼을 등장시켜 근본적으로 문제시한다고 일단 볼 수 있다.[15] 그런데 생과 사, 현실과 비

---

13) 인용의 번다함을 피하기 위해 본고에서는 간접인용의 경우 괄호 속에 원문 구절을 인용하기로 한다. 원문은 심경호, 『매월당 김시습 금오신화』(홍익출판사, 2000)와 박희병, 『한국한문소설 교합구해』(소명출판, 2005)에 수록된 조선간 판본(윤춘년 편집본)을 인용하며, 원문 해석은 심경호의 번역을 참고하였다.

14) 억압적 현실을 문제시한다는 점에서 비극(성)은 비판적이고 진보적인 성격을 지닌다고 할 수 있다. 비극의 문제제기적 성격에 대해서는 임철규, 『그리스 비극』, 한길사, 2007, 23면 참조.

15) 「이생규장전」에서도 남주인공 이생이 살기 위해 도망한 사이 그 부인은 정절을 지키기 위해 폭력 앞에 희생되고 「만복사저포기」에서도 그 부모는 살아남고 유약한 처녀인 여주인공만 희생을 당한다. 작가는 연약한 몸으로 야만적 폭력에 노출된 채 정절과 목숨을 함께 지켜야 하는 여성을 전란의 주된 희생자로 형상하고 있다. 그러나 이 작품 「만복사저포기」에서 전란으로 인한 처녀의 '죽음'이 문제되고는 있

현실의 경계를 허물고 등장한 원혼 하씨가 불전에 올린 글 속의 하소연을 보면 그녀는 자신의 야박한 운명을 원망하면서도(歎平生之薄命) 정작 전란으로 인한 수난과 죽음을 피할 수 없는 운명, 전생의 업보로(生涯前定, 業不可避) 받아들이겠다는 생각을 한편으로 지니고 있다. 그러면서도 전란이라는 불의의 현실이 명을 단축시켜 놓았으니 부조리한 운명과 현실을 그대로 받아들일 수 없다고 부처에게 하소연한다.

이러한 그녀가 삶의 좌절로 인해 가장 한스러워하는 것은 좋은 짝을 만나 사랑을 나누며 행복한 삶을 누리지 못한 채 상심과 고독 속에 남아 있는 것이다.[16] 이 같은 사정은 그녀가 불러낸 이웃 여인들에게도 마찬가지이다. 작가는 서술의 상당 부분을 그들의 시와 주인공 하씨가 불전에 바친 소원장[狀詞], 그리고 그녀가 유언으로 남긴 하소연에 할애하면서 좌절과 고독, 이로 인한 서러움과 허무감에 고통 받는 그들이 자신의 존재의 결핍을 메울 수 있는 사랑과 결혼을 얼마나 염원하고 있는가 드러내 주고 있다.[17] 그러나 따지고 보면 이 같은 염원은 그들이

으나 '정절'을 위해 희생되었다는 의미에 강조점이 주어져 있지는 않다.

16) "秋月春花, 傷心虛度 … 獨宿度良宵, 傷彩鸞之獨舞." 이 구절들은 그녀가 처녀 원귀로 남아 외롭게 지내는 한스런 심경을 불전 앞에 올린 狀詞로서 하소연한 것이다.

17) 작가는 섬려(纖麗)한 수사를 동원한 이 시·문들을 통해 삶을 꽃피우지 못한 채 요절한 여인들의 애원(哀怨)한 심사를 표현해 내 독자의 정서를 자극하는 데 서술의 관심과 창작의 공력을 적지 않게 경주하고 있다(이와 관련해서는 전성운, 「금오신화의 창작 방식과 의도」, 『고소설연구』 24, 한국고소설학회, 2012.12 참조). 그러나 이 같은 수사·문체나 시의 삽입 자체가 작품의 심미적 본질이나 창작 의도의 핵심이라고 보는 것은 지나치게 기교주의적인 시각에 초점을 맞춘 견해가 아닌가 한다. 여주인공이 불러낸 네 명의 이웃 여인들과 그들의 시만 하더라도 작품에서 여러 모로 유의미한 부분을 이루고 있다. 이들은 비극적 운명이 비단 여주인공뿐 아니라 당대의 여러 여인이 함께 겪는 공동적인 운명임을 드러내 주는 한편, 각기 멋[風流] 있고, 요염하고, 단아(고아)하고, 정숙한 개성적 체취를 선명하게 드러내 주고 있다. 그들의 상이한 성격과 시세계는 정념의 유로와 규범의식 사이에서 부동하는 여주인공의 심리 상황(이에 대해서는 이혜순, 「금오신화」, 『한국고전소설작품론』, 집문당, 1990 참조.) 또는, 여성 의식의 제 측면을 표출하고 있다고 볼 수도

살아생전에 품고 있었던 것이다. 여성의 애욕, 자연스런 인간성과 자아 실현의 욕구를 억압하는 남성 중심의 가부장적 중세사회, 그 제도 · 풍습과 규범은 이 같은 그들의 염원이나 정념을 가슴 속에 가두고 있었던 것이다. 그런데 이제 유계(幽界)의 원혼이 되어 간담이 찢어지고 창자마저 끊어질(膽裂腸摧) 지경의 고독과 고뇌 속에 가슴에 가두었던 정념과 염원이 절규처럼 터져 나온 것이다. 작가는 현실 속에서 잊힌 존재, 어둠과 망각 속에 잠겨 있는 한 많은 원혼을 이 환상적이고 비극적인 이야기의 주인공으로 불러들여 전란의 폭력과 함께 여성의 인간적 욕구와 정념을 규방과 가슴 속에 가두고 억압해 온 사회 현실에 대해 문제를 제기하며 항의를 제출하고 있는 것이다.

그리하여 여주인공 하씨는 본래 자기 운명 속에 허여된 인연이 있다면 일찍 자기 배필을 만나 즐길 수 있게(賦命有緣, 早得歡娛) 해 달라는 소원을 부처 앞에 빌며, 그 글을 읽는 양생을 유혹해 그와 사랑을 나누고 시정(詩情)과 재예를 펼치기도 하면서, 지취 상합하는 이상적인 짝과의 사랑과 결혼을 성취하고자 분투한다. 남녀 주인공이 현실세계 속에서 낭만적인 사랑을 나누는 「이생규장전」에서와 달리, 이 작품에서는 현실 속에서는 불가능한 사랑을 죽은 원혼 즉 초현실적인 환상을 통해 펼치고 있는 것이다.[18] 비극이 주인공의 비통한 좌절과 저항을 통해 억

있다. 그러나 이 같은 개성적 또는 성격적인 차이에도 불구하고 그들의 시세계는 함께 고독과 고뇌 속에서 사랑을 갈망하고 결혼의 행복을 선망하는 정회(情懷)를 표출하고 있으며, 유계(幽界)의 여인들이 현실세계의 인물처럼 생동하는 개성적 모습으로 형상되고 있는 것은 그 현실세계에 관련하는 전형적 의미의 측면에서 주목할 만하다.

18) 당대 사회 현실 속에서 그같이 분방한 연애가 불가능하기 때문에 작가는 죽은 원혼을 빙자해 그처럼 자유로운 사랑을 그리고 있다고 볼 수도 있다. 문화적 억압이 야기하는 결핍을 보상하려는 것이 환상문학의 한 특질이다. 정병욱, 「김시습의 생애와 사상」(『사상계』, 1958.9 ; 『백영 정병욱 저작전집』 4권, 신구문화사, 1999, 7~24면에 재수록)에서는 이 작품에 대해 "유폐와 억압과 위선에 둘러싸인 중세기 여성의 해방을 갈파"하고 있는 것으로 보았다. 규방의 규범 속에 억압되고 유폐된

압적 현실을 문제시한다면 환상은 이를 통해 욕망을 표출하면서 현실의 억압적 구조나 규범을 해체하고 전복시킨다.[19] 여주인공 하씨는 남자를 유혹해 정을 맺은 자신의 행동이 현실 사회의 규율을 범하는 것을 잘 알고 있으나(妾之犯律, 自知甚明), 애욕이 한번 일어나자 걷잡을 수 없었다고(風情一發, 終不能戒) 유언에서 고백한다. 자신의 욕망과 의지에 따라 남자와 정을 맺고 며칠 동안 동거하며 사실상의 혼인을 맺는 여주인공의 자유로운 연애, 원혼의 분투를 통해 중세사회의 견고한 제도와 엄격한 규범은 훼손되고 균열된다.

그러면서도 그녀는 양생에게 규범을 어기며 사랑의 인연을 맺은 데 대해서 운명적인 한 남자를 만나 사랑을 바치며 아내로서 행복하게 살고자 했던(忽遇三世之因緣, 擬欲荊釵椎髻, 奉高節於百年) 간절한 소망을 이루기 위한 행동이었다고 이해를 구하면서, 아내로서 자신의 존재와 사랑을 잊지 말아 줄 것을 간곡하게 당부한다(願我良人, 或無疎闊). 그녀는 자신을 희생시킨 잔인한 세계, 가혹한 운명의 부조리에 저항하며, 인간적 욕구와 소망의 실현을 위해 억압적인 사회 규범에도 저항하고 있을 뿐만 아니라, 좌절된 인간적 염원을 품고 억울하게 희생되는 불행한 여인을 망각의 어둠으로 내몰며 타자화하는 현실 세계를 향해 더 이상 자기를 소외 속에 방치하지 말 것을 탄원하고 있는 것이다. 결국 작가는 유약한 인간의 삶과 존재를 침탈하는 전란이라는 세계의 폭력,

---

여성의 인간성(혹은 성적 욕망)을 죽음과 무덤 속에 유폐된 원혼에 가탁하고, 그녀의 적극적이고 환상적인 사랑을 통해 자유연애 사상을 표현하고 있다는 것이다.

19) 환상의 이 같은 성격과 기능에 대해서는 로즈마리 잭슨, 『환상성—전복의 문학』(서강여성문학연구회 옮김, 문학동네, 2001), 서론 및 제1장 참조. 원혼의 사랑이라는 환상적 모티프는 위에서 말했듯이 현실의 질곡을 반영하면서 한편으로는 현실적인 좌절에도 불구하고 인물의 의식 내에서는 좌절을 거부하는 비극성을 지니고 있으나, 또한 현실의 장벽을 뛰어넘어 욕망의 실현을 열정적으로 추구하고 있다는 점에서 한편으로는 매우 낭만적인 성격을 지니고 있다. 「이생규장전」과 양상을 달리하나 이 작품 또한 비극성과 낭만성을 구유하고 있는 것이다.

여성의 자연스런 성적 욕망이나 인간성, 그 자아실현의 가능성을 억압하는 중세 사회의 한계・결함과 함께, 한을 품고 불행 속에 희생되는 당대 여성의 운명을 소외되고 타자화된 여성의 죽음과 그 원혼이라는 환상적 인물의 주체적 저항과 탄원을 통해 동시에 문제시하는 한편,[20] 그녀의 환상적인 사랑을 통해 중세적 질곡 속에 가둬졌던 여성의 욕망과 인간성의 자유로운 실현에 대한 염원을 적극적으로 구현하고 있는 것이다.[21]

2.2. 해원과 애도 속의 구원

이 같은 원혼의 사랑과 저항적 분투는 작품에서 그녀가 곧 명부로 떠나가게 되어 있는 이별의 운명, 좌절과 패배의 운명을 각오하고 벌인 것으로 그려지고 있기에 더욱 깊은 연민을 자아내는 비극적 성격을 띤다. 작품의 서사는 서술의 초점 인물인 양생이 신비롭게 등장한 문제의 인물, 서술의 관심 인물인 하씨와의 사랑에 이끌려가면서 원혼인 그녀의 실체를 차츰 깨닫게 되고, 마침내 이별과 함께 그녀의 비극적 운명을 대면하면서 그 한과 사랑을 깊이 이해하고 동정하게 되는 과정을 좇아 전개된다.[22] 즉 그녀는 전란 속에서도 정절을 지키며 목숨을 잃는

---

20) 이런 점에서 볼 때 다만 작품 세계의 전개를 위한 배경적 전제로 설정되어 있는바, 유약한 인간의 삶을 희생시키는 전란은 자체로서 당대적 질고라는 역사적 의미를 지니고 있기는 하나, 그보다는 삶과 현실을 비추는 거울로서 죽음과 함께 유계의 원혼을 불러들이는 서사적 계기나 장치로 기능하는 의미가 크다고 볼 수 있다.

21) 이는 곧 이어 살필 「이생규장전」에서 여주인공을 통해 피력되는 바, 인간의 성적 욕망과 이에 기초한 사랑의 감정을 자연스런 인간 본성으로 긍정하는 작가의 진보적인 윤리사상이 표현된 것으로 보아도 좋을 것이다.

22) 이러한 양생의 인식 과정이나 심리적 추이 과정을 좇으면서 환상적 체험을 서술해 가는 작가의 서술 기법은 매우 정교한 것이어서 그간의 연구에서 계속 중시되어 오고 있듯이, 작품의 흥미와 긴장을 이끌어 가는 주요한 요소가 되고 있다. 이에 대해서는 윤경희, 앞의 논문들; 김문희, 앞의 논문; 박일용, 「「만복사저포기」의 형상화 방식과 그 현실적 의미」, 『고소설연구』 18, 한국고소설학회, 2004 참조.

불행을 당했으나, 온화하고 수려한 천품과 재능을 갖추고, 누구 못지않게 예의와 규범을 알면서도 진실한 사랑과 행복한 결혼을 꿈꾸던 여성이었다는 사실을 양생은 알게 된 것이다. 그리하여 비극적 이별을 당하게 된 그는 이제 그녀의 부모와 함께 머리를 맞대고 가슴 아프게 울며, 자신을 그녀의 배우자로 여기려는 부모의 청을 받아들여 그녀의 장례를 치러 준다. 그리고 사라져 간 그녀의 아름다움과 덕성, 총명했던 자질과 함께 인간성의 자유로운 실현을 갈망하던 그녀의 사랑을 되새기고, 수난 속에 그녀가 입었던 삶의 상처를 어루만지며 슬퍼하는 애도와 사랑의 정을 마음을 담은 제문을 지어 조상(弔喪)한다.[23] 「이생규장전」도 그러하지만 비극 또는 비극적 이야기는 전쟁・폭력・억압으로 희생되어 덧없이 사라져 간 인간과 그가 추구하던 가치를 되새기면서, 그가 입은 상처를 어루만지고 그의 고통과 죽음을 비통 속에 애도하는 정신을 담고 있다.[24] 「만복사저포기」는 원혼을 애도하는 남주인공의 제문을 통해 이 점을 직접 드러내고 있다.

한편 망자의 한을 풀어주며 원혼을 위로하는 이 같은 이야기는 전통적인 해원(解冤) 의식의 소산으로 볼 수 있으며[25] 그 소재나 구상 자체가 비극성을 일면에 지니고 있으면서도 일면으로는 좌절의 고통을 겪는 망자의 원혼을 구원하고자 하는 염원을 담고 있다. 그러나 명부로 향하는 원혼 하씨는 미진한 사랑을 가슴에 안은 채 영결을 고하면서 오히려 "아득한 저승에서 한이 맺혀 있으리(漠漠九原, 心糾結兮)"라는 한탄을 남기며 세상을 떠난다. 생전에 염원하던 사랑과 결혼을 이루기 위해 분투하던 해원의 시도는 불행한 희생자에게 일시적 기쁨과 위안이

23) 양생의 제문은 너무 길어 이 부분은 인용을 생략한다.

24) 비극의 이러한 특성에 대해서는 임철규, 앞의 책, 16면 참조.

25) 「만복사저포기」가 작중인물들의 한을 푸는 해원문학적 성격을 지니고 있음에 대해서는 정하영, 「「만복사저포기」의 해원문학적 성격」, 『서사문학 연구의 새로운 지평』, 단국대출판부, 2013 참조.

되기는 하였으나, 미진한 사랑을 남겨두고 현세를 떠남에 이르러서는 다시 새로운 한을 남기며 궁극적 구원이 될 수 없기에 작가는 여기에 불교 신앙의 초월적 세계관을 끌어들여 구원을 얻도록 하고 있다.

앞서 보았듯이 작품에서 원혼 하씨는 전란으로 인한 희생을 전생의 업보, 양생과의 만남을 삼세(三世)의 인연이라 여기며, 초월적 질서로서 윤회를 믿는 세속불교의 독실한 신자로 설정되어 있다. 그리하여 명계로 떠난 여주인공 하씨의 원혼은 남주인공 양생이 정성을 다해 재를 올려준 덕분에 타국에서 남자로 환생하게 되었다고 공중에서 소리로 그에게 전한다. 참혹한 수난과 함께 덧없는 인생을 마감한 유한한 존재로서 인간, 또는 한 많은 여성으로서 맞이하지 않을 수 없었던 비극적 운명으로부터 해방되고 좌절된 사랑의 고통으로부터 구원을 받았다는 것이다. 세속불교의 윤회설에 입각한 초월적 질서의 개입과 환생을 통한 구원의 염원이 예술적 환상을 통해 구현됨으로써 작품의 비극성은 일정하게 완화되며, 독자도 냉혹한 운명과 잔인한 세계에 고통 받는 주인공에 대한 가슴 아픈 연민과 세계에 대한 공포의 감정으로부터 얼마 정도 놓여나게 되는 위로를 받게 된다. 이 점이 「이생규장전」의 철저한 비극성과 차이가 나는 부분이다. 결국 작가는 원혼의 사랑이라는 환상적이고 비극적인 이야기를 통해 중세 여인에 가해지는 시대·사회의 질곡과 억압을 문제 삼는 한편, 여기에 세속불교의 세계관과 구원에 대한 믿음을 원용한 예술적 환상을 통해 억울하게 희생된 여주인공을 애도하고 그녀의 한과 고통을 동정하고 있는 독자들을 위무하고 있는 것이다.[26] 그리고 이 같은 결말은 비극적 정서로부터 독자를 구원하기 위

---

26) 김시습의 불교 사상은 선(禪)에 중심이 있었으며 세속불교의 윤회와 환생을 믿는 초월적 세계관은 거부하고 있었으니(이에 대해서는 임형택, 앞의 논문, 17~8면 참조), 작품의 이 같은 결말은 작가의 어떤 종교의식이나 진정한 사상을 표현한 것이라기보다 종교가 주는 심리적 위안과 구원의 기능을 허구적이고 환상적인 문학·예술을 통해 대신하고자 하는 예술적 의도에서 나온 것이라 할 수 있다. 즉 작가는

한 전기소설의 미학적 전통 속에서 나온 것이며,[27] 작가는 다만 유혼(幽魂)과의 사랑[冥婚]을 낭만적으로 다루고 있는 전대의 여느 전기와 달리, 고독한 원혼의 내적 고뇌를 조명하며 그 처절한 서러움과 한을 이전의 어느 전기 작품에서보다 절절하게 묘출하여 현실의 문제로 제기하는 대신, 이 같은 구원의 결말을 위해 여주인공을 독실한 불교 신자로 설정하는 정교한 서사 전략을 구사하고 있다.

원혼을 위한 해원과 구원 의식이 함께 투사되어 있는 이 같은 작품 세계에는 좌절을 무릅쓰고 현실 속에서 인간성을 실현하고 행복을 추구하려는 현실 중심적 내지는 현실주의적 인생관·세계관과, 현실의 초월을 통해 구원을 얻고자 하는 초월적 세계관이 모순 속에 함께 투영·병치되고 있다. 현세 속에서 남자와 인연을 맺기 위해 그토록 분투하던 원혼 하씨가 남자로 환생하는 구원을 얻었다며 양생에게 문득 정업(淨業)을 닦아 함께 인연의 굴레를 벗어나자고(君當復修淨業, 同脫輪廻) 권하는 대목에서 우리는 위안 속에서도 비애와 허무의 감정을 동시에

당대인의 세속적 신앙에 자리하고 있는 구원에 대한 염원을 제재로 삼아 이 허구적 소설 속의 예술적 환상으로 가공해 처리한 것이라 할 수 있다.

27) 『전등신화(剪燈新話)』 속의 「애경전(愛卿傳)」에서는 전란 속에 정절을 지키기 위해 자결한 여주인공이 남아로 환생한 것을 남주인공이 직접 확인하는 것으로, 『전등여화(剪燈餘話)』 속의 「봉미초기(鳳尾草記)」에서는 자살한 여주인공이 진인의 도력에 힘입어 남아로 환생하게 되었다는 소식을 남주인공의 꿈속에 찾아와 전하는 것으로 결말이 꾸며져 있다. 전자는 초현실적 사건과 초월적 질서의 실재성을 확인하는 종교적 세계관이 작품 세계 속에 그대로 이입돼 신비롭고 경이로운 환상을 연출하고 있음에 비해, 후자에서는 종교적 세계관에 기초한 초현실적 사건이 합리성을 강화하는 소설적 허구를 거쳐 의식 내적 사건(꿈)의 형식으로 전환되어 나타나 환상의 신비감이나 경이감이 기이감 정도로 약화되는 대신에 환상의 내면적 진실성이 확보되며 그 초현실성은 허구적 예술성 속에 용해되고 있다. 여주인공이 다만 공중의 소리로서 환생의 구원을 받았다고 전하는 「만복사저포기」의 환상적 사건 처리 방식은 전자보다는 후자의 결말 방식을 변용한 것이라고 볼 수 있으며, 허공 중의 소리는 이를 듣는 양생의 환상적 체험(환청)으로 해석될 여지를 안고 있다(박일용, 앞의 논문에서는 이러한 방식으로 이 대목을 해석하고 있다).

느끼지 않을 수 없으며, 인간적 욕망의 긍정과 초월, 현실 세계와 초월적 세계, 양쪽에 함께 가치를 두고 눈길을 향하는 인생관·세계관에 있어서의 이중성 내지는 양가적(兩價的) 의식을 볼 수 있다.

그러나 이는 주로 원혼인 하씨의 의식과 운명을 중심으로 본 작품 내용이나 이에 반영된 세계상의 구조적 특질이며, 그 중에서도 초월적 세계관의 개입은 작품 전체의 구조에서 보조적인 서사 기능을 하면서 부수적 의미를 형성한다고 볼 수 있다. 즉 원혼 하씨의 좌절된 인간적 욕망을 현실 세계 속에서 실현하기 위한 그 처절한 비극적 갈등과 정서가 작품 세계의 중심이 되고 있으며, 이 같은 해원을 향한 분투 끝에 이루어지는 환생의 구원과 이를 예비하기 위한 하씨의 불교적 믿음 즉 내세를 기약하는 초월적 세계관은 작품의 비극적 정서[恨]를 다소 해소하기 위해 동원되는 예술적 방편이나 장치이며, 부처 앞의 발원도 작품의 중심 모티프가 되는 두 인물의 사랑을 매개하는 서사적 장치라 할 수 있다.[28] 작품에 원혼과 같은 초현실적 환상이 개입해 있다고 해서 이것이 곧 초월적 세계관의 개입을 뜻하는 것은 물론 아닐 것이며, 앞서 살폈듯이 여인의 원혼이라는 초현실적 환상을 비극적 서사의 중심으로 불

28) 본고의 학회지(『고전문학연구』 44집) 게재 심사에 수고하신 심사위원 한 분은 심사소견서에서 "작품 표면에 흐르고 있는 통속불교적 모티브로 인해 작품 주제까지 통속적으로 볼 이유는 없다."고 지적하면서, (필자가 이해하기로는) 이 작품이 주인공들의 취약한 존재성을 통해 현존재의 불안하고 허무한 본질을 드러낼 뿐 아니라, 불교를 통해 이를 초극할 수 있는 전망을 제시하고 있음에도 본고가 이를 충분히 부각시키지 못하고 있다고 유감을 표해 왔다. 졸고를 꼼꼼히 읽고 충고를 아끼지 않은 데 대해 감사하며, 깊이 있는 통찰에 근거한 일리 있는 비판이라고 생각한다. 다만 불교색이 착색된 작품 대목에서 독자가 분명히 간취할 수 있는 것은 세속불교의 세계관이며, 저자는 불교 사상이나 종교 자체에 부정적 시각을 갖고 있지는 않음을 밝혀 둔다. 세속불교의 구원적 기능을 긍정하는 시각에서 본다면 원혼 하씨의 환생은, 자아와 집착을 버림으로써 고난 속에 죽음으로 향해 가는 인간 존재의 근원적 비극성으로부터 구원과 해방(해탈)을 추구하는 불교 정신의 알맹이를 세속불교의 외피에 싸 전하려는, 예술적 방편으로 이루어진 허구라고 볼 수 있을 것이다.

러들인 데는 단지 전란의 희생자라는 역사적 의미뿐 아니라 여성에게 가해지는 중세적 억압의 희생자라는 상징적 의미를 중첩시키고 삶의 의미를 비추는 거울로서 죽음을 환기시키려는 예술적 의도가 작용하고 있다. 또한 현실과 초현실적 환상이 뒤섞여 있는 작품 세계에 두 세계관이 병치되는 이중성이 보이고 있다 하더라도 어느 부분이 작품의 주요 의미를 이루고 있는가는 분간되어야 할 것이다. 부처 앞에 짝을 점지해 달라고 호소하는 남녀 주인공의 발원으로 두 인물의 만남이 이루어진 것처럼 꾸려진 상황 설정 때문에 작품 전반에 걸쳐 초월적 힘이나 세계관이 개입하고 있다고도 볼 수 있겠는데, 이 점에 대해서는 여주인공 하씨의 원혼과는 여러모로 대조되는 남주인공 양생의 의식 및 운명과 연관하여 좀 더 분석이 필요하다.

2.3. 양생의 비극적 운명과 아이러니

그렇다면 원혼과 비극적이고 덧없는 사랑을 나눈 남주인공 양생의 운명은 어떠한가? 조실부모하고 절 한 모퉁이 방에서 기식을 하고 있는 그는 서생으로서는 매우 비참한 지경에 놓여 있는 불우한 청년이다. 비록 여주인공만큼 잔혹한 세계, 운명의 질곡을 겪고 있지는 않지만 그 역시 현실 속에 자신의 존재 기반을 확보하지 못한 채 사회적 질곡 속에 인간성을 억압당하고 있는 인물이라 할 수 있다. 이러한 그는 여주인공처럼 배우자를 얻을 수 없는 절망적인 고독 속에서 사랑을 그리워하는 시를 읊조리다가 허공으로부터 좋은 짝을 얻을 수 있다는 소리가 들리자, 이튿날 부처를 향해 저포 놀이 내기를 걸고는 자기가 이겼으니 짝을 꼭 점지해 달라는 소원을 빌고 불전 아래 숨어 행운의 인연을 기다린다. 이 같은 그의 발원과 행동에는 부처의 초월적 은총을 믿는 세속적인 불교 신앙에 대한 얼마간의 이성적 회의 내지는 부처를 향한 자신의 기구(祈求) 행위에 대한 유생으로서 자의식적 장난기가 섞여 있다.[29] 그러니까 그는 짝을 얻기 바라는 간절한 소망을 이룰 어떠한 현실적 방도도 달리 없는지라 대자대비한 은총을 내린다고 믿고 싶은 부처에게 한번 구원을 바라고 의지해 보려는 마음을 갖기도 하지만, 여전히 반신반의하는 심정으로, 혹시나 하는 기적 같은 행운을 한번 기다려 보는 것이다. 그러면서도 못 미더운 부처에게 이미 정해진 일[業]이니 속여서는 안 된다고(業已定矣, 不可誑也) 또다시 다짐까지 한다.

이 같은 그에게 부처가, 또는 운명이 점지해 준 여인은 이 세상 사람이 아닌 귀녀 하씨였으니, 부처는 그를 믿고 의지하는 하씨, 불행한 원혼의 간절한 소원을 들어주었으나 그를 미더워 하지 않고 오만한 태도를 보이는 양생은 반쯤 속인 셈이다. 그러나 양생이 명부로 곧 떠날 귀녀와 이별이 예정되어 있는 비극적이고 환상적인 사랑에 빠져들게 된 과정을 좀 더 깊이 살펴보면 이것이 꼭 부처의 초월적 의지의 작용으로 이루어진 것이라고 볼 수 없다. 여주인공인 원귀 하씨는 그들의 만남을 하늘이 돕고 부처가 돌보신(天之所助, 佛之所佑) 덕택이며 초월적 운명(三世之因緣)에 따라 이루어진 것이라 믿고 있다. 허나 실제에 있어서는 고독과 소외를 벗어나고자 열망하는 두 남녀 주인공의 애욕과 적극적 의지가 그들을 운명적 만남과 사랑으로 이끌고 있는 것이니, 그들의 불행한 처지와 함께 그들의 욕망과 의지가 운명적 사랑의 원인과 조건

29) 그는 좋은 짝을 얻을 수 있다는 공중의 소리를 반신반의하며 부처의 일방적인 은총을 기대하지도 않기에 다시 내기를 걸어, 부처가 이기면 재를 올려주고 자기가 이기면 소원을 꼭 들어 달라는 불경스러운 축원을 한다. 초월적 존재인 부처를 자기와 다름없이 운에 기대어야 하는 내기 상대로 격하시키고, 대자대비한 부처에게 운명을 맡기기 앞서 내기 놀이에 운명을 걸며, 내기 놀이에 이겼다고 부처를 압박하는 그의 태도에서 부처의 초월적 은총이나 권능을 순수하게 믿고 의지하려는 경건한 신심은 찾아보기 어렵다. 임형택, 앞의 논문, 39면에서는 이에 대해 부처에 대한 일종의 기롱이라고 하였으며, 박일용, 앞의 논문, 43면에서는 인연설에 대한 이죽거림이라고 하였다.

[因緣]이 되고 있는 것이다. 양생의 운명에 대해 되짚어 본다면 짝을 만날 수 없는 고독하고 불우한 처지, 이 같이 절망적인 처지에도 불구하고 사랑을 간절하게 원하는 그의 애욕이 애당초 그로 하여금 좋은 짝을 얻으리라는 허공의 소리를 듣고[30] 현실 속에 성취되기 불가능한 소원을 부처에게 빌게 만들었으며, 이와 함께 우연에 운명을 맡기고서도 부처가 자기를 도우리라 기대하는 그의 자만이 또한 귀녀의 정체를 오판하여 맹목적 사랑에 빠지게 한 것이니, 귀녀와 사랑에 빠지게 되는 그는 이를테면 스스로 비극적 운명으로 빠져들게 되는 비극적 결함을 지닌 인물인 것이다. 게다가 하씨와 함께 지내며 그녀의 정체가 귀녀인 줄 눈치 채면서도 그녀와 점점 더 깊은 사랑에 뛰어드는 양생은 마침내 자신의 자유의지에 따라 더 이상 이 세상 사람이 아닌 그녀와 사실상 결혼을 하게 된 비극적 운명을 맞아들인다.[31]

그러나 작품의 결말에서 양생은 부처를 믿는 그녀를 위해 재를 올려 주지만, 정업을 닦아 윤회의 굴레를 벗어나라는 그녀의 유언을 따르지 않고 불교에 귀의하는 대신 입산하여 약초를 캐며 속세를 등지는 운명의 길을 택한다.[32] 이 지점에서 내세의 삶을 기약하며 스스로 현세의 욕망과 집착에서 문득 벗어나서 이제 양생에게 현실을 초월하라고 권

30) 앞서도 논했지만 현실과 비현실의 경계가 모호한 환상이 펼쳐지는 작품 세계에서 '공중'의 소리로 표현되는 초두의 초월적 계시나 말미의 초월적 구원의 傳言은 모두 작중 인물 양생의 환상 체험인지 현실 체험인지 모호하게 처리되어 있다.

31) 양생은 명계(冥界)로 떠나며 자기를 부디 잊지 말라는 하씨의 유언과 그를 사위로 여기려는 그 부모의 청을 받아들여 그녀의 장례를 치러 주고, 그녀 몫의 유산을 받았다가 이를 처분한 재물로 그녀의 명복을 비는 재를 올려 준다. 비록 망자와 그 부모의 청원을 받아들인 것이기는 하나 그녀의 남편 노릇을 한 이 같은 처사는 그의 자유의지로서 선택한 행동이다.

32) 유혼과의 사랑을 다룬 점에서 유사한 이야기인 『전등신화』 속의 「녹의인전(綠衣人傳)」의 경우 유혼과 이별한 남주인공은 작품 결말에서 승려가 되고, 비슷한 소재를 취한 「등목취유취경원기(滕穆醉遊聚景園記)」의 경우 남주인공이 입산해서 채약하는 것으로 결말을 짓고 있는데, 이 작품은 후자의 결말을 취해왔다고 볼 수 있다.

하는 불교 신자 하씨와 그러지 못하는 서생 양생과의 세계관적 차이와 긴장이 노정된다. 작가는 불행하게 희생된 원혼을 위해서는 현실을 초월하는 불교의 윤회설에 빙자하여 구원의 길을 마련해 주고 있다. 그러나 현실 속에 남아 있는 비극적 인물 양생에게는 현실을 초월하는 어떠한 구원의 길도 마련되어 있지 않다.[33] 오히려 그는 부처의 도움으로 이루어진다고 가슴 한켠으로 믿고 있던 하씨와의 환상적 사랑이 비극적으로 끝나면서 참혹하고 억압적인 현실 세계의 실체를 각성하고는 고립무원의 충격 속에서 세상과 부처를 모두 등진다. 산속으로 들어가는 양생의 결단은 현실을 초월하는 것이라기보다 세속현실과 세계를 등진다는 표현이 옳으리라 본다. 작가는 세속 세계를 등지고 절마저 떠나는 양생의 결단을 통해 초월적 세계나 진리에 의지함 없이 자기 앞에 놓인 좌절과 고독의 운명을 정면으로 마주하며 자신의 의지로서 이를 선택하고 감내하는 현세적 인간의 비극적 자세를 보여준다. 그가 다시 장가들지 않고 산속으로 들어가 약초를 캐며 종적을 감췄다는 결말에서 우리는 사랑스런 여인을 잃은 그의 한과 덧없는 사랑 끝의 허무감 또는 사랑스런 여인을 희생시키는 비정한 세계에 대한 그의 저항의식과 사랑이 가로막힌 세계에 대한 환멸을 동시에 읽을 수 있다. 반신반의 속에서도 부처의 초월적 힘의 도움을 받아 좋은 짝을 얻으리라는 그의 환상은 냉혹한 현실 세계에 대한 쓰라린 환멸과 각성을 가져오고, 원혼과의 환상적 사랑은 한과 허무를 동반하는 철저한 고독으로 그를 몰아넣는 비극적 운명의 아이러니를 보여주고 있는 것이다. 다시 결혼

---

33) 입산하여 약초를 캐며 살아가는 것은 하씨가 권유한바 정업을 닦아 해탈하는 것과는 다른 것이며, 절을 떠나는 양생의 결단은 불교적 진리에 귀의하기를 거부한 것이다. 그렇다고 "지리산에 들어가 약초를 캐며 어떻게 삶을 마쳤는지 모른다(入智異山採藥, 不知所終)"는 마지막 한 구절에서 그가 道仙의 길로 들어섰다고 추측하는 것도(최삼룡, 앞의 책, 109~113면 참조.) 작품 속 그의 언어·행동에 養生을 위한 도선적 취향이 별반 나타나 있지 않았던 점을 감안한다면 비약이다.

하지 않고 산속으로 들어간 양생은 짧고도 진한 사랑을 통해 애욕을 소진시키고 무상감 속에서 모든 욕망을 버리고 속세를 등진 것인가? 가슴 속에 한 맺힌 하씨와의 사랑을 품고 그녀를 애도하면서, 불행한 남녀에게 현실 속의 사랑과 행복을 허락하지 않는 냉혹한 사회, 꿈과 같은 사랑을 빼앗아 가는 부조리한 세계와 운명에 대해 절망하고 세속 세계를 등진 것인가? 작가는 더 이상 말해 주지 않고 작품은 홀로 산 속으로 사라지는 양생의 뒷모습을 보여주며 끝나 무한한 여운을 남긴다.

끝으로 이처럼 불행하게 희생된 원혼에 대한 주인공 양생의 애도·연민과 한스런 사랑, 그가 맞이하는 좌절과 고독의 운명, 현실세계에 대한 환멸과 둔세를 통한 저항 등은 작가 김시습 자신의 비극적 생애와 체험 및 저항정신을 연상시키고 있음을 지적해 둔다. 즉 유약한 단종을 억울하게 희생시킨 세조의 폭력적 찬탈, 이로 인한 작가의 정치적 이상의 좌절과 소외, 그리고 환멸스런 정치·사회를 등진 채 산사와 불교에서도 안심을 구하지 못하던 그의 고독한 방황과 고뇌, 그러나 끝내 이상을 포기하지 않고 현실과 타협을 거부하던 그의 저항적 의식 등이 작품의 비극적 서사 세계 속에 굴절·변형되어 투영되어 있음을 추찰할 수 있는 것이다. 이 말은 원혼 하씨가 바로 단종을 암유하는 인물이며 양생은 작가의 분신이라는 식의 단순한 대비가 가능하다는 말은 아니다. 비록 남녀 간의 사랑을 주제로 하였으나, 작가의 비극적 체험이 용해되어 있는 바, 억압과 폭력으로 소외되고 희생되는 사회적 타자들에 대한 그의 연민과 사랑, 꿈과 이상을 펼치지 못하고 사라져간 희생자들에 대한 애도, 좌절된 이상과 염원을 포기하지 않고 내면화한 한, 그럼에도 불구하고 좌절된 이상을 현실 속에 다시 실현할 수 없다는 절망감에서 오는 환멸과 고뇌, 그리고 소외와 고독을 감수하며 폭력적이고 환멸스런 현실을 거부하는 작가의 현실관이나 정서 또는 심의(心意)의 일반적 경향이 작품 세계 속에 투영되고 있다는 것이다.

3. 「이생규장전」의 낭만성과 비극성

3.1. 이상적 인물들의 낭만적 사랑과 진보적 윤리의식

「이생규장전」은 「만복사저포기」와 비극적 모티프를 일부 같이하고 있기는 하나 두 작품의 비극적 양상이나 작품 세계는 여러 모로 다른 면모를 보이고 있다. 「만복사저포기」가 밤과 함께 등장한 원혼의 한 맺힌 하소연으로 작품 초반부터 비극적 분위기를 조성하고 있음에 비해, 「이생규장전」의 작품 세계는 어떤 불행의 어두운 그림자도 드리우지 않는 밝고도 낭만적인 분위기 속에 시작된다. 젊은 남녀 두 주인공은 재예와 천품을 겸전한 멋있고 아름다운 청년들로 제시되어 있는데, 이러한 두 재자가인은 세상 사람들의 사랑과 선망을 한 몸에 받을 만큼 이상화되어 있으며, 이처럼 이들을 미화하여 제시하고 있는 서두의 시는[34] 이들의 이상적인 만남을 예기케 한다. 독자의 바람대로 시를 통해 마음을 주고받은 두 사람은 부모 몰래 여주인공의 처소에서 밤마다 사랑을 나누게 되는데, 이들이 만나는 대목 또한 규장(闚牆)을 넘는 남주인공 이생의 용감하고 모험적 행동에서 상징적으로 드러나듯이, 현실의 장애에 저촉되거나 심리적으로 구애됨 없이 매우 낭만적으로 전개된다. 여기서 자신의 감정과 욕구 또는 윤리적 이상에 충실한 주인공들은, 중세·봉건 사회의 도덕과 관습의 질곡을 과감하게 거스르며 운명을 걸고 연애를 하는 모험을 감행한다. 배경의 묘사 또한 연인의 처소로 뛰어든 남주인공 이생의 설렘과 황홀감 같은 내면 심리가 투영되어 신비감마저 깃들어 있으며,[35] 이처럼 황홀한 배경 속에서 남녀가 시로서 정

34) "風流李氏子, 窈窕崔家娘, 才色若可餐, 可以療飢腸."

35) 밀회를 위해 담을 넘어 최랑의 별원으로 들어간 이생은 자신이 선계에 들어온 것이 아닌가 여긴다(生意謂已入仙境). 이 대목에서 공간 묘사가 이생의 내면 심리를

을 나누는 주정적 분위기를 연출하며 독자의 심미적 정서를 자극하고 있다. 그러므로 이 대목은 전체적으로 그들의 모험적이고 낭만적 사랑을 미화시켜 그려내고 있으며 서술의 관심은 아름다운 시와 수사로 독자의 정서를 자극하는 데 쏠려 있다고 할 수 있다. 심미적이고 낭만적으로 채색되어 있는 이 대목의 사건 서술과 배경·심리 및 분위기 묘사 때문에 이 장면을 작품 세계 전체와 함께 주인공 이생의 환상체험의 서술로 보는 견해가 제출되기까지 이르렀는데,[36] 주체적 요구와 감정에 충실한 이 같은 전기적 낭만성은 이후 주인공들이 밤마다 사랑을 나누고, 부모의 억압을 극복하고 결혼을 성취하는 과정이나 전란으로 죽은 여주인공의 환체가 귀환하는 사건 전개 전반에 나타나는 하나의 미적 특질이나 경향을 이루고 있다. 정서적 또는 정신적 요구에 따라 현실 세계의 완고한 힘을 약화시키는 상상을 통해 억압적인 사회·현실과 맞싸우는 인간의 주체적 분투와 이상을 미화시켜 그려내고, 이를 통해 독자들에게 사회와 현실의 장애를 극복하는 용기와 열정을 고무하며

나타내고 있음에 대해서는 김문희, 「인물의 내면 소설로서 「만복사저포기」와 「이생규장전」의 독법」, 『고소설연구』 32, 한국고소설학회, 2012.12 참조. 최랑의 방에 걸려 있는 四季詩와 題畵詩들도 인물의 내면이 투사되어 심미적인 정서와 낭만적 분위기를 돋우고 있다.

36) 박일용, 「「이생규장전」의 밀회 장면에 나타난 환상성과 그 현실적 의미」, 『고소설연구』 20, 2005.12. 실제 이 장면은 『전등신화』의 「위당기우기」에서 남주인공이 꿈속에서 본 연인의 별원과 규방 풍경 같은 것을 이 작품에서 현실 속의 풍경으로 바꾸어 놓은 것인데, 별원의 모습은 「이생규장전」과 다르나 또한 아름답게 묘사되어 있고, 규방 안의 풍경은 四季詩가 걸려 있는 등 「이생규장전」의 규방 풍경과 흡사하게 묘사되어 있다. 그러나 비현실적이라 할 만큼 낭만적인 분위기를 연출하고 있다고 해서 「이생규장전」의 이 장면을 바로 주인공의 의식 내면에서 이루어지는 환상 체험이라고까지 보는 것은 천착하는 태도라고 할 수 있으며, 낭만성과 맞물려 있는 다른 한 축으로서 사회적 현실과 갈등의 구체적 실상을 반영하는 작품의 사실적 측면을 고려하지 않는 무리한 해석이라 할 수 있다. 김수연 역시 이 대목을 '경계역'으로서 환상 세계와 동등한 것으로 보고 있는 듯한데, 그보다는 오히려 김문희의 '유사 환상적 공간 서술'이라는 지적이 적절하다고 본다. 이에 대해서는 김수연의 앞의 논문 및 김문희의 앞의 논문, 84~85면 참조.

고통스런 현실로부터 해방감과 위안을 주는 것, 이것이 전기소설이 지니고 있는 낭만적 성격과 이를 통해 구현되는 그 문예 미학의 진보적 측면이다.[37)]

이 대목 이후 주인공들의 낭만적 열정과 의지는 봉건・가부장적 사회 현실의 힘에 억압당하고 그들의 사랑은 적지 않은 시련을 겪게 된다. 남주인공 이생의 장래를 염려하는 그 부친의 엄명으로 두 연인은 강제 이별을 당하게 된 것이다. 그리고 이 같은 현실 세계에 대한 저항은 가부장적 사회의 타자인 여성, 처음부터 봉건 규범을 어기고 연인을 자신의 처소로 불러들이며 그들의 사랑을 주도하고 있는 여주인공 최랑에 의해 적극적으로 이루어진다. 그녀는 목숨을 건 단식 끝에 부모를 설득하고, '巨家大族'인 그녀 부친의 간청으로 '寒儒'인 이생 가친의 허락을 얻어 마침내 결혼을 성취한다. 엄격한 봉건 가부장제의 현실적 위력이 그려지고 사회적 현실의 구체적 실상이 반영됨으로써 작품은 사실성을 띠게 되고, 이러한 가부장제의 위력과 문벌지체의 차이라는 사회 현실의 구속과 장애를 극복하는 그녀의 분투를 통해 그들의 사랑은 욕망을 향한 단순한 열정을 넘어서, 고난과 죽음을 무릅쓰고 실현해야 할 인간성으로서 귀중한 도덕적 가치를 지니게 된다.

그리고 당대 사회의 억압적 제도・인습과 도덕규범을 거스르며 죽음을 무릅쓰고라도 성취하고자 하는 여주인공 최랑의 낭만적 사랑과 분투에는 기성의 도덕관념을 넘어서는 확고한 윤리의식이 자리하고 있다. 죽음을 불사하며 목숨을 건 분투라는 점에서 그녀가 벌이는 싸움은 비극적 투쟁에 다름없는 비장한 것이라 할 수 있는데, 비극적 최후를 염두에 두고 최랑이 부모에게 고하는 말, "남녀가 서로 사랑을 느낌은 인

37) 전기소설의 낭만적 성격과 이를 통해 구현하는 문예 미학에 대해서는 필자가 다른 곳에서 잠시 논한 바 있다. 졸고, 「전기소설 〈유소랑전〉 연구」, 『고소설연구』 16, 2003.12 참조.

간의 정으로서 가장 중대한 것(男女相感, 人情至重)"이라는 선언은 중세적 속박 속에 억압되고 있던 남녀 간의 사랑, 성적 욕망에 기초한 자연스런 인간 감정을 가장 중요한 인간 본성으로 긍정하는, 당시로서는 매우 진보적인 인간관·윤리관을 천명한 발언이다.[38] 그녀의 용감하고 낭만적 사랑과 비장한 분투는 다만 젊은 정열에서 비롯된 것이 아니라, 이처럼 진보적인 인간관에 기초한 윤리의식 속의 결단에 의한 것이었음을 알 수 있다.

작가는 이들이 결혼 후에도 서로 상대방을 사랑하고 공경하니 옛 사람에 지나는 절의를 지녔다고[39] 상찬(賞讚)하고 있는데, 이는 그들이 낭만적 열정의 소유자일 뿐 아니라 도덕적 이상에 충실한 인물들임을 설명하는 말이며, 이러한 절의란 전후의 서술 및 서사 문맥으로 보아 상대방과 사랑에 대한 변함없는 충실성을 뜻할 뿐 아니라, 사회 인습이나 폭력과 같은 외부 환경의 물질적 힘에 구속되거나 굴복하지 않고 도덕적 이상에 충실하고자 하는 확고한 윤리의식을 뜻하는 것이라 할 수 있다. 그리고 이 같은 절의와 열정, 진보적 윤리사상을 아우른 그들의 사랑은 고귀하고도 완전한, 작가가 그릴 수 있는 이상적 사랑이라 할 수 있다. 그러나 작품에 구현되고 있는 이 같은 낭만적이고 열정적인 사랑과 결혼은 한국 사회의 실정으로서는 오늘날에도 그 진보성이 윤리적으로 문제가 될 수 있는 성격의 것이어서 이 역시 남성 가부장사회의 도덕·규범에 대한 문학적 저항으로 이해되어야 할 것이다.

38) 임형택, 앞의 논문(35면)에서는 '男女相感, 人情至重'의 구절을 주목하여 이 같은 '인간성의 긍정' 없이는 도덕규범을 깨트리며 밤마다 사랑을 나누는 그들의 관계가 고귀한 가치를 지닐 수 없음을 지적하였다. 이에 앞서 정병욱, 앞의 책(22면)에서는 「만복사저포기」와 「이생규장전」의 작품세계가 "중세기적 굴레에서 해방될 인간을 발견하고 인간성의 승리를 예견한" 것으로 보았다.

39) "自同牢之後, 夫婦愛而敬之, 相待如賓, 雖鴻光鮑桓, 不足言其節義也"

3.2. 비극의 미적 효과와 비극성의 심화·확대

고난을 무릅쓰고 성취한 이들의 이상적 사랑은 느닷없는 홍건적의 난으로 비극적 반전을 맞이하게 된다. 오랑캐에게 쫓기던 최랑이 그를 겁탈하려는 야만적 폭력에 항거하다가 목숨을 잃고 만 것이다. 작가 김시습이 살던 당대는 전란이 없는 시대였음에도 불구하고 「만복사저포기」에서처럼 이 작품에서도 전란을 배경으로 하여 이에 희생된 여인의 비극적 사랑을 그리고 있는 이유는 유약하고 무고한 여성을 불시에 희생시키는 전란이 현실 세계의 폭력적이고 억압적인 본질과 함께 이에 구속되는 인간 존재의 덧없음을 간명하게 드러내 줄 수 있기도 하지만,[40] 또한 전란으로 인한 돌연한 죽음과 이를 계기로 한 비극적 서사를 통해서 이 같은 현실 세계와 갈등하는 인간의 염원이나 그가 추구하는 가치, 도덕적 이상이나 윤리의식 등을 비통한 감정과 함께 선명하게 각인시킬 수 있는 미적 효과를 거둘 수 있기 때문이라 생각된다. 「만복사저포기」에서와 마찬가지로 이 작품에서도 비극의 주동인물은 전란으로 희생되는 여주인공 최랑인데, 여기서 최랑이 죽음을 마다않고 오랑캐를 꾸짖으며 항거하는 대목은 열절(烈節)이 강화된 명대 전기 『전등여화(剪燈餘話)』에서 부분적인 영향을 받고 있다고 보인다.[41] 하지만 이 같은 절의는 단순히 봉건적인 정절 관념의 소치라고 보기보다는 "개돼지의 짝이 될 수 없다."는 항변에서 드러나듯이 야만적 폭력에 맞서 인간적 존엄성을 지키려는 그녀의 의지와, 기성세대의 억압에도 불구하고

40) 여기에는 전란을 배경으로 한 『전등신화』 속의 비극적 애정전기 작품들의 영향도 작용했을 것이다.

41) 「이생규장전」에서 최랑이 오랑캐를 꾸짖다가 죽임을 당하는 대목 "寧死葬於豺狼之腹中, 安能作狗彘之匹乎"는 『전등여화』 속 〈月夜彈琴記〉에서 여주인공이 비적을 꾸짖다가 죽임을 당하는 대목 "名家婦, 豈汝犬彘耦哉…吾有死而已, 豈耦汝犬彘哉"와 사건 구성뿐 아니라 문맥 자구 상에서도 유사하다.

그녀의 사랑과 윤리관을 관철시키려한 주체적 개성에 수미일관하는 비극적 저항정신의 발로로 보아야 할 것이다.

여주인공의 비극적인 죽음에 이어지는 이야기는 옛집에 쓸쓸히 홀로 남은 이생 앞에 비명에 횡사한 여주인공이 천제(天帝)의 보살핌을 받아 환체(幻體)를 빌어 환생하여, 수년간 남주인공과 함께 생전에 못 다한 사랑을 다시 나눈다는 대목으로 이어진다. 이제까지의 작품 세계와 달리 초현실적인 환상과 초월계가 개입하고 있는 것인데, 천제의 보살핌은 몇 마디 경위 설명으로 지나가고 있으니[42] 이는 다만 서사의 진행을 위한 보조적 기능을 할 뿐이다. 중요한 것은 유혼(幽魂)의 환체가 등장하여 현실과 다름없는 부부 생활을 연장했다는 부분인데 비록 예술적 환상이지만 이들의 재회는 절실한 인간적 염원을 담고 있기에 쓸쓸한 정황과 심리 묘사에 어울려 정서적 진실성을 획득하고 있다. 이는 「만복사저포기」의 서사 구조에서 중심 기능을 하기도 하는 '명혼(冥婚)' 모티프와 동궤의 것으로서, 전술한 바대로 현실 세계의 횡포에 의한 좌절에도 불구하고 의식 내에서는 횡포한 현실에 굴복하기를 거부하는 인간의 비극적 염원을 담고 있으며, 망자의 한을 풀어주려는 '해원(解寃) 의식'의 소산으로 이해될 수도 있다. 해원의 측면에서 말하자면 우선 비명에 횡사한 여주인공 최랑의 억울한 한과 쌓인 염원을 풀어내는 것이겠으나, 전란의 횡액으로 사랑하는 아내를 불시에 잃고 혼자 살아남은 남주인공 이생의 한과 그리움, 자책감이나 부채의식이 또한 그녀의 환체를 불러들였다고도 볼 수 있다.[43] 즉 그녀의 해원은 또한 좌절과

---

42) "天帝以妾與生緣分未斷, 又無罪障, 假以幻體…."

43) 이런 측면에서 본다면 여주인공이 환체로 다시 나타나는 것은 이생의 환상체험이라고도 볼 측면이 있으나 작품에서 환체로 돌아온 그녀 덕분에 양생은 부모의 유골을 수습해 장례를 치르고 금은과 재물을 되찾아 새로운 살림을 시작할 수 있었으니 이는 그의 의식 내적 체험만이라고 볼 수 없다. 환상문학론에서 거론되고 있듯이 「만복사저포기」를 비롯하여 『금오신화』나 전기소설 속의 판타지는 이렇게

상실의 고통 중에 있다가 그녀를 다시 만나 끊어졌던 사랑을 함께 나누는 남주인공에게도 그녀 못지않은 위로와 기쁨을 안겨주고 있다.[44] 또한 이러한 사건 전개는 슬픔과 두려움(또는 연민과 공포) 속에 좌절의 고통을 함께 느끼는 독자에게도 잠시 정서적 위안을 주고 있으니 여기서 우리는 가장 비극적인 「이생규장전」에도 한 줄기 위무의 정신이 관류하고 있음을 볼 수 있다.

그러나 아내를 다시 만나 비극적 고통으로부터 구원을 받고 위로를 받는 날도 한계가 있어서 아내는 마침내 사랑하는 남편을 남겨두고 저승길로 갈 수 밖에 없는 비통한 심정을 전하며 명계(冥界)로 떠나간다. 생사의 경계까지 넘어서까지 사랑을 이어 보려던 염원이 또다시 좌절되니 비극은 더욱 심화된다. 전란이라는 돌발적 폭력에 의한 비명의 횡사는 정서적으로 거부되어 해원을 통한 일시적 구원이나마 바랄 수 있었으나, 유한한 인간이 죽음으로 향해 갈 수 밖에 없는 존재론적 비극은 인간적 염원과 온갖 분투에도 불구하고 구원이 근원적으로 불가능함을 보여주고 있는 것이다. 그리고 아내의 유혼을 만나 부모의 시신을 찾아 장례까지 치르는 은혜를 입고 오직 그녀와 사랑하며 살기 위해 세상과 관계를 끊고 지내던 남주인공은 아내가 영원한 죽음의 세계로 떠나가자 장례를 치러 주고는, 난리 통에 아내를 잃었던 전날보다 더 깊은 고독과 그리움 속에 병들어 죽게 된다. 그에게 있어서는 사랑하는 아내 없는 삶과 세계는 무의미한 것이어서 이제 삶은 슬픔과 그리움의 고통 밖에 없는 것이라, 차라리 죽는 것이 고통을 끝내는 것이니 비극은 이로써 완성된다.

현실과 비(초)현실의 경계에서 양자를 넘나드는 것을 특유의 환상 미학으로 삼고 있다.

44) 해원 의식은 망자의 한을 풀어 원혼을 위로하려는 염원뿐 아니라, 궁극적으로 망자를 떠나보내는 살아 있는 자들의 한과 부채의식을 풀고 스스로 위안을 얻으려 하는 염원이 복합된 것이라 할 것이다.

이 작품이 「만복사저포기」보다 비극적이라고 평가될 수 있는 이유는 남녀 주인공이 차례로 고통과 슬픔 속에 죽음을 맞이하게 된다는, 그 암담하고 처절한 결말에서 찾아진다. 만약 여주인공이 「만복사저포기」에서처럼 현세를 초월한 내세의 삶을 기약한다든가, 「취유부벽정기」에서처럼 두 남녀 주인공이 초월계에서의 재회를 기약할 수 있다면 덧없는 현실 속의 소망과 좌절, 이로 인한 고통과 슬픔 같은 비극성은 그만큼 해소되거나 약화될 것이다. 또한 짝을 잃은 남주인공에게 죽음을 초월하고 귀의할 종교나 진리가 찾아질 전망이 선다고 해도 비극성이 해소되고 약화되는 사정은 마찬가지일 것이다. 「이생규장전」 외의 다른 『금오신화』 작품에 비극은 없다는 주장은 여타의 작품에는 이 같은 기약이나 전망이 나타나 있다고 판단했기 때문에 나온 것이라 생각된다. 인간과 현실 세계를 초월하는 관념이 개입하는 한 순수한 비극은 성립하기 어려우며, 비극성이 "인간의 문제를 인간 세계 속에서 해결하려는 현실주의적 인생관 · 세계관에 근거하고 있다"는[45] 주장은 옳다. 비극의 정신은 기본적으로 인간의 요구와 배치되는 객관적인 현실 세계의 실상과 고통스러운 삶의 문제를 정시하려는 점에 있어서 삶과 세계의 객관적 인식과 재현을 지향하는 리얼리즘 정신과 상통한다.

「이생규장전」의 처절한 비극성은 그러나 앞서 살핀 바의 진보적 낭만성과 결합되어 있다. 세상 모든 사람들의 사랑을 받을 만큼 흠 없이 아름다운 두 주인공과 그들의 이상적인 사랑이 잔혹한 세계의 폭력, 비정한 운명에 의해 속절없이 좌절되고 희생됨으로써 독자를 비통 속에 몰아넣는 것이다.[46] 재덕과 아름다움을 겸비한 청춘 남녀의 삶이 너무도 덧없이 끝나기에 당대 사회 · 현실과 도덕규범의 구속과 장애를 넘

45) 임형택, 앞의 논문, 38면.

46) 여기서 말하는 '비통'이란 고전연구가나 미학자들에 의해 여러 논란이 이루어지고 있는 '연민과 공포'의 감정을 아울러 지칭하는 말로 쓰고자 한다.

어서려 한 그들의 사랑은 더욱 아름답고 귀중한 것으로 각인되고, 인습을 넘어서는 그들의 사랑이 너무도 아름답고 고귀하기에 젊은 그들의 돌연한 죽음은 더욱더 안타깝고 슬프며, 그들을 희생시키는 폭력적인 세계와 비정한 운명은 그만큼 두렵고 원망스러운 모습으로 다가온다. 또한 「만복사저포기」도 그러하듯이 원혼의 환체를 불러들이는 환상을 통해 부조리한 현실 세계의 횡포는 첨예하게 부각되고, 환상을 통해 실현되는 사랑의 갈망과 행복을 향한 인간적 염원은 냉혹한 현실 속의 비극적 좌절과 고통을 안고 있기에 보다 절실하고 고양된 진실성을 얻게 된다.

「이생규장전」은 『전등신화』 『전등여화』의 여러 작품에서 영향을 받은 흔적을 찾아볼 수 있으니[47] 그 낭만성에도 불구하고 「이생규장전」 만큼 통절한 비극성을 띤 작품은 이들 작품 중에 별로 없다고 보인다.[48] 그것은 현실의 억압이나 장애와 맞싸우는 청춘 남녀의 아름다운 사랑

47) 장면과 모티프, 사건과 문구 등 여러 갈래로 원용을 했는데 『전등신화』에서 6편, 『전등여화』에서 5편 등 11편의 영향을 찾을 수 있다. 정밀하게 검색하면 더 많은 작품의 영향을 찾을 수도 있을 것이다. 「만복사저포기」 또한 「이생규장전」과 마찬가지로 『전등신화』뿐 아니라 『전등여화』의 여러 작품에서 영향을 받고 있는데, 기왕의 연구에서 밝혀진 것과 필자의 눈에 띈 작품 수를 합하면 두 작품집에 걸쳐 15작품 이상의 직접적 영향을 찾아볼 수 있다. 본고는 전대 중국 전기들의 『금오신화』에 대한 영향이나 양자의 비교 연구에 특별한 관심을 두지 않으나 이런 점을 지적해 두는 것은 작가 김시습이 전대의 중국 전기를 숙독하며 그 미학을 투철하게 이해한 소양 위에 『금오신화』를 창작했으며, 여기에는 『전등신화』뿐 아니라 『전등여화』의 영향도 적지 않고, 이 같은 전대 전기와의 상호텍스트성을 작가는 즐겨 자인하며 창작에 임했음을 상기해 두기 위해서이다. 『전등여화』와 『금오신화』의 비교 연구로는 김수연, 「『금오신화』와 『전등여화』의 애정전기 비교 연구」(『우리어문연구』 32권, 2008) 등이 있으며, 「만복사저포기」와 『전등신화』의 상세한 비교 연구로는 근자의 전성운, 앞의 논문과 엄태식, 「『전등신화』와의 비교를 통해 본 「만복사저포기」」(『고소설연구』 25, 2008.6) 등이 있다.

48) 애정 전기는 대개 다소간의 낭만성을 지니고 있으며 비극적인 애정 전기는 비극성과 낭만성이 교합되어 있다 할 수 있다. 애정전기의 비극성과 낭만성, 이것이 교합된 비극적 낭만성에 대해서는 전계한 졸고, 「전기소설 〈유소랑전〉 연구」 참조.

또는 인간성의 주체적 실현을 향한 그들의 염원과 의지가 전란이라는 현실의 폭력을 통해 느닷없이 좌절을 겪을 뿐 아니라, 다시 생사의 경계까지 넘어 사랑을 나누고자 하는 그들의 거듭된 분투에도 불구하고 불가항력적인 현실세계와 운명의 횡포에 의해 마침내 그것이 좌절되고 패배하는 과정을 그림으로써 독자에게 비통한 감정을 한층 더 깊이 느끼게 하고 있기 때문이다. 거개의 비극적 애정전기 작품이 사랑을 위해 분투하던 주인공이 전란 등 현실적 장애로 인해 희생되는 비극적 사랑을 그리거나, 命數가 정해져 있는 유혼과의 비극적 사랑을 그리고 있음에 비해 이 작품에서는 세 차례의 시련, 두 번의 비극이 중첩되어 비극성이 심화・확대되고 있다는 것이다.

작가는 이 비극적인 이야기의 끝에 붙이기를 "이야기를 들은 이는 모두 가슴 아프게 슬퍼하며 그 의(義)를 사모하였다(聞者莫不傷歎而慕其義焉)"고 하였다. 「이생규장전」의 작품 세계는 독자에게 비통한 감정과 함께, 사랑과 이상에 충실하려 했던 주인공들의 고귀한 정신과 절의를 되새기면서 애도하는 마음을 불러일으키리라는 것이다. 그러므로 「만복사저포기」와 마찬가지로 이 작품에도 억압적이고 폭력적인 현실세계에 굴하지 않는 그의 비극적 저항정신이나 인간성의 자유로운 실현을 갈망하며 시대를 앞서갔던 그의 진보적 윤리의식, 그리고 중세사회의 역사적 질곡 속에 사랑에 대한 염원과 한을 품고 사라져간 당대의 불행한 희생자들에 대한 애도의 정신이 투영되어 있다고 할 수 있다.

4. 결어

「만복사저포기」와 「이생규장전」은 『금오신화』의 다섯 작품 중 특히 비극성이 돋보이는 작품들이다. 본고에서는 두 작품의 비극미를 중심으로 환상과 현실, 낭만성과 비극성이 교직된 그 미학적 특징과 함께 작품의 의미와 구조 등을 재검토하면서 이를 전기의 양식적 전통과 작가의식 및 세계관의 문제와 연관하여 논의해 보았다. 기왕의 연구에서 논의가 미진했던 논점들에 대해 본고의 논구에서 보완하려한 부분을 간추리면 대략 다음과 같다.

작가가 살았던 당대는 전쟁이 없었던 시대였음에도 두 작품에서 전란에 희생된 여인의 비극적 사랑을 그리고 있는 것은 전란이 중세사회라는 역사적 조건 속에 있는 현실의 폭력적이고 억압적인 본질과 함께 인간 존재의 덧없음을 간명하게 드러내 줄 수 있는 한편, 전쟁으로 인한 허망한 죽음과 이를 계기로 한 비극적 서사를 통해서 그 같은 현실세계와 갈등하는 인간적 염원이나 가치관, 도덕적 이상이나 윤리관 등을 비통한 감정 속에서 더욱 선명하게 각인시킬 수 있는 미적 효과를 거둘 수 있기 때문이다.

'원혼의 사랑'이라는 전승 모티프를 소설화한 「만복사저포기」는 환상과 결합된 비극적 서사를 통해 여성을 억압해 온 중세 가부장제 사회와 도덕규범에 대해 항의를 제출하는 한편 중세적 질곡 속에 가둬졌던 여성의 욕망과 인간성의 해방에 대한 염원을 적극적으로 구현하고 있다. 그리고 이 같은 작품 세계에는 억압과 폭력으로 소외되고 희생되는 당대 여성의 운명에 대한 작가의 연민과 함께 비극적 염원을 안고 사라져 가는 희생자들에 대한 애도의 정신이 투영되어 있으며, 세속현실을 등지고 절마저 떠나는 남주인공의 비극적 결단에는 환멸스런 현실과 초월적 세계를 모두 부정하는 작가의 한과 고뇌가 투영되어 있다.

이상적 인물들을 내세워 당대 사회의 억압적 제도·인습과 도덕규범을 거스르는 낭만적이고 진취적인 사랑과 분투를 그리고 있는 「이생규장전」의 전반부에는 남녀의 사랑을 가장 중요한 인간 본성의 발현으로 긍정하는, 당시로서는 매우 진보적인 인간관·윤리관이 천명·구현되고 있다. 작품의 낭만성이 지닌 이러한 진보적 계기는 작품 후반의 비극성과 결합하여 더욱 선명하게 각인되고 있으며, 또한 전쟁으로 인한 이상적 사랑의 좌절과 생사의 경계를 넘어선 환상적 사랑의 좌절이라는 비극이 연속·중첩됨으로써 작품의 비극성은 심화·확대되고 있다. 그리고 「만복사저포기」와 마찬가지로 이 작품에도 억압적이고 폭력적인 현실 세계에 굴하지 않는 작가의 비극적 저항정신이나 인간성의 자유로운 실현을 갈망하며 시대를 앞서갔던 그의 진보적 윤리의식, 그리고 중세사회의 역사적 질곡 속에 실현할 수 없는 이상과 염원을 품고 사라져간 당대의 불행한 희생자들에 대한 애도의 정신이 투영되어 있다.

이들 작품에 등장하는 원혼의 사랑이라는 초현실적 환상은 중의적인 성격을 지니고 있어, 여성에게 가해지는 중세 사회 현실의 억압과 전쟁의 폭력을 동시에 문제 삼으면서 이 같은 역사적 질곡에 저항하는 비극적 갈등과 분투를 보여주고 있으며, 작품의 중심을 이루고 있는 이 같은 비극성은 비록 환상과 교직되어 있으나 현실주의적 세계관에 기반하고 있다. 전통적인 해원의식의 소산이라고도 할 이 같은 환상은 한편으로 비극적 상황으로부터 구원과 위무를 가져다주는 예술적 기능을 하기도 하는데, 이때 이루어지는 초월적 세계관의 개입은 비극적 분투를 매개하는 보조적인 서사 장치로서 기능하거나 종교적 구원의 의미를 부가시키며 비극성을 일정하게 해소·완화시키기도 한다.

이상 작품론을 병행하며 본고에서 논의한바 두 작품의 비극성이나 환상성, 낭만성 및 이것들이 교직된 구조적·미학적 특징들은 『금오신화』와 상호텍스트적 연관을 맺고 있는 전대 중국 전기 작품들에서도 산견되는 전기 소설의 양식적 속성이나 자질들이기도 하다. 본고의 주된 관심사는 아니나 두 작품과 이들에 직접 영향을 끼친 『전등신화』나

『전등여화』의 작품들을 소략하게 비교해 본다면 「만복사저포기」에서는 전란에 희생된 비극적 주인공의 내면적 고뇌를 집중적으로 조명하고 「이생규장전」에서는 비극적 갈등을 중첩시키는 등 『금오신화』의 두 작품에서는 비극성을 강화시키며 독자의 정서적 몰입을 유도하고 있다. 또한 두 작품에서 환상은 전대의 전기 작품에 잔존하고 있던 설화적 신이성이 감쇄·탈각되며 나타난다. 대신에 현실과 환상의 결합 또는 현실 세계로부터 환상 세계로의 진입이 주인공의 의식 속에서 정서적·심리적 리얼리티를 지니며 자연스럽게 이루어지는 방향으로 전대 전통을 계승하여 작품의 현실감을 제고하고 있다. 이런 점들은 전대 전기의 소설적 성취를 『금오신화』가 적극 계승·발전시킨 결과라 볼 수 있으며, 전대 중국 작품에 비해 전란을 배경으로 한 사회·역사적 현실의 구체적 반영이 줄어드는 대신 비극미와 환상 및 낭만성의 농축된 결합으로 진보적 주제의식이 선명하게 부각됨을 볼 수 있다. 이런 점에서 전대의 수많은 작품으로부터 영향을 받고 있는 두 작품은 그야말로 법고창신의 전범을 이루고 있으며, 소설 수법이나 문체에 있어서도 점철성금의 지경을 이루고 있다 할 수 있다.

『금오신화』의 작품 세계와 전기 미학에 대한 그간의 논의들을 보완하려는 의도에서 애초 구상된 본고는 비극성이 짙은 두 작품에 대한 논의로 한정되고 말았다. 그러면서도 거듭 논의되어 왔던 두 작품, 특히 「이생규장전」에 대해서는 적절한 압축적 논의가 필요했으나 작품 세계에 대한 구체적 검토가 기왕의 연구를 수렴하며 지리해진 감이 있다. 다만 개별성이 강한 『금오신화』의 여러 작품 중 두 작품은 비극성이나 주제의식, 전란으로 희생된 원혼의 모티프 등에서 비교적 공통성이 두드러지는 편이기에 함께 논의될 필요가 있었다. 그러나 억압적 현실과 맞싸우는 주인공의 분투나, 좌절에 대한 비통의 정, 혹은 희생에 대해 애도하는 마음이 미약하거나 또는 초월적 지향 속에 희석되고 있는 『금오신화』 속의 다른 작품들은 비극성이 두드러지는 두 작품과는 다소간 다른 서술의 지향이나 미적·정서적 양상을 보이고 있으므로 이에 대해서는 작가 의식이나 미의식의 또 다른 측면을 좀 더 주목하여 논의될 필요가 있으리라 본다.

전기소설「최랑전(崔娘傳)」연구

Ⅰ. 서론

「최랑전(崔娘傳)」은 전기(傳奇) 체재를 갖춘 이조 후기의 한문소설이다. 효종조(孝宗朝)를 배경으로 한 이 작품은 사대부 인사와 기연(奇緣)을 맺었던 한 천출(賤出) 미녀의 기구한 운명을 그리고 있는데 그 내용이 자못 비극적이다. 작가를 알 수는 없으나 그 문체로 보아 전기소설(傳奇小說)의 전통에 익숙해 있고 한시·문에 두루 능통한 문재와 함께 상당한 정도의 학식을 겸비한 문사의 저작물로 보인다.

이즈음 단편소설 정도의 분량으로 된 이 작품은 현재 2종의 이본이 확인되고 있는데, 그 하나는 이수봉(李樹鳳) 선생 소장본이고 다른 하나는 김동욱(金東旭) 선생 소장본이다. 이수봉본은 가로 11자 세로 29자 총 14면의 필사본인데,[1] 문헌을 통해 창작이나 필사 연대를 추정할 수 없음은 유감이다.

김동욱본은「상사동전객기(相思洞餞客記: 英英傳)」등과 함께 수록되어 있는 필사본인데 이수봉본과 비교하여 몇 군데 자구 상의 차이가

---

1) 작품은 영남지방의 용사사적(龍蛇事蹟) 기록 등과 함께 한 권에 합철되어 수록되어 있다. 귀중한 자료를 후학에게 제공해 주신 이수봉 선생의 학덕에 감사드린다.

있으나 전체 내용은 동일하다.[2)] 이 두 가지 이본의 존재로 미루어보아 당시에는 필사를 통해 어느 정도 유포되고 있던 작품으로 짐작되는데 아직 학계에는 작품의 존재조차 잘 알려져 있지 않은 실정이다. 따라서 본고에서는 작품에 대한 논의에 앞서 우선 작품 내용의 경개를 제2장에서 소개해 두고자 한다.

그런데 한편의 전기(傳奇) 체재를 갖추고 있음에도 불구하고 이 작품의 서술 문맥에는 전기적(傳記的) 서술의 흔적이 강하게 남아 있어 문헌을 두루 살펴본 결과 작품의 주인공과 주요 사건의 일부가 역사 기록에도 나타나는 사실임을 확인할 수 있었다. 따라서 본고의 제 3장에서는 작품이 유래하게 된 사실적 전거를 밝혀 원전의 창작 배경과 내용의 전기적 측면에 대한 이해에 일조를 하고자 한다.

비록 실존인물의 전기적 사실에 전거를 두고 있으나 이것이 소설화되어 있는 까닭에 이 작품은 「운영전(雲英傳)」 「영영전(英英傳: 相思洞餞客記)」 등의 작품과 마찬가지로 재자가인(才子佳人)의 기연을 중심 결구(plot)로 한 이른바 애정(염정)류의 전기소설로 볼 수 있다. 본고의 제 4장에서는 작품 분석을 통해 이 점을 확인하면서 전기소설로서 「최랑전」이 가지는 문예적 가치와 서사적 특성을 논의해 보고자 한다. 물론 이 같은 논의는 앞으로 더 확충되어야 할 것이며 본고에서는 傳記的 사실에 傳奇的 허구가 가미된 이 작품의 특수한 양상을 고려하면서 문제에 접근코자 한다.

「최랑전」이 가질 수 있는 소설사적 가치는 이러한 논의를 종합하는 결론부에서 가려질 수 있을 것이다. 傳奇와 傳記의 전통이 접맥되어 온 소설사의 한 측면이 이 작품의 존재로 인해 좀 더 분명하게 밝혀질 수

---

2) 김동욱본은 현재 정신문화연구원 도서관에 복사 필름이 수장(收藏)되어 있으며, 이수봉본과 동일한 원문에 필사자가 자구의 개삭(改削)을 가한 흔적이 보인다. 본고에서 작품을 인용할 때는 원본에 가깝다고 추측되는 이수봉본에 의거하기로 한다.

있기를 기대한다.

II. 작품의 경개(梗槪)

이제 작품의 줄거리를 사건 전개의 주요 국면에 따라 몇 가지 단락으로 나누어 간추려 보면 다음과 같다.

서두(인물・상황의 제시)

최랑은 계림부(鷄林府) 남촌(南村)에 사는 무학생(武學生) 헌(獻)의 무남독녀이다. 아비는 일찍 죽고 홀로된 어미는 외동딸 최랑에 사랑을 쏟으며 잔명을 의지하고 살았다. 가계는 부요하여 동도(東都)에 으뜸이었고 낭(娘)은 나이 열셋에 염태(艶態)가 절인(絶人)하니 동도 사인(士人)들이 구혼[卜妻]하는 자 많았으나 어미는 딸의 자색과 재부를 믿고 소년 잠조(簪組)로 그 짝을 구하려 했다.

발단 : 추쇄령과 천출 가인의 수난

때에 조정에서는 노비 추쇄령(推刷令)을 내리고 열읍(列邑)에 어사를 파견하여 공천(公賤)을 추복(推覆)하는데 그 시행이 자못 엄급(嚴急)하여 비록 호족(豪族)・영환자(榮宦者)라도 그 선세(先世)에 한번 공천에 연루된 자가 있으면 반드시 관부에 나와 조사를 받게 되었다. 최랑의 조모 또한 천적(賤籍)에 올랐었던 까닭에 자손에게 누가 미치게 되니 최랑은 관부에 잡혀 들어가 점렬(點列)하게 된다. 최랑의 절색은 이내 계림부백(鷄林府伯)의 눈에 띄게 되고 부백은 그녀를 동정하나 구출할 길이 없었다.

기봉(奇逢) : 풍류태수의 구원

그때 곡강(曲江) 태수 이여택(李汝澤)이란 인물이 부백(府伯)을 방문

하러 왔다가 부정(府庭)에 있는 최랑을 한번 보고 심취(心醉)하여 혼인할 것을 결심한다. 그는 해서(海西) 출신의 경화호족(京華豪族)으로 부백과는 형제의 의를 맺을 만큼 절친한 처지라 곧 부백에게 자신의 대비(代婢) 3구(口)로 최랑을 속신(贖身)할 것과 아울러 중매를 주선해 주기를 부탁한다. 부백이 흔쾌히 승락하고 최랑의 어미를 불러 그 뜻을 전하니 어미는 오히려 은혜에 감사하며 곧 혼사를 결정한다. 태수는 임지(곡강)로 돌아오나 최랑을 그리워하는 마음에 정사(政事)를 폐할 지경에 이른다.

결연

기다리던 혼인날이 다가와 태수가 계림의 최랑가에 도착하니 최랑모는 풍족한 재물로 성대한 잔치를 벌이고 태수는 최랑모에게 딸에 대한 사랑을 저버리지 않겠노라 맹서한다. 이윽고 초야를 맞아 침실에 드나 아직 나이 어린 최랑은 합환의 정을 제대로 알지 못하고 부끄러워한다. 태수는 할 수 없이 후일을 기약하며 이튿날 증별시를 남기고 임지로 다시 떠난다.

이별 : 태수의 귀향

임지에 돌아온 태수가 오매불망하던 정인(情人)을 다시 찾아가려 할 즈음 공사(公事)로 파직을 당해 귀향을 하게 된다. 태수가 최랑가에 들러 동행을 재촉하자 그 어미는 아직 딸의 나이 어리니 몇 해 말미를 주어 자기 옆에 있게 해달라고 간청하니 태수는 하는 수 없이 1년을 말미로 허락한다. 밤늦도록 정화(情話)를 나눈 후 이튿날 태수는 떠나니 최랑 모녀는 눈물로 송별한다.

고난 끝의 재회

태수가 떠난 지 2년이 넘었으나 최랑가에는 소식이 끊어진다. 경화호족의 덧없는 풍정(風情)을 원망하며 최랑 모녀가 한숨 속에 나날을 보낼 즈음 태수의 기별이 온다. 관서(關西)의 안주(安州) 통판(通判)으로 제수되었으니 급히 상경하여 안주로 동행하자는 것이다. 최랑의 집안은 크게 기뻐하나 그도 잠시, 이제 모녀간에 이별을 당하게 되니 기쁨은 도리어 한이 되고 만다. 최랑은 길을 떠나 고향 집을 돌아보며 통곡하고 12일 만에 경성(京城)에 도착하니 통판은 부임 날짜를 지체할 수 없어 먼저 안주로 떠나고 없었다. 경성서 하루를 묵은 최랑은 곧 관서로 향하여 풍찬노숙(風飡路宿)을 마다 않고 길을 재촉하니 다시 13일 만에 안주에 도착할 수 있었다. 통판이 정인을 만나보매 꽃 같은 안색은 시들고 옥 같은 자태는 여위어 옛 모습을 찾을 길 없게 되었다. 그 동안 버려져 애한(哀恨)에 지친 소녀에게 수천리 여독이 겹쳐진 까닭이니 통판은 모든 것이 자신의 탓이라고 안스러워한다.

재이별 : 의외의 재난과 유락(流落)

최랑의 비운은 그러나 여기에서 그치지 않으니, 안주에 부임한 통판이 공사를 다스리다가 아전[頑悍吏]을 장하(杖下)에 치사(致死)케 한 사고를 내었는데 최랑이 안주에 도착한 마침 그날, 사자의 족당(族黨)들이 칼을 뽑아들고 통판의 관아에 쳐들어 온 것이었다. 통판은 황망 중 겨우 몸을 빼내어 밤을 도와 서울로 달려가 변사(變事)를 조정에 아뢰니, 조정의 의론은 통판을 즉시 임소로 환관(還官)시켜 간당(奸黨)을 뿌리 뽑으라는 것이었으나, 흉봉(凶鋒)을 두려워하는 통판은 재임(再任)을 유예한다. 한편 변고를 당한 최랑은 봉인(鋒刃)은 겨우 피했으나 통판이 창황 중에 안주를 떠나고 나니 객지에 어디 한 곳 몸 둘 데가 없어 솔거노자(率去奴子) 한 명과 더불어 이튿날 새벽, 함께 말을 타고 난(亂)을 도망해 돌아올 수밖에 없었다. 15세 약질(弱質)로 오직 인연을 따라 관서 타향에까지 이천여 리를 달려왔으나 또다시 흉액을 만나 천리 험로를 죄 없이 도망쳐 되돌아오자니 그녀는 이제 박복한 자신의 운명에 절망하여 통곡하게 된다.

계절은 초겨울, 관서의 풍상을 맞으며 음식조차 마다한 채 지칠대로 지친 몸을 이끌고 서울 근교에 간신히 도착한 그녀는 마침내 중병을 얻게 된다.

사별(死別)

경성서 유예하고 있던 통판이 병든 정인을 노변에서 만나니 비록 그 살아 돌아온 것이 기쁘기는 하나 이제는 그 빈사의 중병이 염려스러운지라 안주 환관을 잠시 뒤로 미루고 우선 정인의 병간(病看)에 힘쓰려 한다. 그러나 최랑은 이미 기식(氣息)이 엄엄(奄奄)하여 마지막으로 정인의 육신이라도 한번 품어보고 싶다는 애절한 소원을 남기며 죽어가니 통판은 시신을 부여안고 통곡한다.

대단원

통판은 그러나 이제 더 이상 왕명으로 받은 안주 환관의 길을 늦출 수 없게 된다. 간략한 장례로 송추(松楸) 부근에 최랑의 시신을 묻고 원혼(冤魂)에 사죄하는 제문을 지어 고인의 명복을 빈 통판은 노자(奴子)를 시켜 최랑가에 부고를 하고 삼년상을 부탁한다. 딸을 이별하고 슬픔 속에 나날을 보내던 최랑모는 부고를 받고 혼절한다. 자신의 죄업으로 딸의 운명을 그르쳤다고 생각하는 모친은 출입을 끊고 삼년상을 마친 후 자결을 기도하기도 하나 주위의 구출로 뜻을 이루지 못한다. 그 후 낭의 모친은 딸의 유해를 고향 선롱(先壟)에 이장하니 동도[慶州] 사인들이 그 죽음을 가련하게 여기고 그 모친을 위해 초혼사(招魂辭)를 지어준다.

III. 전기적(傳記的) 요소를 통해 본 작품의 창작 배경

천출 미녀의 비극적 생애에 대한 이야기를 사대부층 인사와의 기연을 중심으로 엮어내고 있는 이 작품은 앞서 말한대로 전기적(傳記的)

사실을 토대로 하여 여기에 허구와 문식을 가미시켜 한 편의 전기적(傳奇的) 형태의 소설로 꾸며낸 작품이다. 전기소설(傳奇小說)로서의 성격에 대해서는 잠시 뒤로 논의를 미루기로 하고 여기서는 작품 배경의 이해를 위해 우선 전기적(傳記的)·사실적(事實的) 측면에 대해 살펴보기로 하자.

우선 등장인물의 활동 무대인 작품의 지리적 배경을 살펴보면 최랑의 고향 '계림(鷄林)'은 경주(慶州)의 고호(古號)요, 태수의 임지 '곡강(曲江)'은 지금의 영일(迎日) 부근, 남으로 경주부와 접해 있는 흥해군(興海郡)의 고호이다.[3] 작가는 다만 소설적 분위기를 조성하기 위해 지명에 고호를 쓰고 관명에 있어서도 현실과 거리감을 갖게 하는 중국식 고호를 속칭으로 썼던 것이다. 그러나 남녀 주인공의 기연이 이루어져 전기적(傳奇的)·낭만적 분위기가 조성되던 작품 초반의 무대 계림·곡강을 제외하고는, '경성'이나 관서 북단의 '안주(安州)' 다시 경성부근의 '송추(松楸)' 등지로 옮겨지는 작품의 주요 무대는 사건의 실재성을 부각시키는 현실의 지명 그대로 구체적으로 명시되어 있다.

뿐만 아니라 작품에는 사건의 역사적 배경 또한 명확하게 기술되어 있으니 주인공 최랑을 기구한 운명의 길로 떨구어 넣은 노비 추쇄령[4]이 바로 그것이다. 효종 6(1655)년에 시작된 이 추쇄령은 정조대까지 여러 차례 시행되었으나 왕명으로 추쇄도감(推刷都監)을 설치하고 각지에 어사까지 파견하여 추쇄의 실무를 관장케 한 이 효종조의 첫 추쇄령이 가장 엄하게 시행 되었다 한다.[5]

3) 『동국여지승람(東國輿地勝覽)』 권23, 「경주부(慶州府)·흥해군(興海郡)」조 참조.

4) 종량노비(從良奴婢)와 그 자손들을 추적하여 다시 노비신분으로 묶어 두려한 것이 노비추쇄령인데, 이는 노비의 종량(從良) 추세가 급격히 확대되던 효종조(17세기 후반) 이후 해를 걸러 가며 계속 시행되었던 국령(國令)이었다. 노비추쇄령에 대해서는 전형택, 「조선후기 노비 신분변동 연구」(서울대 박사학위논문, 1986) 및 정석종, 『조선후기 사회변동 연구』(일조각, 1983) 등 참조.

그런데 이 작품의 서두에 노비 추쇄령이 내리는 과정을 서술한 구절을 보면 “열읍(列邑)에 수의(繡衣: 御史)를 분송(分送)하여 공천(公賤)을 추복(推覆)하는데 그 거행이 지극히 삼엄하다”[6]고 했으니 이는 바로 효종 6년의 첫 추쇄령을 이르는 말인 것이다.

그러니까 작품의 주인공 최랑은 그 선대에 이미 종량(從良)하여 죽은 아비가 무학생 신분이었고 가계도 남부럽지 않을 정도로 부요했음에도 불구하고 그 조모가 본시 공천 출신[7]이었던 관계로 당시의 지엄한 추쇄령에 걸려 그만 환천(還賤)의 곤액을 맞이할 위기에 처한 것이다.

그런데 곤경에 처한 최랑을 사랑한 나머지 큰 대가를 치루며 구해준 이가 사건 당시 곡강(흥해) 태수(군수)로 재직하던 이여택이란 인물이다.[8] 그렇다면 이처럼 실제 역사가 개입되어 있는 사건을 서술하는 마당에 서술자(작가)가 관직과 성명을 구체적으로 밝혀 놓은 곡강태수 이여택은 사건 당시 실재했던 인물이 아니겠는가? 이 같은 생각으로 흥해고읍지(정신문화연구원 장서각문고)를 찾아보았더니 역대 군수의 성명을 차례로 나열해 놓은 절목(節目) 가운데 과연 이여택이란 이름이 섞여 있다.

그런데 작품을 보면 이여택은 추쇄령이 내린 해(효종 6년) 최랑과 인

---

5) 그 이후로는 도감(都監)을 폐지하고 추쇄의 실무도 지방관에 맡겨 차츰 유명무실해진 이 추쇄의 국령은 정조 2(1778)년에 마침내 폐지되고 말았다(위의 책 참조).

6) “適値朝家推刷之擧, 分送繡衣于列邑, 推覆公賤, 至嚴且急”.

7) 관노 출신이었을 가능성을 생각해 볼 수 있다. 아비가 무학생(武學生) 신분이라 한 것은 당시 종량한 천출(賤出) 남자가 흔히 취하던 관행에 따른 것일 터이다.

8) 태수는 자신의 사비(私婢) 3구(三口)로 대속(代贖)하여 최랑을 천적(賤籍)에서 해방시켰는데 노비의 숫자를 늘리는 이 대구속신(代口贖身)은 지배층이 오히려 원하는 바라 적법으로 허용될 수 있었다. 그러나 추쇄의 엄령이 내려진 사건 당시에는 이 대구속신도 쉽지 않아 태수와 慶州府伯이 함께 주선하여 겨우 이루어졌으리라 짐작할 수 있으니, 역사 기록을 보면 사건 후 2년 뒤 효종 8년에 민(民)의 진정(陳情)에 의해 이는 일부 공천(公賤)에 한해 다시 허여될 수 있었다 한다(전형택, 위의 책 참조).

연[9]을 맺은 지 얼마 되지 않아 곡강(홍해) 군수에서 파직되었다가 2년 후, 즉 효종 8년 가을에 다시 안주 통판으로 부임하게 된다. 그리고 안주에 부임한 그는 곧 고을아전[頑悍吏]을 치죄하다가 물고를 내어 지방민의 난동을 겪는 돌발적 사건에 휩싸이게 되고 서울로 상경한 그를 통해 사건을 보고받은 조정에서는 체직(遞職)을 원하는 그에게 다시 임지로 환관하여 난을 다스리도록 명을 내린다.

이와 같은 사건 서술은 여주인공 최랑의 생애 및 이여택과의 기연을 중심으로 서술되어 온 이제까지 이야기의 서사 문맥으로부터 일탈하여 서술의 초점 자체가 이여택 쪽으로 완전히 옮겨지고 있음을 보여주고 있다. 그러나 이전의 서사(서술) 문맥과 연계 없이 문득 삽입된 이 사건은 전후의 상황 설명도 없이 지극히 소략하게 그 개요만이 서술된 채, 서술의 초점은 다시 최랑 쪽으로 옮겨져 이 사건으로 빚어진 그녀의 비극적 운명과 기구한 인연의 종말을 추적하고 있는 것이다. 여기서 주목되는 점은 이처럼 서사적 통일성을 깨트리고 구성의 긴밀성을 손상시키며 돌연히 삽입된 사건을 계기로 하여 이후의 사건 즉, 기구한 운명에 좌절하여 죽음을 향해 전락해 가는 최랑의 비극적 생애가 결정되고 있다는 점이다. 이와 같은 작품의 서술구조 속에서 소설적 기법의 미숙을 볼 수도 있으나 한편으로는 서사적 통일성, 긴밀성보다는 실재 인물의 행적이나 생애의 주요한 사실적 편린에 서술자의 관심이 강하게 구속되는 전기적(傳記的) 서술의 흔적을 찾아볼 수도 있는 것이다.

최랑의 생애에 큰 전기를 가져온 노비 추쇄령이 실재했던 역사적 사건이었던 것처럼 최랑의 생애에 비극적 전기를 마련해 준 안주 통판 이여택의 장리(長吏) 치사(致死) 사건은 혹시 실제로 있었던 사건이 아닐

9) 이여택은 최랑을 첩으로 맞아들였다.("今此曲江太守, 京華豪族…及見彼娘, 心願諧合, 欲以其婢, 代贖爲妾[妻].") 나손본에는 처로 맞아들인 것으로 되어있는데 작품 내외의 사정으로 미루어 보아 첩이 옳을 것이다.

까? 이 같은 생각으로 효종 8년 가을 당시의 역사 기록들을 들추어 보니 의외로 이 사건에 대한 기사가 여러 군데서 발견된다.

『승정원일기(承政院日記)』(효종 8년 10월 13일 조) 『비변사등록(備邊司謄錄)』(효종 8년 10월 25일 조) 『효종실록』(8년 11월 정미 조) 등에 실린 기사들을 종합해 보면 당시에 이여택은 평양부에 직속되어 있던 안주의 군수로 부임해 있었는데 사건이 일어나자 평양감사는 곧 장계(狀啓)를 띄어 사건을 보고하고 이여택의 체직을 청원하였다. (작품을 보면 체직을 원한 것은 사실상 이여택 자신이었다.) 그러나 조정에서는 그를 다시 임지로 환관시켜 사건을 책임지고 수습하도록 명을 내렸는데 순일(旬日) 이상이 경과할 때까지 이여택은 환관하지 않았고 평양부에는 이 명이 도착하지도 않았다 한다.[10] 그런데 작품을 보면 이여택은 이즈음 서울에서 유예하다가 사경에 처한 최랑을 송추 부근에서 다시 만나 안주 행을 미루고 병상을 지키다가 마침내 임종을 맞이한 그녀의 장례까지 치른 다음 안주로 떠나게 되는데, 이와 같은 작품내적 사실은 이 사이 환관의 령을 독촉하는 『비변사등록』의 기록과 서로 부합되고 있다.

이상에서 보았듯이 작품 속에 서술된 이여택의 행적은 실재했던 그의 전기적 사실과 정확하게 일치하고 있으며 이로 미루어 볼 때 최랑과의 인연[風流故事] 역시 실재했던 사실일 가능성이 높다. 물론 이 작품이 최랑의 실전(實傳)은 아니며, 최랑이라는 인물의 존재나 생애 또는 그녀와 이여택 사이의 고사(故事)가 실재했던 사실임을 확인할 수 있는 기록을 찾기는 힘들다.

그러나 「최랑전」이라는 작품 자체가 이미 주인공 최랑의 기구한 생애를 추적하는 傳記的 측면을 지니고 있으니,

---

10) 『비변사등록』의 기록으로는 형조(刑曹)에서 문서 발송을 지체시킨 것이 아닌가고 문책하고 있다.

첫째, 서술되고 있는 최랑의 생애 · 행적이 실재했던 역사적 사실(노비 추쇄령) 및 실존 인물(이여택)의 전기적 행적과 정확하게 합치되고 있을 뿐 아니라,

둘째, 사건 서술에 있어 전기적 서술의 형식을 완전히 탈피하지 못하고 있는데다가,[11]

셋째, 서술자(작가) 스스로 작품[傳]의 말미에 붙인 논찬(論贊)을 통해 최랑과 이통판과의 고사가 한낱 풍류화본(風流話本)이 되고 말았으나 (실재했던) 불행한 사건이었음을 알려 주고 있다.[12]

이 같은 사실들은 이 작품이 이여택의 행적에 대한 정확한 지식 및 최랑과의 일화(고사)나 그녀의 생애에 대한 전문(傳聞)에 기초하여 씌어졌으며, 이러한 작품의 저작에는 사대부층 인사와의 결연을 기화로 하여 기구한 운명을 맞이하게 된 한 가련한 처녀의 비극적 생애를 밝혀 적으려 하는 傳記的 관심이 개재해 있음을 보여주고 있는 것이다. 뿐만 아니라 작가가 홍해군 관내의 지리 · 풍물까지 소상히 알고 이를 작품 속에 익숙하게 묘사하고 있는 점,[13] 작품의 대단원을 최랑의 원통한 죽음을 애도하는 동도(경주) 사인(士人)의 초혼사로 매듭하고 있는 점, 그리고 흔치 않은 이 작품의 소재 문헌이 영남의 사가(士家)에 유전(遺傳)되어온 점[14] 등을 결합시켜 생각해 볼 때 작품은 사건 전후의 배경을

11) 앞서 말한 대로 최랑의 생애와 행적을 서술하는 작품 전체의 서술문맥이 실재했던 사실(추쇄령 및 이여택의 전기적 행적)의 기술에 의존하고 있다. 이와 함께 실재했던 사건(사실)의 서술이 설명적 · 요약적 서술로 되어 있다는 점을 지적한 바 있는데, 이는 작품 초반의 傳奇的 · 낭만적 분위기가 가셔지고 대신 傳記的 사실의 서술이 개입하면서 사건에 대한 소설적 묘사가 줄어드는 작품 후반의 서술 문맥에 두루 나타나는 서술 방식상의 한 경향이라 볼 수 있다.

12) "太史公曰…故曰, 不如不遇傾城色, 李通判爲風流話本, 亦男子之不幸."

13) 홍해군은 일면이 바다에 연해 있고 관내(官內)에서는 차군루(此君樓)라는 승경(勝景)의 누각이 있는데(『興海古邑誌』 참조) 작가는 이곳의 경관을 구체적으로 묘사하고 있다. "一日坐此君樓上…山日窺簷, 海禽還棲, 或坐或起."

14) 이수봉본은 선대로부터 자가(自家)에 유전(遺傳)되어 온 책자라고 한다. 주 1) 참조.

잘 알고 있고 최랑의 비극적 생애에 동정적 관심을 가졌던 영남 지방(경주·흥해 부근) 문사의 소작이라 추정된다.[15]

그렇다면 이 작품은 사건 배경이 된 효종 당년(1657년)으로부터 그리 오랜 세월이 경과하지 아니한 17세기 말엽 이전에 저작되었으리라 보인다. 실존 인물의 비극적 행적이 傳奇로 윤색되기까지는 어느 정도 세월이 필요했을 것이나 과거 속에 파묻혀 가는 개인의 불행한 행적과 일화가 사실대로 기술되는 데는 당대인의 정확한 지식이나 전문(傳聞)이 바탕이 되었을 것이기 때문이다.[16]

IV. 전기적(傳奇的) 성격을 통해 본 작품의 서사적·문예적 특징

이상에서 「최랑전」의 傳記的 측면(요소)과 함께 작품의 창작 배경을

---

15) 사건 당사자인 이여택 자신의 저작이라 추측하기는 어렵다. 미천하고 가련한 소녀를 풍류의 상대로 삼아 비극적 죽음으로 빠트리게 된 것이 이여택의 불행한 고사인데 이처럼 참담하고 자랑스럽지 못한 자신의 과거지사를 소설로 꾸민다는 것은 사대부 인사에게 있기 힘든 일인 것이다. 최랑과의 고사가 실재했던 사건이라는 것도 마찬가지 이유에서 설명될 수 있을 것이다. 사대부의 흉이 될 수 있는 비극적 사건을 허구로 꾸며 실명인의 행적에 부연해 놓은 것은 사건 당사자에게는 모욕적인 처사일 수 있는데 논찬에서 볼 수 있듯이 서술자는 그의 행적에 대해 동정적인 태도를 취하고 있는 것이다.

16) 사대부 인사를 풍류화본(전기소설)의 주인공으로 삼는다는 것은 적어도 그가 타계한 후라야 가능한 일이 아닐까 한다. 이여택의 생애나 인물에 대해 정확하게 고구할 만한 문헌을 찾을 수 없었으나 작품 속에 그를 소개하는 구절을 보면 그는 해서(海西) 출신으로 경화호족(京華豪族)의 자제이다.(今此曲江太守 京華豪貴, 朝著名流…) 해서 출신의 호족이라 하여 연안 이씨(延安李氏) 족보를 살펴보니 詹事公派大譜에 '여택(汝澤)'이란 이름이 나온다. 그는 연안이씨 16세손(世孫)으로 선조 33(1605)년 생으로 문과에 급제하여 관직이 부사(府使)에 이르렀으며 작품 배경이 되는 효종 8년은 그의 노년에 해당한다. 풍류화본의 주인공이 되기에는 년만한 인물이어서 작중인물과 동일인인지 여부를 확신할 수는 없다. 그의 숙부는 석흥군(碩興君) 이척(李惕)이다.

살펴보았다. 그러나 이 같은 전기적 요소를 포함하고 있음에도 불구하고 작품 전체를 지배하는 서술 구조상의 특징으로 그 장르적 성격을 가름한다면 「최랑전」은 傳奇的인 성격이 두드러지며 소설로 볼 수밖에 없다. 앞서 보았듯이 최랑의 생애에 대한 서술자의 관심은 천출 미녀인 그녀와 풍류태수 사이에 맺어진 기이한 인연에 집약되고 있으며, 이 흥미로운 사건의 전말을 예술적으로 미화시켜 표현하는 데 또한 관심이 쏠려 있기 때문에 그들의 기봉(奇逢)과 이합(離合)·회별(會別)에 따라 사건은 의도적으로 구성되고 이에 따라 서술의 긴장은 유지되고 있다. 즉 최랑의 생애는 재자가인의 인정고사(人情故事: 風流奇話)를 소재로 하여 그들의 기연과 회별(會別)에 서술의 초점을 맞추고 있는 傳奇小說의 유형적 결구(plot)에 따라 허구적으로 재현되고 있는 것이다.

작가는 또한 전고(典故)를 두루 섞어 쓰며 전아한 표현을 기하면서도 사건의 요체와 인정의 실질을 적확하게 기술하는 간결한 문체를 대체로 사용하면서,[17] 극적 긴장이 이루어지는 대목에서는 간간히 시·사(詩詞)를 삽입하여 낭만적 분위기를 자아내는가 하면, 사(辭)·서(書)·제문 등 갖가지 시·문(詩文)을 다채롭게 구사하면서 자신의 문재를 한껏 과시하고 있다.

이 같은 서술 구조나 문체를 통해 우리는 이미 이 작품의 傳奇的 성격을 역력히 읽어낼 수 있지만 작가는 또한 실사에 근거한 작품 세계에 전기적·허구적 분위기를 조성하기 위해 영영(英英)·취취(翠翠) 등 傳奇小說의 유명한 주인공 이름들을 수사 속에 끌어 들여 문채를 더하고 있다.[18] 나손본에는 이 작품이 전기소설 「영영전(상사동전객기)」과 함

17) 남녀 주인공이 이별하고 있는 동안의 세월의 경과를 서술하고 있는 작품의 한 대목만 예를 들어 인용하기로 한다. "一自分留, 千里隔閡, 秦雲杳杳, 魚鴈俱絶, 玉窓櫻花, 再度闌榭."

18) "才高女工, 英英娉娉之莫比, 色奪傾城, 愛愛翠翠之何論."(최랑을 애도하는 이여택의 제문 중 일절이다.)

께 수록되어 있는데 표지에 '최랑전'이라 되어 있으니 당시의 독자에게 이 작품은 이미 소설로 읽혀지고 있었음을 알 수 있다.

이처럼 「최랑전」을 한 편의 전기소설로 볼 때 이 작품은 「영영전」등 여타의 이조 후기 전기소설에서 쉬 찾아보기 힘든 몇가지 뚜렷한 특징을 드러내고 있다.

첫째, 당대의 사회·역사적 현실이 구체적으로 반영되어 있으며 사실성(寫實性)이 두드러진다는 점이다.

인물과 상황이 제시되고 있는 작품 서두를 보면 최랑은 천민의 후예이면서도 양인으로 신분이 상승해 있을 뿐 아니라 집안의 재화가 동도(경주)의 으뜸이 될 만큼 부요해서 어미는 딸을 사족에게 출가시키려 한다. 이를 통해 우리는 경제적 재부를 바탕으로 하여 천예(賤隸)로부터 사족의 지위로까지 상승하려 했던 당시 민중층의 동향과 함께 급속하게 진전되던 당시 신분 변동의 구체적 실상을 볼 수 있다. 이처럼 급속하게 진전되는 신분 변동을 제어하는 한편 성장하는 그들의 재부를 수탈하려는 의도로 지배층이 시행한 것이 노비 추쇄령인데 최랑의 기구한 운명은 바로 이로부터 발단된다. 유복한 양가 규수로 성장하던 그녀는 민중과 지배층의 갈등 속에 반복되는 역사의 물결에 휩쓸려 천예의 신분으로 전락할 위기를 맞이하고, 태수를 인연하여 양반사회에 긴박당하게 된 그녀의 삶은 이내 결함 많은 이 사회의 비리와 횡포에 의해 무고한 희생을 치르게 된다.

여기서 우리는 신분을 구속하는 제도와 법령 등 사회·역사적 현실이 인간(주인공)의 운명에 깊숙이 개입하여 그의 생애를 결정하는 것으로 인식하는 경험적 현실주의 내지는 그것의 예술적 반영인 사실주의적 정신의 표현을 볼 수 있다. (이와 함께 구체적 현실이 반영되는 또 하나의 측면으로서 지역적 배경이 뚜렷할 뿐 아니라 지방색이 잘 드러나고 있다는 점을 들 수 있겠다.) 그리고 이 같은 작품의 현실주의적(또는 사실적) 성격은 변화하는 사회 현실과 민중층의 삶에 대한 사대부층 작가의 제고된 관심이 예술 세계에 반영된 것이기도 하겠지만, 한편으로는 사회 속의 개인의 행적을 실상(또는 진상) 그대로 재현하려는 傳記的 서술(의식)의 전통에서 온 것이라 할 수 있다.

둘째로는, 이처럼 傳記的 서술 전통에 구속되고 있는 까닭에 傳奇的 낭만성은 퇴색되고 경험적 현실(또는 傳記的 사실)이 이를 압도하고 있다는 점이다.

최랑과 이여택의 기연에서 낭만적 계기를 포착한 작가는 傳奇 형태를 빌어 귀족(양반)층의 낭만적 정서를 미화시켜 표현하려 했다. 그러나 재부와 재색을 겸비하여 소년 잠조(簪組)와 짝을 맺으려 했던 최랑의 낭만적 소망은 사실상 좌절된 것이며, 남주인공 이여택과의 결연은 그녀가 어쩔 수 없이 현실과 타협하여 수동적으로 받아들인 것이다. 즉 작가는 귀족층인 남주인공의 낭만적 정서[風流]에 서술의 초점[視点]을 맞추어 이를 미화시켜 표현하고 있을 뿐, 여주인공 최랑의 내적 정서의 형상에는 무관심했던 것이다. 하지만 다분히 이기성이 엿보이는 이 귀족층 인물의 낭만적 열정 또한 그의 傳記的 행적이 서술되는 작품 후반에 와서는 현실 속에 매몰되고 정인을 고난과 폭력 앞에 방치해 두고 결과를 빚는다.

한편 작품 후반에 와서 이제 과년한 여인으로 성장한 여주인공 최랑은 모친의 슬하를 떠나는 슬픔을 참고 천리타관으로 정인을 찾아가는, 일견 낭만적(혹은 傳奇的)인 여행의 길에 오르나, 기구한 운명과 타협하여 얻고자 했던 여인의 작은 행복은 끝내 성취되지 못하고 외부 현실의 횡포에 의해 비참하게 좌절되고 만다. 이처럼 작품 전반의 낭만성이 후반의 현실성에 압도되고 있는 것은 귀족층의 낭만적 정서를 착색하여 현실을 미화(또는 왜곡・변형)시키려 한 작가의 허구적 예술 충동・傳奇的 표현 의도가 결국 傳記的 사실의 구속을 벗어날 수 없었던 데서 비롯된 것이라 볼 수 있다. 바꾸어 말하면 주로 남주인공 이여택을 향해 투사되던 전반부의 낭만적인 서술 시각이 후반부에서 거두어지면서 작품의 서술 구조는 사건·인물·배경 묘사에 생동성·낭만성이 비교적 부족한 傳記的 서술에 가까워지는데, 이는 사회현실에 강하게 구속당하는 주인공들의 불행한 삶에 낭만적 계기를 계속 부여하여 이를 허구적·예술적으로 확대시켜 나가기 어려웠던 사대부층 문사의 창작의식의 한계에서 비롯되는 결과이다.

셋째로는, 이처럼 낭만성이 퇴색되고 있음에도 불구하고 사회 환경 또는 현실 세계의 횡포에 유린당하는 가련한 여주인공의 비극적 좌절을 그림으로써 억압적인 현실을 심각한 사회 문제로 제기하고 있다는 점이다.

어린 여주인공과 무력한 그녀의 모친은 그들의 삶과 행복을 침탈하는 양반사회의 법적·제도적 현실에 압도되어 그에 대결하기 보다는 양반과의 결연을 통해 화해를 모색한다. 그러나 이 모든 노력이 그녀의 행복을 아랑곳하지 않는 양반사회의 비리와 횡포, 또는 귀족적인 정치의 모순이 빚은 이 사회의 폭력 앞에 그녀를 떨구어 버리는 무정한 양반과 관료사회의 횡포에 의해 좌절되고 말자, 그녀는 비탄에 잠겨 자기 한 몸을 의지할 데 없는 이 사회와 현실을 원한·저주하게 된다.[19] 傳奇的 낭만성은 여기서 현실에 대한 비극적 저항을 통해 잠시 되살아나고 있는데 절망 속에 죽음을 맞이하게 된 그녀는 이제 다시 꺼져가는 생명의 불꽃을 부여안고 자신의 삶을 의탁하려 했던 정인을 향해 마지막 사랑을 확인하려 한다.[20] 비정한 운명(사회·현실)에 절망하면서도 끝내 한 여인으로서 그녀가 구하고자 했던 작은 행복과 인간적 요구가

19) "遠指京城, 以手搥胸號哭曰, 悠悠蒼天, 我辰安在…自念此生, 生不如死."

20) "嗟呼進賜…大命將近, 更無所希, 唯願未死之前, 一接進賜之膚體, 死無所感矣."

헛되이 좌절되는 것을 거부하는 그녀의 처절한 몸짓에 독자는 동정하지 않을 수 없으며, 동시에 무고한 그녀의 삶과 인간적 요구를 철저하게 유린하고 좌절시켜 온 사회 현실—신분을 구속하는 양반사회의 이기적 제도와 법령, 이에서 비롯되는 양반 사대부의 이기적 열정[風流]과 관습의 횡포 등등을 삶의 심각한 문제로 인식하지 않을 수 없게 되는 것이다.

그러나 가련한 여주인공의 비극적 운명을 그리고 있음에도 불구하고 「최랑전」의 이 같은 비극적 문제의식에는 명백한 한계가 있다. 앞서 보았듯이 최랑은 자신의 삶을 유린해 온 비정하고 이기적인 양반사회를 원망하면서도 한편으로는 풍류 태수로서 귀족적 체질을 벗어나지 못한 양반의 이기적 사랑을 간구하는 이율배반적인 태도를 보이고 있는 것이다. 이는 양반에게 자신의 삶을 의탁할 수밖에 없을 만큼 무력했던 천출소녀의 의식의 한계로 보아 넘길 수도 있으나, 그보다는 그녀의 비극적 생애를 이렇게밖에 그릴 수 없었던 작가 의식의 한계에서 오는 결과라고 보는 것이 옳지 않을까 한다. 즉 작가는 양반사회의 희생양이 된 천출미녀 최랑과 동료 양반인 이여택의 불행을 함께 동정하여 그들을 비극적 傳奇의 주인공으로 미화시키는 과정에서 양반층의 낭만적 정서를 불행한 천녀(賤女)에게로 투사시켜 작품을 비극적인 사랑의 이야기로 매듭하려 했다는 것이다. 그 결과 작품 속에 형상된 최랑의 죽음에서 양반사회의 횡포에 대한 그녀의 의식적 저항은 불철저한 것이 되고 작품의 비극적 정조는 다분히 애상적인 것에 빠져들고 있는 것이다.

그러나 비극적 저항이 약화되고 있다 해서 양반의 죄과와 양반사회의 횡포에 대한 문제 제기가 심각하지 않다는 것은 절대 아니다. 최랑의 죽음에 뒤이어 작품의 대단원이 맺어지는 데는 통판 이여택이 최랑의 고혼(孤魂) 앞에 사죄하는 제문과 동도 사인들이 최랑의 원혼을 달래는 초혼사가 덧붙여지고 있다. 이 같은 사실은 이 작품이 무고한 양민(천민)을 희생시킨 자기 사회의 죄과에 대한 사대부층의 깊은 죄의식 속에서 씌어지고 있음을 말해 준다.

그리고 이처럼 전(傳: 傳記)의 소재로는 적합지 않은[21] 가련한 여인의 불행한 삶을 비극적으로 형상하여 자기 사회의 문제로 제기할 수 있었던 것은 귀족적·낭만적 세계관의 한계 속에서도 비극적 전통을 계승해 오고 있던 전기(傳奇) 양식에 대해 작가가 익숙해 있었기 때문이다.

V. 결어

이상에서 본고는 아직 학계에 잘 알려지지 않은 傳奇小說 「최랑전」의 내용을 소개한 다음, 작품 내외의 사실들을 검증하여 창작 배경을 추찰해 보고, 아울러 '傳記'에 '傳奇'가 접맥된 「최랑전」의 예술적 성과와 서사적 특징을 살펴보았다. 이제 이상의 논의를 요약하면서 「최랑전」이 가질 수 있는 소설사적 가치를 재확인하면서 본고를 마무리 하고자 한다.

「최랑전」은 효종조 흥해 군수로 재직했던 이여택이라는 양반과 경주 지방에 살던 종량(從良) 천녀(賤女) 최랑 간의 풍류고사(風流故事)에 전거를 두고, 傳記的 내용(사실)에 허구와 문식을 가하여 傳奇를 꾸민 작품이다. 작품에는 傳奇小說의 미적·허구적 완결성을 깨뜨리는 傳記的 서술의 전통이 남아 있어 이 작품이 실재했던 남녀 주인공의 고사와 행

---

21) 개인의 행적에 대해 사실(또는 眞相)을 탐문하여 서술하는 전[傳記] 장르는 전통적으로 사대부적 윤리관, 인간관을 확립하는 데 주력해 왔다. 그렇기 때문에 사대부 사회의 결함과 사대부층의 이기적 욕망에 비참하게 희생된 최랑의 삶을 작가가 전(傳)으로 서술하기는 어려웠을 것이다.

적을 어느 정도 알고 있던 당대 문사의 저작일 것이라는 추측을 뒷받침해 주고 있다.

「최랑전」에는 여타의 傳奇小說에서 찾아보기 힘들 정도로 이조후기 사회의 변화하는 역사 현실이 구체적·사실적으로 반영되어 있으니 이는 현실의 재현에 충실한 傳記的 서술 전통의 덕분이다. 역사적으로 보아 傳記의 사실적(寫實的) 전통을 흡수하여 傳奇文學이 성립되었으매 이 작품에서 傳記와 傳奇가 접합되고 있는 것은 오히려 당연한 일이겠다. 또한 작품에서는 양반 사회의 악법과 비리에 희생당한 미천한 양민[從良賤婢]의 삶이 비극적으로 형상되어 있어 민생을 억압·유린해 온 양반사회의 제도적·관습적 횡포와 비리가 심각한 사회 문제로 제기되어 있기도 하다. 물론 가련한 여주인공의 불행한 생애가 傳奇小說로 꾸며진 데는 양반층 인사와의 결연이 주요한 계기가 되었으며, 귀족적 취향의 낭만적 정서가 그 안에 투사·착색돼 있는 것이 사실이다. 그러나 이처럼 미천한 여인의 불행한 삶이 사대부 작가에 의해 비극적으로 형상될 수 있었던 것은 귀족적·낭만적 세계관의 한계 속에서도 비극적 전통을 계승해 온 傳奇 양식의 덕분이라 할 수 있다. 다만 주인공(특히 남주인공)의 의식 속에 진보적 계기를 찾지(혹은 부여하지) 못하여 傳奇的 낭만성·비극성을 상당히 퇴색시키고 있는 것이 이 작품의 결함이라 할 수 있는데, 이는 또한 경험적 현실(또는 사실)에 강하게 구속되고 있는 작가의 창작의식의 한계에서 비롯된 결과로 볼 수도 있다.

「운영전(雲英傳)」이외의 이조 후기 傳奇小說이 대체로 보여주고 있는 예술적 결함이 傳奇的 낭만성에 진보적 계기를 상실해 가고 있다는 점인데, 이런 점에서 본다면 이 작품 역시 예외가 될 수는 없을 것이다. 그러나 미천한 여인의 삶을 傳奇小說의 소재로 끌어들이고 있는 이 작품의 문제제기적 사실성(寫實性)은 여타 작품에 비해 단연 이채를 띠고 있어 소설사적 측면에서 주목할 만한 것이다. 또한 작품의 창작 연대를

17세기 후반으로 추정한 본고의 추론이 옳다면 이 작품은 당시의 소설 발달상을 구체적으로 보여주는 일정한 자료적 가치를 지니리라고 여겨진다. 실재했던 사건 또는 현실적 체험 내용을 소설로 양식화시켜 표현하는 일이 보편화되면서 소설 양식이 재래의 전(傳) 양식을 흡수·통합해 가던 당시 문학사의 실상을 이 작품은 보여주고 있는 것이다.

『신독재수택본 전기집(愼獨齋手澤本傳奇集)』의 17세기 소설집으로서의 성격과 위상

1. 머리말

『신독재수택본 전기집(愼獨齋手澤本傳奇集)』이란 이름으로 알려진 필사본 소설집은 발굴 당시 조선 중엽의 명유 신독재 김집(金集)이 읽고 손수 교정을 가한 문헌으로 소개된[1] 까닭에 그간 17세기 우리 소설 문학의 발달상을 보여주는 주요한 자료로 꼽혀 왔다. 현전하는 한문소설집 필사본 중 가장 오래된 문헌 중 하나로 추정되기도 하는 이 책은 그러나 그 문헌적 실상이나 소설사적 가치의 면에 있어 아직 많은 검증과 논의를 기다리고 있다. 근년 들어 이 책은 원전의 영인과 함께 『17세기 한문소설집』이란 이름으로 간행되기도 했는데[2] 본고는 미비했던 이 책의 문헌 해제를 보완하려는 의도를 지니고 있다.

필자는 『신독재수택본 전기집』에 『17세기 한문소설집』이란 이름을 붙일 수 있는 이유로 두 가지를 든 바 있다. 하나는 수록 작품이 대개

---

1) 정병욱, 「『최문헌전』에 대하여」, 『백낙준 박사 회갑기념논총』, 1955.

2) 『역주 17세기 한문소설집』, 삼경문화사, 2000.
컴퓨터 스캔을 통해 영인된 원전은 이 책을 출판할 때 편집상의 문제가 있어 원전의 각 면을 절반으로 나누고 세로의 길이를 0.9배로 조정하여 출력, 인쇄했음을 이 자리를 통해 밝혀 둔다.

17세기와 그 이전 작품으로 추정된다는 것이요, 또 하나는 필사 연대가 17세기로 추정된다는 점이다.[3] 그러나 이 같은 추정에는 문제가 없지 않고, 특히 연대 추정의 관건이 되고 있는 교열자 '신독재'의 정체와 교열 및 필사 연대의 문제는 이를 확증할 수 있는 증거가 부족한 형편임을 시인하지 않을 수 없다.

때문에 자료를 보관하고 있는 필자로서는 우선『신독재수택본 전기집』의 문헌적 양상에 대한 상고를 통해 좀 더 많은 정보를 제공해야 할 의무가 있다고 여겨 그간 조사된 몇 가지 사실을 밝히면서 이 문헌의 연대를 재론해 보고 아울러 이 소설집의 소설사적 위상에 대해 논의를 보태 보고자 한다. 이른 시기의 자료로서 지니는 중요성 때문에 이 소설집의 문헌적 실상에 대한 고찰은 우리 고소설의 발달사를 해명하는 데 필요한 증빙 근거를 마련하는 기초 작업이 될 수 있으므로 특히 이에 대한 미세한 논의가 허여되는 자리가 되어야 할 것이다.

그러나 중요한 것은 이 소설집 자체가 아니라 이를 통해 나타나는 우리 소설 발달사의 자취임은 두 말할 나위 없을 것이다. 따라서 본고는 이 소설집에 수록된 작품들의 형성 배경과 연대, 그 역사적 특성과 소설사적 위치 등에 대한 논의를 포함하고 있다. 문헌적 연구와 맞물려 있는 이 같은 논의를 통해 소설 모음집으로서 갖는 이 작품집의 소설사적 성격과 함께, 이를 통해 규지할 수 있는 당대 소설의 면모도 어느 정도 드러날 수 있으리라 본다.

2. 수록 작품의 형성 연대

이 책이 과연 신독재 김집(金集, 선조7; 1574~효종7; 1656)의 수택본

3) 위의 책, 288면.

인가를 따지기에 앞서, 이 책에 수록되어 있는 작품들은 대개 17세기와 그 이전에 창작된 작품들이 분명한가하는 점을 짚고 넘어 가야 할 것 같다. 수록 작품의 연대는 그 자체로서 중요한 문제이나, 이 책의 필사·교열 연대와도 전후관계에 있는 문제이기 때문에 이를 먼저 확인해 둘 필요가 있다.

우선 수록된 소설 9작품 중 『금오신화』에 수록된 두 작품 「이생규장전」과 「만복사저포기」의 경우는 17세기 이전의 작품임을 말할 필요도 없는 경우다. 그리고 「최문헌전(崔文獻傳)」과 「주생전(周生傳)」의 경우 작가나 형성 연대에 대한 기록이 있는 이상 16세기 말과 17세기 초 정도로 형성·창작 연대를 잡는 데 큰 문제가 없으리라 보인다.[4] 「왕경룡전(王景龍傳 또는 王慶龍傳)」의 경우는 그 대단원의 에필로그 부분에서 현재 시점으로 서술하기를 남주인공은 죽었으나 여주인공은 아직 살아 있다고 하고, 그 아들이 임진왜란이 끝나던 1599년(萬曆 己亥)에 명(明) 나라 원정군의 감찰관으로 파견 왔었다고 서술하고 있으니, 이로 미루어 창작 연대를 대략 17세기 초반 내지 중반의 이른 시기로 잡을 수 있겠다.

---

4) 「최문헌전」의 경우 이 책에 실려 있는 작품과 동일한 작품이라고는 할 수 없겠으나 그 고본이라 할 수 있는 작품이 16세기 말에 이미 형성되어 있었음이 문헌고증을 통해 밝혀졌다. 이에 대해서는 김현룡, 「「최고운전」의 형성시기와 출생담고」, (『고소설연구』 4, 1998) 참조.

「주생전」의 경우는 이 『신독재수택본 전기집』에는 그 첫머리만이 반 쪽[半面] 정도 전사(轉寫)되다 중단된 모습으로 실려 있으니 엄격히 말해 '수록'되어 있다고 말하기는 곤란하다. 논란이 많던 「주생전」의 작가와 창작 연대는 북한본에 "권여장기(權汝章記)"가 명기되어 있다 하니 이를 일단 인정한다면 권필(權韠, 1569~1612)의 문필 연대로 미루어 16세기 말이나 17세기 초 경으로 그 창작 연대를 잡지 않을 수 없을 것이다. 혹 권필의 소작이 아니라 해도 작가가 주인공을 만나 그의 진술을 받아 작품을 썼다는 에필로그로 볼 때 작품의 연대는 17세기 초 전후로 보아 무방할 것이다. 「주생전」의 작가·이본 문제에 대해서는 송재용, 「주생전」, 『고전소설연구』(황패강 교수 정년퇴임기념논총), 일지사, 1993, 867~870면 참조.

「상사동기(相思洞記)」의 경우는 작가나 창작 연대에 대한 뚜렷한 기록이 없으나[5)] 17세기에 이미 읽혀졌다는 문헌 기록이 있다 하니[6)] 성립·창작 연대를 방증할 만한 것이 아닌가 한다. 또한 홍치 중[弘治中; 15세기 말~16세기초]의 조선 시대를 배경으로 한 그 내용과, 이『신독재수택본』과 마찬가지로「왕경룡전」「요로원야화기(要路院夜話記)」등 17세기 작품이 분명한 작품들을[7)] 수록하고 있는 소설집『삼방요로기(三芳要路記)』에도 이 작품이 함께 실려 있는 것으로 보아 17세기의 작품일 가능성은 높다고 할 수 있다.[8)]

그밖에 이『신독재수택본』에 실려 있는 나머지 소설 3작품「왕시붕기우기(王十朋奇遇記)」「유소랑전(劉小娘傳)」「옥당춘전(玉瑠春傳)」의 경우는 연대 미상으로 이 작품집에만 수록되어 있다. 이 중「왕시붕기우기」는 중국 희곡「형차기(荊釵記)」를 전기(傳奇) 소설로 개작한 작품

5) 이「상사동기」의 표제 아래 어느 독자가 '신독재'의 교열 필체와는 다른 필체로 "成三問所撰"이라 주기해 둔 것을 볼 수 있고, 이 같은 주기는 또 다른 한문소설(전기소설) 모음집에도 간혹 보이는데, 여기서 조작 이상의 의미를 찾는다면 혹 성삼문이 지은 것으로 전해지는 비슷한 내용의 야담 잡기의 전승이 있어 온 것이 아닌가 추측해 볼 수 있다.

6) 박노춘,「고전문학 관계 기록 3편」(『숭전어문학』 5집, 1976) 참조. 필자는 그러나 아직 이 문헌을 직접 읽고 확인하지는 못하였다.

7)「요로원야화기」가 17세기의 소작임이 분명함은 필자의 논문「「요로원야화기」 연구」,『한문학연구』 13, 단국대, 1989, 95~118면 참고.

8) 여기서 잠시 이『신독재 수택본』과 함께 "17세기 소설집"이라고 불려지기도 하는『삼방요로기』에 대해 함께 언급해 두기로 한다. 국립도서관에 소장되어 있는『삼방요로기』에는 17세기 소설임이 분명한「왕경룡전」「요로원야화기」와 함께「운영전」과 문제의「상사동기」가 실려 있다. 그리고 1601년(萬曆 辛丑)을 사건 배경으로 한「운영전」의 표제 아래 "天啓二十一年所作"이라 흐릿하게 가필(加筆)해 둔 주기(註記)가 있다. 이 때문에「운영전」은 1641년 소작으로, 이 서책은 "17세기 소설집"으로 추정되기도 한다. 그러나 수록 작품이 대개 17세기에 창작되었다는 것은 가능한 가설이 되겠으나, 그 지질 등 문헌적 상태로 보아 적어도 이 서책 자체의 제작·필사 연대는 (18세기를 가운데 놓고 볼 때) 17세기보다는 19세기에 가까우며,『신독재수택본 전기집』과는 상당한 차이가 날 수 있다는 것이 국립도서관 고서실의 견해이다.

으로, 그 한글 이본 격인 「왕시봉뎐」이 근년에 발굴되었는데 한글 표기나 기타 수록 문헌의 서지적 상태로 보아 17세기 초 전후의 작품으로 추정되고 있다. 한글본과 이 작품 중 어느 쪽이 먼저라고 확언할 수는 없으나 중국 작품이 유입될 경우 한문체의 개작이나 현토체의 작품이 한글소설로 번역·개작 또는 번안된 작품에 뒤이어 나오는 경우는 드문 만큼 이 작품의 형성 시기도 「형차기」 등 중국 희곡이 유입되어 소설화되던 17세기의 이른 시기 즉 그 초중엽일 가능성이 있는 것으로 추측된다.[9)]

「유소랑전」은 현재까지 다른 어떤 이본의 존재도 확인되지 않는 유일본이다. 정혼한 남편과 친부를 한 순간에 잃은 불행한 소녀의 애상(哀傷)과 효열(孝烈)을 전기소설의 형식에 담고 있는 이 작품은, 예교가 강화되어 가는 한켠에서 소설이 사가(士家)의 독서물로 자리해 가던 17세기 조선의 소설사적 배경을 환기시키고 있다. 또한 비슷한 내용의 실제 사건[實事]에 기반을 둔 동시대의 효열녀 야담·일화의 소설화·전기화가 아닐까 추정해 볼 수 있으나,[10)] 한편 작품의 배경을 중국으로 하고 있고 지명이나 관직 등에서 중국색이 구체적으로 나타나 있어 이 역시 명말 어름 중국 소설의 번안이 아닐까 점쳐지기도 하는데, 현재로서는 원천을 확인할 수 없기 때문에 정확한 연대나 국적을 단언할 수 없는 형편이다.

「옥당춘전」의 경우 이 책의 마지막 쪽[面]에 작품의 서두 부분만 반쪽 정도 전사되어 있으나 그 뒷부분은 낙장인 상태로 문헌이 유전되어 왔으므로 내용 등을 통해 작품의 창작 연대를 확증할 만한 뚜렷한 단서

9) 이에 대해서는 이복규, 『새로 발굴한 초기 국문·국문본 소설』(박이정, 1998) ; 박재연, 「왕시봉뎐·荊釵記」, 선문대 중한번역문헌연구소, 1999 ; 정학성, 「「왕시붕기우기」에 대한 고찰」(『고소설연구』 8, 1999) 등 참조.

10) 필자는 한국고소설학회 제47차 학술발표회(1999.11.11)에서 이 작품을 소개하며 이러한 견해를 대강 피력한 바 있다.

를 찾을 수 없는 실정이다. 다만 중국을 배경으로 한 작품의 남녀 주인공들이 상인층의 자제로 설정되어 있고 서두 부분이 문언(文言) 전기(傳奇)의 일반적 서술 형태와 달리 설화체로 시작되고 있어 야담이나 중국 화본소설의 영향을 또한 점쳐 볼 수는 있다.

이들 소설과 함께 이 문헌 가운데 「왕경룡전」과 「최문헌전」 사이(第三十四貝~三十七貝)에 연이어 실려 있는 비소설 소품 「고반승(古班僧)」 「과기탄(寡妓嘆)」 및 악부체의 한시 「거시안마별인귀(去時鞍馬別人歸)」의 경우 등도 그 내용만으로는 연대를 확증할 수 없고 아직까지는 다른 문헌에서도 그 자취나 출처를 확인할 수 없는 유일본들이다. 「과기탄」과 「고반승」은 자전적 고백이 담긴 원정(原情) 형식의 글들로서, 전자는 늙은 과기(寡妓)가 불우한 말년을 당해 남자에 대한 사랑과 정절을 업신여기고 방탕하고 오만하게 살던 과거를 회한하며 관에 구휼을 청원하는 내용이며, 「고반승」은 어려서 고아가 되어 부득이 중노릇을 할 수 밖에 없었던 가난한 양반 출신 중이 불우를 호소하며 재상[相國]에게 구휼을 청원하는 내용이다. 이들 작품에는 각각 '장악원(掌樂院)' '반승(班僧)'과 같은 조선의 제도·풍속이 반영되어 있으므로 조선의 작품이 분명한데, 불우와 곤핍을 호소하는 내용에 전란의 체험이나 17세기 후반 이후 사회 현실을 구체적으로 반영하는 대목을 찾을 수 없으므로 이들 작품 역시 그 이전의 작품일 가능성은 있다.[11)]

「거시안마별인귀(去時鞍馬別人歸)」는 호란(胡亂)을 배경으로 북녘 전장에 출정 나간 남편의 말이 주인 없이 돌아오자 낙담한 아낙이 추억 속에 이별의 한과 설움을 서술하고 있는 악부체(樂府體)의 고시(古詩)이다. 그러나 이 시는 첫 구절 "三過塵宿漢日明 燕戍無烽閑戍旗" 등에

---

11) 「고반승」의 작품 말미에는 "栗谷所作"이라는 주기가 붙어 있는데, 근거를 알 수 없는 의심스러운 기록이나 작품의 배경이나 연대를 짐작하는 데는 참고가 되리라 본다.

서 보듯이 시상이 중국을 배경으로 전개되고 있어서 작품 속에 그려진 병란이 병자호란이라고 확언할 수도 할 수 없다.[12]

이들 작품에 이어 끝으로 경북 안동(安東)을 배경으로 한 야담 한 토막이 「최문헌전」 바로 앞에 실려 있다. 어느 사신이 중국 술사(術士)에게 그의 팔자를 풀이한 점시(占詩)를 받아 가지고 돌아왔는데, 뒷날 안동 부사(府使)로 부임하던 그가 자신의 운명을 예언하고 있는 이 시의 내용이 현재 자신의 행적에 기이하게도 적중하고 있음을 깨닫고는 운명적인 죽음을 맞이한다는 내용이다. 익명의 인물을 주인공으로 한 몇 줄 안 되는 이 한 토막 야담은 그러나 이 『신독재수택본』의 문헌 연대 고증에 중요한 문제점을 던지고 있으니 이와 유사한 내용의 야담이 『동야휘집(東野彙輯)』 권3에 「倒騎牛歸冥陞貴」라는 제목으로 실려 있는 것이다.[13] 다만 『동야휘집』의 경우 이인(異人)으로 그려진 주인공 김치(金緻, 1577~1625, 栢谷 金得臣의 父)의 영이담(靈異談) 중 한 토막 에피소드로 이 이야기가 끼어 있으며, 그 주인공이 안동 부사가 아니라 경상 감사로 부임하는 것으로 나타나고, 등장인물인 기생의 이름이 '일지홍(一枝紅)'에서 '일지화(一枝花)'로 바뀌어 있으며, 시구 및 서술 문맥에서 차이가 있다. 그러므로 만약 이 야담의 전승이 『동야휘집』에 수록된 바와 같이 김치의 일화에서 비롯된 것이라면, "昔, 一使臣…"으로 시작되는 이 이야기는 김치의 몰년에 비겨 볼 때 17세기 중엽 이후에 이루어진 것이며, 따라서 이 『신독재수택본 전기집』도 그 이후의 문헌이라 추정할 수 있는 것이다. (다만 이미 전승되어 오던 이 야담이 전승 과정에서 기이한 행적을 남긴 김치의 일화로 바뀌어 덧붙여진 것이라

12) 그러나 고인들은 한시의 전통에 따라 중국의 지리를 나타내는 시어를 우리나라(조선)의 현실을 나타내는 비유적·보편적인 의미의 어사로도 간혹 잉용(仍用)해 썼으므로, 이 시가 병자호란을 배경으로 하지 않았다고 단언하기도 힘들다.

13) 『동야휘집』 권지삼 '무축(卜筮)'편 참조.

면 이야기와 함께 수록 문헌의 연대도 이전으로 소급될 가능성은 있다.)

이상을 통해 살펴본 바로, 이 『신독재수택본 전기집』에 실려 있는 작품 중 연대를 확인할 수 있는 주요 소설 작품들은 모두 17세기 초중엽 이전까지 창작된 작품이며, 연대 미상의 작품 또한 대개는 비슷한 시기나 17세기라는 연대 안에 이루어진 작품일 가능성이 많음에 반해, 17세기 중엽 이후의 작품일 가능성이 큰 작품 또한 없지 않다는 것을 확인하였다. 그렇다면 이 문헌(작품집)의 연대 또한 김집의 만년이라 할 수 있는 17세기 중엽(1639년) 또는 초엽까지도 소급될 가능성이 있으나, 17세기 중후반이나 그 이후의 문헌일 가능성 또한 크다고 할 수 있다. 이 같은 두 가지 가능성을 염두에 두면서 이 작품집의 문헌·서지적 양상을 좀 더 고찰 해 보기로 하자.

3. 교열기와 문헌 상태를 통해 본 작품집의 연대

주지하는 바와 같이 이 문헌을 발굴 당시부터 『신독재수택본』이라 이름해 온 것은 이 작품집 중간[第二十七貝] 「왕경룡전」의 필사가 끝난 여백에, 이 소설집을 읽은 한 교열자(독자)가 스스로 구두점과 교열을 가한 연유를 써 놓은 교열기를 붙여 두었는데, 그 말미에 "신독재주인 씀(愼獨齋主人書)"이라고 자신의 호를 밝혀 놓은 데 연유한다.[14)]

---

14) 『17세기 한문소설집』의 문헌 해제에서 밝힌 바와 같이 오랜 기간 동안 많은 독자를 거치며 여러 사람의 손때가 묻은 이 문헌에는 교열기를 쓴 '신독재'의 수택뿐 아니라 또한 필체를 달리하는 다른 독자의 교정도 가해져 있음을 볼 수 있다. 뿐 아니라 이 작품집은 본시 한 사람에 의해 필사된 것이 아니라 필체를 달리하는 최소 두 명 이상의 필사자에 의해 필사가 이루어진 것이 분명하되, 이것이 또 다른 한 책을 저본으로 하여 전사된 것인지, 아니면 두 권 이상 여러 서책·문헌에서 작품들을 뽑아 등초(謄抄)된 것인지는 미상이다. 확실하지는 않으나 이렇게 원문의 필사자가 다르고 교열의 필체도 한 가지가 아님에도 불구하고 이 책의 처음부

여기서 문제의 "신독재 주인 씀"을 말미에 부서(附書)한 교열기를 잠시 살펴보기로 하자.

> 나는 본디 학문을 좋아하면서도 잡기(雜記)를 더욱 좋아하여 이 책을 빌려와서 깊이 생각을 두며 세세히 읽어 보았는데 누가 전사한 것인지는 알 수 없었다. 그러나 간혹 군더더기 글자가 있고 틀린 글자가 많은데다가 빠진 글자도 있어, 문리가 통하지 않고 문맥이 잘 이어지지 않았다. 그리하여 문장이 의미를 손상하고 의미가 문장을 해치는 곳이 꽤나 많았다. 이런 까닭에 간혹 내 뜻을 붙이기도 하고 여러 책을 상고하여 그 번잡한 곳을 삭제하고 틀린 글자를 고치며 빠진 글자는 채워 넣었다. 그러고 나니 문리가 이어지고 상세할 곳과 간략할 곳이 서로 이어져서 글이 매우 명백하고 뜻이 아주 잘 통하게 되었으니, 알기 어렵고 의아한 곳이 있겠는가. 또 문리가 갖추어지지 않은 사람이 구절을 끊기에 어려워 아래위를 붙여 읽을까 염려되기에 통하기 어려운 곳이나 알지 못할 곳에 점을 찍고 구절을 끊어 후일의 독자를 기다리노니 아마도 이에 유익함이 있을 것이로다.
>
> 余本好學 尤好雜記 借來此冊 潛以着慮 細細詳覽 則不知轉寫出於何人之手 而或有衍文 字多誤書 又有落字 文理不成 不能連續 故以文害義 以義害文之處 頗多有之 是以間或竊附己意 詳考諸書 刪其繁亂 改其誤字 補其闕字 然後 文理接續 詳略相因 文甚明白 義極貫通 有何難知而疑訝之處乎 又恐文理不該之人 難於絶句 相續於上下 故難通之處 未該之間 點著絶句 以俟後之讀者 則庶乎有益於斯矣
>
> ○免臘月旬 愼獨齋主人書[15]

터 끝까지 '신독재'(교열기)와 비슷하다고 보이는 필체로 교열한 자취를 군데군데 산견할 수 있다. 그러나 교열자의 호와 함께 일자까지 밝힌 교열기는 일단 교열 완료를 밝히는 것일 수도 있으므로 그 말미에 교열기를 붙여 놓은 「왕경룡전」 이후(第二十八貝 이후)의 교열이 '신독재'에 의한 것인지는 확신할 수 없다.

15) ○표 한 곳은 원전에 검게 뭉개져 자체를 알 수 없게 되어 있다. 이에 대해서는 뒤에 상론키로 한다.

여기서 볼 수 있듯이 위의 교열자는 잡기를 즐겨 읽는 애호가로서 여러 잡기(또는 소설)책을 읽고 이본을 참조해 가며 교열을 했으며, 한문에 능통하여 참고 서책 없이도 문맥에 따라 오자와 탈자, 연문(衍文) 따위를 자신 있게 교정할 수 있었던 학자의 소양을 지닌 인물임을 알 수 있다. 이는 또한 당시의 사정이 필사와 차람 등을 통해 소설이 어느 정도 유통되고 있었으되, 아직은 이 같은 책이 귀한 상황이었으며 오자 탈자 등이 많음에도 불구하고 교열자는 이 책을 제법 귀한 책으로 여겼음을 보여주는 것이기도 하다.

그러나 문면 자체로만 볼 때는 이 같은 정황 판단 외에 교열기를 쓴 '愼獨齋主人'이 과연 신독재 김집인지 여부에 대해 단안을 내릴 만한 결정적인 증좌는 찾기 힘들다. 하지만 이 교열기와 교열의 자취 외에 김집의 수택임을 증명할 어떤 결정적 증좌를 이 책이나 또는 다른 문헌에서 발견할 수 없고 필체의 확인도 한계를 갖는 이상 주어진 자료 근거의 한계 내에서 그 가능성 여부를 점검해 볼 수밖에 없다.16)

가) 교열자가 김집일 경우

먼저 그 가능성에 대해 검토해 보기로 하자. 교열기의 주인 신독재가 김집일 가능성을 시사해 주는 문헌적 증거가 이 『신독재수택본 전기집』에서 전혀 찾아볼 수 없는 것은 아니다. 즉 이 책의 마지막 면에 실려

---

16) 필자는 지난번 이 책의 원전을 영인해 펴낼 때 신독재 김집의 유묵에 조예가 있는 조종업(趙鍾業) 선생으로부터 위 교열기가 신독재 김집의 서체로 씌어진 그의 필적임을 확인받고, 그의 간찰을 충남대 박물관에서 찾아 그 한 쪽을 이 책의 교열기와 나란히 영인하여 공개한 바 있다. 그러나 세자(細字)에 비해 자체가 몇 배나 크고 작품성을 의식하고 쓴 간찰과 잡기 책의 여백에 세자로 갈겨쓴 교열기의 서체에는 다소 차이가 있어 이를 동일인의 서체로 확인하기 힘든 면이 없지 않다. 그러나 교열기와 같은 행초(行草) 세자로 씌어진 신독재 김집의 유묵을 구할 수 없는 현재의 형편으로서는 우선 가능성 여부의 타진으로 이 문제를 검토해 볼 수밖에 없다.

있는 「옥당춘전」의 표제 아래쪽에, 교열을 한 '신독재'의 필체로 "此傳金某誤書難…"이라는 주기(註記)가 있는 것을 발견할 수 있는 것이다.[17] "이 작품은 김 아무개가 오서(誤書)를 …하기 어려워 …" 정도로 번역될 수 있는 이 구절은 바로 위 교열기를 쓴 '신독재'가 '김 아무개' 임을 알려주는 구절이며, 따라서 그가 '김집'일 가능성을 좀 더 높여 주는 기록이라고 일단 판단하지 않을 수 없다.

이제 근거가 충분하지는 않으나, 교열기의 주인 신독재가 만일 김집이라면, 이 교열기를 쓴 연도나 문헌의 연대는 언제쯤일까 하는 문제를 한번 살펴보기로 하자. 이 문제의 중요한 열쇠는 위 교열기의 말미 "신독재 주인 씀(愼獨齋主人書)"의 바로 앞에 적은 "○兔臘月旬"이란 구절에 있다. 여기서 "○兔"는 갑자(甲子)를 나타내는 "○卯"의 별칭인바, 자체(字體)가 뭉개져 명확히 알 수 없는 ○는 '靑'이나 '黃' 중 하나로 보이는데 '靑'보다는 '黃'에 가깝다.[18] 그렇다면 문제의 구절은 '黃兔(臘月旬)"가 되겠는데 이 '黃兔'는 '기묘(己卯)'년을 뜻하는바, 김집의 생애에서 이 기묘년은 그가 66세 되던 인조 17년 즉 1639년이다.[19]

---

17) 이 주석 구절은 영인본에서도 확인할 수 있다. 그러나 아쉽게도 표지 없이 돌아다니던 이 책의 마지막 장(帳)에 실려 있는 이 주기의 전문은 어떤 내용인지 알 수 없고 처음 몇 글자만이 자세한 관찰로 확인될 수 있을 뿐이다. 『역주 17세기 한문소설집』, 영인 183면 좌단 참조.

18) 그밖에 ○ 속에 들어갈 글자로는 '赤' '白' '黑' 등이 있으나 이 글자들은 윤곽이나마 남은 자체의 형상에 견주어 볼 때 합당치 않은 것으로 보인다. 그러나 이 글자는 자체가 판독할 수 없을 만큼 심하게 번지고 뭉개져 '靑'이나 '黃'으로 보기에도 석연치 않은 구석이 있으며, 붓글씨를 쓸 때 생길 수 있는 여러 가지 사정을 고려하여 그나마 추측을 해 본다면 '黃'에 가깝다는 것이다.

19) "○兔"의 ○가 '靑'일 경우 "靑兔"에 해당하는 을묘(乙卯)년은 김집의 생애에서 그 나이 42세 되던 해 즉 1615(광해군 7)년에 해당한다. 이즈음 그의 행적에 대해서는 별반 기록이 없는데 2년 전 그의 두 서삼촌 경손(慶孫), 평손(平孫)이 유명한 칠서옥사(七庶獄事)에 연루되어 사형을 당하고 그 집안까지 연좌되어 큰 형벌을 받을 뻔한 적이 있다. 대개 그 부친 김장생을 따라 향리 연산(連山)에 퇴거하여 세상에 뜻을 잃고 독서와 학문에 침잠하고 있었던 시절이 아닌가 한다.

추적의 또 다른 단서 하나는 김집이 '신독재'라는 호를 언제쯤부터 썼냐는 것이다. 그런데 송시열을 위시한 그의 문인들이 쓴 시장(諡狀)·묘지명·신도비명·제문 등 그에 관한 전기적 기록에는 한결같이 그가 만년에 들어서야 뜻한 바 있어 자호(自號)를 '신독재'로 정했다고 씌어 있다.[20] 여기서 83세까지 살았던 그의 만년이 언제를 두고 말하는지 확실하지 않으나 후인들이 펴낸 그의 연보에는 그가 66세 되던 해 즉 예의 기묘년 6월조에,

> 선생의 바른 뜻[雅志]은 바탕이 충순하여 애초부터 한 걸음도 문밖 세상으로 나가려 하지 않았다. 늘그막에 성명(聖明)을 만나 은예(恩禮)에 감격하여 때로 혹 나아가서 사은하되 또한 도성에 오래 머무른 적이 없었으며, 고향에 돌아와 날마다 원근의 학자와 강독하고 토론하며… 만년에 그 집[齋] 현판을 신독(愼獨)이라 하였다.[21]

라 기록하며 '신독'이라 자호한 유래를 적고 있다. 앞의 전기적 기록들을 살펴보면 신독재 김집은 58세 때까지 당대 사림의 영수라 할 수 있는 부친 사계(沙溪) 김장생(金長生)을 시측하며 살았으며,[22] 부친 타계 후 60세 되던 해 10월에 그 여묘(廬墓)를 끝냈으니, 61세나 그로부터 몇

---

20) 『愼獨齋遺稿』 권15 부록 하, 『한국문집총간』 82(민족문화추진위원회간), 462~484면.

21) "先生雅志沖素, 始不欲一脚出門. 晩際聖明, 感激恩禮, 時或出謝, 而亦未嘗久留都下, 歸鄕日與遠近學者講讀討論. … 晩年扁其齋愼獨."
『愼獨齋先生全集』 권16 부록 '愼獨齋先生年譜', 『石潭及門諸賢集 貳』, 이조중기사상총서(아세아문화사, 1982), 377면.

22) 김집은 여러 차례 정란과 함께 집안이 옥사(獄事)에 연루되는 불행을 겪으며 벼슬에 뜻을 두지 않고 당대 거유로 추앙받던 부친을 시측하는 데 정성을 기울였으나 50대에 들어 인조반정 초 주위의 천거로 6품 음관(蔭官)에 제수되자 노부의 봉양을 이유로 중앙 관직이 아닌 향리 인근의 부여(夫餘), 임피(臨陂) 현감을 지낸 적이 있다. 그러나 그는 56세에 다시 향리로 돌아와 노부를 시측했다.

년 이후라야 그 집에 편액(현판)을 달고 자호할 수 있었을 것이다. 그런데 63세 되던 해에는 병자호란을 만났으며 66세 되던 기묘년 5월부터 노환을 이유로 벼슬을 한사코 사양하며 고향 연산에 퇴거하여 일생을 마치려 하였으니 그가 신독재라 자호한 것은 대개 이 기묘년 즈음이나 그 전후부터라고 봄이 옳을 것 같다.[23] 참담한 병란을 겪고 뒤숭숭한 시국을 보내는 통에 노환까지 겹쳐 향리에 퇴거하려 한 그가 소설을 읽으며 근심을 삭이려 했다면 정황상으로도 그럴싸한 일이다.[24]

이상에서 "○免臘月旬 愼獨齋主人書"라 부서한 교열기는 김집의 수택일 경우 그의 나이 66세 되던 기묘(1639)년 겨울에 쓴 것일 수 있음을 추적해 보았다. 그렇다면 이 소설집은 이 1639년 이전에 필사・완성된 것이고 수록 작품들은 그보다도 더 먼저 형성・창작된 것들이라 볼 수 있다.

나) 교열자가 김집이 아닐 경우

그러나 이상의 추론은 '신독재'가 김집일 가능성을 일단 전제로 한 것이다. '신독재'는 흔히 쓸 수 있는 재호(齋號)이며 김씨 성을 가진 이도

---

23) 그는 65세 되던 해 혹종 사건으로 옥에 갇힌 서제(庶弟) 고(杲)의 구명을 청원하여 임금이 들어주자 이듬해인 기묘년 4월에 은혜에 대한 보답으로 벼슬에 잠시 나아갔다가 곧 사퇴하여 향리로 다시 돌아왔다. 기묘년 은퇴 이후 그가 다시 잠시나마 벼슬자리에 몸을 나타낸 것은 10년 후 효종 즉위 초이며 이때도 곧 사퇴하였으니 기묘년 6월 이후는 그가 은퇴한 만년이라 불러 아무 이상이 없을 것이다. 또한 그가 이 기묘년 5월부터 은퇴를 결심하고 한사코 동부승지(同副承旨) 벼슬을 사양한 것은 여러 가지 사정이 있었겠으나 실제로 노병이 큰 이유가 되었으니 그는 이때 풍병과 수전증이 있어 승정원의 왕명 출납 임무를 완수할 수 없음을 하소연하고 있다. 『愼獨齋遺稿』 권13 「辭同副承旨疏」 참조.

24) 또한 김집이 비록 가문의 예학을 전수한 학자라 하나 소설을 애호한 내력이 있어 그 종손인 김만중이 많은 소설을 읽고 『구운몽』과 같은 걸작을 쓸 수 있었으리라는 정황 판단이 상기 교열기에 나타난 정황과 서로 부합된다는 사실을 들어 이 교열기의 주인이 김집일 가능성이 있다는 관점이 설 수 있다.

많으므로, 교열기의 주인이 김집이라고 단정할 증거가 불충분한 만큼 다른 사람일 가능성을 생각해 볼 수도 있는 것이다. 그러나 이 경우는 신독재 김집이 후대 선비들에게 명망 높은 조종의 거유로 인정받아 그의 호를 함부로 습용할 수 없었다는 점에서 그 가능성이 매우 제한적이라고 판단된다.[25] 그러므로 교열기의 주인공 신독재가 김집이 아닌 경우, 여기에는 다음과 같은 가능성이 있을 것으로 본다. 우선 김집이 조종의 거유 또는 국중의 명유로까지 일반에게 인정이나 대접을 받기 이전에 '愼獨齋' 호를 쓴 선비가 있어 교열기를 썼었을 경우이다. 김집의 연보를 보면 그가 사후 시호를 받은 직후 효종의 묘정(廟廷)에 배향(配享)된 해가 1661년이고 이후 18세기 초까지 각지 서원에 배향되다가 문묘(文廟) 배향의 소청이 일기 시작한 것이 1759년이다. 그렇다면 17세기 후반까지는 다른 사람이 혹 '愼獨齋'란 호(또는 재호)를 쓸 수도 있었겠으나 이후는 매우 삼갔을 것이고 18세기 중엽 이후에는 이를 기휘함이 선비들의 상식이었을 것이다. 이런 점으로 본다면 이 이 교열기가 설령 김집 이후 시대의 것이라 하더라도 18세기 중엽 이전의 것이며, 『전기집』 자체의 필사나 제작 연대 또한 18세기 중엽이나 그 이전까지로 소급될 수 있을 것이고, 수록 작품의 형성·창작 연대는 가장 늦은 작품의 경우라도 18세기 초엽이나 그 이전 즉 17세기까지로 거슬러 올라갈 수 있을 것이다.[26]

---

25) '밤골'이 방방곡곡에 널려 있고 이씨 성 가진 이도 많으므로 역사상 '이율곡(李栗谷)'도 여럿 있었을 것인가 하는 반문을 던져 볼 수 있겠다. 거유(巨儒) 이이(李珥) 선생이 '율곡'이라는 호를 쓴 이상 후인들이 이를 삼가 하는 것은 옛 선비들의 예의였으며, 이는 신독재의 경우도 마찬가지라고 생각된다. 신독재 김집은 당대의 명유(名儒)였을 뿐 아니라 사후 송시열(宋時烈)로 학통이 이어지며 조종(朝宗)의 거유로 숭상 받았던 인물이었다. 이 같은 '愼獨齋'를 두고 만약에 이 김집 공이 아닌 뒤 시대 사람이 같은 호 "신독재"를 자칭하면서 한편으로 "김 아무개가…"라고 쓰는 것은 손쉬운 예삿일은 아니었을 것이다.

26) 그러나 '신독재'란 재호를 18세기 후반이나 19세기의 "김 아무개"가 꼭 쓰지 못하란

문헌의 연대는 전문가라면 지질(紙質) 등 문헌의 상태를 통해서도 어느 정도까지는 추정이 가능할 것이다. 이 방면에 전문적 지식이 부족한 필자는 그간 문제의 교열기가 김집일 것인가를 확인하기 위한 한 방도로 한두 전문가를 찾아가 연대 고증을 받아 보았다. 문헌·서지학에 밝은 국문학자 유탁일 선생은 이 작품집의 연대를 적어도 200년 이전 즉 18세기로 잡을 수 있으나 김집의 만년인 17세기 중엽까지 올라갈지는 확신할 수 없다는 의견을 피력하였다. 서화·골동과 고서·필체에 밝다는 김선원 선생은 이 문헌의 연대를 대략 250년 전 즉 18세기 중엽 정도로 잡고, 교열기의 필체가 김집의 필적일 수 있는가에 대해서는 부정적인 견해를 피력했다.[27] 이 같은 문헌 감정을 통한 연대 고증은 정확한 연대를 추정하는 데는 애로가 있고 전문가에 따라 개인적인 견해 차이가 있기 마련이나, 필자는 앞서 든 이유와 다음에서 살펴질 이면지의 기록 내용으로 보아 이 문헌의 연대는 신독재 당대인 17세기 중엽은 아니더라도 적어도 18세기 중엽 이전으로 올라갈 수 있는 것은 확실하다고 본다.

법도 없을 것이며, 후대의 어느 호사가가 소설(잡기)책에 붙이는 글임을 빙자하여 "신독재"를 자칭 또는 참칭하며 자신의 정체를 은닉할 가능성이 있지 않은가 의심해 봄직도 하다. 하지만 이 시대에 '신독재'를 자호한 뚜렷한 인물은 없으며, 후대 독자들을 혼란시키려는 장난끼 어린 의도가 아니라면 이 시기의 선비가 "김 아무개"임을 밝히면서 애써 가한 교열 작업 끝에 교열기까지 쓰면서 굳이 유명한 '신독재'라는 호를 가지고 참칭이나 익명을 할 이유도 별로 없을 것이므로 이럴 가능성은 희박하다고 보인다.

27) 문헌 감정에 응해 도움말을 주신 두 분께 이 자리를 통해 감사드린다. 국립도서관 고서실에서는 이 문헌의 연대를 대개 18세기 중엽 이전으로, 그러나 17세기까지 소급될 가능성도 있다고 보았다.

4. 이면지 기록으로 본 문헌의 연대

이 문헌의 기록 내용 중에는 교열기의 주인 '신독재'가 김집일 가능성을 흩트릴 만한 점이 전혀 없는 것이 아니다. 다름 아닌 이면지 소재(所載) 작품 하나와 그 작자의 연대가 후대로 확인되는 것이다. 여기서 우선 이면에 필사된 작품을 차례로 들어보면,

1. 順興復設疏
2. 小兒辯
3. 古班僧
4. 魯山君事蹟
5. 李城主漢一本邑陳弊疎
6. 神清洞訪友記
7. 鄭三峰事跡

등이다. 이들 중 1~4는 3~12번째 장 사이 연이어, 5는 17~25번째 장 사이, 6은 31~33째 장 사이, 7은 89~95번째 장까지에 각각 띄엄띄엄 이서(裏書)되어 있다. 그리고 그 필체는 원면(표면)의 소설 필사체나 교열의 필체와도 같지 않을 뿐 아니라, 1·2·3과 4와 5와 6과 7은 각각 다른 필체로 쓰여 있으니 그 전사자와 전사 시기가 다름을 알 수 있다. 또한 이면은 부분적으로 차이가 있으나 전반적으로 표면보다 그 지면의 상태가 훨씬 깨끗하고 자체나 필묵의 오손·마모도가 덜하니 두 면의 필사 연도는 상당한 차이가 있음을 보여주고 있다. 즉 원래 소설(잡기)집으로 꾸려진 이 서책은 상당 기간 손때가 묻으며 읽혀 오다가 후대의 어느 시점에서 겹쳐진 종이 귀(紙口)가 상당히 헐어 자연히 떨어지거나, 그럴 즈음 한 독자에 의해 베어지고 이면에 잡다한 글이 기사되기 시작한 것이다.[28]

이 중 1. 「順興復設疏」는 단종 복위를 꾀하다 실패한 옛 군수(李甫欽) 때문에 폐읍된 순흥부(順興府)의 유민들이 이를 다시 설치해 달라고 탄원하는 소장(疏章)으로, 실록의 기록을 보면 이 소는 숙종 10(1684)년 시의 글이 확실하나[29] 끝에 그 소에 대한 비답(批答)까지 붙어 있는 것으로 보아 그보다 더 후일에 전사된 것으로 보인다. 2. 「소아변」은 연대 미상의 우언이며, 3. 「고반승」은 표면에도 실려 있는 글인데 여기에는 신독재의 교열이 반영되어 있는 것으로 보아 표면지의 작품을 후대 독자가 그 교열을 참고로 다시 옮겨 쓴 것으로 보인다. 4. 「노산군 사적」은 노산군 즉 단종의 폐위 이후 행적에 대한 기록으로 앞의 「順興復設疏」와 내용상 상통하는 면이 있으나 두 글의 전사 필체는 다르다. 6. 「신청동 방우기」는 중국 원(元) 대를 배경으로 하되 작품의 국적을 확인할 수는 없는 이른바 야담형의 한문단편과 같은 작품이라 할 수 있으며, 7. 「정삼봉 사적」은 정도전(鄭道傳)의 어머니가 본시 이숙번(李叔蕃)의 노비 출신이라는 내용이 중심을 이룬 짤막한 야담 일화이다.[30]

이 중 5. 「이성주 한일 본읍 진폐소(李城主漢一本邑陳弊疏)」는 특히 관찰을 요하는 글로서 제목에 나타나 있듯이 이한일(李漢一)이란 인물이 읍재(邑宰)로 재직하고 있는 고을의 민정 폐단을 조정에 진언한 소장(疏章)이다. 내용을 살펴보면 경북 풍기(豊基) 군의 공납(貢納)과 군액(軍額) 등 민중의 조세와 부역의 과중함을 감면해 달라는 요지이다. 풍

---

28) 가로·세로 함께 한 자(31cm)의 정방형 장지(壯紙) 전지(全紙)를 사용한 이 책은 애초 이를 마름한 사람부터 제법 귀중한 책으로 구색을 갖춰 만든 것이고, 교열자 또한 비록 소설(잡기) 책이기는 하나 제법 귀하게 여겨 후대 독자들에게 물려주려 한 책자이다. 그러므로 이 책을 읽는 선비라면 누구라도, 오랜 세월과 여러 손을 거친 나머지 종이 귀(紙口)가 자연히 마모되기 이전에 섣불리 뜯어 이면지를 사용하지는 않았을 것이다.

29) 『숙종실록』 권15 하, 10년 甲子 9월 甲戌 및 戊寅조 참조.

30) 이들 기록 중 야담·우언 등 문학적인 성격을 지닌 작품에 대해서는 내용 소개나 별도의 논의를 가할 필요가 있으나 지면의 제한으로 다른 자리로 미루기로 한다.

기 군지를 살펴보니 군수 이한일은 정조 5(1781)년부터 재임했던 것으로 기록돼 있다. 그런데 제목에 나타난바 군수 이한일이 '구(舊) 성주'나 '전(前) 성주' 따위가 아닌 "본읍 이 성주(李城主)"로 나타나 있는 것으로 보아 이 글은 그가 풍기 군수로 재임하던 당시 즉 1781년경이나 그 얼마 후의 기록이 아닌가 한다.[31] 또한 이 글은 제목으로 보아 풍기군 사민(士民)에 의해 전사된 것이며, 위의 1. 「順興復設疏」 또한 순흥 부근의 사민에 의해 전사된 것일 터인데 순흥과 풍기는 인접하여 한 군으로 통합된 적이 있느니 만큼 이들 두 글 또는 1에서 5까지의 다섯 글들은 함께 풍기 주변의 경북 지방에서 전사되었을 것이라 추정된다. 그렇다면 이 소설집은 적어도 18세기 말엽(1781년) 전후에는 신독재 김집의 고향인 충남 연산(連山)이 아니라 경북 풍기 지역 주변에서 유전되던 것으로 보인다.

그러나 교열기의 주인이 김집이 아닐 경우라도, 18세기 말엽 또는 그 이전에 이미 지구(紙口)가 마모되어 이면에 잡다한 글이 기사되기 시작한 이 책은 18세기 중엽 이전까지는 이미 만들어져 읽히고 있었다고 볼 수 있을 것이다.[32] 따라서 앞서의 추리대로 이 작품집에 수록 작품의

---

31) 『풍기 읍지』(1997, 102면)에는 그가 정조 8(1784)년까지 군수로 재임했던 것으로 기록되어 있다. 그런데 위 「진폐소」의 내용에는 그가 군수로 부임하던 해에 이 글을 쓰는 것으로 되어 있고, 또 한 구절에는 "제 나이 육십을 바로 앞둔지라(臣年迫六耋)…"라 한 대목이 있는 것으로 보아 이 글은 1781년에 씌어진 것임을 알 수 있다. 『실록』과 『풍기 읍지』의 기록을 보면 이 상소는 비답을 즉시 받고, 건의한 시정책도 정사에 반영되어 고을의 민폐는 곧 줄어들게 되었다 한다. 이 글은 이한일의 상소나 치적이 문제가 되거나 회자될 즈음에 필사되었을 것이므로 설사 이한일의 군수 재임 기간 이후에 전사되었다 하더라도 얼마 경과하지 아니한 시점에서 이루어졌다고 볼 수 있다. 이한일은 1723년 충남 아산 출신의 덕수 이씨 18대손으로(『德水李氏世譜』 참조), 『사마방목(司馬榜目)』과 『실록』 등을 보면 그는 영조 26(1750)년 온양 별시에 등제하여 대사간(大司諫)까지 지냈다.

32) 앞의 주 29) 참조. 하지만 이면지의 기록이 필사되던 시점과 애초 소설집이 여러 손을 거치며 읽히던 시점 즉 표면(원면)에 교열기가 쓰이던 시점 사이에 상당한 세월이 흘렀으리라는 점을 상기하면, 이면지의 기록에서 확인·추찰되는 사실들이

형성 연대는 대개 17세기까지, 예외적으로 늦은 경우라도 18세기 초 이전으로 잡을 수 있을 것이다.

5. 집록 작품 및 작품집을 통해 본 17세기 소설사의 일단

이상에서 '17세기 소설집'이라 알려진 이른바 『신독재수택본 전기집』의 문헌적 양상과 수록 작품의 연대에 대해 다각적으로 살펴보았다. 문헌 및 소재 작품의 연대를 규정하는 데 관건이 되는 작품집 속의 '교열기'가 병란(丙亂) 직후 신독재 김집의 수택일 가능성도 없지 않으나, 김집의 교열기가 아닌 경우라도 수록 작품들의 연대는 대개 17세기라 해도 무방하다는 것이 현재까지의 잠정적인 결론이다.

이 같은 관점에서 이제 수록 작품의 내용적 특성을 일별하면서 '17세기 전기집(傳奇集)'으로서 가지는 이 소설집의 성격과 함께, 이를 통해 규지할 수 있는 당대 소설사의 일단을 살펴보기로 하자.

집록 작품들의 구체적 양상을 살피려 할 때 우리는 우선 이 소설 모음집에 『금오신화』 중의 두 편이 전사・수록되어 있음을 주목하지 않을 수 없다. 최근 조사에 의하면 『금오신화』는 명종 연간(1546~1567)에 조선에서 목판으로 간행된 바 있는데,[33] 이 모음집에는 그 중 두 작품만이 각기 따로 떨어져 전사되어 있고 그 중 「이생규장전」의 경우는 많은 오자가 끼어 있음으로 보아 이는 목판본이 아닌 다른 필사본에서 전사된 것임을 짐작케 한다. 즉 전사 당시 『금오신화』 속의 몇 작품은

꼭 신독재 김집의 교열 사실을 부정하는 증거가 될 수는 없으리라 여겨진다. 다만 두 면의 기록 사이에 그 시차가 140년이나 상거(相距)하고 있다는 사실이 흔히 볼 수 있는 일은 아니리라 보인다.

33) 최용철, 「『금오신화』 조선간본의 간행과 전파」, 『한국고소설의 자료와 해석』, 아세아문화사, 2001, 16면.

필사본에 의해서도 유전되고 있었음을 알 수 있으니, 17세기까지 『금오신화』는 판본을 통해서든 필사본을 통해서든 간에 독서계 일각에서 계속 읽히고 있었고 이 시기 소설문학사의 전개에 그 영향을 드리우고 있었음을 이 작품집을 통해 규시할 수 있는 것이다.

그러나 이 작품집에는 『금오신화』 소재 두 작품과 「최문헌전」 「상사동기」 등 그 작가가 분명 조선인이거나 작품 배경이 조선으로 되어 있어서 조선의 창작 소설이 분명한 작품들과 함께, 「왕시붕기우기」 「왕경룡전」 등 그 배경이 중국으로 되어 있을 뿐 아니라 작품 내용에 있어 중국 색이 짙은 작품들이 뒤섞여 실려 있다. 이들 작품은 그러나 중국의 원작을 조선의 당대 실정과 독자의 관심 및 취향에 맞게 부분적으로 변형・각색한 자취를 보여주고 있으니, 이 중 「왕시붕기우기」는 명말의 중국 희곡 「형차기(荊釵記)」, 「왕경룡전」은 17세기 중국 (의)화본소설 작품의 개작품인 것으로 밝혀졌다. 즉 이 소설집 또는 이에 수록된 작품들이 이루어진 17세기에는 중국 소설과 희곡의 여러 작품들이 유입되어 읽혀지는 가운데, 양반・식자층의 작가는 그 내용 일부를 조선의 당대 현실과 연관시키든가 또는 그들의 취향에 맞게 내용과 양식을 변형시키는 등 다양한 방식으로 번안・각색하여, 소설에 대한 당시 독자들의 점증하는 관심을 확대・충족시켜 주었던 것이라고 보여진다. (이런 점에서 본다면 중국(明)인에게서 들은 이야기를 토대로 권필이 썼다는 「주생전」 역시 중국의 원작을 각색한 작품이 아닌가 추측해 볼 수 있다. 마찬가지로 중국을 배경으로 한 「유소랑전」 등도 비슷한 부류가 아닐까 하는 의문이 들기도 하나 이 작품의 경우는 위에서 언급했듯이 그 원천이 됨직한 한국의 야담이나 전(傳) 작품들도 있으므로 선불리 단안을 내리기 힘들다. 더구나 개작 여부를 확인할 만한 중국의 원작들은 실전된 경우도 많을 것이므로 두 작품에 대해 현재로서는 그 가능성을 한 번 상정하는 정도에 머무를 수밖에 없다.)

그러나 이처럼 창작 · 번안물이 섞여 있는 가운데 전사가 중단되거나 낙장된 작품을 포함하여 총 9편의 수록 소설 작품들에서 대종을 이루는 유형적 공통성을 찾아볼 수 있으니, 그것은 이들 작품(7편)이 대개 남녀 간의 사랑과 결연을 다룬 이른바 애정 전기나 그 양식적 전통에 의거한 형식을 취하고 있다는 점이다. 애정 전기와 다소 거리가 있어 보이는 작품 2편 중에서도 「유소랑전」은 부모의 정혼에 이어 혼사를 앞둔 남녀가 예기치 않은 불행으로 요절하게 된 비극적 사건을 다룬 특이한 작품이나 이 또한 애정 전기의 전통을 빌어 소설적 결구를 얻고 있으니 넓게 보아 그 범주 언저리에 들 수 있는 것이고, 「최문헌전」의 경우는 애정 전기적 요소가 부차적이나 역시 애정과 결연이 주요 모티프를 이루며 전기의 얼개가 짜여져 있다. 따라서 이 작품집을 중심에 놓고 본다면 양반(사대부) · 식자층을 주 독자로 하는 17세기의 한문 소설은 대개 애정 전기의 전통을 주축으로 해서 발달했음을 확인할 수 있다.

그리고 애정 전기 및 그 양식적 전통에 의거한 17세기 작품을 『금오신화』의 두 작품에 견주어 볼 때 우선 「왕시붕기우기」, 「왕경룡전」의 경우는 화폐경제가 위력을 갖게 되는 16 · 7세기 중국의 화본소설과 희곡 등의 개작품인 까닭도 있지만, 금권 등 세속적 사회 현실의 세세한 반영 내지 서사적 갈등 내용의 세속화가 현저하게 짙어지는 것을 그 시대적 특징으로 하고 있음을 볼 수 있다. 야담으로부터 전기로 전성되고 애욕의 적극적 긍정과 실현을 선양하고 있는 듯한 「상사동기」는 『금오신화』와 같은 전대 애정 전기의 비극미를 상실한 채, 현실 사회의 고통이나 문제를 배제하는 향락적 색채가 농후하나 또한 조선 중세사회의 해체에 기반한 세속적 현실과 욕망의 긍정, 전기적 세계의 세속화 과정을 보여주고 있는 데에 소설사적 의의가 주어질 것이다. 「주생전」의 경우 인물 동기의 세속화가 지나쳐, 신의를 저버리는 남주인공의 도덕성과 함께 그의 애욕과 도덕적 번민을 사실적 · 객관적으로 그리는 작가의 주제의식이 문제가 될 정도이다. 작품의 서두 부분만 남아 있는 「옥당춘전」의 경우는 함부로 추단할 바 못 되나, 남녀 주인공이 전통적인 전기소설의 일반적 관례에서 벗어나 귀족층의 자제라기보다 상인층[長財]의 자제로 설정되어 있으며, 이야기 모두 부분이 마치 야담계 소설(또는 화본소설)처럼 시작돼 서두 부분만으로 본다면 여러 모로 전기소설의 일반적 문법에서 벗어나 있다. (「유소랑전」의 경우는 혼인과 장제(葬祭)를 둘러싼 당시의 생활 현실과 인정·풍속의 세세한 정황이 핍진하게 그려져 있기는 하나, 윤리 이념에 대한 주인공의 과도한 집착은 그가 몸담고 있는 세속 세계에서 삶을 단절시키고 말아, 매우 사실적인 일면을 지니고 있으나 세속적이라 할 수는 없다.)

그러나 「왕시붕기우기」, 「왕경룡전」 등에서 잘 드러나고 있듯이 이처럼 중세적 질서가 해체되어 가는 당시 사회의 세속적 현실을 반영하고 있으면서도 이들 작품은 남녀 간의 사랑과 의리라는 전통적인 전기소설의 주제, 또는 '貞·烈'과 같은 중세적 여성의 덕목과 위배되지 않는 윤리적 주제의식을 유지하고 있으니, 이런 점이 이 작품집에 실려 있는 17세기 애정 소설의 특징이 아닌가 한다(「주생전」의 경우 첫머리에서 필사가 중단되고 실리지 않은 것은 혹 이 같은 윤리의식의 결핍이 전사자에게 문제가 된 것이 아닐까 생각되기도 한다). 그리고 실화나 실화(일화)에 기반을 둔 효열녀 야담(설화)이 전기(傳奇)로 재편된 작품으로 보이는 「유소랑전」의 경우, 이 같은 전통적인 전기의 주제와 가부장(및 남성) 중심의 중세적 윤리의식이 합치하는 지점에서 실화나 야담으로부터 전기로의 허구 또는 재편이 가능했던 것이라 보인다. 이처럼 중세적인 특징과 탈중세적인 지향을 동시에 지니고 있는 이 소설집의 수록 작품들 중에서 「유소랑전」은 중세적 윤리의식의 구속을 가장 심하게 받고 있는 작품인데, 바로 이런 점에서 김집과 같은 예학 군자도 혹 이 소설집을 읽을 수 있었던 가능성은 찾아진다고 보인다.

한편 이 '전기집'에 집록되어 있는 17세기 작품들이 비록 '전기' 양식의 형식적 특성이나 애정 전기의 양상을 다소간 공유하고 있기는 하나, 그 내용이나 구조, 형성과정이나 양식적 원천에 있어 다양한 개성과 차이를 지니고 있음이 또한 지적되어야 할 것이다. 앞서 본 바와 같이 이 작품집에는 명말 전후 중국의 희곡이나 화본소설의 개작, 비슷한 시기 조선 또는 중국의 야담・일화의 전기적 재편, 민간전승과 소설 전통에 재래해 온 숱한 영웅담과 설화 모티프의 집적에 기반한 작품들이 포함되어 있으며, 일일이 논의할 자리가 아니나 각 작품은 배경이나 주인공의 성격, 갈등 내용이나 그 처리 방식 등에 있어 있어서도 다양한 면모를 지니고 있어 17세기 소설사 전개의 다양한 스펙트럼을 보여주고 있다.

그 중에서도 『금오신화』의 두 작품 다음으로 형성 연대가 오래된 「최문헌전」의 경우, 확고한 현실주의적 세계관 위에 세속화가 강화되는 여타 작품과 달리, 환상과 현실의 대립적 결합으로 이루어진 『금오신화』 등 전대 전기 소설의 전통을 이어 받으며 민중적 상상력의 소산인 전승 영웅담의 전통에 결합・접맥되어 있어 단연 이채를 띤다. 특히 초월적 신성성을 강화하는 후대의 이른바 영웅소설과는 달리, 신성사회로부터 부여받은 비범한 초월성을 지니면서도 평범한 인간성(민중성)을 함께 지닌 주인공의 중세적 권위주의와 초월적 권능에 대한 도전을 그리고, 이를 통해 세속사회 속의 민중적 인간성을 긍정하고 있다는 점에서[34] 이 작품은 문화사의 자연스런 흐름을 반영하며 16세기 말(또는 그 전후)에 바르게 위치하고 있는 것이다. 그러나 초월적 경계를 계속 오가며 확대되어 가는 영웅담의 구조 속에 전기 양식이 일면으로 지니는 현실주의적 성격은 약화 또는 부속화되고 있음 또한 사실이다.

---

34) '신성사회', '세속사회' 등의 용어 및 그 개념은 이상택 교수의 논저, 「고대소설의 세속화 과정 시론」 및 「고전소설의 사회와 인간」(『한국고전소설의 탐구』, 중앙출판인쇄주식회사, 1981, 237~297면)을 참고로 한 것이다.

그러므로 연대가 조금 앞선 「최문헌전」을 포함하여 이 작품집에 실린 17세기의 소설에서 우리가 전기소설의 전형적 성격이나 그 미학의 온전한 구현을 찾아보기 어려운 것은 당연한 일이다. 앞서 언급한바 명말 전후 중국의 희곡이나 화본소설에 원천을 둔 두 작품이 전기의 양식적 전통을 물려받고 있다하더라도 이미 그 내용이나 구조의 면에서 재자가인소설이라는 새로운 양식으로 접근해 가고 있다는 점이 지적된 바 있거니와,[35] 전기 양식과 걸맞지 않는 내용을 담기 위한 전기적 서사 세계의 세속화(및 부속화)와 더불어, 전기의 전통적 특질인 비극성은 약화되거나 거세되기도 하고 단편적 서사 편폭은 확대되어 중편화되기도 하는 전기 양식의 변질이나 연변이 초래된 것이다. 효열과 같은 윤리 이념에 작가의 창작 의식이 지나치게 얽매인 「유소랑전」의 경우 전기 전통에 익숙한 작가의 세련된 수사나 문조(文藻)에도 불구하고 전기의 양식적 장치는 그 핵심 내용인 애정이 결여되어 있는 까닭에 이야기 내용을 꾸리는 형식적인 외피에 머물기도 한다. 이런 점에서 이 '전기집'이 보여주고 있는 바 17세기 전기 양식의 다양한 연변(演變)과 실험은 전기소설의 다양한 발전상을 보여준다고 할 수도 있겠으나 한편으로는 새로운 삶의 현실과 담론을 담으며 스스로의 본질적 속성을 잃어 가는 그 변질과 해체 과정을 보여준다고 할 수 있다.

6. 맺음말

이상에서 '17세기 소설집'이라 알려진 이른바 『신독재수택본 전기집』의 문헌적 양상과 수록 작품의 연대 및 그 문학사적 특성에 대해 여러

35) 박재연, 「왕시봉뎐, 중국 희곡 형차기의 번역」, 『중국학논총』 7, 한국중국문화학회, 1998 ; 박일용, 「가문소설과 영웅소설의 소설사적 관련」, 『고전문학연구』 20, 2001.

모로 살펴보았다.

문헌과 소재(所載) 작품의 연대를 규정하는 데 관건이 되는 작품집 속의 '교열기'가 김집의 수택이라면 병란(丙亂) 직후 그의 노년 겨울에 쓴 것일 수 있고, 이 경우 『전기집』은 이 1639년 이전에 필사·완성된 것이며 수록 작품들은 그보다도 더 먼저 형성·창작된 것들이라 할 수 있다. 그러나 이 같은 추정은 문헌의 기록이나 상태 및 제반 정황으로 미루어보아 불확실한 가능성으로 남겨 두어야 할 것 같다. 보다 확실한 가능성으로, 교열기의 주인공이 김집이 아닐 경우라도 문헌의 연대는 늦어도 18세기 중엽 이전, 수록 작품들의 창작 연대는 대개 17세기까지로 추정될 수 있다는 것이 본고의 잠정적인 결론이다.

17세기 후반 『구운몽』 『사씨남정기』와 같은 걸작 소설의 출현은 이를 예비한 17세기 초·중엽 소설의 일정한 발달과 독자층의 성립 위에 가능한 일일 것이며, 이 같은 17세기 소설의 발달 도정 가운데에는 전기소설에 대한 애호의 전통 속에서, 중국소설의 활발한 유입에 의해 촉진·확대된 양반층의 소설 향유를 배경으로 하여 전기 또는 한문소설의 다양한 창작과 새로운 발전을 모색하는 단계가 놓여 있었던 것이다. 소설 모음집으로 꾸려진 이 『신독재수택본 전기집』은 바로 이처럼 전기소설의 전통에 기반한 당시 한문소설의 발달상을 알려주는 중요한 증거이며 차람을 통해 교열을 가했다는 신독재의 교열기는 당시에 이 같은 한문소설 또는 전기집이 널리 유전되고 있었음을 방증해 주는 기록임을 중언할 필요가 없을 것이다

본고의 애초 주안점은 그러나 상기 문헌에 대한 보다 소상한 정보를 제공하면서 이것이 안고 있는 여러 가지 문제점을 논의해 보는 데에 있다고 할 수 있다. 끝으로 이 『전기집』을 중심으로 볼 때 17세기에 들어 전기의 양식적 전통은 세속화를 가장 큰 특징으로 하여 다양한 연변과 해체의 과정을 드러낸다고 했는데, 이는 중세적 질서의 해체 과정 속에

서 변해 가는 사회 현실에 대한 당대인의 증폭된 관심과 열망, 세속주의에 대한 낙관적 신념을 반영하고 있는 것일 터이다. 그런데 전기 양식의 속성 일부를 계승하고 있으면서도 그 본질적 속성이 크게 전변하여 이미 해체 과정에 들어선 작품에 대해 계속해서 '전기'의 명칭을 인용할 수 있을 것인가에 대해서는 재론할 필요가 있을 것으로 보인다.

「왕시붕기우기(王十朋奇遇記)」에 대한 고찰

–『신독재수택본 전기집(愼獨齋手澤本傳奇集)』 연구의 일환으로–

1. 머리말

여기 거론하는 「왕시붕기우기(王十朋奇遇記)」는 이른바 『신독재수택본 전기집(愼獨齋手澤本傳奇集)』에 실려 있는 작품이다. 이 문헌은 발굴 당시 신독재(愼獨齋) 김집(金集: 선조7; 1574~효종7; 1656)이 열독하고 손수 교정을 가한 『傳奇集』으로 소개된[1] 이래 소설사의 주요 자료로 학계의 관심을 끌어 왔다. 특히 근년 들어 이 작품집에 수록된 「왕시붕기우기」[2]의 한글본 이본이라 할 수 있는 「왕시봉뎐」이 발굴 소개되는 등 새로운 자료의 발견과 연구 진전의 결과 우리 고소설의 본격적 발전기가 17세기 초중엽으로 소급되는 분위기 속에서 이 작품집에 대한 관심이 다시금 제고되고 있음을 볼 수 있다.

---

1) 정병욱, 「「최문헌전」에 대하여」, 『백낙준 박사 회갑기념논총』, 연세대, 1955.

2) 「王十朋奇遇記」의 '王十朋'은 '왕시붕'으로 읽기로 한다. 한글본 「왕시봉뎐」에서 보듯이 '王十朋'은 당시인들에게 '왕시붕'으로 읽혔을 것이며, '시방세계(十方世界)'의 예에서 볼 수 있듯이 '十'은 중국식 발음을 따른 속음 '시'로 아직도 읽히고 있는 경우가 있다. 그런 만큼 두 이본의 작품(주인공) 이름을 서로 맞추어 불필요한 혼란을 막을 필요가 있다는 사재동 교수의 고소설학회에서의 충고를 받아들이기로 한 것이다.

문헌 자료로서 이 작품집을 공개하기에 앞서[3] 이제 여기서는 이 작품집에 실려 있는 미공개 작품 중 하나인 「왕시붕기우기」의 내용을 소개를 하면서 그 소설사적 의미를 묻고자 한다. 그리고 여기서 먼저 밝혀 두어야 할 것은 「왕시붕기우기」는 우리 고소설사에서 비교적 이른 연대의 작품일 뿐 아니라, 비록 중국 희곡에 그 원천을 두고 있으나 작가 나름대로의 뚜렷한 작품 의식, 작가 의식을 가지고 원작을 수용하여 전기적(傳奇的) 형태의 소설로 이를 윤색·개작하고 있으므로 원작이나 한글본과는 다른 그 나름의 소설사적 의의가 주어질 수 있다는 점이다. 본고는 이 점에 유의하여 우선 이 작품의 내용을 원작 및 한글본과 비교·검토하고, 그 개작의 구체적 양상과 작가 의식을 분석한 후 작품의 소설사적 의미에 접근해 보고자 한다.

2. 내용의 비교 검토-「형차기」 및 「왕시봉뎐」과 관련하여

「왕시붕기우기」는 전기(傳奇)의 형식을 빈 한문소설이다. 그 내용으로 보아 한글본 「왕시봉뎐」[4]과 함께 동일한 원작 「형차기(荊釵記)」를 소설로 개작한 작품임에 틀림없다.[5] 그러나 「왕시붕기우기」의 세부 내용은 다른 두 작품과 적지 않은 차이를 보이고 있다. 따라서 작품에 대한 논의에 앞서 우선 여기서는 아직 학계에 소개되지 않은 「왕시붕기우

3) 이 논문이 씌여진 직후 이 작품집은 영인본에 일부 수록 자료의 번역과 교감을 덧붙여 출판·공개되었다(정학성 역주, 『17세기 한문소설집』, 삼경문화사, 2000).

4) 1997년 이복규 교수에 의해 학계에 소개된 작품이다. 이복규, 『새로 발굴한 초기 국문·국문본 소설』, 박이정, 1998.

5) 「왕시봉뎐」이 송·원대(宋元代) 이래 유행하던 중국의 희곡[南戲] 「형차기(荊釵記)」를 축약 번역한 작품임은 박재연 교수에 의해 밝혀졌다. 박재연, 『왕시봉뎐·荊釵記』, 선문대 중한번역문헌연구소, 1999.

기」의 내용을 「형차기」 및 「왕시봉뎐」의 내용과 차이점에 유의하면서 요약, 정리하기로 한다. 또한 한문본 「왕시붕기우기」만의 내용 검토만으로는 이 작품의 특성이나 소설사적 가치를 논의하기 곤란하므로 원작과 한글본[6] 작품도 실증적 차원에서 그 내용을 비교 검토하여 요약해 둠으로써 작품에 대한 논의에 발판을 삼고자 한다.

1) 「왕시붕기우기」의 내용과 개성적 면모

앞서 말했듯이 「왕시붕기우기」의 내용은 세부 정황에 있어서 원작 및 한글본과 여러 가지로 차이를 보이고 있는데, 부분적으로 한글본과 다르고 원작과 일치・상통하는 대목이 있는가 하면 반대로 원작과는 차이가 있으나 한글본과 일치하는 대목도 있다. 작품 경개를 요약하면서 그 개성적 면모와 함께 대비되는 3자간의 상동・상이점을 적시(摘示)하기로 한다. 내용의 단락은 「왕시붕기우기」를 중심으로 세 작품을 비교하기 편하도록 구분한 것이며 굵은 활자와 밑줄의 표시는 작품들 간의 차이를 대조시키기 위한 것이다. (아래에서 **굵은 활자**는 「형차기」 및 「왕시봉뎐」과 차이를 보이고 있는 대목임을 나타낸 것이며, 밑줄 친 부분은 한글본과는 다르나 「형차기」와는 같은 대목, **굵은 활자에 밑줄 친** 부분은 한글본과는 같으나 「형차기」와 차이를 보이는 대목임을 나타낸 것이다.)

[1] 서두: 인물 및 배경 제시

왕시붕(王十朋): 송(宋) **태원(太原)** 땅의 으뜸가는 재사(才士).

전공원(**全恭元**): 왕시붕의 이웃. 슬하에 외동딸 하나를 두고 후처 **최**

6) 이하 논의에서 「왕시붕기우기」를 한문본, 「왕시봉뎐」을 한글본, 「형차기」를 원작이라는 말로 대신 쓸 수 있다.

씨(崔氏)를 취해 함께 삶.

옥련(玉蓮): 전공원의 외동딸로 여공(女工)과 재색 탁월. 3세에 모친을 사별한 후 **숙부모(叔父母)에게 길러짐.**

[2] a. **전공원이 후처 최씨에게 왕시붕을 사위로 삼자고 의론하니** 최씨가 가난하다고 반대함.

b. 전공원이 고집하자 옥련의 계모 **최씨와 양모가** 전공원의 뜻을 거스를 수 없어 왕시붕의 집에 중매를 보냄.

[3] 왕시붕의 집에서는 기뻐하며 청혼을 받아들이나 가난 때문에 나무비녀[荊釵]를 예물로 납폐(納幣)함.

[4] 이웃 부자 손여권(孫汝權)이 옥련의 재색을 보고 반해 **계모 최씨를 통해 구혼.**

[5] 계모 최씨가 가난한 집에 시집보내면 딸의 신세를 망친다며 손여권이 납폐한 금비녀를 받아 억지로 남편에게 떠안김.

[6] 전공원이 두 비녀를 한 합에 담아 옥련에게 고르게 하니 옥련은 먼저 납례한 왕시붕이 가난하나 또다시 정혼할 수는 없다며 나무 비녀를 선택함.

[7] a. 화가 난 **부모가** 혼사 날도 기다리지 않고 왕가에 말 태워 시집을 보내니,

b. **옥련이 부도(婦道)를 잘 닦고 시모(媤母)를 잘 모심.**

[8] 왕시붕이 과거에 응시하기 위해 상경하니 손여권도 과거를 본다며 함께 상경함.

[9] 왕시붕은 장원급제하여 **조양(朝陽) 판관에 배수되고** 손여권은 낙방함.

[10] 한 재상이 장원한 왕시붕을 사위로 삼고자 청혼하나 왕시붕은 조강지처가 있어 저버릴 수 없다고 거절함.

[11] **재상은 무안하여 혼사를 포기함.**

[12] a. **손여권이 왕시붕에게 사람을 보내 귀향 길에 그의 편지를 전해주겠다고 제의함.**

b. 왕시붕이 급제 소식과 함께 조양으로 부임할 예정을 아뢰고 모친

과 부인을 함께 오라고 편지를 씀.

[13] 손여권이 왕시붕 편지에 '재상의 사위가 됐으니 조양에는 모친만 오고 처는 본가로 돌려보내라'고 고쳐 씀.

[14] a. 편지를 본 **왕공 모친이 일희일비하며 편지 사연을 며느리에게 고하니 옥련은 의아해 하면서 실의에 잠김.**

b. **옥련의 부모가 소문을 듣고 노하여 딸을 데리고 옴.**

[15] a. 전공원이 왕시붕의 배은망덕과 배신을 원망하니 옥련은 중간 교사자의 작란이 있을 것이라고 설득하며 위로함.

b. 옥련의 부모가 손여권에게 편지 사연의 진상을 확인하니 손여권은 모두 사실이라 속여 말함.

[16] 손가로부터 뇌물을 받은 **계모 최씨가** 남편 전공원을 설득하여 옥련에게 손가 쪽으로 재혼하기를 권유하나 옥련은 거부함.

[17] a. **부모가** 재혼을 강요하자 마지못해 순종하는 체하던 옥련은 혼인날 밤에 가출하여 종적을 감춤.

b. 친척노복이 옥련을 찾아다니다가 **이튿날** 강가에서 신만 발견하니 온 가족이 통곡.

[18] 복건(福建) 자사(刺史) **전자하(全自夏)**가 뱃길로 부임 도중 꿈에 천인(天人)으로부터 전생의 딸이 강물에 투신할 것이니 구출하여 보살피라는 예탁을 받음.

[19] 꿈을 깬 전자하가 옥련을 구출한 후 성명과 함께 강물에 투신한 연고를 묻자 옥련이 그간의 사연을 설명함.

[20] 사연을 들은 전공이 진상을 확인하기 위해 **하리(下吏)를 조양(朝陽)에** 파견함.

[21] 하리가 '**朝陽判官** 王公之柩'라 쓴 명정(銘旌)을 보고 왕시붕이 사망했다고 지레 짐작하여 돌아와서 보고하니 옥련이 대경실색함.

[22] **혼절한 옥련을 전공이 마음을 먹여 간호한 후** 복건으로 데려가 사랑을 다해 보살핌.

(한글본 〔22〕의 a. b. c.는 한문본에 없음)

[23] a. 옥련이 전자하에게 부탁해 남편의 명복을 비는 재(齋)를 **길상사(吉祥寺)**에서 올리는데 **복주(福州) 원**(왕시붕)도 그 아내의 재를 같은 절에서 올리러 옴.

b. 옥련이 휘장 사이로 **복주 원**의 모습을 우연히 엿보니 남편과 흡사하여 놀람.

[24] 재를 파하고 집에 돌아온 옥련이 며칠 후 시비에게 복주 원이 남편과 방불함을 기이하게 여겨 알림.

[25] 복건 원 전자하가 측사에 가다가 대화를 엿듣고 옥련에게 대화 내용을 문초하니 옥련이 남편과 방불한 사람을 절에서 본 사연을 고함.

[26] a. **복건 원이 이상히 여기고 복주에 하리를 보내 탐문하여 복주 원 성명이 왕시붕임을 앎.**

b. 복건 자사가 여러 고을 태수를 초대해 잔치를 벌임.

[27] 복건 원이 슬픈 기색의 복주 원에게 복주로 오기까지의 내력과 처의 죽음 등에 대한 과거 사연을 물음.

[28] 복주 원 왕시붕이 자신이 과거급제한 후 곧 체직된 다음 **왕자공(王自恭)이 조양 판관으로 부임하던 길로 죽고 자신은 복주 자사로 내려 온 사연**과, 복주로 옮길 때 모친은 함께 왔으나 **처는 집에 있다가 무슨 연고인지 강에 투신하여 유골도 아직 수습하지 못하고 있음을 고백함.**

[29] a. 복건 원이 납채 건에 대해 묻자 왕시붕이 나무 비녀에 얽힌 사연을 고함.

b. 복건 원이 자신의 양녀와 재혼하기를 권유하자 왕시붕은 거절함.

c. 복건 원이 나무 비녀를 꺼내 보여주며 당신 것이냐고 묻자 왕시붕이 통곡함.

[30] 복건 원 전자하가 왕시붕에게 부인이 살아 있음을 알리는데 **옥련이 엿듣고 있다가 나와 부부가 상봉하고 기뻐함.**

[31] **옥련이 계모와 손여권의 간계 등 그간의 사정과 심정을 남편에게 세세히 고한 후** 부부가 서로 함께 붙잡고 통곡함.

[32] a. 왕시붕이 전공의 은혜에 사례한 후 하룻밤을 유숙하며 부부의 정을 나눔.

b. 이튿날 부부가 함께 복주로 가고 이후 복건 원에게 열흘에 세 번 꼴로 문안함.

[33] a. **옥련이 남편에게 부친과 계모·양모를 모시도록 허락받고 인마를 보내니 계모는 눈멀어 죽고 양모 또한 죽어 부친만 살아 남아 있었음.**

b. 옥련이 부친을 모셔와 생·양부(生養父)를 한결같이 모시고 삶.

[34] **왕공은 아들들이 모두 장원하여 자손이 번성하고 문호가 혁혁하였으며, 그 이름 대신 왕장원이라고만 불러 옴.**

2) 한글본 「왕시봉뎐」에서의 비교점

「왕시봉뎐」의 내용은 대체로 「형차기」의 내용을 압축한 것인데 몇 대목에서 「형차기」와 차이를 보인다. 「왕시붕기우기」와의 차이는 앞에서 적시하였기에 여기서는 「형차기」와의 차이를 주목하면서 그러한 차이가 「왕시붕기우기」에는 어떻게 나타나는가를 살펴보기로 한다. (아래에서 굵은 활자는 「형차기」 및 「왕시붕기우기」와 다른 대목임을 나타낸 것이며, 밑줄 친 굵은 활자는 「왕시붕기우기」와는 같으나 「형차기」와는 다른 대목을 나타낸 것이다. [ ] 속의 한자는 한글본에 없는 것을 「형차기」를 참고하여 병기한 것이다.)

[1] 서두: 인물 및 배경 제시

남주인공 **왕시봉**: 온주[溫州] 땅 재사.

여주인공 옥년: 젼공원[錢貢元]의 전실(前室) 딸. 15세.

[2] 옥년의 부모가 왕시붕 집에 중매를 보냄.

[3] 왕시봉의 모친이 혼수 걱정으로 유예하다가 전공원이 재차 청혼하니

나무 비녀[荊釵]를 보냄.

[4] 손여권이 옥년의 **재색 소문을 듣고** 전공원 누이[7]에게 중매를 부탁함.

[5] a. 왕가에서 납채해 온 나무 비녀를 보고 계모가 노해 시누이에게 보이며 욕함.

b. 누이(옥년의 고모)가 전공원 부부에게 이웃 부자 손여권을 추천하니 전공원이 의리상 거부.

c. 고모가 다시 옥년에게 손여권과 결혼하기를 권하며 설득하나 옥년은 거부함.

[6] **삼촌이** 노하여 손가의 금비녀와 왕가의 나무 비녀 중 고르게 하니 옥년은 나무 비녀를 고름.

[7] 화가 난 계모가 옥년을 곧 말태워 왕가에 보내고 이후 연락도 끊음.

[8] a. 왕시봉이 과거 보러 떠나자,

b. 전공원이 홀로 있는 딸과 그 시모를 자기 집에 모셔 옴.

c. 손여권도 과거 본다고 따라나서 왕시봉과 한곳에 거처를 정함.

[9] 왕시봉은 장원급제하여 요주[饒州] 판관에 배수되고 손여권은 낙방함.

[10] 어떤 정승이 왕시봉을 사위 삼고자 청혼하니 왕은 시골 아내에 대한 신의를 저버릴 수 없다며 거절함.

[11] 앙심을 품은 정승이 임금에게 상주하여 왕시봉을 체직시키려 함.

[12] a. 왕시봉이 고향 갈 인편을 수소문하여,

b. 장원급제와 요주 판관 부임 예정을 알리며 아내와 노모에게 서울로 올라오라고 편지함.

[13] a. 손여권이 함께 있다가 편지를 몰래 고쳐 정승의 사위가 되었으매 아내는 버리겠으니 모친만 오라고 씀.

b. **왕시봉이 고향(온주) 사람에게 술을 먹이고 편지를 주어 보냄.**

[14] 편지를 읽은 계모가 옥년을 탓하며 성화를 부림.

---

7) 원전인 중국 희곡 「형차기」에는 누이(여동생)로 설정되어 있다. 한글본(이복규 ; 박재연의 앞의 책)에 '누의님' '누님'이라 표기한 곳이 있는데 이는 다만 '누이'의 존칭으로 표기한 것으로 보인다.

[15] 전공원이 손여권에게 편지 사연의 진상을 확인하니 손이 모두 사실이라고 속여 말함.

[16] 고모가 짐짓 왕의 배신을 탓하며 계모와 짜고 전공원을 설득하여 옥년을 손가에 재가시키려 하나 편지 작란을 의심하는 옥년은 거부함.

[17] a. 고모와 계모가 재혼을 강요하자 마지못해 순종하는 체하던 옥년은 가출하여 종적을 감춤.
  b. 사내 종이 옥년의 신을 발견했던 물가에 일가가 모두 가서 옥년을 찾았으나 못 찾고 옴.

[18] 복건 태수 전사화[全載和]가 배로 부임 도중 꿈에 전생의 양녀를 구휼하라는 예탁을 받음.

[19] a. 꿈을 깬 전사화가 곧 강에 투신한 옥년을 구출하고 연고를 물음.
  b. 옥년의 사연을 들은 전 태수가 요주가 복건에 가깝다며 자기 임지로 함께 데려감.

[20] 복건 태수가 요주에 소식을 전하려고 사람을 보냄.

[21] 심부름 간 사람이 '요주 왕판관'의 장례 명정을 보고 돌아와 그 죽음을 보고하니 옥년이 비탄에 잠김.

[22] a. 왕시봉 모친이 서울 아들에게 와 며느리의 죽음을 전하니 **왕시봉이 혼절함.**
  b. 정승의 작간으로 그간 왕시봉은 조양 판관으로 체직되었다가 다시 **복주(福州) 자사로 승진하여 재임** 중임을(서술자가) 서술.
  c. 중매인이 복건 태수의 수양 딸 옥년을 상처한 복주 자사 왕시봉에게 중매하니 두 사람 모두 거절함.

[23] a. 왕시봉이 죽은 아내를 위해 정월 보름 션묘관[玄妙觀]에서 재를 지내는데 복건 원의 수양딸(옥년)도 같은 절에 재를 지내러 옴.
  b. 왕시봉이 아내 닮은 여인의 모습을 멀리서 눈여겨보고 놀라며 의아해 함.

[24] a. 재를 파한 왕시봉이 절 중에게 부인의 정체를 물으며 기이하게

여김.

b. 옥년도 집에 와서 여종에게 남편 닮은 사람의 정체를 물으며 혹 남편이 아닌가 의아해 함.

[25] 복건 태수 전사화가 옥년의 거동을 수상쩍이 여기고 중과의 사통을 의심하니 옥년이 간직하던 나무 비녀를 내놓으며 정절을 증명함.

[26] 복건 원이 잔치를 배설하고 복주 원을 초대함.

[27] 복건 원이 복주 원에게 나무 비녀를 보여주며 과거사를 물음.

[28] 복주 원 왕시봉이 비녀에 얽힌 사연과 체직 후 요주 판관 왕사공[王士宏]이 죽은 사실, 손여권의 편지 농간으로 아내가 죽은 사연을 고백함.

[29] 복건 태수가 옥년을 구한 그간의 사정을 들려주며 옥년이 함께 있음을 알리니 주위 모두 놀람.

[30] 옥년을 불러 부부가 상봉하니 눈물을 흘리며 기뻐함.

[31] 옥년이 시모 안부를 물어 앎.

[32] 잔치를 파한 후 왕시봉이 복건 태수에게 그간의 은혜를 사례함.

[33] 왕시봉이 아내를 데려가고 장인도 모시며 효도함.

[34] 나라에서 왕시봉의 관작을 높이고 옥년에게 부인을 가자(加資).

3) 「형차기(荊釵記)」에서의 비교점[8)]

앞에서 말했듯이 「왕시봉뎐」은 대개 「형차기」의 내용을 원전에 충실하게 압축·번역한 것이다. 그러므로 여기서는 한글본(및 한문본)에 생략된 대목, 두 소설본과는 차이가 나는 대목, 한글본과는 다르나 한문본과 상통하는 대목을 중심으로 원작 문맥의 실상을 살핌으로써 「왕시봉

---

8) 본고에서 소개하는 텍스트는 暖紅室本(박재연 편, 선문대학교 중한번역문헌연구소, 1999)이다. 이 난홍실본은 현전하는 「형차기」의 대표적인 선본(善本)으로 「왕시봉기우기」와 「왕시봉뎐」은 이와 같은 계통의 이본을 저본으로 개작·번역한 것으로 보인다. 이에 대해서는 뒤에 재론하기로 한다.

기우기」의 이해와 논의에 도움을 얻도록 하겠다. (아래에서 굵은 활자는 소설본들과의 생략, 차이점을 나타내면서 특별히 주목되는 대목들이다.)

[1]의 앞(제2척): 주인공 **왕시붕(王十朋) 및 그 동학(同學) 왕사굉(王士宏)**, 손여권(孫汝權) 등이 차례로 등장하여 자기소개를 한 후 한곳에 모여 박두한 온주부(溫州府)의 당시(堂試) 준비로 강학(講學)을 한다.

[1](제3척): 전공원이 자신의 성명이 **전유행(錢流行)**이며 오늘이 자기 생일임을 밝힌다. 재취한 부인은 **요씨(姚氏)**로 소개된다.

[2]의 앞(제4척): 왕시붕이 당시에 장원을 한다.

[4-5](제7척): 손여권이 우연하게 옥련을 보고 눈독을 들였다가 심복을 통해 전공원의 딸임을 알게 되고 이웃의 호떡 장사 장어멈(張媽媽)이 전공원의 여동생(옥련의 고모)임을 알게 되자 **그녀에게 선물을 보내고 후사(厚謝)를 약속하는 한편 금 비녀와 은 사십 냥을 폐물로 받치면서 혼인 중매를 부탁한다.** (한문본의 단락 [4][6][16]과 상통)

[6](제8척): 전공원이 마누라와 여동생의 주장에 못 이겨 두 집의 예물(나무 비녀와 금비녀)을 내놓고 딸에게 택하라고 한다. (한문본의 단락 [6]과 일치)

[7](제11척): 옥련이가 출가한다. 부모의 불화를 걱정하며 아버지의 앞날을 걱정한다. 친모의 영전에서 눈물을 금치 못한다. 계모는 방에서 나오지도 않고 옥련의 인사를 한사코 받지 않는다.

[8](제15척): 전공원은 서울로 가는 **사위에게 노자까지 마련해 주면서** 전송한다. (한문본 [15]a와 상통)

[9](제17척): 과거를 본 결과 장원(第一甲, 第一名)에 왕시붕(王十朋), 다음(第二甲, 第一名) 왕사굉(王士宏), 다음(第三甲, 第一名) 주벽(周璧) 순으로 급제한다.

[11](제19척): 만사(萬俟) 승상은 크게 노해 왕시붕을 원임 강서(江西) 요주 첨판에서 원임 광동(廣東) **조양(潮陽)의 첨판 왕사굉과 관직을 바꾸게 하고** 귀향을 하지 못하게 한다.

[13](제21척): 손여권이 왕시봉 쪽에서 **공문 배달원에**게 편지를 보낸다는 말을 듣고 자기도 편지를 보낸다며 왕시봉에게서 나오는 배달원을 자기 거처로 데려간다. **손가는 편지 쓸 동안에 나가서 술이나 한잔하라고 배달원에게 돈까지 주면서 내보내고** 행장에서 편지를 훔쳐보고는 자기의 글씨체가 그와 비슷하다고 생각한 후, 왕시붕의 편짓 글을 고친다. 공문 배달원이 돌아오자 **노자로 백금 한 냥을 더 준다.**

[22의 앞](제28・30척): 옥련의 시어머니가 하인이 강변에서 죽은 신을 보고 며느리가 자살했다고 여긴다. 계모가 옥련의 시어머니(왕시붕의 모친)를 내쫓으려 하자 전공원은 하인을 시켜 왕시붕 모친을 아들에게 모셔다 주게 한다. 시어머니는 강변에서 며느리 제사를 지내고 떠난다.

[22 b](제37척): 왕시붕이 부임한 지 5년이 흐른 사이 승상이 바뀌고 재능을 인정받은 그는 강서 **길안(吉安)** 태수로 임명된다. 백성들이 그간 덕정을 행한 왕시붕을 전송한다.

(제38척): 왕시붕의 어머니가 장인, 장모를 데려와 모시라고 한다. 왕시붕은 처의 영위도 내년에 현묘관에 모시려고 한다. 하인을 보내 소식도 전하고 장인, 장모를 모셔 오도록 한다.

(제40척): 왕시붕과 동문 진사인 온주부 추관(推官) 주벽(周壁)이, 손여권이 전유행을 고소한 사건 심리를 맡는다. 이때 왕시붕이 가짜 편지 때문에 가문에 일어난 가정의 비극을 동문 주벽에게 편지로 알리고 손여권밖에 편지에 손댄 사람이 없으니 그의 작란일 것임을 밝히고 죄인을 정법(定法)하여 경성에 보내라고 한다. 또한 장인, 장모를 보살펴 길안에 보내 주기를 부탁한다. 이에 주벽은 **손여권을 정법**하고 장인과 장모도 보낸다.

(제42척): 두 가족이 상봉하고 계모도 자책한다. 왕시붕은 환영연을 준비한다.

[31](제48척): 옥련이 남편과 함께 시어머니도 만나게 된다.

[34](제48척): 주인공들의 덕행을 기특하게 여긴 복건(福建) 안무(安撫) 전재화(錢載和)가 상서(上書)하여 황제가 왕시붕에게 **복주(福州) 지부(知府)**를, 어머니에게는 월국부인(越國夫人)을, 세상을 떠난 아버지에게는 천

수군공(天水郡公)을, 처 옥련에게는 정숙일품부인(貞淑一品夫人)을 봉한다.[9)]

3. 개작 및 이본의 문제

1) 원작 및 이본과의 관계

위의 내용 소개와 비교에서 확인할 수 있듯이 「왕시붕기우기」는 현재 희곡으로 전하는 「형차기」를 원전으로 하여 그 내용을 일정하게 축약하고 변개시켜 이를 소설로 개작한 작품이다. 그러나 세부 정황에 있어서 스토리의 단순한 축약을 넘어서는 상당한 차이를 드러내며 적극적 개작의 양상을 보이고 있다. (내용의 비교를 위해 개작된 부분을 굵은 활자로 적시하였으므로 이를 다시 정리하는 논의는 생략하기로 한다.) 이런 양상은 원작 「형차기」의 내용을 축약하되 사건 전개와 세부 정황까지 이를 비교적 충실하게 따르고 있는 한글본 「왕시봉뎐」과 대조가 되는 점이다. (「왕시봉뎐」의 경우, 굵은 활자로 나타낸 바 「형차기」로부터 내용이 변개된 부분은 아주 드물다.) 즉 「왕시봉뎐」이 소설 형식을 취하고 있는 점을 제외한다면 원작의 축약 번역에 가까운 데 비해 「왕시붕기우기」는 원작 「형차기」 및 한글본 「왕시봉뎐」과는 다소간 차이가 있는 독특한 개성적 면모를 지닌 개작본이다.

---

9) 「荊釵記」는 백화체(白話体)로 되어 있는 희곡이어서 중국 극본 고유의 까다로운 체재와 중국의 고어라 할 수 있는 당시 백화에 익숙하지 않으면 독파해 내기가 어렵다. 이 방면에 문외한인 필자는 다행히 재직하고 있는 인하대학교의 대학원에 재학 중인 조선족 중국인 유학생 권혁률 군의 도움으로 작품 전체의 대강을 짧은 시간에 이해하고 요약할 수 있었다.

개작 양상의 구체적 분석은 잠시 뒤로 미루기로 하고 우선 여기서는 원작 및 두 이본 사이의 관계를 좀 더 살펴보기로 하자. 기록에 의하면 「형차기」는 송대(宋代)에 창작된 전기(傳奇)라는 설이 있으나 확실치 않고[10] 대개 원말(元末)에 이르러 가장 인기 있는 남희(南戱) 극본(劇本)의 하나로 자리 잡은 작품으로 본다.[11] 그런데 중국의 경우 송·원대에는 '전기(傳奇)'가 희곡과 소설을 아우르는 명칭으로 쓰이고 명대에 이르면 송·원의 남희(南戱)를 계승·발전시킨 극본을 전칭하는 용어로 쓰였으며,[12] 동일한 작품이 소설과 희곡(극본)으로 장르를 넘나들며 각색되는 경우가 허다하여 이른바 '화본소설(話本小說)'에도 이러한 작품이 많다고 한다.[13] 그러나 「형차기」의 중국판 소설본이 조선의 소설본들보다 앞서 존재했는지 여부는 지금 확인할 수 없으며, 「왕시붕기우기」는 한글본 「왕시봉뎐」과 함께 원말 이후 또는 명대에 성립한 동일 계열의 극본(희곡)을 저본으로 하여 개작한 것으로 보인다. 그 근거는 다음과 같다.

중국희곡사의 연구자들에 의하면 희곡 「형차기」의 원작[元代의 舊本]은 현전하는 것이 없고[14] 현재 두 가지 계열의 개편된 이본류가 전해지고 있다고 한다. 즉 본 극의 마지막 장면에서 헤어졌던 두 남녀 주인공이 "배안에서 서로 만나는(舟中相會)" 이본 계열과 "현묘관에서 상봉하는(玄妙觀相逢)" 이본 계열이 있으며 두 가지 모두 최고본(最古本)

10) 蔣瑞藻 編, 『小說考證』, 上海古籍出版社, 1984, 2~4면.

11) 郭紹基 主編, 中國社會科學院 文學研究所 總纂, 『元代文學史』, 北京人民文學出版社, 1998, 561~566면 ; 양회석, 『중국희곡』, 민음사, 1994.

12) 양회석, 『중국희곡』, 민음사, 1994, 75~81면.

13) 胡士瑩, 『話本小說概論』 上冊, 中華書局, 1980, 91~9면.

14) 초기 「형차기」에는 주인공 왕시붕이 여인을 배반하는 부정적 인물로 형상되어 있다고도 한다(『元代文學史』, 574면 참조). 「小說考證」에서 인용한 기록에 나타나는 '傳奇'란 이 초기의 희곡 「형차기」를 가르키는 것이 아닌가 한다.

이 가정(嘉靖) · 만력(萬歷) 연간을 넘어서지 못한다고 한다.[15] 또한 후자 즉 '현묘관 상봉'본이 보편화되어 있으나 '주중상회'본을 개편하였으리라는 설이 유력한데,[16] 위에서 내용을 요약 · 검토한 난홍실본(暖紅室本) 「형차기」는 '현묘관 상봉'계의 대표적인 선본으로 볼 수 있다.

앞서 살펴본 바 「왕시봉뎐」과 함께 「왕시붕기우기」 역시 '현묘관 상봉'계의 「형차기」를 저본으로 한 번역 · 개작본들인데 「왕시붕기우기」에서는 다만 '현묘관'이 '길상사(吉祥寺)'로 이름이 바뀌어졌을 뿐이다. 게다가 이 '현묘관(길상사) 상봉'이라는 동일한 결말 처리 외에도 두 소설본 사이에는 또 하나의 중요한 공통성이 엿보이는 대목이 있다. 즉 「왕시붕기우기」의 단락 [23]과 「왕시봉뎐」의 단락 [22b]에서 보듯이 왕시붕이 옥련을 만나게 되는 계기를 맞이하는 부임지는 '복주(福州)'인데 비해, 「형차기」의 경우 '길안(吉安)'이라 되어 있고 작품 대단원(제48척)에서 왕시붕이 '복주(福州) 지부(知府)'로 임관되는 것으로 끝나고 있다.[17] 그러므로 두 소설 작품은 '현묘관 상봉'계라는 공통성 이상의 특이한 공통성을 지니는 바, 보다 특수한 영향관계에 놓여 있다고 하겠다. 즉 '현묘관 상봉'계 「형차기」의 여느 이본들과 달리, ㉠두 작품은 특수한 동종의 이본을 함께 저본으로 하여 각기 다른 작가에 의해 소설로 윤색 · 개편되었거나, ㉡ 「형차기」의 특정 이본을 저본으로하여 어느

---

15) 郭紹基 主編, 『元代文學史』, 561~2면. 중국 희곡을 전공하는 오수경 교수(한양대)에 의하면 '주중상회'본을 원본(原本) 계열, '현묘관상봉' 계열을 고본(古本) 계열이라 일컫는다 한다. 「형차기」의 이본 문제에 대해 소상히 알려주며 참고서로 『元代文學史』를 제공해 주신 오 교수께 감사드린다.

16) 같은 책 같은 곳.

17) 필자는 「형차기」의 각종 이본을 조사 · 비교해 본 적이 없으나 필자의 자문에 응해 오교수가 확인한 바에 의하면 「형차기」의 여러 이본에는 대개 부임지가 이처럼 '길안'으로 설정되어 있다 한다. 그러나 우리의 판소리 대본과 비슷한 설창(說唱) 문학의 대본인 탄사본(彈詞本)의 경우는 극본보다 소설에 가까운 서사체로 되어 있는데다가 연행 지역에 따라 작품 무대(배경)가 달라질 수 있다고 하는데 이들 자료는 확인할 수 없었다.

한 작품(예컨대 한글본)이 소설로 개편되어 읽혀진 후 다시 다른 한 작품(예컨대 한문본)이 앞선 작품을 번역 · 개작하며 이루어졌을 가능성이 있다는 것이다. 우선 ㉡의 경우를 생각해 볼 때, 원작의 내용에 충실한 한글본 「왕시봉뎐」의 성립이 선행하고 이본의 개성적 면모가 두드러지는 한문본 「왕시붕기우기」가 그 일부 내용(세부 정황이나 서사 단락)을 변개하며 이루어졌을 가능성이 있으며, 그 반대의 가능성은 없으리라 보인다. 이 한글본 선행의 가능성은 특히 한문본 속 고유명사의 표기가 좋은 증거가 됨직하다. 즉 인명 표기에 있어 우선 「형차기」에서 여주인공의 아버지인 전유행(錢流行)은 공원(貢元)의 신분이므로 한글본에서 '젼공원'이라 함은 이상이 없으나 한문본에서는 이를 '全恭元'이라는 성명 표기로 바꾸었고, 남녀 주인공의 은인 전재화(錢載和)는 한글본에서 '젼ᄌᆞ화'라[18] 한 것을 한문본에서는 '全自夏'라 하였다. 또 요주 첨판 왕사굉(王士宏)을 한글본에서는 '왕ᄉᆞ공'이라 했는데 한문본에서는 이를 '王自恭'이라 하였고, 왕시붕이 부임한 곳의 지명 '조양(潮陽)'을 한글본에서는 '죠양'이라 하고 한문본에서는 '朝陽'이라 하였다. 여기서, 젼공원[錢貢元] → 全恭元, 젼ᄌᆞ화[錢載和] → 全自夏, 왕ᄉᆞ공[王士宏] → 王自恭, 죠양[潮陽] → 朝陽으로의 변개는 한문본 「왕시붕기우기」의 작가가 원작 「형차기」를 보지 못하고 한글본 「왕시봉뎐」만을 읽고 이를 저본으로 개작을 했기 때문에 생긴 현상, 즉 중역(重譯)에 의한 오류에 가까운 변개로 볼 수 있는 것이다.

그러나 한편으로 ㉠의 가능성 즉, 두 작품의 작가가 각기 따로 「형차기」의 특수한 동종 이본을 저본으로 하여 소설화하였을 가능성을 생각치 않을 수 없다. 그 근거로 한글본 「왕시봉뎐」에 생략됐거나 원작과 달리 변형된 부분이 한문본 「왕시붕기우기」에는 원작 「형차기」의 내용

18) 한글본의 인용은 이복규 편, 『새로 발굴한 국문 · 국문본 소설』에 소개된 원문을 따른다.

그대로(또는 그에 가깝게) 반영된 대목이 드물지 않다는 점을 들 수 있다. 우선 한글본에 '왕시봉'이라 변개된 주인공의 이름이 한문본에는 원전과 일치하는 '王十朋'으로 되어 있으며, 상대역인 '손여권'도 원작에서와 같이 '孫汝權'이라고 정확하게 반영되어 있다. 이것은 적어도 한문본의 작가가 한글본만을 읽고 이를 다시 한문본으로 번역 개작하지는 않았음을 알려 주는 것이다. 뿐만 아니라 한글본과 한문본 사이에 차이를 보이고 있는 단락 [4][6]의 세부 정황은 「형차기」의 원문맥과 비교해 보면 그것이 한문본 「왕시붕기우기」와 일치하고 있음을 알 수 있다. 또한 단락 [15a]의 경우 한문본을 보면 왕시붕의 장인 전공원은 사위가 배반했다는 소문을 듣고, "가난하여 과거도 보지 못할 터에 서울 갈 노자며 체류비를 우리 집에서 다 마련해 주었는데, 우리 힘에 의지하여 과거에 합격하자 교만한 마음이 생겨 다시 재상 사위가 되다니 그 못되기가 말할 수 없을 정도"[19]라고 한탄하고 있다. 이러한 내용은 한글본에는 완전히 생략되어 있으나 「형차기」의 제 14·15척에는 과거 경비와 노자 걱정을 하는 사위에게 전공원이 이를 다 마련해 주는 대목이 나오므로 이 내용을 한문본 작가가 축약 개작하며 나름대로 변개한 것이라 볼 수 있다. 또 단락[16]의 경우는 여주인공을 탐낸 부호 손여권이 재물로 주변인을 매수하여 혼사를 성취코자 하는 대목인데, 한글본에는 이러한 대목이 빠져 있음에 비해 「형차기」 제7척에는 이러한 정황이 자세히 묘사되어 있고 한문본에서는 간단하게나마 요약·서술되고 있다.[20] 이상 몇 가지 정황으로 미루어 한문본 「왕시붕기우기」는 「왕시봉뎐」보다는 「형차기」를 직접 저본으로하여 이루어진 또 하나의 개작본이라고 볼

19) "王公學文雖優, 貧不能赴擧, 留京之資, 行路之費, 吾家盡辦. 賴我之力, 得參高科, 遽生驕意, 更爲宰相之壻云, 其爲不肖何可勝道."(「王十朋奇遇記」)

20) 한문본에서는 뇌물을 받는 인물이 여주인공의 고모에서 계모로 바뀌어졌으나 이에 대해서는 뒤에서 다시 재론하기로 한다.

수 있을 것이다. 그리고 이 경우 한글본과 한문본 중 어느 본의 성립·유포가 선행했을 것인지 지금으로서는 확정할 수 없다.[21]

이제까지 ㉠과 ㉡의 가능성을 각각 상정하고 그 개연성을 타진해 보았거니와 앞서 살핀 여러 정황과 문맥으로 미루어 ㉡보다는 ㉠의 가능성이 더 크다고 보는 것이 원작 및 이본들 간의 상호 영향관계에 대한 본고의 결론이다. 「왕시붕기우기」의 소설사적 가치나 비중도 이러한 사실을 전제로 논의되어야 할 사항이라고 보이며, 본고는 이러한 전제 위에서 이후의 논의를 전개한다. 물론 제3의 가능성도 없는 것은 아니다. 즉 여러 가지 차이점에도 불구하고 두 소설본이 무시할 수 없는 특수한 공통성을 지니고 있으매 이미 성립된 어느 한 소설본을 읽은 작가가 이를 저본으로 하되 원작 극본을 참고로 하여 또 다른 소설본을 다시 썼을 가능성도 있다는 것이다.

2) 개작의 양상

앞서 말했듯이 「왕시붕기우기」는 원작에 보다 충실한 「왕시봉뎐」에 비해 비교적 적극적인 개작 의식을 가지고 원작의 작품 세계를 여러 양상에서 변개시킨 개성적이고 독특한 면모를 보이고 있다. 이는 대개 극본 형태의 원작을 '전기(傳奇)' '소설'로 축약·개작하는 데 따른 현상으로, 이제 이를 몇 가지 측면으로 나누어 살펴보도록 하겠다.

첫째로, 사건의 전개 또는 사건 및 인물 구성의 단순화를 들 수 있다. 원작의 극본은 복선을 깔고 우여곡절이 많은 사건 전개와 다양한 인물이 등장하는 복잡하고 희극적인 구성법에 따라 48척[場]의 편폭 큰 이야기 내용을 펼치고 있다. 이에 비해 「왕시붕기우기」는 서사 편폭을

21) 이는 두 작품집에 대한 문헌·서지학적 연구가 심도 있게 진행될 때 좀 더 명백하게 밝혀질 수도 있으리라 본다.

대폭 줄여 등장 인물과 주요 사건마저 생략함으로써 사건 전개를 단순화시키고 있다. 우선 단락 [4][5] 및 [16][17]에서 여주인공 옥련을 계모와 함께 부호 손여권에게 억지로 시집보내려는 고모가 한문본에는 등장하지 않으며 그 악역을 모두 계모인 최씨가 맡아 하고 있다(고모 대신에 양모 노릇을 한 숙모의 존재가 서두 부분에 서술되나 작품 속 역할은 거의 없다). 또한 한글본 단락 [10][11]과 [22b], 원작의 제19척에 등장하여 주인공 왕시붕을 체직시킴으로써 남녀 주인공의 만남을 5년이나 지연시키고 뒷날의 기구한 만남[奇遇]을 예비한 고약한 승상 만사(萬俟)의 작간(作奸)이 한문본에는 생략되어 있으며, 이로 인해 무대를 요주(饒州)와 조양(潮陽), 복주(福州; 원전에서 吉安)로 옮기며 복잡하게 전개되던 사건은 조양과 복주의 사건 정도로 비교적 단순화되었다. 이처럼 원작에서 주인공의 운명 또는 플롯에 깊이 관여하는 부차적 인물과 주요 사건 일부가 한글본과는 달리 이 작품에서 생략된 것은 단순히 줄거리를 축소하기 위해서라기보다 작가가 의도적으로 전기(傳奇) 소설의 관습적 구성법에 따라 번잡함을 제거하고 사건 및 인물의 구성을 간략하게 압축한 것으로 볼 수 있다. 이 밖에도 「왕시붕기우기」에는 원전의 많은 장면들이 생략되어 있으니 대개 서사의 편폭을 축소하여 전기(傳奇)적인 소설로 전환하기 위한 것이다.

둘째로, 극본을 소설로 전환·개작함에 있어 작가는 주인공 옥련(및 왕시붕) 중심의 서술 시각을 통해 이야기를 전개시킴을 볼 수 있다.

이는 앞의 사건 구성(전개)의 단순화와 짝을 이루며 전기소설적인 특색을 갖추는 것으로서, 작가는 주인공의 운명(또는 main plot)과 직접 관계되지 않는 사건들은 대부분 생략하는 가운데, 남녀주인공(특히 여주인공)을 중심으로 원작의 스토리를 재구성하여 서술하면서 그들에 대해서는 밀착된 서술 태도를 보여주고 있다. 예컨대 작품 첫머리에서 남녀 주인공을 제시하는 장면을 한글본과 비교해 보면 다음과 같다.

"왕시붕은 송나라 태원(太原) 땅의 단정한 선비다. 어려서 아버지를 잃고 어머니와 살았는데 집안 살림은 비록 가난했으나 기상이 비범하고 재주가 출중했다. 이웃에 전공원(全恭元)이란 이가 딸 하나를 두었는데 이름이 옥련(玉蓮)이다. 나이 세 살에 어머니를 잃고 나서 숙부모에게 길러지고 아버지 공원은 후처 최씨(崔氏)를 취하여 살았다. 옥랑은 어려서부터 가정교육을 받아 자수(刺繡)를 잘하고 시서(詩書)를 배웠으며, 재색이 뛰어나 꽃 같은 얼굴과 달 같은 자태가 참으로 국색(國色)이었다. (王十朋, 宋太原韻士人也. 早失父母居, 家計雖貧, 氣像不凡, 才冠百家. 隣有全恭元, 有一女, 乳名玉蓮, 年甫三歲, 慈母見亡, 爲叔父母所養. 父恭元, 聚後妻崔氏而居焉. 玉娘幼承庭訓, 工刺繡學詩書, 才色卓越, 花容月貌, 眞國色也.)

—「왕시붕기우기」

"온쥐 타희 사는 왕시봉이라 홀 소니 양지 ᄀ장 단정ᄒ고 그롤 ᄀ장 잘 ᄒ되 ᄒᆞᆫ 번 초시도 몯ᄒ엿더니 ᄯᅩ 젼공원이라 홀 소니 상처ᄒ고 후쳐하야 사더니 젼실의 ᄯᆞᆯ ᄒ나희 이소되 일흠은 옥년 개오 나ᄒᆞᆫ 십오년이오 양지 단정ᄒ며 힝시리 지극 어디러 쳔하의 이예 미ᄎ리 업더니 제 부뫼…"

—「왕시봉뎐」

두 작품 다 서두에서 요약적인 서술로 인물을 제시하고 있으나 「왕시봉뎐」에 비해 「왕시붕기우기」의 설명과 묘사가 좀 더 상세하고 친절하여 주인공의 성격을 잘 나타내면서 그들에 대해 독자(서술)의 관심을 집중시키고 있음을 볼 수 있다. 즉 「왕시봉뎐」보다 「왕시붕기우기」의 서술이 좀 더 소설적이라 할 수 있는데 이는 원작 극본에 충실한 한글본이 이후 장면중심적(극적) 구성과 다양한 인물로 극화된 시점을 통해 이야기를 전개시키고 있는 것과는 대비되는 점이다. 「왕시봉뎐」의 경우 이 같은 극적 구조와 한글로 된 구어(口語) 대화체 문장으로 말미암아 비록 소설로 전환되었다 하더라도 희곡적 특성을 강하게 드러내고 있어[22] '읽는 희곡'으로서의 면모를 어느 정도 갖추고 있다. 대화가 자주 삽입되고 있는 것은 한문본에서도 비껴갈 수 없는 특징으로 나타나 있으나 한문본 「왕시붕기우기」의 경우 앞서 살핀 바와 같이 등장인물의 적절한 제한과 주인공에 집중되는 서술의 관심, 서두와 단락 [7b]에서 보는 바와 같은 주인공에 호의적인 요약적 서술의 증가, 단락 [28a][22b]에서 보는 바와 같은 주인공 시점(대화)을 통한 사건의 요약 서술 등 주인공 중심의 서술 시각을 뚜렷이 보여주고 있다. 「왕시봉뎐」과 대비되는 「왕시붕기우기」의 이런 특징들은 결국 한문 문어체로 씌어진 이 작품이 전기소설로서의 면모를 어느 정도 갖추고 있다는 말이 될 것이다.

셋째로, 작가의식 또는 서술 시각에 있어서 봉건 지배층 중심의 가치관과 윤리 관념이 좀 더 짙게 투영되고 있음을 볼 수 있다.

앞에서 살펴본 바 「형차기」나 한글본에 등장하는 승상의 작간(作奸)은 한문본에서 생략되고, 대신 한문본 단락[11]에는 그가 곧 자신의 실수를 부끄러워하며 점잖게 후퇴하는 것으로 처리되며, 여주인공에게 시련을 안겨 주는 탐욕스런 고모는 한문본에서 아예 등장하지도 않고 그 역할이 모두 계모에게 이월되어 있다. 이 같은 현상은 희극을 전기소설로 개작하며 인물과 사건 구성을 단순화시킨 결과이기도 하지만 여기에는 또한 봉건 지배층과 가부장제 가족의 부정적인 형상을 배제하려는 사대부층 작가의 가치관과 서술 시각이 개입・반영되고 있다고도 볼 수 있다.

봉건적・유교적 윤리의식의 투영은 사실 원작 「형차기」가 이미 지니고 있는 일면이기도 하다. 즉 「형차기」는 표면적으로는 주인공들의 정열(貞烈)・절의(節義)와 함께 충・효 등 봉건 도덕을 찬미・선양하고

22) 박재연, 앞의 책, 7면에서 이 점이 지적되었다.

있으나, 내면에 있어서는 승상과 손여권으로 대표되는 사악한 권귀(權貴) 부호(富豪)의 불법・횡행과 함께 계모와 고모로 형상되는 바 권위에 빙자하여 순종을 강요하는 탐욕스런 무리의 악행을 폭로・풍자하고, 이에 저항하는 청춘 남녀의 투쟁과 사랑의 승리를 그리고 있는 것으로[23] 그 작품 구조와 문학사적 가치가 설명된다. 그런데 「왕시붕기우기」에서는 승상과 고모의 악행이 생략됨으로써 원작이 함축하고 있던 사실적・풍자적(비판적) 면모가 상대적으로 약화되고, 대신에 단락 7[b]에서도 보는 바 효행(孝行)과 부덕(婦德)을 칭송・서술하는 대목이 삽입되어 봉건 윤리 관념을 선양하는 작품의 측면은 잘 살려져 있음을 볼 수 있다. 악행을 저지른 계모가 눈이 멀어 죽었다는 권선징악적인 결말(단락 [33]) 대목 또한 원작의 '제40척'에서 보는 바 현실적인 양상과는 다른 복선화음(福善禍淫)의 선험론에 입각한 관념적 처리라는 점도 이와 함께 지적될 사항이다.

넷째로 작품 세계 일부가 당시 조선인의 정서, 또는 조선의 실정에 맞게 변모・번안(飜案)되어 있다는 점을 들 수 있다.

이는 우선 등장인물의 성명, 특히 성씨가 중국의 것으로부터 한국적인 모습으로 바꾸어지고 있음에서 볼 수 있다. 즉 계모 '姚氏'는 최씨(崔氏)로, '錢貢元'은 '全恭元'으로 '錢載和'는 '全自夏' 등 한국인에게 친숙한 작명법(appellation)으로 성명 표기를 바꾸고 있음을 볼 수 있다. 이는 관점에 따라 원작→한글본→한문본으로 바뀌는 중역 과정에서 나타난 현상으로 해석될 소지도 있다 했으나, 작가는 또한 남녀 주인공이 서로를 추모하는 장소를 '현묘관(玄妙觀)'이라는 도관(道觀)에서 '길상사(吉祥寺)'라는 절로 바꾸고 있다. 이는 한문본 「왕시붕기우기」의 작가가 조선의 실정이나 정서에 맞게 의도적으로 작품 내용 일부를 변개하려

23) 「元代文學史」, 562~564면.

는 뚜렷한 의식을 가지고 개작에 임했음을 말해 주는 좋은 증거가 된다. 또한 앞서 본 바 봉건적 또는 유교적 윤리의식과 함께 권선징악적인 윤리 관념이 보다 강하게 개입하고 있는 작품 세계와 서술 시각은 17세기 이후 조선의 양반 사회에서 강화되어 가던 가문의식과 예교적 윤리의식 및 이를 배경으로 하던 규방소설 등 고소설의 윤리의식과 상통하고 있다고도 볼 수 있다.

이상 여러 면에서 「왕시붕기우기」는 비록 완전한 번안·개작품이라고는 할 수는 없으나 작가가 나름대로의 뚜렷한 작품 의식, 작가 의식을 가지고 개작에 임했음을 보여주고 있다.

끝으로 원작을 축소 개작하는 과정에서 야기된 바 「형차기」와 비교되는 결함 또는 한계에 대해 이를 간단히 살펴보면 우선 사건 발전 과정의 단순화에 따라 급작스럽고 비약적인 사건의 진전이 이루어지고, 이와 함께 사건의 서술에 급급한 나머지 작품 전후의 긴밀성 또는 스토리의 완벽성이 훼손된 점이 있으며, 리얼리즘과 풍자적 성격이 약화된 점을 지적할 수 있다.

4. 끝맺음-소설사적 가치와 관련하여

「왕시붕기우기」는 「형차기」를 소설로 윤색·개작한 작품이므로 그 문학적 가치는 기본적으로 원작인 중국의 희곡 작품에 의존하는 것이라 봄이 옳을 것이다. 그러므로 이 작품이 지닐 수 있는 소설사적 가치나 의미는 비교적 이른 시기라고 추정되는 이 작품의 형성 연대와 관련하여 주로 영향사적 시각과 발달사적 관점에서 탐색되어야 할 것이라고 보인다. 즉 이 작품이 수록된 『전기집』이 신독재 김집의 교열을 거쳤다는 추정[24]을 인정하여 그 필사 연대를 17세기 초·중엽 경이라 볼 때 이 작품은 당시 고소설의 다양한 존재 양태와 함께 그 발달 과정의 일단을 해명해 주는 좋은 자료가 될 것이다.

이런 점에서 한문본 「왕시붕기우기」와 한글본 「왕시봉뎐」의 선후 문제가 또한 중요한 것이기는 하나, 어쨌든 이들 작품은 당시 조선의 식자층에게 명대(明代)의 중국 희곡[극본]이 널리 읽히고, 이를 저본으로 번역 · 윤색을 거친 소설 개작본이 유행되고 있었다는 사실을 확증할 수 있는 자료적 가치를 지닌다 하겠다.[25] 즉 16～17세기를 전후한 시기에는 중국의 소설뿐 아니라 극본들도 희곡 · 소설, 번역(초역) · 개작, 한글 · 한문 등 여러 형태로 수용 · 변형되면서 우리 고소설사의 발달에 일정한 영향을 끼쳤던 것이다.

이와 관련하여 특히 「왕시붕기우기」가 전기(傳奇) 소설의 형태로 개작되고 있음을 여기서 주목해 보기로 한다. 앞서 살폈듯이 이 작품의 작가는 나름대로 뚜렷한 작품 의식 · 작가 의식을 가지고 전기소설의 관습에 따라 원작 극본의 내용을 윤색 · 개편하였다. 작품 자체만으로만

24) 주 1) 참조. 이 같은 추정을 확증할 방법을 필자는 지금 가지고 있지 못하며 이 문제는 문헌 자료의 공개 후 안목을 갖춘 분들의 종합적 검토와 향후 고소설의 연구 진전에 따라 차츰 해명될 수 있으리라 본다. 신독재 김집과 같은 거유(巨儒)가 과연 전기소설집을 읽고 교열까지 했을까 하는 의문이 일기도 하나, 「삼방요로기(三芳要路記)」 등의 존재 등으로 미루어 보아 적어도 17세기 전반에 이러한 소설집이 유포되고 있었다는 사실을 그리 의심할 필요는 없다고 보인다. 또한 이 『전기집』에 함께 실려 있는 「왕경룡전(王景龍傳)」 「유소랑전(劉小娘傳)」 등 작품들은 「왕시붕기우기」처럼 모두 정렬(貞烈)과 부덕(婦德), 효(孝) 등 예(禮)를 강조하고 명교(名教)를 미화 · 선양하는 측면을 지녀 김집과 같은 17세기 전후의 사대부들에게도 거슬리지 않는 내용을 갖추고 있다는 것도 주목할 만하다.

25) 이에 관해서는 16세기 전반에서 중엽 정도에 이미 「오륜전비기(五倫全備記)」가 조선에 유입 · 번역되어 17세기에는 한문소설 「오륜전전(五倫全傳)」이 간행된 사실이 밝혀졌는데(심경호, 「「오륜전전」에 관한 고찰」, 『애산학보』 8, 1989 ; 오수경, 「「오륜전비기」 연구」, 『중국문학』 29, 1998), 「왕시붕기우기」(및 「왕시봉뎐」)는 이러한 중국 희곡의 축약 · 번역과 소설로의 윤색 · 개작이 좀 더 광범위하게 유행하던 현상이었음을 알려준다.

두고 볼 때 이는 재자가인(才子佳人)의 사랑, 이합(離合)과 기봉(奇逢)을 주제와 구성으로 하는 애정전기(愛情傳奇)의 특징을 갖추고 있으며, 전아하고 귀족적인 인물 형상, 한문 문어체의 서술 등 전기소설의 구색을 갖추고 있다. 그러나 이 작품은 또한 파란과 우여곡절이 많은 중편적 줄거리에 금권(金權)이 위세를 떨치는 시정적 분위기가 반영되어 있는 등 전형적인 전기소설의 모습에서는 벗어나는 비전기(非傳奇) 또는 탈(脫) 전기소설적 면모를 보이고 있으니 이는 명대의 통속·연희 문학[傳奇 劇本]을 압축·윤색하여 전기소설의 형태로 개작하려 한 데서 온 결과이다. 그리고 이러한 점은 동일한 『전기집(傳奇集)』에 수록되어 있는 바, 명말 화본소설([擬]話本小說)을 문언 전기로 개작한 「왕경룡전(王景龍傳)」 등에서도 볼 수 있는 현상이다. 여기서 전기소설의 개념과 성격이 다시 문제가 될 수도 있으나 주목해야 할 것은 이처럼 전기소설의 관습에 익숙한 당시 조선의 문인 작가들이 여러 가지 형태의 중국문학을 수용하여 새롭게 각색·개편(개작)하는 가운데 이 시기 전기적(傳奇的)인 한문소설은 다양한 양태로 발전하게 되었을 뿐 아니라, 여기서 새로운 소설의 양태가 나타나고 있다는 점이다.

이제 이 작품에서 그러한 면들을 추려 본다면, 우선 남녀 주인공은 모두 재덕이 뛰어나고 선량한 인물로 그려지고 있는데 특히 여주인공의 경우 주변 간인(奸人)의 욕망에 찬 계교, 작란과 모함으로 인해 모진 수난과 고초를 겪으면서도 이를 감내하며 자신의 사랑과 인격을 지켜가는 덕성을 지니고 있다. 이 같은 인물 형상은 「사씨남정기」를 위시한 후대 규방소설 주인공의 전형적인 면모를 보여주며 그 선구가 되고 있다. 또한 위기에 처한 남녀 주인공을 하늘의 뜻을 대신하듯 가운데서 보살펴 지켜 주고, 양인의 재결합을 중개해 주는 노성(老成)의 은인이 부차적 인물로 등장하여 사건 전개에 간단없이 관여하고 있음 또한 후대 작품들, 즉 규방소설이나 (여성)영웅소설·가문소설 등의 전통에 접맥되고 있는 점이다. 그리고 이 같은 인물 형상 및 행복한 결말로 귀결되는 고진감래식의 사건(플롯) 전개를 통해 남녀 간의 신의뿐 아니라 정렬(貞烈)과 부덕(婦德) 같은 봉건 덕목을 강조하는 주제의식 또한 17세기 이후의 여성 취향 한글 소설의 주제와 상통하는 것이다. 이 같은 점으로 보아 이 작품은 전기(傳奇)소설과 규방소설 등을 연결하는 교량적 위치에 있는 작품임을 알 수 있다. 물론 전기소설로부터 규방소설로의 발달 과정을 확증하는 자료로 이 작품의 소설사적 위치를 규정할 때, 이 같은 견해가 이 작품의 단독적인 영향을 과장하자는 것은 아니며, 규방소설에 영향을 주었던 이른바 재자가인소설류와 이 작품의 원천이 되었던 명대의 「형차기」가 근접한 거리에서 유사한 문학사적 성격을 지니고 있었음이 종합적으로 고려되어야 할 것이다.

끝으로 이상의 논의는 작품을 처음 소개하며 기본적인 문제들을 짚어 보는, 연구의 시작일 뿐임을 말해 둔다. 한글본과 한문본의 선후 문제, 중국에서 성립된 소설본의 존재 여부 등 해명되지 못한 사실들과 함께 이 작품이 지니는 소설사적 가치 등은 앞으로 새로운 안목과 논의를 통해 연구되어야 할 과제가 아닌가 한다.

전기소설 「유소랑전(劉少娘傳)」 연구

1. 서론

「유소랑전(劉少娘傳)」은 이른바 『신독재수택본 전기집(愼獨齋手澤本傳奇集)』에 실려 있는 작품으로, 아직까지는 그 밖의 어느 곳에서도 그 존재가 찾아지지 않는 유일본으로 전해지고 있다. 『신독재수택본 전기집』은 근년에 원전이 영인되어 간행되었으나 이 작품에 대해서는 아직 어떤 연구도 이루어진 것이 없다. 그 이유는 무엇보다도 중국을 배경으로 하고 유려한 한문으로 씌어진 이 작품이 중국 소설인지 조선의 소설인지가 명확하지 않은 때문이라 생각된다. 그러나 현전하는 소설 필사본 중 가장 고본에 속하며 대개 17세기까지의 전기(傳奇) 소설을 싣고 있는 소재 문헌의 자료적 중요성을 감안할 때[1] 이 작품의 정체는 어느 정도라도 해명되어야 할 것이며, 설령 이 작품이 중국 작품이거나 중국의 원작을 조선에서 개작한 작품이라 할지라도 그것이 지니는 소설사적 함의는 수용사의 측면에서라도 한 번쯤 논의될 필요가 있을 것이다.

---

1) 이에 대해서는 정학성, 「『신독재수택본 전기집』의 17세기 소설집으로서의 성격과 위상」(『고소설연구』 13집, 2002) 참조.

이런 관점에서 본고는 대체로 다음 세 가지 문제를 논의해 보고자 한다.

첫째로, 이 작품의 출처 또는 형성 배경에 대한 문제이다. 본고에서는 몇 가지 근거를 가지고 이를 중국에 출처나 원천을 둔 작품으로 추정하려 하나 이 작품이 중국 작품인지 중국 원작의 조선에서의 개작인지 하는 문제에 대해서는 확증을 가지고 어떤 단안을 내리려는 것은 아님을 우선 밝혀 둔다.

둘째로 작품의 내용 및 구조상의 특징과 소설적 가치에 대한 논의이다. 이에 대해서는 전기(傳奇)의 형식에 열녀전(烈女傳)의 내용을 담고 있는 이 작품의 서술 구조와 이를 통해 표명되고 있는 작가의 윤리의식을 논의의 초점에 놓고 전기소설의 전통에 비춰본 작품의 문예미학적 가치를 평가해 보고자 한다.

셋째, 중국에 작품의 연원 또는 출처를 두고 있다면 이 작품의 수용 배경 및 그 소설사적 의미 내지 문학사적 위상을 찾아보는 문제이다. 이는 열녀전과 전기소설의 두 가지 전통이 혼합 또는 합성되어 있는 작품의 성격 상 두 측면에서 고려되어야 할 필요가 있으며, 또한 이 작품이 수록된 작품집의 소설사적 위상과도 연관될 수 있는 문제이다.

세 가지 측면에서 설정한 이들 문제는 서로 연관되어 있으며 아직 널리 알려지지 않은 이 작품의 분석과 논의에 앞서 본고에서는 우선 작품 내용의 줄거리를 정리하여 소개한 후 첫 번째 문제부터 살펴보기로 한다.

2. 「유소랑전」의 내용 소개

작품 줄거리의 소개와 서사 문맥 및 구조의 분석을 위해서 그 내용을 단락별로 요약·정리해 보면 다음과 같다.

[1] 서두—인물 및 상황 제시
a. 여주인공 유소랑(劉少娘): 참정(參政) 휘(煒)의 둘째 딸. 14세로 맑고 고운 자태에 군서(群書)에 통달하여 부모 사랑을 독차지함.
b. 남주인공 효영(孝英): 광동(廣東) 포정사(布政使) 송창(宋彰)의 아들. 영준(英俊)한 선비.
[2] 송창이 그 아들을 위해 유씨 가에 구혼하니 유참정이 허혼하여 납폐하고 혼인날을 잡아 둠.
[3] 혼인 날 하루 전 참정이 갑자기 후모(後母)의 상(喪)을 당하여 온 가족이 광동에서 이천리나 떨어진 절강(浙江)으로 급히 떠나는 바람에 결혼은 무기 연기되고 소식이 막힘.
[4] 참정이 상을 당한 지 1년 만에 시묘(侍墓) 중 죽음.
[5] 장례를 미처 치르지 못한 즈음 영문을 모르는 포정사가 편지로 혼사를 재촉함.
[6] 참정의 아들 숭(崧)이 제자를 시켜 참정의 영전에 편지를 읽혀 고하고 모부인께도 고함.
[7] 모부인의 명에 따라 유숭이 포정사에게 답장을 써 선친의 죽음과 여동생의 애최(哀衰)로 인한 쇠약을 알린 후 포정사(송가) 쪽의 선처를 바랄 뿐임을 아룀.
[8] 유숭이 편지 전한 창두(蒼頭)를 대접해 잘 먹이고 답장과 여비를 주어 보냄.
[9] 며칠 후 포정사 송창이 남녕(南寧)의 지부(知府)로 좌천되어 부임길에 절강의 빈소에 들림.
[10] 유숭이 영접하니 송공이 유숭의 손을 잡고 통곡으로 조문함.
[11] 송공이 참정 영전에서 결혼을 성사시킬 뜻을 고하는 제문을 읽음.
[12] 침소에서 송공이 아들 효영을 불러 유숭과 인사시키고 가을쯤 혼인날을 잡자고 함.
[13] 숭과 모부인은 소랑의 건강이 나아져 결혼할 수 있게 됨을 기뻐하고 감사함.

[14] 다음날 송공은 남녕으로 떠남.

[15] 그 후 송공이 날을 택하는 글을 보내 이 해 9월 초하루로 혼례 날을 잡음.

[16] 7월 보름 효영이 남녕으로부터 돌아오던 도중 병에 걸려 사릉부(舍陵府)에서 객사함.

[17] 유숭이 마침 금릉(金陵)에 머물다가 효영의 상을 듣고 친히 가 장례를 주관함.

[18] 유숭이 집에 돌아와 모부인에게 효영 상을 전하니 모부인이 실성통곡하며 땅에 쓰러짐.

[19] 효영과 혼약했던 유소랑 계선(桂仙)이 이 소식을 듣고 피발·호곡(披髮號哭)함.

[20] 오빠 유숭이 혼례를 올리지 않았음(미혼)을 들어 말리자 계선은 열녀불사이부(烈女不事二夫)라며 머리채를 잘라 맹서하고, 모부인에게 남편 시신을 고향에 묻고 올 것을 청함.

[21] 모부인이 딸을 염려하고 위로하며 숭에게 대신 갈 것 명하나, 계선은 시모 부양과 남편 상례가 자기 소임이라며 한사코 따라나섬에 모부인이 그 뜻을 어여삐 여겨 허락함.

[22] 노모가 계선의 유모 애경과 시비 옥매·해당을 불러 따라갈 것 명하니 유모와 시비, 오빠가 소랑의 신세를 생각하여 출가와 수절의 불가함을 거듭 말하며 명을 거두기를 소청함.

[23] 계선이 다시 나서 떠나기를 고집하여 청하니 모부인이 의리에 합당하다며 다시 허락함.

[24] 떠나려 할 즈음 계선이 모부인께 작별을 고하며, 불효를 사죄하자 모부인은 송가에 가서 시모를 모심이 도리라고 딸을 위로하며 격려함.

[25] 계선이 언니 매선과 울며 이별하면서 노모의 봉양을 부탁함.

[26] 계선이 유숭, 애경 등과 금릉에 가서 효영의 시신을 고향 선영에 이장함.

[27] 계선은 삼년 시묘를 내심 원했으나 효영 노모의 봉양을 위해 할 수 없이 송가로 돌아옴.

[28] 계선은 효영 노모 앞에서 슬픈 기색을 내색하지 않았으나 홀로 비탄과 애훼를 마지않으니 시복(緦服)한 지 몇 달 만에 야위고, 병들어 수음(水飮)을 입에 대지 않으니 빈사지경에 처함.

[29] 효영의 모친 양부인이 계선을 간호하며 음식조차 입에 못 넣는 계선이 안타까워, 어머니를 생각해서라도 병을 이기도록 타이르니 계선은 염려 마시라고 안심시킴.

[30] 병이 깊어져 명이 얼마 남지 않음을 느낀 계선은 모부인과 언니 매선에게 유서를 씀.

[31] 애경에게 편지 전달을 부탁하고 쓰러진 계선은 마지막 숨을 고르며 신음함.

[32] 해당과 옥매가 양부인께 급고하여 모셔왔으나 계선은 이미 숨을 거둠.

[33] 양부인이 창두를 시켜 참정 댁에 부고함.

[34] 모부인이 부고를 듣고 통곡 후 오빠 유숭에게 장사를 부탁함.

[35] 숭이 밤낮으로 달려와 계선을 장사하여 효영 묘 곁에 부장함.

[36] 이날 밤 초막에서 자던 유숭이 꿈을 꿈.

a. 꿈에 효영과 계선이 나타나서는, 효영이 숭에게 장례에 수고해 준 은혜를 치사함.

b. 숭이 사양하며 계선을 이끌고 방에 들어가 유모와 시비들을 만날 것을 권유함.

c. 계선이 시비들을 불러 만나 정회를 나누고, 해당을 시켜 주과를 차려 즐거이 마시며 취하고 새벽이 되자 효영과 함께 떠남.

[37] 이튿날 숭이 귀가하여 모부인께 계선의 유서 편지를 전해 올리고 꿈 이야기를 함.

[38] 부인이 편지 내용을 듣고 울며, 죽어도 의지할 데가 있음으로 자위하며 딸의 임종을 지켜보지 못한 것을 통한함.

〔39〕 절강(浙江) 지부(知府) 마진(馬震)이 계선의 이야기를 듣고 조정에 아뢰니 정대(旌臺)를 세우고 정렬부인(貞烈婦人)을 사호(賜號)함.

3. 작품의 출처와 형성 배경

작품의 줄거리에서도 대충 드러나듯이 이 작품에는 전, 특히 열녀전의 저술의식과 상통하는 면이 있는데, 이런 점은 이 작품이 열녀전이나 역사적 사실에 어느 정도 기반하여 씌어진 것이 아닌가 하는 추측을 낳게 한다. 또 작품 배경이 중국으로 되어 있을 뿐 아니라 중국의 지명(廣東, 浙江, 南寧, 越溪 등), 명(明)의 관직(參政, 布政使 등), 연호(景泰 十年), 등이 매우 구체적으로 나타나 있어 이 작품이 원작의 출처를 중국에 두고 있거나 적어도 그 소재적 원천을 중국에 둔 작품이 아닌가 하는 생각을 들게 한다. 『명사(明史)』를 들추어 보았더니 과연 작품 세계는 명대의 실존 인물과 실사들에 상당 부분 의존함을 확인할 수 있었다.

우선 작품 첫머리 도입부에 소개되는 주인공의 아버지 유위(劉煒)는 『명사(明史)』「열전」에 나오는 역사적인 실존 인물이다. 비록 작품에 서술된 사실과 그의 전기에 기록된 사실이 정확하게 일치되고 있지는 않으나 말년에 광동 참정을 지낸 바 있는 그 관직과 활동 연대, 몰년, 고향 등이 대개 일치하고 있다.[2] 그러므로 작가는 유위의 전기적 행적

---

2) 유위에게 보내는 작중인물(사돈) 송창의 편지 말미에 "景泰 十年 九月"이라고 발신 년월을 밝히고 있는데 실제로 '景泰' 연호는 7년으로 끝난다. 경태에 이어지는 '天順' 초에 유위는 운남(雲南) 참정을 지내다가, 광동 참정으로 옮겼다고 열전에 기술되어 있으니 이 점은 작품과 역사 사실이 부합되고 있다. 그러나 작품에는 그 모친의 상을 당해 고향에서 여묘를 하다가 죽은 것으로 되어 있으나 전(傳)에는 거구(巨寇)를 토벌하기 위한 원정의 노고로 남소(南韶) 땅에서 지방관 재임 중 죽은 것으로 되어 있다. 『명사』의 전기적 기록과 작품 내용을 참고할 때 유위는 1459년 전후에 죽었다. ("煒, 天順初出爲雲南參政, 改廣東, 分守惠潮二府. 潮有巨寇, 招

에 정확하게 의거하지는 않고 있으나 지절(志節) 있는 명관으로 이름을 떨친 유위의 인물이나 생애를 대강 알고 이 작품을 썼다고 볼 수 있다. 그러나 정작 이 작품은 그를 주인공으로 한 것이 아니라 그의 딸로 설정되어 있는 유소랑을 주인공으로 한 것이다.

실존 인물 유위의 딸에 주인공 유소랑과 같은 인물이 과연 있었는지 여부는 확인할 수는 없으나 『명사(明史)』 「열전」 중 '열녀'조에 다음과 같은 기사가 나오는 것을 주목할 만하다.

> 임정녀(林貞女)는 후관(候官) 사람이다. 아버지는 순도(舜道)인데 참정(參政) 벼슬을 지냈다. 그 딸이 어렸을 적에 장락(長樂) 부도어사(副都御使) 진성(陳省)의 아들 장원(長源)에게 시집보낼 것을 허락했는데 납폐를 하고 나서 장원이 죽었다. 딸은 머리를 풀어헤친 채 화장기를 없애고 병들었다 칭하고는 침상에 누워 소리 없이 울며 정신을 상하였다. 혹자가 "부인이 되지 않았는데 어찌 스스로 괴롭히는가?" 하니 답하기를 "나는 명가의 후예로 아무 해 아무 달에 진씨 집안에 예물까지 보냈는데 차마 모르는 체한단 말입니까?" 하고 한사코 아비에게 청해 진씨 상가에 가기를 원하므로 아버지는 그 뜻을 전달해 주었다. 진씨 집의 아버지는 "흉한 인연으로 시집온다면 차마 못할 짓이요, 좋은 인연으로 시집온다면 누구와 결혼한단 말인가? 우선 상이 끝나기를 기다리시라"고 답했다. 딸은 크게 슬퍼하며 탓하기를 "이는 우선 늦구어 놓고 내 뜻을 빼앗으려는 것이다." 하고는 드디어 먹지 않고 칠일이 지나자 피를 토하고 죽었다.[3]

不服, 會兵進剿, 誅其魁. 改涖南詔. 會大軍征兩廣, 以勞瘁卒官." 이상 『明史』 권164, 「列傳」 第五十二 '曹凱 · 劉煒'조 말미 부분) 열전의 내용을 보면 유위의 고향은 절강성 자계(慈谿)인데 이 작품 속에는 절강(浙江)으로만 밝혀져 있다.

3) 林貞女, 候官人. 父舜道, 官參政. 女幼許長樂副都御使陳省子長源, 既納幣, 長源卒. 女蓬首削脂澤, 稱疾臥牀, 哭無聲而神傷. 或謂未成婦, 何自苦. 答曰, 予名氏, 歲月飾而櫝之以歸陳, 忍自昧哉. 固請於父, 欲赴陳喪, 父爲達其意. 陳父答曰, 以凶歸, 所不忍, 以好歸, 疇與主之. 姑俟喪除. 女大悲咤曰, 是欲緩之, 覬奪吾志也. 遂不飾, 積七日, 嘔血死. (이상 『明史』 권303, 「列傳」 第百九十一,

위 열녀전의 주인공 임정녀의 행적은 부모끼리 정혼한 약혼자가 납폐 후 죽자 주위의 반대를 무릅쓰고 순절(殉節)한다는 점에서 「유소랑전」 주인공의 열녀적인 행적과 흡사하다. 더구나 그의 부친은 유소랑의 경우와 마찬가지로 중국 남방 지역(福建; 廣東과 인접)의 참정을 지낸 인물이며 시부 또한 이 지역에 파견된 중앙 관리라는 점에서 여러 모로 「유소랑전」의 인물들과 상통하는 점을 보이고 있다(그러나 열녀전에서는 그 부친이 「유소랑전」에서와 다르게 생존해 있는 등 소설 작품과 다른 점도 있다). 죽은 약혼자(정혼자)를 위한 수절은 우리나라에도 간혹 있었겠으나 순절의 경우는 열녀전 · 정표(旌表) 등 이 방면 관련 연구에도 아직 보고된 것이 없으니 희귀한 현상이었을 것이다. 그러나 중국에서는 귀족층(사대부층)을 중심으로 좀 더 보편화되어 있던 풍습이었으며, 특히 명말-청초(16세기 말~17세기 초)에 중국 동남방 지역(安徽 · 福建 · 廣東 · 浙江)에서 극성을 부렸던 폐습으로 밝혀져 있다.[4] 위의 열녀전도 이 시기, 이 지역의 사회적 실정과 풍조를 반영하고 있으며,[5] 「유소랑전」도 대개 이와 같은 지역을 배경으로 하고 있으므로 그 형성 시기도 이에서 멀지 않으리라 보인다.[6]

'烈女 三' 條)

4) 田汝康, 『공자의 이름으로 죽은 여인들』(이재정 역, 예문서원, 1999) 제3~5장 참조.

5) 『명사』의 「열전」(열녀 열전)에서 각각의 전은 시대 순으로 배열되고 있는데 위의 열녀전은 대개 만력(萬曆; 1573~1619) 연간의 기사에 이어지고 숭정(崇禎; 1628~1643) 연간의 기사 훨씬 이전에 끼어 있으므로 대개 이 만력 연간의 인물을 입전한 것으로 볼 수 있다. 『명사』 「열전」에는 약혼자를 위해 순절한 열녀의 전이 이 밖에도 네 작품 더 실려 있다.

6) 작가가 완간된 『明史』를 읽고 이 작품을 썼을 가능성은 희박하리라고 본다. 『明史』는 1739년(乾隆 4년)에 편찬이 완료되었고 그보다 더 뒤에 일반에게 읽혀질 수 있었으므로 늦어도 18세기 중엽 이전으로 소급될 수 있는 『신독재수택본 전기집』의 문헌적 연조와는 맞지 않는다(이에 대해서는 정학성, 앞의 논문 참조). 다만 『명사』는 수십 년 간에 걸쳐 편찬되었고 완간 이전 그 원고나 사료가 일부 학자들에게 읽힐 수 있는 형태로 노출된 적이 있으므로 이것들이 작품의 토대가 되었을 가능

이상의 문헌과 배경적 사실을 두고 볼 때 「유소랑전」은 16세기 말~17세기 초(萬曆 年間)의 광동이나 복건 지역에 그 소재적 원천이나 원작의 출처를 두고 있으며, 작가는 이 지역의 유명인사였던 유위를 소설 속에 끌어들이고 당대의 실사나 열녀전에서 소재를 취해 이 작품을 썼을 것이라고 추정할 수 있다.[7] 추정을 덧붙여 본다면 이 작품은 열녀전이나 실사에 소재적 원천을 두고 있으나 형성 과정에서 희곡(극)의 영향도 일정하게 받았으리라는 것이다. 앞장에서 이 작품의 서술 구조가 초반부에서는 전기(傳記)적인 양상을 보이다가 중반부 이후에서는 대화와 장면의 연속으로 이어지는 극적 성격을 보이고 있음을 살펴보았다. 명대(明代)에는 죽은 약혼자를 위해 순절한 여성을 소재로 여러 편의 희곡이 창작되었는데, 근대에 이르기까지 중국에서는 인기리에 공연되었다 하며, 이런 연극이 약혼자를 위한 순절의 풍조를 조장했다고도 한다.[8] 유사한 주제와 내용, 말미 구성을 지닌 연극이나 희곡들이 유행되

성을 배제할 수 없다. 그러나 위의 예에서 보듯이 『명사』에 수록된 열녀 열전의 기사들은 매우 소략하며 대체로 이전의 전들을 토대로 해서 간략하게 재편되었을 것이므로 작품의 연원은 대개 명말 연간의 열녀전 등속이며, 유위의 전(또는 그의 행적에 관련된 기록물) 역시 작품 창작에 참고가 되었으리라고 추정하는 것이 실정에 좀 더 부합하는 개연성을 가질 것이다.

7) 만약 명관 유위의 딸이 실제로 작품에서와 같이 절곡을 하고 순절했다면 당연히 열전에 실렸음 직한 일이나 『명사』에 이런 기록은 없다. 작가는 허구적 배경 설정을 위해 비슷한 지역적 배경을 가지면서도 시대가 한 세기 정도 앞선 실제 인물 유위를 작품 속에 끌어들인 것으로 보이는데, 유위 외에도 주인공 유소랑의 오빠인 유숭(劉崧)의 이름 또한 역사적 인물의 실명에서 취해 왔다. 그러나 역사 속의 인물 유숭은 유위보다 연대가 훨씬 앞선 원말·명초의 인물이므로 이 작품에서는 그 이름만 빈 것으로 볼 수 있다.

8) 田汝康, 앞의 책, 92~93면. 이 책의 저자에 의하면 유위보다 시대가 20년 정도 앞선 명초 황족 주유돈(朱有燉)이 지은 희곡 작품(「趙貞姬身後團圓夢」)이 이런 류의 희곡 중 최초의 작품이라 하는데, 필자가 확인한 바로는 이 작품은 신혼 생활을 잠시 지낸 평민층 여인의 순절을 다루고 있고, 그 말미가 「유소랑전」처럼 죽은 부부의 혼령이 유명계에서 신선이 되어 재결합하는 것으로 되어 있다(『元明雜劇』, 黃山書社, 1992, 257~269면).

었던 상황에서라면 작품의 창작에 이러한 희곡의 부분적·간접적 영향을 충분히 상정할 수 있는 것이다. 그러나 이런 점을 확증을 하기는 어려운 것이고, 여러 가지 정황은 이 작품이 명말 연간에 작품의 지역적 배경이 되는 중국 남방 지역의 실사나 전에서 소재를 취해 전기로 윤색된 작품이라는 추정을 방증해 주고 있는 것으로 보인다.

끝으로 이 작품의 형성 시기는 17세기 초·중엽 전후로 볼 수 있으며, 늦어도 18세기로 넘어가지는 않을 것이라는 추정을 더해 본다. 그것은 작품이 수록된 문헌(전기집)의 연조와도 관련된 사실이나, '參政' '布政司' '布政使' 등 명(明)의 관·직제 이름이 독자들에게 익숙하게 통용되던 배경적 현실을 작품의 서두부터 반영하고 있기 때문이다. 예컨대 서두의 첫 문장 "소랑(少娘)의 이름은 계선(桂仙)이요 자는 진경(眞卿)이니 고(故) 참정(參政) 위(煒)의 둘째 딸이다.(少娘名桂仙, 字眞卿, 故參政煒之第二女也.)" 같은 곳에서 보면 전의 일반적인 서두 형식으로 되어 있되 시대 배경의 설명도 없이 바로 (명나라의 관직인) '참정' 아무개의 딸이라고 서술하고 있는데, 이는 대체로 작가에게나 독자에게나 명조(明朝) 및 명대의 관직제가 아직 현재적 현실로 의식되던 명말·청초(16세기말~17세기초) 시기 안의 서술임을 보여주는 대목이라 할 수 있지 않을까 한다. 이는 조선에서 개작된 「왕시붕기우기」의 서두 "왕시붕은 송나라 태원(太原) 땅의 단정한 선비다.(王十朋, 宋太原韻士人也.)"에서 '송나라 때' 인물의 이야기임을 밝히는 것이 우리의 고소설 일반의 관행과 비슷한 서두 서술인 점과 대비된다.[9]

---

9) 명대에 들어 사대부층의 문언 소설이 당대적 현실에서 소재를 취하는 경향이 짙어져 몇 년 안의 일사(逸事)를 작품화하는 경우가 많으며, 조선에서도 비근한 당대 일화를 전기소설로 윤색한 예를 17세기 말경의 작품 「최랑전(崔娘傳)」에서 찾을 수 있으나, 이러한 소재적 연원이 중국에서건 조선에서건 소설로 윤색되기까지는 한 세대 정도의 시간이 경과되는 것이 상례라 아닐까 한다(이에 대해서는 侯忠義·劉世林, 『文言小說史稿』 下, 北京大, 1993, 101-2면; 정학성, 「전기소설 〈최

4. 작품의 전기적 성격과 열녀전적 성격

1) 전기(傳奇)로서의 성격

「유소랑전」은 『신독재수택본 전기집』에 「만복사저포기」 다음 두 번째로 실려 있으며 「주생전」과 「상사동전객기」가 뒤를 잇고 있다. 소설집의 집록자는 이 작품을 전후의 유명 작품과 마찬가지의 주요한 전기 작품으로 보고 있는 것이며, 실제로 이 작품은 전기소설로서의 성격을 분명히 지니고 있다.

우선 작품의 주인공은 재모와 교양을 겸비한 귀족층의 가인(佳人)과 재자(才子)로 설정되어 있으며, 약혼한 남녀가 예기치 못한 난관에 부딪쳐 결혼이 지연되다가, 결국 죽음과 함께 비극적 이별을 한 후, 유명계(幽冥界)에서 재회하는 것으로 이야기의 결구는 이루어져 있다. 즉 '결연－불행(난관)－비극적 이별[死別]－유명계에서 재회'라는 낭만적 · 신이(神異)적 모티프와 비극적인 사건을 담고 있는 작품의 표면적인 이야기 얼개는 이른바 애정 전기에서 흔히 볼 수 있는 유형적인 사건(플롯) 구조를 보여주고 있는 것이다. 또 불행한 여주인공의 거듭되는 시련과 이 때문에 작품 전체에 흐르고 있는 비극적인 애상의 정조 역시 전기소설에서 흔히 볼 수 있는 문학적 특질이다.

이 작품이 전기 소설로서 지니는 또 하나의 두드러진 형식적 특징은 작품 전편에서 전아한 문언(文言)으로 세련된 수사와 유려한 문장을 구사하고 있는 문체 상의 특질이다. 이 같은 전기적 문체의 특징은 특히

랑전〉 연구」, 『고소설연구논총(다곡 이수봉 선생 회갑기념논총)』, 제일문화사, 1988, 385～402면 참조). 이 작품의 형성 경위에 대한 더 이상의 고증은 필자의 능력 밖의 일이나, 주위의 중국학자들에게 자문을 구해 봐도 이런 류의 소설 작품은 문화혁명 기간 이후 일체 연구 대상이나 작품 목록에서 제외되고 자료까지 소실되어 왔으므로 중국에서는 작품의 존재를 확인할 길이 막연하다고 한다.

작가가 제문과 각종 편지글[書]들을 삽입하면서 여기에 다양한 용사(用事)와 격조 높은 수사를 동원하여 자신의 문식(文識)과 문재를 한껏 과시하고 있는 데서 잘 드러나고 있다.

> 동남으로 한번 이별했는데 유명(幽冥)의 길이 영영 끊어져, 무덤에는 풀이 우거지고 지붕 위론 이지러진 달이 비치고 있소이다. 미목(眉目)이 눈앞에 어른거리건만 한번 간 길 돌아오기 어려우니, 운수(雲樹)[10]는 아득한데 구원(九原)이 애달프구려. (…중략…) 옛 친구의 집에 들렀으나, 그 사람은 보이지 않으니 회한(懷恨)이 밀려드오. 산양(山陽)을 지나며 저문 날에 피리 소리 들으니[11] 눈물이 강물처럼 쏟아져 내리오.
>
> 東南一別, 幽明永絶, 墳壟荒草, 屋梁殘月. 眉目依依, 一去難回, 雲樹茫茫, 九原可哀. (…中略…) 寄宿舊宅, 斯人不見 懷恨良多. 笛暮山陽, 有淚傾河.[12]

> 매일같이 어머님 계신 곳을 바라보나 거리가 멀어서 닿을 수 없습니다. 성긴 수풀에 저녁 비 내릴 적이면 몇 번이나 까마귀[孝烏] 우는 소리를 부러워했으며, 누른 귤을 소매 속에 채운 일에 부질없이 육적(陸績)의 가슴인 양[13] 마음 아파했습니다. 슬픈 정을 억지로 눌러 온 것은 다만 학발(鶴髮) 모친이 집에 계시기 때문에, 모진 목숨을 구태여 보전하여 색동옷 입은 뒷

---

10) 운수(雲樹) : 친구를 사모하는 생각. 두보(杜甫)의 시 「春日憶李白」에, "渭北春天樹, 江東日暮雲"이라 하였고, 백거이(白居易)의 「春西湖閑遊悵然興懷寄微之詩」에 "雲樹分三驛, 煙波限一津"이라 하였다.

11) 진(晉) 나라의 상수가(尙秀)가 산양(山陽)의 옛집을 지나다가 이웃 사람이 부는 피리 소리를 듣고는 죽은 친구 혜강(嵇康)·여안(呂安)을 그리워하며 〈思舊賦〉를 지은 고사가 있음.

12) 「유소랑전」, 『신독재수택본 전기집』 5패(정학성 역주·영인본, 삼경문화사, 2000, 462~3면). 번역 및 역주는 역주본을 따르며 이하에서는 영인본을 인용함.

13) 중국 삼국시대 오(吳) 나라의 육적(陸績)이 어렸을 적에 원술(袁術)이 준 귤을 품속에 품고 가 어머니께 드리려 했다는 고사가 있음.

줄[14]에서 절을 드리기 위해서였습니다.

日望庭闈, 遠莫致之. 暮雨疎林, 幾羨孝烏之啼, 滿袖黃橘, 空傷陸子之懷. 勉抑悲情, 只爲鶴髮在堂, 苟保頑命, 欲拜綵衣之後列.[15]

시경에 이르기를 “여자의 가는 길이 부모 형제를 멀리 떠난다”[16]고 하더니 참으로 그러합니다. 운산(雲山)은 아득한데 소식을 보낼 길 없고, 세월은 유유히 흘러가건만 사람 목숨은 얼마나 됩니까. 해는 서산에 닿았는데 효도할 도리를 저버리니[17] 저 높은 산언덕에 올라가 바라봐도 미칠 수 없네요. 수유(茱萸) 꽃 바라보며 한 사람이 적음을 생각하고[18] 기러기 울음소리 듣고는 줄지어 돌아가는 것이 부러웠습니다.

詩云, 女子有行, 遠父母兄弟, 其不信然乎. 雲山杳杳, 消息難憑, 歲月冉冉, 人命幾何. 日迫西山, 孝負慈烏, 陟彼崔嵬, 瞻望不及. 見茱萸以想一人之少, 聽鴻雁以羨一行之歸.[19]

첫 번째 인용문은 앞에서 요약한 서술 단락 [11]의 제문 중 일부이고, 두 번째, 세 번째 인용문은 단락 [30]의 유서 중 일부이다. 이 작품은 전체 작품의 약 사분의 일에 해당하는 내용을 이 같은 격식과 문조(文藻)를 갖춘 제문과 각종 편지글로 채우고 있다. 이는 전기소설의 장르적

14) 나이 칠십이 되어서도 부모를 즐겁게 해 드리기 위해 색동옷을 입고 어린 아이 재롱을 부리던 노래자(老萊子)의 고사를 이름.

15) 『전기집』(영인본), 455-6면.

16) “女子有行, 遠父母兄弟”는 『詩經』 ‘邶風’의 「泉水」 장에 보이는데, 여자가 시집을 감으로써 친정의 부모형제를 멀리 떠난 심경을 말하고 있는 구절임.

17) 원문에 “효부자오(孝負慈烏)”라 되어 있는데 ‘자오(慈烏)는 반포지효(反哺之孝)를 할 줄 아는 까마귀의 별칭이다.

18) 형제를 그리워하는 마음을 이르는 말. 당(唐)의 시인 왕유(王維)의 「九月九日憶山東兄弟詩」에 “먼 곳의 형제들 높은 곳에 올라, 수유꽃 두루 꽂았으나 한 사람이 적음을 알겠지(遙知兄弟登高處, 遍插茱萸少一人)”라는 싯귀에서 온 말임.

19) 『전기집』(영인본), 454면.

전통 속에서 하나의 규범적 특징으로 인습화된 우미(優美)한 문채(文彩)나 사조(詞藻)를 이러한 제문이나 서(書)들의 삽입을 통해 나타내고자 하는 작가의 의도를 보여주고 있는 것이다.[20]

2) 열녀전적 성격과 내용

그러나 이 작품의 서술 구조는 이러한 전기 소설로서의 특징과 함께 전기(傳奇)보다는 전기(傳記) 곧 전(傳)에 가까운 특징을 아울러 지니고 있다. 단락 [1]에서 [4]에 이르는 작품의 서두 부분을 보자.

> 소랑(少娘)의 이름은 계선(桂仙)이요 자는 진경(眞卿)이니 고(故) 참정(參政)[21] 위(煒)의 둘째 딸이다. 집은 본시 남쪽 지방으로 월계(越溪)에서 생장하였으며, 맑고 고운 자태를 타고나 미목이 아리따웠다. 나이 겨우 열네 살에 또한 여러 책을 통독하여 부모의 사랑을 한 몸에 받았다. 참정이 살아 있을 적에 포정사(布政使)[22] 송창(宋彰)이 그 아들을 위하여 유씨(劉氏)에게 혼인을 청하였다. 창의 아들 효영(孝英) 또한 영준(英俊)한 선비이다. 평소에 광동(廣東) 땅에 이름이 알려져 있었기 때문에, 참정은 어진 사위를 얻는 것이 기꺼워 즉시 혼인을 허락하고 납폐(納幣)를 행하였다.
>
> 이 해 삼월 보름날 혼례를 올리려고 하였는데 그 하루 전날 참정이 마침 후모(後母)의 상을 당하여 온 집안을 데리고 남쪽 고을[南州]로 돌아가고 말았다. 광동에서 절강(浙江)까지 거리가 이천 여리나 되는지라, 소식은 묘

20) 이에 대해서는 胡士瑩, 『話本小說槪論』 上(中華書局, 1980), 28면 ; 박희병, 『한국 전기소설의 미학』(돌베개, 1997), 42-43면 등 참조.

21) 명나라 때 관직 이름. 아래의 주석 참조.

22) 포정사(布政使) : 명나라 때 지방 각 성(省)을 다스리는 포정사(布政司)에서 정사(政事)를 총괄하여 관장하는 관직 이름. 조선의 관찰사(觀察使 : 또는 監司)에 해당한다고 볼 수 있다. 포정사를 보좌하는 관직으로 참정(參政) · 참의(參議) 등이 있다.

연하여 아득히 통하지 못하고 결혼 날짜는 까마득하게 기약 없이 일년을 지나게 되었다. 그 사이 참정은 집상(執喪)을 하느라고 건강을 상하여 여막(廬幕)에서 세상을 떠나고 말았다.

少娘名桂仙, 字眞卿, 故參政煒之第二女也. 家本南土, 生長越溪, 天恣明艶, 眉目清揚. 年纔十四, 又通群書, 爲父母之所鍾愛. 當參政在世之日, 布政使宋彰, 爲其子求婚於劉. 彰之子孝英, 亦英俊士也. 素知名於廣東, 故參政樂得賢婿, 卽許其婚而納幣焉. 欲於是年三月望日, 行奠雁之禮, 前此一日, 參政適遭後母之喪, 擧家歸南州. 廣東去浙江幾至二千餘里, 消息杳杳, 漠然不通. 結褵之日, 邃遠無期而居一年. 參政傷於孝, 卒于廬舍.[23)]

인용문이 좀 길어졌으나 우선 모두의 첫 문장 "少娘名桂仙 字眞卿 故參政煒之第二女也"는 여느 전기 소설에서 주인공의 인물을 제시하고 있는 대목과 달리 주인공의 이름에 뒤이어 부친의 생몰, 성명, 관작, 차서를 밝히는 식으로 되어 있다. 이는 소설의 인물 제시라기보다는 전(傳)의 모두에서 입전 인물의 명자(名字)에 이어 세계(世系)를 밝히는 인정(人定) 기술 양식에 가깝다.

그리고 이 첫 문장에 뒤이어 주인공의 가향(家鄕)과 생장지, 인물이 간략하게 제시된다. 이후, 그의 결혼 상대로서 남주인공이라 할 효영이나 주요 인물이라 할 양쪽의 부친이 등장하는데 이들 인물에 대해서는 이렇다 할 소설적 형상이나 서술적 관심 없이, 서사 문맥은 곧장 여주인공의 운명에 연속해서 닥쳐온 주요 사건의 경과 과정을 개괄하는 간략한 서술로 진행되고 있다. 또한 인물의 제시에 이어 혼사(청혼과 약혼)와 예기치 않은 변고로 인한 원별(遠別), 부친의 사별(죽음)과 같은 주요한 사건 전개를 담고 있는 이 서두의 서술 과정에는 소설이라면 당연히 있음직한 사건 정황의 묘사나 경과 과정의 묘사적 서술보다는 사

23) 수택본 전기집(영인본), 466-7면.

실의 기술에 가까운 사건의 요약적·설명적 서술이 위주가 되고 있다.

이러한 사건 과정의 요약적 서술은 이후 단락 [16]에서 그간 서술의 초점에서 벗어나 있던 약혼자 효영이 느닷없이 죽는 대목에서도 특징적으로 나타난다. 이 같은 점들은 이 작품(작가)의 주된 관심 또는 서술의 초점이 이제 불행한 사건을 당하게 된 여주인공과 이후 전개될 그의 행적에 놓여 있음을 알려주고 있는 것으로서, 이는 소설로서 온전한 구조를 지니지 못한 작품적 흠결을 보여주는 동시에 전기(傳記)적 서술 지향을 지니고 있는 이 작품의 면모를 보여주고 있는 대목이기도 하다. 이후 작품의 중심부라 할 단락 [18]로부터 [32], 곧 약혼자의 사망 사실을 전해들은 여주인공이 죽기까지 사건 과정의 서술은 상부(喪夫)한 여인이 열절(烈節)을 고수하며 시모를 모시다가 애최(哀衰)와 절곡(絶穀)으로 남편을 뒤따라 죽음에 이르게 되는, 열녀전의 유형적 내용에 다름없는 주인공의 행적을 좇고 있다. 즉 사건 전개의 측면에서 이 작품의 중심 내용(사건)은 열녀전의 내용을 주축으로 하고 있고 그 서술의 측면에서도 전기(열녀전)적 요소를 일면 지니고 있다.

하지만 이 작품의 주인공 유소랑의 비극적 운명과 행적에는 사실 열녀의 전형적 면모가 담겨 있으면서도 여느 열녀와는 또 다른 기특(奇特)한 점이 있다. 부모의 사랑을 독차지하며 자라난 그녀는 먼저 시묘 도중 죽어 간 부친을 갑자기 잃고 지극한 슬픔을 당하게 된다. 애최로 건강까지 잃게 된 그녀는 본시 극진한 효성과 가례(家禮) 의식을 선대로부터 물려받은 도덕심 강한 효녀이기도 하다. 효열의 윤리의식과 예(禮)에 철저한 그녀는 이어 [19]~[21]에서 보듯이 정혼만 했지 아직 결혼도 하지 않은 약혼자를 위해 주위의 만류를 뿌리치면서 의리와 열절을 고수하고 상례(喪禮)에 집착하며, [28]에서 보는 바와 같이 스스로 순절에 다름없는 죽음을 맞이한다. 오늘날의 관점으로 보면 엽기적이라 할 만한 이 같은 그의 고집스러운 윤리의식은 물론 이를 조장해 온 가부장적 유교 사회의 이데올로기적 교육[24]과 봉건적 지배 집단의 인습, 또는 이를 특히 강조하는 사회 분위기에서 비롯된 것이다. 전아한 문언으로 서술・형상된 그녀의 성품과 의식은 이러한 정절(열절) 의식이나 효열의 규범에서 한 발짝도 벗어나 있지 않은 채 그녀의 성격 상 특징을 규정하고 있다. 그러니까, 남달리 기구한 그녀의 운명은 그녀의 기특한 효・열 의식을 선연하게 드러내는 계기가 되고 있으며, 오히려 과도한 열절 의식으로 말미암아 주위 세계와 마찰을 빚고 있는 그녀의 행동은 가부장적 윤리의식으로 본다면 열녀의 귀감이 될 만하다. 즉 이 작품에 형상된 주인공의 의식과 행동은 지배 집단의 이데올로기나 모순투성이의 불합리한 세계에 맞서 자기 나름의 가치와 욕망의 실현을 추구하는 소설적 주인공의 성격[25]과는 사뭇 다른, 봉건 지배층의 가치 규범을 위해 희생적으로 헌신한 열녀전의 그것들로서, 이러한 내용을 작가는 주인공의 기구한 운명과 함께 전기(傳奇) 소설의 형식 속에 밀어 넣고 있는 것이다.

3) 모순된 작가의식이 빚은 장르의 봉합

이처럼 작품의 중심 내용이 열녀전의 그것과 유사한 내용으로 되어

---

24) 단락 [20]에서 주인공은 대화를 통해 이 점을 밝히고 있다. 桂仙曰, "吾兄素稱儒者, 少妹常以學禮君子爲期, 不意今者, 妄發悖倫之說也. 少弟曾見前事, 且聞先人, 一言之後, 終身不改. 豈以未行親延之禮, 有別於其間也. 烈女不事二夫."(위의 책, 460~461면)

25) 소설(Novel)이 지배 집단의 가치체계나 이데올로기적 강제에 저항하며 다양한 가치관을 추구하는 이야기 구조로 되어 있고, 소설적 주인공의 특징이 보편적 가치가 부재하는 결함 많은 세계에 맞서 개성적 가치와 욕망의 실현을 추구하는 데 있음은 바흐틴과 루카치 등의 이론, 또 이를 우리 '소설'의 일반이론으로 적용한 조동일의 이론을 통해 널리 알려진 것이므로 여기서 다시 장황하게 설명하거나 인용할 필요는 없을 것이다.

있다는 점은 작가가 주인공의 열절을 포창(褒彰)하려는, 열녀전의 저술 의식과 비슷한 창작 의도를 지니고 있음을 말해 주고 있다. 이 점은 주인공의 사후 지방관의 주청(奏請)으로 나라에서 그녀를 위해 정비(旌碑)를 세우고 정렬부인을 사호(賜號)하는 것으로 끝나는 작품의 종결부(단락 [39])에서도 명확하게 드러난다.[26] 그러나 기본적으로 이 작품은 실존 인물의 사실적 행적에 관심을 두는 전이 아니라 소설 형태를 취한 허구적인 문학 작품이므로 작가의 의식 또는 작품 내용은 이 점과 연관하여 좀 더 분석해 볼 필요가 있다.

앞서 본 작품의 초반부에서와는 달리 주인공의 비극적 운명을 향해 서술의 초점이 집중되는 중심부로 차츰 접어들면서 작품 내의 인물과 사건들은 이전의 요약적 제시나 설명적 서술 대신, 대체로 극적인 장면이나 묘사적 서술을 통해 형상, 전개되고 있다. 약혼자에 대한 열절을 고수하는 주인공의 강한 윤리 의식과 정숙한 성품, 이에 반해 이미 고인이 된 정혼자를 위해 수절함이 불가하다며 출가를 거듭 만류하는 형제와 유모, 시비 등 주위 인물들과 주인공이 빚는 갈등은 모두 대화와 극적 장면(단락 [20]에서 [23]에 이르는 대목)을 통해 전개되고 있으며, 서술자는 이에 대해 어떤 평가나 해설도 달지 않고 있다. 이런 점은 인물에 대한 도덕적 포창이나 평가를 직접 가하는 전의 서술 구조와는 현격하게 다른 점이다. 번다한 인용을 생략하겠으나 전체적으로 보아 인물과 사건에 대한 소설적 묘사가 부족한 대신 편지글을 통한 독백이나 인물들 간의 대화를 통해 이야기와 사건이 진행되는 것은 소설로서 이 작품이 지니는 특징적 면모이기도 하다.[27] 그리고 비록 전아한 문언을

26) 열절을 세운 주인공의 덕성에 대한 작가의 포창 의식은 주인공의 사후 작중인물인 그 모친이 아들에게 하는 말, “爾妹, 夫人之賢者, 非老我所及.”을 통해서도 언명된다.

27) 이는 작품의 형성 과정과도 연관해서 한 번 생각해 볼 문제로 이에 대해서는 앞에서 언급하였다.

쓰고 있으나 이 같은 소설적 서술 구조와 극화된 시점을 통해, 연속되는 불행을 겪으며 순절을 향해 스스로 자진(自盡)해 가는 주인공의 비통한 심정과 무고한 소녀의 불행과 희생을 막으려는 주위 인물들의 노력은 인정에 핍진하게 그려지고 있으며, 주위의 안타까움과 애통을 뒤에 남기고 죽어 가는 주인공의 운명(殞命) 장면 또한 제법 현실감 있는 장면을 통해 그려져 있다.[28] 이 같은 작품 세계는 무고하게 희생되는 소녀의 불행한 운명(運命)에 대한 독자의 연민과 동정을 자아내기에 충분하며, 가련한 소녀에게 비극적 희생을 결단케 한 열절의 관념과 '순절'이라는 관습이 삶을 황폐하게 함몰시키는 당대 현실의 참상을 극적으로 보여주고 있는 것이다. 그러므로 이 작품에는 주인공의 기특한 윤리의식과 열절에 초점을 맞춰 이를 강조하며 포창하려는 작가의 의도가 일면 포함되어 있으면서도 한편으로는 이러한 관념적 시각에서 벗어나 무고한 여인의 삶을 함몰시키는 비인간적 관습의 횡포, 또는 이러한 횡포가 규범화 내지는 이념화된[29] 부조리한 사회 현실의 참상을 문제삼는 작가의 모순된 의식 내지는 관념과 현실 속에 갈등하는 작가 의식 내의 이율배반적 갈등과 고민이 담겨 있다.

이와 같은 작가 의식의 이율배반적인 균열을 봉합하고 고뇌를 해결하기 위해 작가는 또 다른 소설적 장치를 마련한다. 서사적 갈등의 대단원을 이루는 단락 [36]에서 보는 바, 작중 인물의 꿈속에 나타난 남녀 주인공의 혼령들이 현실에서 못 다한 인연을 유명계(幽冥界)에서 다시

28) 封書數重以授愛瓊曰, 余病至此, 終不得救, 愼將此書, 敬達天只與姊兄. 言訖, 面壁而臥, 奄奄之聲, 斷續於喉中而已. 玉梅海堂, 奔告于楊夫人, 夫人顚倒而至, 呼之不應, 已無及矣. 楊夫人使蒼頭告喪于參政家, 夫人聞桂仙喪, 扣胸而哭曰, 少女今又死矣, 余何生爲. 摧慟之情, 不可勝言.(영인본, 427-8면)

29) 사대부층이 열행(烈行)과 순절을 연결시키며 정렬(貞烈)을 이념화한 데 대해서는 이혜순의 「조선조 열녀전 연구」(『성곡논총』 30, 1999) 참조. 이는 조선과 명에 보편화된 현상이었을 것이다.

만나 이루고 있음을 알리는, 전기(傳奇) 소설의 오래된 인습을 원용한 작품의 비현실적 종결 방식이 그것이다.

비명에 횡사한 '사령(死靈)의 현몽(現夢)'과 그들의 '유명계(또는 초월계)에서의 (재)결합'과 같은 비현실적 · 초월적 모티프와 신이한 사건의 전개는 본시 민간 신앙이나 불교와 같은 종교에 사상의 뿌리를 둔 설화 문학의 유산이다. 이들이 전기소설에도 자주 원용되어 온 주요한 이유는 그것들이 현실의 횡포에 의해 좌절된 인간적 감정과 욕구, 이상 따위를 역설적으로 표출할 계기를 마련해 주며, 이를 통해 좌절의 고통을 겪는 독자에게 정서적 위안을 줄 수 있기 때문이다.[30] 그리고 이 작품의 경우 작가가 이런 식의 비현실적 모티프를 통해 작품을 종결한 것은 특히 후자 즉 위안적인 기능 때문인 것으로 보인다. 앞서 보았듯이 작품에는 계모의 상으로 시묘 도중 죽은 부친, 객지에서 횡사한 약혼자, 그들에 대한 애상(哀喪)과 절망 속에 죽는 주인공 등, 죽은 이를 위한 죽음이 꼬리를 물고 일어나는 참혹한 현실이 반영되어 있으며, 또한 중도에 삽입된 제문이 대변하고 있듯이 죽은 자에 대한 애상(哀傷)의 정서와 애도의 정신이 작품 전체를 지배하고 있다. 따라서 망자를 애도하는 오빠의 꿈속에 나타난 사자의 망령들이 유명계에서나마 이승에서 못다 이룬 인연을 이루고 있음을 알려주는 마지막 장면은 열절을 위해 희생한 망자의 명복—죽음 뒤에 오는 초월적인 삶 속의 평안—을 비는 작가의 애도의 정신을 표현하며, 독자들로 하여금 작품 속에 반영된 현실의 참혹함과 그것이 안겨준 고통을 상상 속에서나마 벗어나 위안을 얻도록 하려는 의도를 강하게 지니고 있다. 그것은 또한 열절을 초월적 가치를 지닌 덕목으로 미화하려는 열녀전과, 기구한 운명을 겪는 여성

30) 이와 관련한 논의로는 정학성의 「전기소설의 문제」(『한국문학연구입문』, 지식산업사, 1982)와 「조선 전기의 비판적 문학」(『민족문학사강좌』 상, 창작과비평사, 1995) 등 참조.

의 삶을 희생시키고 수탈하는 부조리한 사회의 도덕적 · 이념적 모순을 묘파하고 역설적으로 강조하려는 전기(傳奇) 소설이 봉합되는 지점이기도 하다.

4) 전기소설의 전통에 비춰본 작품의 가치

그러나 애초 사실을 향한 전기(傳記)적 서술 지향마저 보이던 작품이 갑자기 이렇게 비현실적 사건을 통해 종결되는 것은 어색할 뿐 아니라 문학적 감동을 주는 데도 그다지 성공을 거두지 못하고 있다. 그 이유는 무엇보다도 이 작품의 주인공은 많은 전기(傳奇) 소설에서와 달리 먼저 죽은 약혼자와 저 세상에서 다시 만나야 할 만큼 간절한 낭만적 사랑을 나눈 적이 없으며, 그 죽음도 진정한 의미에서의 비극성이 결여되어 있다는 데에 있다.

주지하는 바와 같이 『금오신화』 속의 작품들을 비롯한 훌륭한 애정 전기들에서 비극미는 중요한 장르적 특질로 꼽히고 있다. 억압적인 현실 세계의 비리와 냉혹한 실상을 엄정하게 그리면서도 이에 굴하지 않는 인간의 자세를 보여줌으로써, 독자에게 현실의 억압적 본질을 각성시키는 가운데 이를 극복할 수 있도록 정서(의식)를 고양시키는 것, 이것이 많은 전기 소설이 지니고 있는 사실적이면서도 비극적인 문예 미학이다. 또한 이들 작품에서 자신의 감정과 욕구 또는 이상에 충실한 주인공들은 이를 억압하는 중세 사회의 질곡과 현실의 장애에 과감하게 맞서 자신의 요구와 이상을 적극 실현하기 위해 분투한다. 소외와 이별, 죽음과 같은 삶의 결정적 위기와 한계를 맞이해서는 현실 세계의 경계를 넘어서라도 자신의 요구와 이상을 관철시킨다. 정서적 또는 정신적 요구에 따라 현실 세계와 그 힘을 부분적으로 무화 · 변형시키는 상상(또는 환상)을 빌어 억압적인 사회 · 현실에 맞싸우는 인간의 분투와 이상을 미화시켜 그려내고, 이를 통해 독자들에게 사회적 모순과 현실의 장애를 극복하는 의지와 열정을 고무하며 고통스런 현실로부터 해방감과 위안을 주는 것, 이것이 전기소설(傳奇小說)이 또 한편으로 지니고 있는 낭만적 성격이요 문예 미학이다.

「유소랑전」이 이러저러한 전기 소설의 형식과 기법을 원용하고 있으면서도 깊은 문학적 감동을 자아내지 못하고 있는 것은 전기 소설의 전통이 지니고 있던바 비극적·낭만적 성격에 함축되어 있는 진보적·해방적 계기가 이 작품에는 부족하기 때문이다. 주인공이 죽은 약혼자와 결혼을 고수하는 것은 부모의 언약을 어길 수 없다는 효열 관념 즉 가부장적 윤리 규범에 제약된 결과이지 자발적 애정의 발로가 아니며, 쇠병 끝에 자진해 간 그녀의 죽음 역시 거듭되는 운명적 불행에 절망한 나머지 순절이라는 억압적인 사회 인습에 순응하며 스스로 삶을 포기한 결과이지[31] 부조리한 사회에 대한 비극적 저항의 결과는 아니다. 이와 같은 주인공이 죽은 약혼자와 유명계에서 재회하는 것으로 이야기를 매듭짓는 작품의 결말에는 그러므로 좌절된 인간의 요구, 박탈된 여인의 행복과 삶을 역설적으로 강조하는 '비극적 낭만성'이 전혀 없다고는 할 수 없으나, 여기에는 불순한 의도가 담겨 있다. 즉 무고한 여인을 죽음으로 몰아넣은 자기 사회의 도덕적 모순을 호도하고, 가부장제 속의 부조리한 인습에 희생된 주인공의 죽음을 애정(재회)을 향한 비극적 결단으로 미화시킴으로써 가책과 고민에서 벗어나려는 사대부 작가(층)의 자기 위안을 위한 미봉책으로 전기적 모티프를 차용한 작위적 의도가 엿보이는 것이다.

「유소랑전」은 그러나 비록 이처럼 전기소설로서 여러 가지 결함을 지니고 있음에도 불구하고 동시대에 씌어진 수많은 열녀전과는 또 다

---

31) 작가는 결국 절곡으로 자진해 가는 주인공의 죽음을 결단에 의한 자살인지 쇠병으로 인한 병사인지 알 수 없이 모호하게 그리고 있다.

른 양상의 내용과 작가의식을 전기 형식에 담고 있다는 점에서 나름대로 그 문예적 가치를 인정받을 수 있는 측면이 있다. 앞서 보았듯이 이 작품에는 상례(喪禮)와 열절 관념, 순절의 폐습이 무고한 여인의 삶을 박탈하는 당대 사회의 참혹한 실상이 객관적으로 반영되어 있다. 또한 작가는 그 안에서 고통받는 당대인의 비통한 심정을 유서(遺書)나 극적 장면을 통해 구체적으로 묘사하고, 특히 하층민의 시각을 통해 주인공의 지나친 열절 의식을 안타까운 심정으로 비판함으로써, 사대부층 여성의 삶을 가혹하게 수탈하는 당시 사회의 도덕적·이념적 모순을 사실적으로 형상하고 있다. 전기(傳奇)는 본시 삶과 현실의 구체적 실상을 정확하게 서술하려는 고문(古文)의 정신과 그 전범을 보여준 전(傳)의 전통에 맥을 대고 형성·발전되어 온 바, 작가가 당면한 현실에서 제재를 취해 와 당대 사회의 중요한 모순을 구체적인 현실 묘사를 통해 반영·형상하는 현실주의적 성격을 지니고 있으며, 이러한 전통 속에서 그 사실적(寫實的) 문예미를 발전시켜 온 것이 주요한 소설사적 의의로 꼽힌다.[32) 「유소랑전」은 이러한 전기소설의 사실적 전통을 일면 계승하고 있는 것이다.

5. 수용의 배경과 그 소설사적 의미—결어에 대신하여

이상의 논의를 통해 분명히 밝혀졌다고 할 수 있는 것은 『신독재수

32) 그리고 이 같은 전기 소설의 현실주의적(사실적) 성격은 그 낭만적 성격과 대립적 통일을 이루고 있다. 이상 본장에서 논의한 전기(傳奇)의 양면적 성격과 그 대립적 통일 및 소설사적 의의, 사전(史傳)과의 영향 관계, 발전 과정 등에 대해서는 劉開榮, 『唐代小說硏究』(臺灣商務印書館, 1966); 胡士瑩, 『話本小說槪論』 上(中華書局, 1980); 侯忠義·劉世林, 『文言小說史稿』 下(北京大, 1993); 吳志達, 『唐人傳奇』(강중탁 역, 명지대출판부, 1994) 등의 책 참조.

택본 전기집』에 실려 있는 「유소랑전」이 전기소설의 형태를 취하고 있으나 서술 구조나 작가 의식의 면에서 부분적으로 전(열녀전)의 전통을 인습하고 있으며, 중국에 출처 또는 소재적 원천을 두고 있다는 것이다. 그러나 이 작품이 혹종의 중국 원작을 개작·윤문한 것인지 여부는 밝히지 못했고, 이는 앞으로 과제로 남겨질 수밖에 없다.[33] 이제 중국 색이 짙고 열녀전적 잔재가 강해 전기소설로서 여러 가지 결함을 지니고 있음에도 불구하고, 이처럼 특이한 작품이 조선의 전기소설 명편들과 함께 이 작품집에 집록되어 수용될 수 있었던 배경과 그것이 우리 소설사나 문학사에서 가질 수 있는 의미가 무엇인지에 대해 한 번쯤 짚어 보아야 할 것 같다.

우선 이 작품이 비록 중국을 배경으로 하고 그곳의 사회·풍속에서 문제가 되는 약혼자에 대한 순절을 다루고 있으나, 조선의 전기소설집에 실릴 때에는 당시 조선의 독자들에게도 이 작품을 수용할 만큼 충분한 배경적 조건이 성숙되어 있었음을 상기해 야 할 것이다. 즉 조선에서도 임란 이후 17세기에 들어서는 위정자들이 효자·충신들과 함께 열녀들을 포상하는 정표(旌表) 정책을 적극 강화하여 사가(士家)에서부터 순절하는 풍습이 확대되고[34] 병사한 남편을 따라 순절한 여인들에 대한 열녀전이 나타나며,[35] 사대부들은 이른바 예학을 통해 상례(喪禮)에 집착하고 문벌의식의 과잉 속에 가부장제를 강화하는 과정에서 여

33) 예컨대 「왕시붕기우기」가 남희(南戱) 작품의 스토리를 소설로 번안한 전기이며 복건성을 작품 배경으로 한 점을 염두에 둔다면(이에 대해서는 정학성, 「「왕시붕기우기」에 대하여」, 『고소설연구』 8집, 고소설학회, 1999. 참조.), 인근 지역을 배경으로 한 이 작품의 경우도 비슷한 경로를 거쳤을 가능성을 상정해 볼 수 있다. 그러나 「유소랑전」은 「왕시붕기우기」에 비해 통속적 취향이 부족한 반면 열녀전적 취향은 강하고 극적인 스토리 대신 작가의 문조(文藻)를 과시하는 문체의 전기(傳奇) 소설적 특성이 좀 더 두드러져 섣부른 판단을 하기가 어렵다.

34) 이에 대해서는 박주, 『조선시대의 정표 정책』(일조각, 1990) 참조.

35) 이혜순, 「조선조 열녀전 연구」, 『성곡논총』 30, 1999 참조.

성들을 이에 속박하는 과도한 열절의식(정절 관념)을 조장해 가고 있었던 것이다. 17세기 초 조선의 열녀전에서 우리는 병사한 남편을 따라 절곡을 통해 순절해 가는 열녀의 모습을 볼 수 있거니와[36] 18세기의 야담집에서는 초례(醮禮)를 갓 치르고 환가(還家)하는 길에 객사한 남편을 위해 상례를 치르고 부도(婦道)를 다한 후 조용히 자결하는 열부의 상을 만날 수 있다.[37] 이들의 행적은 비록 정혼자를 위해 절곡으로 순절하는 유소랑의 행적과는 다르나, 열녀전에 나타나는 유형적 성품이나 곤액, 행동 등에서 「유소랑전」과 각기 상통하는 점이 있다. 그러니까 정혼자에 대한 순절은 조선에서 별반 일반화되지 않은 풍습으로서 이것이 문학 작품의 소재로 등장한 것은 알려진 것이 없으나 17세기 초에서 18세기에 이르는 동안 조선의 풍속이나 서사물에는 「유소랑전」에 육박해 가는 현상들이 나타나고 있는 것이다. 그러므로 이 작품은 순절을 미화하는 사회・윤리적 긴박으로부터 자유로울 수 없었던 당대의 독자들에게, 호・불호를 막론하고 일정한 관심의 대상이 될 수 있었을 것이며 결국 전기집에도 실리게 된 것이라 할 수 있다. 특히 이 작품이 실려 있는 『신독재수택본 전기집』의 교열자가 신독재 김집인지 여부는 불투명하나, 그처럼 종법(宗法) 질서를 확립하기 위한 예학이나 상・제례에 관심을 기울이던 사대부 독자라면 상례를 준수하는 효행과 열절이 내용을 채우고 있는 이 작품은 충분히 주목할 만한 것이라 할 수 있다.[38]

---

36) 김덕겸(金德謙; 1552~1633)이 지은 「故吳秀才竑妻尹氏傳」(이혜순・김경미 편역, 『한국의 열녀전』, 도서출판 월인, 2002, 264~8면) 참조.

37) 『청구야담』 소재의 「이열부종용취의(李烈婦從容取義)」 참조. 「유소랑전」에서처럼 주인공이 지조 있는 명관(이 충무공)의 후예로 설정되어 있는 이 작품에서 열부 이씨는 초례 후 아직 신혼례(新婚禮)를 마치지 못한 상태에서 객사한 남편의 부음을 듣고는 시집으로 달려가 몸소 상제(喪祭)를 다 치르고 시부모를 끝까지 봉양하는 한편, 양자를 들이고 장성 후에는 며느리까지 들여 후사를 잇게 함으로써 부도(婦道)를 다한 뒤, 홀로 독약으로 자결하여 정려(旌閭)의 포창을 받는다. 「유소랑전」과 이 작품 사이에는 영향 수수가 있었을 수도 있다.

그런데 앞에서 논의한 대로 이 작품은 열절을 단순히 미화하는 열녀전과는 달리 지나친 열절 관념이 몰고 온 순절의 폐해를 비판적 시각으로 고뇌하는 사대부층의 자의식과, 가부장제의 혹독한 질곡 속에 희생되는 불행한 여성의 운명을 조상하고 위로하려는 의도를 한편에 지니고 있다. 이처럼 가부장제가 강화되고 열절의식이 이데올로기화하며 강조되어 가던 상황 속에서 사대부 독자층에게 이러한 자기 사회의 도덕적・이념적 모순을 착잡한 애도의 감정 속에서 반성케 하는 이 작품은, 열녀전의 전통이나 이를 전승하고 있는 사대부층의 가부장적 의식 및 순절의 관행에 수정을 요구하는 문제제기적인 작품이다. 즉 전기소설의 진보적 문예 전통에서 보면 이 작품은 여러 가지 한계를 지니고 있음이 분명하나, 여성에 대한 대타적 의식 없이 남성에 대한 순절을 국가를 위한 순절(충절)이나 마찬가지 이념적 가치를 지닌 덕목으로 미화하는 열녀전의 전통이 후대까지 위세를 떨치던 사정에 견주어본다면, 열녀전의 소재・내용을 전기소설의 형식에 녹여 내고 있는 이 작품은 사태에 대한 새로운 이해의 시각을 제공하고 있는 것이다. 열녀전과 전기소설의 전통이 접합된 이 작품의 문학사적 의미는 이 지점에서 우선 찾아질 수 있으리라 보인다.

한편 전(傳)과 전기(傳奇)의 성격이 혼합된 이 작품의 위상을 소설사의 관점에 국한시켜 정확하게 말하자면, 이 작품은 전이 전기소설로 발전하는 과정을 보여주는 예가 될 수는 없을 것이다. 거꾸로 이미 전

38) 김장생(金長生)과 김집(金集) 부자는 임・병란을 거치며 조선 사회에 봉건적 윤리 기강이 문란해지고 하부로부터 동요가 일기 시작하는 전환점을 맞이하여 종법 질서(가부장적 질서)를 관철시켜 나가기 위해 가례(家禮)를 재확립하는 예전(禮典) 편찬 활동에 진력하였는데, 이들로부터 송준길, 송시열로 이어지는 기호학파의 학문은 특히 상・제례를 중시하였다(기호학파의 예학과 이후의 예송에 대해서는 이봉규 외, 『조선시대 충청지역의 예학과 교육』(백산서당, 2001) 중 제1부 「조선시대 충청지역의 예학」 참조).

성기를 넘어선 전기소설이 과거 고사(故事)가 아닌 당대의 일사(逸事)나 전에서 소재를 취하며 전을 자기의 자장 속에 흡수하여 전기(傳奇)로 변형·전성시키던 과정이나 단계를 보여주는 것이라 할 수 있다. 또는 관점을 바꾸어 본다면 전기(傳奇) 전통이 성리학적 이념의 구속을 받는 사대부 작가의 손에 의해 나름대로의 생명적 창의성을 잃게 되고, 전기(傳記)적 사실 및 교훈성을 강화하며 전과의 화합을 모색하면서 자기 본질을 일부 해체(탈전기화)해 가던 당시 사정을 보여주는 것[39]이라고도 할 수 있다. 우리는 『신독재수택본 전기집』에 수록된 일부 작품들과 함께 17세기 전기들이 작품세계의 세속화와 더불어 당근대 역사 현실로 관심을 확대해 가는 과정에 있었음을 알고 있거니와, 이 작품에서는 사대부층에게 현실적으로 문제가 되던 당대 사회·풍속에 대한 윤리적 관심과 그들에게 고유한 사실(事實) 지향적 관심 때문에 소설적 허구가 위축되면서, 전기(傳奇)가 사회·역사적 사실의 반영과 교술적인 전(傳)을 향해 굴절·변형되는 경우를 보게 되는 것이다.[40] 끝으로 이 작품은 서상한 양상과 더불어 『신독재수택본 전기집』을 통해 규지할 수 있는 바, 중국문학의 급속한 영향 속에 전개되던 17세기 우리 소설사의 다양한 면모의 일단을 보여주고 있다는 점이 다시 한 번 지적되어야 할 것이다.

---

39) 필자는 『신독재수택본 전기집』 소재 작품을 중심으로 17세기 전기소설은 다양한 발전을 이룩함과 동시에 전기 전통이 지니고 있던 장르적 속성을 부분적으로 해체해 가던 탈전기화의 과정을 보여주는 것으로 보았다. 졸고, 「『신독재수택본 전기집』의 17세기 소설집으로서 성격과 위상」 참조.

40) 이런 점에서 이 작품이 중국의 원작을 수용한 것이라 해도 수용사의 관점에서 보면 우리 소설사의 일부가 될 수 있을 것이며, 「최랑전」의 경우에서 보듯이 우리 소설 발달사에도 일부 해당되거나 일정한 영향을 미치고 있는 것이다. 또한 「이절부종용취의」에서처럼 야담계 한문 단편에서도 유사한 경향을 볼 수 있다.

제2편

우언・우화소설의 세계

우언(寓言) 양식의 서사 구조와 비판정신*

1. 머리말

우언(寓言)은 말하고자 하는 본 뜻을 바로 말하지 않고 다른 데 빗대어서, 즉 가탁(假託)과 비유를 통해 넌지시 나타내는 '우의적인 이야기'이다.[1] 우언에 대한 근자의 연구에서 논의되고 있듯이 이 용어는 서구의 알레고리에 대비되는 바, 비유나 가탁을 동원하는 수사 방식 또는 이러한 수사 방식에 기초한 담화나 글쓰기의 방식으로서 그 개념을 폭넓게 쓰는 경우와, 이 같은 방식에 의거해 줄거리가 전개되는 이야기

* 이 논문은 한국우언문학회가 주최하고 한국학술진흥재단과 단국대 동양학연구소가 후원한 제1회 동아세아 우언 연구 국제회의《우언의 인문학적 지위와 현대적 활용의 가능성》(2005.2.25)에서 발표한 원고(「비판정신과 우언 · 소설」)를 수정 · 보완한 것이다.

1) '우의적인 이야기'를 지칭하는 또 다른 말로 '우화(寓話)'가 있는데 이는 '우언'과 서로 혼용될 수도 있는 용어이다. 중국에서는 '우화' 대신 '우언'이라는 용어를 쓰나 중국과 달리 '우언'보다는 '우화'라는 용어가 일반적으로 통용되고 있는 한국에서 이야기의 특정 양식을 논하는 용어로는 '우언' 대신 '우화'를 쓰는 것이 보다 대중적일 수 있다. 그러나 한문 고전 전통 속에서 '우언'은 '우화'보다 긴 역사와 다양한 폭을 지닌 개념으로 통용되어 오던 용어이므로 이 글에서도 고전적 용어 '우언'을 학술용어로 준용해 쓰기로 한다. ('우언'과 '우화'에 대해서는 뒤이어 다시 설명하기로 한다.)

즉 허구적인 서사의 한 장르나 양식을 지칭하는 보다 한정된 개념으로 쓰는 경우가 있다.[2)] 본고에서는 후자의 관점에서[3)] 우언 서사 양식의 주요한 특질이 추상적 이치의 예시(例示) 또는 비유적 계시(啓示)와 함께 특히 비판정신의 발현에 있다고 보고, 이 같은 우언의 구조적 특질과 문예적 기능을 한국의 고전 우언 서사문학 특히 문언(文言) 소설사의 전개와 관련하여 살펴보고자 한다. 그러나 서사 양식으로서 우언은 수사 방식 또는 담화 방식으로서 우언의 여러 문예적 특질이나 속성을 이미 본유하고 그것을 양식적 특성으로 하고 있는 것이기에 이에 대한 논의가 없을 수 없겠다. 이 같은 개괄적 논의가 동아시아 우언의 인문학적 위상이나 한국의 우언문학 발달사를 살피는 데에 작은 보탬이 될 수 있다면 그로써 본고의 보람으로 삼겠다.

2. 우언의 계시적 성격과 의미 구조

우리는 먼저 우언이 필요하게 된 이유 즉 우언의 기능에 대해 생각해

---

2) 우언에 대한 근자 국내의 논의는 한국우언학회를 중심으로 활발하게 전개되고 있는데 학회의 연구 성과를 일차 결집한 『동아시아 우언론과 한국의 우언문학』(집문당, 2004) 등(『우언문학총서』)을 보면 우언학회에서는 우언의 개념을 전자 즉 광의의 개념으로 잡고 '우언문학'이라는 이름 속에 연구 영역을 넓혀 가며 논의를 확산시키는 데 주력하고 있는 것 같다. 우언의 개념에 대해서는 윤주필의 「우언 글쓰기의 원리와 적용 자료의 범위 연구」(『한국한문학연구』 28, 2001)에서 연구사의 잘 정리가 되어 있으므로 여기서는 연구사를 생략기로 한다.

3) '우언'을 서사 양식에 국한해 쓰는 견해에도 이를 우화와 같은 단형의 서사체나 또는 서사와 논설이 복합된 서사체에 국한하여 쓰며 하나의 장르로 보는 관점과, 여러 장르가 공유하고 있는 서사의 특정 양식(또는 서술 방식; Mode)으로 보는 관점이 있을 수 있겠다. 예컨대 우화와 가전(假傳), 우화소설 등은 각기 다른 장르이나 '우의적인 이야기'로서 서사 양식상의 특성을 공유하고 있다고 볼 수 있는데, 본고에서는 이 같은 관점에서 '우언'과 '우언소설' 등을 논한다.

봄으로써 우언의 문예적 특성이나 그 정신문화사적 지위 또는 인문학적 위상에 대한 논의의 실마리로 삼는 것이 좋겠다. 말하고자 하는 본뜻을 바로 말하지 않고 꼭 가탁[vehicle]이나 비유에 빗대어서 '만든 이야기'를 통해 하는 데는 그만한 이유가 있을 것이니 바로 말하는 방식, 직언의 방식으로는 화자의 본뜻이 표현될 수 없거나 효과적으로 전달·표현될 수 없기 때문일 것이다.

우언 중 가장 일찍 양식화된 우화[4]가 보여주고 있는 바로서, 인간 행동이나 세상사의 일반적 양상이나 법칙·속성 및 그 윤리적 의미 따위를 쉽고 효과적으로 제시해 주려는 등, 지적·도덕적 교화의 목적 또는 교훈적 의도에서 우언은 만들어진다. 이러한 목적을 위해 우언은 사·물의 일반적 양상이나 추상적 속성·가치 등을 추상적·개념적 언어를 통해 직접 말하지 않고 일반화나 추상·유추 같은 사유활동을 수반하고 촉진하도록 고안된 구체적 형상 즉 전형적·비유적 형상이나 상징적 가탁물을 통해 보여주며, 이러한 이야기·표현 방식을 통해 독자에게 지적·윤리적 전언(傳言) 내용에 대한 깊은 인상과 더불어 정서적·교훈적 감화를 준다. 인물과 사건으로 전개되는 '이야기'는 자고로부터 변화와 전개 과정 속에서 드러나는 인간사와 만물의 속성과 원리에 대한 구체적 이해와 사유의 도구이기도 하였으며, 이러한 서사 전통의 한 측면이 지성을 갖춘 작가·사상가의 계몽적(교훈적) 의도에 의해 지

4) 앞서 말했듯이 '우화'는 '우의적인 이야기' 전반을 가리키는 서사(서술)의 한 양식으로서 '우언'과 같은 개념으로 쓰일 수도 있으나, 한편 민간에 기반을 둔 우의적 설화나 이솝 우화류를 상기시키며 단형의 서사체를 주로 지칭하는 용어로서, 가전(假傳) 등 지식인의 사변적이고 논변적인 글들을 포괄하며 수사 방식을 지칭하는 말로도 쓰이던 고전적 용어 '우언'을 대치하기에는 부족한 한정적 개념을 지니고 있는 것이 사실이다. 따라서 본고에서는 우의적인 설화나 이에 기반을 둔 단형적인 우언 서사체를 지칭할 때 '우화'를, 우화를 포함하여 우의적인 서사 양식 내지 서술 방식 일반을 지칭하는 보다 상위 개념으로는 '우언'이라는 고전적 용어를 쓰고자 한다.

적 · 윤리적 내용에 대한 사유를 촉진하는 이야기 방식으로 양식화되어 나타난 것이 우화 · 우언인 것이다.

그러니까 가탁을 통해 사유와 형상을 결합시키는 우언의 이야기 방식은 무엇보다 전달하고자 하는 내용 또는 사유나 표현 대상 자체의 일반성 · 추상성 · 포괄성이나 불가시적(不可視的) 내면성 · 초월성으로 인해 강구되는 것이다. 인간 행동의 일반적인 법칙이나 세상사의 보편적인 원리, 정신이나 심성 내면의 진실이나 구조적 원리, 초월적인 존재와 그 본질, 그리고 이들에 내재하는 도덕적 가치 따위는 그 추상성 · 내면성 · 초월성 · 포괄성 때문에 상징적 비유나 전형적 예시와 같이 외부 현실 · 사물의 모습을 빈 구체적 형상[가탁]을 통해 명확하게 표명될 수 있다. 이것이 우언[Allegory]의 가장 기본적인 특성의 한 축을 이루는 계시적(啓示的) 성격이며 이러한 가탁에 의한 계시를 통해 우언의 지적 · 교훈적 의도는 달성된다.[5] 인간사나 세상의 다단한 이치를 도덕적 지침과 함께 간단하게 보여주고 있는 단순한 예화나 우화에서부터 심오한 철리(哲理)나 종교적 비의(秘義)를 담고 있는 설교적인 우언, 복잡한 구조 속에 인간 심리와 종교 · 철학적 이치를 다중적으로 함축하고 있는 우언 문학 · 소설에 이르기까지, 동서양의 많은 우언들은 이러한 계시적 성격을 다소간 공유하고 있다.

이러한 계시적 성격은 이른바 '특수 속의 보편'이라는 미학 원리를 구현하고, 상징성을 띤 문학예술 작품이라면 어느 정도씩은 공유하고 있는 것이기도 하다. 우언에서 특히 이러한 성격이 두드러지는 것은 인물과 사건 등 구체적 형상과 서사 구조를 통해 전개되는 허구 세계가 현

---

5) 서사문학(Narrative)이 함축하고 있는 의미를 상징적 형상에 의한 계시(啓示; Illustration)와 현실의 재현(再現; Representation) 두 축으로 설명하고 있는 *Nature of Narrative*(R. Kellog & R. Scholes, Oxford Uni. Press, 1968)에서 원용한 개념으로, 영어 용어에는 다양한 번역이 가능하겠으나 여기서는 '啓示'로 번역하여 사용한다.

실 세계를 직접 지시하기보다는 오히려 비현실적 허구성을 강조하는 비유나 환상 같은 매개(가탁)물을 동원하여[6] 이야기에 실린 어떤 이치나 이념 따위 일반적 · 추상적 · 관념적 의미[寓意]를 지향하도록 지적으로 고안되어 있기 때문이다. 그러나 지성과 덕성을 계발 · 계몽하기 위한 교훈적 의도를 지닌 우언은 때로 구체적 · 서사적 형상을 벗어나 작가가 우의적 인물이나 서술자의 입을 빌어 직접 자신의 지식과 도덕적 지침을 전달하는 설교의 장으로 변하기도 한다. 추상적 · 관념적 사유물(내용)을 구체적 형상을 빌어 싣는 우언의 이 계시적 성격과 이를 배태시킨 지적 · 계몽적 성격 때문에 우언은 원시적 · 형상적 사유와 이성적 · 추상적 사유를 연결하는 문화 현상으로 정신문화사적 지위가 매겨지기도 하고, 철학이나 종교, 논설에 가까운 문학의 주변 양식으로 규정되기도 한다.[7]

3. 사유 도구로서 우언문학의 총괄적 · 체계적 서술 구조

우언 또는 우언문학이 추상적 · 논리적 사유물의 단순한 예해(例解)나 알기 쉬운 도해(圖解)[8] 정도의 기능을 하는 데서 벗어나 독자적인 가치나 지위를 인정받을 수 있는 이유는 그것이 구체적 형상을 통해 독

6) 본고에서는 가탁과 비유라는 용어를 구별해서 쓴다. 가탁의 방법으로는 비유 외에도 꿈과 같은 환상 또는 황당한 과장이나 허구 등의 방법이 있기 때문이다. 陳蒲淸 교수는 우언의 요체가 이야기와 현실 사이의 거리 유지에 있음을 밝히면서 우언에는 의인의 비유를 동원하는 이야기와 인간을 주인공으로 하되 황당함을 지닌 이야기 두 종류가 있다고 했다(「우언의 문화적 지위」, 한국고전문학회 주최 국제학술회의 『동아시아 우언문학의 성격』 발표요지 ; 『고전문학연구』 26, 2004).

7) 陳蒲淸, 위의 논문.

8) 실제 도해로 요약 · 표명되기도 한 성리학적 심성론의 계시적 표현물인 조선 중기 가전체 문학은 그 단적인 예가 될 것이다.

자에게 지적·정서적 감화를 줄 뿐 아니라, 논리적 지성이나 이성적·추상적 사유만으로는 쉬 도달할 수 없는 정신적 원리, 정서적·내면적 진실 따위를 드러낼 수 있기 때문이다. 사유도구로서 우언의 기능이 운위될 수 있는 확실한 근거도 이런 점에 있다.[9] 『열자(列子)』나 『장자(莊子)』는 상식과 통념을 깨트리는 '인식과 사유 방식(및 가치관)의 전환'이나 '정신의 자유' 같은 정신적·내면적 원리와 이상을 계시하거나, 혹은 이러한 진리에 도달하기 위한 비판적 사유를 인도하는 도구로서 우언을 원용하고 있는데, 이들 우언이 빛을 발하는 것은 이처럼 진지한 철학적 사유를 우언을 통해 촉발·전개하고 있기 때문일 것이다. 성리학의 논리 체계가 완비되었던 16세기 말 조선의 작가 임제의 우언소설 「수성지(愁城誌)」는 성리학의 논리 체계와 이성적 사유만으로는 역사·현실과의 모순·갈등(시름; 愁城)을 해결할 수 없어 혼란에 빠지는 정신세계·심성 내면의 진실과 함께 이러한 중세적 논리와 이성의 한계를 술의 힘을 통해 잠시 초탈한 곳에 오히려 마음의 평화와 정신적 구원이 있을 수 있다는 역설적 진실을 환상과 의인의 비유를 통해 보여주고 있다.

보편적 원리와 도덕적 이상의 계시를 지향하는 우언은 여러 가지 개개의 현상을 하나의 구조적 원리·위계질서 속에 총괄하면서 그 가치와 의미까지 부여하는 체계적 사상을 전개하는 도구로서, 보다 긴 형태의 우언문학으로 발전하기도 한다. 「수성지」를 좀 더 자세히 살펴보자. 여러 구성물로 이루어진 심성의 구조를 의인화시켜 왕국의 구조에 비유하여 형상하고 있는 「수성지」의 초반부는 심성의 수양(통제)이 왕국을 통치하는 길, 즉 왕도(王道)라는 봉건 통치 이념을 실현하는 길이라

---

9) 정신적·내면적 세계에 관련하는 우언(알레고리)의 성격과 그 사유 도구로서의 기능에 대해서는 R. Scholes 등의 앞의 책과 J. MacQueen, *Allegory*(송낙헌 역, 서울대출판부, 1983) 참조.

는 성리학의 체계적 사상에 의거하여, 심성의 각 부분들이 질서정연한 왕국의 관료 조직을 건설하는 과정을 서술하면서 작품 세계를 구조적으로 축조해 나간다. 그러나 작가는 이렇게 축조된 서사 세계(마음의 왕국) 속에 뛰어난 덕성에도 불구하고 역사 과정에서 부조리하게 희생된 온갖 역사적·전설적 인물들의 원혼을 유형별로 나누어 차례로 끌어들이고 평정할 수 없는 시름의 성(愁城)을 축조케 함으로써 질서정연하던 마음의 왕국, 심성의 구조가 총체적 파탄에 이르게 한다. 작가는 체계적으로 축조되는 우언의 서사 세계를 통해 중세적 이데올로기(사유와 가치 체계)와 역사과정의 모순을 총괄하여 성리학의 사상 체계에 대한 철학적 의문을 제출하고 있는 것이다.[10)]

심성이나 사·물(세계)의 구조적 원리에 관여하며 체계적 사유를 전개하는 도구로서 우언문학의 구조적 성격을 살피기 위해 임제의 또 다른 우언소설 「화사(花史)」를 거론해 보자. 「화사」는 봉건 왕조의 흥망성쇠를 화원(花園)의 영고(榮枯)에 비유하여 왕국들의 역사 이야기로 꾸민 이른바 가전체 소설 작품이다. 비유(은유)는 특정한 정서에 따라 서로 다른 사물(대상)들을 동일한 존재 양태 속에서, 하나의 존재로, 결합시켜 인식·표상하는 것이다. 인간 권력의 무상한 성쇠를 두고 덧없이 피고 지는 화초의 모습을 떠올릴 때 그 비유는 표현의 도구, 수사의 방편 이전에 이를테면 '무상감'이라는 정서 속에서 순간적으로 생멸(生滅)하는 인간 사회와 자연 현상의 본질적 동일성을 유추해 내는 인식과 사유의 한 방식으로 이루어진 것이다. 이 같은 비유가 서사 구조를 통해 체계적으로 전개되는 것이 우언소설 「화사」의 작품 구조다. 문예전통

---

10) 이상 우언(알레고리)의 체계적·총괄적·구조적 성격에 대해서는 G. Clifford, *The Transformation of Allegory*(Routledge and Kegan Paul Ltd., 1974) 참조. 「수성지」의 우의에 대한 해석은 임형택, 「이조 전기의 사대부 문학」, 『한국문학사의 시각』(창작과 비평사, 1984) ; 정학성, 「임백호문학연구」(서울대 박사학위논문, 1986) 참조.

속에서 상징적 의미를 부여받은 자연물의 심상(예컨대 절개 굳은 松)들을 전형적 인물(충직한 신하)의 형상들로 바꾸어 표현하면서 지배층을 중심으로 한 봉건 왕조의 정치적 흥망사를 다양한 역사적 전고(典故)를 원용하면서 개괄적으로 묘파하고 있는 「화사」의 비유적 작품 세계는 '인간 역사의 무상과 함께, 구조적 모순과 타락 속에 몰락해 갈 수밖에 없는 봉건관료사회의 역사 전개 원리'를 계시해 주고 있다.[11] 여기서 작가는 '역사과정' 속의 다단한 현상을 일반적 · 전형적 양상에서 그 '구조적 원리'에 따라 체계적 · 총괄적으로 재현해 내고, 이를 다시 생멸하는 자연 현상들과 함께 연결하여 생각(유추)하면서 인간 역사와 자연 운행의 원리를 총괄해 내는 형이상학적 사유로 끌어가고 있는 것이다. 덧붙여 말해 둘 것은 '녹림(綠林)의 반란' 등과 같은 인물과 사건의 유형화 · 일반화를 통해 계시되는 이른바 '역사의 원리'라는 지적 · 교훈적 내용 또한 일견 역사 과정에 대한 논리적 사유의 소산으로 보이나 실인즉 '계절에 따라 피고 지며 찬바람에 시드는' 화초들의 심상들과 봉건 체제 내에서 명멸했던 역사적 제사건의 표상들의 체계적 연합을 통해서 영고(자연의 변전) · 성쇠(인간의 역사)를 하나의 질서 속에 이해하는 작가의 의식 내적 정서를 표명하고 있다는 것이다.[12] 아울러 이처럼 자연

11) 『화사』는 그 작가에 대한 시비가 없지 않으나 임제의 작품이라는 것이 정설이다. 이 작품은 왕실과 관료사회 내의 권력 투쟁과 도덕적 타락, 민란과 외침 등으로 4대에 걸쳐 흥망이 교체되는 봉건 왕조의 역사를 사계절의 화원의 풍경에 비유해서 엮어내고 있는데, 이러한 작품 세계는 봉건 관료사회 및 왕조 체제가 본유하고 있는 '원리로서의 역사 과정'을 계시해 주는 것으로 이해할 수 있다(정학성, 「『화사』론」, 『한국한문학연구』, 1983).

12) 이러한 작가의 정서를 역사의식이라 바꾸어 말해도 좋다. 표상의 체계적 연합으로 이루어지는 형상적 사유가 개념의 체계적 연합으로 이루어지는 논리적 사유에 앞서듯이, 역사의 원리나 세계의 본질(이념) 따위에 상도하게 되는 온갖 종류의 형이상학적 존재론이나 이념적 규정도 실인즉 정서 속에서 특정한 방식(체계)으로 연관지어진 표상(심상)들의 개념적 체계화라는 이론에 동의한다(cf. Peter Munz, *When the Golden Bough breaks*, Routledge & Kegan Paul, 1973).

[物]과 인간[我]의 분리를 의식하지 않는 사유의 전통, 물아의 일체감이야말로 우언 특히 동아시아 우언·우언문학 양식의 배양·발전에 근원적인 문화적 토대가 되었다는 사실을 또한 지적해 두어야 할 것이다.[13)]

4. 우언의 비판적 기능과 반어적 서사 구조

우언이 지니는 계시적 성격과 함께 우언이 수사나 표현의 방식·도구일 뿐 아니라 비유와 형상을 통한 사유의 방식·도구이며, 이를 통해 체계적 사유가 전개될 때 우언은 총괄적·구조적 성격을 지니기도 한다는 점을 살폈다. 그러나 사유와 표현 도구로서 우언의 기능이 사·물의 일반적 양상이나 이치·이념 따위를 계시해 주는 데 국한되어 있는 것만은 아니다. 앞서 우언이 말하고자 하는 본뜻을 바로 말하지 않고 꼭 가탁이나 비유를 통해 빗대어서 말하는 것은 직언의 방식으로는 화자의 본뜻이 쉬 표현될 수 없거나 효과적으로 표현·전달될 수 없기 때문임을 지적하였다. 이 '빗대서' 말하고 표현하는 또 하나의 중요한 이유는 쉽게 비판할 수 없는 대상을 에둘러 비판하거나 쉽게 표명될 수 없는 비판적 사유·사상을 효과적으로 형상·표현할 수 있기 때문이다.

대부분의 우화는 인간 행태나 본성의 부조리와 결함·우둔을 비판하고 경계하는 내용으로 되어 있으며, 여러 우언(문학) 작품들도 작가의

13) 물아의 분리를 의식하지 않으려는 동아세아적 사유의 전통이 우언 산출의 문화적 토대가 되었음은 몽유록의 우언적 성격을 지적한 정학성, 「몽유록의 역사의식과 유형적 특질」, 『관악어문연구』 2(서울대출판부, 1977)에서 논의된 바 있다. 또한 한국우언학회 주최 국제학술회의 《동아시아 우언의 인문학적 지위(2005.2.25)》에서 김태준 선생은 논평을 통해 동아세아의 우언의 발달이 자연관과 연관될 수 있는 사실임을 환기했는데 이 같은 말씀의 논지는 위의 견해와 상통하는 것이라고 생각된다.

시선이 외부 현실로 향할 때는 갖가지 인간 행태나 사회의 모순과 부조리를, 작가의 눈이 내면 의식으로 향할 때는 인간의 본성이나 심리 또는 사고방식이나 가치관 내지는 의식 구조 상의 모순·부조리나 결함을 고발, 비판하고 반성하는 내용을 포함하고 있다. 앞서 지성의 계발·지적 계몽을 목적으로 하는 우언은 지적으로 고안된 서사 구조를 취하고 있다고 했는데 우화나 우언문학은 비유나 가탁이라는 수사 방식, 체계적·구조적 사유에 상응하는 축조적 구성법 외에도, 대체로 상술한 모순과 부조리 또는 지적·도덕적 결함을 집약적으로 드러내는 서사 구조(아이러니; 反語的 구조)를 취하고 있다.[14] 우화의 경우에서 쉽게 보듯이 이러한 비판은 물론 부조리와 결함에 대한 독자의 지적·도덕적 반성과 경계를 촉구하기 위한 것이다. 비판의 도구로서 우언은 비판을 통한 반성적 사유를 유도하며 여기서 독자는 삶의 지혜(우언이 이야기해 주려는 지적·윤리적 내용)를 터득하기도 하는 것이다. 이런 점에서 우언은 비판적 사유의 도구라 해도 무방할 것이다.

그런데 이와 같은 비판이 꼭 허구적인 가탁이나 비유를 빌어 간접적·우회적 방법으로 이루어져야 하는 것은 두말할 나위 없이 그 부조리나 모순, 결함 따위를 곧바로 지적하고 비판하기가 그만큼 어렵기 때문일 것이다. 비판을 통해 공격당하는 상대방, 특히 권력가나 지배층 또는 그들에 의해 유지되는 사회의 현실적인 힘과 마찰을 피하기 위해서는 우언을 통한 우회적 비판이 필요한 것이다. 이는 상식화되고 규범화된 사고 방식이나 지배적인 세계관·가치관·이념을 비판하는 경우에도 마찬가지로 해당한다. 조현설 님은 신화와 우언의 양식적 차이를 설

14) 우화가 인간 행동의 모순과 부조리를 비판·폭로하기 위한 아이러니(반어)에 기초하고 있음은 정학성, 「우화소설연구」(서울대 석사학위논문, 1972)에서 논한 바 있다. 모든 우언의 서사 구조가 아이러니에 기초해 있다고 말하기는 어렵겠으나 상당수의 우언이 플롯(사건 진행)이나 상황 설정, 어법의 면에서 반어나 역설의 성격을 구유하고 있다고 할 수 있다.

명하면서 『열자』나 『장자』 등에 원용된 춘추전국 시대의 우언이 기존의 사회 통념과 상식을 뒤집고 깨트리는 전복적 사유·창조적 지혜를 표현·제시하기 위해 역설적 서사 형식을 취하고 있다고 했는데[15] 혜안을 갖춘 지적이라 하겠다. 비판의 정신은 부조리(불합리)나 결함을 폭로·공격할 뿐 아니라 비판의 과정이나 연장선상에서 그것들을 극복할 방법과 방향을 모색·제시하게 되니, 이들 우언도 기성의 지식이나 사고방식, 세계관·가치관의 허점을 비판하는 가운데 새로운 사고방식, 세계관이나 가치관을 제시하고 있는 것이다. 이런 점에서 보면 우언 특히 동아시아의 우언은 자고로 비판의 정신 또는 비판의식을 가탁하는 양식으로 전승·발전해 온 것이라고도 볼 수 있다.

5. 우언소설에 구현된 비판정신

인간·사회의 부조리와 모순을 현실의 위압적인 힘에 굴복하지 않고 비판하며, 상식이나 통념, 또는 기성의 지배적인 인식과 사유 방식·가치관에 매몰되지 않고 그 모순과 결함을 삶의 심각한 문제로 제기하는 주체적 정신을 비판정신이라 부른다면, 우언은 이러한 비판정신을 우회적인 비유와 가탁을 통해 발현할 수 있는 도구였다고 할 수 있다. 한국의 우언문학사를 살펴보면 앞서 본 우언의 계시와 사유 도구로서의 성격이 치열한 비판정신과 만나는 지점에서 탁월한 비판적 사상을 가탁한 우언문학은 그 생명적인 빛을 발했고 그 예를 우리는 김시습·임제·박지원의 우언소설 작품들에서 찾아볼 수 있다.

---

15) 「지혜, 신화와 우언을 잇는 고리」, 한국고전문학회 주최 국제학술회의 『동아시아 우언문학의 성격』 발표요지 ; 『고전문학연구』 26, 2004.

15세기 말의 대사상가이자 문호인 김시습의 「남염부주지(南炎浮洲志)」는 강직·명철하나 불우한 유생 박생이 꿈에 '남염부'라는 가상의 공간에 불려가 염왕(閻王)과 귀신의 존재, 제사의 풍속, 천당지옥설, 찬왕(簒王) 등 당세에 문제가 되던 종교·철학·정치적 문제들에 대해 토론을 나누고 돌아왔다는 이야기이며, 이들 사이의 문답이 작품의 주요 내용을 이루고 있다. 전기(傳奇) 소설인 이 작품이 우언으로서 의미심장한 것은 '남염부주'와 그 '부(府)'가 지옥, 명부(冥府)와 비슷한 형상을 하고 있으나 현실계 안에 있고, 염왕은 천당지옥설이나 명부, 윤회설 따위를 부정할 뿐 아니라, 염왕 스스로에 대해서도 왕이나 초월적 존재로서의 정체성을 부정하고 있다는 점이다. 작가는 여기서 꿈이라는 환상적 장치를 매개(가탁물)로 하여 초월계의 염왕을 불러들이고 그와 주인공 박생의 입을 통해 자신의 현실주의적 유교 사상[氣一元論·德治·正名사상 등]을 대변하고 있다.[16] 이 같은 허구는 당대인이 천당지옥설·윤회설·속죄의 제전(祭錢) 같은 불교의 폐습과 허황된 사고에 잠겨 있는 것을 비판·교정하기 위해 꿈을 빙자하여 초월계의 모습을 보여주면서 자신의 정치적 이상과 함께, 초월적 존재·원리[理]도 현실[氣]을 떠나 있을 수 없으며 지옥·윤회설은 진실이 아니라는 등의 비판적 사상을 계시·개진하기 위해 이루어진 것이다. 꿈은 현실계와 초월계를 잇는 오래된 문학적 장치이며 작가는 이러한 전통을 자신의 사상을 가탁하기 위한 도구로 삼은 것이다. 염왕(초월적 존재)을 통해 명부(초월계)를 부정하는 역설적 구도, 초월계와 현실계의 어중간한 위치에 있는 남염부주와 염왕의 형상은 작가의 사상을 가탁하고 비유하는 우언으로서만 의미를 지닌다. 또한 꿈의 환상을 빌어 현실적 문제를 비판하고 이상(이념)을 제시하는 이 작품의 우언적 구도는 뒷날 임제 등에 의해 계승되

16) 김시습의 기일원론적 사상에 대해서는 임형택, 「현실주의 사상과 『금오신화』」(서울대 석사학위논문, 1971) 참조

어 이른바 몽유록계 우언소설이 족출하게 된다.[17]

앞서 이미 살핀 바 있는 임제의 우언소설 중 「화사」는 「화왕계(花王戒)」와 같은 우화의 전통과 함께, 사대부 문인에 의해 이루어진 특이한 우언문학 가전(假傳)의 전통을 계승하고 있다. 그러나 비판정신이 불충실하고 전(傳)의 삽화적 구성에 전고(典故; 故事)를 편철(編綴)하는 현학적 · 지적 유희와 희필적(戱筆的) 취미가 승하여 계시적 의미가 분산되던 전대 가전 전통의 폐단을 불식하고, 인간 사회의 부조리와 모순을 비유적으로 형상하고 풍자하는 우화의 전통 쪽으로 의미 구조를 지향시켜 감으로써, 봉건 지배 체제와 역사과정의 모순을 총괄적으로 묘파하며 어떤 소설 형태로도 쉬 이룰 수 없는 거창한 주제의 역사 비판을 시도할 수 있었다.

「수성지」 또한 가전, 특히 성리학의 체계에 따라 심성의 구조적 원리를 의인화하여 보여주는 가전의 문예전통을 계승하고 있으나 앞서 본 바와 같이, 정치 · 윤리와 우주 · 역사를 총괄하는 이데올로기적 사유 체계를 완비한 성리학의 심성 질서에 역사를 끌어들임으로써 양자를 총괄적으로 비판하면서 「화사」와 같이 역사 · 철학적 문제를 제기하고 있다. 파탄되어 가는 마음의 나라가 술을 통해서만 평정과 구원을 찾을 수 있다는 희학적 · 역설적 결말이 단적으로 보여주듯이 이 작품은 해학과 가벼운 풍자를 겸하는 희필적 · 패러디적 성격을 지닌다. 위력적인 힘을 발휘하고 있던 이데올로기적 사유 체계를 희필과 풍자로 무너뜨리고 있는 이 작품은 한국 중세 우언문학 중 백미로 꼽을 수 있는 작품이다. (이 밖에 임제의 작품으로 지목되기도 하는 「서옥기(鼠獄記)」 또

17) 환상 속에 역사적 인물을 끌어들이고 있는 몽유록계 작품들이 작가의 현실비판적 문제의식과 정치 · 역사 · 철학적 이념을 투영하기 위한 우언의 성격을 지니고 있음에 대해서는 정학성, 「몽유록의 역사의식과 유형적 특질」, 『관악어문연구』 2(서울대출판부, 1977) ; 「몽유담의 우의적 전통과 개화기 몽유록」, 『관악어문연구』 3(서울대출판부, 1978) 참조.

한 우화소설과 가전의 기법을 혼합하여 가렴주구 등 봉건사회의 사회적 모순·이념적 모순을 총체적(총괄적)으로 신랄하게 비판·풍자하고 있는 작품이나 여기서는 더 이상의 논의를 생략한다.)

18세기 말의 대사상가요 문호인 박지원은 「호질(虎叱)」[18]에서 자연의 질서(원리)를 상징하는 의인화된 인물 '호랑이[虎]'의 입을 통해 자연을 파괴·착취하는 인간의 이기적 본성과 문명의 한계, 유가적(儒家的) 이념과 도덕의 허구성 및 정치·사회적 행태의 비도덕성 따위를, 현실 속의 다양한 구체적 사태를 들어 신랄한 어조로 비판하는 한편 자연만물과 인간사회는 상호의존하고 있다는 작가 특유의 상자(相資)·상생(相生)의 세계관을 개진하고 있다. 「남염부주지」의 염왕이 초월계의 시선으로 현실적인 정치·사회의 부조리와 함께 종교적 환상에 사로잡힌 당대인의 몽매를 꾸짖고 있다면, 이 작품은 동물·자연의 시선으로 인간의 몽매와 당대 사회·문명의 여러 한계와 부조리를 꾸짖고 있는 것인데, 두 작품에서 초월자와 자연이라는 인간 외부적 시선은 세속적 통념을 뒤집으면서 인간 사회의 이러저러한 문제를 총괄적으로 조망하고 객관적으로 비판하기 위한 가탁물로 고안된 것이다. (동물의 시선을 빌려 인간 사회를 비판하고 작가의 사상을 대변하는 이 작품의 우의적 수법은 애국계몽기 작가에 의해 계승되어 「금수회의록(禽獸會議錄)」이라는 우언소설의 명품을 낳는 데 영향을 주기도 하였다.) 한편 민중층의 야담문학을 소설로 재가공하기도 했던 작가는 우의적 인물 호랑이의 입을 통한 논설에 당대의 썩은 선비를 상징하는 전형적 인물 '북곽'을 주인공으로 한 풍자담을 접합시켜 작가의 주요 관심이 추상적 사유에 있는 것이 아니라 당대 사대부 사회·의식의 모순과 부조리를 비판하는 데 있음을 분명히 했다.

---

18) 이 작품이 박지원의 작인지 여부에 대해서는 논의의 여지가 많으나 필자는 여러 가지 점에서 그의 작품이 틀림없다고 보며, 이에 대한 논문을 준비 중이다.

「호질」과 함께 연암 소설의 백미로 일컬어지는 연암의 「양반전」도 의인화의 수법을 쓰지는 않았으나 「호질」과 마찬가지로 우언의 수법을 동원하여 양반·사대부 사회를 비판하는 풍자소설이자 우언소설로서의 성격을 지닌 작품이라 할 수 있다.[19] 작가는 '착한 사람들의 고장[旌善]'이라는 상징적 의미를 지닌 가공(架空)의 배경을 설정하여 여기에 당대 현실을 이입시키고, 일반적 상징에 가까운 전형적 인물들[무능한 양반과 우직한 村富]을 통해 양반의 작위를 양도하는 황당한 사건을 연출하면서, 작가의 분신이라 할 우의적 인물[郡守]의 붓끝으로 양반 사회의 모순과 비리를 희학적으로 과장하는 장황한 묘사에 문면의 절반 이상을 할애하고 있다. 이 같은 작품 세계는 그 작위적·비현실적 성격으로 인해 작품 문면의 의미 즉 현실 세계의 실제 상황을 직접 지시·반영하는 사실적(寫實的) 의미보다는 또 다른 의미 즉 상황의 보편적 상징성 내지 전형성을 강조하는 계시적 의미(우의)를 지니며 풍자적 반어에 함축된 역설적 의미를 반추케 한다.[20] 반어와 역설의 구조를 취하고 있는 우언은 본시 풍자와 불가분의 친연성을 지니고 있는데 이들 연암의 소설에서 우리는 비판의식을 가탁하는 우언의 작가 의식이 추상적 원리나 이상, 내면세계에 대한 관심에 머무르지 않고 당대 사회의 구체적 현실에 눈을 돌릴 때 풍자를 지향하며, 풍자와 결합된 우언은 계시적

---

19) 연암은 「호질」이 실려 있는 『열하일기(熱河日記)』 서(序)에서 자신의 외전(外傳)이 대개 우언의 성격을 지니고 있음을 밝히고 있다. 이는 『방경각외전(放璚閣外傳)』에 실려 있는 전(傳) 작품들에 대해서도 마찬가지로 해당되는 말일 터인데 그 중에서도 허구성이 돋보이는 「양반전」은 우언적 성격이 가장 두드러지는 작품이다.

20) 앞서 살폈듯이 반어(Irony)를 기본 서사 구조로 취하고 있는 우언에서는 반어에 함축된 역설적 의미가 인물과 상황의 보편적 상징성 내지 전형성과 결부되면서 우의를 형성하게 된다. 「양반전」의 풍자적 반어가 지향하는 주제는 양반 사회의 불합리한 모순이나 양반층의 위선과 비리 따위를 비난하며 그것을 송두리째 부정하자는 것이 아니라, 당대 사회에 만연된 이 같은 비리와 모순을 과장·강조함으로써 그에 대해 양반층 자신의 지적·윤리적 반성을 촉구하려는 것이다.

성격 즉 일반적 전형성이나 보편적 상징성을 일면에 지니면서도 구체적 현실에 세세히 관심을 쏟는 사실적 성격을 강화해 가고 있음을 볼 수 있다.

연암의 시대 이래 민중층의 성장과 더불어 발달한 우화소설은 문언으로 된 지식인 작가들의 우언소설이 지니고 있던 추상적 사변성을 불식하고 주로 사회현실의 모순, 특히 지배층의 비리를 풍자적으로 재현·비판하고 있다. 이들 소설에서 보편적 원리와 이념을 드러내려는 우언의 계시성은 우화와 마찬가지로 인물과 사건의 일반적 전형성 정도로 상징적 의미의 폭이 한정되는 반면 우화에 비해 당대의 특수한 사회·역사적(계급적) 전형성과 사실성은 강화되며, 금수(禽獸)의 표상을 빈 우회적인 비판과 풍자가 우의적 가탁의 주목적이 되고 있다. 그러나 앞서 말했듯이 풍자 또한 지적·윤리적 반성과 계몽을 위한 것이어서 우언의 본질과 배치되는 것이 아니며, 「토끼전」「장끼전」 등에서 보듯이 이들 작품은 기성의 지배 계층(또는 계급)과 그들의 가치관을 비판·풍자하는 한편 그와 대립하며 새롭게 부상하는 계층의 새로운 가치관과 행동 양식을 제시하는 우의적 의미를 함축하고 있다.

6. 결어 : 우언의 소설사적 맥락과 지위

이상에서 우언 양식의 계시적 의미 구조와 총괄적·체계적·반어적 서사 구조, 비판적 사유 도구로서의 성격 등에 대해 개괄적으로 살피고, 한국의 지성사·문학사에서 비판정신이 가장 빛나는 작가들의 몇몇 대표작들의 분석을 통해 이를 구체적으로 논증해 보았다. 끝으로 앞서 논의한 문언 작품들을 중심으로 우언과 소설의 관계와 우언문학의 소설사적 맥락 및 지위에 대한 생각을 정리하며 글을 매듭지어 보겠다.

우화나 『장자』류의 초기 우언에서 보듯이 우언은 본시 길이가 매우 짧은 것이 특징이다. 흥미로운 사건보다는 계시해 주려는 삶의 지혜 또는 사상적 내용이 위주가 되기 때문에 이를 드러내기 위한 간단한 사건이 서사(이야기)의 뼈대를 이룬다. 이와 같은 우언이 작가의 체계적인 사상을 드러내기 위해서 편폭이 길어질 때 그것은 「남염부주지」처럼 소설[傳奇]의 형태를 빌리던가, 「수성지」 「화사」처럼 역사기술의 형태를 빌리던가 「호질」처럼 풍자담(北郭의 이야기)과 연합하는 등의 방식으로 서사의 편폭을 늘이고 서사적 긴장(흥미)을 유지해 나갈 수밖에 없다. 즉 우언이 설화나 촌담(寸譚) 형태를 벗어나 규모 있는 서사 문학작품이 되기 위해서는 다른 서사 장르에 스스로를 의탁해야 하며, 문학적 흥취를 희생하면서까지 작가의 체계적 사상을 개진할 필요가 있을 때는 논설(논변)체에 의탁할 수밖에 없는 것이다. 그 결과 「남염부주지」와 같은 경우는 논변 때문에 소설의 서사 구조가 깨트려지고 「호질」과 같은 경우는 서사적 필연성이 없는 두 이야기(虎와 北郭의 이야기)가 연합해 소설의 면모를 유지하게 되었다.

그런데 「화사」와 「수성지」는 경우가 좀 특수하다. 소설 형식이 아닌 역사기술의 형태를 빌었으되 의인과 환상을 통한 허구적 이야기가 길게 만들어진 것이다. 이런 류의 우언 작품도 소설이라 할 것인가 아니면 서사적 긴장이나 흥미가 거의 없는 문답식 논설체의 우언들과 함께 '우언문학'의 범주에서 그 문학(사)적 의의를 찾을 것인가?[21] 논란을 무릅쓰고 말한다면 서사적 긴장의 정도 및 그 내용의 창의성 여부와 함께 작품 내용의 '문제제기적' 성격 여부에 따라 우리는 이들에 대해 서사문학사뿐 아니라 소설사에서도 그 의미를 논할 수 있으리라 본다. 소설의

21) 문답식 논변이나 논설체가 위주가 되는 '우언문학'이 '문학'으로서 논의될 수 있는 소이도 그들이 기본적으로 일인칭 화자를 포함한 한두 명의 등장인물과 혹종의 사건 · 체험 등 최소한의 서사(이야기)적 요소를 구비하고 있기 때문일 것이다.

장르적 성격에 대한 여러 논의들[22]에서 합치점을 찾는다면 소설은 기성의 세계 질서와 가치관을 문제 삼으며 이와 대결하여 새로운 가치관을 모색·추구하는 과정을 서술하는 서사 양식이라는 것이다. 임제의 두 작품에 대해 말한다면 이들 작품은 「남염부주지」, 「호질」 등과 마찬가지로 작가 당대의 사회적 모순이나, 지배적인 사유·가치관의 체계(이데올로기)가 안고 있는 모순을 총괄적으로 비판하고 있어 소설 장르의 문제제기적 성격을 담지하고 있으며, 따라서 한국 고전소설 발달사에서 주요한 위치를 점한다고 말할 수 있을 것이다.[23]

게다가 연암의 예에서 보듯이 소설이나 허구가 가미된 필기소품(筆記小品)을 짓던 고인들은 이러한 그들의 문학 작품을 사·물의 이치를 밝히고 교훈을 남기려는 우언으로 이해하는 경향이 있었으며 임제는 우언문학인 「수성지」에서 소설적 문체를 가미하고 있다.[24] 즉 「수성지」 「화사」와 같은 우언 작품의 창작은 당시 사대부들에게 소설 창작과 동일한 의미를 지녔던 것이다. 따라서 우리는 문언소설의 한 갈래로 우언소설의 범주를 설정하고 이들 작품을 이 범주에 귀속시킬 필요가 있으며. 이렇게 할 때 비로소 이들 작품은 다기(多岐)로운 발전 경로를 지닌 우리 소설사에서 온당한 위치를 부여받을 수 있다. 물론 이럴 경우 우언의 가탁적 성격 또는 다른 양식에 의탁·혼합하는 성격 때문에 「남염부주지」처럼 우언소설이자 전기(傳奇)소설, 「호질」 「양반전」처럼 우언소설이자 풍자소설인 경우가 생길 수 있다. 그러나 이는 우언의 의탁적 특성뿐 아니라 여러 양식의 혼합으로 이루어지는 소설 양식의 특성상

---

22) 루카치·골드만·조동일, 바흐틴의 이론 등.

23) 따라서 이들 작품은 보통의 가전(假傳)들과는 달리 '가전체 소설'이라는 이름에 걸맞는 문예적 성격을 지녔다고 할 수 있다. 고려 후기 작품들로 대표되는 가전 양식은 명실상부한 이들 '가전체 소설'의 출현으로 말미암아 그 소설사적 의미나 지위가 확실하게 인정될 수 있다는 것이 필자의 생각이다.

24) 이에 대해서는 정학성, 「임백호문학연구」 참조.

어쩔 수 없이 대두되는 문제이다. 다만 어느 양식적 성격이 더 지배적인가 하는 점이 문제가 될 수 있을 것이나 이는 단지 분류상의 문제일 뿐이다.

서사 양식으로서 우언은 동아시아 우언의 대표적 논자들의 주장과는 달리 결코 주변적 양식이 아니다. 그것은 서사문학–소설의 발달사에서 핵심적 주류를 이룬 양식이라고는 할 수 없으나, 예컨대 전기(傳奇)나 사·전(史傳)류, 필기류 등의 양식들과 마찬가지로 서사문학사의 저류를 관통하는 기본적인 주요 양식으로 전개되어 왔다. 즉 교훈적인 사상(내용)의 전달을 목적으로 하는 우언은 흥미롭고 기이한 사건의 전개나 구체적 현실의 묘사·역사의 기술을 목적으로 하는 다른 서사 양식들이나 논변체의 양식과 때로는 융합하며 다양한 문학 세계를 연출하는 한편 몽유록·가전체와 같은 부수적 장르를 출현시키면서 우리 소설사의 전개에서도 주요한 지류를 형성하고 있는 것이다. 특히 비판적 지성을 겸비한 독창적인 문언소설의 대작가들을 만나며 앞서 논했던 작품들처럼 지성사와 문학사에 걸쳐 금자탑을 이룬 명작을 낳은 것은 우언 서사 양식이 우리에게 남겨준 귀중한 유산이다.

우언 문학 또는 서사 양식으로서 우언은 대개 삶과 세계의 보편적 원리나 인간의 내면세계에 지적 관심이 쏠리고 문학을 이러한 사유와 분리하지 않았던 중세에 특히 발달하였다. 그러나 위에서 거론한 작품들에서 보듯이 중세적 질곡과 사유의 틀을 벗어나려는 비판적이고 진보적인 지성의 소유자를 만나며 우언은 그러한 중세적 특징을 일면에 지니면서도 기성의 질서와 가치관 및 사유 방식을 문제 삼는 소설적 형태로 발달해 가고, 중세 말 봉건사회의 해체기(또는 근대로의 이행기)에 들어서는 추상적 질서로부터 외부의 구체적 사회 현실로 작가의 관심이 기울여지며 풍자소설로 전화하기도 하였다. 사대부층의 문언 소설 작품들과는 달리 봉건적 모순에 보다 민감한 민중층의 세계관과 문예 전통(우화)에 기반을 둔 우화소설 역시 이 시기 변화하는 사회 현실에 대한 점증하는 관심을 반영하며 세태에 대한 충실한 묘사 속에서 민중층의 비판의식을 단련하는 풍자문학의 한 양식으로 발전하였으며, 격변하는 사회 속에 민족의 진로가 혼란을 겪던 애국계몽기를 맞아 계시적 · 풍자적 성격의 우언 서사 양식과 우화소설의 전통이 교훈성을 강화하였음은 잘 알려져 있는 사실이다. 그리고 이러한 경로를 통해 우언문학이 발전시켜 온 여러 특장(特長)들 예컨대 상징성과 전형성, 비판성과 풍자성, 총괄성과 사유도구로서의 계시적 성격 등으로 인해 우언의 서사/소설 양식 혹은 글쓰기 방식은 현대에 있어서도 여전히 유효하다.

「화사(花史)」의 의미구조와 역사의식

Ⅰ. 서론

백호(白湖) 임제(林悌)의 저작으로 전해지는 「화사(花史)」는 화초의 영고(榮枯)에 인간의 성쇠(盛衰)를 가탁(假託)해서 본기체(本紀體)의 형식으로 역사를 꾸민 작품이다. 필사를 통해 널리 유포되어 많은 사본들이 전해지고 있으며, 일찍부터 "가전체(假傳體) 소설의 집대성" 또는 "백미"로 평가되면서 그 소설사적 가치가 주목되어 왔다.[1)]

「화사」에 대한 이 같은 관심과 평가는 대체로 가전체를 전(前)소설적 형태로 보려는 소설사적 관점에서 비롯된 것이었으며, 가전체의 장르적 전통이 지닐 수 있었던 문예적 성격이 「화사」에 이르러 완성되었다고 보려는 것이었다. 그리고 가전체 작품의 허구적 의미를 우화와 동궤에서 이해하려는 이러한 전통적 견해는, 고사(故事)와 의인의 비유를 통해 전개되는 「화사」의 의미 구조를 주로 인간 사회와 관련시켜 당대 정치 현실을 비판하기 위한 풍유(諷喩)나 사대부적 이상을 가탁하기 위한 상징의 측면에서 파악하고, 그 정치·윤리적 주제의식을 중시했다.[2)]

---

1) 김태준(金台俊), 『조선소설사』(학예사, 1939), 74면.
박성의(朴晟義), 『고대소설사』(일신사, 1964), 191면.

그러나 근래에 들어 가전체에 대한 장르론적 관심이 가전체와, 소설 및 설화의 차이를 강조하는 방향에서 체계적 이론을 갖추면서, 「화사」의 의미 구조를 이해하는 시각이나 그 문학사적 가치에 대한 평가도 달라지게 되었다. 즉 가전체가 사물의 의미를 새롭게 추구하려는 사대부들의 교술 문학이라는 견해나,[3] 사물의 공과(功過)를 역사적 관심에서 기록한 전기문학이란 견해에[4] 의하면, 「화사」에서 의인의 비유는 사물(화초)에 대한 관심을 제고하기 위한 수사적 방편이나 여기적(餘技的) 흥미를 위해 이루어 진 것이며, 비유를 통해 가탁된 인간적 의미, 즉 정치·윤리적 주제 의식은 이에 비해 기껏해야 부차적인 중요성을 가질 수 있을 뿐이다. 따라서 이런 견해에 따른다면 「화사」는 그 창의성에 있어서 고려 가전이나 「화왕계(花王戒)」에도 못 미치는 작품으로 평가되며, 그렇기 때문에 문학사 내에서도 그다지 큰 의의를 부여받을 수 없게 되는 것이다.[5]

「화사」에 대한 이러한 상반된 이해와 대립적 평가는 무엇보다도 「화사」를 비롯한 가전체 작품들의 의미 구조가 그만큼 복합적이고 이중적인 양상을 지니고 있는 데서 연유한 것이다. 그러나 양쪽의 견해는 다 같이 개별 작품 자체에 대한 본격적 분석보다는 장르나 장르사를 단선적인 차원에서 개관하려는 데서 논의의 단초적 방향을 찾고 있고, 따라

---

2) 김태준의 위의 책 이래로 「화사」를 언급한 논저에서 이 같은 견해는 통설로 받아들여지고 있었다. 소설사류 외에 백호에 대한 작가론적 관심에서 이 작품을 언급한 논저로는 소재영의 「백호 임제론」(『민족문화연구』 8, 고대민족문화연구소, 1974)이 있다.

3) 조동일, 「가전체의 장르 규정」, 『장암 지헌영 선생 화갑기념논총』, 홍문각, 1971.

4) 조수학, 「화사에 미치는 화왕계의 영향 여부」, 『국어국문학연구』 14, 영남대, 1972.

5) 조수학 님은 위의 논문에서 가전체의 창작은 이조중기에 들어와 완전히 여기화(餘技化)했으며, "典故의 餘技的 編綴"인 「화사」는 허구적 독창성과 주제 의식이 뚜렷한 「화왕계(花王戒)」보다 창의성이 부족한 것으로 보았다. 조동일 님은 앞의 논문에서 「화사」가 작품외적 사실 즉 사물의 의미를 추적하려는 가전체 장르의 대표적 예로 들고 있으나 「화사」에 대한 개별적 평가는 생략하고 있다.

서 개별 작품이 지닌 의미 구조의 복합성을 충분히 검토할 여유를 갖지 못했던 것으로 보인다. 그러므로 본고에서는 이상의 논의를 바탕으로 해서 우선 작품 「화사」에 관심을 국한시켜 다음 몇 가지 문제를 논의함으로써, 기왕의 연구에서 문제되었던 「화사」의 문학사적 가치를 재조명해 보고자 한다.

첫째, 작품의 복합적인 의미 구조를 온전히 이해하면서 그 핵심적인 지시내용에 올바로 접근할 수 있는 시각을 작품 전체 및 문학 일반의 의미화 과정과 관련하여 재정립하는 일이다. 일체의 비유적 심상은 인간의 정서를 표현하는 상징적 측면을 지니고 있음을 지적하여 논의의 실마리로 삼고, 정서와 상징은 사회관계 속에서 형성·산출된다는 사실을 들어 입론의 발판을 삼고자 한다. 특히 「화사」 속에 등장하는 화초의 심상들은 사대부적 정서를 상징해 온 전통적 심상임에 착안하여, 「화사」의 의미 구조는 궁극적으로 자연사물보다는 인간사회와 역사에 관여하는 작가의 의식을 표명하고 있음을 논증하고자 한다.

둘째, 작가의 의식 또는 작품의 주제·내용에 대한 검토이다. 「화사」가 자연사물보다는 인간사회와 역사에 대한 작가의 의식을 표명한 것이라면 문제가 되는 것은 결국 작가의 역사의식이다. 본고에서는 이러한 작가의 역사의식을 특히 봉건이념에 대한 작가의 태도와 관련하여 논해보고자 한다. 사대부들에게 있어서 역사의식의 표명은 전통적으로 봉건적 정치이념의 확인으로 귀결되고 있기 때문이다. 허나 「화사」에 표명된 작가의 의식을 논함에 있어 우리가 유의할 것은 비유적 심상에 의해 표현될 수 있었던 그 정서적 특질이 무엇인가를 밝히는 일이다. 독자들에게 인간역사의 비유적 표현으로 즉각 이해될 수도 있는 작품의 의미 구조를 새삼스레 재음미해 두려 한 것도 이 때문이며, 본고의 주된 관심은 이러한 작품의 의미 구조 분석을 토대로 작가의 역사의식을 보다 명확하게 밝히는 데에 있다.

「화사」가 지니는 문학사적 가치는 이러한 논의를 통해 자연히 드러날 수 있을 것이다.

끝으로 밝혀 둘 것은 현전하는 문헌적 사실과 작품 내용으로 보아 「화사」의 작가는 임제로 보아 틀림없으며, 본고의 입론은 애초부터 이와 같은 사실을 전제로 해서 출발하고 있다는 점이다. 작품 내용을 논의하는 과정에서 이러한 사실이 다시 한 번 확인되어야 할 것임은 물론이다.

II. 의미구조의 해명

「화사」를 비롯한 가전체 작품들이 공유하고 있는 구조적 특성은 의인의 표현방식과 역사체라는 서술방식의 기묘한 결합에 있다. 일반적으로 역사서술이 객관적 사실의 전달을 목적으로 한다면 의인의 비유는 주관적 정서의 표현을 목적으로 한다. 즉 일체의 은유적 심상(心象)과 마찬가지로 의인의 비유에 의해 이루어진 허구적 심상도 객관적 사실이나 대상 자체가 아니라, 대상을 인식하는 작가의 주관적 정서에 존재근거를 두고 있는 것이다. 「화사」 및 가전체 작품들에서 의인의 표현방식을 단순히 어떤 사실이나 전언(傳言)을 명시하기 위한 수사적 방편으로만 이해할 수 없는 이유가 여기에 있다.

은유 또는 의인의 심상이 정서의 표현을 위해 만들어진다는 것은 상식적 이론이겠으나, 사실과 결합된 「화사」의 비유적 · 허구적 의미 구조에 올바로 접근하기 위해 다음과 같은 점들을 분명히 해 둘 필요가 있다.

첫째, 은유적 심상은 인간의 의식 또는 정서가 스스로를 명백히 언명 · 확인하기 위한 방법이며 도구라는 점.[6]

둘째, 우리의 의식은 특정 정서를 이루면서 대상적 제(諸) 사물과 세계를 동일한 존재양태 하에 인식하기 마련이며, 각기 다른 사물들이 서로 뒤섞여 동일한 존재로 결합된 채 인식·표상되는 은유적 심상도 여기서 생겨날 수 있다는 점.[7)]

셋째, 은유적 심상의 전개는 그러므로, 특정 정서 속에 의식된 대상들의 특정 존재 양태를 드러내 주는 동시에, 그와 같은 존재 양태를 대향(對向)하고 있는 인간의 주관적 의식 또는 정서를 언명하고 있다는 것이다.

때로는 인간으로, 때로는 화초로도 볼 수 있는 「화사」 속의 제 심상 역시 이와 같은 원리에서 유래한 것이라 볼 수 있으며, 이런 점에서 본다면 「화사」의 작품 세계는 자연과 인간사회를 동일한 존재 양태 혹은 동일한 관련 질서 속에서 파악하고자 하는 작가의 특정 정서 또는 의식을 언명·확인하고 있는 것으로 볼 수 있다. 문제는 수많은 고사(개별적 사실)를 허구적 심상으로 변형시키고, 이를 토대로 세련된 형태의 역사 기술을 모의하고 있는 작품 세계가 과연 어떤 통일적 정서를 표현할 수 있는가 하는 점이다. 그리고 이 문제는 우선 고사(故事)와 비유적·허구적 심상을 통해 전개되는 작품 세계가 인간사회 및 역사과정에 대한 작가의 관심에서 비롯된 것인가 아니면 자연사물 및 이에 관련된 사실에

---

6) 인간의 의식 또는 정서는 자체로서는 자기 존재를 언명할 방법이 없을 뿐더러, 내적상태로서는 그 내용 역시 불투명한 채로 존재한다. 그러므로 주관적 의식(또는 정서)은 자신이 관련하는 인간 및 자연사물의 심상(표상)을 통해서만 자기 존재를 명백히 언명(규정)할 수 있으며, 또한 이러한 외부세계의 표상을 통해서만 가기 존재를 자각(확인)할 수 있다. 그러므로 인식 대상으로서 특정 사물과 어떤 다른 사물의 표상이 결합되는 은유는 대상적 사물을 대향하고 있는 의식 또는 정서가 보다 명백한 자기확인·자기언명을 위해 필연적으로 요구하게 된 것이다.

7) 여기서 존재 양태란 말은 이를테면, '눈·바람 속에 핀 매화'처럼 한 사물이 처해 있는 특정한 존재 상황 또는, 한 사물과 다른 사물들 사이에 존재하는 특정한 관련 방식을 이름이다.

대한 관심에서 비롯된 것인가를 밝히는 데서 그 해결의 실마리를 찾아 볼 수 있을 것이다.

「화사」의 일대(一代) [도(陶)]의 역사는 대개 다음과 같이 시작된다.

> 등륙(騰六; 寒雪)이 만물을 방자하게 학살하매 천하가 다 원망하게 되자, 고죽군(孤竹君) 오균(烏筠; 竹)과 대부(大夫) 진봉(秦封; 松) 등이 그[梅]를 추대하여 왕으로 세우고 합려성(闔閭城)에 도읍하여 국호를 도(陶)라 했다.[8)]

이 대목의 주인공으로 등장하는 한설(寒雪) 속에 핀 매(梅)나 송(松)·죽(竹) 등은 작품의 문맥과 관련 없는 자연물 자체로서도 '인·의(仁義)'나 '성(誠)' 따위의 이념을 지향하는 사대부집단의 규범적인 의식 또는 정서를 상징할 수 있으며, 또한 고결·절의·충직 등과 같은 윤리적 제 가치를 상징할 수 있다. 사회관계 속에서 형성된 집단의 의식 및 의식이 지향하는 목적으로서 특정 이념은, 인간 세계와 관련하는 특정한 사회·윤리적 의미를 자연물에 부여·투사하고 문화적 전통을 통해 그 고정된 의미를 약정한 것이다.

허나 작품 「화사」의 문맥 속에 들어오지 않은 소재로서 이들의 심상은 아직 보편적 이념이나 규범과 관련된 추상적 의미를 지닐 뿐이다. 작품 「화사」는 이러한 전통적 정서의 상징들을 인간 사회와 더욱 밀착시켜 어질고 의로운 군왕, 강직하고 절개 있는 충신 등 사대부사회(봉건관료사회) 내의 전형적 인물로 바꿔놓고, 이와 함께 자연물 자체로는 그 상징적 내용이 불투명한 한설을 뭇 인민을 살상하는 난적(亂賊)에 비유

---

8) (前略) 及其騰六肆虐, 天下怨咨, 孤竹君烏筠, 大夫秦封等, 推而立之, 都于闔廬城, 國號陶. [번역은 文旋奎 譯 「花史」(통문관, 1961)에 의하되 필자가 다소 첨삭한 것임. 문선규본 「화사」는 필자가 열람한 여러 사본들과 거의 일치하고 있기 때문에 이를 본고의 텍스트로 삼았음.]

함으로써 허구적 문맥 속에서 인간 사회와 관련하는 그 의미를 보다 명확하게 구체화하고 있다.

이들뿐 아니라 「화사」에 등장하는 허다한 화초들은 대체로 이처럼 인간사회 내에서 분비된 정서가 자연물에 투사된 전통적 심상들로서, 작가는 이를 의인하여 봉건관료사회의 사회・윤리적 제 유형(전형)으로 형상하고 있다. 예컨대 모란은 왕, 난초는 은사, 국화는 만절지사(晩節之士), 도화(桃花)는 요조숙녀 등이다.

그러나 사대부문학에서 전승된 심상이라 해서 반드시 이념이나 규범 지향적인 정서를 표현하는 것만은 아니며, 현실적 경험과 역사 과정 속에서 실제 생기게 되는 정서 내용, 인간 유형도 다양하기에 문예 전통 속에서 정제된 전통적 심상의 유형도 다양하다. 중국과 한국의 오랜 문예 전통에 익숙해 있는 작가는 이처럼 풍부하고 다양한 전통적 심상들을 활용하여, 봉건사회 속의 갖가지 인간 유형을 창조해 내고 있다. 예컨대 녹림(綠林)을 난민(亂民)에, 나비를 탕아에, 이화(李花)를 미희(美姬)에 비유하고 있는 등이다. 「화사」의 작품 세계는 대체로 이와 같은 유형적 인물 사이의 대비와 대립 및 갈등으로 이루어지고 있는 것이다.

작가는 또한 이처럼 유형적 인물로 전환된 전통적 심상에다 자연물 자체와는 아무 관련도 없는 특정 역사적 사건이나 인물을 가탁함으로써 그 전형적 성격을 보다 명확히 하고 있다. 예컨대 '고죽군(孤竹君) 오균(烏筠)'에서 작가는 추상적 의미를 지닌 관념적 표상 '죽(竹)'에다가 특수한 의미를 지닌 '고죽군'의 표상을 결합시킴으로써 '고죽국 오균' 이란 허구적 심상을 만들어 내고 있다. 이 경우 우리가 주의할 것은 '고죽군'이 지닌 사회・역사적 구체성이나 전형성이 상징적 심상 '죽'(烏筠은 竹의 별칭임)에 그 전형적 의미를 보다 뚜렷하게 부여함에 반해, 역사적 실재로서 고죽군이 지닌 개별적 특수성은 죽의 심상을 통해 계속 전개되는 허구적 · 서사적 문맥 속에서 일반화 · 유형화된다는 점이다.

작가는 나아가서, 전통적 심상에 의거하지 않고도 인명과의 동음 등을 이용해서 실재했던 역사를 자연물에 가탁하고 있는데, 예컨대 이임보(李林甫), 당현종(唐玄宗), 매비(梅妃), 양귀비(楊貴妃), 양국충(楊國忠) 등의 고사를 李, 梅, 楊 따위에 가탁하는 따위다. 물론 여기서도 특정 역사적 사건[고사(故事)]들은 허구적 심상과 결합하여 그 특수성을 잃고, 단지 지식층 독자에게 잘 알려진 유형적인 인간 행위로서 일반적 의미를 띠게 된다. 여기에서 분명히 드러나듯 「화사」에서 의인된 화초의 심상은 대체로 객관적 실재로서 자연물 자체를 지시하기 보다는 작가에게 인식된 인간 사회, 역사 과정을 유형적(전형적) 차원에서 새롭게 재현하거나, 일반적 보편적 양태로 전환시켜 표현하기 위한 상징 혹은 매개적 심상으로서 의미를 우선적으로, 강하게 갖는 것이다.

위의 예문에서 '대부 진봉(大夫秦封)'이라는 심상은 그러나 '고죽군 오균' 등의 경우와는 달리, 자연물 자체에 관련된 고사로 인해 생긴 것이다.[9] 즉 인간 사회(군신 관계) 쪽에서 이루어진 정서와 사회적 인간(충신)의 표상이 자연물[松]에 투사, 가탁된 것은 앞서 논한 여러 심상들의 경우와 마찬가지지만, 이러한 자연류의 인간화(의인)가 이 고사의 경우에는 자연물 자체에 대한 인간의 관심을 표명하기 위해 이루어진 것이다. 「화사」에는 이 '대부 진봉'과 같은 류의 심상들도 적지 않게 등장하여 자연물과 관련된 고사가 작품 전개의 중요한 모티브로 기능하기도 한다. 그러나 문제는 작가의 관심이 근본적으로 이러한 고사나 혹은 자연물 자체에 있느냐 하는 것이다. 우리는 앞서 작품의 여타 문맥 즉, 계속해서 전개되는 비유적 심상들이 근본적으로 인간 사회 및 역사 과정을 유형적 차원에서 재현하는 의미를 우선적으로 지님을 확인했다.

---

9) 『史記』「秦始皇本紀」二十九年條에 실린 고사로서, 始皇이 폭풍우를 松下에서 피하고 그 松을 五大夫 작위에 봉하였다는 것.

'송(松)'과 '대부 진봉'의 경우도 마찬가지다. 즉 작가는 근본적으로 '松'의 심상을 통해 충신의 전형을 그리는 과정 속에서 '대부 진봉'의 심상(고사)을 끌어들인 것이다. 그러므로 우리는 이런 종류의 고사 인용이 상기한 인용 예문의 말미에서 보는 지리적・자연적 사태(闔閭城에는 매화가 많이 핌; 또는 집문 안에도 매화가 핌)[10]의 인용과 마찬가지로, 비유적 의미의 주지(主旨)인 인간사회의 형상과 재현을 매개하기 위한 허구의 방편으로 삽입된 것이라고 볼 수 있다. 바로 이 점에서 「화사」는 고려 후기의 가전(假傳)들과는 다른 의미 구조상의 변화를 보이고 있으며 우화소설과 같이 현실 모사적(模寫的) 의미를 강하게 지니게 되는 것이다.[11]

「화사」에서 비유적 의미의 핵심적 주지가 자연물 자체가 아니라 인간세계에 있다는 것을 증명하기 위해 더 이상 난삽한 논의를 벌이며 작품구조를 천착할 필요는 없으리라 보인다. 그러나 우리는 「화사」의 비유적 의미 구조의 한 측면이 의연 자연물로서 화초 자체를 지시하고 있으며 예컨대 인명(人命)을 학살하는 난적(亂賊)이 설한(雪寒)에 비유되고 있는 것처럼, 작품 전체의 착상이 자연현상・자연 질서를 인간행태・역사 과정과 결합시켜 표상하는 데서 나온 것임을 잊어서는 안 될 것이다.

---

10) 문선규 번역본에서 이 대목은 합려성에 매화가 많이 핀다는 사실을 인용한 것으로 해석하는 역주를 붙여 놓았다. 그러나 이 대목은 집문 안에 매화가 심겨져 핀다는 사실을 비유적으로 표현한 것으로 보인다. '闔閭'는 城 이름이기도 하나 글자 그대로 집문 또는 '閭廬'와 마찬가지로 집을 가리키는 말이기도 하다.(『中文大辭典』 및 『漢語大辭典』 참조).

11) 기왕의 연구에서도 밝혀졌듯이 고려 후기 이래의 가전 작품에서는 '대부 진봉'의 경우처럼 사물이 인간사회・역사에 관여해 온 가치와 의미를 의인의 비유를 통해 서술하는 경향이 두드러지는 작품이 많다.

III. 역사의식의 해명

1. 전통적 역사기술과 봉건이념

「화사」에서 의인된 화초의 심상들이 인간사회·역사과정을 전형적 차원에서 재현하거나 보편적 양상에서 상징하고 있는 것임을 이제까지 살펴보았다. 그렇다면 정제된 역사기술의 형식을 통해 이러한 심상들을 마치 실재했던 사실처럼 조립하고 있는 작품 세계는 작가의 어떠한 정서를 표현하고 있는가?

앞에서 인간의 정서 또는 의식은 자신이 대항하고 있는 인간 및 자연 사물의 표상을 통해서 자기존재를 언명·확인 할 수 있다고 했다.[12] 이를 인간사회에 대한 의식에 국한시켜 말한다면, 대자적(對自的) 존재로서 인간의식은 다른 인간(타인)의 표상을 통해서 자기존재를 인식·표현할 수 있다는 말이 되겠다. 그리고 이와 같은 인간 의식은 예컨대 시에서도 볼 수 있듯이, 자신이 대항하는 외부세계의 표상(심상)들을 특정한 방식으로 관련·결합시켜 감으로써 보다 명백한 자기표현·자기규정을 찾게 되며, 이러한 표상과정을 통해 마침내 모든 인간(및 사물)을 관련지을 수 있는 통일적 존재 원리로서 특정 이념[道]에 상도(想到)함으로써 자신의 궁극적 존재규정을 가지게 된다.

서사문학의 경우 이러한 작가의 의식 또는 정서는 인간의 행위 즉 제 사건의 표상을 특정 방식으로 결합시키면서 전개함으로써 스스로를 드러내며, 이에 대응하는 과정을 우리는 역사 자체에서 볼 수 있다. 즉 세계는 일정한 역사 과정을 통해 상호 관련된 갖가지 사건을 전개하면서 세계 질서[道]를 드러낸다. 그러나 이 말은 오히려 역사를 인식·기술

12) 주 6) 참조.

하는 인간의 역사의식을 표명한 말일 수 있다. 즉 역사가는 역사의 기술 과정 속에서 제 사실과 사건을 특정한 방향(방식)으로 조립 또는 결합하여 역사전개의 원리[道]를 드러내고자 한다. 그리고 정서 또는 의식이 대상을 인식·체험하는 인간의 요구 속에서 형성되듯이 역사는 역사 과정을 인식·체험하는 역사가의 요구와 목적의 관여 속에서만 기술될 수 있다. 즉 역사(기술)는 현실에 기반을 두고 있되, 현실 체험의 과정 속에서 자신의 요구와 목적을 갖게 되는 인간의 의식 또는 정서의 여과를 통해서만 기술될 수 있는 것이다.

비록 비유적 심상을 매개로 했지만 역사 과정을 전형성과 보편적 상징의 차원에서 기술하고 있는 「화사」를 두고 우리가 작가의 정서 또는 의식을 논한다면 그것은 무엇보다도 작가의 역사의식을 논하는 일이 될 것이다.[13] 따라서 우리는 우선 작가가 전형적 인물과 유형적 사건의 전개를 통해서 드러내 주고 있는 역사 전개의 방향 또는 원리가 무엇인지를 밝히고, 이를 작가의 역사적 요구의 표명이라는 점과 관련해서 살펴보아야 할 것이다.

「화사」에서 전개되는 역사적 사건들을 유형적 의미의 차원에서 개략해 보면 대충 다음과 같이 정리될 수 있다.

> 一代 [도(陶)]에서는 인군[梅]과 충의지사[松·竹·栢]들이 도탄에 빠진 백성을 구하기 위해, 합심하여 나라를 창업하고 덕치를 폄으로써 천하를 정도로 이끈다.

---

13) 물론 「화사」는 진정한 역사 기술은 아니며, 역사 기술에 허구가 결합된 문학작품이다. 그리고 역사와 접맥된 허구적 서사문학의 일반적 속성은 실재했던 사실의 진상을 탐구하는 것이 아니라, 작가 개인의 정서 또는 의식의 주형(鑄型) 속에 전형성과 상징적 보편성의 차원에서 인식된 역사적인 삶을 허구적 심상을 통해 재현 또는 재창조하는 것이다.

二代 [동도(東陶)]의 군주 영왕[梅]은 성품이 검소하여 처음엔 정사가 청명하더니, 소인 옥형(玉衡)[李]을 승상으로 삼고 양귀인[楊]을 사랑하게 된 후부터는 궁인들과 더불어 사치와 향락에 빠져 정사가 암매해진다. 비빈(妣嬪)의 갈등으로 후궁[桃]을 죽이고 비를 폐출하며, 외척[李, 楊]들이 정사를 농단하자 충직한 대신들[松, 竹, 栢]은 축출되거나 스스로 사퇴하고 만다. 그러자 변방 오랑캐[黃范; 벌]가 봉기(蜂起)함을 필두로 각지에 난이 일어나더니, 마침내 외란을 막던 외척[楊]과 무장[風]의 내공에 의해 왕이 살해됨으로써 왕조도 망하고 만다.

三代 [하(夏)]의 문왕[牧丹]은 국초부터 문치에 힘써 관료 기구를 정비하고 수많은 재덕지사(才德之士)들을 적임에 등용하여 일시에 문화가 울연(蔚然)히 부흥하였다. 그러나 이내 관료들 사이에 삼색의 당파가 형성되어 대립・반목하니, 대신[芍藥]과 간관(諫官)[葵]들이 협심(協心)하고 왕에게 간언하는 한편 조화에 힘써 조정이 분열되는 위기는 일단 수습하였다. 그러나 여전히 조정에 불만을 품고 비방하는 자가 생기니 임금은 그들[海棠等]을 유배시키고 만다. 이후 문왕이 권귀[風]의 딸(少女)을 취하고부터 사치에 빠져 정사를 돌보지 않자 현신들이 충간하여 풍백(風伯)과 소녀의 간사함을 경계하였으나 왕은 이를 무시하였다. 이때에 녹림적[樹葉]이 난을 일으켜 천하가 이에 호응하니 홍・백(紅白) 관료의 도당마저 이에 투항하고, 소녀가 틈을 보아 왕을 독살하매 하(夏)는 망하고 만다.

하(夏)가 망한 뒤 풍백이 서북에 금국(金國)을 세우매 녹림적(綠林賊)이 이에 복종하여 천하가 그들의 소굴이 되었으나, 다만 [남당(南唐)](唐=塘)만이 천연의 지리로 병란을 면하고 국가가 은부(殷富)하였다. 그러나 국방을 등한히 하여 많은 백성이 불의의 외침으로 참상(斬傷) 당하고, 윤회의 설법에 빠져 정사를 폐한 왕은 구복(求福)을 위해 불사(佛事)에 전념하게 된다. 일락(逸樂)과 아첨을 즐겨 직간(直諫)하는 충신[水草]마저 축출한 왕은 도술사[杜]에게 현혹되어 백로(白露)를 먹고 죽고 마니, 때에 금인(金人)이 녹림병을 몰고 나라를 포위 공격하여 당(唐)은 겨우 5년 만에 망하고 말았다.[14)]

여기서 상고에 설정된 [도(陶)]는 왕도와 덕치에 의해 천하가 평정되는 동양적 봉건사회의 이상향이며, 「화사」속의 황금시대라 할 수 있다. 이에 반해 [동도]·[하]·[당]으로 이어지는 후대의 역사는 일시적인 치홍(治興)보다는 주로 몰락과 난망(亂亡)의 경과를 밝히는 사건으로 엮어져 있다. 즉 왕조의 교체와 더불어 진행되는 역사과정은 군주의 실덕과 함께 궁실과 외적의 발호와 정란(동도), 당쟁에 의한 관료의 분열 및 전횡적인 권귀의 음모와 내란(하), 문약과 이단의 폐해, 그리고 외침(당)으로 점철되고 있는 것이다.

얼핏 보아 이와 같은 역사과정은 동양의 역사기술의 전통에서 왕조교체(또는 몰락)의 요인으로 유형화된 사실(사건)들을 나열한 것에 지나지 않으며, 작가는 이렇게 유형화된 사건의 축조를 통해 봉건황조의 교체사를 개관하고 있는 것으로 볼 수 있다. 또한 이 같은 유형적 사건의 편술(編述)과 함께 작가는 서술자[史臣]의 논평을 통해 수치치인(修己治人)이란 봉건규범과 왕도(王道)라는 봉건정치이념을 재확인하면서, 역사 속에 등장하는 중요인물과 사건에 대해 포폄(褒貶)과 필주(筆誅)를 가하고 있다. 이러한 역사기술은 그러므로 상고(尙古)사상과 감계주의(鑑戒主義) 그리고 순환론(循環論)으로 요약될 수 있는 전통적인 유가(儒家)의 역사의식에서 별로 벗어나지 않은 것으로 볼 수도 있다. 따라서 고사(故事)와 허구적 심상의 결합에 의해 전개되는 「화사」의 작품세계는 봉건이념을 회의 없이 받아들이고 있는 작가가 정형화된 의식의 틀 속에서 여기와 흥미 삼아 고사를 편철한 것으로 해석될 소지마저 없지 않다.

그러나 우리가 앞서 논한 바와 같이, 비유적 심상들을 통해 전개되는 역사 사건들을 의도적으로 고안된 허구적 조작의 결정(結晶)으로만 보

---

14) 작품 속에서 비중이 높은 사건들에 대해서는 서술자(史臣)의 논평이 가해지고 있는데, 위의 요약은 이를 참조로 한 것이다.

지 않고 작가에게 인식·표상된 현실적 역사과정의 전환된 표현으로 본다면 문제는 사뭇 달라질 수도 있다. 작가의 의식 속에 진정하게 인식·표상된 봉건왕조의 현실적 전개 과정은 서술자의 입을 통해 확인되는 봉건이념(규범)을 부정하면서 필연적으로 몰락해 갈 수밖에 없는 모순과 타락의 악순환으로 귀결되고 있다고 볼 수 있기 때문이다. 관점의 차에 따라 달리 해석될 수 있는 작가의식의 실체에 보다 가깝게 접근하기 위해 우리는 우선 이와 같은 작품세계를 작가가 처한 역사적 배경과 관련해서 고찰해 보지 않을 수 없다. 한 인간의 역사의식은 그가 처한 역사적 조건에 의해 제약되고 있으며, 주관적으로 인식된 역사사건의 표상은 표상 이전의 객관적 현실에 기초하고 있기 때문이다.

2. 정치·사회적 모순과 작가의 갈등

문제는 「화사」가 어떠한 역사적 배경 속에서 씌어졌는가 하는 것인데, 현전하는 문헌적 사실로 보아 이 작품이 임백호(林白湖)의 저작임을 새삼 의심할 까닭이 없으며,[15] 작품의 내용으로 미루어 볼 때 그의 임

---

15) 필자가 열람한 「화사」의 필사본들에는 대개 표지나 말미에 '林悌(著)'가 명시되어 있다. 「화사」의 작가가 남성중(南聖重)이라는 설은 김태준의 「조선소설사」(권말 각주)와 가람의 『국문학전사』에서 제기된 것인데 그 근거는 가람 소장본(현재 규장각도서관 가람문고에 소장) 「화사」 말미에 "南聖重論"이라 명기된 발문이 붙어 있다는 것이다. 그러나 이 발문은 다른 이본들의 말미에도 붙어 있는 '總論'에 색다른 논의를 첨가하고 있는 데 불과하고, 첨가된 부분의 내용인 즉 작품의 허구성을 시비·변론하는 것으로서 이전의 총론 문맥과는 동떨어진 호사가의 독후감에 가까운 것이다. 재론의 여지가 전혀 없는 것은 아니나 본고에서는 가람본의 말미에 첨가된 부분을 제외한, 다른 이본에 공통으로 실려 있는 총론부까지를 작가의 사상과 일치하는 원저로 보고자 한다. 박성의(朴晟義)님은 『고대소설사』(195면)에서 남용익(南龍翼)의 『호곡집(壺谷集)』 권육십팔 묘표(墓表)의 기록을 통해 『국문학전사』의 남성중 작 운운한 사실을 확인했다고 했으나 이 말은 오해되기 쉽기 때문에 바로잡아 두어야 하겠다. 박성의 님이 확인할 수 있었던 사실은 『호곡집』 권십팔(『호곡집』은 십팔권이 말권이므로 '권육십팔'은 誤植인 듯)에 수록된 바, 남용익이

종 전 2·3년 이내에 씌어진 만년의 작품으로 볼 수 있다.

주지하는 바와 같이 이 무렵은 정치적 승리를 성취한 사림(士林)들 사이에 붕당의 대립이 깊어지고, 청의(淸議)의 선을 벗어난 당파간의 논쟁이 배타적 정쟁의 양상을 띠며 격화되기 시작한 시기로서, 이조의 양반관료사회는 이로써 자기모순과 파탄상을 명백히 드러내게 되었다. 이 때를 당하여 당시의 대신이던 이이(李珥)와 수찬(修撰) 강서(姜緖) 등은 당파의 조정에 힘쓰는 한편 선조에게 이를 간언하여 조정의 분열을 막으려 했으나, 일부 동인(및 서인)들은 오히려 이에 불만을 품고 이이를 비방하고 나선 까닭에 선조는 이들을 유배시키고 말았으니, 이른바 '계미삼찬(癸未三竄)'(선조 16; 1583)이란 첫 당화가 일어난 것이다.[16)]

자연스런 인간성과 천품의 능력을 구김없이 실현하고자 한 이상주의자였기에 사회의 결함과 화해할 수 없었던 작가 백호는, 이처럼 짙어가는 관료 사회의 모순과 당색을 누구보다도 혐오했으며, 이 계미년의 사건을 목도한 얼마 후에는 마침내 고뇌에 가득찼던 사환(仕宦)의 길을 청산하고 말았다.[17)]

찬(撰)한 그의 조부 경원부군(慶元府君)의 「묘표음기(墓表音記)」 중 그 후손의 세계(世系)를 밝히는 대목에서 聖重을 龍翼의 서자로 기재하고 있다는 사실뿐이다.

16) 강주진, 『이조당쟁사연구』(서울대출판부, 1971), 65~74면.

17) 임서(林愲)가 쓴 『백호문집(白湖文集)』 발(跋)과 허목(許穆)이 찬(撰)한 백호의 묘표음기(墓表陰記) 및 「제호시화(霽湖詩話)」 등에서 백호 관계 기사를 모아 놓은 『나주임씨세승(羅州林氏世乘)』의 기록을 종합해 보면, 백호는 당화가 일어나던 계미(癸未)·갑신(甲辰; 1584)년간에 우계(牛溪) 성혼(成渾)의 추천으로 홍문관(弘文館)에 보임되었으나 말년(1587)에 사국(史局) 지제교(知製敎)의 벼슬로 사퇴하고 방랑(放浪)·도회(韜晦)의 나날을 보내다가 병서(病逝)했음을 알 수 있다. 백호의 생애 및 사상에 대해서는 소재영(앞의 논문), 황패강님(「원생몽유록과 임제문학」, 『한국서사문학의 연구』, 단국대출판부, 1972) 등의 정리가 있었기에 본고에서는 더 이상 논급하지 않는다. 다만 강조해 둘 것은, 당파간의 대립 즉 당대 관료 사회의 모순과 타락이 심화되어 감과 동시에 산곡(山谷)을 전전하며 불운한 환로(宦路)를 걷던 백호의 봉건사회에 대한 갈등과 회의도 깊어져, 말년에 와서는 당대의 봉건관

작가 백호와 관료사회와의 갈등이 가장 깊어져 있었던 이 무렵 「화사」는 창작되었으니, 작품 내용 중 문화의 부흥을 일시에 맞이한 [하(夏)]가 이내 홍·백 분당과 출장(出墻)의 당화를 일으켜 쇠퇴의 계기를 맞이하게 되는 사건 경과는, 사대부의 진출로 새로운 도약의 계기를 맞이한 것처럼 보이던 선조묘(宣祖廟)의 관료사회가 이내 분당의 형태로 자체의 모순을 드러내고 급기야 '계미삼찬'의 당화로 까지 이르게 되는 과정을 구체적 양상에서 반영하고 있는 것이다.[18]

이처럼 당쟁의 체험이 「화사」의 창작에 직접적인 계기가 된 것은 틀림없지만, 「화사」의 작품 내용과 실재 역사 사이에는 보다 일반적인 대응관계를 찾아볼 수 없다. 즉 백호의 생전으로부터 청년기에 걸친 수십 년 간(연산~영정조) 이조는 왕실의 음사(淫奢)와 관인 외척들의 발호 및 권귀들의 전횡과 음모로 사화와 반정이 끊일 사이 없었고, 중국의 명조(明朝) 또한 16C에 들어(正德帝~嘉靖帝) 불교·도교의 발호와 관인·권신의 전횡으로 내란이 잦아 쇠퇴 일로를 걷고 있었다. 뿐만 아니라 백호 생전부터 누차 왜구(倭寇)와 여진(女眞)의 침노를 받으면서도 상기한 당쟁의 격화로 문약에 빠져 있던 이조는 그의 사후 곧 왜란(倭亂)과 호란(胡亂)의 대병화로 유린되고 말았으며, 팽창하던 여진 세력의 침략과 내분으로 위축되어 온 명은 마침내 금(金 ; 淸)에게 멸망하고 말았으니 [東陶]로부터 [夏]·[唐]에 이르는 삼대의 몰락 과정은 작가의 생애를 중심으로 1세기 여(16C~17C초)에 걸쳐진 이조와 명의 역사에 전반적으로 대응되고 있는 것이다.

비유적 심상을 통해 전개되는 허구적 사건을 이처럼 실재했던 역사에 도식적으로 대응시켜 작가의 사후 역사에서까지 유비관계를 찾으려

료사회 자체를 용납할 수 없는 심경에까지 이르렀다는 사실이다.

18) 따라서 이 작품은 백호가 사국 지제교로 재직할 당시로부터 그의 임종 직전 사이에 지어진 것으로 보아 틀림없으리라 생각된다.

한다면 논리적 비약이 될 수도 있겠다. 그러나 이상과 같은 작품의 역사적 배경과 작품 내용과의 상호 관계를 두고 볼 때 우리는 적어도 다음과 같은 몇 가지 사실을 확인 할 수 있다.

첫째, 모순과 타락의 악순환 속에 몰락해 가는 「화사」의 역사과정은 그 모순·타락 및 몰락의 양상에 있어서 역사적 모순이 깊어지던 16세기 전후 이조와 명의 정치·사회적 실상과 일반적으로 대응된다. 따라서 우리는 작가가 이와 같은 양상에서 인식한 현실적 역사과정을 「화사」의 작품 세계를 통해 유형적 차원에서 재현하고 있다고 볼 수 있다.

둘째, 비유적 심상을 통해 전개되는 허구적 사건에는 그러나, 과거 사건[史實]과 16세기 당대 사건의 표상이 동시에 결합되어 있다. 따라서 16세기 당대 사회의 모순을 재현하고 있는 「화사」의 역사과정은 또한 크게 보아 동양의 봉건왕조, 또는 전제왕실에서 분립될 수 없는 중앙집권적 봉건관료사회 역사 전반에 보편적으로 내재하고 있는 '원리로서의 과정'을 상징적으로 표현하고 있다고 볼 수 있다. 즉 작가는 구체적 양상을 유형화·일반화하고 있긴 하지만, 봉건적인 정치체제 내지는 관료사회가 본유하고 있는 이념상의 결함과 현실적 모순을 이해하고 있으며, 이와 같은 봉건사회가 내분과 내란 및 이에 상응하는 외침으로 필경 몰락할 수밖에 없음을 감지하고 있다.

셋째, 이와 같은 작가의 역사의식은 누적되어 온 모순과 당시의 내외 정세에 대한 작가의 예리한 통찰력에서 비롯된 것이기도 하지만, 이것은 또한 사회의 결함을 용인하지 못하던 작가가 타락한 당대의 정치·사회적 현실을 체험하는 과정 속에서 생긴 것이다. 즉 봉건 관료로서 작가가 가질 수 있는 이상과 의욕이 정치 현실에 의해 좌절되고, 당대의 봉건적 지배 체제나 관료 사회에 대한 작가의 회의와 절망이 깊어지면서 이러한 역사의식은 작가에 더욱 명료하게 의식화되었다는 것이다.[19]

3. 비유적 표현과 갈등의 관념적 극복

그렇다면 이처럼 자신이 속해 있는 봉건사회의 모순과 몰락의 필연성을 감지하고 있으면서도 서술자의 입(史臣의 논평)을 통해 봉건 이념의 역사적 실천을 요구하며 이를 재확인하고 있는 작가의 의식에는 이율배반적인 모순 내지 심각한 갈등이 내포돼 있는 것이다. 여기서 만약 우리가 서술자의 논평을 중시한다면, 이와 같은 작가 의식의 갈등을 타락해 가는 당대의 봉건관료사회에 대한 깊은 좌절과 회의에도 불구하고 전통적인 봉건질서와 정치 이념을 벗어날 수 없는 당대인의 시대적 한계에서 연유한 것으로 볼 수 있다. 따라서 「화사」를 창작한 작가의 궁극적 의도는 당쟁을 위시한 당대 봉건 관료들의 타락과 왕실의 실덕을 경계하면서, 사대부(봉건관료)의 정치 이념을 재확인하는 데 있다고 볼 수도 있다.[20)]

그러나 작품 전체의 의미 구조로 보아 봉건 이념과 정치 현실과의 모순을 대항하고 있는 작가의 의식은 이러한 모순이 쉬 극복되기를 기대하는 봉건 관료의 의식의 한계를 넘어서고 있다. 사욕과 향락을 위한 충동이 대립과 갈등을 불러일으켜 왕조의 몰락을 재촉하고, 인의(仁義)의 사상을 실현하려는 성실한 인간의 노력은 불의의 횡포로 압살(壓殺)되고 마는 작품 속의 사건 경과가, 봉건관료사회의 모순된 역사 과정과

---

19) 「화사」를 통해서 우리는 그러므로, 역사란 역사가와 사실, 현재와 과거, 또는 역사가의 요구와 그가 처한 역사적 환경과의 끊임없는 교섭 과정 속에서 기술될 수 있다는 일반적 명제들을 한꺼번에 확인해 볼 수 있다.

20) 붕당 또는 당쟁에 대한 백호의 혐오가 사실상 그의 생애를 반쯤 결정하고 있었다는 점을 두고 볼 때, 이와 같은 견해는 「화사」를 단지 희필(戱筆)의 산물로 보는 견해와는 달리 일면적인 타당성을 지닐 수 있다(본고의 주 2) 및 주 5) 참조). 하지만 이러한 견해는 「화사」의 현실 비판이 단순히 작가의 비분강개에서 나온 것이 아니라, 이조의 봉건사회가 이미 쇠퇴와 몰락을 향하고 있다는 작가의 위기의식에서 나올 것이라고 할 때에 보다 큰 타당성을 지닐 수 있으리라고 보인다.

함께 그 속에서 이루어질 수 있는 인간의 행위를 유형적 차원에서 재현한 것임은 전술한 바와 같다. 한데 작가는 이와 같은 역사 과정을 봄바람에 떨어지고 가을바람에 시드는 초목군생과 봉접(蜂蝶)따위 미물의 생태에 비유함으로써, 그 모든 인간행태를 허망한 것으로 돌리고 있다. 즉 비유적 심상으로 전개되는 「화사」의 작품 세계는 봉건관료사회의 모순과 부조리 및 그 속에서 나타나는 인간성의 타락을 비판·풍자하고 있을 뿐만 아니라, 모순과 부조리로 가득 찬 봉건왕조의 역사와 그 속에서 이루어지는 인간적 삶 자체의 허망함을 드러내고 있다. 이렇게 볼 때 상술한 작가 의식의 갈등은 현실적인 봉건 관료로서 동일한 계층의 독자를 상대로 봉건 이념을 재확인할 수밖에 없었던 작가 의식의 시대적 한계와, 이러한 한계를 극복하고 모순 속에 전개되는 역사 과정과 현실을 올바르게 대면하면서 봉건관료사회 속의 인간성의 타락을 문제 삼으려 하는 작가 개인의 비판적 양식 사이의 갈등으로 보아 좋을 것이다.

그러나 비유적 심상은 대상적 사물이나 세계의 특정 존재양태를 드러내 주는 동시에, 그와 같은 대상을 인식하는 작가의 정서 또는 의식을 언명하는 것이라 했다. 그렇다면 삼대(三代)의 교체가 동원(東園)의 남가일몽(南柯一夢)에 지나지 않는다는[21] 서술자의 논평에서도 볼 수 있듯이, 봉건사회를 비판·회의하고 있는 작가의 문제의식에도 불구하고 이러한 작가의 의식이 귀착한 곳은 결국 인사(人事)와 역사의 무상감에 빠져드는 허무주의라고 볼 수 있지 않은가? 모순된 관료사외와 어떠한 타협도 거부해 온 작가가 말년 경에 이르러 자신의 비극적인 삶과 날로 암담해 가는 역사현실을 반성·관조해 볼 때 이와 같은 허탈감과 함께 인생의 유한함을 절감할 수도 있었을 것이다. 그러나 이러한 작가

---

21) 史臣曰, 三代之興替忽, 而四君之存沒倏焉, 不啻若東園之片時南柯一夢. (下略)

의 의식이 결코 비관적인 체념 속에서 모든 모순과 타락을 감수하는 패배주의로 낙착될 성질의 것은 아니다.

작가는 모든 봉건적 모순과 타락의 근원이라 할 수 있는 봉건적 신분질서에 대해, 작중인물의 입을 통해 그 선험적·형이상학적 규정을 부정하고 있으며,[22] 작품을 매듭하는 총론에서는 신분질서 자체를 비판하고 있다. 작가는 또한 고하귀천뿐 아니라 '위국(爲國)' '위군(爲君)'이 없기에 갈등 없이 공존할 수 있는 자연[화초]을 예찬하면서, 자연 그 자체야말로 지인(至仁)·지신(至信)·지공(至公)한 이념적 존재임을 언명하는 한편, 그렇지 못한 인간사회의 모순과 인간존재의 유한함을 비판하고 있다.[23] 이처럼 봉건사회의 근원적 모순(신분질서)과 봉건 이데올로기(爲國, 爲君)를 회의하는 논술은 물론 동양철학에 재래해 온 사상들을 작가가 새롭게 해득하여 이를 원용한 것이지만, 仁·信·公의 이상이 봉건 질서와 결합될 수 없다는 작가의 신념은 여기서 명백히 개진된 것이다.

마지막으로 작가는 총론의 끝에 주렴계(周濂溪)의 말을 인용하면서, 자연 속에 깃든 이러한 이념(至仁·至信·至公한 道)과 자신을 일치시키려는 노력에 의해 인간은 스스로의 인간성을 자연 그대로 올바르게 완성시킬 수 있다고 결론짓고 있다.[24] 지인·지신·지공한 자연의 도는 본시 동양의 봉건사회 속에서 형성된 이념이며, 이를 확인하고 있는 작가의 의식은 그 형식적 논리에 있어서는 성리학적 이념과도 상통한

---

22) 人生如樹花, 落茵席者爲貴, 落糞溷者爲賤.

23) (前略) 或生於階砌之上, 或生於糞土之中, 而不爭高下貴賤, 同其榮枯, 則其公心亦異人矣. 然則, 花有至仁至信至公, 衆且壽, 而天性之正者也. 旣衆矣, 何有乎爲國, 旣仁旣信矣, 又如是至公, 則何有乎爲君.

24) 是以, 宋濂溪先生, 庭前草不除曰, 與自家意思一般. 君子欲與之一般, 則其性之全且正可知. 且彼區區於言語文章, 孜孜於功業事務之間者, 亦安得而全其性而復其正耶.

다. 하지만 인간의 심성이나 의식이 지향하는 목적으로서 형이상학적 이념 자체는 시대·사회를 초월하는 보편적 가치를 지닐 수 있음에 반해, 이를 산출한 사회는 모순 속에 끊임없이 변화한다. 작가에게 있어서 당대의 봉건사회는 인간성을 타락·파멸시킬 뿐, 이미 인·신·공의 이상을 실현할 수 있는 가능성은 단절된 것으로 인식되었다. 지인·지신·지공한 자연에 합일할 것을 주장하는 작가가 결국 현실 속에서 택할 수 있었던 길은 관료사회를 버리고 나와, 모순 가득한 사회를 기롱하며, 자연을 벗삼아 이를 시로 읊는 것이었다.[25] 높은 이상 때문에 작가는 봉건 관료사회를 부정하고 말았지만, 자연이 아닌 사회·역사적 공간에서는 어디서고 자신의 소외를 극복하고 이상을 구현할 수 있는 현실적 방도를 발견하지 못한 것이다. 바로 여기에 사대부출신의 이상주의자로서 작가 백호가 지닐 수 있었던 반봉건적 의식의 시대적 한계와 함께 이 작품 「화사」의 사상적 한계가 놓여 있다. 그러나 봉건적 모순 및 인생과 역사의 허무를 극복하려는 작가의 의식적 노력이 비록 관념적인 경향을 보이고 있다 하더라도, 그 이면에는 이상 사회를 꿈꾸며 왜곡된 가치관의 쇄신을 요구하는 작가의 염원이 깃들어 있음을 간과해서는 안 될 것이다.

Ⅳ. 결론

「화사」는 일찍부터 그 소설사적 가치가 주목되어 왔으나, 중도에 작가에 대한 시비가 생기고 가전체 장르에 대한 이해의 시각이 달라지면서 엇갈리는 평가를 받게 되었다.

25) 환로(宦路)를 벗어난 후 백호는 "玩世韜晦·酒後輒浪吟高歌"(林氏世乘)하고 "自放於山野, 或沈冥於詩酒"(林惰,『白湖文集』跋)했다고 전한다.

본고에서는 작품 내용과 문헌적 사실을 종합하여 「화사」가 백호의 저작이 틀림없다고 보고, 우선 작품의 의미 구조를 분석하는 데서 논의를 시작하여, 작가의 생애 및 역사적 배경과 작품 의미를 관련시켜 고찰해 보았다. 그리하여 「화사」의 작품 세계는 봉건적 정치(지배) 체제와 관료 사회의 모순이 명백히 드러나던 16세기 전후 이조 및 명(明)의 역사 과정을 유형적 차원에서 재현하고 있는 동시에, 일면으로는 모순과 타락 속에 몰락해 갈 수 밖에 없는 봉건관료사회의 역사 전개의 원리를 상징적으로 표현하고 있는 것임을 밝혔다.

목릉성제(穆陵盛際)로 일컬어지는 선조묘(宣祖廟)는 이조의 관료사회와 사대부문화가 도달할 수 있었던 전성기였음에도 불구하고, 비로 이 시기에 사대부층 내에서 이와 같이 비판적인 작가의식이 대두될 수 있었다는 것은 문학사나 사상사의 측면에서 주목할 만한 사실이라 생각된다. 그러나 사대부 출신 작가의 당대 사회에 대한 부정적 인식에는 명백한 한계와 함께 일정한 역사적 성격이 자재해 있을 수밖에 없었다. 타락해 가는 봉건왕조의 역사과정을 비판적으로 재현하고 있는 「화사」의 작품 세계에는 봉건 정치 이념을 확인하는 서술자의 논평이 뒤따르고 사대부적 이상의 좌절에서 오는 역사의 무상감이 깃들어 있다. 사대부 집단이 지향하고 있는 정치 이념과, 봉건 체제를 통해 도달할 수 있는 정치 현실 사이의 끊임없는 불일치는 탁월한 역사적 통찰력을 지닌 사대부의 의식 속에 봉건 사회의 근본적 모순을 자각케 하였으나, 동시에 사대부적 이상과 이에 배치되는 현실을 다 함께 인정해야 하는 의식 내의 균열을 가져왔던 것이다.

이상과 현실간의 극복될 수 없는 갈등은 그러나 고뇌와 파탄 속에서 극단을 치닫는 주정적 인간형을 만들었다. 모순된 역사 과정을 허무에 부치고 있는 「화사」의 결론은 봉건사회의 근본적 모순과 인간성(천성)의 완성이 병존할 수 없음을 갈파하고 있다.

이상과 같은 작가의식은 가전체의 전통을 빌어서 언명될 수 있었다. 의인의 비유에 기초한 가전체 형식은 역사 기술의 성격뿐 아니라, 봉건사회 속의 제 가치와 사대부적 의식을 자연·사물에 가탁해서 표현하는 상징적 측면과 함께, 관료사회 속의 유형적인 인간 행위를 재현하는 모사적(模寫的) 측면을 함축하고 있었다. 작가 백호는 사대부 문화 전통 속에서 정련되어 온 풍부한 상징적 심상과 전형적인 역사 사건의 표상들을 결합시켜 「화사」를 창조해 냄으로써, 가전체가 함축하고 있던 미적·문예적 성격을 새롭게 확대시키는 한편 어떠한 소설 형태로도 쉬 이룰 수 없는 거창한 주제의 역사 비판·문명 비판을 시도할 수 있었다.

「수성지(愁城誌)」론

1. 문제제기

「수성지(愁城誌)」는 「원생몽유록」, 「화사」 등과는 달리 백호의 문집에 실려 있는 작품으로, 당대의 대문호였던 그의 문재와 소설가적 재능을 이 한편에서 엿볼 수 있다. 작품은 인간 심성을 의인하여 한 나라에 비유하고 이 마음의 나라에 역사적 비극의 주인공들-즉 역사과정 속에서 억울하게 희생된 온갖 원혼들이 몰려와 시름의 성(城)을 쌓으매 술을 불러다가 이들을 쫓아냈다는 이야기를 본기체(本紀體)의 역사 형식으로 서술하고 있다. 「화사」, 「원생몽유록」과 마찬가지로 작가는 환상적인 허구와 실재 사실을 교묘하게 결합시켜 특정한 역사・철학적 문제를 제기하고 있는 것이며 주제・사상 면에서도 세 작품은 서로 상통하고 있다.

동양의 전통적 문체 개념으로 보면 성리학적 심성론에 근거를 둔 우언이라 할 수 있으며, 서구의 문학 용어를 빌어 온다면 심성이나 의식내적 세계의 변화를 비유적으로 서술하는 알레고리(allegory)의 귀감이 될 만한 작품이다. 이른바 심성을 의인한 가전체(假傳體) 소설의 효시가 되는 작품이나, 뒷날의 아류작들과는 비교될 수 없는 독창적인 문예적 가치를 지니고 있으며, 당시의 비평가에 의해 시인 백호의 탁월한 문재를 보여주는 대표적 작품으로 일컬어지기도 했다.[1] 일찍이 허균(許筠)도 이 작품에 대해 "문자가 생긴 이래 특별한 글이니 천지간에 이 문자가 없으면 안 된다"고 하며 그 문예적 독창성을 높이 평가한 바 있다.[2]

이 작품이 이렇게 일찍부터 당시 사대부들에게 주목을 받고 당대의 진보적 지식인이 유사 이래 없었던 독창적 문학작품이라고까지 극찬한 것은 대략 다음 두 가지 이유 때문이었을 것이라고 생각된다.

첫째, 당시 사대부들의 상식적인 사고구조를 뒤흔드는 충격적인 사상을 담고 있음에도 불구하고, 여기에 부인하기 힘든 진실이 깃들어 있음에 공감했기 때문이었을 것이다. 둘째로, 전통적인 문예의식의 제약을 벗어난 희필적(戱筆的)인 문체나 또는, 철학적 사유를 의인의 비유를 통해 형상화하고 있는 알레고리의 허구적 형식이 이들의 흥미를 끌었던 것으로 보인다. 물론 희필이고 허구이긴 하지만 그 수려한 문장 자체가 그들의 문예감각이나 미적 욕구에 부합된 점도 있었을 것이다.

그러나, 이미 전통적인 문예 의식으로부터 멀리 벗어나 있고 성리학적 심성론에도 관심을 잃은 근대의 소설사가・연구자들은 이 작품의 문예적 독창성에 대해 당시 비평가・독서인들처럼 큰 관심을 기울이지는 않았다. 「금오신화」와 「홍길동전」을 연결하는 교량으로서 이 작품의 소설사적 위치를 주목한다는 간단한 문학사적 언급[3]을 제외한다면,

---

1) 我國之人, 用功於詩學者衆矣. 至於斯文, 則全不着力故, 鮮有可觀…林悌, 爲愁城誌, 其言離曰, 欲避於天上, 遇牽牛織女而返, 佳矣.(李睟光, 『芝峰類說』)

2) 所謂愁城誌者, 結繩以來別一文字, 天地間自欽此, 文字不得.(許筠, 『鶴山樵談』) 『학산초담』은 許筠의 跋文에 의하면 1593년(선조 26년, 萬曆 癸巳)에 탈고되었는데 이는 白湖 殞命 직후로서 백호문집 간행년도(1617년, 광해군 9년; 萬曆 丁巳)보다 20여 년 전의 일이니 「수성지」는 이미 작가의 생존 당시부터 독서인들에게 화제를 뿌리며 널리 읽혀졌던 것으로 짐작할 수 있다. 이상 『許筠全書』(亞細亞文化社, 1980), 476, 478면 참조.

3) 조윤제, 『한국문학사』(동국문화사, 1963), 243면.

대개는 '가전체 소설' 혹은 '의인소설' 혹은 심성(心性)을 의인한 '天君(系) 小說'의 하나로서 이 작품의 유형적 성격을 관찰하고 있는 데 머물고 있다.[4] 이 중 '天君小說'이라는 용어로 「수성지」와 그 아작들을 망라하여 작품론과 유형론을 아울러 시도한 김광순(金光淳) 님의 연구[5]는 여러 작품을 비교하면서 이들이 의거하고 있는 작품 외적 사실 즉 철학적 전거(經·傳)에 대해 충실하게 조사하여 모아놓은 공이 있다. 그러나 알레고리 작품 의미를 분석하는 방법에서 인물·사건의 비유적 의미를 유형적[모사적(模寫的)] 차원에서 파악하기도 하는 등 작품의 해석과 평가에 혼선을 빚고 있다.[6] 근래에 김혜숙(金惠淑) 님은 「수성지」에 대한 본격적 작품론[7]을 통해 이 같은 해석상의 오류를 지적하고 이 작품의 비유적 의미구조가 「중용(中庸)」의 철학에 의거하고 있다고 주장하면서 작품의 주제·형식 등에 대해 나름대로의 견해를 제시하였다. 그러나, 「수성지」의 형이상학적 의미구조를 통찰하고 당시의 사대부 사회 속에서 지닐 수 있었던 그 사상적 내용상의 독창성을 현대적 시각으로 재조명한 것은 임형택(林熒澤) 님의 글이다.[8] '방외적 문인'으로서 백호의 문학이 이조 한문학사 속에서 차지할 수 있는 문학사적 위치를 높이 평가한 이 글에서 그는, 「수성지」의 핵심적 의미가 주자학적 인간관의

---

4) 김기동, 『이조시대소설론』(정연사, 1959), 153면.
정주동, 『고대소설론』(형설출판사, 1966), 289면.
김광순, 『天君小說硏究』(형설출판사, 1980)

5) 김광순, 위의 책. 이 책에서는 「수성지」 이전에 김우옹(金宇顒)에 의해 「天君傳」이라는 작품이 지어졌다는 기록에 의거해 이 작품(「天君傳」)이 천군 소설의 효시라 했는데, 이를 소설로 간주해 좋을지 의문이다.

6) 이러한 해석상의 문제와 혼선은 앞서 든 고소설사, 개론류에도 공통으로 나타나고 있다. 알레고리의 의미 접근 방법에 대해서는 뒤의 주 13) 참조.

7) 김혜숙, 「「수성지」 소고」(『백영 정병욱 선생 환갑기념논총』, 신구문화사, 1982).

8) 임형택, 「이조전기의 사대부문학」(『한국사 11』, 국사편찬위원회, 1974 및 『한국문학사의 시각』, 창작과 비평사, 1984).

파탄과 함께 왕도정치 이념의 허무함을 드러내 주는 데 있다고 본 것이다.

본고에서는 이제 이 견해와 함께 그간의 연구결과들을 수렴하면서, 작품 「수성지」의 의미구조와 주제, 그리고 그것이 지닐 수 있는 사상적·문예적 독창성을 재음미해 보고자 한다. 작품을 분석하고 해석하는 과정에서 본고가 특히 주목하고자 하는 것은 하나의 서사 유형 또는 표현 방식으로서 알레고리라는 문예 형식을 취한 이 작품의 독특한 구조원리와 이를 통해 표현이 가능했던 사상의 질과 내용이다. 알레고리의 형식과 함께 이 작품의 근본구조를 특징짓는 또 하나의 형식상 원리는 그 희학적(戱謔的) 문체와 어조(토운) 또는 희문(戱文: parody)적 형식이다. 그런데, 알레고리와 마찬가지로 희문의 형식 역시 작가의 특정한 사상·정서 내용을 표현하기 위한 도구로 선택된 것이라면, 두 가지 형식을 의도적으로 결합시킴으로써 이 작품이 표현하려 했던 사상적·정서적 내용의 특질이 무엇이며, 이를 통해 거둘 수 있었던 작품의 예술적 성과란 어떤 것이었는지를 우리는 적출해 내야 할 것이다. 이러한 논의 속에는 물론 알레고리나 희문이 지니는 문학사적 성격 또는 이러한 형식이 기초하고 있는 사회·역사적 배경에 대한 고려가 병행되어야 할 것이며, 이런 점과 관련하여 이 작품이 차지할 수 있는 문학사적 위치가 재확인되어야 할 것이다.

2. 알레고리의 의미구조와 심성관의 전환

앞서 말한 대로 「수성지」의 작품세계는 심성의 체계를 의인화하여 봉건적 정치체계 즉 군주를 정점으로 한 관료적 위계조직(hierarchy)에 대입시킴으로써 그 허구적 상황을 설정한다. 이처럼 심성의 질서 체계(hierarchy)를 봉건적인 지배질서 혹은 국가 정치체제와 연관시켜 설명하는 사유는 고대 봉건제가 생긴 이래 있어 온 오래된 관습이지만[9] 이러한 사유를 체계화한 것은 주지하다시피 고대 정치철학인 유교를 심성론으로 재편시킨 성리학이다. 주희(朱熹)에 의해 집대성된 성리학은 봉건적 정치(지배)질서를 확고하게 유지하기 위해 자기 사회에 필요한 제 가치에 따라 심성을 다스리는 윤리학적인 심성론을 마련하였으며, 나아가서는 이를 우주론·존재론과도 연관시킴으로써 정치·윤리와 우주·역사에 걸쳐 인간경험과 세계를 총괄하는 방대한 이데올로기적 사유체계를 완성시켰던 것이다.[10]

「수성지」에 펼쳐지는 허구적 작품세계 즉 천군(天君)이[11] 다스리는 마음의 나라는 이 성리학적 체계를 기반으로 해서 구축된다. 그러나, 여기서 우리가 주목하고자 하는 것은 성리학이나 그것이 지니는 총괄적·체계적 성격이 아니라 이를 기반으로 한 이 작품의 알레고리적 의미구조가 지니는 총괄적·체계적 성격이다.[12] 이 점을 염두에 두면서 이

9) '天君' 즉 마음 나라의 임금이란 단어는 『荀子』의 「天論篇」에 나타나기 시작한다. "心居中虛, 以治五官, 夫是之謂天君."(馮友蘭, 『中國哲學史』, 上海 商務印書館, 375면에서 재인용.)

10) 이하 이 글에서 운위하는 성리학은 주로 주자학을 지칭하는 개념의 용어로 쓴다. 前章(「花史」論)에서 인간의 심성(의식)이 외부 사회(역사)와 자연(우주)에 대한 제 표상을 일정한 방식으로 관련지어 가며 특정 이념(天道: 天理)에 도달함으로써 그 궁극적 자기규정을 획득하는 과정에 대해 언급했다. 존재의 근원과 원리를 인간의 심성과 같은 정신적 존재로 파악하려한 성리학적 사유 체계는 이처럼 관념적 표상에 따라 인간 심성과 외부 세계를 동일한 존재 양태 아래 인식하려는 관념론적 세계관·인간관의 대표적인 예에 해당하는 것이다. 이제 여기서 지적해 두어야 할 것은 이같은 사유체계의 이데올로기적 성격이다. 즉 諸表象을 특정한 목적점(理念)을 향해 결합·구성해 가는 인간의 의식 또는 인식과정은 인식 대상 특히 사회적 구성물을 특정한 방식으로 구성·유지하려는 인간의 사회적 요구와 목적에 따라 형성·전개 된다는 것이다.

11) 순자가 쓴 '天君'이란 용어에서 '天'은 '자연'을 말하는 것으로 여기에 어떤 형이상학적 의미는 없다. '天'과 '天君'을 도덕적·형이상학적 원리를 내포한 개념으로 쓰게 된 것은 孟子의 사상을 발전시킨 성리학이 관학으로 고정되면서부터이다(순자와 맹자 및 성리학파의 '天'에 대한 개념에 대해서는 馮友蘭의 앞의 책 참조).

제 작품의 전체 의미에 접근해 보기로 하자.

작품의 전개과정은 크게 세 단락으로 나눠지는데 주요 갈등이 일어나기 이전의 첫째 단락에서는 우선 인(仁)·의(義)·예(禮)·지(智)의 사덕(四德)과 희(喜)·노(怒)·애(愛)·락(樂) 등의 칠정(七情) 및 오관(五官)·사물(四勿)들에게 각기 관직을 배수하고 천군(天君)이 주재하는 마음의 나라가 제시된다. 천군이 한묵(翰墨)으로 문(文)·사(史)를 일삼으며 고금 영웅을 '개상(慨想)'하자 주인옹(主人翁)이란 인물이 등장하여 천군에게 존심양성(存心養性)에 힘써 치중화(致中和)·참천지(參天地)하라는 상소를 올리니 이윽고 천군은 이 간언을 받아들여 改元[復初]의 치화(治化)를 이룩한다.

여기서 전개되는 유형적 사건의 원리 즉 천군이 마음의 나라를 통치하는 행동 과정과 그 원리는 물론 비유적·우의적 의미의 차원에서 성리학, 또는 성리학적인 심성수양[存心養性]의 원리를 상징하고 있으며, 중요한 것은 이 비유적 차원의 의미이지 유형적 사건은 자체로서 독립적 의미를 가지지 못한다. 그런데, 성리학적 체계에 따르면 이 심성수양의 원리는 봉건군주가 국가를 통치하는 정치원리[王道]의 근본을 이루는 것이며 궁극적으로는 우주와 역사의 운행을 주재[參天地]하는 초월적 원리[天理]와 합치하는 길이기도 하다. 그러므로 백관((百官)이 합심하여 각기 자기 직분을 다하고, 군왕[天君]은 존심양성에 힘써 치중화·참천지 할 수 있는 왕도지치를 이룩한다는 작품의 유형적[模寫的] 사건과 의미는 의인의 장막 뒤에 놓여 있는 비유적[象徵的] 의미 즉 형이상학적 의미를 뒤따르며 이를 보완하는 구실을 한다고 볼 수 있다.[13)]

---

12) 알레고리 구조의 총괄적·체계적 성격 및 그 이데올로기적 성격에 대해서는 G. Clifford, *The Transformation of Allegory*(Routledge & Kegan Paul Ltd., 1974), Chap. Ⅰ 참조.

13) 그러므로, 이 작품의 '天君'에 현실적인 어느 군주를 대입시켜도 좋다는 임형택님의 견해는 작품의 총체적 의미 구조의 일면을 포착하고 있다. 그러나 이 논리를 확대하며 '마음의 나라'의 파탄이 바로 봉건적 지배 질서나 정치 체제의 붕괴를

이처럼 비유론적 의미(형이상학적 의미)가 선행하는 작품의 의미구조는 이 작품 전체를 통해 변하지 않는다. 그러나 주자학의 이데올로기적 사유체계에 거의 완전히 부합되던 작품의 형이상학적 의미는 주요 갈등이 일어나는 둘째 단락에서부터 무너지게 된다. 즉 칠정(七情) 중 애공(哀公)과 감관[耳·目]들이 합소(合疏)하여 시름[愁]으로 가득찬 자연과 인간사회의 구체적 실상들을 지적하면서 시름의 근원이 마음속에 있는가 외물로부터 오는가 하는 인식론적 물음을 던지자, 천군은 심상(心傷)하여 정사를 돌보지 않게 되고 무극옹(=理)은 자취를 감추며 마음의 나라는 화평을 잃는다. 굴원(屈原)·송옥(宋玉)을 앞세워 억울하게 좌절되고 희생된 역사적 주인공의 원혼들이 몰려와 나라 가운데 시름의 성[愁城]을 쌓자 이후 작품은 관성자(管城子; 붓)를 통해 원혼들이 우글대는 이 '愁城'을 탐사·보고하는 내용의 묘사문으로 채워져 있다.

작품의 종결부인 셋째 단락은 주인옹의 계청(啓請)에 따라 이 난공불락의 수성을 술의 힘을 빌려 함락시킨다는 내용이다.

이제 새롭게 전개되는 작품의 의미에 접근하기 위해 우리가 여기서 고려해야 할 것은 알레고리 형식이 지닌 사유도구로서의 기능이다. 알레고리가 이미 잘 알려지고 공인된 철학적·형이상학적 사유체계나 도덕적 명제들을 예시·확인하는 표현방법에 그친다면 그 문예적 독창성

뜻한다고 본 것은 무리한 해석이 아닌가 한다. 전체 구조로서의 허구세계[比喩的形象]가 관련을 맺는 곳은 어디까지나 심성 내 세계 또는 형이상학적 이념의 세계이지 결코 현실[實際] 세계가 아니기 때문이다. 그러나, 심성수양의 원리가 곧 왕도지치의 원리가 될 수 있음을 지적하여 두 가지 차원의 의미 관련을 처음 지적한 임형택 님의 통찰은 탁월한 것이다. 한편 마음의 나라를 다스리는 天君이나 그의 관료들을 현실적인 군주나 신하의 유형[典型]으로 파악하여, 이 작품의 주제가 당시의 혼탁한 관료사회를 묘사·풍자한 데 있다고 보는 식의 견해들(주 4) 및 6) 참조)은 알레고리의 의미 구조 원리를 온전히 이해하지 못한 해석으로 보인다.

알레고리 작품의 의미를 유형론적 의미와 비유론적 의미로 나누어 그 의미의 先後·主從 관계를 가늠하는 방법론에 대해서는 R. Kellog & R. Scholes, *The Nature of Narrative*, Oxford Uni. Press, 1968, Chap. II 참조.

을 인정받기 어렵다. 이런 식의 알레고리란 철학적・윤리적 내용(사상)의 교훈을 위해 문예적 형식을 빌려준 것인 만큼 그 서사적・문학적 기능이란 기껏해야 오락적 기능에 그치고 만다. 반면에 아직 철학적으로 체계화되지 않거나 공인되지 못한 사상(사유)을 알레고리 형식을 통해 형상・표현되어 있을 때 우리는 그 같은 작품의 문예적 독창성과 함께 알레고리의 사유도구로서의 기능을 일정하게 인정할 수 있다.[14] 이런 점에서 볼 때 「수성지」의 사상적・문예적 독창성은 성리학적 심성론을 단지 문예적으로 도해(圖解)하고 있는 「천군전(天君傳)」 등 이른바 천군계 가전체류의 이전 작품과는 달리 여러 가지 면에서 높이 평가될 수 있다.

첫째, 외부 현실과 직접 교섭하는 감관(感官)의 활동과 이 같은 감각적 경험으로부터 야기되는 정(情)의 활동을 강조하여, 인간 심성의 근본 질서를 좌우하리만큼 본질적으로 중요한 요소로 간주하고 이를 부각시킨 점이다. 둘째 단락의 전개에서 보듯이 백관 즉 인간 심성[心身]의 유기적 각 부분[기관]이 조화를 이루어[致中和], 천지를 그 영토로 삼았던[參天地] 마음의 나라[心性 世界]는 칠정(七情) 중 애공(哀公)과 감관[이(耳)・목(目): 출납관(出納官), 감찰관(監察官)]의 활동에 의해 평안을 잃게 된다. 심성의 유기적 질서・조직을 총체적・통일적 국면에서 상징하고 있는 천군은 이 감(感)・정(情)의 활동으로 인해 곤경에 처하게 되며 그의 통치 질서(심성의 통일적 질서)를 교란하게 된 '수성(시름)'도 애당초 이들의 활동으로 인해 마음의 나라 속에 들어서게 된다.

둘째, 심성을 선험적・추상적 존재로만 인식하지 않고 경험적・구체적 존재로 인식하여, 심성의 이러한 측면을 강조해서 부조(浮彫)하고 있다는 점이다. 작품 첫머리의 도입부에서 성리학적 체계에 따라 제시되

---

14) 알레고리의 사유 도구로서의 기능에 대해서는 R. Kellog & R. Scholes의 앞의 책 및 G. Clifford의 앞의 책 참조

는 천군의 나라는 물론 선험적·추상적 질서로서 존재하는 심성의 세계이다. 그러나 이 같은 원초적 질서는 시간이 경과함에 따라 차츰 흔들리고 감정의 능동적 활동이 개시되자 심성 내에서는 이러한 질서에 근본을 마련해 준 초월계의 지원자[無極翁][15]조차 종적을 감추게 된다. 대신에 감·정의 활동과 더불어 접촉을 끊을래야 끊을 수 없는 외부 세계 또는 사회·역사적 현실세계(시름의 성을 쌓고 있는 고금의 역사와 영웅)가 천군의 영역 안에 들어와 그 질서를 규제하게 된다. 그러므로 천군이 다스리는 마음의 나라는 고정·불변하는 성격이나 의미를 지니는 것이 아니라, 선험적·추상적 질서로서 존재하는 심성으로부터 외부 세계와 특정한 방식으로 교섭하는 경험적이고 구체적 심성으로 전환되는 변형을 겪는다고 볼 수 있다. 그러나 첫 번째의 천군 또는 그의 나라와, 둘째 번의 천군이 각기 다른 존재라는 것은 아니다. 동일한 심성의 원리를 상징하고 있되 선험적·추상적 존재로부터 경험적·구체적 존재로 전환되는 새로운 계기를 가지게 되었다는 것이다. (주자학의 용어로 말하자면 그것은 본연지성[선험적·추상적 性=理]을 자기 안에서 회복하기를 추구하는 기질지성과 비슷하다고 할 수 있다. 그러나 본연지성(本然之性)과 기질지성(氣質之性)은 언제나 차별될 수밖에 없는 개념임에 반해 이 작품에서는 양자가 한데 결합되어 있으므로 이 같은 용어로 바꾸기도 곤란하다.) 그렇다고 해서 이 구체적 존재로서의 심성(천군 또는 그의 나라)이 작가 백호와 같은 특정한 개인의 심성을 뜻하는 것도 아니다.[16] 그것은 작가의 개인적 심성이 투영되어 있겠지만 경험적 현실과의 갈등(시름)을 공유하고 있는 구체적·개인적 심성 일반을

15) 周濂溪는 만물의 초월적 존재근거로서 '無極而太極'을 주장하였으며, 朱熹는 總天地萬物之理하는 이 無極而太極의 理가 事事物物·個個의 人間 心性에도 내재해 있다고 보아 '性卽理'의 학설을 확립했다(馮友蘭, 앞의 책 참조).

16) 김혜숙 님은 천군이 작가 백호의 개인적 심성(또는 인품; 氣質之稟)을 상징하는 인물이라 했다. 앞의 책, 348~351면.

상징하는 보편적 성격과 의미를 지니고 있는 것이다.

셋째, 이러한 심성관의 변화와 함께 우리의 주목을 끄는 철학적 사유의 주요한 단면을 이 작품에서 볼 수 있으니 '주인옹'이란 인물의 활동이 그것이다. 앞에서 보았듯이 그는 작품의 첫째 단락에서 천군이 고금의 영웅을 개상(慨想)하고 문·사(文史)의 장역(場域)에서 노닐자, 존심양성에 힘써 치중화·참천지하라는 충고를 함으로써 심성[국가]이 위란(危亂)에 빠지게 되는 것을 미연에 방지한다. 그러나 셋째 단락에서는 난공불락의 수성 때문에 천군의 나라에 더 이상 평화를 되찾을 방도가 없게 되자 이번에는 술로써 수성을 격파하라고 권하며, 마침내 그의 계책에 따라 천군의 나라는 평정을 되찾게 된다. 이처럼 심성 내의 유기적·총체적 질서 속에서, 또는 이러한 질서의 상징적 권화(權化)인 천군에 대해서 주인옹이 하는 역할이란 바로 천군을 선도(先導)하여 어떤 식으로든 심성[마음의 나라]의 질서를 정립해 나감으로써 그로 하여금 평정을 유지토록 하는 일이다. 그러나 그것은 이성을 뜻하는 것도[17] '경(敬)'을 뜻하는 것도[18] 아니다. 존심양성에 힘써 치중화할 것을 권고할 때와는 달리, 술을 퍼먹고 온갖 시름을 쫓아내라는 반이성적 계책을 쓰기도 하는 때문이다.

선험적인 도덕원리를 지향하기도 하고 경험적인 감각·감정상의 요구를 들어 주기도 하면서 유기체인 심성 조직을 질서와 평형으로 이끌어 가고자 하는 이 주인옹의 합목적적 활동은 요즈음의 개념으로 보면 인격적 자아 유지를 위한 ego의 활동과 비슷한 점이 있다. '주인옹'이란 이름이 말해주듯이 그것은 추상적·보편적 개념인 심성이 구체적 개인의 인격 속에 자리했을 때, 이 개인의 심성 또는 인격적 주체(자아)가 자기 나름의 개성적이고 주체적인 방식으로 통일적 질서를 정립·유지

---

17) 황패강, 「원생몽유록과 임제문학」, 『한국서사문학연구』(단국대출판부, 1977), 321면.
18) 김광순, 앞의 책, 124면.

토록 하는 심내 활동의 원리를 상징하고 있다.[19] 요컨대 심성활동의 통일적 질서·원리를 상징하고 있는 천군이 어떤 식으로 자기 영역을 통솔해 나갈 것인가 하는 것은 오로지 이 주인옹의 판단과 선도에 달려 있다. 천군에 대한 그의 정이 골육보다 더 친한 것이라고 고하는 주인옹 자신의 말처럼[20] 그는 사실상 천군의 한 분신과 다름없는 존재이다. 그러나 천군이 작가 백호라는 특정한 개인의 심성 원리 자체를 상징하고 있지 않듯이 주인옹 역시 작가 백호 자신의 인격이나 개성의 육화는 아니다. 어디까지나 그는 개인의 인격적 주체(자아)를 담지하고 있는 심내(心內) 활동의 추상적·보편적 원리를 상징하고 있을 뿐이다. 그러므로, 백호 자신은 이 천군의 영역 속에 쌓은 '수성'의 한 귀퉁이에 익명의 인물로 스스로 모습을 나타내며 독자에게 자기 존재를 확인시켜 주고 있는 것이다.

3. 희문(戲文)의 풍자적 의미와 사대부의 자의식

그러나 마음속에 쌓인 시름을 술로 물리친다는 이 작품의 희학적(戲謔的) 결말이 보여 주듯이 알레고리 형식을 통해 작가가 궁극적으로 의도하는 바가 성리학적 심성론에 대치되는 어떤 새로운 심성론을 체계적으로 제시하려는 데 있었던 것은 아니다. 그렇다면 성리학(주자학)의 체계에서는 간과되어 오던 인간 심성의 또 다른 측면을 강조함으로써 심성 구조의 새로운 재편을 시도하고 있는 이 작품의 알레고리가 궁극

---

19) 心學의 전통 속에서 전거를 찾자면 심성 '함양(涵養)'의 원리를 가리키는 말이라고도 볼 수도 있겠다(陸象山은 涵養이 主翁이며 省察은 奴隷라 하였다. 이에 대해서는 朴熙秉 校釋, 『韓國漢文小說의 校合句解』, 소명출판, 2005, 178면 참조).

20) 臣情踰骨肉義同休戚(『白湖文集』 卷四 「愁城誌」)

적으로 의도하는 바의 의미는 무엇인가?

앞서 보았듯이 새로운 심성의 구조식으로 재편되는 과정에서 가장 결정적으로 작용한 요소는 성리학적 사유 체계·심성 구조 속에서는 억압되고 소외되어 오던 감정의 능동적 활동이었다. 외부 세계와 교통하는 이들의 활동이 개시되자마자 선험적 질서가 흔들리게 된 심성의 세계는 마침내 이들이 불러일으킨 역사적 인물의 기억으로 인해 걷잡을 수 없는 혼란에 빠지고 만다. 즉 마음의 나라에는 자체 내의 통치 능력으로는 어찌할 수 없는 난공불락의 '수성'이 구축된 것이다. 이 '수성'을 구축하는 수많은 인물들은 모두 봉건적 정치(지배) 체제의 불합리나 역사 과정의 부조리로 인해 억울하게 좌절되고 희생된 원혼들이라고 볼 수 있다. 그러므로, 이 '수성'의 구축과 함께 마음의 나라도 혼란에 빠지고 만다는 알레고리의 비유적·상징적 의미가 봉건 정치이념과 역사 현실 간의 모순에 대한 각성과 함께 이에 따르는 주자학적 심성관의 파탄을 보여주는 것이라고 해석한 견해에는,[21] 주자학의 이데올로기적 구조에 체계적으로 대립되는 이 작품의 의미 구조에 대한 통찰이 담겨있다. 이렇게 볼 때 심성과 세계의 선험적 질서 즉 천리에 대한 '경'을 그 요체로 삼고 있는 성리학의 엄숙주의를 희필(또는 희학적 어조)로 깨뜨리고 있는 이 작품의 탈이데올로기적 성격을 우리는 성리학의 낡은 세계관·인간관에 대한 풍자, 또는 성리학의 학문적 체계에 대한 패러디(parody)로 이해할 수도 있을 것이다.[22]

그러나 경험적 현실(역사 과정)과 선험적 이념[天理] 간의 모순·갈

21) 주 13) 참조.

22) 알레고리가 중세적 사유를 대변하는 중요한 서사 장르로 발전해 온 서구 문학의 경우, 이데올로기적 성격을 지닌 이 알레고리가 사회·역사적 현실에 대해 언급함으로써 탈이데올로기적 풍자로 전환되는 장르적 변질은, 일반적으로 가치관이 격변하고 이데올로기가 해체 위기에 처할 때 일어나는 문학사적 현상으로 이해되고 있다. G. Clifford, 앞의 책, Chap. 2 참조.

등 등을 묘파하고 있다고 해서 심성과 세계의 질서를 혼란과 허무에 돌리고 있는 이 작품의 성리학적 체계에 대한 이데올로기상의 격퇴가 결코 완전한 것이 될 수는 없는 일이다.

성리학적 체계에 근간을 두고 심성 내적 세계를 기술하는 알레고리의 양식적 원리에서 드러나고 있듯이 작가의 사유는 심성 내적 반성과 외부 현실에 대한 관조를[23] 통해 '고정 불변'의 선험적(초월적) 천리를 확인하려는 관념적 사유의 틀을 근본적으로 벗어나지 못하고 있기 때문이다. 천군과 주인옹은 심성 내의 천리를 확인코자 하는 노력을 거듭하다가 시름(현실과의 갈등) 때문에 어쩔 수 없이 이 노력을 포기한 것이요, 마음속에 시름[愁城]이 쌓이는 것도 현실 세계(사회·역사적 현실)에 대한 관조를 통해 초월적 천리를 확인하려는 심성 내의 요구가 좌절되었기 때문이다. 즉 경험적 현실과의 갈등(시름)으로 인해 심성이 혼란에 빠지고 역사 과정과 현실 세계가 무질서하게 인식되는 것도, 역설적인 일이긴 하지만 결국 작가가 초월적 천리의 존재를 요청하는 관념적 세계관을 근본적으로 청산하지 못하고 있기 때문인 것이다.

그런데 우리는 전장(「화사」론)에서 이와 같은 사대부 작가의 의식(또는 자의식)이 결국은 사대부적 이상을 실현할 길 없는 작가의 현실적·역사적 문제로부터의 소외에 대한 자각으로부터 기인하고 있는 것임을 살펴보았다. 일설에 의하면 이 작품은 작가가 북평사(北評士)에서 서평사(西評士)로 체직(遞職)될 때 일부러 어사(御使)의 전도(前導)를 범하고 탄핵을 입은 후에 지은 것이라고 한다.[24] 사실 여부를 알 수 없으나 이 같은 동기 설명은 바로 이상을 잃고 타락해 가던 당시의 봉건관료사회

---

23) 마음속에 쌓인 愁城은 사실상 작가가 직접 경험하고 있는 현실의 구체적 모습이라고 할 수는 없다. 경험적 현실과 갈등하는 의식 내면에서 구체적·역사적 현실(역사과정)은 관조되어 한갓된 표상(image)으로 다루어지고 있으며, 따라서 술로 이들을 쫓아낸다는 관념적 논리도 성립하는 것이다.

24) 「澤堂集」 續輯 卷一.

에 대한 작가의 불평·불만 또는 사대부적 이상의 좌절에서 오는 그의 고뇌와 소외감이 이 작품 속에 투영되어 있을 것이라는 해석에서 나온 말일 것이다. 이런 점에서 본다면 사육신(死六臣)의 원혼을 꿈속(의식 내면)에 불러들이는 「원생몽유록」의 환상세계와 마찬가지로 굴원(屈原)·송옥(宋玉) 등 역사 과정 속에서 좌절되고 소외된 숱한 원혼(冤魂)을 의식 내면에 불러들이는 '수성'의 환상적 세계도 앞서 본 사대부 작가의 소외와 자의식을 반영하고 있다고 할 수 있다. 즉 소외의 극복을 요구하면서도 끝내 소외와 좌절의 고통 속에 남아 있어야 하는 작가의 고뇌와 갈등은 사육신의 원혼과 마찬가지로 '수성'의 원혼들에게도 투영되어 있는 것이다. '수성' 속에 등장하는 원혼들은 모두 작가 자신과 마찬가지로 시름[愁] 속에서 생애를 마친 역사적 비극의 주인공들이며, 만고의 세월을 두고 이들 모두의 마음속에 쌓이고 쌓인 시름이 바로 천군의 나라 안에 세워진 시름의 성[愁城]인 것이다. 그러므로 술에 취한 원혼들이 희희낙락하면서 '수성(시름의 성채)'도 허물어졌다는 작품의 희학적(戱謔的) 결말에는 해결할 수 없는 고뇌와 갈등을 술로 달랜다는 작가의 체념과 해학이 깃들어있다. 허균이 이 작품을 "結繩以來 別一文字"라고 평가했을 때 그는 우선 이처럼 만고의 시름을 한 곳에 모아놓고 이를 술과 해학으로 깨트린다는 작가의 기발한 착상과 해학적 세계관을 높이 평가했던 것일 터이다.

풍자로도, 해학으로도 해석될 수 있는 이 작품의 미적 구조(또는 미적 범주)상의 특질은 아이러니(irony)에 귀속된다고 할 수 있다. 앞서 본 바와 같이 가치 판단이나 정서적 태도에 있어 이율배반적 균열을 특징적으로 보여주고 있는 이 같은 작품세계에서 풍자는 현실 속에 실현될 수 없는 낡은 이념(사대부의 계급적 이상 또는 인간 의식이 도달하고자 하는 목적으로서 天理)을 겨냥한 것일 수도 있고, 이념을 실현할 길 없이 타락해 버린 사회를 겨냥한 것일 수도 있으나, 이 양자를 모두 겨냥하고 있다고 보는 것이 정확한 관찰이 되겠다. 해학은 이처럼 인간 존재(의식: 심성)와 세계의 질서 · 근원을 부조리와 허무 속에서 파악할 때 자기 위안(구원)의 한 방도로서 성립할 수 있다. 성리학의 체계에 일대 타격을 가하고 있는 이 작품이 당시 사대부들에게 사학(斯學) · 사문(斯文)을 어지럽히고 있다는 식의 큰 비난을 받지 않았던 것도 이와 같은 해학이나 이율배반적인 가치의식 · 정서가 작품 속에 함축되어 있기 때문일 것이다.

뿐만 아니라 희필로 지어진 이 작품은 그 안에 암묵리에 함축하고 있는 사상성을 분장하고 풍자적 목적의식을 완곡하게 표현하는 말장난(語戲; pun)과 글장난(戲文; parody)으로 가득 차 있다. 작품 속의 말장난 몇 개만을 예로 들자면, '七情'을 '七正'으로, 감관의 각부 명칭을 '○○官'으로, '蟻'를 '義'로, '沽酒'를 '孤主'로, '瓶'을 '兵'으로, '一盃一盃復一盃'를 '一拜一拜復一拜'로 바꾸어 놓아 독자의 웃음을 유발하고 있다. 이 같은 말장난은 글장난의 한 부분으로 기능하고 있는 것이니 여기서는 글장난을 더 살펴보기로 하자. 우선 「愁城誌」라는 작품명에서 볼 수 있듯이 봉건 지배 질서 · 가치 질서를 상징하는 '城'이 축조되었던 연혁을 밝히고자 하는 기사체(記事體) 문장 '지(誌)' 의 형식이 차용돼 있다. (그러나 아이러닉하게 '愁城'은 봉건 지배 질서의 모순과 反價値로 세워진 성이다.) 또한 마음의 나라의 역사를 기술하기 위한 본기체(本紀體)의 역사서술체, 등장인물 소개하기 위한 傳(假傳)體, '愁城'의 묘사나 등장인물의 표(表) · 소(疎)에 동원된 변려체(騈麗體), 『서전(書傳)』의 교령체(教令體), 소설적 형상과 서술을 위한 백화체(白話體), 시(詩) 등을 두루 뒤섞어 그야말로 백체(百體)를 구비한 문장의 보고(寶庫)를 이루면서 작가의 자유 · 자재로운 문장력을 과시하고 있다. 게다가 여기에는 각종 경(經) · 전(傳)과 사서(史書) · 시문(詩文) 등의 고전이 무수하게 인용(패러디)되고 있으니 사대부의 희필 또는 글장난은 「수성지(愁城誌)」 한편에서 극치를 보이고 있다고 해도 과언이 아니다. 사실상 사대부들에게 이 작품이 읽혀질 때는 이 글장난의 묘미와 이를 통해 작가가 과시하고 있는 변환자재의 자유롭고 수려한 문장을 완상하는 즐거움이 그 파격적인 사상적 내용의 충격을 완화시켜 주었을 것이다.

그러나 이 같은 말장난·글장난에는 봉건적인 가치관(제 가치)이나 심성관·세계관 또는 성리학적 이념을 싣는 도구[載道之具]로서의 문학[文]으로부터 탈출하려는 작가의 의욕이 반영돼 있는 것도 사실이다. 백화체의 의도적이고 부분적인 혼용에서 볼 수도 있듯이 이 작품은 중국소설의 영향 속에 씌어졌으며, 기존의 이념(가치관·심성관·세계관)을 표현해 온 전통적인 문장을 장난스레 모의(패러디)하며 그 문장들이 담아 온 이념을 전복시키고 있는 이 작품은 문제제기적이고 탈이념적·개성적 시각을 갖추고 있다는 점에서 소설적 지향을 담고 있다고 할 수 있다. 이 작품을 "結繩以來 別一文字"라고 평가한 허균의 말에는 이처럼 이조 사대부들이 얽매어 있던 인습적인 사고의 틀이나 문예의식에 의도적으로 도전하며 새로운 문학세계를 추구한 작가의 진보적 문예의식에 대한 평가가 함께 섞여 있었을 것이다. 그리고 이 점이 다만 기존의 성리학적 심성론을 문학적으로 도해(圖解; Illustrate)하고 있는 「천군전」 등 이른바 심성의인의 서사 작품들과 달리 오늘날 우리가 이 작품을 소설사에서 주목하게 되는 소이가 되는 것이다. 또한 이 계통(천군계 소설)의 후대 작품이 연의소설의 형식을 도입하며 장편화와 함께 소설적 경향을 띠게 된 것도 이 「수성지」의 소설적 성향이 빚은 영향의 후과(後果)로 볼 수 있을 것이다.

우언·패러디·여행기 형식에 의한 고소설

–「주유천하기(周遊天下記)」론

1. 머리말

「주유천하기(周遊天下記)」는 16세기 말의 한문 우언(寓言) 필기 작품으로 소설의 구조를 완비하지는 못했으나 소설사적 측면에서 여러 가지로 주목을 요하는 작품이다.

제목이 말해 주는 바대로 「주유천하기」는 중원 천하를 두루 유람한 여행 체험을 서술하는 여행기의 형태를 취하고 있으나, 실은 천상 세계의 편력까지 곁들여 허구적인 여행기를 꾸미고 여기에 작가의 의사를 가탁하고 있는 우의적 작품이다. '중원 천하의 주유'와 '천상 세계의 편력'이라는 이야기의 기본 골격과 함께 작품 전개의 주요 계기를 소철(蘇轍)과 굴원(屈原) 등의 고전 작품에 의거하고 있어 의고적(擬古的) 희필문(戲筆文) 또는 패러디의 성격을 지니고 있는 작품이기도 하다.

16세기 말을 살았던 작가 금각(琴恪; 1571∼1588)은 18세에 요절한 천재 문인이었다. 그의 스승 허봉(許篈)과 연상의 벗 허균(許筠) 형제는 모두 그의 천재에 감복하고 그의 요절을 애통해 하는 글을 남기고 있으며, 특히 허균은 이 작품이 당시 문사들에게 널리 전송되며 한 때 서울의 지가를 올릴 정도로 애독되었다고 전하고 있다.[1] 실제로 이 작품의 영향으로 「금생이문록(琴生異聞錄)」이라는 작품이 얼마 뒤 산출되었으며, 「천궁몽유록(天宮夢遊錄)」 등 몽유록(夢遊錄)계 작품들과 「옥선몽(玉仙夢)」과 같은 고소설에서도 이 작품의 영향은 여러모로 추찰해 볼 수 있다.

사대부적 문예 전통에 뿌리를 두고 고소설사에 접맥되고 있는 이 같은 류의 작품들에 대한 포괄적 논의와 함께 작가에 대한 연구를 다음 기회로 미루고, 이제 본고에서는 작품 「주유천하기」[2]의 내용과 구조를 분석하고 그 창작 방법을 살피는 데 우선 주력해 보고자 한다. 고전에 대한 지식을 필요로 하는 패러디와 철학적 함의를 내포하고 있는 우언의 형식을 통해 교직되는 이 작품의 의미 구조는 꽤나 중층적·복합적 양상을 지니고 있다. 뿐만 아니라 작품 전체의 문맥이 까다로운 전고(典故)의 인용으로 엮어져 있어 이같이 난해한 작품 구조는 실상 오늘날 독자나 연구자의 손쉬운 접근을 가로막고 있다. 작품이 지닐 수 있는 소설사적 가치에도 불구하고 아직 이론적 조명을 받지 못한 이 작품의 의미와 가치가 본고의 논의를 통해 어느 정도 소개·이해되기를 기대한다.

끝으로 본 작품은 작가 금각의 유집인 『조대유고(釣臺遺稿)』에 실려 있으며, 봉화(奉化) 금문(琴門)의 세고집(世稿集) 『나산세고(羅山世稿)』와 이가원 선생이 편찬한 한문소설자료선집 『여한전기(麗韓傳奇)』에도 실려 있음을 밝혀 둔다.

---

1) 許筠, 「琴君彦恭墓誌銘」, 『惺所覆瓿藁』 卷十七, 古典國譯叢書 227卷, 350면. 許篈, 『荷谷集』, 詩集續補遺, 韓國文集叢刊 58卷, 38면.

2) 이 작품의 이름은 「周遊天下記」와 「周流天下記」 두 가지로 표기되며 전하고 있는데 여기서는 전자를 따르기로 한다. 작가 금각의 유집 『釣臺遺藁』와 奉化 琴門의 世稿集 『羅山世稿』 및 전기한 허균의 『惺所覆瓿藁』 참조.

2. 주인공의 우의적·자전적 성격과 작품의 창작 계기

「주유천하기」의 서두는 주인공인 대관자(大觀子)가 천하 유람의 장도에 오르는 동기를 서술하는 것으로부터 시작된다.

여기서 가공의 인물인 '대관자'는 여러 가지 우의적 의미를 함축하고 있으나,[3] 그의 사회적 처지를 언급한 문맥을 통해 나타나는 구체적 형상은 세속적 현실에 순응하며 살아온 재지(在地) 사인(士人)의 모습을 띠고 있다.[4] 하지만 그는 좁은 시골구석에 처박혀 나날이 촌인이나 상대하며 고인의 묵은 글 찌꺼기나 읽고 있는 자신의 신세가 몹시도 왜소하고 허무한 존재로 느껴져 평소 서글픔과 괴로움을 느끼고 있는 인물이다.[5] 즉 그는 향촌의 사인으로서 그가 처한 국지적 주변적 상황(환경) 및 그 안에서 이루어지는 일상적인 삶과 협애한 지식, 그리고 진부한 독서 체험 속에 자신의 의식(존재)이 구속되고 삶이 매몰되는 데 대해 심한 불안과 함께 비애의 감정을 느끼고 있는 것이다.

자신의 신세에 대한 이 같은 그의 불만과 자의식은 그가 지향하고 있는 사대부로서의 삶, 즉 '四方'[세계]에 뜻을 두고 태어난 대장부[6]로서 자기 존재의 가능성을 당면한 현실 속에서는 실현할 방도나 전망을 찾

---

3) '大觀'은 단순히 '장대한 경관'을 뜻하기도 하나, '전체(총체)적인 시각으로 사물·세계를 인식한다'는 장자(莊子)류의 인식론이 반영된 철학적 의미를 지니고 있기도 하다(蘇轍의 「上樞密韓太尉書」, 『莊子』 雜篇 「天下」 및 『中文大辭典』 참조). 이 작품에서는 양자(兩者)의 의미를 포괄하는 우의적 인물로 형상되어 있다. 뒤에 다시 살피겠지만 그는 전체로서 세계의 진상 또는 세계의 총체적 진실을 추구하는 정신의 육화이다.

4) 大觀子, 沒頭於塵土也, 久矣. 身之偃息, 茅屋茂林, 日與談話, 樵客農夫. (이상 「周遊天下記」 초두 부분. 이하 본고에서 「주유천하기」의 원문을 인용할 때에는 그 출전을 밝히지 않기로 한다.)

5) 日與談話, 樵客農夫, 所讀不過古人糟粕, 所見不過數百里之外, 十年甕底, 苦醯鷄之耳目, 三尺籬下, 悲斥鴳之天地.

6) 以爲士, 生則桑弧蓬矢, 射乎四方, 故知大丈夫必有四方之志.

지 못하고 있기 때문이다. 자신의 삶과 현실에 대한 이와 같은 불만으로부터 탈출하기 위해 찾아진 방도가 바로 사마천(司馬遷)과 두보(杜甫)의 길을 따라 천하의 명산·대천과 장관(壯觀)·기려(奇麗)를 유람하며 자신의 '志氣'[존재]를 '激發'[확충]하는 '주유천하'의 여행길에 오르는 것이었다.[7)]

여기서 우리는 작가가 우의적 성격을 지닌 주인공을 허구 세계 속에 극화시켜 삼인칭으로 제시하면서도, 여행기의 성격을 띤 이 작품의 서술 과정에서 주인공의 여행 체험과 의식 세계를 그의 주관적·내면적 시점으로 보고·서술하는 복합적인 서술시각을 취하고 있음에 주목할 필요가 있다.[8)] 허구적 주인공과 서술자 내지 작가는 그 만큼 정서적으로 밀착되어 있다는 말이다.

여기에는 그럴 만한 이유가 있으니, 주인공 대관자의 형상—즉 그의 현실에 대한 불만이나 갈등에는 조선의 재지 사인으로서 작자 자신이 갖는 의식 갈등이 투영되어 있다. 이 점에 대해서는 그의 시집에 수록되어 있는 다음과 같은 시구가 사정을 적실하게 해명해 주고 있다.

> …(前略)…
> 안타깝다 이 몸은 해동 구석에 생장하여
> 사방 멀리 나아갈 꿈 십 년이나 품었더니,
> 공을 따라 천하 유람 떠나지 못하고서
> 서쪽 하늘 바라보며 우물 안 개구리 신세 탄식하네.[9)]

---

7) 追子長之周流, 慕工夫之壯遊, 思得天下之名山大川, 壯麗奇偉之觀, 以激發其志氣. 인용문 중에서 '志氣의 激發'은 '존재(의식)의 확충' 또는 '상상력의 확대'를 뜻하는 말로 해석될 수 있으며, 이에 대해서는 주 20)에서 상론한다.

8) 앞의 주 4)~7)의 인용문 및 추후의 인용문 참조.

9) (前略) 嗟余生長海東頭, 十載空懷弧矢計, 覩周未得陪公行, 西望秦天悲井底. (後略)(「送裵相公朝天」, 『釣臺遺稿』)

「배상공의 사신 행차를 송별하며」라는 시 제목과 그 내용으로 보아 이 시는 재상 배삼익(裵三益)이 진사(陣謝) 사절(使節)로 명(明)에 파견되어 가는 길을 전송하는 시인 것으로 짐작된다.[10] 이 때 그는 17세의 나이로 폐결핵에 걸려 향리에서 요양과 독서로 소일하고 있을 때였는데, 이 시에서 고백하고 있는 그의 심경, 즉 평소 우물 안 개구리 신세를 한탄해 온 그의 불만과 사해를 주람(周覽)해 보기를 꿈꾸어 온 그의 열망은 앞서 본 대관자의 의식세계와 놀랍게도 일치하고 있는 것이다.[11] 그러므로 우리는 우의적 인물 대관자는 작가의 의식이 투영된 그의 한 분신이며, 그가 떠나는 주유천하의 장도에는 광대한 대륙과 중화문물에 대한 작가의 동경과 선망이 투사되어 있다고 보아 좋을 것이다.[12] (따라서 주인공과 서술자 · 작가—또는 서술적 작가의 시점이 서로 중첩 · 혼융되어 있는 이 작품의 서술시각은 작가에 의해 의도적으로 선택 · 고안된 것이라고 볼 수 있는데, 작가의 우의적 구도에 따라 새로운 인물이 등장하고 서술 상황이 바뀌는 작품 종반부에서는 시점의 분리가 이루어진다.[13])

---

10) 裵三益은 작가의 부친 琴蘭秀와 함께 退溪의 문하에서 동문수학한 동향인으로 금씨 문중과 절친한 사이었던 것으로 보인다. 배삼익 및 그의 使行에 대해서는 『宣祖實錄』 卷二十一, 二十年 丁亥 四月條 및 『韓國歷代人物集成』 2권(민창문화사, 1990) 참조.

11) 앞 주 5), 6)의 인용문 참조.

12) 만약 작가가 이 시에 나타난 바와 같이 使行 길에 동행하지 못한 것이 한이 되어, 좌절된 그의 소원을 이 작품 『주유천하기』의 환상을 통해 충족시키려 했다면(실제로 그럴 가능성은 매우 크다), 작가가 이 작품을 창작한 해는 이 해(1587년), 또는 그가 병사하게 되는 이듬해(1588년)가 될 것이다.

13) 서술시점에 대한 논의는 본고의 주요 관심은 아니나 작품의 주제 · 의미를 논하는 데 필요한 만큼 해명해 두고자 한다. 이하 본고에서의 시점에 대한 논의 및 '작가적 서술자' 등의 용어는 F. K. Stanzal, 『소설의 이론』 *Theorie des Erzälen*(김성신 역, 문학과 비평사, 1992) 참조.

그러나 좀 더 시각을 넓혀 본다면 협애한 국지적 환경과 그 속에 구속당하는 자신의 체험과 지식에 대한 회의, 중국 대륙과 문화에 대한 동경과 호기심 따위는 비단 이 작가뿐 아니라 당시 조선의 사대부들, 특히 선진적·개방적인 지성의 소유자라면 대체로 공유하고 있었던 의식의 한 측면을 보편적으로 상징·대변하고 있는 것으로 보아 무방할 것이다.[14] 즉 우의적 인물 대관자는 작가의 의식이 투영된 인물일 뿐 아니라, 당시 사대부들의 지적·정서적 일경향을 반영하는 보편적 의식 유형, 또는 지적 전형을 이루고 있는 것이다.

3. 의고(擬古)·패러디와 여행기 형식이 교직된 서술 구조

더구나 이러한 의식 유형은 비단 조선에만 국한된 것이 아니라 중국에서도 꽤나 유서 깊은 지적·정신적 전통 속에 성장·전승되어 온 것이다. 이 점은 이 작품이 전거를 두고 있는 전대 문학 작품들을 통해 명백히 알 수 있다. 즉 위에서 살핀 이 작품의 서두 부분은 기실 소철(蘇轍)의 「상추밀한태위서(上樞密韓太尉書)」에 영향 받은 바 크다. 소철은 이 유명한 편지글에서 태사공(사마천)의 호탕한 문장을 흠모한 나

14) 이 같은 당시 사대부들의 정서적·지적 분위기에는 이른 바 모화사상의 소치로 볼 수 있는 부정적 측면이 없지 않겠으나, 선진 문화와 그 발원지로서 '중원 천하'에 대한 개방적 관심은 진취적 지성의 발로로 이해될 수 있는 측면이 더 크다고 본다. 작가의 사후 즉 중국과의 왕래와 교류가 더욱 활발하게 된 임란 후, 이 같은 분위기는 좀 더 고조되었으리라 보이는데, 환경의 덕도 있었겠으나 작가의 개방적 의식은 이런 점에서 좀 더 선진적이었다고 할 수 있을 것이다. 중국과 중화 문물에 대한 당시 사대부들의 선망어린 관심에 대해서는 작가와 동년배의 시인인 허균과 권필의 시문이 좋은 증좌가 될 수 있을 것이다. 이에 대해서는 허균의 「惺叟詩話」 「鶴山樵談」 및 鄭珉의 논문 「石洲 權韠의 詩觀과 詩精神」(『韓國漢文學과 儒教文化』, 亞細亞文化社, 1991) 참조.

머지 그가 사해의 명산대천과 천하의 호걸들을 찾으며 그 식견을 넓히고 지기를 격발하던 선철을 뒤좇아, 자신도 여행을 통해 협애한 자신의 지기와 식견을 격발 · 확충하게 된 내력을 고백 · 서술하고 있다.15) 「주유천하기」의 서두 부분은 그 수사 내용을 약간 달리하고 있으나 이 글을 대략 모의하고 있는 자태가 뚜렷하다. 이 같은 사실은 이 작품의 창작이나 주인공의 형상에 소철의 글이 매우 중요한 계기로 작용하고 있음을 알려주고 있다. 즉 작가는 소철의 글에 크게 공감하는 바 있어 이를 계기로 '大觀子'라는 허구적 인물을 창조하고16) 그로 하여금 사마천과 소철의 예에 따라 천하를 주유하는 모험을 겪게 함으로써,17) 현실 속에 실현하기 어려운 자신의 원망을 환상(허구세계) 속에서 대신 충족시키고 있는 것이다.

이처럼 옛 문호들의 발자취와 정신적 궤적을 좇아 천하 유람의 장도에 오른 대관자의 여행길은 이후 숭양(崇陽)을 거쳐 장하(長河)에 배를 띠우고 은(殷) · 하(夏)의 유적지를 탐방하는 데서부터 시작하여, 역대 흥망과 전란의 유지(遺趾)와 영웅 · 열사의 족적, 문인 · 명작의 고향, 성현들의 학문 · 교육의 성지(聖地), 명산(名山) 대택(大澤)과 기관(奇觀) 절경(絶景)을 망라하게 된다.

여행자(대관자)의 시점을 통해 서술되고 있는 이 중원 천하의 주류(周流) 체험기는 이 작품의 중반 이후까지 진행되는데, 이 같은 작품 중반부까지의 서사 과정 또는 여행 체험의 서술 내용에는 또한 송(宋) 마자

---

15) 轍生十有九年矣. 其居家所與遊者, 不過其鄕里鄕黨之人, 所見不過數百里之間. (中略) 百氏之書, 雖無所不讀, 然皆古人之陳迹, 不足以激發其志氣, 恐遂汨沒, 故決然捨去, 求天下之奇聞壯觀, 以知天地之廣大, (中略)然後, 可以盡天下之大觀而無憾者矣.(蘇轍, 「上樞密韓太尉書」, 『唐宋八子百選』)

16) 주 15)의 인용문 마지막 구절 참조.

17) 작가는 이와 함께 대관자의 주유천하에는 杜甫의 壯遊가 또 하나의 정신적 원류로 작용하고 있음을 밝히고 있다. 주 7)의 인용문 참조.

재(馬子才 : 馬存)의 고문 「자장유증갑방식(子長遊贈蓋邦式)」의 영향이 일정하게 작용한 것으로 보인다.

일종의 독서록·문장론의 성격을 지닌 이 글에서 마자재는 『사기(史記)』 문장의 다양한 지경이 천하를 주류·답사하던 사마천의 다양한 여행 체험의 소산임을 대비·설명하면서, 『사기』 자서에서 저자 스스로 밝힌 주류의 역정(歷程)을 몇 갈래로 나누어 그 정황을 간략하게 묘사·서술하고 있다.[18] 태사공을 뒤좇아 "천하의 대관을 다 구경하여 나의 지기를 북돋우겠다(盡天下之大觀, 以助吾氣)"는 필자의 원망(願望)과 동경이 강하게 피력되고 있는 이 글은 그 역시 「상추밀서」의 영향 속에 씌어진 것이다. 허나 「상추밀서」에서는 그 같은 원망을 직접 실현한 작가의 실제 여행 체험이 몇 마디 말로 요약·보고되고 있다면, 이 글에서는 독서와 전문(傳聞)을 통해 상상적으로 추체험(追體驗)한 선인의 주류 역정이 보다 구체적인 묘사(형상)를 곁들인 채 서술되고 있는 것이다.

기왕의 독서 체험과 지식을 토대로 작가의 상상력을 발휘하여 가공의 여행체험기를 꾸미고 있는 「주유천하기」의 서사구조는 이 「자장유」의 취의를 발전시킨 것이라 볼 수 있으며, 서상한 「주유천하기」의 서술 내용은 「자장유」에서 서술된 내용(주류 역정)을 모두 포괄하고 있다. 이처럼 「상추밀서」나 「자장유」와 같은 전대의 고문이 이 작품의 창작이나 또는 허구적 서사 세계의 구축에 주요한 계기를 제공하고 있는 것이 사실이나, 그렇다고 이 작품이 단순히 이들 고문을 모방하고 있는 것은 물론 아니다. 편지글이나 비평적 에세이로서 이른 바 교술적 성격이 짙은 앞의 두 글과는 달리 이 작품에서 작가는 '대관자'라는 허구적 인물을 창조하여 서사 영역을 확대하면서, 상상적·허구적 여행체험기라는

18) 馬子才, 「子長遊贈蓋邦式」, 『古文眞寶』 卷之十 참조. 원문의 인용은 생략.

서사세계를 새롭게 전개하고 있다. 즉 「주유천하기」의 작품 세계는 작가 나름의 독창적인 허구적 구도 속에 의도적으로 전대 고전 작품들을 인용·모방하는 패러디적 성격을 일면에 지니고 있는 것으로 이해될 수 있다.

실제에 있어 「주유천하기」는 인용과 모방 투성이의 글이다. 독서를 통한 간접 체험과 이를 통해 축적된 역사·지리적 지식에 의거하여 작가의 상상 속에서 여행은 진행되고 있으며, 따라서 이 상상적(환상적)인 여행 체험의 기술을 위해 작가는 위의 두 작품 외에도 수많은 고전 속의 다양한 전고를 동원하고 있다. 주인공이 역방·순례한 명소로서 작품 속에 거명된 지명은 백여 개에 달하며, 유서 깊은 명소마다 서려 있는 역사와 선인의 족적을 회상하며 인용된 典故(故事)가 육십여 개, 여기에 부쳐진 옛 시인의 해타를 상기하며 인용된 시구가 십여 수에 달한다. 여행기의 서술은 주인공이 주류·순방한 역정의 단순한 보고보다는 대체로, 주인공—서술자에 의해 대변되는 바, 작가가 고전 전적을 통해 접한 각지·명소에 대한 인상의 묘사와 그에 얽힌 역사의 회고적 서술 및 그에 대한 주인공의 감상이나 감회의 기술, 또는 옛 시에 화운하는 주인공의 시·부(詩賦)가 덧붙여지며 진행된다. 전고의 인용과 패러디는 (수평적 차원에서) 이 작품 전체의 서사구조를 구축하는 하나의 원리인 것이다. 그리고 인용과 모방 자체가 목적이 아닌 이상 패러디적 작품 세계는 典故·古典의 원의와 작가의 새로운 창의가 상호 투영·혼합되는 중의적·우의적 의미를 함축하게 된다. 이른 바 "比古志而明今情"하는 擬古文의 본래적 정신에 충실하면서도 이를 허구적 여행기라는 특이한 서사 형태를 통해 실험적으로 구현하고자 하는 의도를 이 작품은 지니고 있다.

한편 중원 천하의 유람을 끝낸 주인공은 곧 이어 팔황(八荒) 밖의 이역과 천계(天界)로까지 여행 편력을 연장하고 있는데 이 '환상 속의 여행'이라는 모티프는 이 작품의 허구적 서사구조를 (수직적 차원에서) 지탱하는 또 하나의 원리가 되고 있다. 뿐만 아니라 이 '환상 속의 여행'이라는 모티프 내지 서사구조는 멀리는 굴원의 초사 「이소(離騷)」, 「원유(遠遊)」로부터 가까이는 이 작품과 연대가 밀접해 있는 임제(林悌)의 「수성지(愁城誌)」에 이르기까지 한문학 내에서도 꽤나 오랜 전통을 가지고 있어서, 이 작품을 배태시킨 또 하나의 주요한 원천이 되고 있다.[19] 여기서 주의할 것은 이 '환상 속의 여행'이란, 작가 또는 인물의 의식 내면에서 이루어지는 여행이라는 점에서, 단순한 원망충족을 넘어서 그 의식적 지향을 다면적으로 담아내는 상징적·우의적 의미를 필연적으로 지닌다는 점이다. 실제로 작가는 작품의 종반에서 또 다른 우의적 인물들('沖虛子' 및 '無極翁')을 통해 주인공 '대관자'의 주유천하를 비판하는 논변을 전개함으로써 자신의 주제적 의도와 작품의 우의적 성격을 명확히 하고 있다.

「주유천하기」를 창작한 작가의 궁극적 의도 또는 작품의 주제·내용 등은 그러므로, 패러디와 환상의 결합으로 이루어지는 작품의 표면적 서사구조 이면에 내포된 우의적 의미를 구체적인 서술 문맥과 서사과정의 분석을 통해 추적·구명될 수 있을 것이다.

---

19) '환상 속의 여행'은 흔히 '꿈속의 여행'이나 또는 '초월계(天界 또는 異界)로의 여행'과 같은 형태를 취하는데, 이 작품의 경우나 위에서 든 초사(楚辭), 「수성지(愁城誌)」 등의 작품에서는 꿈의 개입 없이 초월계로 이행해 가는 여행 형식을 취하고 있다. 이 작품의 주요 단락을 구성하는 중원 천하의 여행은 이계(異界) 및 천계(天界)의 여행과 바로 접속되고 있는데, 여기서 중원(中原) 천하는 실제의 지리적 공간을 지시하면서도 작가의 상상에 의해 구축된 공간으로서, 이를테면 현실과 환상이 혼합된 '이계'적 성격을 어느 정도 띠고 있다. '환상 속의 여행'이란 이 같은 작품의 특성을 고려하여 초월계·이계의 여행을 포함하는 비현실적 여행 일반을 가리키는 개념으로 쓴다.

4. 조고상금(弔古傷今)의 중층적 주제 의식

우선 우리는 이 작품의 창작에 주요한 계기를 부여하며 큰 영향을 주었던 소철의 「상추밀서」와 마자재의 「자장유」가 다 함께 일종의 문장론을 포함하고 있는 글로써, 이른 바 양기론(養氣論)에 입각하여 "훌륭한 글을 쓰기 위해서는 기를 넓혀야 하고 기를 넓히기 위해서는 (외적 자극으로서) 풍부한 여행·체험이 필요하다"는 문학사상을 역설하고[20] 있음을 주목할 필요가 있다. 허구 세계 속에 이 글들의 일부를 인용·모방하면서 그 취의를 계승하고 있는 「주유천하기」의 서술 문맥은 이러한 고전적 사상과 문장에 일정한 공감과 경의를 표현하고 있는 것으로 볼 수 있다.

그러나 동시에, 독서와 상상을 통한 자신의 간접 체험을 허구 세계 속에 투영시켜 실제의 여행 체험에 비견하고, 그 풍부한 간접 체험을 토대로 가상의 여행기를 꾸미고 있는 작가의 의식에는 또한 그가 선망해 마지않는 중원의 고문가들에 대한 경쟁심 내지 대항의식이 암묵적

---

20) 文者, 氣之所形, 然, 文不可以學能, 氣可以養以致. 孟子曰, 我善養吾浩然之氣. 今觀其文章, 寬厚宏博, 充乎天地之間, 稱氣之小大.(蘇轍, 「上樞密韓太尉書」) 대체로 사물이나 생명의 원소, 활력소를 의미하는 '氣'의 개념은 철학적으로 문제가 되는 개념이나, 여기서 '氣'는 특히 경험적 후천적 노력에 의해 확충되는 정신적 생명력·활동력(역량)을 뜻한다고 볼 수 있다. 즉 소철이나 그가 근거하고 있는 맹자의 이론에서 '氣'는 후천적 노력 여하에 따라 개인의 의식(정신 : 心) 내면에 확충될 수도 위축될 수도 있는 것으로, 의식의 지향적 활동(志)에 부응하고, 세계에 대한 체험이나 실천을 통해 형성·확충되는 정신의 생명적 활동력이다. 따라서 소철의 글과 이를 따르고 있는 「주유천하기」에서 '志氣를 激發'한다는 구절(주 7)의 인용문 참조)은 '정신(의식)세계를 확충'시킨다든가 또는 '존재를 확충'시킨다는 의미로 해석해도 무방하리라 본다. (그러나 소철의 養氣論과 맹자의 養氣論은 이론적 정향이 같지 않으며, 이 점은 「주유천하기」 후반의 우언적 서사구조에 새로운 모티브를 마련해 준다. 이에 대해서는 뒤에 재론하기로 한다.) 위에 인용한 소철의 글에서처럼 문학적 표현이나 창작과 관련하여 '기'를 운위한다면 이는 '정서'나 또는 '상상력'이라는 말로 바꾸어도 무방하리라 본다.

으로 자리하고 있다고 보여진다. 실제의 여행 없이도 자신은 독서를 통한 지식과 상상만으로 호방한 文氣를 드날리며 일찍이 누구도 꿈꿀 수 없었던 주유천하의 여행기를 서술해 나갈 수 있다는, 조선의 청년 재사로서 가질 수 있는 작가의 오기가 이 작품의 패러디적 서술 구조 속에 표명되고 있다는 것이다.[21]

작가의 분신이라 할 수 있는 주인공의 여행 체험에 전대 중국 문사들의 여행 족적을 병렬시키고 여행지에서 만나는 옛 시인의 명구에 자작시를 곧잘 첨부·병렬시키고 있는 현상도 이런 각도에서 이해할 수 있다.[22] 조선의 재지 사인이라는 주변부적 지식인으로서 지니는 자의식은 주유천하라는 원망충족적 환상을 필요로 하였지만, 그의 자의식에 도사리고 있는 바 자기 문재와 독서·지식에 대한 자긍심과 자존의 신념은 중국의 고문이나 고문가·시인의 행적에 자신의 문장과 상상을 혼합·병치시키며 패러디로 환상을 이어가는 작품구조를 마련하였던 것이다. 작가의 사부 허봉이 이 작품에 대해 '참으로 걸작'이라 평가하면서도, "溫厚勤勅之意가 적고 輕揚傲誕之態가 많다"[23]고 경계한 데에는 아마도 이런 점이 문제시된 까닭도 있었을 것이다.

그러나 목전의 현실을 경멸하면서 고인을 좇아 천하를 주유하는 환상을 품는 것 자체가 이미 '傲誕'한 태도이다. 앞서 보았듯이 '환상 속의 여행'은 자신의 존재 가능성을 확충·실현할 길 없는 작가(또는 작가적 화자—주인공)의 현실에 대한 불만과 회의, 그리고 현실로부터 소외를

---

21) 특히 소철은 상기한 「상추밀서」를 19세에 지었다고 하는데 같은 청년 재사로서 17세의 작가는 소철과 그의 글에 대한 선망과 경쟁심을 동시에 지닐 수 있었을 것이다.

22) 허다한 예들 중 한두 가지씩만 들어 둔다. 遂登衡岳, (中略) 朱張之唱酬, 韓李之遊觀, 先我捉鞭也. 見岳王之遺墓, 思宋日之將暮, (中略) 所謂出師未捷身先死, 將使英雄淚滿巾者乎. 吟成一 律, 以弔忠魂曰, 誓天三尺劍(後略).

23) 觀此文, (中略) 眞傑作也. (中略) 然, 溫厚謹勅之意小而輕揚傲誕之態多, 殊非所以求益也, 切宜戒之.(『鈞臺遺稿』 所載 「周遊天下記」 말미에 붙은 허봉의 비평.)

반영하고 있으며 그에 대한 원망충족적 반동을 표현하고 있다. 전대의 고문과 전고에 의탁하여 여기에 작가 자신의 신념과 감회를 투영시키는 의고문체의 패러디 역시 이와 유사한 퇴행적·반동적 성격을 일면에 지니고 있다. 이 작품에서 선명하게 드러나는 바, 고전의 지취를 따라 전고와 상상에 의해 전개되는 서사세계(여행기)의 상당 부분은 과거 역사와 고인의 족적을 추적·회상하는 데 바쳐지고 있으니, 하·은을 비롯한 역대 흥망의 유지(遺趾)와 영웅·열사의 족적, 문인·명작의 고향, 학문·교육의 성지 순방이 그것이다. 그것은 이국적·중국적인 것에 대한 동경의 소치라기보다 중세적 보편의식 속에서 갖는 과거적·고전적인 것에 대한 경의와 관심의 발로에 가깝다. 즉 의고체의 패러디로 엮어지는 환상적 여행 체험기는 작가 의식 속에 자리하고 있는 회고적 취향과 정서를 담고 있다.

명산대천의 기려와 장관이 전대 문학의 소재가 되어 작가의 상상력을 자극했다면 역사적 유지는 수많은 전고를 통해 작가를 회고적 상념으로 인도하는 것이다. 그리하여 상상 속에 진행되는 여행은 이제 단순한 지리적 공간의 편력이 아니라, 회고적 상념을 통해 역사 과정의 구석구석을 탐방·순례하는 시·공 속의 편력을 겸하게 된다. 그리고 수많은 역사적 유지를 상상 속에 섭렵하면서 주마등처럼 스쳐가는 회고적 상념은 때론 고도(古道)와 함께 사라져간 과거 세계에 대한 동경과 향수를, 때로는 변전하는 세계와 역사의 무상에 대한 비애를, 그리고 흔히는 전란과 군주의 전횡 등 부조리한 역사 과정 속에 좌절된 영령(고귀한 인간정신)들에 대한 애도의 감정 등을 수반한다.[24] 그러나 부동하는 감정들 가운데 그 전체를 포괄·대표하는 것은 허무 속에 조락·절멸되어 가는 제가치와 존재에 대한 '애도'의 감정이라 할 수 있다. (따라

24) 여행의 첫 대목만 소개하기로 한다. (前略) 逍遙殷夏之丘, 想雍熙之至治, 悲故都之禾黍, 臨白馬之古驛, 弔淸流之寃魂. (後略)

서 작품에는 '弔'字가 여러 번 쓰이고 작가의 조시(弔詩)도 세 수나 삽입되고 있다.)

주인공의 의식에 투영되어 나타나는 작가의 이 같은 회고적 정서는 그가 대면하고 있는 현실 사회와 세계에 대한 염오 내지는 부정적 의식의 소산으로서, 근본에 있어 작가의식 내면에 깊숙이 자리하고 있는 현실에 대한 소외감과 이에서 비롯되는 존재론적 허무의식을 반영하고 있다.[25] 사정이 이러하기 때문에 회고적 상념에서 현재(현실)로 돌아 온 주인공(또는 작가적 서술자-인물)은 문득 현실 속의 관료사회가 고난투성이의 사회임을 한탄하는가 하면,[26] 작품을 매듭짓는 결말부에서 작가(서술자)는 전제적 통치구조 속에 비극적 희생이 반복되는 봉건관료사회의 정치·역사적 비리를 특히 강조하며 비판하고 있다.[27] 즉 회고적 상념 속에서 역사의 무상과 부조리를 끊임없이 문제 삼는 작가는 현실(현재)적인 봉건관료사회의 부조리와 그 안에서 영위되는 인사(人事)의 허망함을 동시에 비판하고 있는 것이다. '고전(고인)의 뜻에 비겨 현재(작가)의 정서를 표현(比古志而明今情)'하고자 하는 이 작품의 의고적·패러디적 의미구조는 이른바 '弔古喪今' 하는, 즉 과거 역사를 조상·애도하며 현재 사회를 비판·부정하는 중층적인 주제의식을 함축하고 있는 것이다.

---

25) 이는 병마에 시달리다가 요절한 천재적 작가의 생애 및 청화현직(清華顯職)에 몸담고 있다가 일거에 유찬(流竄)의 신고(辛苦)를 겪게 된 스승 허봉(許篈)의 생애가 그의 사상에 끼친 영향과 관련해서 이해될 수 있을 것이다. 불행한 작가의 생애에 대해서는 서론과 주 12)에서 어느 정도 밝혀 두었으나, 이 문제는 기회를 보아 후고에서 좀 더 상론해 볼까한다.

26) (前略) 人間之險, 何加於此. 然, 若非宦路之羊腸, 人心之飜覆, 非特平地安流矣.

27) (前略) 狡兎未逐, 發黃犬之徒嘆, 華亭已矣, 聞鶴唳之難再, 滔滔千載, 幷歸一轍者, 觀大觀子之遊, 爲何如哉.

5. 정신적 편력의 우언

불만스런 재지적 사회 현실로부터 탈출하여, 고인의 자취를 뒤좇으며 보다 넓은 세계를 체험함으로써 의식(정신) 세계의 새로운 확충을 시도하던 주인공 대관자의 노력은, 이처럼 회고적 상념에 침윤해 오는 비관적 역사의식으로 인해 때로 곤경과 갈등을 겪기도 한다.[28] 그러나 자기 존재(의식 활동)의 구속과 한계를 원치 않는 주인공은 모순투성이의 사회・역사적 세계(천하) 속에 머무르지 않고 이로부터 새로운 탈출을 시도한다. 즉 천하를 주유해도 속이 시원치 않던 그는 이제 인적이 미치지 않는 사해 밖의 이역으로 모험적 여로를 연장시킨다.[29] 그리하여 마침내 우주와 맞닿는 곤륜산 정상에 오른 그는 이끼처럼 아물거리는 천하를 비예하며, 무한한 우주 공간으로 확충되어 가는 정신의 고양, 거칠 것 없는 의식의 자유를 만끽・구가한다.[30]

이처럼 사방 천하[四海]를 비예하며 이역[四夷之域]과 우주[六合之表]를 향해 방황과 편력을 거듭하는 주인공 대관자의 모험적 여행이 작가 자신의 의식 일면이 투영된 모습이자 동시에 보편적 의식 유형을 상징적으로 표현하는 우의적 성격을 지니고 있음을 앞서 말했다. 애초 미지의 중원 천하를 체험함으로써 자신의 의식세계(상상력)를 확충시키려 한 재지 문사의 형상을 하고 있던 대관자의 방랑은 이제, 현실에 대한 소외를 기본 특징으로 하며 봉건관료사회의 한계・모순으로부터 초탈을 지향하는, 이른 바 '방외인(方外人)'적 의식 취향이 반영된 모습으로 나타나고 있다. 그러나 이처럼 주유천하의 모험을 감수하며 회고적 상

---

28) (前略) 空使後人而興哀, (中略) 心胸鬱悒, 客情難攄.

29) (前略) 大觀子猶爲不足曰, 九州之間, 四海之內, 吾旣盡之, 而六合之表, 四夷之域, 轍迹未到, 吾豈可中道而止乎? (後略)

30) (前略) 上崑崙之顚, 引手而拂天星, 倚巖而睨海浪, 俯視層空, 積蘇茫茫, 曩日所經, 杳杳然如卷石釣水, 而呑八九雲夢於胸中, 曾不芥滯也. (後略)

념 속에 번민과 갈등을 겪는 대관자와 함께 작품에는 작가의 사상이나 의식적 지향을 대변하는 또 하나의 인물이 등장하고 있으니, 바로 대관자를 방외(方外)의 길로 인도하는 '沖虛子'[31]라는 또 다른 우의적 인물이다.

사마천과 소철의 족적을 넘어서 방외의 경계까지 소요하고 온 대관자가 이 충허자를 찾아와 자신의 원유(遠遊)와 대관(大觀)이 고인을 능가한다고 기고만장해 하자 충허자는 답한다. "고인을 그리워하되 만나지는 못하고" "그 자취를 보고자 하여 불원만리하며 수고로이 다녔으니" 서글픈 일이며, 굴원은 천계에 오르고 서불(徐市)은 선계에 들었으니 대관자의 원유가 비록 장하나 고인의 경지에는 다 못 이른 것이라 갈파한다.[32] 그리하여 그는 조고상금(弔古傷今)하며 방외의 경계에서 방황하는 대관자에게, 소외를 극복할 길 없는 회고적 상념의 허무함과 함께 역사의 무상과 인세의 허망함을 다시 한 번 일깨워주며, 천계와 선계로의 여행을 은근히 교사한다.

이에 대관자는 다시 굴원과 서불, 장량의 뒤를 좇아 아득한 우주 밖으로 나가 옥대(玉臺)의 진인(眞人)과 선인(仙人)들, 태호(太皥)·축융(祝融), 견우·직녀와 같은 신화·전설 속의 인물들, 그리고 옥황(玉皇)이 좌정한 옥궁까지 스쳐 구경한 후, 봉래·방장·영주의 삼신산을 들려 선약을 복용하고 난학을 타며 선계에서 실컷 오유한다.

이와 같은 초월계로의 여행은 물론 매우 심미적 양상을 보이고 있으며, 일견 신비주의적 사고 경향을 담고 있는 것으로 비치기도 한다. 그러나 우의적 인물과 패러디에 의해 전개되는 서사 세계의 전후 문맥을

---

31) 道家的 의미에서 '沖虛'는 '담박·공허한 마음'을 뜻한다. 그러나 '충허'는 또한 '허공을 타고 오르다'는 뜻으로도 쓰이며, 列子의 별칭이기도하다(『中文大辭典』 참조).

32) (前略) 思古人而不可見, 欲一觀其遺跡, 不遠萬里, 其勤若此, 子之觀雖壯, 亦悲矣. 昔屈原升天閭, 徐市入海島 (中略), 子之樂, 不及古人意. (後略)

고려할 때, 이 대목에서도 우리는 작가가 가탁하고 있는 지적·철학적 의미를 읽어 낼 수 있다. 「이소」나 「원유」 같은 굴원의 초사에서 서정적 주인공이 현실 속에서 합리적으로 해명될 수 없는 부조리한 인간 사회와 자기 운명에 대한 의혹을 풀기 위해 초월계를 편력하며 그 해답을 구하려 했듯이, 대관자는 광대한 외부 세계(천하의 대관)의 경험을 축적하는 그의 모험적 여행을 초월계로까지 연장하여 우주의 궁극까지 탐색함으로써 자신의 의식(정신) 세계를 무한대로 확충시키고자 하는 것이다. '대관자'라는 상징적 이름이 암시하고 있듯이 그는 광대한 경관을 구할 뿐 아니라, 전체로서 세계의 모습 또는 세계의 총체적·궁극적 진실을 추구하는 정신(상상력)의 육화이다.

그리하여 지상으로부터 초월계까지 고인의 족적과 상상이 미친 곳이라면 남김없이 역람·소요하고 돌아온 대관자는 흔연자득하여, 이번에는 무극옹(無極翁)에게로 찾아가 우주의 끝까지 체험하고 난 자신이야말로 진정 '대장부'가 아닌가고 자랑한다.[33]

무극옹은 물론 성리학에서 이르는바 우주의 궁극적 원리[太極而無極]를 상징하는 인물이다. 사대부의 체제내적 사유를 대변하는 무극옹은 여기서, 관료사회의 모순과 한계로 인한 소외와 고뇌로부터 탈출하기 위해 방외적 취향을 보이고 있는 주인공 대관자에게 우선 '대장부'의 자세에 대한 윤리철학적 논변을 벌인다. 그리하여 주유 천하의 여행을 통해 자기 존재의 확충을 추구하려는 시도 자체가 잘못된 것이며, 외부 세계의 체험(외물)에 의지하여 존재의 확충을 도모하는 그가 진정한 대장부가 될 수 없음을 설파한다.[34] 즉 진정한 대장부란 때를 만나면 천

---

33) 我之遊極矣, 我之觀廣矣, 我豈不成大丈夫哉?

34) 작가는 이 지점으로부터 소철의 양기론을 추수하는 데서부터 선회하여 맹자의 양기론으로 귀의한다. 외부세계의 체험에 의해 志氣를 격발하려는 소철의 養氣論과 내적(도덕적) 수양과 실천을 통해 浩然之氣를 양성하려는 맹자의 養氣論은 착수점이 다르기에 의귀처가 다르게 된다.

하·백성을 구제하는 정치로 공명을 세울 수도 있으나, 불우한 경우에는 수양과 학문에 힘써 백세의 스승과 법이 되는 것이니, 주유천하의 여행 따위는 대장부의 여사(餘事)에 불과하며, 신선의 초월적 경지는 상상으로 원한다고 쉽게 얻을 수 있는 것이 아니라는 것이다.[35)]

대관자는 이에 대오각성, 방외의 서적은 덮고 호해(浩海) 같은 지기는 거두어 들인 후, 성현의 길을 뒤좇아 중용의 학문과 수양에 진력하니, 지난 날 애써 찾아다니던 세계(九州·三山·四夷·八荒)가 곧 내 마음 속의 태극(太極) 중에 있음을 깨닫게 되고, 현실에 대한 불만과 소외의식 속에서 방황하던 그의 정신(의식)도 세속적인 우·불우를 개의치 않는 확고한 안정을 얻게 된다.[36)]

이와 같은 결말에서 분명히 나타나듯이 환상 속에 전개되는 외부세계로의 여행은 실인 즉 작가의 의식 내부에서 이루어지는 내면세계 속의 여행을 비유적으로 형상한 것이며, 여행 체험을 서술하는 작품의 서사 구조는 대다수 우언(알레고리)에서와 마찬가지로 내면적 도덕적 진리를 추구하는 사고나 의식의 추이 과정에 대한 기술의 대치물에 지나지 않게 되는 것이다. 즉 불만스런 현실로부터 탈출하기 위해 소철 류의 양기론에 경사되어 천하의 기려·장관을 상상 속에서 꿈꾸고, 회고적 상념과 도가류의 방외적 경지를 출입하던 작가의 정신적 방황은, 내적 수양을 강조하는 맹자의 양기론·대장부론과 그 전통을 이어받은 성리학적 사유 체계와 윤리의식의 확인을 통해 종식·정리된다는 것

35) (前略) 大丈夫之生世, 其遇於世也, 兼濟天下, (中略), 名芳竹帛, 功勒鍾鼎. 其不遇於世也, 獨善一身, (中略) 學孔子之學. (中略) 修仁智之天爵, 身爲匹夫, 百世師之, 口吐一言, 天下法焉. (中略) 若子之所稱者, 特大丈夫餘事耳, 豈可一朝飛騰, 爲方丈蓬萊之人也? (後略)

36) 大觀子, 唯唯而退, 始悟前非, 卷其丹書, (中略), 收浩海之氣, 追聖賢之宗, 克明峻德, 治中庸之極功, (中略), 納乾坤於度內, 蘊太極於胸中, 始知向所謂三山九州四夷八荒者, 卽吾太極中之一物也. (中略), 好斯道如好色, (中略), 用與不用, 合與不合, 直任之而已(後略).

이다.

그렇다고 해서 무극옹이 등장하기까지의 서사과정, 즉 대관자의 주유천하 과정이 무의미한 것이라고는 볼 수 없으며, 소철의 고문을 패러디한 의도가 단지 그의 문학사상을 비판하기 위한 서술 상의 책략에 지나지 않는 것이라고 이해해서는 안될 것이다. 마치 「구운몽」의 성진이 해탈을 얻기 위해서는 양소유의 파란만장한 세속적 모험이 필요했듯이, 대관자의 각성이 있게 된 것은 상상 속에 고금의 시공을 왕래하며 세계의 끝까지 추적해 보고, 초월적 경계까지 소요·방황하던 정신적 편력이 그만큼 의미 있는 체험 과정으로 자리해 있었기 때문이다. 사정이 이러하기 때문에 작가는 주어진 지배질서에 회의 없이 안주하며 세속사에 골몰하는 속인들을 향해 대관자의 장유(壯遊)가 얼마나 가치 있는 것인가를 자랑하고 있다.[37] 작가의 스승 허봉이 이 작품에 대하여 "뜨락[戶庭] 밖을 벗어나지 않으면서도 천하를 다 아니 진실로 걸작이라 세속의 평가 기준으로 논평할 수 없다"고 탄복하면서도, 한편으로는 "온후근칙 하는 뜻이 적고 경양오탄지태가 많다"[38]고 경계해 마지않은 것도 결국은 이 같은 이유에서일 것이다.

그러나 결국 성리학적 이념의 확인으로 귀결되는 우언의 결말 처리는 작가가 불가피하게 선택할 수밖에 없었던 현실과의 타협점이라고 여겨진다. 현실에 대한 불만과 고뇌로부터 탈출하기 위해 작가가 애초에 열망하던 주유천하의 여행은 기실 독서 체험의 연장선 위에 상상(환상) 속에서 성취될 수밖에 없었을 뿐 아니라 끝없는 정신적 방황으로

37) 위의 주 27)의 인용문 참조.

38) 觀此文, 不出戶庭而知天下, 眞傑作也. 當於古人中求之, 今不敢以世俗之品題品題之也. 然, 溫厚謹勅之意小, 而輕揚傲誕之態多, 殊非所以求益也, 切宜戒之(이상 주 23)에 인용했던 『鈞臺遺稿』 所載 「周遊天下記」 말미에 붙은 許篈의 評批 全文). 여기서 '戶庭'은 집안 뜨락을 의미하며 동시에 斯文(儒學)의 지경을 의미하는 어구로 해석될 수 있다.

이어지게 되고, 자위적인 환상과 정신적 방황의 무용함을 지실하고 있는 작가가 재지적 현실 속에서 그의 소외와 고뇌, 갈등과 방황을 초극할 수 있는 유일한 방도는 성리학적 이념에로의 회귀와 수양이라는 또 하나의 자위적 방편에서 찾을 수밖에 없었던 것이다.

6. 끝맺음—소설사적 가치

끝으로 이상의 논의를 종합하면서 이 작품의 소설사적 가치에 대해 간단히 언급해 두고자 한다.

당면한 현실의 구속으로부터 벗어나 '여행'을 통해 보다 넓고 다양한 세계를 체험함으로써 작가의 의식세계나 또는 내면적 자아·상상력을 확충시켜 나갈 수 있다는 생각은 한문학의 전통 속에서 하나의 문학론으로 발전될 만큼 꽤나 유서 깊고 영향력 있는 사상으로 전개되어 왔다. 이 같은 여행관·문학관은 심성(의식)의 선험적 실재성을 강조하며 재지적(봉건적) 질서와 심성의 조화 일치를 추구하는 성리학의 관념론적 사유와는 배치되는 경험론적 사유의 소산으로서, 개방적 진취적 성격을 그 일면에 지니고 있으나 또한 현실에 안주하지 못하고 자아의 무한한 확대를 추구하는 낭만적 지향을 일면에 안고 있다.

「주유천하기」는 성리학적 사유가 사대부들의 의식을 지배하던 16세기 말, 재지적 현실에 불만을 품고 그로부터 탈출[遠遊]을 꿈꾸던 청년 문사가 고문의 전통에 근거하여 우언과 패러디 그리고 허구적인 여행기의 형식을 통해, 두 갈래의 사상적 지향 사이에서 방황하는 의식 내적 갈등을 형상하고 있는 작품이다. 이런 류의 작품들은 사대부들의 문예 전통과 한문사(漢文辭)의 전통에 뿌리를 두고 있는 것이어서 상업자본을 배경으로 한 고소설의 제유형과는 양식적 성격을 다소 달리하고 있으며, 따라서 본격적 소설이라고 보기 어려운 면이 있다. 그러나 우언이나 혹은 의고적 수법이 가미된 희필문(parody)의 성격을 띠고 있는 허구적 산문은 고소설이 본격적으로 발달하기 이전부터 사대부 문예 전통 속에서 나름대로 다양한 발전을 보아 오고 있었으며, 또한 허구적 서사체로서 인접해 있는 소설 유형과 상호 영향을 수수하며 고소설사의 큰 흐름 속에 접맥되고 있다. 즉 이 작품은 후대 소설의 주류를 이루는 전형적인 형식의 틀을 완비하고 있지 못하나, 다음과 같은 몇 가지 점에서 중요한 소설사적 의의를 지닌다.

첫째, 자신의 존재를 구속하는 재지적 현실로부터 탈출하여, 새로운 세계의 체험을 향해 모험적 여로에 오르는 사대부층 주인공의 인물 형상을 통해 후대 작품에 자주 등장하게 되는 서사적 주인공으로서 하나의 지적·성격적 전형을 창조·확립하였다. 이른바 광달(曠達)·강개(慷慨)한 성품의 한사(閑士) 즉 소외된 사대부로서 여행을 통해 세계에 대한 지식과 경험적 자아의 확충을 구하는, 이런 유형의 인물은 이 작품처럼 우언적 성격을 지닌 이른바 몽유록계 작품에 자주 등장할 뿐 아니라 「옥선몽」 「옥루몽」과 같은 소설에도 등장한다.

둘째, '환상 속의 여행'이라는 모티프를 서사의 중심 플롯으로 발전시킨 이 작품은 서사적 공간을 재지적·현실적 공간으로부터 중국 천하와 이역 및 천상 세계에까지 이어지는 상상적 공간으로 확장시킴으로써 서사적·심미적 상상력을 자극하여, 후대 소설 작품에 유사한 형식의 여행담이 개입하는 등 풍부한 서사적 계기를 마련해 주었다. 이러한 영향은 「천궁몽유록」이나 「옥선몽」 「두껍전」 등 여러 유형의 소설에서 두루 찾아진다.

뿐만 아니라 '환상 속의 여행'을 중핵으로 하는 이 작품의 서사구조는 자신을 구속하는 현실에 대한 불만을 환상 속의 여행 체험을 통해 해소하는 한편, 자아의 무한한 확대를 갈구하는 원망이 남김없이 충족되는 순간에 다시 이 원망충족적 환상을 부정하는, 이율배반적인 의식의 갈등 내지 균열을 반영하고 있다. 이처럼 자아와 욕구의 확대·실현을 요구하는 낭만적·원망충족적 환상과 이를 규제하려는 중세적·합리적 이성 사이의 괴리·분열이 소설적 형식을 통해 서사세계에 담기게 된 것은 「구운몽」과 그 아류작들에서 보듯이, 17세기 후반 이후 즉 이 작품보다 한 두 세기 이후의 일이다. 이처럼 후대 소설에 나타나는 서사적 갈등 구조의 한 원천을 이루고 있다는 점에서도 이 작품은 고소설사에서 선구적 지위를 점하게 된다.

사대부로서 자아의 실현이 극히 제한받을 수밖에 없었던 16세기의 폐쇄된 사대부사회 속에서는, 현실에 대한 불만과 소외 및 이에서 비롯되는 자아와 세계의 갈등과 분열은 관념적 갈등 내지 내적 갈등의 상태로 남기 십상이었다. 패러디와 환상·상징적 인물들을 통해 의식 내적 체험과 갈등을 서술·형상하고 있는 이 작품의 우언적 구조 또한 이 같은 상황 속에서 이루어진 것이다. 그러나 이 같은 우언적 구도를 통해 정신적 방황과 내적 갈등의 궤적을 기술하고 있을 뿐 아니라 이러한 갈등을 야기하고 있는 사회·역사적 상황을 조고상금 하는 의식 속에서 문제 삼고 있다는 점에서, 이 작품은 임제의 「수성지」와도 상통한다. '환상 속의 여행체험기' 형식은 기실 사·부(辭賦) 문학의 우언적 수법에서부터 그 연원을 찾을 수 있는 오랜 전통을 지니고 있으며, 「수성지」의 후반부(管城子의 愁城 편력기)에서도 차용된 바 있다.[39] 「주유천하기」는 이처럼 사부 문학 및 송대의 고문(「子張遊贈蓋方式」) 같은 고전문예 전통 뿐 아니라 「수성지」 같은 당시 우언소설의 영향 아래 이루어진 것으로 보인다.

---

39) 임제의 몰년(1587)과 활동 연대에 비추어 볼 때 『수성지』는 창작 연대에 있어 『주유천하기』 보다 몇 년 앞선다.

그리고 당대 사대부들에 의해 널리 전송되며 읽혔다는 이 작품의 후대적 영향은 작가 사후 그를 허구적 주인공으로 설정한 이 작품의 번안물 「금생이문록(琴生異聞錄)」에서도 우선 확인되거니와, 전술한바 몽유록·몽자류 소설·우화소설 등에서도 그 소설사적 영향은 긴 그림자를 드리우고 있다. 아울러 전기(傳奇)나 몽유록·가전체와는 또 다르게, 환상적 여행체험기 형식에 의고체의 패러디가 교직된 허구적 서사 세계에 16세기 말 사대부층 문인이 겪던 정신적 방황과 갈등을 담아낸 이 작품은 우언으로부터 소설적 허구로 서사 세계를 확대·전환해 가던 이 시기 사대부층 문언(文言) 소설의 다양한 전개 양상을 보여주고 있다는 점에서 「수성지」와 함께 그 독특한 소설사적 의의가 주목되어야 할 것이다.

우화소설 연구

Ⅰ. 序

본고에서 다루려는 일군의 작품들은 「토끼전」 등 동물을 의인화하여 이야기를 꾸민 소설 작품들이다. '의인(擬人)'의 특이성에 착안한 국문학자들은 이미 「의인소설」 「의인문학」 또는 「우화소설」 「우화문학」 등의 범주를 설정한 바 있다. 설화, 가전체, 소설 혹은 시가까지 포함하여 문학사 상에 편재(偏在)하는 많은 자료가 이들 범주 속에 종합되어 그 일반적 특성과 사적 계보가 논의되었다.[1)]

그러나 「의인」과 「우화」의 개념은 구분되는 것이며, 일반적인 의미에서 「우화소설」은 본고에 선택된 작품들로서 대표될 수 있을 것이다. 이들 소설에 대한 기왕의 연구는 주로 근원설화와 이본(異本)에 대한 연구, 또는 우화(의인)의 일반성 추출에 주력한 것이었기에 각 소설의 작품 분석에는 철저하지 못했다. 때문에 본고는 작품 분석에 중점을 두고 기왕의 연구가 소홀히 해석해 온 작품의 의미를 올바르게 해석하는

---

1) 이에 대한 논의로는 김기동의 『이조시대소설론』(정연사, 1964) 등 여러 소설사와 김광순의 「한국 의인문학의 사적 계보」(『어문학』 16·17, 한국어문학회, 대구, 1967) 등 논문이 있다.

데에 주력할 것이다.

형성과정이 서로 다른 여러 작품의 의미에 접근하기 위해서는 다각적인 관찰이 필요할 것이다. 본고가 특히 유의하고 있는 것은 우화라는 서술방식이 각 소설작품의 의미에 관여하는 특성이다. 우화의 성격 일반에 대한 고찰은 우화소설의 특징적 의미파악을 위한 기초로서 전제될 것이다. 그러나 우화의 특성이 관여하는 의미가 여러 작품에서 모두 같을 수는 없으며, 선학의 연구 결과 위에서 제기할 문제도 작품에 따라 다르기에 각 작품에 대한 본고의 관심은 조금씩 달라질 수 있다.

작품의 형성과정에 대한 고찰은 필자의 주요 관심 밖의 일이지만 작품 분석과 병행하여 밝혀야 할 사실에 대해서는 언급할 자리가 있어야 할 것이다.

이들 우화소설이 이조소설(李朝小說)의 한 유형으로서 가지는 제 특성은 작품 분석의 결과를 종합 정리하는 결론부에서 추출될 수 있을 것이다.

II. 우화의 개념 및 성격

'우화(寓話)'라는 용어는 사실상 막연한 개념으로 쓰여 온 것 같다. 본고에서 다루는 작품들만을 외연으로 하여 '우화소설'이라 했을 때 '우화'는 필자의 자의적인 개념이다. 따라서 광의의 우화와 여기서 말하는 우화의 개념을 일단 구분해 놓고 그 성격을 논해야 할 필요를 느낀다.

크게 보아 우화는 우언으로 된 이야기이다. 작가의 주관적인 사상이나 지식을 가탁(假託; vehicle)을 통해 표현, 전달하려는 이야기는 모두 우화가 될 것이다. 이것은 가장 넓은 의미로서의 우화이다.[2] 그러나 오늘날 우리가 '우화'라고 할 때는 흔히 동물 우화나 이솝(Aesop) 우화 등속을 염두에 둔다. 이들은 유형적인 인간행위를 예시하여 간단한 하나의 교훈적 명제를 훈시해 주는 단편담(short short story)들이다. 이들 우화에서 훈시해 주려는 도덕관념 즉 작가의 주관은 허구 속에 투사되어 인물과 사건을 통해 극화되어 있으므로 객관적 진실성을 띠게 된다.

「흥부와 놀부」 등속에도 우화가 있다. 이러한 우화들은 그러나 작가의 주관적 관념이 '모사적(模寫的)'인 차원에서 완전히 극화되어 있다고 볼 수 없다. 즉 현실경험의 논리를 넘어선 관념이 이야기의 구성 원리를 지배하고 있다. 보은 박은 작가가 선험적으로 인식한 초현실적 실재의 가탁이며[3] 흥부가 갖는 유형적 의미는 실제 현실에 있어 보은 박과 아무런 관련을 갖지 못한다. 「옹고집」이나 「금도끼 은도끼」 이야기 등도 마찬가지다. 이러한 우화는 극단적인 윤리적 유형을 강조하여 감동을 주려는 것들이다. 본고가 관심하는 우화는 이런 것들이 아니라 현실 체험의 법칙에 준하여 인과 관계가 성립하는 이야기들이다.

이러한 우화 가운데도 인간만이 등장하는 것, 인간과 동물이 함께 등장하는 것, 사물들만이 등장하는 것 등등 여러 가지가 있으나 여기서는 특히 동물만을 주인공으로 한 우화들을 중심으로 그 성격을 관찰하기로 한다. 그리고 우화소설이라 함은 이러한 우화들이 소설 형태로 발전한 것이거나, 이와 유사한 형태적 특성을 가진 작품들을 말함이다. 여기서 관찰될 우화의 제 특성은 다음에 전개될 우화소설의 의미 분석을 위한 전제로 삼기 위한 것이기 때문에 우화의 여타 성격은 간과할 수밖에 없다. 그러면서도 전래된 한국 설화의 충분한 자료를 모두 제시하지 못함을 유감으로 생각한다.

---

2) 이것은 'allegoric narrative'를 총칭하기도 하는 서구의 'fable'에 있어서도 마찬가지이다. 의인을 비롯한 각종의 비유나 기타 비현실적인 환상을 통해 작가가 인식하고 있는 실재(實在)나 진실, 도달하고자 하는 이상에 대한 해설을 시도하는 서사문학 작품을 가리킨다.

3) 조동일, 「흥부전의 양면성」, 『계명논총』 5, 1968, 97면 참조.

㉮ 우화의 보편성

우화가 우리에게 무엇인가를 가르쳐 줄 수 있는 것은 우선 허구세계 속의 인물과 사건이 현실세계의 그것에 보편적인 대응관계를 맺어주기 때문이다. 이러한 인물을 우리는 유형(전형: type)이라 한다. 동물의 가면이 포괄하는 유형은 직업이나 나이, 성, 계급 등등의 사회적 유형(전형)일수도 있고, 이기심, 태만, 우둔, 간교, 경박, 허영심 등등 인간 본성의 제 유형일 수도 있다. 이들의 윤리적 면모는 그저 막연하게 선이나 악으로 대립되는 여타 설화의 심미적 · 윤리적 유형과는 달리 현실성을 가지고 있다. 즉 현실의 객관적 인식과 분석을 통해 추상된 인간의 전형들이다. 우화에서 인물의 개념이 이렇게 명백하다 하더라도 그것은 그러나 인간 본성을 예시하는 것이므로 그들의 전형성은 지극히 보편적인 의미를 지닌다. 예컨대 「정와어해(井蛙語海)」의 개구리는 많은 인간이 그와 같을 뿐 아니라, 모든 인간이 그와 같은 성격을 어느 정도 갖고 있는 보편적인 인간 유형인 것이다.

한편 그들이 벌이는 일련의 사건(행동)은 유형적인 인간의 행위 원리를 예시해 주고 있다. 예컨대 「호가호위(狐假虎威)」는 약자가 강자의 위세를 빌어 자신의 약체를 보호하고 권능을 주장한다는 보편적인 인간의 행위 원리를 예시해 주고 있다. (이러한 상황은 오늘날의 세일즈맨이나 공무원, 모든 직종의 대리인 등에게서 볼 수 있는 유형적인 상황이다.) 이렇듯 우화에서는 인물과 사건이 함께 작가의 지적 통제를 받아 보편성을 띠고 있다. 그러므로 우화는 현실 경험에 의해 추상된 여러 유형의 인간 본성과 행위 원리를 지적(혹은 윤리적)으로 고안된 플롯(plot)을 통해 예시해 준다고 볼 수 있다.

우화가 현실의 추상화로서 지니는 이 인물과 사건(상황)의 유형적 성격은 '특수 속의 보편'이라는 문학의 당위적 명제를 가장 간명한 방법으로 실현하고 있으며, 전승 우화가 영속성을 가지고 재창조되는 이유도

여기에 있다.[4)]

㉯ 극적 구조

우화에는 실상 사건이라고 할 것이 몇 개 일어나지 않는다. 우화는 파생담이며 단일한 주제를 단일한 사건을 통해 표출하고 있다. 즉 인간 사회의 한 단면을 극적으로 제시하여 하나의 교훈적 주제를 표출한다.

인물과 사건은 하나의 극적 장면 속에 결합되어 있어서 인물의 전형적 의미는 진행되는 행동과 대화를 통해 명백히 드러난다(「정와어해」 「호가호위」 등). 또 우화에는 한 인물이 등장하는 수도 있으나 많은 경우 둘 이상의 인물이 등장하여 한 장면(혹은 대립적으로 발전하는 두 장면) 내에서 긴장을 일으키기도 하고 해소시키기도 한다. 그리고 그들 사이의 '갈등'으로 전개되는 사건은 결말의 한 지점으로 집중되는 것에 의미를 가진다(「귀토설화」, 「호가호위」 등). 이러한 우화의 극적 성격은 인물 상호간에 설정된 긴장관계에 무관하게 대립과 반복의 형식에 의해서 교훈을 주는 「흥부와 놀부」 등과는 대조가 된다.[5)] 또한 연속되는 사건에 흥미를 두고 고난 끝의 행복한 결말을 향하는 심미적인 설화들과는 크게 구별된다.

우화에서는 인물 간의 대화가 특히 많이 쓰이고 있다. 그리고 이러한 인물의 입을 통해 작가는 교훈을 던져 주기도 한다. 극의 끝 부분에서 한 인물이 상대방에게 하는 말이나 독백은 바로 작가 자신의 교훈·설교인 것이다. 이러한 교훈·설교는 극화된 사건에 의해 객관적인 진실성을 띠게 된다. 그래서 극화된 이야기의 주인공은 작가와 분리될 수도 있고 때때로 일치될 수도 있다. 그러나 어떤 우화는 행동은 별로 없이

4) 이상의 우화의 성격에 대해서는 cf. M. H. Abrams, *A Glossary of Literary Terms*(3rd ed.), Holt, Rinehart & Winston, 1971, p.5.

5) 장덕순 외, 『구비문학개설』, 일조각, 1971, 61면.

순전히 대화로만 이끌어져 나가기도 한다. 이것은 개인 창작의 우화에서 흔히 볼 수 있는 바로, 교훈적 의도가 강할수록 인물의 대화는 길어지며 논설조로 나간다.[6] 이런 경우 우화 속의 인물은 작자의 완전한 투영이며 그의 대변인이다. 그리하여 극 속의 인물이라는 개념을 망각하게 만든다. 대화의 연속은 극적인 체재로 볼 수도 있으나, 실상 작가의 주관은 극화로부터 벗어나 단순한 논설이나 설명이 되고 만다.

이에 반해 많은 우화들이 교훈의 명시 없이 극화된 이야기로 끝나고 교훈적 주제의 파악은 독자의 지성에 맡겨 버린다. 어떤 우화들은 이야기 말미에 작가가 따로 에피그람(epigram)을 통해 교훈적 명제를 제시해 주기도 한다.

㉰ 우화의 아이러니(irony)

인간은 까마귀로 부터 반포지효(反哺之孝)를 배우고 송죽(松竹)으로부터 충절을 배운다. 이것은 물론 인간 자신의 감정 이입에 지나지 않으며, 우화의 발상도 이와 같다. 그러나 우화에는 우리에게 감동을 줄 만큼 덕성이 뛰어난 인물이 등장하는 경우는 없으며, 오히려 우리보다 지성이나 덕성이 모자라는 인물이 등장하는 경우가 많다. 이것은 그럴 수밖에 없는 것이, 평범한 인간에게 흔히 있기 쉬운 지적 결함과 윤리적 결함을 지적해 주는 것이야말로 교훈의 첩경이 되기 때문이다.

일상적인 인간이 가진 그릇된 본성(부조리)이나 생각(환상)을 예시, 비판하는 것이 많은 우화가 취하고 있는 구조 원리이다. 즉 태반의 우화는 '아이러니'를 그 구조 원리로 삼고 있다.[7] 동물 우화의 경우 동물

6) Aesop 우화나 La Fontaine 우화에도 이런 것들은 많지만 특히 『장자(莊子)』는 동물 우화를 사용할 때 대화를 통해 철학적 논제를 해설해 주고 있다(예컨대 「추수(秋水)」편).

7) '반어(反語)'라고 하면 어법만 말하는 것이기에 'irony'라는 원어를 그냥 사용한다. 여기 '아이러니'로 포괄되는 개념은 '모순된 상황' '가상과 진실의 대조' '관점에 따

이 인간처럼 말하고 행동한다는 것 자체가 독자에게는 이미 극적인 아이러니이다.

많은 우화에서 이 아이러니는 풍자를 지향하고 있다. 이 풍자의 대상이 되는 인물에게는 언제나 자기 자신이나 외부 현실에 대한 무지나 맹목이 전제된다(예컨대 「井蛙語海」). 윤리적 결함은 흔히 자만이나 자기도취 혹은 자기기만의 망상을 수반한다. 그리고 그의 환상이 부조리함은 서술자에 의해 지적되는 것이 아니라 그의 망상과 결코 일치할 수 없는 객관적인 외부현실과의 관계에 의해 문득 드러나고 만다(예컨대 「옹기장수 이야기」나 「쥐들의 회의(猫項懸鈴)」). 이렇듯이 많은 우화는 소화 또는 풍자담과 그 형식을 같이하는데, 우화의 경우 조소의 대상이 훨씬 보편적인 인간의 유형이라는 데에 특징이 있다. 그리고 동물의 비소(卑小)한 이미지는 풍자적인 희화화(戱畫化)의 방편이 된다. 교훈적인 우화가 풍자와 결탁하는 이유는 앞에서 시사한바, 부조리는 특히 우리의 이성에 호소하며 이에 대한 야유는 독자의 심리적인 반동을 유발하기 때문이다. 그러니까 풍자적인 우화는 성실을 가르치지 위해 태만을,

---

라 달라지는 현실의 의미' 등등이다. 우화의 특징적 아이러니를 「호가호위(狐假虎威)」를 예로 들어 설명하겠다. 虎가 狐의 희한한 제안을 받아들여 그를 동반하고 동물계를 순시하자 모든 동물이 놀라 도망친다. 동물들은 虎를 보고 도망치는 것이었으나 虎 자신은 동반한 狐가 무서워 그러는 줄 안다. 겁이 난 虎는 급기야 狐로부터 도망치고 만다. 이러한 虎는 지성의 결핍으로 말미암아 자기가 자기 자신을 부정하는 '부조리'의 극치이다. 그는 도망가는 동물들만을 보지 동물(타인)들의 입장에서 자기 자신을 볼 줄 몰랐다. 물론 虎가 평소와 달리 동물들이 자기를 겁내는 것이라고 여기지 않은 까닭은 狐의 자신만만한 제안 때문에 '의구심에 사로잡혀' 있었기 때문이다. 이렇게 자기 자신에 몰두한 '주관적인 관점'은 언제나 객관적인 진실이 아니라 그럴 듯하게 여겨지는 '가상'을 보게 한다. 자기 자신이 자기의 객관적 존재를 부정하고 있는 虎를 보거나, 약한 힘으로 강자를 위협하는 狐를 보거나 간에 「호가호위(狐假虎威)」의 상황은 지극히 모순된 상황이 아닐 수 없다. 'Irony'에 관해서는 cf. D. C. Muecke, *Irony*(The Critical Idiom v. 13, Methuen Co. Ltd, London, 1970) 중 특히 "The Nature of Irony"; Andrew H. Wright, "Irony and Fiction", *Critical Approach to Fiction*, ed. by Kumar & Mckeon, Mcgraw-Hill, 1968.

신중을 가르치기 위해 경박을, 겸허를 가르치기 위해 이기적 욕망을 부조리로 돌려 비난하는 반어이다. 그리하여 비단 태만하고, 경박하고, 이기적인 인간을 벌주는 것 뿐 아니라, 모든 인간에게 잠재해 있는 태만, 경박, 이기심을 반성하게 만든다.

우화의 아이러니는 그러나 공격적인 풍자보다는 순수한 지성의 계발을 목적하는 것도 많다. 「호가호위」는 전국(戰國)의 책략으로 강술되고 「귀토지설(龜兎之說)」은 김춘추에게 탈출의 지모를 일깨워 준다. 이들 우화를 들려주는 사람들은 호랑이(虎)나 거북이(龜)의 우둔을 공격하여 듣는 이로 하여금 우둔을 개선하게 하려는 것이 아니다. 이러한 부조리와 모순을 인간의 기본 상황으로 보고, 듣는 이에게 이를 관조하게 만들자는 것이다. 풍자가 타락하고 왜곡된 인간 본성을 개선시키려 한다면, 아이러니는 현실을 객관적인 입장에서 정확하게 인식하도록 우리의 지성을 연마시킨다. 자신이 속박되어 있는 제한된 상황에서 벗어나 자기 자신과 자신이 처해 있는 상황 전체를 동시에 관조하도록 해 준다. 그리하여 현실을 보다 지혜롭고 진실되게 살아가도록 만든다.

아이러니의 본질이 그 지적인 성격에 있기 때문에 우화가 이를 사용함은 당연하다. 본고는 앞에서 우화의 플롯이 '지적(혹은 윤리적)으로 고안된 플롯' 이라고 했는데 이는 특히 아이러닉한 사건 진행을 염두에 두고 한 말이다. 또 앞에서 우화가 단일한 주제를 극적인 형식으로 표출함을 상기시킨 바 있거니와, 아이러닉한 사건은 자체가 이미 하나의 극적인 상황이다. 아이러닉한 모순과 대조, 환상의 파멸 따위는 한 눈 안에 들어오는 것이다(예컨대 「호가호위」 「구토지설」 「옹기장사 이야기」). 우화가 촌철로서 우리의 뇌리에 들어와 박히는 것은 이러한 인생의 아이러니를 첨예화시켜 재현하고 있기 때문이다. 우화의 이러한 성격을 고려할 때, 우화는 소박한 민속정신의 소산이라고만은 생각 할 수 없으며, 인생과 자연을 관조할 수 있는 지식층의 소산일 수도 있다고 본다.

Ⅲ. 우화소설 작품의 분석

1. 「토끼전」

「토끼전」은 부분적으로나 전체적으로 의미를 달리하는 많은 이본이 있다. 본고는 문장체로 되어 있는 여러 편 중 각 편만의 특이한 부분이 별로 없는 「토끼전」(중앙인서관 발행, 『조선문학전집』 6권 소재본)을 텍스트로 삼는다.[8] 이본에 대해서는 따로 이본고를 두지 않고 논지 전개상 필요한 경우에 수시로 언급하기로 한다.

㉮ 용왕과 자라에 대한 작가의 태도

전승된 우화 「토끼와 거북이」는 용궁의 충성스런 자라가 육지에 여행하여 토끼를 나포하고, 토끼가 용궁에 제 발로 걸어 들어갔다가 지략으로 탈출한다는 흥미로운 모티브와 플롯을 가지고 있다. 설화 자체가 이렇게 심미적인 성격을 지니고 있기에 소설 「토끼전」은 그 윤리적인 내용에 관계없이 흥미있는 이야기로서 심미적인 효과를 나타내고 있다. 월(越)의 범상국(范相國) 등 세 호걸이 용궁을 방문한다던가, 춘산의 경개와 용궁의 황홀경을 미문(美文)으로 묘사하는 등의 장면은 독자의 감정을 자극하여 이야기에 대한 흥미를 고조시킨다.[9]

---

8) 「토끼전」은 판소리계 소설이므로 적층문학의 특수성을 띠고 있다. 다양한 계층의 작가 군들이 작품 형성에 공동 참여하여 상이한 각 편을 재창작했다. 필자는 본고에서 텍스트로 삼은 「토끼전」(『조선문학전집』 6권, 중앙인서관, 1937)이 여러 이본을 비교해 볼 수 있는 기준이 될 만한 활자본이라고 판단한다. 그러나 그 형식과 내용이 기타 본에 비해 보다 우수하게 '완결된' 본이라고는 보지 않는다. 영창서관본 「불노초(不老草)」는 말미 부분을 제외하고는 주 텍스트인 「토끼전」과 거의 같다.

9) 자라가 수로(水路) 여행 중에 수중고혼(水中孤魂)이 된 영웅호걸과 미녀를 만난다든가, 토끼가 귀로에서 명승을 탐경(耽景)한다든가 하는 따위의 이본도 이러한 plot

그러나 도입부에 제시되는 용궁은 별천지로서의 신기성에 매력이 있는 것이 아니다. 이 용궁은 이미 심청이나 성진이 들렀던 용궁이 아니다. 이곳은 늙은 용왕이 죽으면 "북망산 기픈 곳에 백골이 진토되어 세상의 영화와 부귀가 다 허사"(331면)가 되고, "춘삼월 도리화개 사오월 녹음방초 팔구월 황국단풍, 동지섯달 설중매며 삼천궁녀 아미분대 헌신같이 다 바리고"(333면) 황천길로 슬피 떠나야 하는 현실세계와 다름없는 곳이다. 전승되어 오던 용궁이라는 심미적인 이미지는 현실사회의 형상으로 대치된 것이다. 주색에 병든 용왕은 그러므로 「토끼전」의 작가들에게 인식된 현실적인 군왕의 한 type(전형)이다. 이러한 용왕과 조정회의를 벌이는 고래와 문어와 자라 역시 "선조부터 충성이 극진하고" "용맹이 과인하고" "지모와 언변이 진실로 놀라운" 관료의 전형들이다. 이들은 그러나 어떤 구체적인 지역사회에 특정하게 연관되어 있지 않기에 지극히 일반화된 전형들이다.[10] 이러한 용궁에 대한 흥미는 그러므로, 주색에 병든 용왕과 고래, 문어, 자라 등속이 어전회의를 갖는다는 환상을 통한 현실의 골계적 인식에 있는 것이다. 이것은 매우 중요한 문제로, 간단히 넘어갈 수 없다.

서술자는 처음부터 용왕을 공경하고 동정하는 태도를 취하고 있다.

> 왕이 드르시고 올히 여기사…(略)…즉시 사신을 명하야…(略)…삼인을 청하라 하시니…(略)…삼인을 인견하실새 옥탑에 비겨 삼인에 사례하여 가로되… (332면)

에 잠재해 있던 심미적 요소를 발전시킨 것이다. 영창서관본 「별주부전(鼈主簿傳)」, 신재효 판소리 사설 「토별가(兎鼈歌)」 등 참조.

10) 어떤 이본에서는 "문무양반을 구별하여 어전에 엎드리고" "불쌍한 호반들이 문관에게 평생 눌려 절치부심 하"는 이조후기의 정치사회에 구체적으로 관계하기도 한다(신재효 판소리 사설 「토별가」 등).

이것은 문예인습으로 내려오는 양반문학의 서술체이다. 그러나 이와 같은 서술자의 공손한 어조에 관계없이 극중 인물인 범상국 등 삼인은 용왕에 대하여, '주색'을 과도히 해서 명을 그르친 것이니 스스로 지은 죄얼이라 아무도 원망할 수 없다고 냉정하게 비판한다. 이렇게 존대(尊大)하여야 할 군왕의 체면이 내리 깎이었으나 용왕은 오히려, "삼천궁녀 아미분대 다 바리고" 황천객이 되어야 하는 제 신세를 한탄한다. 이어서 삼인에게 "비록 효험이 업슬지라도 약명이나 가르쳐 주옵시면 주거도 한이 업겠"(333면)노라고 눈물로 애걸한다. 여기 용왕은 죽어가면서도 환락에 연연해하는 잔약한 노인으로 제시된다. 이러한 용왕에게 삼인은 무슨 탕 무슨 탕 하며 온갖 대중투제 약명을 늘어놓아 기롱한 다음 이 모두가 무용하고 오직 토간(兎肝)이 약이 된다고 일러준다. 그리고 나서 이들은 떠나버리는데, 이들이 소설에 등장하여 하는 역할은 첫째, 용왕의 존엄과 위신을 추락시켜 골계적인 인물로 만들어 놓고 둘째, 플롯을 흥미롭게 진행시켜 준다는 것이다.

다음은 조정회의가 벌어지는 장면이다. 여기에 자라와 문어가 등장하는데, 이들은 각자의 지용(智勇)을 내세우기 위해 서로 상대방을 조롱하여 인간이 탐식하는 '자라탕'과 '술안주'로 만들어 버린다. 이것은 소재를 대하는 작가의 태도를 암시하는 것으로, 자라(별주부)나 문어가 충성이니 용맹이니 떠드는 것 자체가 이미 뭔가 잘못된 상황이며, 우스꽝스런 허구에 지나지 않는다는 것을 독자에게 강조하는 것이다. 그만큼 작가는 허구적 인물 별주부들과 큰 거리를 두고 있으며, 독자로 하여금 이들을 골계적인 관점에서 보도록 유도한다. 그러나 이들의 야유 섞인 언쟁은 극중 인물 '자라'와 '문어'를 허무하게 만드는 것뿐만이 아니다. 보다 중요한 것은 별미 '자라탕'과 '술안주'에 지나지 않는 이들로 하여금 충성과 지략, 용맹을 외치게 함으로써, 충성과 지략과 용맹 자체의 의미를 사소하고 허무한 것으로 만든다는 점이다.

다음 장면에서 용왕은 위의를 갖추고 천일주를 하사하며 별주부에게 전별의 정을 한 수의 시로 표한다. 이에 자라는 화답하여 "외로운 신하의 그지업슨 뜻은 영약을 못가지면 도라오지 아니리라"고 비장한 결의를 표해 올린다. 여기서 자라와 용왕은 이미 '자라탕'의 골계적인 인물이 아니라 엄숙한 군왕과 충직한 신하로 행동하는 것이다. 서술자가 그렇게 설명할 뿐 아니라 인물 자신들의 의식이 그러하다. 시는 개인의 주관 속으로 독자가 침잠하게 만들어 동정과 공감을 갖도록 호소한다.

이와 같이 용왕과 자라에 대한 작가의 태도는 변화한다. 비판적 거리를 두고 조롱하기도 하며, 주관에 밀착하여 동정하고 동감하기도 한다.[11] 이에 따라 그들의 위엄과 충심은 허무한 것이 되기도 하고 엄숙한 것이 되기도 한다. 용왕과 자라는 결국 타인(삼인, 문어)에 의해 객관적으로 비판될 때는 우스꽝스럽고 허무한 인물들이지만, 그들만의 세계 속에서는 서로가 엄숙하고 비장하게 대할 수도 있는 것이다.

㉯ 토끼의 환상과 문제

이렇게 해서 충직한 관료의 전형인 자라는 왕실과 국가를 위기로 부

---

11) 여기서 '작가'라 함은 '서술자'와는 구분되는 개념이고 작품을 제작한 특정인을 가리키는 것도 아니다. 작품의 전체 형식으로 그의 목소리를 파악할 수 있는 실제 작가의 분신(second self)으로서 Wayne C. Booth는 이를 작품에 '내포된 작가(implied author)'라고 명명했다. 그에 의하면, 이 '내포된 작가'와 서술자, '내포된 작가'와 인물들, 혹은 서술자와 인물들(나아가서 독자와 서술자, 독자와 '내포된 작가') 사이에는 도덕적, 지적, 정서적 거리가 다소간 생긴다. 우리는 「토끼전」의 서술자가 토끼보다는 용왕 등에게 밀착해 있음에 반해, 작가는 중용의 태도를 보이고 있음을 본다. 이것은 하나의 당착으로서 적층문학의 특수성에서 비롯된 것이다(Wayne C. Booth, *The Rhetoric of Fiction*, Uni. of Chicago Press, 1968 중 특히 ch. III, IV, VI 참조). 그리고 이러한 당착은, 판소리계 소설에 대해 일련의 탁월한 논고를 진행시킨 조동일 교수가 밝힌 바, 비고정체계면의 불일치가 아니므로, '부분의 독자성'의 이론으로는 설명될 수 없는 것이다. 조동일, 「흥부전의 양면성」(『계명논총』 5, 1968) 및 「갈등에서 본 춘향전의 주제」(『계명논총』 7, 1970) 등 참조.

터 구하고 자신의 명예를 드높이기 위해 비장한 결심으로 모험의 여로에 오른다.[12] 자라와 토끼의 대결은 대화를 통해 극적으로 전개되는데 과장과 기롱으로 이어지는 그들의 재담은 자체로서 해학적 흥미를 지니고 있다. 그러나 우리가 여기서 자라와 토끼 간에 설정되어 있는 극적인 긴장관계를 염두에 둔다면, 관심을 가지고 관찰해야 할 인물은 토끼이다. 자라는 토끼를 처음 대할 때부터 이미 자신을 숨기고 있으며, 그가 하는 말은 모두 지략에서 나오는 말이라서 그의 성격과는 무관하다. 이에 비해 토끼의 언행은 처음부터 그 자신의 성격을 적나라하게 드러내 주고 있다. 자라가 토끼를 처음 보고 성화(聲華) 높은 호걸을 이제야 만났다고 추켜올리는 데 반해, 토끼는 자라를 보고 "내 세상에 나서 사해를 편답하여 인물 구경도 만히 하엿스되 그대가튼 박색을 보든바 처음이로다."(340면) 하고 농락하고 나서 '성함'을 묻는다. 상대방의 기분 따위는 아랑곳하지 않고 막말을 하는 오만한 한편 발랄한 성품의 소유자다. 그리고 자라와는 대조적으로, 초면의 예의를 깨뜨리고 상대방의 기이한 인상을 솔직하게 말하는 천진스러움은 그의 매력이다. 자라가 '인간 자미'를 묻자 토끼는 산천경개와 강호지락을 유창하게 읊조리며 "아마도 세상 자미는 나뿐인가 하노라"(342~3면)고 허세를 부린다. 이러한 토끼의 요설은 무엇보다 그의 유쾌한 다혈질을 보여주는 것이지만, 여기에는 단순한 기롱 이상의 의미가 있다. 그는 이방인 자라에게 자기의 쾌락한 생활을 자랑하며 스스로 환상에 취하고 있는 것이다.

이러한 토끼에게 자라는 이른바 토끼의 '팔난(八難)'을 들어 그의 오기를 분질러 놓고 만다. 토끼의 안전을 사시 위협하던 기한과 염열(炎熱), 맹호와 포수들의 핍박을 상기시키자, 이제까지 오만하고 발랄하던 토끼의 태도는 한꺼번에 침체된다. "소진 장의 구변인지 말슴도 잘도

---

12) 영창서관본 「별주부전」에서는 이러한 자라의 비장한 충성심을 강조하고 탐험을 흥미롭게 하기 위해 사자(死者)가 된 여러 영웅이 자라와 만나기도 한다.

하고 소강절의 추수인지 알기도 영검하다."(345면)고 자라의 비판이 구구절절 옳았음을 솔직히 시인한다. 그는 더 이상 자신의 무력함을 숨기거나 합리화시키지 못한다. 이렇게 그는 천진하지만 "남의 단처 너무 이르지 마소 듣는 이도 소견 있네."(345면)라고 하여 자신도 당면한 현실의 문제를 정확하게 인식하고 있음을 밝힌다. 그러니까 토끼는, 현실의 고난과 무력한 자신을 잘 알고 있지만 되도록이면 그런 불쾌한 기억을 잊은 채, 유쾌하고 발랄한 그의 기질대로 살기를 원하는 자다.

현실과 괴리되는 환상에 즐겨 빠짐은 토끼의 일관된 태도이며, 이것이 그로 하여금 스스로 사지에 걸어 들어가게 한다. 자라가 처음에 수궁의 환락과 번화를 자랑하며 토끼를 유혹했을 때 토끼는 "팔짜에 업는 남의 호강 부질업시 욕심내여 이 세상을 하직"(347면)할 수 없다 하고, "도모지 고지 들리지 아니하니 그따위 말은 다시 권치 말라"(347면)고 단호히 거절한다. 그는 자신이 허욕에 찬 인물이 아님을 강조한다. 이에 대해 자라는 토끼의 상이 타향에서 출세할 영웅호걸의 상이라고 부추긴다. 그러자 토끼는 자신에게 영웅적 기질이 있다는 자라의 말만은 쉽게 믿고, 믿어 의심치 않는다. "나의 기상도 출중하거니와 그대의 관상법도 신통하다"(349면)고 자기만족에 빠진다. 그는 자신이 썩 훌륭하여 현실을 지배할 수 있는 능력을 갖고 있다는 의욕에 찬 자신감에 몰입한다. 이것은 물론 자라의 달변에 토끼가 속은 것이지만, 토끼 자신의 지울 수 없는 성격의 일면이기도 하다.

이러한 그의 자신감, 우월감은 앞서 한번 표현된 바 있다. 그리고 이것이 허망한 자신의 환상임은 팔난을 지적하는 자라에 의해 공박당하고, 자신이 이를 솔직히 시인한 터였다. 그런데도 잠시 전의 무력한 자신을 잊고 토끼는 다시 환상에 도취되는 것이다. 그러나 토끼가 쉽게 자만과 환상에 빠져드는 것은 단순히 그가 경박하고 허영심이 많아서 그런 것은 아니다. 그는 이러한 유형성, 평판성을 어느 정도 벗어나고 있다. 그는 용궁으로 떠나기 직전 인세(人世)를 살아온 진정한 자신의 반생을 회고한다.

> 내 이 세상에 살매 못 당할 일이 한두 가지가 아닌 중 저 몹슬 사람들이 일짜 총을 드러메고 암상스러이 보챌 적에 송편으로 목을 따고 접시물에 빠져 죽고 시픈 적이 한두 번이 아니엇나니 나의 큰 아들놈은 나무 베는 아희에게 무죄히 잡혀가서 구무밥을 머거가며 가친 지 이미 칠팔 년에 노칠 가망이 바이 업고 둘재 아들 놈은 사냥개에게 물려가서 가막가치 밥이 된 지 지금 수년이라 그 일을 생각하면 절치부심하야 어찌하면 이 원수의 세상을 떠날고 하며 주사야탁하든 차에… (352면)

그는 이 세상을 원수로 삼고 고통과 원한 속에서 살아온 것이다. "죽고 시픈 적이 한두 번" 아닐 정도로 그는 이 적대적인 현실 속에서 자신의 존재가치를 확보하지 못하는 심각한 '문제'를 갖고 있는 인물이다. "송편으로 목을 따고 접시물에 빠져죽고"와 같은 비소(卑小)한 그의 희극적 어투에도 불구하고 그의 삶의 고뇌는 더 없이 절실한 것으로 떠오른다. 그리고 이러한 삶의 고뇌는 경박하고 허영심 많은 인간의 전형과는 무관한 토끼 개인의 것이다.

토끼의 환상은 이렇게 불안한 그의 자의식의 소산이다. 굴욕과 패배를 강요하는 현실의 압박(팔난 등)은 토끼의 힘으로는 해결될 수 없는 갈등이며 불안이다. 그러면서도 토끼의 발랄한 개성은 현실의 억압에 침체되기를 거부한다. 오히려 현실을 지배하기를 원한다. 때문에 그의 우월감에는 언제나 불안을 음폐하기 위한 과장이 깃들어 있다. 자라에게 이를 감추려 할 뿐 아니라 자기 자신의 의식 속에서 이를 감추려 하는 것이다.

이러한 토끼의 자기방어 혹은 자기기만의 모순된 감정은 자라와의 극적갈등(토끼 자신은 갈등이라고 생각하지 않으나)을 통해 점점 심화되는 것이다. 토끼의 우월감은 현실적인 능력에 기초하지 않는 불안정한 감정이지만, 자라가 현실로부터 해방감을 환기하자 이는 확호한 신념으로 굳어 간다. 그는 스스로의 의식 속에서 차츰 차츰 영웅이 '되어가는' 것이다. 그리하여 마침내 "왕후장상이 어찌 씨가 잇슬소냐"는 자라의 말을 굳게 믿고 '벼슬자리'를 다그쳐 묻게 된다.

토끼가 용궁에 '벼슬'하러 간다는 것은 중요한 문제다. 그에게 있어 용궁은 우선 생사와 기한과 폭력 등 모든 현실의 억압으로부터 해방될 수 있는 이상적인 고장, 꿈속에서나 그리던 소원의 사회로서 인식된다. 그러나 그의 의식 속에 보다 구체적으로 인식된 용궁은 자신의 탁월한 능력을 실현하며 그가 항상해 들어가려는 상류사회로서 의미가 있는 것이다. '원수의 세상'을 떠나 수국으로 들어가는 토끼의 동기는 그만큼 복잡하다. 그는 생리적 욕구나 '안전'에 대한 욕구같이 가장 본능적인 욕구를 충족시키고 나아가서 '존경'과 '자아실현'의 가장 고차적인 욕구마저 충족시키려 한다. 이러한 토끼의 복잡한 심리적 동기는 경직된 윤리관에 의해 해석, 비판될 수는 없는 것이다.[13)]

토끼는 자기 자신의 능력을 그릇 판단하고 환상에 잠겨 현실을 떠나고 있으나, 이러한 그의 환상 속에는 자신의 생이 현실의 억압에 구속될 수 없다는 신념이 깃들어 있다. 우리는 완곡한 비유체계에 준하여 이러한 토끼의 신념을 인간성의 해방에 대한 신념으로 환치시킬 수 있다. 그리고 이렇게 토끼에게 고난의 삶과 어느 정도 개인성을 부여하여

---

13) 이제까지 「토끼전」의 가장 큰 주제는 경박하고 간교한 인간의 허욕을 풍자하는 것으로 파악되어 왔다. 이러한 토끼의 성격과 충직하고 의뭉한 자라의 성격을 대조시켜, 토끼의 부조리를 비판한다는 것이다. 그러나 자라의 달변은 그의 성격을 표현하는 것이 아니라, 토끼의 욕망을 자극하는 유혹에 지나지 않는다.
김기동, 『이조시대소설론』, 정연사, 1964, 160, 161면 ; 정주동, 『고대소설론』, 형설출판사, 1966, 320면 ; 신기형, 『한국소설발달사』, 창문사, 1960, 369면 등 참조.
동기에 대한 용어는 사아젠트, 『사회심리학』, 양회수 역, 을유문고, 1969, 118~120면 참조.

인간성의 해방을 주장하게 하는 것은, 「토끼전」의 작가 자신이 이미 그의 의식을 토끼에게 투사하고 있음을 말해 주는 것이기도 하다.

㉰ 용왕의 풍자적 의미

이렇게 해서 토끼는 자신의 새로운 삶을 찾아 낭만적 탐색의 여로에 나선다. 적어도 그의 의식 속에서는 그러하다. 그러나 수궁에 이르자 용왕은 토끼에게 천만의외의 '충성스런' 죽음을 강요한다. 여기서 토끼는, 자신이 영웅이 되어 현실을 지배할 수 있다고 생각한 맹목의 자신감이 환상이었음을 "머리를 깨치는 듯" 각성한다.

토끼와 용왕 간에 전개되는 극적 갈등에서 의미를 이루고 있는 부분은 용왕의 환상이다. 진실을 깨우친 토끼는 이제 자신의 개성을 숨기며 지략으로써 행동한다. 이에 비해 용왕은 처음부터 자신의 전형적 성격을 노출시킨다. 용왕은 토끼에게 "과인은 수국의 천승 임금이오 너는 산중의 조고마한 짐승"이니 과인의 병을 고치기 위해 "너는 주금을 한치 말라" 고 한다. 그리고 "너 주근 후에 너를 비단으로 몸을 싸고 백옥과 호박으로 관곽을 만드러…(略)…사당을 세워 네 공을 표하리니…(略)…어찌 영화롭지 아니하리오"(이상 358면) 하면서 오히려 죽음을 영광으로 생각하라고 한다. 군왕의 권위의식에 사로잡힌 용왕은 무고한 토끼의 생명을 빼앗으려는 자신의 행위에 가책을 느꼈는지, 그와 아무런 관계도 맺은 바 없는 토끼에게 충성을 강요함으로써 자신의 행위를 합리화시키려 한다. 그는 언제나 자신의 안전을 위해 미천한 개인의 생명이 희생당하는 것을 당연지사로 알아 왔으며 이를 '충'이라는 이념으로 합리화시키면 그뿐이었던 것이다. 이것은 용왕이나 자라에게는 당연한 것으로 여겨지겠지만 현실의 모든 억압으로부터 해방된 자아를 실현하기 위해 수궁에 찾아온 토끼에게는 터무니없는 말이다.

그러나 이제 진실을 깨우친 토끼는 상황을 정확하게 판단하고 현명하게 대처해 간다. 자라가 토끼의 영웅심에 아유하였듯이 토끼는 용왕의 권위의식에 아유한다. 그는 용왕의 말을 되뇌이며 자신의 미천한 생명을 지존한 대왕을 위해 기꺼이 바치고 싶으나 사정이 여의치 않음을 고한다. 이것은 물론 아무리 천한 존재라 할지라도 자신의 고귀한 생명을 '충'이라는 미명 아래 빼앗길 수 없다는 토끼의 반어이다. 용왕은 처음엔 이러한 반어에 속지 않고, "네 진실로 간사한 놈이로다. …(略)…. 네 과인을 기망한 죄 더욱 큰지라 빨리 너의 간을 내어 일변 과인의 병을 고치며 일변 과인을 소기는 죄를 다스리리라."(360면)고 한다. 반어를 사용하면서 군왕을 속이려는 죄를 다스리기 위해서라도 토끼를 죽여야겠다는 것이다. 이럴수록 용왕의 부조리는 깊어 간다. 그는 토끼 개인의 생명을 빼앗으려는 자신의 이기적 욕망과 불합리한 행위를 합리화시키기 위해 토끼와는 무관한 그의 독단적 권위와 도덕을 강조하고 있을 뿐이다. 이러한 용왕의 권위는 집단의 힘으로 무죄한 개인의 생명을 빼앗으려는 사악함마저 지니고 있다. 그러나 용왕은 결국 토끼의 지략에 휘말려들고 만다. "토처사는 나의 앗가 실례함을 허물치 말라"(362면)하고 사과하는 용왕의 태도는 스스로의 부조리와 사악함을 인정하면서도 이를 애써 음폐하려는 위선의 극치이다. 용왕은 토끼에게 빈객의 예우를 극진히 하고 영화를 같이 할 것을 약속한다.

이러한 용왕은 전항에서 말한바 「토끼전」의 작가들에 의해 인식된 군왕의 전형이다. 「토끼전」의 작가들은 용왕이라는 가상적인 특수한 인물을 통해 보편적인 군왕의 풍습과 윤리를 비판, 공격하는 것이다. 공격하고 있는 윤리와 풍습은 상술한바 주색으로 몸을 망친다거나, 자신의 안전을 도모하기 위해서 무력하고 미천한 자의 생명을 희생시키고, 이렇게 불합리한 자신의 행위를 '충'이라는 이념으로 합리화시키는 한편, 이에 거역하는 자를 권력에 빙자해서 처벌한다는 것 등이다. 토끼와 희극적 갈등을 통해 폭로되는 용왕들의 부조리와 사악은 그들만의 세계에서는 부조리도 사악도 아니다. 여기에 가치관이 상반되는 토끼라는 인물이 등장해서 그들만의 가치관에 자만하고 있는 용왕들과 충돌함으로써 획일적인 가치관 속에 감추어진 부조리와 악이 돋보이게 되는 것이다.[14] '토끼전'의 사회적 의미는 그러므로 용왕과 자라가

---

14) 우리는 우선 토끼가 간을 빼 놓고 왔다는 말을 믿는 용왕의 어리석음을 웃는다. 이것은 설화의 plot가 지닌 단순히 골계적인 요소로서 공격적인 의미는 없다. 그러나 소설 「토끼전」에서 우리가 웃는 웃음은 인용문에서 보는 바, 용왕이 토끼에게 대하는 태도의 부조리함에 대한 비난의 웃음이 포함되어 있다. 이러한 태도야말로 상기한 바 그의 윤리관을 표명하는 군왕의 풍습인 것이다. 토끼와 용왕 간에는 지배자와 피지배자의 관계가 직접 성립되지 않는다. 피지배자의 윤리(충)에 절대 동조할 수 없는 토끼에게 그것의 극단을 강요하고 지배자의 권위를 주장하는 데서 용왕의 경직된 윤리는 그 부조리함을 드러내는 것이다. 용왕이 그의 경직된 윤리를 적절하지 않은 상황 속에서 강조하면 할수록 그 부조리는 점점 심해진다. 사회심리학자 Piddington은 가치평가의 갈등(Conflicting evaluation)을 야기하는 상황에서 웃음이 우발(偶發)한다고 했다. 용왕에 대한 우리의 웃음이 날카로운 비난을 포함하는 이유는 그의 가치관에 너무나 상반되는 토끼의 가치관에 우리가 동조하기 때문이다. Piddington은 이러한 상황은 사회질서의 불안정성을 내포하며, 웃음의 기능은 이로부터 사회의 안정을 보전하는 것으로 보았다. 즉 '심리적 보상'을 통해 현 상태에 완전히 만족하는 태도를 표현하는 웃음은, 가치관의 갈등 때문에 계속해서 일어날 수 있는 사회적 파손을 예방한다는 것이다. 토끼와 용왕 간의 가치관의 갈등은 바로 「토끼전」 작가들의 갈등일 수 있으며 이들은 이를 웃음 속에서 해소시켰을는지도 모른다.

우리는 물론 「토끼전」의 용왕과 이조후기의 어느 특정한 왕과를 대응시킬 수 없다. 용왕이라는 인물은 가상의 특수한 인물이다. 그러나 평면적이고 전형적인 인물 용왕이 잠겨 있는 도덕과 풍습은 이조후기 평민층(「토끼전」의 작자들)이 보편적인 개연으로 인식한 군왕의 도덕과 풍습임에 틀림없는 것이다. 풍자의 대상은 언제나 인간 자체가 아니라 자만하고 있는 그의 도덕(윤리)과 풍습(태도)인 것이다. Freud 역시 웃음을 보상 혹은 긴장의 이완으로 보는데, 풍자를 포함한 '공격적 농담'(혹은 더 크게 '의도적 농담')은 '금지노력 절약 현상'으로 본다. 즉 대상을 지배하고자 하는 무의식적 욕구의 충동을 금지시키는 양심의 명령을 회피하려는 데서 풍자가 나온다는 말이다. 풍자는 자신을 억누르는 훌륭한 적의 권위에 대한 반항이며 적에 대한 우월감의 향락이라는 것이다. 그러나 이 적에 대한 공격은 사회나 문명 혹은 양심의 억압으로 금지되는 것이기에 억압으로부터 완전히 벗어나지 못하고 우원(迂遠)하고 사소한 공격으로 욕구를 충족시킨다는 것이다. 「토끼전」의 풍자가 갖는 사회적 기능도 아마 이런 데 있을 것이다.

cf. D. E. Berlyne, "Laughter, Humor, and Play", *The Handbook of Social Psychology*, Vol

대변하는 낡아빠진 가치관의 집적인 봉건이념을 부정하는 데에 있는 것이다.[15]

「토끼전」의 창작에는 그러나 봉건이념에 동조하는 신분층의 작가도 참여하였기에 작품 전체를 통해 봉건이념의 부정은 완벽한 것이 되지 못하였다. 전항에서 논술한바 작가는 용왕과 자라에 대해 비판적 거리를 두고 조롱하고 있지만, 때로 이들의 주관에 밀착해서 봉건이념을 승화시키려는 의도를 보인다. 서술자는 자라와 용왕의 골계적 성격에 관계없이 그들의 주관에 밀착해서 동정적 태도를 지니고 있다. 그리고 전지자의 권위를 남용해서 극화된 사실과 어긋나는 논평을 가하기도 한다.[16] 무엇보다도 작품의 결말을 자라의 지극한 충성심이 신명을 감동시켜 화타(華陀)로 하여금 선단(仙丹)을 내리게 하는 '충'의 승화로 끝맺고 있다.[17]

3, G. Lizey & E. Aronson edit., Addison-Wesly Pub. Co. Inc., 1969, pp.801-2, p.799. cf. S. Freud, *Jokes and their Relation to the Unconsciousness*, Routledge Paperback, London, 1960, pp.94～115.

15) 한문판본 「토선생전(兎先生傳)」은 그 말미에서 토끼가 "欲生惡死 熟無此心"이라고 말하면서 용왕과 자신의 목숨이 똑같이 귀중함을 외치고 있다. 필사본 「퇴기젼」(정병욱본)의 말미에서 토끼는 "대왕과 소생과 동열이라 대왕이나 소신이나 안니곱고 절통하다 그러하니…" 운운하면서, 같은 인간이며 같은 동기이니 돕고 살자는 투로 용왕을 조롱하고 있다. 신재효 판소리 사설 「토별가(兎鼈歌)」는 이조후기의 정치제도와 사회제도를 풍자하고 있으며 이는 강한영 교수가 이미 지적한 바 있다. 강한영, 「판소리 사설 兎鼈歌」, 『신재효 판소리 사설집』, 민중서관, 1971, 19～20면 참조

16) 예컨대 토끼에게 속아 넘어 가는 용왕을 논평하여 "용왕은 본성이 충후한지라 토끼의 말을 듣고 묵묵히 말이 업스며"(362면)하는 구절은 극화된 사실과 전혀 어긋나는 설명이다.

17) 많은 이본들이 그러나 토끼의 탈출 성공으로 극적인 종결을 매듭짓고 있으므로 자라의 '충'과 용왕의 위엄이 허무한 것으로 추락해 버린다(예컨대 한문판본 「토선생전」, 영창서관본 「불로초」, 필사본(정병욱 소장) 「퇴기젼」 등). 신재효의 「토별가」에서는 토끼의 똥을 자라가 얻어 가서 용왕의 병을 고친다.

그러나 이러한 것들은 모두 작품의 유기적 통일성을 해치는 부분적 요소나 사족에 불과하고 작품 전체의 중심 의미를 크게 저해시키는 것은 못된다.[18] 그리고 이러한 봉건이념에 대한 저항정신은 민중에 의해 지지, 전승되어온 설화 자체에 이미 잠재해 있었던 정신이다. 설화의 전승 플롯에 현실모사적 요소가 가미됨으로써 주제의 확대, 심화가 이루어진 것이다.

㉣ 토끼의 아이러니

본고는 앞서 토끼가 지닌 어느 정도의 개인성을 지적한 바 있지만 작품 전체를 두고 볼 때 그의 매력은 역시 희극적인 경쾌성에 있으며 이러한 그는 전형적 성격이 강하다. 그의 전형성은 우선 용왕 및 자라와 대결하는 피지배층 혹은 민중층으로서 사회적 의미(전형성)를 띤다.[19] 또한 그의 성격으로 지적될 수 있는 과장된 자기표현, 자기방어, 자기기만 등등은 사회 관습에 의해 형성되는 보편적인 인간 성격이다. 이러한 것들은 실상에 있어서 현실에 억압당하고 있는 무력한 인간이 현실을

---

18) 서술자의 불공평한 태도는 상기한 바, 극화된 사실과 유기적 연관을 갖지 못한다. 자라에 대한 異助(神助)는 인물(자라)의 개념과 전혀 어긋나는 plot(motif)이다. 이제까지 보아온 바, 그는 神界와 교섭할 어떤 징후도 띄고 있지 못하던 인물이다. 이러한 부분적 요소는 작가군의 일부가 irony의 희생이 되는 용왕과 자라에 대해 비판적 거리를 잃고 무분별하게 동정할 때 형성된다. irony를 지켜보는 독자는 그러나 객관성을 잃어서는 안 된다. 상기한바 부조리한 용왕의 태도도 '왕이니까 당연하다'고 생각할 때, 즉 봉건이념에 일단 동조하고 나설 때는 부조리로 인식되지 않는다. 그와 갈등하고 있는 토끼 개인(작가는 토끼에게 인간성과 개인성을 부여하였으니까)의 가치관을 염두에 둘 때 그의 부조리는 인식될 수 있다. 토끼를 무조건 비판적으로 보고 용왕과 자라에 동정할 때 「토끼전」의 주제는 '충'이라고 곡해될 수 있다. 어떤 이본(예컨대 영창서관본 「별주부전」)이 자라(또는 용왕도 포함하여)에게 특히 동정적인 태도를 취하여, 그의 이념(충)을 숭고한 것으로 만들려 시도했으나, 「토끼전」 전승의 주류는 절대 그렇지 않다.

19) 본장(「우화소설 연구」)은 저자의 석사학위논문을 그대로 전재한 것이나, 논지를 명백히 하기 위해 여기에 이 문장을 첨입한다.

지배해 보겠다는 욕망을 가질 때 일어나는 감정들이다. 토끼에게 주어지는 개인성은 이러한 인간의 전형적 성격을 보다 선명하고 진실되게 부각시켜 준다. 그러나 이 전형은 단순히 환상에 취해버리는 경박한 기질로서가 아니라 현실의 고난 때문에 환상에 잠기는 인간성의 전형이다. 그에게 있어서 무력과 우월감, 현실의 억압과 현실에 대한 욕망, 진실과 환상의 대조는 매우 두드러진다. 그만큼 그의 문제는 크고 환상은 깊기에 용궁으로 떠날 수 있는 충분한 동기를 갖게 된다.

이것은 그의 의식내부에 잠재해 있던 내적 갈등이지만 자라와의 극적 갈등을 통해 하나의 강박관념처럼 심화된다. 우리는 자라와의 대화를 통해 환상 속에서 영웅이 되어가지고 용궁으로 떠나는 토끼를 보고 웃는다. 그러나 이 조소에는 반감이나 준엄한 비난이 섞여 있는 것은 아니다. 우리는 그가 실제상으로 별로 큰 능력을 갖고 있지 못하면서 남보다 월등한 지위를 누리려 하는 데 대해서는 비판적이다. 그러나 자신의 현실적인 문제를 해결하고 보다 가치 있는 삶을 추구하겠다는 그의 적극적인 의욕에 대해서는 동감한다. 수궁으로 떠나는 토끼의 환상을 지켜 볼 때, 우리는 동정과 조소, 동감과 비판이 한꺼번에 엇갈리는 감정을 갖는다. 그러나 무엇보다도 토끼에게 우리의 동정이 가는 것은, 토끼가 우리와 같은 무력한 개인임에 반해 그의 적대자 자라는 흉계를 가진 집단의 대리인으로서 천진스런 개인을 속여 사지로 끌고 간다는 극적 상황 때문이다. "간사한 토끼를 어더 공을 이룸이여 한갓 용안의 깃븐 빛을 뵈오리로다"(355면)는 자라의 시를 듣는 순간부터 우리는 이미 토끼에 대한 조소를 멈추고 동정과 연민에 사로잡히게 된다.

토끼가 범하는 자기배반의 아이러니는 거듭된다. 그는 현실의 억압으로부터 인간성의 해방을 주장하며 가상하던 이상적인 삶을 누리기 위해 용궁에 찾아갔으나, 오히려 삶의 포기를 요구받았다. 여기서 자신의 그릇된 환상을 깨달은 토끼는 수국의 군신사회를 허무하게 만들어

버리고 육지로 되돌아 왔다. 그러나 그는 이 순간 다시 한 번 자기배반의 아이러니를 저지르고 있다. 그는 자신이 '원수'로 생각하고 떠났던 세계로 되돌아와 환호작약하는 것이다.

토끼는 육지에 올라 "무단히 산중에 한가로이 지내는 나를 유인하야" (365면) 공을 나타내려 했던 자라를 질책한다. 그러니까 그는 큰 욕망을 갖지 않고 생을 '한가로이' 지내고 있었는데, 자라가 찾아와 갑자기 자신의 약점을 들추고 욕망을 자극하는 바람에 이성을 잠시 잃었던 것이다. 되도록이면 피하고 싶었던 현실과의 갈등에 사로잡히고, 마침내는 꾹 참고 살아왔던 현실에 대한 불만을 토해 버리고 용궁으로 떠나기에 이르렀던 것이다. 그러나 자신의 일생이 한가로웠다고 새삼 느끼는 토끼가 용궁을 떠나기 전 "아마도 세상 자미는 나뿐인가 하노라" 하던 토끼로 되돌아 온 것은 아니다. 그는 이상적 사회란 있을 수 없고 군신사회는 기만과 위선에 가득 찬 사회라는 것을 알았다. 그는 이제 다시 옛날과 같은 환상에 젖어 들지는 않을 것이다.[20] 우리는 그가 환상을 "머리를 깨치는 듯" 각성한 후, 그의 의식내면에 변화가 있었던 것으로 간주한다. 이런 점에서 그는 허약한 자신에서 보다 강한 자신으로 발전하는 발전적 인물이다.[21]

---

20) 한문본 「兎先生傳」에 이것은 명시되어 있다. "水宮星槎, 旋雖可也, 無主空山, 雖有儀蘇之辯, 良平之謀, 亦不能再售矣." 신재효의 「토별가」에서도 이는 명시되어 있다. "벼슬하면 몸 위텁고 타관 가면 천대 받네."

21) '인물의 발전'은 소설(혹은 서사문학)에서 인물의 내면의식이 환경에 맞부딪치며 변화를 계속하는 것을 이른다. E. M. Forster와 E. Muir는 Novel에서 개성(개인)적 인물이 발전하는 인물이라 했다. 이에 반해 R. Scholes와 R. Kellog는 Narrative에서, 윤리적 기초를 가진 특정한 plot line에 따라 변화하는 인물이 발전하는 인물이라 했다. 후자의 경우 인물은 개인적 특성이 축소되고 그의 발전 자체(plot 자체)가 하나의 윤리적 주제를 예시한다(예컨대 allegory나 exemplum의 인물).

우화 '토끼와 거북이'의 인물 토끼는 후자에 속하는 발전적 인물이다. 그는 인생을 욕망대로 살 수 없으며 헛된 욕망은 버려야 한다는 윤리적인 교훈을 예시해 준다. 죽음으로부터 탈출하여 되돌아 온 토끼에게 육지(현실)의 의미는 달라질 수밖

그러나 진실의 인식이라는 작품의 결말이 토끼의 의식 내에서 폐쇄된 상태로 이루어질 때, 우리는 여기서 「토끼전」의 사회적 주제의 한계를 본다. 즉 인간성의 해방을 주장하면서도 그것은 토끼 자신의 환상에 지나지 않는다는 것, 실상에 있어서 기만과 위선으로 가득 차 있는 군신사회를 토끼는 자아실현의 최고 이상으로 삼을 수밖에 없었다는 것 등이다. 그리고 이러한 「토끼전」의 아이러닉한 결말은 토끼라는 우화의 주인공을 통해서 무력한 자신의 소원을 충족시키고, 군왕과 대결하며, 다시 무력한 자신으로 되돌아와 현실의 고뇌를 해학으로 견디던 「토끼전」 작가들의 사회의식의 한계를 보여주는 것이기도 하다.[22)]

에 없다. 「토끼전」은 이와 같은 우화의 plot을 보다 사실적인 소설 형태로 발전시킨 것이다. 소설의 후반부(용궁 도착 이후)에서 토끼는 그의 개인성이 문제되지 않는 우화에서와 마찬가지로 type에 지나지 않는다. plot의 전개는 바로 토끼의 의식 발전(진실의 각성)을 형성하며, 그의 욕망은 허무한 것으로 부정된다. 소설 전반부에서는 그러나 다르다. 그는 전승된 plot의 요구에 따라 곧장 수궁으로 들어가는 것이 아니다. 그가 용궁으로 들어가기까지에는 전 작품의 거의 절반에 해당하는 이야기 시간이 소요되었다. 그 동안에 토끼라는 인물은 탐구된 것이고, 그의 동기는 복잡한 것으로 드러났다. 이러한 전반부는, 토끼의 욕망을 허무한 것으로 간단히 처리해 버리는 후반의 plot line과는 상반되게, 토끼의 욕망이 얼마나 진실된 것인가를 보여주고 있다. 그리고 이것은 개인의 욕망을 긍정하고 나서는 「토끼전」 작가들의 가치관의 반영인 것이다. 전반부의 토끼는 Foster가 말한 입체적 인물의 면모를 띠고 발전한다.

「토끼전」은 전편이 극적으로 전개된다. 토끼의 내적갈등(입체적인 면)은 자라와의 극적갈등을 통해 드러나고 또 해소된다. 작품은 「자만—실추—각성」이라는 극적인 plot-pattern을 지니고 있다. 그러나 토끼의 발전적인 면모는 Muir가 말한 극적인물의 그것과는 일치될 수 없다.

cf. E. M. Forster, 정병조 역, 『소설의 양상』(신양사, 교양신서 55권) 중 특히 제 4장 "인물(二)" ; E. Muir, *The Structure of the Novel*, Hogarth Press, London, 1957, 중 특히 Ch. "The Dramatic Novel" ; R. Kellog & R. Scholes, *The Nature of Narrative*, Oxford Uni. Press, New York, 1966, pp.168-9.

22) 「兎生傳」(국립중앙도서관 소장 한글사본) 같은 작품에서 토끼는 자라를 죽이며, 서민사회 속에서 새로운 갈등을 극복해 나가는 영웅으로 부각된다.

2. 「장끼전」

㉮ 장끼의 환상과 풍자

「토끼전」이 인간의 삶을 동물의 가면에 비유하여 허구를 전개시킴에 반해 「장끼전」[23]은 오히려 동물의 생태를 인간적 상황에 비유하여 허구를 전개시킨다고 볼 수 있다. 그만큼 이 작품의 인물들은 동물인지 인간인지 구별이 애매하다. 그리고 이 애매성이야말로 「장끼전」이 강조하고 있는 의미의 중심이다.

> 건곤이 조판할 제 만물이 번성하여 귀할손 인생이오 천할손 김생이라…(1면)

본전은 천한 짐승들의 이야기라는 프롤로그이다. 이어서 서술자는 천한 짐승 장끼는 삼공육경으로부터 수령방백, 다방골 제갈동지까지 싫도록 장복하고 사령기에 살대치레와 전방의 먼지채 등등으로 두루 쓰인다고 설명한다.

그러나 극중의(본전은 거의 희곡에 가까우리만치 그 구조가 극적이다.) 주인공 장끼는 처음 등장할 때부터 자신이 무척 존대(尊大)한 인물인 듯이 말하고 있다. '난대업난 불근 콩'이 덩그렇게 놓여 있는 것을 보고, "하날이 주신 복을 내어이 마다하리 내 복이니 먹어 보자(3면)" 하고 자만에 차 있다. 여기서부터 작품은 장끼와 까투리와의 대화로 전개되는데 그들은 부부지간이면서도 고사를 인용하고 문자를 섞어 가며

---

23) 본고의 텍스트로 택한 것은 영창서관본 활자본 「장찌전」이다. 「장끼전」은 몇 가지 이본이 있으나 그 내용이 「토끼전」과 같이 크게 차이가 나는 것이 아니므로 이본에 대해 언급하지 않는다. 원제는 「장찌전」이지만 본고에서는 「장끼전」으로 고쳐 쓰기로 한다.

대화를 진행시키고 있어 양반의 풍습을 흉내 내고 있다. 그러니까 이들은 그저 동물이기도 하고 비유를 통해 형상되는 인간이기도 하다. 그리고 인간일 경우 이들이 전형으로 포괄하는 사회신분은 개가를 금지하던 양반계급이 포함되어 있다. 이들의 신분을 그러나 명확하게 양반이라고 추정할 수도 없는 것이 그들은 구어와 문어, 경어와 비어를 함께 사용하며 때로는 상민의 풍습도 흉내 내고 있다.[24] 작가는 신분적 의미를 명시하기보다 오히려 남과 여라는 양성의 전형성을 강조한다. "하늘이 주신 복을 내 어이 마다하리" 하고 시작하는 장끼의 오만은, 그의 고서벽과 결합하여 자신의 높은 신분을 나타내 준다기보다 오히려 비열한 그의 정체를 드러내 주고 있다. 까투리가 장끼의 죽음을 막기 위해 콩을 먹지 못하도록 흉몽 얘기를 꺼내려 하자, 장끼는 웃으며,

> 내 거야의 일몽을 어드니 황학을 빗기 타고 하날의 올라가 옥황의 문안하니 나를 산림쳐사 봉하시고 만석고(萬石庫)의 콩 한 섬을 상급하셧시니 오날 이 콩 하나 그 아니 반가울가 고서의 일느기를 기자감식 (飢者甘食)이오 갈자이음 (渴者易飮) 이라 하엿스니 쥬린 양을 채여 보자. (5면)

고 한다. '황학을 빗기 타고'하는 허황된 그의 호언(豪言)은 우선 계집(까투리)의 말씀은 전혀 무시한다는 가장의 권위를 표명하기 위해서이다. 이러한 그의 호언은 그가 인간이라고 생각할 때 가능한 발언이다.

---

24) L. Trilling은 소설(Novel뿐 아니라 Fiction 전체를 가리킴)에서 인물은 관찰된 그들의 풍습(manners)에 의해 의미를 갖는다(존재한다)고 했다. 물론 모든 소설이 그가 말하는바 풍습에 깊이 관심하지는 않을 것이다. 그러나 우화소설의 경우 인물은 특히 풍습에 관계하며 그들에게서 풍습을 빼고 나면 그들은 동물에 지나지 않는다(cf. L. Trilling, *The Liberal Imagination*, A Doubleday Anchor Book, New York, 1950, p.210). 구어와 비어의 사용이 특히 심해지며 양반의 풍습에서 멀어지고 상민의 풍습 쪽으로 근접해 가는 일정 분기점이 있어, 작품은 의미를 달리 하는 두 부분으로 될 듯하다. 후설.

그러나 그는 '장끼'이므로 옥황으로부터 콩 한 섬을 상급 받았다고 한다. 한 문장 속에서 그는 인간이 되었다가 '장끼'가 되었다가 한다. '장끼' 따위가 "황학을 빗기 타고…" 어쩌고 한다는 것은 전혀 모순된 감(irony)을 일으키는 우스꽝스러운 말이다. 결국 장끼 자신은 위대한 척 호언을 해 보지만 그의 이 말은 자기 자신을 부조리하고 비소(卑小)한 인물 '장끼'로 만들 뿐이다. 장끼로 하여금 이런 말을 하도록 시킨 작가는 그러나 천한 짐승 '장끼'의 비소함을 강조하려는 것이 아니다. 작가의 진정한 목소리는 비소한 장끼로 비유되고 있는 인간 '장끼'의 비소함과 부조리함을 조롱하려는 것이다. 그러니까 작가가 독자에게 주려는 윤리적 지시는 남자가 탐욕에 사로잡혀 아내의 충언을 일축하고 자신의 권위만 그릇되게 주장하는 것은 '장끼'가 '황학을 빗기 타고…' 어쩌고 하는 거나 다름없이 부조리하고 비루한 짓이라는 것이다. 이 작품에서 Tenor-Vehicle의 관계는 그만큼 복잡한 의미를 환기하고 있다.[25]

이렇게 공허한 탐욕과 자만감에 차 있는 장끼에게 까투리는 흉몽 다섯 가지를 이르며 간곡히 충고하나, "장끼란 놈"은 제 멋대로 해몽하며 아내에게 오만한 고집을 부린다. 첫째 꿈에 대해 장끼는 "그 꿈 염녀 마라 춘당대 알성과의 문과장원 참례하여 어사화 두 가지를 머리 우의 숙여 꼿고 장안 대도상의 왕래할 꿈이로다 과거나 심써보세"(5-6면)하고 응답한다. "과거나 심써보세"라는 말은 인간으로서 하는 말이다. 여기서 그는 완전한 인간이다. 그러나 장끼가 비소한 인물이라는 것은 독

25) 이렇게 의미가 복잡해지면서 장끼가 더욱 부조리해지는 것은 여기서 두 가지 비유가 함께 쓰여 지고 있기 때문이다. 첫째는 우선 비소한 동물과 인간과의 비유 관계로서 이는 우화의 특성이다. 다른 하나는 비소한 인물 장끼의 우스꽝스러운 영웅주의(mock-heroism)이다. 장끼는 그에게 너무도 어울리지 않는 영웅을 흉내 냄으로써 자신의 비열함을 강조하는 것이다. 계속되는 이러한 영웅주의적 태도는 장끼의 과망(過妄)한 자만심을 표현해 주기도 하나, 반면에 그의 부조리를 더욱 돋보이게 한다.

자가 이미 시사 받은 바다. 이러한 그가 영웅을 흉내 내어 춘당대 알성과의 문과장원을 운운한다는 것은 그의 자만이 전혀 현실적인 근거가 없는 허황된 것임을 보여 줄 뿐이다. 두 번째 꿈에 대해서는 "대명이 중흥할 제 구완병 청하거든 이 내 몸이 대장 되여 머리 우의 투구 쓰고 압녹강 건너가셔 중원을 평정하고 승젼대장 되올 꿈이로다."(6면)하고 응답한다. 아까는 이몽룡 같은 문과장원을 들먹이더니 이번에는 「임경업전」의 임장군 같은 승전대장을 들먹인다. 이렇게 계속되는 그의 환상적인 어투는 그를 제지하려는 아내에게 무조건 반박하여 자신의 권위와 자존심을 뽐내려는 망발이다. 그러나 이러한 영웅적 흉취를 들먹일수록 장끼는 더욱 더 그의 허황됨과 비소함을 드러내고 있을 따름이다. 듣는 이는 부조리와 모순감을 느끼고 어처구니없는 조소를 머금는다.

까투리는 흉몽을 꾸었다고 꿈 얘기를 하고 있으나 실상은 남편이 틀림없는 죽음의 길로 저돌해 들어갈 것을 만류하기 위해 꿈을 빌어 자신의 애타는 심정을 간곡히 표현하고 있는 것이다. 이것은 위험을 확신하고 있는 그녀의 태도에 암시되어 있고 몽사를 얘기하는 그녀의 말 가운데 명시되어 있다. 망발을 부리는 남편에게 조바심이 난 까투리는 이번엔 셋째, 넷째 꿈을 한꺼번에 말한다. 그리고 남편의 과망한 자존심을 잘 알고 있으므로, 앞서 응답한 장끼의 망발과 같은 해몽에 대해 "그난 그럿타 하려니와" 하고 일단 승복하는 태도를 취한다. 그런 다음 네 번째 꿈을 장끼의 자존심에 특히 호소할 수 있는 내용으로 지어 고한다.

> 삼태성 태을셩이 은하슈를 둘넛난대 그중의 일졈셩이 똑 떠러져 자내 압헤 내려져 뵈니 자네 장셩(長星) 그리된 듯 삼국 적 제갈무후 오장원의 운명할 제 장셩이 떠러졌다 하더이다. (7면)

장끼는 그런데도 막무가내로 아내의 말을 무시한다. 셋째 꿈이 "너와 나와 축켜 덥고 이리져리 궁글"(8면) 부부지락의 꿈이고, 넷째 꿈이 "네 몸에 태기 잇셔 귀자 낳을 꿈"(8면)이라고 한다. 마지막으로 까투리는 "자네가 죽을 꿈"이라 하지 않고 "이 내 몸 과부 되어 상복 입을 꿈이"니 "제발 덕분 먹지 마소 부대 그 콩 먹지 마소"(9면) 하며 불안해한다. 그러자 장끼는 갑자기 대로하여 까투리를 치고받고 한다.

장끼와 까투리가 주고받는 다섯 토막의 꿈 이야기는 그들의 성격과 견해 차이를 대조시키면서 반복된다. 즉 장끼의 오만과 무지, 까투리의 공순과 현명이 대조, 반복을 통해 강조된다. 그러나 이것은 강조를 위한 단순한 반복이 아니라 그들 간의 극적갈등으로 전개되는 패턴(Pattern)이다. 반복되는 대화는 서로간의 심리를 순간적으로 변화시키는 것이다. 이것은 상기한바 까투리의 대사에서 어법과 수사의 경미한 변화로 표시된다. 그리고 다섯째 꿈에 대한 장끼의 갑작스런 "大怒"로 표시된다.

> 장끼란 놈 대로하야 두 발로 이리 차고 져리 차며 하난 말이 화용월태 져 간나위년 기둥셔방 마다하고 타인 남자 질기다가 참바울바 쥬황사로 뒤죽지 결박하야…(略)…란장마질 꿈이로다 그런 꿈 말 다시 마라 압정갱이 꺽거놀나. (9면)

장끼의 어투는 급변했다. 까투리가 타인 남자를 즐기리라는 것은 물론 애매한 누명이며 더 이상 불쾌한 꿈 얘기를 못하도록 아내를 윽박지르려는 장끼의 비루한 폭언이다. 이 폭언은 그러나 장끼가 문과장원은 커녕 아내에 대한 남편으로서의 위치도 불안해하는 무력하고 미천한 위인임을 드러내 줄 뿐이다. 이러한 그의 태도는 이제까지 자신만만하던 그의 호기로운 태도와는 전혀 딴판이다. 이것은 결국 계속되던 그의 오만한 어조와는 달리, 그의 내심에는 아내에게 자신의 말이 권위가 서지 않는 데 대한 불안과 갈등이 있어 왔다는 것을 암시한다. 그러니까 장끼는 아내에게 호언장담으로 자신의 무력을 음폐하고 욕망을 충족시키려 했었다. 그러나 아내의 강력한 제지가 욕망을 충족시킬 수 없는 자신의 무력을 환기시키자, 자존심을 상해 오다가 마침내 자제력을 잃고 자신의 권위를 스스로 깨뜨려 버린 것이다.

여기서 까투리의 말을 되받아 치는 장끼의 응답은 끝난다. 권위로 '아내를 지배하는 남편(가장)과' 순종으로 '지배를 받아야 하는 아내'라는 봉건부부 간의 긴장은 일단 해소된다. 이제 그들의 의견충돌은 표면화된다. 까투리는 남편에게 대등한 입장에서 훈계하며, 장끼는 아내에 대한 위신을 돌보지 않고 제 근성을 털어 놓는다. 까투리는 남편에게 "자내 비록 미물이나 군자의 본을 받아 염치를 알 거시니"(10면) 근신을 하라고 계유(啓喩)한다. 직접 남편의 무력함(微物임)을 환기시켰다. 그러나 장끼는 이제 아내에게 예의고 염치고 없다 하고, 고래의 영웅들도 "먹난 거시 웃듬이라" "…나도 이 콩을 먹고 크게 될 줄 뉘 알소냐"(10~11면)고 한다. 까투리는 "고집불통 과하다가" "패가" "망신"이 십상이라고 한다. 장끼는 이 콩 먹고 "태공갓치 오래 살고 태백갓치 상텬하야 태을선관 되오리라(12~13면)"고 하며 콩을 먹으러 들어가서 결국 차위(창애: 덫)에 치이고 만다.

여기 '난대 업는 불근 콩'은 하나의 상징이다. 그것은 무력하고 비소한 자의 천한 욕망을 일으키기에 충분한 사회의 함정으로 지극히 무가치할 뿐만 아니라 파멸의 요소를 지니고 있다. 장끼는 본디 비소한 존재이면서도 비소한 자신에 만족하지 않고 욕망에 사로잡히며 자신보다 더 큰 무엇이 되려 한다. 까투리는 남편의 욕망이 부조리한 탐욕으로 판단한다. 자신의 비소함을 깨닫지 못하고 탐욕에 사로잡혀, 그의 환상에 결코 부합되지 않을 외부현실에 맹목으로 달려들어, 그 때문에 몸을 망칠 것으로 판단한다. 그러나 장끼는 자신의 천한 욕망이 성취될 것으로 확신하고 있으며, 이와 함께 자신이 더 큰 인물이 될 것으로 기대하는 속물적 환상에 차 있다. 무력한 그의 허황된 자존심은 게다가 아내에게 순종을 강요하는 남편(가장)의 권위의식을 동반하고 있다.

이와 같은 「장끼전」 전반부의 상황은 하나의 유형적 상황이다. 탐욕에 사로잡힌 용렬한 남자가 현명한 아내의 충고를 무시하고 날뛰다가 망신하고 만다는 상황이다. 장끼와 까투리는 모두 전형적인 인물이다. 장끼는 용렬한 남편(봉건 가장)의 전형이다. 까투리는 이러한 장끼에 대조가 되는 현부의 전형이다. 그녀는 얻어맞아 가면서도 공순한 태도로 남편에게 이성을 찾기를 간곡히 애원한다. 때로는 남편의 자존심에 호소하기도 하고, 때로는 과망(過妄)한 자의식에서 벗어나 본래의 자기 자신으로 돌아가도록 계유한다. "미물"에 지나지 않는 남편이지만 군자의 본을 받으라고 충고한다. 이러한 상황 속에서 강조가 되고 있는 것은 장끼의 부조리이다. 그의 부조리는 아내의 충고를 무시하는 몽매한 남자의 탐욕 또는 봉건가장의 맹목적인 자만·권위의식이다. 작가는 이러한 전형적인 남자의 부조리를 '장끼'라는 인물을 통해 과장·조롱함으로써 충격적으로 묘파해 낸 것이다. 그럼으로써 독자의 심중에 잠재해 있는 이런 부조리를 반성하고 개선케 하려는 것이다.[26] 그러니까 장끼는 전형적 인물이지만 작가의 지적·미적 통제를 심하게 받고 조형된 인물이매, 부조리와 모순의 덩어리로서 독자의 조소와 반성의 교훈 감밖에 되지 못하는 것이다. 그에게 갈등이 일어날 수 있는 개인성이 있다면 그것은 그의 부조리를 더욱 역하게 만드는 개인성이다.

장끼의 irony가 놀랍고 홍미롭기 때문에 부녀자들 사이에는 가창으로 유행되기까지 했다. 작가는 그러나 그가 주장하려는 도덕적 명제를 이

26) 풍자의 특징적인 교훈 방식은 권하고자 하는 어떤 도덕관념이나 태도에 반대되는 것을 부조리하고 불쾌한 것으로 돌림으로써, 독자에게 심리적인 반동을 유발시켜 양식을 찾도록 하는 것이다. N. Holland는 풍자가 '반동형성(Reaction-formulation)'이라는 방위기제에 호소하여 독자에게 심리적 영향을 미친다고 했다(cf. N. Holland, *The Dynamics of Literary Response*, Oxford Uni. Press, New York, 1968, p.315, 333).

렇게 반어(풍자)로서만 제시해주는 것이 아니라 전형적 인물 까투리의 입을 통해 직접 훈교해 주고 있다. 불행을 자초한 장끼에게 던지는 까투리의 말, "져런 광경 당할 줄 몰나든가 남자라고 녀자의 말 잘 드러도 패가하고 기집의 말 안드러도 망신하네"(13면)는 바로 작가의 말이다. 그리고 몽매한 남편의 맹목적인 권위에 항거하는 이 말이야말로 「장끼전」의 가장 큰 주제가 되는 촌철이다.

㉯ 까투리의 문제

장끼가 차위에 치이는 장면을 서술자는 완전히 동물로 묘사한다.

> 조츰조츰 드러가셔 반달가튼 져 부리로 드립더 꽉 찍으니 두고패 둥그러지며…(略)…와직끈뚝딱 푸드득푸드득 변통업시 치엿구나. (13면)

태을선관(太乙仙官)이 되겠다던 오만한 장끼는 그만 동물 '장끼'가 되고 만다. 이러한 객관적 관찰자로서 서술자의 태도는 극중 인물 장끼에 전혀 무관심하고 그의 인간성을 무시하는 태도이다. 이것은 미리 고안된 작가의 기교로서 불행한 재난을 당한 장끼에게 주어질 독자의 동정을 차단한다. 독자는 장끼가 인간이 아니라는 안도감을 가지기 때문에 계속해서 장끼에게 비판적 거리를 유지할 수 있고, 작가는 죽어 가는 장끼의 부조리를 끝까지 비판적으로 형상할 수 있다. 계속해서 강조되는 장끼의 부조리는 아내에 대한 지배욕과 권위의식이다. 까투리가 충언을 듣지 않고 몸을 망친 남편을 원망하며 비탄에 잠기자 장끼는 "예라 이 년 요란하다 후환을 미리 알면 산의 가리 뉘 이시리"(15면) 하며 죽어 가면서도 자신이 글렀다고 시인하지 않고, 오히려 아내에게 억지 핍박을 준다. 또는 이제 남편에 대한 원망마저 잊고 비애에 잠기는 아내에게 "이 말 져 말 잔말 마라 사자(死者)난 불가부생(不可復生)이라…

(略)…내 얼골 못 보아 슬워 말고 자내 몸 수절하야 정렬부인 되압소셔" (18면) 하며, 박명한 아내의 고난과 비애에 상관 않고 수절만을 요구한다. 작가가 암시하는 윤리적 지시는 언제나 비유이다. 차위 밑에 깔려 죽는 '장끼'가 권위와 수절을 요구함이 우습듯이 인간도 마찬가지라는 것이다.

작가는 장끼에게는 끝까지 비판적임에 반해 까투리에게는 무척 동정적이다. 전편이 희곡적으로 전개되는 이 작품에서 서술자의 주관이 투사되는 곳은 "가련공산 낙목천의 우름소래뿐이로다"(14면)고 까투리의 애통을 묘사하는 한 장면뿐이다. 작가는 까투리에게 비극적 관심마저 보이고 있다. 장끼의 죽음도 까투리의 비극으로서만 의미를 가진다.

> 답답하고 불상하다 우리 양쥬 조흔 금슬 눌더러 말할소냐…略…가삼의 불이 붓네 이 내 평생 엇지할고 (14, 15면)

이 까투리의 붕성지통(崩城之痛)에는 남편과의 사랑(금슬)을 잃은 상실의 비감과 앞으로 살아갈 자신의 신세를 근심하는 좌절의 공포가 뒤섞여 있다. 장끼는 죽어 가면서도 아내에게 맥을 짚고 눈동자를 살펴 아직 살아날 가망이 있는가 보라고 한다. 장끼는 비소한 인물이지만 현실에 대한 욕망과 집착은 대단한 인물이다. 이러한 장끼가 아무리 부조리한 인물이라 할지라도 그가 외부세계의 계략으로 죽어 간다는 것은 독자의 동정을 사기에 충분하다. 그러나 작가는 이 장끼의 죽음에 내포되어 있는 비극성을 까투리의 비극으로 전이시킨다. 장끼의 청을 받은 까투리의 대답은 장끼에게 주는 대화가 아니라 그녀의 고뇌를 뇌이는 독백이다. 이 독백으로 인하여 장끼에게 주어져야 할 독자의 연민과 동정은 까투리에게 쏠려버린다.

> 까투리 한숨 쉬고 살펴보며 이른 말이 인져는 속졀업내 저편 눈의 동자(瞳子)부쳐 쳣새벽의 떠나가고 이편 눈의 동자부쳐 지금 떠나가려고 파랑보의 봇짐싸고 곰방대 부쳐물고 길목버션 감발하내 애고애고 이 내 팔자 이대지 기박한가 상부(喪夫)도 자쥬 한다 쳣재 랑군 으덧다가 보라매에게 채여 가고 둘재 랑군으덧다가 산양개에 물려 가고 셋재 랑군 으덧다가 살님도 채 못하고 포슈의게 마져 죽고 이번 랑군 으더셔는 금슬도 조커니와 아홉아들 열두 딸을 나아노코 남혼녀가(男婚女嫁) 채 못하야 구복(口腹)이 원슈로…略…영리별 하겠고나…略…압뒤에 셧난 자녀 뉘라셔 혼취(婚娶)하며 복중(腹中)의 든 유복자는 해산구완 뉘라 할가 운림초당(雲林草堂) 너른 뜰의 백년초를 심어두고 백년해로 하자더니 단 삼년이 못 지나셔…이별초가 되엿구나…略…져러트시 조흔 풍신(風身) 은제 다시 만나 볼가 미망일세 미망일세 이몸이 미망일세 (16, 17면)

"저편 눈의 동자부쳐…" 하는 구절은 남편의 죽음을 목도하는 까투리의 비유에 의한 해학이다. 이 해학은 남편을 눈앞에서 빼앗겨야 하는 처참한 현실에 대한 미천한 여인 까투리의 반항이다. 이어서 전개되는 까투리의 긴 독백은 이러한 해학과 동물로 추락해 버린 그녀의 골계성에도 불구하고, 비애를 일으키기에 충분하다. 까투리의 팔자는 진정 기박하고 험난하다. 현부의 전형인 까투리는 실상 남편을 세 번이나 잃었던 사가녀(四嫁女)였다. 전남편들은 모두 불의의 재난으로 이 험난한 세상에 무력하게 희생되었다. 사랑도 깊던 이번 남편은 "구복이 원슈로" 허욕을 내다가 제 자신 몸을 망쳤다.[27] 연약한 그녀는 아무 욕망 없이

---

27) 필자는 앞에서 콩이 환기하는 현실적 의미를 우화가 실제 세계에 맺는 일반적 연관관계를 고려하여 '비열한 자의 천한 욕망'이라 했다. 까투리는 이를 '구복'의 탓이라고 한다. 기아라고 하면 현실의 급박한 문제다. 그러나 장끼의 '고집불통'의 환상은 단순히 기아를 해결하려는 자의 태도로 보기 힘든 과망한 면이 있다. 우리는 이것을 기아의 해결을 포함하여 비소한 자가 비소한 상태를 벗어나려는 천한 욕망이라고 '애매'하게 받아들일 수밖에 없다.

'운림초당'의 '백년해로'를 바랄 뿐이었는데 남편은 그녀의 이 조그마한 기원을 깨뜨리고 말았다. 조그만 욕망을 못 참아 죽은 남편도 나쁘지만 남편을 이렇게 빼앗아 가는 세상 전부가, 이 현실이 너무도 그녀에게는 가혹했다. 계속되는 고난[喪夫]을 인내와 의지로 극복하려 했으나 끝내 좌절당하고 마는 그녀의 반생은 비극적 아이러니로 점철된 처참한 인생이다. 여기서 현부의 '전형'으로 알려져 왔던 그녀는 '문제'로 가득 찬 개인이 되고 만다.

까투리가 이번 남편(장끼)의 죽음을 특히 슬퍼하는 이유 중의 하나는 그와의 아쉬운 사랑(금슬)과 그 "조흔 풍신"의 매력이다. 장끼의 남성적 매력과 그들 부부 간의 관능적 사랑은 앞에서도 몇 번 암시되어 왔다. 예컨대 초두에서 서술자가 요약 제시해 주는 장끼의 특성은 "열두 장목 만신풍채(滿身風彩) 장부기상(丈夫氣像) 조흘시고"(3면)로 결론된다. 부부지락과 "귀자 나흘 꿈"을 운운하고 "화용월태 져 간 나위년"하는 장끼의 태도도 이런 점을 강조한다. 그러니까 그들의 부부관계에서 가장 중시되는 것은 이 '본능적 사랑'이다. 이러한 아내에게 장끼는 "수절하야 정렬부인"이 되라 하고 죽는다. 장끼가 죽는 장면 역시 서술자는 냉정하고 무관심한 어조의 동물 묘사로 일관한다.

> 장끼란놈 기를 쓴다 아래곱패 벗듸듸고 위 곱패 당기면서 버럭쩍 기를 쓰니 살 길이 전혀 업고 털만 쏙쏙 다 빠지네. (9면)

이 역시 장끼의 죽음을 사소한 것으로 만들어 독자의 감정소비 · 동정을 줄이려는 작가의 술책이다. 그리고 이어서 망보고 있던 차위 임자 탁 첨지(卓僉知)가 등장해서 장끼를 빼어들고 희희낙락 일장 대사를 외우고 "져 차위의 까토리마져 치압소셔 나무아미타불 관세음보살"(20면) 하고 내려간다. 이 탁 첨지가 등장해서 하는 역할은 장끼와 까투리를 주인공으로 한 일막극을 마감하는 한편 장끼의 죽음이고 까투리의 비애고 간에 모두를 사소한 것으로 만들어 버려 다음 사건(개가)을 새로운 차원에서 경쾌하게 진행시키도록 해 준다는 것이다.

까투리의 개인성, 즉 의식내면에 대한 탐구는 그러나 다음 개가(改嫁)의 플롯을 마련하는 계기가 되며, 그 개가의 진정한 의미가 무엇인가에 크게 관여한다. 한 마디로 개가를 하게 되는 그녀의 동기에 대한 예비적 설명이 된다. 까투리는 전형적 현부(賢婦)가 될 수 있었음에도 불구하고 외부현실에 의해 그녀의 의지가 좌절되고 말았다. 그녀의 생에 이제 남은 것은 인용문 하단에서 보는 바, 좌절된 자[과부(寡婦)]의 비애와 고뇌뿐이다. (이 고뇌에는 본능적인 사랑에의 갈망이 가장 큰 몫을 차지하고 있다.) 까투리는 그러나 비애에 젖지 않고, 고뇌를 극복하려는 의지를 가진 여자다. 개가를 벌써 네 번 씩이나 했다는 그녀의 독백은, 비록 미천한 인생이지만 엄청난 고난에 침체되지 않고 의욕적으로 살아온 그녀의 현실주의적 생활관을 피력한 말이다. 그녀의 다음 번 개가도 결국은 과부의 고뇌를 벗어나고 현실적인 욕망대로 살기 위해서 하는 것이다.[28)]

㉰ 까투리의 아이러니

이어 시작되는 일막극은 인물들이 필연적으로 빠져들어 갈 어떤 극적 상황이 준비되어 있지 않기에 극적 긴장 없이 이완된 상태로 전개된

---

28) 까투리의 개가 동기는 죽은 장끼의 부조리에 관계되지 않는다. 전 남편이 아내의 충고를 듣지 않고 패가망신하였다고 수절을 거부하는 것이 아니다. 죽은 장끼는 비록 부조리한 인물이었으나 까투리는 그녀의 진심을 토로하는 독백에서 이번 남편을 가장 사랑하였다고 고백하고 있으며 "불쌍하다 우리 낭군…略…웃지 하면 살녀낼고"(17면)하며 애통해 한다. 김동욱 교수는 후반의 개가를 합리화시키기 위해 전반부에서 장끼의 부조리를 과장하였다고 했으나, 장끼의 부조리는 앞에서 논술한바 자체로서 하나의 교훈적 주제를 이루고 있다. 김동욱, 『판소리계 소설의 실증적 연구』, 410~411면 참조.

다. 그리고 까투리는 희극적인 type으로 평판화 된다. 가마귀, 부엉이, 물오리, 기러기 등 구혼객과 문상객들의 떠들썩한 야료와 치근대는 구혼은 슬픔에 잠긴 까투리를 소외된 상태에 남겨두지 않고 그들의 평범하고 일상적인 사회생활 가운데로 끌어들인다. 수작을 붙이다가 퇴혼당한 까마귀는 "자고로 까투리 열녀 정문 못 보았네"(25면) 하고 빈정댄다. 과부가 만만하다고 "억혼인(臆婚姻)"하려던 물오리는 "잡말 말고 조곰 자세"(29면) 하는 음침한 농담을 던지며 강압해 온다.[29] 이런 사건을 겪어 가며 "한심지고", "울"던, 까투리는 마침내 "웃게" 된다. '유유상종(類類相從)'으로 이끌어지는 이러한 사건 진행은 까투리의 비극성을 거세시키고 개가라는 희극적인 반전 속으로 그녀를 끌어들이려는 작가의 플롯 조작이며 술책에 지나지 않는다. 그리고 작가는 이러한 과정을 통해 비극의 주인공으로부터 희극의 주인공으로 상승하는 까투리의 내적 성장(슬픔을 잊고 개가를 생각하게 되는 까투리의 내심의 변화)을 무언으로 암시(understate)해 주는 것이다. 유유상종의 모티프에 구태여 어떤 의미를 부여한다면, 까투리는 비록 무력한 과부이지만 아무에게나 몸을 허락하지 않고 그녀의 배필이 될 만한 남자에게만 자신의 일생을 맡기는 여자라는 것이다.[30]

장끼가 구혼을 해 오자 까투리는 "죽은 낭군 생각하면 개가하기 절박하나 내 나를 꼽아 보면 불노불소 중늙으니라 수맛 알고 살림할 나이로다 오날 그대 풍신 보니 슈절 마암 젼혀 업고 음난지심 발동하네"(31면)

---

29) 이조의 개가 금지 풍속은 하층계급에서는 지켜지지 않았다. 그들의 개가는 상층계급(양반, 관료)에 비해 훨씬 자유로웠고, 약과(掠寡)의 풍속이 성행하여 아무에게나 업혀 갈 정도로 그들에게는 오히려 수절이 힘들기도 했다(김용숙, 「한국여속사」 중 "근세의 여속" 및 최재석, 「한국가족제도사」 중 "이조시대의 가족제도", 『한국문화사대계』 권Ⅳ, 고대 문족문화연구소, 1970 참조).

30) 그러나 까투리의 자부심을 인간적 의미로 환치하여 그 근거가 구체적으로 무엇인지는 따지기가 지극히 난삽한 일이다.

하고 즉석에서 허혼한다. 이 까투리의 말은 개가하는 과부의 내심(욕망)을 적나라하게 노출시키는 말이다. 그러나 정상적인 여인으로써 지녀야 할 정숙과 위신을 내팽개치는 자기노출이기에 우습다. 현부의 전형이었던 그녀의 단정하고 겸손하던 태도에 비한다면 너무도 급박하게 비속화되었다. 까투리가 주장하려는 모랄이 있다면 결국, 아무리 현부이었던 여자라 할지라도 과부가 된 이상 욕망을 숨기고 고뇌와 비애에 잠겨 있을 게 아니라, 기꺼이 개가를 해야 한다는 것이다.

그러나 개가하는 까투리를 내려다보는 독자의 감정은 썩 기꺼운 것이 못 된다.

우리는 상부(喪夫)의 비애와 고뇌를 벗어나 현실적인 욕망에 따라 개가하는 까투리에 대해 동정한다. 그러나 이미 네 번이나 상부를 하고 다섯 번째 개가(改嫁) 살이에 접어드는 그녀의 운명에 대해서는 연민을 느끼지 않을 수 없다. 혹독한 현실은 그녀의 성적·사회적 욕망을 조롱하고 있는 것이다. 하기야 그녀는 불굴의 의지로써 이러한 현실에 좌절되지 않고 자신의 욕망을 관철시키려 한다. 그러나 실상에 있어서 이러한 과정을 거치는 동안 그녀는 인간(혹은 여인)으로서 가져야 할 존엄성이나 우아함을 상실해 가고 있는 것이다.

> 장끼란 놈 꺽꺽 푸두독 하더니 발셔 이성지합(二姓之合)이 되엿스니…(31면)

까투리는 개가하는 순간 인간성을 박탈당하고 동물이 된다. 결국 개가를 하는 까투리에게서 인간의 존엄성은 문제가 되지 않는다는 것이 작가의 태도이다. 본능적 욕구에 있어서 인간 까투리나 동물 '까투리'나 마찬가지라는 것이며 이러한 욕구에 따라 이루어지는 까투리의 개가는 '우주적인 원리'로 제시된다. 작가는 이러한 까투리의 행위(개가)를 통해 양반층과 상민층을 막론한 모든 과부의 행위원리(개가)를 제시해 주려 한다. "까토리 새 낭군을 압세우고…(略)…양주부처(兩主夫妻) 내외자웅(內外雌雍) 가시버시 큰 물에 들어가…"(32면) 하는 에필로그는 까투리가 전형성으로 포괄하는 계급이 반상(班常)을 아우른다는 작가의 재확인이다.

그러나 이러한 작가의 윤리적 발언이 과연 작품 속에 정당하게 극화되어 있는가, 「장끼전」이 과연 정절이라는 봉건이념을 깨뜨리고 사가녀(士家女)의 개가를 주장하였는가는 의문이다. 이러한 의문은 작품 내적 사실에서부터 출발한다. 작품 말미의 까투리는 상부의 슬픔을 깨끗이 잊고 개가를 하는 과부의 전형이다. 작가는 이 전형성을 강조한다. 그러나 이 전형성 속에는 까투리의 개인성이 포함되어 있다. 그녀는 이미 네 번이나 개가한 이력이 있는 여자이다. 이러한 까투리의 개인성은 개가녀의 전형이라고는 보기 어렵다. 현실적 욕망을 성취시키는 대신 인간의 존엄성을 상실하게 되는 그녀의 개가는 모든 개가녀의 것이라기보다 그녀의 개인성의 발로나 비극적 운명의 소치라는 감이 짙다. 개가라는 희극적 사회 속으로 뛰어드는 까투리의 개성은 봉건가족제도의 질곡을 벗어나려는 진취적 개성이 아니라, 운명의 장난에 굴하지 않으려는 미천한 여인의 마지막 안간힘이다.

작품의 중반 어느 곳부터 까투리는 사족(士族)의 단정한 현부 흉내를 그치고 그 어조도 비속해 진다. 그곳은 차위 밑에 치인 장끼와 대화가 시작되는 부분이다. 여기부터 작품의 종결까지를 「장끼전」의 후반부라 한다면, 후반부의 까투리는 이전의 까투리와 체취가 다르다. 그녀의 대사는 하층민의 비속한 어조와 골계성을 띠게 되며, 이윽고 그녀는 하층민의 사회 속에 뛰어든다. 이러한 변화는 작품의 형성과정과 연관될 사실이며, 이에 대해서는 선학의 시사가 있었다.[31] ㉮항에서 주로 논한바 전반부는 자체로서 하나의 주제를 표출하고 있으며, 「장끼전」의 주된 사회적 의미는 여기서 찾아져야 한다.

후반부 까투리의 개가는 전반부 장끼의 부조리에 대한 대립적 발전으로 볼 수 없으며, 사회의식도 진취적이라고 평가할 만한 것이 못된다. 작가는 과부가 된 까투리의 비애와 고뇌를 부각시키면서도, 그녀를 사가녀(四嫁女)라는 ironic한 인물로 만들어 그녀의 개가에서 진취성이나 전형성을 약화시킨다. 그리고 그녀가 전형성으로 포괄하는 사회계층은 이미 개가가 용이하던 하층계급이므로 개가가 '주장'될 만한 것이 못된다. 오히려 비극성을 지닌 그녀를 희화화시켜 희극적 상황에 밀쳐 넣음으로써 독자로 하여금 따뜻하고 시원한 웃음을 느끼지 못하게 한다. 과부의 인간적 존엄성을 회의케 하는 까투리의 개가를 감명 깊게 받아들여 개가를 결심한 사가녀는 있을 것 같지 않다. 인간의 존엄성 같은 것은 굳이 주장하지 않고 당면한 현실을 욕망대로 살겠다는 것이 개가하는 까투리의 개성이며 동시에 전형성이다.

다섯 번째 개가하는 까투리의 운명은 결국 한때 현부의 전형으로서 한 남자를 지성으로 위하던 자기 자신의 과거를 조롱한다. 이러한 까투리를 창조한 작가의식은 인간의 존엄성을 확보하지 못하는 자신의 미천한 운명에 대한 해학—현실에 대한 반항이며 절망의 가면이라는 Freud식의 의미로—일 수 있다. 혹은 이렇게 미천한 그들의 풍습과 사녀의 풍습을 혼합하여 일으키는 사녀족의 정절에 대한 조소일 수 있다.

31) 김동욱 교수는 송만재의 「관우희(觀優戲)」 등에 실린 「장끼전」 전반부에 대한 관극시(觀劇詩)를 자료로 제시하고, "후반부의 개가하는 푸로트가 뒤에 덧붙인 것인지 거연(遽然)히 단정할 수는 없어도…" 하며 의문을 제기한 바 있다(김동욱, 『판소리계 소설의 실증적 연구』, 410면 참조). 필자 역시 확실한 증거가 없는 한 작품의 어느 부분부터 덧붙여진 것이라고 꼬집어 말할 수는 없다. 작품 분석의 결과로서 이를 추정할 뿐이며, 분기점은 약간 앞당겨질 수도 있다.

3. 「두껍전」·「황새결송」

㉮ 「두껍전」

「두껍전」[32]은 만물이 소생하여 "춘홍이 가득"한 봄날에 장선생(獐先生: 노루)이 배설하는 '축연(祝宴)'으로 극적 상황이 설정된다. 그리고 산중의 생민(生民: 뭇 동물)을 폭력과 위엄으로 압박하는 산군(山君) 백호(白虎)가 초대에 제외됨으로서 사건이 발단된다. 일단의 하층민이 현실의 모든 억압으로부터 벗어나 마음 놓고 환희에 젖어 보자는 것이 이 작품의 근본정신이다.

사건이라는 것은 여우와 두꺼비 간의 쟁장(爭長)으로 시작되는 입씨름[才談]이다. 전 작품은 이들 간의 대화로 전개되며, 극중의 좌중(座衆)과 독자는 함께 이를 즐긴다. 두꺼비와 여우는 똑같이 희극적인 인물이다. 그들은 기지와 문견이 다른 사람보다 뛰어나지만 회동한 좌중(하층민)의 대표자이며 전형이다. 여우는 경박하고 두꺼비는 신중하다. 그래서 여우는 언제나 두꺼비의 반어에 희생되며 좌중(혹은 독자)에게 조소를 산다. 그러나 여우가 두꺼비에 비해 도덕적으로 크게 열등한 것은 아니다. 그가 간사하다고 느끼는 것은 독자의 선입견에 불과하다. 그것은 문예전통에 의해 얻어진 선입견이며 극중 인물 여우의 언행과는 무관한 평가이다.

> 만일 강태공이 아니면 구미호를 뉘 능히 잡을 자 있으리오. 달기를 죽이랴 할 제…(略)…목을 베히니 맛참내 구미호라 둑겁이 웃고 가로되 네 에씨

32) 「두껍전」은 여러 이본이 있으나 여기서는 언급하지 않는다. 어떤 특수한 이본은 본고에서 다루는 주 텍스트와 달리 작품 후반이 영웅소설식으로 전개된다(정병욱 소장 필사본 등). 이러한 이본은 그러나 「두껍전」 텍스트 전통의 주류를 벗어난 작품이므로 크게 관심할 것이 못 된다(주 35)에서 재론함). 주 텍스트는 영창서관본 「둑겁젼(蟾同知傳)」이며 여기서는 「두껍전」으로 고쳐 부르겠다.

> 가 전부터 간악하고 요기로온 꾀로 사람을 무수히 죽이고 국가를 망케 하니 네 아느냐 모로나냐 (20면)

여우에 대한 두꺼비의 이 공격은 극중 인물 여우와는 무관한 공격이다. 두꺼비 역시 문예전통(선입견)에 의거하여 여우의 간사함을 공격하고 있을 뿐이다. 극중 인물 여우가 가진 전형성은 두꺼비와 비교가 되는 그의 경박성이며, 젠체하는 그의 사기사(詐欺師: impostor)로서의 성격이다. 그의 사기는 그러나 좌중(혹은 독자)이 이미 용인한 터이므로 재담이지 위선이 아니다.

사기사로서의 성격은 두꺼비도 가지고 있으며 엉큼하기로는 그가 더 하다. 오륜을 가르치며 거짓말로 상대방을 헐뜯는 두꺼비는 부조리한 인물이다.

> 장유유서는 어룬을 공경하는 거시니 너희 여호 동물이 무식하야 어룬을 모르고 존장을 공경치 아니하니 도시 후레아들 증손자 놈이라. (19면)

그는 나이가 많지도 않으면서 스스로 "존장(尊長)"이라고 일컫고 여우를 공격하며 조롱한다. 결국 두꺼비와 여우는 다 같이 오륜과 같은 사회규범을 단정하게 지킬 수 없는 평범하고 일상적인 인물이다.

좌중이 두꺼비를 지지하는 것은 그가 스스로 사회규범을 깨뜨리고 자신의 결함을 드러냄으로써 오히려 적을 여유 있게 물리치기 때문이다. 좌중은 모두 두꺼비와 같은 인간적 결함을 지니고 있기에, 그의 승리를 통해서 자신들이 지고 있는 사회규범의 짐을 기꺼이 벗어버리는 위안을 받는다. 여우가 좌중의 조소를 받는 이유는 우선 그가 사회규범을 지키는 척하며 실상은 이에서 벗어나는 사기를 치기 때문이다. 그리고 그의 재담(기지와 문견)이 두꺼비보다 모자랐기 때문이다. 또는 신중치 못하여 악담을 마음대로 할 수 있는 고지[尊長]를 선점 당했기 때문이다. 그러나 여우는 그를 조소하는 모든 좌중을 대표해서 재담가 두꺼비의 재담에 같은 재담으로 맞서다가 얻어맞은 데 불과하다. 때문에 조롱되는 그의 결함은 실상 좌중 모두의 결함이며 여우는 그들의 희생양에 지나지 않는다. 그러므로 여우의 부조리(결함)는 규범으로부터 벗어난 자의 것이지 이상으로부터 타락한 자의 것이 아니며 좌중의 비난을 받을 것이 아니라 동정을 받아야 할 것이다.[33] 상대방의 결함과 불합리를 비방하고 멸시함으로써 자신의 우월을 견지하려는 것이 두 인물의 공통된 태도이다. 이들이 일으키는 웃음은 그러므로 매우 저급한 류의 웃음이며 어떠한 윤리적 태도도 찾아볼 수 없다.[34] 그럼에도 불구하고 재담에 진 여우를 조소하고 이긴 두꺼비를 지지하는 좌중은 실상에 있어서 여우의 결함과 두꺼비의 결함을 모두 갖고 있는 인물들이다. 즉 두 인물의 결함은 그들 사회의 결함(부조리)이다. 기존윤리와 규범을 깨뜨릴 뿐 아니라 비방과 자비(自卑)로 자신의 우월을 관철시키려 하는

33) 여우의 '간사하고 경박하고 음흉한 성격'과 두꺼비의 '과묵하고 목눌하고 정중한 성격'을 대조시켜, 여우의 교언과 부조리를 비판하였다는 등의 작품 해석은 피상적인 견해이다. 김기동, 『이조시대소설론』, 164면 참조. 기타 소설사(박성의, 신기형 저 등)도 마찬가지 해석이다.
"풍자가 이상에서 타락한 인간을 비판하는 것이라면 희극은 허약한 인간을 규범에 견줄" 뿐이다. 이와 같은 구분은 물론 애매한 것이지만 여우의 경박과 모자라는 재담은 신랄한 비난을 받을 만한 게 못된다. 우리는 여우를 선입견을 갖고 대할 게 아니라, 극화된 사실을 통해 객관적으로 관찰해야 할 것이다(cf. Moelwyn Merchant, *Comedy*(The Critical Idiom V.21), Methuen & Co Ltd, London, 1972, p.42).

34) N. Hartmann은 희극적 취미의 배경에는 두 가지 정신이 깔려 있다고 했다. 하나는 인간의 약점(부조리)에 대해 따뜻하게 위무하려는 다정한 쾌감이며 윤리적인 생활태도와 관계된다. 이에 반대되는 '비정한 쾌감'으로서의 '웃음의 에토스'는 비난·멸시·우월감의 수단이 되는 부정적인 것이다. 재담가는 흔히 남의 약점과 불합리 등 부정적인 면을 지나치게 조장하여 폭로시킴으로써 다른 사람들을 흥분시키고 비정으로 이끌어 간다. 이러한 웃음의 악질적인 면은 전자 즉 유모어에 의해서만 완화되고 윤리감을 되찾을 수 있다. N. Hartmann, 『미학』(세계사상교양전집·후기 11권, 을유문화사, 1971) 중 특히 "웃음의 에토스" 참조.

두꺼비의 태도는 천박한 현실주의라 할 만하다. 이것은 두꺼비를 지지하는 좌중 모두의 생활태도이다. 그리고 좌중과 마찬가지로 여우와 두꺼비의 재담에 흥미를 두고 작품을 읽어 왔던 독자에게 「두껍전」은 하나의 '통속소설'로 유행하였던 것이 분명하다. 두꺼비(혹은 여우까지 포함하여)의 현실주의에 '천박한'이란 관형어를 붙이는 것은 윤리관이 결핍된 그들의 악담과 기롱에 대한 평가이지 다른 의미는 없다. 그리고 「두껍전」이 지니는 가치는 해학이니 풍자니 하는 데에 있는 것이 아니라 전혀 딴 곳에 있다. 「두껍전」은 전통적인 소설(서사문학)의 plot과 인물의 개념을 무시한 작품이다. 발단과 종결을 제외하면 사건(행동: action)은 없으며 두 인물 간의 대화로 작품은 이끌어져 나간다. 처음 쟁장(爭長)이 있은 다음, 여우의 기행담(紀行談), 두꺼비의 기행담과 경물(景物) 해설, 여우의 천국 기행담, 기롱, 두꺼비의 천문지리, 오륜, 육도삼략(六韜三略), 의약, 복술(卜術) 해설, 기롱의 순으로 대화는 전개된다. 이러한 전개과정 속에서 기롱과 악담은 부분적 요소에 지나지 않으며, 이 부분이 전체 작품에 기여하는 역할은 다면적이다.

여우의 국내외 기행과 천국의 기행은 물론 거짓말이며 제 지식을 밑천삼아 잠시 여흥을 돋구어 좌중을 환대하려는 재담이다. 천하절경이나 천국의 전설적 인물, 명소는 그 image 자체로서 좌중과 독자의 심미적 충동을 자극 하고 쾌락한 환상에 취하게 한다.

> 열셋째 하늘에 올라가니 그 서편에 구슬노 못슬 파고 백옥으로 집을 짓고 운무병풍 가리워졌으니 이는 요지연 서왕모(西王母) 잇는 곳이라 그 아래 벽도나무 한 주(株)가 잇스니 청조(靑鳥)가 쌍쌍이라 춘광을 희롱하매 소옥과 쌍경은 서왕모에 시비라 주렴을 의지하야 조을거날… (10면)

이와 같은 황홀경의 미려한 수사는 아무 의미 없이 그저 좌중의 감정과 관능을 자극할 뿐이다. 그러나 이것은 소설의 한 대목이므로 자극받는 것은 독자이다. 그리고 여우로 하여금 이러한 대사를 외우게 하는 작가의 관심은 여우의 성격묘사에 있는 것이 아니라 독자의 감정 자극에 쏠리고 있는 것이다. 즉 그의 대사는 characterization을 벗어나 수사를 지향하고 있다. 그리고 다음 사건에 대한 홍미, 즉 plot에 대한 홍미를 망각하게 한다.

여우의 이 긴 기행담이 끝나자 두꺼비는

> 그때 나도 보탑상에 올나가 남극노인셩으로 더부러 바둑 두다가 슐이 대취하야 난간에 의지하얏더니…(略)…네가 온 줄 아랏더면 천일쥬 먹은 똥덩이나 먹여 보내더면 조흘 번하엿도다. (14면)

하고 기롱한다. 여기서 중시할 것은 조롱당하는 여우의 성격이 아니라 그의 대사 자체이다. 즉 영웅소설뿐 아니라 판소리계 소설에도 아직 그 잔재가 남아 있던 초현실적인 이계(천상계, 仙界)의 motif와 소위 선(仙), 불(佛)의 사상이 여우와 두꺼비 같은 동물들에 의해 무참히 조롱된 것이다.

한편 두꺼비의 이 기롱은 잊고 있었던 허구적 상황을 독자에게 환기시키고 여우를 허구 속에 다시 끌어들인다. 여기서 여우는 두꺼비에게 천문지리 등을 아느냐고 묻는다. 이것은 표면상으로는 여우가 두꺼비를 기롱하기 위해 던진 말이나, 실상은 두꺼비의 입을 통해 다시 작가 자신의 장광설을 펴 보려는 그의 술책에 지나지 않는다.

> 대체 하날은 둥그러 알형 갓고 따은 모저 누른 재 갓고 하늘은 왼편으로 돌고 따은 안정하니 하늘과 따 사이에 만물이 잇스며 셩신은 하늘에 붓터 잇고 일월과 금목수화토 오항은 공중에 달엿스니 도수는 삼백 륙십 오

도… (16면)

이런 식으로 계속되는 두꺼비의 긴 대사 역시 characterization과 무관하고 작가의 관심은 독자에게 쏠려 있다. 그가 알고 있는 상식적인 지식, 천문지리 등을 독자에게 해설해 주려는 것이다. 여기서 작품은 이미 허구(fiction)뿐 아니라 서사(narration)를 벗어나 설명문이 되어 가고 있다.

이러한 「두껍전」에는 주제라는 것이 따로 없다. 그저 작가의 여러 가지 지식(문견)을 허구적인 인물의 입을 통해 독자에게 전달하고 있을 뿐이다. 간간이 끼어드는 기롱은 이러한 논술의 지리함을 깨뜨리고 독자의 관심을 새롭게 한다. 결국 「두껍전」은 이조후기 중서인의 소박하고 현실적인 생활태도, 가치관, 지식 따위를 그들 나름의 소박한 서술 형태로 표현한 통속소설이다. 기존의 윤리, 관념에 반발하듯 소설 전통에 반발하고 있으나 체계적인 반발이 아니라 잠정적인 일탈이다.[35)]

㉯ 「황새결송」

「황새결송」[36)]은 빈부로 대립되는 하층민끼리 벌이는 송사를 소재로 다룬 공안(公案)류이다. 농촌 출신의 가난한 부랑자 악한이 먼 일가 되는 부농민에게 재물을 반분하자고 행패를 부리자, 부농민이 서울에 올라가 소송을 걸어 악한을 징치하려는 데서 사건이 발단된다. 그러나 세상 물정을 잘 아는 악한이 형리배(刑吏輩)를 통해 회뢰(賄賂)하여 승소하고, 순박한 부농은 억울하지만 설원(雪冤)이나 하자고 마음을 먹는다.

---

35) 어떤 이본(정병욱 소장본)에서는 끝에 가서 두꺼비가 도술이 뛰어난 영웅이 되어 영웅소설(군담류)의 인습에 귀속되고 만다. 이것은 소설 형태를 갖추려는 작가군의 노력이 반영된 것이지만 이전의 「두껍전」이 지닌 작가의식을 몰각한 재창조로 간주한다.

36) 텍스트는 대영박물관에 소장된 「삼설기」 권지하에 수록되어 있는 작품을 W. E. Skillend 박사가 자필로 전사한 필사본이다.

여기서 꾸며진 이야기가 「황새결송」이라는 풍자담이며, 판관이 이 풍자담을 듣고 무안해 쩔쩔매는 것으로 작품은 끝난다.

이 황새 결송의 이야기는 꾀꼬리와 뻐꾸기와 따오기가 서로 목청 자랑을 하다가 자기네끼리 결판이 나지 않자 황새에게 판결을 해달라고 부탁하였는데, 따오기에게 뇌물을 받아먹은 황새가 결국 제일 듣기 싫은 따오기 목소리가 대장부의 목소리라고 판결했다는 전승설화를 보다 흥미롭게 장형으로 발전시킨 것이다. 관료의 부패상을 비판・풍자하였으나 「서대주전(鼠大州伝)」 등과는 달리 곳곳에 해학이 넘쳐흘러 유쾌하게 읽을 수 있다는 것이 소설의 특색이다. 서술자는 악한에 대해서도 부정한 판관에 대해서도 도덕적인 반감을 표시하는 논평을 가하지 않는다. 그러면서도 그 풍자는 매우 신랄한 맛이 있다.

> 이 놈이 비록 놀기를 즐겨 허랑무도ᄒᆞ여 쥬류사방ᄒᆞᄆᆡ 문견이 너르고 겸ᄒᆞ여 시속 물정을 아난지라…(略)…형죠(刑曹)의 청(請) 길을 뚤너…(略)…자고로 송사난 눈치잇게 잘 놀면 니긔지 못ᄒᆞᆯ 송ᄉᆞ도 아모 탈 업시 득승하나니 이난 니른바 녹비의 갈왈자를 쓰미라 아모커나… (4~5면)

송사는 "鹿皮에 가로曰 字"라는 것이 이 작품의 촌철이다.

우화 속의 인물들은 인간의 풍습을 흉내 내되 제법 사실에 가깝게 형상되고 있다. 뇌물을 가지고 찾아온 따오기를 맞이할 때 황새는 우선 등잔불을 가리고 뇌물을 쓸 만한가 확인한 다음, "네 목소래를 오래 듯지 못하여더니 어이 그리 허랑무정하냐 그사이 몸이나 성이 이시며 네 에미나 잘 잇느냐"(11~12면)하며 은근히 호의를 보인다. 이렇게 해서 처음엔 호통을 만날까 보아("부리로 몹시 쪼일까 하여"-12면) 눈치를 살피던 따오기는 마음을 놓고 통사정을 하며 송사를 부탁한다. 그런데 이들이 주고받는 뇌물이 가소롭다.

> 황싀의 평싱 즐기난 거슬 쥬어 모으니 갓가지 음식이라 개고리 우렁이 올창이 거마리 구렁이 물비암 찰머그리 하날밥도독 쥐며나리 딱정버레 굼벙이 지렁이 쏭지버레 집게벌네 구덕이… (9면)

이와 같은 것들이 황새에게는 제사에 쓸직하고 생일에 손님 겪을 것이고, 중병 중의 입맛 붙일 것이고 새 사돈집에 효도할 긴요한 물건들이라는 것이다. 해학적 취미 속에서도 판관에 대한 풍자 효과는 충분히 거두고 있다.

필자는 설화와 소설의 중간 형태인 이 소설의 형식에 특별한 흥미를 느낀다. "녯날 경상도 따해 한 사람이 이시니" 하고 서두가 시작되는 이 소설은 전편이 9엽(葉)이 조금 넘는 짧은 단편일 뿐 아니라 그 문체도 구비설화의 문체를 크게 벗어나는 것은 아니다(상기한 인용문 참조). "이리 생각 져리 생각 아모리 싱각하여도"와 같은 관용적 표현도 있다. 인물들은 이름도 없이 "이 놈이", "그 놈이", "부재"하고 불리운다.

길이가 좀 길고 개성적인 창조가 강하며 구상적인 특징을 지녔을 뿐 설화의 형식을 근근이 벗어난 작품이다. 이것은 직업적인 이야기꾼(story-teller)이 전승, 유포된 구비설화에 자신의 창작을 가미하여 긴 이야기로 발전시키고, 이것을 문자로 기록할 때 보다 세련된 문장체로 개작하였을 것을 암시해 주고 있다.[37] 이런 징후는 여러 군데서 발견할 수 있다. 이 작품은 이야기 속에 이야기가 끼어 있다. 그런데 패소한 부자가 관원에게 내 이야기나 한 마디 할 터이니 들어보겠냐고 하니까 관원은 기꺼이 응한다. 이런 관원에 대해 서술자는 다음과 같이 설명한다.

> 관원이 이마를 듯고 가장 우숩게 녁이나 상에 니약이 듯기를 조와하는 고로 시골 니약이는 자미잇난가 하여 듯고져… (8면)

37) 직업적인 이야기꾼에 대해서는 장덕순 외, 『국비문학개설』, 69, 70면 참조.

이러한 서술자의 설명은 암만해도 그의 이야기꾼으로서의 직업의식을 투사한 것처럼 느껴진다.("이야기를 좋아하는" 관원이 서울 이야기와 "시골 니약이"를 구별하여 생각한다는 것도 그가 서울 이야기꾼으로부터 이야기를 즐겨 들었다는 것을 암시하는 것이 아닐까?) 또한 이 작품은 산문으로 되어 있으나 어떤 장면에서는 판소리 사설 (혹은 삽입가요)과 같이 운문체로 되어 있다. 앞에서 인용한 벌레 이름들이 3·3 혹은 4·4의 운율이 개재되어 있거니와 버꾸기와 꾀꼬리가 제 목청을 "곱게 아뢸" 때도 운율이 지켜지고 있다.

> 벅국새 또 드러와 목청을 가다듬고 소릐를 묘이 ᄒᆞ며 알외되 쇼인은 녹슈천산 깁흔곳의 만학천봉 기이하고 안개쀠여 구룸되며 구룸것어 다기봉ᄒᆞ니 별건곤이 삼겨는듸 만장폭포 흘러나려 슈정염을 드리온 듯 송풍은 소소ᄒᆞ고 오동츄야 발근달의 섬꺼온 이내소릐 만첩산중의 가금성이 되오리니…(17면) (꾀꼬리의 대사는 인용 생략)

이러한 부분은 이야기꾼이 제 이야기를 대중의 취향에 맞도록 장식하는 한편, 자신의 암송을 쉽게 하기 위하여 운율을 사용한 것으로 보여 진다.

이상과 같은 추론이 타당성을 인정받을 수 있다면 「황새결송」은 이조후기의 소설 형성과정에 대해 새로운 사실을 밝혀 주는 소중한 자료가 될 수 있다. 이 소설은 1848년(헌종 14년)에 간행된 판본 소설로서, 현재까지 출판년대가 밝혀진 방각본 소설로서는 최고본이다.[38] 이 당시 방각본 소설 출판에 이야기꾼이 참여하였다면 그들은 이미 이전부터 소설 창작과 출판에 관여할 수 있는 작가적 지위를 확보하고 있었다는

---

38) 「삼설기」의 문헌적 고증에 대해서는 W. E. Skillend, "On The 1848 Edition of *Samsolgi*", 『이숭녕 박사 송수기념논총』, 을유문화사, 1968, 313~319면 참조.

것이 된다. 그리하여 이조 후기의 시정(市井) 소설과 판소리계 소설의 형성 과정에 이들 이야기꾼의 활약이 다대하였을 것으로 기대된다.[39] 항담설화(巷談說話)의 소설화에 가장 크게 기여하였던 계층이 바로 이 이야기꾼들이었다는 가설을 중국의 사례에 비추어 일단 세워 볼만 하다.[40]

4. 「서대주전(鼠大州伝)」·「서동지전(鼠同知伝)」

「서대주전」과 「서동지전」은 비슷한 소재를 다룬 작품이나 두 작품은 전혀 별개의 작품이다. 전자는 한문본으로 본고에서 주 텍스트로 삼은 작품은 문선규(文琁奎) 소장본이다. 후자는 한글본이며 본고의 텍스트는 영창서관본이다.[41]

㉮ 「서대주전」

서대주전은 다람쥐와 쥐를 주인공으로 하여 농촌사회의 비리를 비판한 농민소설이다. 작품의 창작 연대는 미상이나 농촌사회가 붕괴되어 가던 이조후기, 혹은 농민의 항거가 민란으로 전개되던 이조말기가 분명하다.

39) 이야기꾼의 존재와 그들의 판소리계 소설 형성과의 관계에 대해서는 임형택 씨가 이미 학계에 시사한바 있다. 임형택, 「홍부전의 현실성에 관한 연구」, 『문화비평』 1969 겨울, 1969, 803면.

40) 노신, 『중국소설사』(정래동 등 공역, 금문사, 1964) 참조. 이러한 가설은 그러나 앞으로 신중히 연구·검토된 다음 구체적으로 거론되어야 할 줄 안다.

41) 이들 작품은 여러 이본이 있으나 본고의 텍스트들과 큰 차이가 없으므로 이본에 대해 언급하지 않는다. 이에 대한 문헌적 연구는 김광순, 「鼠의 의인류 소설의 상호관계」(『상산 이재수 박사 환력기념논문집』, 형설출판사, 1972, 93~108면)에 이미 되어 있다. 문선규 소장 「서대주전」은 홍문관 발행 『국학총서』 5집에 원문과 역주가 실려 있다. 이 작품은 한글로 된 이본(「다람의 소지」; 정병욱 소장 필사본)도 있다.

쥐는 처음엔 절벽 밑에 군거(群居)하는 굶주린 도적의 괴수로 등장한다. 그래서 선량한 농민 다람쥐의 양식을 약탈해 한다. 다람쥐는 수년간 땀 흘리며 모아놓은 양식을 흐뭇해하면서 일가문중으로 더불어 축연을 즐기다가 일시에 화를 당한다. 설한이 늠렬(凜烈)한 엄동에 일가가 굶어 죽게 된 다람쥐는 충분한 증거를 수집하여 관아에 소송을 걸었다.

다람쥐의 고발로 형리는 쥐를 체포하러 갔다. 그런데 쥐의 집은 별천지와 같이 찬란하기가 이루 말할 수 없고 엄동인데도 그의 정원에는 춘풍화기가 돌았다. 쥐는 성찬미주(盛饌美酒)로 형리를 환대하고 뇌물을 주면서 호부(豪富)한 양반의 행차처럼 관아에 호송되기를 부탁한다(이와 같은 후반은 전반과 전혀 당착되는 내용이다).

다음날 재판정에서 쥐는 주쉬수령(主倅守令)에게 대들며 자기는 공신의 후예요 대대의 부호로서, 빌어먹는 놈의 재물에 전혀 관심이 없음을 주장한다. 그리고 다람쥐가 무도불초하다고 무고(誣告)한다. 주쉬(主倅)는 이에 사리를 따져 보지도 않고 다람쥐를 귀양 보내고 쥐는 특사한다.

이와 같은 내용의 「서대주전」은 작품의 여러 부분이 모순투성이며 문장도 매우 치졸하다. 그러나 우리가 심미적 태도로는 이 작품에 접근할 수 없다 하더라도 역사적인 각도에서 작가의 의식을 구명할 수는 있을 것이다. 작가가 독자에게 바라는 것도 바로 이것이며 이러한 관점에 설 때 작품의 미적(논리적) 결함은 충분히 이해가 될 수 있는 결함이다.

이조후기의 농촌사회는 대다수의 농민이 정상적으로 살아갈 수 없는 상황이었다. 수령·향리는 수취체제를 문란 시키며 주구(誅求)를 일삼았다. 훈신과 권문세가는 관권과 결탁하여 민전을 남집(濫執)·횡점(橫占)하여 서민의 세업을 하루아침에 빼앗았다. 토호의 탐학과 착취는 날로 더해 갔다. 게다가 화적·수적의 위협까지 받아야 했다. 농민은 딱한 사정을 관아에 호소할 수밖에 없었으나 이것이 지방관의 귀에 담아지

는 일은 거의 없었다.[42)]

이 모든 한이 함께 응어리가 되어 터진 것이 이 「서대주전」이다. 일가문중을 대표해서 소송을 일으키는 다람쥐는 피착취 농민계층의 전형이다. 이러한 다람쥐가 사회로부터 추방당한다는 것은 결국 농민사회 전체가 지배층에 의해 파멸당하고 있다는 것을 의미한다. 이러한 다람쥐를 창조한 작가의 정신은 지배층에 대한 증오와 절망이며 생에 대한 허탈감으로서, 민란의 정신 일보 직전에 놓여 있다.

작가는 토호(라고 보는 것이 가장 근사하다)를 쥐에 비유함으로써 풍자를 목적하고 있는데, 적의와 증오, 조소를 함께 나타내고 있다. 큰 아들은 주색에 빠져 돌아다니다가 술독에 빠져 죽고, 둘째 아들은 황음(荒淫)하여 쏘다니다가 큰 개에게 물려 죽고 하는 등등 쥐의 대사는 그를 향한 작가의 조소를 나타낸다. 세상의 어린아이들로부터 부녀 또는 가마 메는 졸부까지도 쥐만 보면 밟아 죽이는데 이것은 그가 남을 해친 데 대한 앙갚음이라는 설명(후일담)은 적의와 증오를 나타낸다. 작가는 그러나 일가문중과 함께 몰락하는 다람쥐의 비극적 운명에 대해서는 큰 관심을 기울이지 못했다. 사회악에 의해 몰락을 강요당하는 다람쥐였으나 그의 전형성과 배반되는 개인적 덕성이 몰락을 감수하는 것으로 작품은 끝난다. 이러한 결말은 농민인 작가가 지니고 있었던 작가의식의 미숙 또는, 사회조건에 의해 제약당할 수밖에 없었던 작가의식의 표현의 한계를 말해 주고 있다.

㉯ 「서동지전」고

「서동지전」은 그 내용 하나하나가 모두 「서대주전」에 대립되는 작품이다. 「서대주전」은 그래도 우화소설의 일반적 특성을 여러 가지 보지

42) 한우근, 『한국통사』, 을유문화사, 1970, 380면 ; 한우근, 『이조후기의 사회와 사상』, 을유문화사, 1961, 39~40, 44~45면 참조.

(保持)하고 있었다. 작가는 적어도 표면적으로는 인물 각자에 대해 객관적 중용을 지키고 있었다. 동물의 추한 image는 풍자의 방편이었고, 사회에 대한 비판정신을 보여주었다. 여기 「서동지전」에서는 공신의 후예이며 호농(豪農)인 쥐(서동지)는 선인의 전형으로 제시되고 빈농 다람쥐는 악인의 전형으로 제시된다. 전자와 인물의 윤리적 개념이 뒤바뀌었다. 서술자는 쥐의 영웅적 덕성을 찬미하고 그에 동감한다. 쥐는 악인(다람쥐)의 무고를 받지만 영웅의 위엄으로 이를 물리치고 오히려 자혜를 베풀어 악인을 교화시킨다. 쥐에 대한 조롱의 어조는 씻은 듯이 사라졌다. 한 마디로 우화소설을 영웅소설의 인습에 결합시킨 작품이다.

여기 "굴문지가 삼일이라 기력이 쇠진하여 계오 횡보를 옴"기는(24면) 다람쥐는 쥐와 마찬가지 양반신분이나 빈농층에 속하는 인물이다. 처자와 함께 굶주리다 못한 다람쥐는 먼 일가 되는 부호 쥐에게 염치불고하고 양식을 구걸하였다. 그는 이 양식으로 삼춘을 지냈으나 가을에 추수한 양식은 이 · 삼 두(斗)에 지나지 않아 하는 수 없이 쥐에게 다시 구걸하게 되었다. 이 구걸에서 면박을 당한 다람쥐는 "生不若死요 欲死無地"(34면)라고 생명을 걸어놓고 쥐를 무고했다.

앞의 작품에서는 증거가 확실한 고발이었으나 여기서는 정말 무고다. 영세농인 그가 대부호를 무고한다는 것은 전혀 승산이 없는 발악적인 도전이다. 쥐는 형리에게 뇌물을 주고 위풍당당하게 재판정에 등정한다. 그는 다람쥐의 양식을 훔쳤다는 누명을 설척(雪滌)할 뿐 아니라 산군(판관)의 무능을 꾸짖는다. 승소한 쥐는 판관에게 다람쥐의 죄를 용사(容赦)할 것을 청원하고 마침내 다람쥐를 구휼한다.

이와 같은 「서동지전」은 「서대주전」의 주인공 쥐의 비행과 다람쥐의 수난을 완전히 뒤바꿔 놓은 작품이다. 전 작품에서 고발된 농촌사회의 불합리는 모두 합리화되었고 회뢰(賄賂)는 예의로 미화되었다. 필자는 이 한글본 「서동지전」이 결함 투성이의 한문본 「서대주전」 이후의 작

품이며, 전 작품의 작가의식을 부정하고 농락하려는 의도를 지닌 개작인 것으로 단정한다.[43)]

작가는 상기한 다람쥐의 기아와 빈곤이 선비랍시고 "마음이 계르고 몸을 심히 앗기는"(24면) 탓으로 돌리며, 혹은 "원려(遠慮)가 업고 다만 고식지계(姑息之計)로 어제 거두어 오늘 살고"(47면) 하는 비합리적인 생활방식 때문인 것처럼 설명하고 있다. 그리고 본성이 간악하고 표독하고 불순하다는 등등의 관념적인 설명으로 독자의 공감을 구하고 있다.[44)] 그러나 이조후기 농촌사회 실정은 절대로 작가의 설명과 같지만은 않다.

일부 양반층을 제외한 많은 양반신분의 농민은 평·천민과 마찬가지로 토호와 관료들에게 시달려야 했고, 영세농으로 전락한 일부 양반층은 평·천민 이하의 경제생활을 하고 있었으며 이러한 그들은 민란에도 적극 참여하였다.[45)] 이들은 원려가 없어서 영세생활을 하고 게을러서 추수를 하지 못한 것이 아니라 경작할 농토와 추수할 양곡이 없었던 것이다.

물론 작가가 설명하는 다람쥐와 같이 무능하고 비루한 양반도 있었을 것이다. 게다가 간악하고 표독한 성격을 가진 자도 있었을 것이다. 그러나 이렇게 무력한 악인을 퇴치하고 구제하는 소수지배층의 논리를 미덕으로 찬미하는 「서동지전」은 소수 독자를 상대로 한 통속물에 지

---

43) 필자의 단정은 물론 문헌적인 고증에 의한 것이 아니고 두 작품의 형식과 내용, 그리고 이조후기(말기)의 사회사적 배경을 검토한 결과 내릴 수 있는 추정이다. 문헌적인 고증은 시도하기가 어렵다.

44) 그래서 학자들은 이 작품이 인자하고 아량 있는 서대쥐의 성격과 간사하고 배은망덕한 다람쥐의 성격을 대조시키고 다람쥐의 부조리를 징계한 것으로 보았다. 김기동, 『이조시대소설론』, 168면 ; 신기형, 『한국소설발달사』, 338면 ; 김광순, 「서의 의인류의 상호관계」, 『상산 이재수 박사 환력기념논문집』, 103, 105면 등등 참조.

45) 김용섭, 『조선후기농업사연구—농촌경제·사회변동』(일조각, 1970) 중 「조선후기에 있어서의 신분제의 동요와 농지소유」와 「진주 내동리 대장의 분석」 참조.

나지 않는다. 기아에 시달리는 개인이 생사를 걸어놓고 발악하게 만든 자기네 사회를 합리화하고 이상화하려는 Melodrama에 지나지 않는 것이다.[46] 이러한 합리화·이상화는 전 작품이 고발한 사회적 부조리를 음폐하기 위한 것으로 추정할 수 있을 것이다. 때문에 작가는 다람쥐를 정당한 사회에서 동떨어진(제외된) 사회의 적으로 규탄하려 드는 것이다. 그러나 다람쥐의 발악을 부조리한 사회의 부산물로 인식하는 우리는 이러한 작가의 도덕관에 전혀 동조할 수 없다. 유폐된 토굴에 들어앉아 탈 역사를 외치면서도 부패한 관리와 쉽게 타합해 버리는 서대쥐와 그를 찬미하고 있는 작가에게서 우리는 역사의식을 상실한 반동과 사회의식이 근절된 자기비호의 안일을 볼 수 있을 따름이다.

김기동씨는 이 소설에서 다람쥐의 아내가 남편을 버리고 떠나는 것을 여권신장으로 해석하여 높이 평가하고 있으나 필자는 견해를 달리한다.[47]

> 셔동쥐가 낭군 대접함이 옛날 쥬공이 일반(一飯)의 삼토포(三吐哺)하고…(略)…셔동쥐는 본대 관후쟝자(寬厚長者)라 반드시 후일에 낭군에게 사례할 날이 이실 것이니… (35면)

「장끼전」의 영향으로 추측되는 이러한 부녀의 충언 대목이 충언으로 끝나지 않고 남편과의 절연으로 이끌어지는 것은 그녀의 개성의 소치가 아니라 서대쥐의 덕망의 소치이다. 즉 작가는 아내마저 다람쥐를 버

46) N. Frye는 Melodrama에서 사회의 적은 사회 바깥의 인물인 것처럼 되어 있고, 이를 통해서 표현하려는 테마는 악행에 대한 덕성의 승리, 작가의 도덕관의 이상화라고 했다. 무력한 개인을 학대하는 집단의 독선을 미화하는 것이 Melodrama이기도 하다(cf. N. Frye, *Anatomy of Criticism*, Princeton Uni. Press, 1957, pp.46~47).

47) 김기동, 『이조시대소설론』, 168~169면; 김기동, 「한국소설발달사·중」, 『한국문화사대계』 V, 1,141면 참조.

리고 떠나게 함으로써 다람쥐를 온전히 쓸모없는 인간(사회로부터 제외된 인간)으로 만들고 서대쥐를 덕망 높은 군자로 미화시키려 하는 것이다.

Ⅳ. 결론

이상으로 우화소설 각 작품에 대한 분석은 끝낸다. 우리는 우화를 대하는 소박한 태도로 우화소설에 접근하여 이들 작품의 의미를 인간성의 풍자고 개가의 설교라고 간단히 규정해 버릴 수 없다. 우화는 소설의 모체 설화의 한 유형으로서 지적·윤리적 충동에 따라 현실을 보편화시켜 재현한다. 이에서 발전한 우화소설은 특정 사회에 관련하여 모사적 의미를 강하게 나타낸다. 즉 전승 우화가 보편적인 인간의 본성과 행위 원리에 윤리적 관심을 가짐에 비해 이조 우화소설들은 당대의 특정한 사회제도와 이념, 풍습과 문화 혹은 개인의 삶에 대해 윤리적 관심을 보이고 있다.

「토끼전」은 전형적인 군주와 신하인 용왕과 자라가 대변하는 봉건이념을 조소, 비판하는 한편 미천한 하층민 토끼로 하여금 인간성의 해방을 주장하게 하여 그의 불안과 욕망을 현실의 문제로 부각시켰다.

「장끼전」은 봉건가장의 맹목적 권의의식과 몰매한 남자의 탐욕을 징계하였다. 까투리의 개가는 정절로 미화된 봉건가족제도의 인습을 깨뜨리는 사가녀의 진취적 행동이 아니었다. 그것은 비극적 운명에 조롱당하는 미천한 여인의 의지를 보여줄 뿐이었다. 그리고 까투리를 희화화시키고 개가로 이끄는 작품의 후반 플롯은 일정 기간이 지난 후, 전반부에 덧붙여 진 것으로 추정할 수 있다.

「두껍전」은 이조후기 중서인의 소박하고 현실적인 생활태도, 가치관, 지식 등을 그들 나름의 소박한 서사 형태로 표현한 통속소설이다. 기존의 윤리, 관념에 반발하듯 소설 전통에 반발하고 있으나 체계적인 반발이 아니라 잠정적인 일탈이었다. 안정된 도덕규범을 갖지 못하는 인물들의 악담과 기롱은 그들 사회 전체의 결함을 보여주고 있다.

「황새결송」은 판관의 부정을 풍자한 작품으로서 이야기꾼에 의한 소설 창작의 흔적이 보인다.

「서대주전」은 토호와 수령, 향리 등의 발호로 붕괴되어 가는 이조후기(말기) 농촌사회의 비리를 고발한 농민소설이다. 「서동지전」은 「서대주전」의 작가정신을 농락하려는 후대의 개작으로 추측되며, 우화소설을 영웅소설의 인습에 결합시킨 작품이다. 소수 독자를 위한 멜로드라마로서 역사의식과 사회의식을 전혀 상실한 소설이다.

이와 같이 당대 생활의 재현과 묘사를 지향할 때 이들 작품에서 인물은 순수한 윤리적 의미보다 사회적 의미를 우선하여 가진다. 타락한 지배자의 전형인 봉건군주, 판관, 토호, 가장 등등은 조소되고 비판된다. 반면에 하층민 또는 피지배자가 겪고 있는 억압과 수탈, 기아와 성적 욕망 등등이 심각한 현실의 문제로 제기되고 있다.

우화소설이 풍자를 지향하면서도 여타의 풍자소설(예컨대 「배비장전」)들과 다른 점은 미천하고 무력한 주인공이 타락한 지배자와 첨예하게 대립되어 갈등하고 있다는 점이다. 이는 현실의 부조리와 그 횡포에 대한 저항정신의 발로이며, 비유를 통한 우회로서 그 표현이 가능하였다.

우화소설의 이러한 특성은 이전 혹은 동시대의 귀족문학·영웅소설의 정신에 반대되어 어떤 작품에서는 이를 비판하려는 의도를 보이기도 한다. 「토끼전」의 전반부에서는 전형적인 봉건신하의 충성과 지용(智勇)이 골계적으로 제시된다. 「장끼전」에서 장끼의 우스꽝스러운 영웅주의는 그 자신의 비소함을 강조할 뿐 아니라 때로는 그가 흉내 내는 영웅정신의 허구성을 조롱하고 있다(본론에서 인용한 장끼의 대사 참조). 「두껍전」에서 여우의 사기 역시 문예인습으로 전승되어온 비현실적 관념의 허구성을 조롱하고 있다. 이러한 우화소설이 어떤 이유 때문에 영웅소설의 인습에 결합되었을 때 작품의 미적 혹은 사회적 가치는 상실되고 만다(예컨대 「서대주전」, 「서동지전」, 「토끼전」의 일부분).

우화소설은 이밖에도 인생과 사회의 단면을 압축과 비유를 통해 극적으로 제시한다는 특성을 갖고 있다. 그러나 복잡하게 변화하는 현실의 구체적 실상을 총체적으로 인식 반영하지 못한다. 이런 점에서 우화소설의 형식이 갖는 한계는 명백하다. 또한 제기된 문제가 해결되지 못했거나 ironic한 해결로 귀착되었다는 것은 이들 작품의 사회의식의 한계를 말해 주고 있다.

이러한 우화소설은 봉건제도가 무너져 가고 그것이 지닌 획일적인 가치관, 절대주의적 도그마가 부정되던 이조후기의 소산이며, 당대의 시대정신을 반영하고 있다. 풍자의 대상을 포함한 모든 인물에 대해 작가가 미적 거리를 유지하고 있는 것은 현실을 다각적인 관점에서 객관적으로 인식할 수 있었던 작가의 의식의 반영이다.(「서동지전」은 예외)

가전체는 의인의 특성을 우화(소설)와 공유하고 있으나 양자를 하나의 전통적 맥락 속에서 관련지을 수는 없다. 이것은 조동일 교수에 의해 철저하게 논의된바 있다.[48] 그러나 Irony에 기반을 두고 미적인 plot pattern에 따라 현실을 재현하고 있는 작품들(예건데 「화사」 「화왕전」 등)은 우화의 성격을 띠고 있다고 볼 수도 있다. 이에 대해서는 황급한 잡고를 정리하여 다음 기회에 구체적으로 재론하기로 한다. 가전체와 함께 애초에 본고의 자료로 삼았었던 신소설과 기타 이조 우화소설들도 후고에서 보충 연구 되어야 할 것이다.

48) 조동일, 「가전체의 장르규정」, 『장암 지헌영 선생 화갑기념논총』, 홍문각, 1971 참조.

우화소설 「서옥기(鼠獄記)」의 소설사적 가치

1. 머리말

「서옥기(鼠獄記)」(일명 「서옥설(鼠獄說)」)는 작가가 백호(白湖) 임제(林悌)인지 여부가 불확실한 한문체의 우화소설이다.[1)]

일찍이 김태준(金台俊)은 『조선소설사』 중 우화소설을 논하는 마당에서 이 작품을 임제의 저작으로 명기해 두었으나 작품명을 소개하는 외에 별다른 언급이 없으므로 그 근거가 무엇인지는 알 수 없다.[2)] 작품 내용으로 보아 한문에 능한 사대부층 작가의 개인적 저작물인 것은 확실하며, 이즈음의 개념으로 보면 단편소설을 훨씬 넘는 분량으로, 여타의 이조 우화소설에 비해 단연 이채를 띠고 있는 것은 사실이다.

---

1) 서울대 규장각도서관에 소장되어 있는 「서옥설」과 국립중앙도서관에 소장되어 있는 「서옥기」는 제명이 다르기는 하나 동일한 작품이다. 양 본 모두 작가가 명기되지 않은 한문 필사본으로서, 서울대본은 총 64면, 국립도서관본은 45면으로 된 한적본(漢籍本)이다. 양 본에는 간혹 자구상의 상위(相違)가 보이기도 하지만 문제가 될 만한 이본 간의 차이는 전혀 찾아볼 수 없으므로 동일한 원저의 이사본(異寫本)으로 볼 수 있다. 「서옥설」 보다는 「서옥기」가 소설의 제목으로 더 익숙하게 느껴지므로 본고에서는 「서옥기」라는 작품명을 사용하기로 했다.

2) 김태준, 『증보 조선소설사』(학예사, 1939), 박희병 교주, 한길사, 130면.

「조선소설사」 이래 「서옥기」의 존재는 알려져 왔으나, 한글로 된 우화소설들에 가려 이 작품이 따로 주목을 받은 적은 없었다.[3] 임제의 저작 여부는 아직도 명확하게 확인할 수 없으나 뒤늦게나마 이 작품을 거론해 보고자 하는 것은 다음과 같은 점에서 이 작품이 크게 주목될 수 있겠기 때문이다.

첫째, 작품의 주제·사상의 면에 있어서 「서옥기」는 어느 고전소설에서도 쉬 찾아보기 힘든 심각한 문제의식을 함축하고 있으니, 해석의 관점 여하에 따라 작품은 봉건사회의 구조적 모순을 심원한 통찰력과 예리한 언설로 비판하고 있다고 볼 수 있다.[4]

둘째, 비록 사대부층 작가의 능숙한 한문 필치로 이루어져 있으나, 「서옥기」의 작품 세계에는 가전체와 우화소설, 한문학과 구비문학의 전통이 혼합·갈등하고 있어, 문학사의 발전 과정을 작품 내적 실상을 통해 구체적으로 보여 주고 있을 뿐 아니라, 그 미적구조나 형태·표현 기법에 있어서 풍자적인 우화소설 중 독특한 위치를 점하고 있다.

따라서 본고에서는 우선 작품 전체의 의미 구조 분석을 통해 작가의 주제 의식을 규명해 본 다음, 이와 관련하여 작품 구조의 미적 특질이나 세부 형태 및 표현 기법 등을 살펴봄으로써 작품 「서옥기」가 지닐 수 있는 소설사적 가치를 조명하고자 한다.

---

3) 쥐를 의인한 여타 우화소설 「서동지전」 「서대주전」과 「서옥기」가 각기 별개의 작품이라는 해제적인 문헌 연구가 이 작품에 대한 논의 전부가 아니었던가 싶다(김광순, 「서(鼠)의 의인류 소설의 상호관계」, 『상산 이재수 박사 환력기념논문집』, 1972). 필자 역시 대학원에서 「우화소설 연구」(『국문학연구』 18, 서울대 대학원, 1972)라는 석사학위논문을 제출한 적이 있으나 이 작품은 미처 다루지 못했었다.

4) 이런 점은 북한 학계에서 특히 주목돼 오고 있음을 그간에 공간되었던 문학사류에서 볼 수 있다. 북한이나 연변 쪽의 문학사나 작가 전집류에도 이 작품은 임제의 대표작으로 다루어지고 있다.

2. 의미 구조와 내용 분석

1) 역사 현실에 기초한 작품의 비유적 의미

우화나 우화소설이 대체로 그렇듯이 「서옥기」의 스토리는 하나의 극적 사건으로 이루어져 있으니, 미창(米倉)을 지키는 신이 곡식을 훔쳐 먹은 쥐를 잡아 그 옥사(獄事)를 처결하는 것이 사건의 전부이다. 그러나 옥사에 연루되어 작품 속에 등장하는 인물(동·식물)들은 80여에 이르며, 작품의 대부분은 이들의 공사(供辭; 供招)로 엮어져 있다. 이른바 공안류(公案類)의 우화소설로서 쥐를 주인공으로 한 「서대주전」「서동지전」과 동궤의 작품으로 볼 수 있으나, 작품의 의미 구조나 주제 의식의 면에서 이들과는 다른 독창성이 두드러진다. 주제와 구조 분석의 편의를 위해 작품을 몇 개 단락으로 나누어 간추려보면 다음과 같다.

> [A] 간교한 큰 쥐 한 마리가 동족을 이끌고 미창(米倉)에 숨어들어 십 년을 포식하니 창고가 빌 지경이 되었다. [B] 창신(倉神)이 뒤늦게 이를 발견하고는 신병(神兵)을 시켜 '큰쥐'를 잡아들이고 그 공모자와 사주자를 국문했다. [C] 큰쥐는 창신에게 문조(門祚)의 영락으로 생계가 단박(單薄)하여 부득이 죄를 지었으니 용서하라고 빌면서 창고 앞의 도(桃)·류(柳)와 문신(門神)·호령(戶靈)들이 도적질을 사주했다고 한다. 창신 앞에 끌려온 이들이 죄상을 극구 부인하자 큰쥐는 묘(猫)·견(犬)·호(狐)·리(狸)·린(獜)·사(獅)·용(龍)·호(虎) 등등의 짐승들을 차례로 끌어들이며 이들이 교사했다고 고인(告引)한다. 그러나 이들은 모두 공사를 통해 결백을 주장하며, 오히려 쥐를 공박한다. [D] 큰쥐는 그러나 자복(自服)하지 않고 오히려 도(桃)·류(柳)로부터 용·호에 이르기까지 군물(群物)이 지닌 부조리한 본성과 인간에 대한 해악을 폭로하면서 그들의 유죄를 주장한다. [E] 큰쥐는 다시 형(螢)·계(鷄)·와(蛙)·의(蟻)·와(蝸)·연(燕)·접(蝶) 등의 무리가 여

러 모로 자신을 유인한 사정을 들추면서 이들이 공모·사주자라고 고한다. 이들은 그러나 모두 앞서처럼 자신의 결백과 원억(寃抑)을 호소한다. [F] 이런 식으로 큰쥐는 계속해서 작(雀)·치(雉)·오(烏)·작(鵲)으로부터 봉(鳳)·란(鸞)·공작(孔雀)에 이르기까지 뭇 새와 문(蚊)·승(蠅) 등 뭇 벌레가 다 함께 자신의 도적질에 연루되어 있다고 고인하나, 이들이 하나같이 부인하니, 쥐는 궁지에 몰린다. [G] 창신이 형구를 갖추어 놓고 더 이상 무고를 계속하면 당장 극형에 처하겠다고 위협하자 큰쥐는 한 마디 말만 더 올리고 죽겠노라고 읍소한다. 그리고 자신의 공사(供辭)는 절대 무고가 아니라고 주장하며, 다시 한 번 형(螢)·계(鷄) 이하 자신이 고인(告引)한 군물의 위선과 간사한 행태들을 고발·규탄한다. [H] 말이 끝나매 묘(猫)·견(犬)이 큰쥐를 죽일 듯이 대어들자 큰쥐는 다급하게 소리치며 천신지지(天神地祗)와 일월성신(日月星辰)·풍운우로(風雲雨露)·산야송백(山野松栢)이 모두 상제의 명으로 자신에게 창고의 곡식을 마음대로 먹게 했으니, 자기에게 무슨 죄가 있느냐고 발악한다. [I] 창신이 하는 수 없이 상제에게 옥사를 상소하자 상제는 천벌을 내려 적서(賊鼠)를 태창(太倉) 앞에서 참수하고, 그 시체를 구가(九街)에 내걸어 뭇 짐승들의 울분을 마음대로 풀도록 했다. [J] 창신이 돌아와 큰쥐에게 극형을 내리니 석방된 뭇 짐승들은 상제의 뜻대로 큰쥐의 시체를 잔혹하게 뜯어 울분을 풀고, 묘(猫)·견(犬)은 쥐굴로 쳐들어가 그 족속을 몰살시키매 이후부터는 창속(倉粟)이 모축(耗縮)되는 일이 없게 되었다.

작품 전체가 상징과 우의에 의해 전개되고 있기 때문에 구체적인 언술문맥의 분석 없이 이 정도의 요약으로는 작품의 의미를 명확히 이해하기 힘들이라 보인다. 그러나 전체적으로 음산한 분위기 속에 전개되는 작품의 환상 세계가 문면 그대로 쥐의 모곡(耗穀)을 문제 삼거나 동물과 동물, 동물과 신 사이의 갈등을 그리고 있는 것이 아님은 쉬 짐작될 수 있을 것이다. 우의적인 환상 세계는 현실 세계에 추상적이고 복합적인 관련을 맺고 있으며, 우화 문학은 문예 전통을 통해 이러한 의미 관련을 관습적으로 약정해 온 독자와 작가와의 묵계 속에 성립한다. 요컨대 작품 속에 등장하는 동물들과 창신(倉神), 그리고 무엇보다도 창곡(倉穀)을 훔쳐 먹은 큰쥐가 현실적으로 무엇을 의미하는지를 파악하는 것이 작품 해석의 관건이 된다.

작품 속의 창신의 말을 빌면 큰쥐는 국가의 백년지적(百年之積)을 상(傷)하고 만민지천(萬民之天)을 끊어 놓는 민적(民賊)이다.[5] 큰쥐가 민인(民人)의 식천(食天)을 적탈(賊奪)하는 모습으로 형상될 때 그것은 흔히 농민을 수탈하는 탐관오리배를 상징한다. 이것은 『시경(詩經)』의 「석서장(碩鼠章)」 이래 전승되어 온 문예 인습이며, 유명한 매월당(梅月堂)의 시 「석서」나 다산(茶山)의 시 「이노행(狸奴行)」 등 우리의 한문학 전통에서도 이러한 쥐의 형상은 익히 찾아볼 수 있다.

「서옥기」의 작가 역시 가렴주구와 탐관오리배의 사취(私取)에 의한 봉건적 수탈을 문제 삼고 있음은 앞서 개략한 작품의 (D)대목 같은 데서도 명백히 드러난다. 여기서 큰쥐는 도목(桃木)의 민인에 대한 해악을 고발하기 위해 「도화원기(桃花源記)」의 고사를 들추면서 도화가 무릉(武陵)의 인적(人跡)을 누설함으로써 "그들을 호적에 올리고 그 논밭에 조세를 부과"할 뻔했던 사실을 비난하고 있다.[6] 이어서 큰쥐는 문신(門神)·호령(戶靈)을 고발하면서 "탐관오리가 장부를 위조하여 곡식을 도적질해도 게을러 깨닫지 못하고 무심히 앉아 쫓아낼 줄 모른다."고 비난한다.[7] 여기서 도(桃)에 대한 비난이 사실상 봉건사회에서 고질화된

---

5) 김기동 편, 『필사본 고전소설전집(筆寫本 古典小說全集)』 제2권(아세아문화사, 1980)에는 국립 도서관본 「鼠獄記」가 영인·수록되어 있다. 본고에서 작품을 인용할 때는 편의상 이 책을 『소설집』이라 약칭하고 그 페이지를 밝히기고 한다. 상술한 倉神의 대사 "汝何引類呼朋, 穴居於此, 傷百年之積, 而絶萬民之天乎."(『소설집』, 408면)에서 '民天'은 곡식을 뜻하는 말로, 『史記』 「酈食其傳」의 "王者以民人爲天, 而民人以食爲天."이라는 구절에서 유래한 것이다.

6) "況秦民之避苛政之酷…(略)…惟桃花不念培植之恩, 欲漏隱淪之蹤…(略)…所幸者, 不辨仙源, 終未得尋之也. 不然, 安得免籍其戶而賦其田乎"(『소설집』, 420면)

조세의 가렴주구를 겨냥한 것이라면, 문신·호령에 대한 비난은 이조 중엽 이후 악화된 환곡제(還穀制) 시행의 부조리를 비롯한 탐관오리배의 국곡(國穀) 절취를 고발한 것이라 보인다.

주지하다시피 사창(社倉)등을 통한 이조의 환곡제는 서모(鼠耗)를 구실삼은 이식곡(利息穀)의 징수를 지방 관아에 허용함으로써, 일찍부터 그 모순과 폐해를 드러내고 있었다. 탐학한 수령과 이서(吏胥)들은 대곡(貸穀) 장부의 허위 기재 등 갖가지 수단으로 창곡(倉穀)을 횡령하고 환곡(還穀)의 능력은 물론 의무도 없는 농민으로부터 고리(高利)의 납속(納粟)을 강요하여 이를 보전하려 했다. 때문에 이조 중후기에 있어서 환곡제는 이미 농민에 대한 구조적이고 제도적인 수탈의 도구로 전락하여 농촌의 몰락을 재촉하고 봉건 사회의 구조를 흔들어 놓는 가장 큰 요인이 되고 말았던 것이다.[8)]

창고를 털어먹는 큰쥐의 도적질로 말미암아 만민의 식천이 끊기게 되었다는 「서옥기」의 허구적 상황은 이처럼 봉건적 모순의 심화와 함께 탐관오리배의 발호로 인해 날로 문란해 가는 환곡제의 악용과 국곡 절취, 이에 따른 농촌 사회의 파탄, 국고의 탕진 등과 같은 구체적인 사회·제도적 현실에 근본적으로 기초하고 있다.

그렇다면 탐관오리의 형상을 한 큰쥐가 앞서 보았듯이 오히려 가렴주구와 '窃簿盜粟'(장부를 위조하여 곡식을 훔치는 것)을 일삼는 탐관오리배의 농간을 비난하고 있는 것이 되어 논리적으로 모순되는 것 같다. 그러나 우화 속의 허구적 상황이나 어법은 본시 이처럼 모순된 반어(irony)에 기초하고 있으며, 이를 통해 작가의 비판의식은 보다 자유로운

---

7) "門神戶靈, 受天之命, 各守其職, 而驚動愚民, 私享淫祀, 冷炙殘盃, 以充饞慾, 貪官汚吏, 窃簿盜粟, 而慢不省悟, 括不撝呵."(위의 책, 421면)

8) 환곡제의 폐해에 대해서는 송찬식, 「농민구휼책의 변질」(국사편찬위원회, 『한국사』 12, 1977) 참조.

표현을 얻을 수 있다.[9] 뒤에 다시 상론하겠지만 우의적 인물 큰쥐는 단순히 쥐일 수도 있으나 같은 문맥 속에서 사회적 인간의 전형으로 행세할 수도 있으며, 때에 따라서는 단순히 작가의 사상을 전달하는 대변인 노릇을 할 수도 있는 것이다. 게다가 비유적 표상은 작가의 정서 속에 수렴된 구체적 현실 사태에 일반적인 대응 관계를 맺고 있기 때문에 그 사회적 전형으로서의 의미 역시 복합적이다. 큰쥐는 탐학한 수령일 수도, 간활(奸滑)한 서리(胥吏)일 수도 있다. 또한 미창(米倉)이 넓은 의미에서의 만민의 곡창이라 할 수 있다면, 사창곡(社倉穀)의 횡령을 위시하여 갖가지 방법의 가렴주구와 농지의 횡점(橫占)을 통해 농민을 수탈하고 국고를 탕진하는 봉건 지배층의 불합리한 사취(私取) 행위 일체가 큰쥐의 창속(倉粟) 절취로 비유・표상될 수 있는 것이다.

이와 같은 큰쥐의 성격은 작중 인물의 말대로 '흉교(凶狡)' '대담'하고 '간특(奸慝)'하기 이를 데 없다. 창신 앞에 끌려나온 그는 자신의 죄를 인정하면서도 문조(門祚)의 장구함을 들어 용사(容赦)를 비는 한편, 변론을 장황하게 늘어놓아 사건의 핵심을 혼란시키고 증거를 복잡하게 끌어들여 진상을 엄폐함으로써 슬그머니 형벌은 면하려는 계책을 세운다.[10] 그리하여 수많은 인물(뭇 동・식물; 群物)을 자신의 범죄에 연루시켜 공모・사주자로 고인(告引)함으로써 범죄의 근본 책임을 다른 곳으로 전가하고 가풍의 추락을 막으려 한다.[11] 이처럼 흉교・대담한 큰쥐의 계략과 행동은 국고를 횡령하고 민천을 수탈하는 비행을 저지르고도 가문과 신분을 방패삼고 제도적인 관습의 허점을 이용해서 자신의 비행을 엄폐하려는 탐관오리 혹은 타락한 양반들의 위선과 간특한

9) 졸고, 「우화소설 연구」(『국문학연구』 18, 서울대 국문학연구회, 1972), 6~9면.

10) "(前略)…潛伏而思曰, 辭舌繁則難於攝要, 援訂衆則眩於覆實, 固緩獄之秘計, 掩奸之長策."(『소설집』, 419면)

11) "鼠縮伏潛思曰…(略)…吾家世傳之風而至吾身, 墮落莫保, 豈不痛哉."(위의 책, 440면)

자기 합리화의 작태를 풍자적으로 비유하고 있는 것으로 볼 수 있다.

이에 반해 상제(上帝)의 명을 받아 민천(民天)과 국고를 수호하며 그 적탈자(賊奪者)를 처벌하기 위해 군물(群物)을 다스리는 창신은 봉건적 사회 질서나 생산 체제를 지탱·관장하는 구속력으로서 봉건 사회의 기강 자체, 또는 이러한 봉건 질서·기강을 통해 발현될 수 있는 국가적 통치력의 상징적 권화(權化)로 볼 수 있다.

그러나 작품 속에서 창신은 자신의 소임을 다하지 못해 오랜 동안 민천을 절취해 간 간적의 범행을 방치했을 뿐 아니라, 오히려 그의 농간에 놀아나 옥사의 처결을 유예하며 용(龍)·호(虎)로부터 문(蚊)·의(蟻)에 이르기까지 군물에게 화를 미치게 하고, 마침내 큰쥐가 상제의 명을 들먹이며 비행을 엄폐하려 해도 이를 혼자 힘으로 처결하지 못하는 무력한 수호신으로 그려져 있다. 이처럼 국고를 탕진하는 민적(民賊)을 살찌우고도 그 범죄의 진상을 밝히지 못하고 유예미결하는 창신의 혼미와 무기력은 탐관오리나 부패한 봉건 지배층의 발호를 제어할 수 없을 정도로 봉건 사회의 기강이 해이되고 지배 구조나 통치력이 약화되었음을 뜻하는 것이다.

그러므로 작가는 창신으로 하여금 상제에 대한 상소를 통해 스스로의 소임을 다하지 못한 무능함을 사죄(死罪)로서 자책케 하는 한편,[12] 작품을 총괄하는 결말부의 논평에서는 큰쥐의 간악함과 함께 창신의 혼미와 유예미결을 특히 질타하고 있는 것이다.[13] 이와 같은 작품 내용을 통해 우리는 작가가 봉건적 기강의 문란과 함께 심화되어 가는 이조 사회의 제도적 통치력의 약화를 비판·단죄하고 있음을 볼 수 있는 것이다.

12) "臣旣不能典守民天, 又不能痛繩奸偸, 臣罪實合萬死."

13) "太史氏曰, 火不撲則延, 獄不斷則蔓. 向使倉神案其罪而卽決之, 則其禍必不熾也. 噫, 戾氣所鍾, 豈獨穴倉之一虫也哉. 吁, 可畏也."(위의 책, 451면)

2) 봉건적 모순과 주인공의 성격

그러나 옥사를 유예·미결하며 이를 걷잡을 수 없도록 확대시킨 창신의 혼미와 무기력에는 그럴 수밖에 없는 필연적인 이유가 있다. 쥐의 고인이 계속해서 실증 없는 허위로 밝혀짐에도 불구하고 창신이 문초를 계속하는 것은 국고의 절취가 큰쥐의 혼자 힘으로 불가능하며, 거창(巨倉)의 후장(厚藏)을 탕진한 배후에는 반드시 공모·사주자가 있을 것으로 판단되기 때문이었다.[14] 이러한 창신의 문초에 응하여 군물을 고인(告引)하는 큰쥐의 공사(供辭)는 물론 죄를 면하기 위한 계략에서 나온 것이지만, 이러한 큰쥐의 계략적인 고인에도 충분한 이유는 있다. 비록 대놓고 교사하지는 않았지만 군물은 큰쥐 자신보다 백 배나 간사하며, 평소 작태로 보아 범행을 묵인·교사한 것과 다름없으면서도 죄상을 극구 부인하고 있는 그들의 태도는 큰쥐 자신보다 훨씬 속임수에 능하다는 것이 내적 독백과 창신에 대한 복초(服招)를 통해 드러나는 큰쥐의 속생각이다.[15]

[C] [B] 대목에서 큰쥐의 눈에 비친 공모·사주자들의 죄상 몇을 들어보면, 그가 창속을 절취코자 배회할 즈음 도화(桃花)는 방긋 웃고 유지(柳枝)는 춤추면서 오히려 그의 행운을 축원했고, 반가이 그 도당이 될 것을 눈짓했다.[16] 반딧불은 어둠 속에 길을 밝혀주고, 달팽이는 창고 벽을 습기로 헐어 놓았으며, 개미는 그 흙을 파서 구멍을 뚫어 놓았다. 창졸의 새벽 순시는 닭이 신호해 알려 주고, 고양이가 길목을 지킬 때

---

14) "今夫, 奸偸窃人帑藏, 尙有協謀而同奸者, 汝以一虫之微, 穴居倉, 蕩厚藏, 斷非所獨辦者, 須速指的以告."(위의 책, 419면)

15) "吁嗟哉. 飛走十百之種, 豈無怵威恇怯者, 飾辭自訟, 皆將淸脫, 是其詐智出吾上三十里也. 吾其痛哉."(위의 책, 440면.) "明神惟知老物之奸, 而不知群物之奸, 有百倍於老臣者, 此老臣之所以抑鬱者也."(위의 책, 444면)

16) 위의 책, 408~9면. (인용 생략)

는 두견이 '불여귀(不如歸)'를 알려 주었다.[17] 군물들은 물론 이러한 자신들의 소행이 쥐의 범행과 무관함을 주장하지만, 적어도 큰쥐의 도심(盜心)에 비친 주변 인물들의 작태는 창속의 절취를 사주·공모한 것과 다름없이 느껴진다는 것이다. 우화의 우원(迂遠)한 비유를 통해 이 대목에서 작가가 암시해 주고 있는 것은 간적의 국고 절취는 개인적인 범행으로 볼 수도 있으나 주위 상황의 제 조건과 요인이 결합된 사태이며, 누적된 사회적 모순과 비리가 사태의 진행을 촉진시켰다는 것이다.

작가가 큰쥐로 형상하고 있는 탐관오리배의 위선과 농민 수탈을 사회전체의 구조적 맥락 속에서 문제 삼고 있다는 사실은 군물의 부조리한 본성을 고발하는 큰쥐의 확신에 찬 태도와 신랄한 공사 내용을 볼 때 보다 분명하게 이해될 수 있다. 그의 번쇄한 공사 내용을 일일이 매거할 수 없으니 대표적인 것 몇 개만 들어 보기로 하자. 우선 창속(倉粟)의 모축(耗縮) 진상을 폭로하는 진술에서 큰쥐는 창하거인(倉下居人)이 창속을 염산(斂散)할 때 절로 생기는 부스러기가 있음을 지적하며, 그들이 키우는 양고(羊羔)가 이 부스러기 창속을 먹고 살찌면서도 오히려 아침저녁으로 창고 구멍에 뿔을 뒤밀어 창속을 누출시키고 이를 먹어 댄다고 비난한다.[18] 사창(社倉)과 관고(官庫)의 모축에는 지방 수령 뿐 아니라 창속의 염산(斂散)을 담당하는 창고색(倉庫色)·서리(胥吏)들의 농간과 절취의 폐가 우심(尤深)하였으니 창하거인·양고에 대한 비난은 이를 겨냥하고 있는 것으로 보여진다. 작가는 또한 큰쥐의 입을 통해 "澤及普天之下, 人稱厥德正中"함을 자긍하는 신룡(神龍)이 사실상 민인의 농사를 망쳐 놓는 괴팍한 자 이며, "許多蠢蠢之物" 앞에 "橫行白日"함을 뽐내는 웅호(雄虎)가 사실상 자연을 폭진(暴殄)하는 포악한 자임을 들어 그들이 신(神)일 수 없으며 웅(雄)일 수 없음을 논핵한다. 또

---

17) 위의 책, 426-8면. (인용 생략)

18) 위의 책, 424면. (인용 생략)

한 해물・상인(害物傷人)을 일삼는 호(狐)・리(狸)의 요괴・잔인함과, 호(狐)・리(狸)・시(豺)・랑(狼)을 막론하고 그 앞잡이가 되어 인가(人家)에 해를 끼치는 반딧불의 간사함, 겉 희고 속 검은 구・로(鷗鷺)의 표리부동함 따위를 비난하기도 하며, 농지와 과원(果園)을 침탈하여 농민을 기아에 시달리게 하는 성(狌)・장(獐)의 횡포를 고발하기도 한다.[19]

이처럼 동물의 동물에 대한 해악과 민간에 대한 폐해를 열거해 가는 구절들이 지배층을 중심으로 한 봉건사회의 여러 인간 유형에서 찾아볼 수 있는 갖가지 부조리와 위선 그리고 민인에 대한 횡포를 비유・풍자하고 있다는 것을 우리는 작품의 다의적 문맥과 문예 인습을 통해 전승되어 온 동물적 심상의 상징적 의미를 통해 어렵잖게 감지할 수 있다. 그러나 작품에 등장하는 대소 80여 종에 달하는 동・식물들이 모두 사회적 전형으로서 의미를 명확하게 가지는 것은 아니며, 작가의 의도 또한 이들을 반드시 전형적 인물로 형상하려는 것은 아니다.

작가는 예컨대 문신・호령을 비난하는 큰쥐의 공사를 통해 민간에 대한 무속(巫俗)의 폐해를 질타하기도 하고,[20] 사(獅)를 비난하는 마당에서는 그와 관련된 불교의 부탄(浮誕)・요망(妖妄)함을 고발하기도 한다.[21] 도(桃)를 통해서 가렴주구를 비판함은 앞서 말한 바 있지만, 류(柳)를 통해서는 역사의 무상과 궁인(宮人)・규녀(閨女)의 한을 들추기도 한다.[22] 그리고 용・호와 함께 사(獅)・상(象)・기린(麒麟)과 난(鸞)・공작(孔雀)・봉황(鳳凰) 등과 같은 영금이수(靈禽異獸)를 조작해 놓

19) 이상 위의 책, pp.418・422・423・425・445・449 passim. (인용 생략)

20) 위의 책, 421면. 앞의 주 7) 인용문 참조.

21) "獅則徒出於西域, 指爲神異, 而佛法自西竺而出, 浮誕妖妄, 無足可信."(위의 책, 426면)

22) "柳則…(略)…徒使長信麗人, 攀細條而傷心, 春閨少婦, 見金色而起悔, 托根汴京, 解亡隋皇之國, 烟籠古堤, 空含萬古之愁…(略)…以此觀之, 桃與柳皆不祥之木也."(위의 책, 420~421면)

고 이들의 웅대·신성한 심상을 통해 봉건사회의 지배 질서를 숭배·찬미토록 한 귀족 문화의 허구성을 비판하는 한편, 이들의 죄악은 사(赦)하고 미소(微小)한 쥐 자신의 죄만을 처벌함이 부당함을 항변하기도 한다.[23] 이처럼 작가는 의인의 비유뿐 아니라, 상징과 인유(引喩) 그리고 반어를 통해 봉건 사회와 그 문화의 구석구석에 도사리고 있는 갖가지 모순과 불합리를 파헤치는 한편, 이러한 모순과 불합리로 말미암아 민생이 겪는 수난과 고초를 심각한 문제로 제기하고 있는 것이다.

이상에서 살펴본 바, 큰쥐의 성격이나 공사를 통해 전개되는 그의 사회 비판과 문제 제기에는 이중적인 의미가 갖추어져 있다. 즉 고통당하는 민인의 편이 되어, 탐관오리와 봉건 사회의 부조리를 비난할 때의 큰쥐는 작품의 극적 상황으로부터 벗어나 작가의 사상을 직접 대변하는 구실을 하며, 그의 장황한 공사를 통해 개진되는 당대 사회의 제 모순과 불합리에 대한 비판 및 문제 제기는 자체로서 작품의 독립된 주제를 이룰 수 있다. 그러나 창신에게 문초당하는 극적 상황으로 되돌아왔을 때의 큰쥐는 의연 민천과 국고를 절취한 간적의 형상을 하고 있으며, 군물에 대한 그의 비판에는 자신의 죄를 타인과 사회에 전가·환원시키기 위한 자기 합리화의 계략이 깃들어 있다.

하지만 그의 죄악이 크다고 해서 그가 물고 늘어지는 주위의 사회악이 정당화될 수도 없는 일이다. 허구 세계의 주인공과 그의 주위 환경과의 관계를 통해 큰쥐의 성격을 규정해 본다면, 그는 주위 환경 즉 사회의 결함과 모순을 드러내 주는 악인형 부정적 주인공(anti-hero)이다. 그도 나쁘지만 간악한 그의 공격을 받을 만큼 사회도 타락해 있다. 극적 상황의 비유적 의미를 다시 한 번 사회·역사적 상황에 대비시켜 논해 본다면, 가렴주구와 환곡의 사취·횡령은 탐관오리 개개인의 탐욕스

---

23) 위의 책, pp.425-6, 449 passim.

런 근성에서 결과된 것이라기보다는 위로 군왕으로부터 아래로 창고색·서리에 이르기까지 각층이 동참하여 저지른 구조적인 농민 수탈의 필연적 소산이었다.

사태가 이러하기 때문에 큰쥐는 [G] 대목에서 보듯이 이미 죽음을 각오한 상태에서 그를 타락시킨 주위 환경을 다시 한 번 고발하고 있으며, [H] 대목에서는 천신지지(天神地祇)와 일월성신(日月星辰)·상제(上帝)가 모두 자신의 공모·사주자인 만큼 자기 홀로 희생할 수 없다고 발악하는 것이다. 결국 창신은 자신의 엄정한 제재 기능을 되살려 탐관오리배의 민천 적탈과 국고 사취를 발본색원하려다가 조사 과정에서 오히려 부패한 봉건 사회의 구조적 모순을 드러나게 하고, 급기야 그가 수행하는 천명(天命) 즉 봉건이념이 사취·적탈의 명분으로 전락하게 되는 위기에 직면하자 그만 속수무책이 되고 만 것이다.[24]

그러나 자신의 죄악을 타인과 사회의 죄로 전가시키려는 큰쥐의 간악함이 가증스런 것이기에 작가는 마지막에 가서 상제를 직접 등장시켜 큰쥐에게 천벌을 내리게 하고, 에필로그를 통해 큰쥐와 그 족속이 처형된 이후 창속이 모축되는 환(患)은 없어졌다고 전한다. 작가가 표방하는 결론은 탐관오리 등속의 근절을 통해 국고의 탕진은 막을 수 있다는 것이며, 천명은 큰쥐와 같은 인물을 용서할 수 없으리라는 것이다. 그러나 공사를 통해 쏟아진 큰쥐의 비난 일부를 수긍하는 관점에서 본다면 그에 의해 고발된 사회악은 해결될 가망 없이 작품 세계 속에 남아 있다. 게다가 부조리를 지닌 군물들이 활개치며 풀려나, 사회악의 희생물로 처형당한 큰쥐의 시체를 참혹하게 뜯어 대는 추악한 결말 장면

24) 창신은 상제에게 상소하여 이르기를 자신의 판단으로 옥사를 처결한다면 수많은 인물이 형벌을 받게 되고 게다가 간적이 천명을 빙자하므로, 지상의 권능으로는 어찌 할 수가 없게 되었다고 한다. "然獄事蔓延, 傷生必多, 且賊虫旣發犯上之言, 則非下臣所決, 惟上帝其命之."(이상 주 12)에서 이어지는 원본 인용임. 위의 책, 451면)

은 독자를 역겨움과 불안 속에 남겨 놓아, 오히려 천명의 유한하고 모순됨을 드러내 주고 있는 것이다.

3. 미적 구조와 풍자의 수법

우화나 풍자소설은 일반적으로 모순된 상황을 극화하여 가상과 진실의 대조를 묘파해 내는 반어(irony)를 그 구조 원리로 삼고 있다. 전장(前章)의 내용 분석에서 드러났듯이 「서옥기」의 작품 세계 역시 모순된 사회 현실에 기초해 있으며, 그 구조적인 제 측면에 있어서 상호 모순되는 요소들의 이율배반적 결합의 형식이 작품의 두드러진 특징으로 나타난다. 그러나 이러한 「서옥기」의 구조는 우화나 풍자소설 일반의 반어적 성격을 공유하고 있으면서도 여느 작품과는 다른 특수한 면을 지니고 있다.

예컨대 「토끼전」 「장끼전」 같은 작품에서 용왕의 간악한 위선과 토끼의 부질없는 욕망, 장끼의 교만 등등은 그와 모순된 객관적 현실과의 대립적 관계 속에서 그 부조리를 첨예하게 드러내고 있지만, 이러한 부조리는 동시에 작품의 구조 속에서나 독자의 의식 속에서 적극적으로 부정·극복되고 말 성질의 것이다. 사태의 진·위와 선·악은 판명하게 구별될 수 있으며, 양자가 엇갈리는 상황의 모순과 대립적 관계는 위(僞)·악(惡)을 파기하는 비판적 지성에 의해 조만간 해소될 수 있는 가능성을 애당초 포함하고 있는 것이다.

이에 반해 「서옥기」에서는 진위나 선악의 구분이나 판별부터가 쉽지 않으니, 큰쥐 및 그와 극렬하게 대립돼 있는 군물의 성격이나 공사 내용은 다 각기 선악과 진위의 요소를 동시에 공유하고 있다. 앞서 보았듯이 큰쥐는 비판적 양식과 함께 간악한 본성을 동시에 지니고 있으며 군물 역시 그의 결함과 부조리에도 불구하고 쥐의 무고를 씻을 수 있는 정당한 자기 논리를 갖추고 있으니, 예컨대 용·호의 경우 위의·덕성과 함께 민생에 대한 포악을 겸비하고 있다. 이처럼 화해할 수 없는 대립적 요소들이 균열된 상태에서 결합·병존하고 있는 것이 작품 속에 형상된 세계의 구조적 특질이며,[25] 독자들은 이 중 어느 한 쪽을 일방적으로 파기해 버릴 수 없기 때문에 끊임없는 갈등과 긴장 속에 남아 있게 된다.

대립적 요소가 결합·병존하는 작품의 구조는 그 세부 형태나 언어의 측면에서도 찾아볼 수 있다. 작품량의 절반 이상을 차지하고 있는 군물(群物)들의 공사(供辭)는 그들의 본성에 어울리든 어울리지 않든 간에 대체로 엄숙·진지한 어조를 띄고 있으며, 장단구의 한시 형식으로 짤막하게 다듬어져 있어 고전적인 균형과 위엄을 갖추고자 한다. 그리고 사서·삼경과 사기·한시문 등 각종의 고전과 한·중의 구전설화에서 자신(각 동식물)과 관련된 고사를 동원하여 유서 깊은 가문의 내력과 천부의 양능(良能)을 과시하고 있으니, 여기서 우리는 가전체의 전통이 우화소설에 접맥되고 있는 실상을 볼 수 있다.[26] 이에 반해 군물의 공사를 반박하는 큰쥐의 공사는 냉소적인 반어(反語)로 가득 차 있으며, 작가는 또한 작품의 곳곳에서 속담과 비어(卑語) 그리고 구전된 언어유

---

25) 이와 같은 작품의 대립적 구조가 예컨대 「토끼전」의 그것과 혼동되어서는 안 된다. 「토끼전」에서 주인공이 노출한 어리석은 욕망은 평범한 인간이 지니는 약점에 지나지 않으며 그의 지혜로운 탈출은 자신의 실수와 주위 상황의 엄청난 부조리를 극복해 가는 과정을 보여 주고 있으므로 대립적 양면의 이율배반적 병존이라고 볼 수 없다. 졸고, 「우화소설연구」, 10~23면.

26) 수많은 인물들의 공사(供辭)가 거의 이런 식으로 되어 있으니 여기서는 대표적 예로서 가전체 「모영전(毛穎傳)」과 『사기(史記)』 「맹상군 열전(孟嘗君列傳)」 그리고 구전설화의 사실들을 동원하고 있는 兎의 공사를 인용해 둔다. "系出中山, 戚聯東郭, 俵桂影而興感, 猶記搗藥之時, 緬管城之疏封, 追憶賜欲之寵, 智自巧於三窟, 壽可綿於千年, 何物邪穢之虫, 妄出援引之說, 披肝以對, 冀頷于玆."(『소설집』, 413면) 작가는 또한 작품의 말미에 사신의 평을 달고 있다(주 13) 참조).

희 따위를 구사함으로써 앞서 든 사대부적 문예 형식과 이를 의도적으로 충돌시키고 독자의 어이없는 웃음을 유발하고 있다.[27)]

작품 구조 또는 작품 속에 형상된 세계의 존재 구조가 이처럼 쉬 해결 될 수 없는 자기모순을 드러내고 있다 하더라도 이러한 모순을 드러내주고 있는 작가의 의도가 끊임없는 반어를 통해 타락한 인간 사회의 부조리를 풍자하려는 데 있음은 두 말할 나위 없다. 동물의 비인간성 내지 열악한 수성(獸性)에 타락한 인간성을 비유하여 그 부조리를 야유하는 것은 우화(소설)에 고유한 풍자 수법이며 「서옥기」의 풍자 방식 역시 근본적으로 여기에 의거하고 있다. 그러나 이 작품의 풍자 수법에서 특히 주의할 점은 전통적인 가치관을 뒤집는 주인공의 냉소적 반어에는 웃음과 함께 비애나 분노와 같은 상반된 감정이 뒤섞여 있으며, 이와 같은 반어를 대하는 독자의 정서적 반응은 주인공 큰쥐가 지니는 이율배반적 성격으로 인해 더욱 깊은 갈등과 균열을 겪게 된다는 점이다.[28)] 이처럼 반어에 반어가 겹치고, 모순된 정서적 반응을 동시에 환기하는 특이한 풍자 방식을 통해 작가가 노리는 것은 정서적인 충격이다. 정상적인 정서・판단 기준이 혼란에 빠지고, 전통적인 정서와 가치관 속에 일정한 위치를 가질 수 있었던 모든 사물과 인간의 의미가 한꺼번에 흔들릴 때 독자는 세계 전체를 불안과 소원감 속에서 새롭게 바라보게 된다.[29)] 결국 작가가 의도하는 것은 직설과 비유적 암시를 통해 들

27) 풍유적 의미를 지닌 속담과 어휘는 반어나 패러디로서의 기능을 할 뿐 아니라 인물의 성격을 형상하는 방편이 되기도 한다. '지렁이도 밟으면 꿈틀거린다' '암탉이 울면 집안이 망한다' '고양이 목에 방울 달기' 등은 인용된 속담의 예. '知之謂知之, 不知謂不知'는 제비소리요, '獨樂樂與衆樂樂孰藥'은 두꺼비 소리라는 우스개는 인용된 口傳語戲의 예.

28) 상기한 인용문들 외에 두견에 대한 야유 하나만을 더 들어 두기로 한다. "杜鵑則, 皮不傳毛, 哭必吐血, 則其相之窮可知…(略)…山川不隔, 羽翮無碍, 欲政其歸, 雖禁而不歸, 長呼不如歸, 雖自謂古帝之魂, 吾不信也. 何處無樹, 而必哭於客窓之外, 何日無晝, 而獨鳴於月夜之中."(위의 책, 445면)

추어낸 전통 사회·문화의 제 모순을 인습에 젖은 독자로 하여금 새로운 시점과 정서를 통해 근본적으로 반성케 하려는 것이다.

분노와 슬픔이 엇갈리는 웃음을 통해 작가가 강조하고 있는 또 한 측면은 작품 속에서 조소되는 제 모순과 혼란이 절대 웃고 넘길 수 없는 심각한 현실 문제라는 것이며, 이 점을 작가는 온갖 희학(戱謔)을 깨버리는 추악하고 음산한 결말을 통해 마지막으로 확인하고 있다. 이런 점을 두고 볼 때 우원한 비유와 상징을 통해 현실과 관련하고 있는 작품세계의 환상적 성격에도 불구하고, 작가의 의식이 궁극적으로 지향하고 있는 방향은 사실주의의 정신이라고 볼 수 있다. 진·위와 선·악, 낡은 사회의 가치관과 그에 대한 부정이 첨예하게 대립된 상태에서 갈등·공존하고 있는 모순된 현실을 작품은 있는 그대로 드러내 주고 있는 것이다. 그리고 이와 같은 작가의 사실주의적 태도는 자기모순을 지닌 채 상호 대립하고 있는 모든 인물들과 사건을 아무런 평가 없이 극적으로 제시해 주고 있는 서술자의 객관적 시점을 통해서 수식되고 있다.

4. 끝맺음

「서옥기」는 쥐의 모곡(耗穀)으로 춘읍의 미창(米倉)이 탕진되고 있다는 독특한 허구적 상황을 설정하고, 탐관오리의 환곡제 악용과 같은 부패와 가렴주구로 인해 날로 피폐해 가는 이조 중후기 농촌사회의 역사현실을 상징적으로 형상하고 있는 작품이다. 작가는 상징적 비유와 반어, 그리고 갖가지 전고(典故)와 시문(詩文) 및 속담까지 끌어들이는 인유(引喩)를 통해 봉건적 기강의 해이와 봉건 이념의 타락상을 탐관오리

29) 이와 같은 작품의 미적 구조상 특질은 '그로테스크'하다고 할 수 있다. '그로테스크'에 대해서는 이어지는 후장의 「호질(虎叱)」에 대한 논의 참조

의 발호와 관련시켜 비판적으로 형상함으로써 폭넓은 주제·사상을 개진하고 있다. 특히 주위 환경의 모순과 부조리를 드러내는 부정적 주인공 큰쥐를 창조하여 그의 냉소적 반어를 통해 봉건 사회와 문화의 구조적 제 모순을 고발하는 한편, 이러한 모순과 부조리에 희생당하는 민생의 고초를 심각한 문제로 제기하고 있다. 환상과 현실이 교차하고 있는 작품의 구조는 우화의 일반적 속성대로 반어에 기초하고 있으나, 선악과 진위 등 대립적 요소들이 한 인물의 성격이나 같은 문맥 속에 동시에 결합·병존하고 있어 여타의 우화·풍자소설과 구분되는 독특한 면을 지닌다. 그리고 이처럼 진위와 선악, 공격적인 웃음과 고통스런 분노·슬픔 따위의 상반된 감정이 모순 속에 공존하는 작품의 미적 구조는 사회적 모순과 갈등을 객관적으로 드러내고자 하는 사실주의의 정신과 일정한 관련을 맺고 있다. 대립적 요소가 결합·병존하고 있는 작품의 구조적 특성은 세부 형태와 언어의 측면에서도 볼 수 있으니, 사대부층의 해박한 지식을 바탕으로 한 가전체의 전통과 고전적 균형을 갖춘 한시의 형식이 속담과 어휘를 두루 사용한 냉소적 반어와 결합되어 있다.

「호질(虎叱)」에 대한 재성찰

1. 서론—연구사와 문제 제기

연암(燕巖) 박지원(朴趾源)의 『열하일기(熱河日記)』에 실려 있는 우언소설 「호질(虎叱)」은 한국 고전 풍자문학을 대표하는 작품일 뿐 아니라 문호 연암의 비판적인 사상과 소설적 창의, 풍자 정신이 빛나는 그의 대표작으로 손꼽히며, 그 문학사적 가치는 일찍부터 학계의 주목을 받아 왔다.

그런데 주지하다시피 작가 연암 자신이 이를 수록한 『열하일기』에서 그 출처를 익명의 중국인 원작이라 밝히고 있음에도 불구하고 그 문체나 사상적 내용 등으로 보아 연암의 작품으로 이해 평가되어오던[1] 이 작품에 대해서, 문·사에 두루 정통한 원로학자가 1960년대 후반에 작품의 전사·수록 경위를 밝히고 발문[後識]의 형식으로 해설을 덧붙인 『열하일기』의 서술 문맥을 의심하기 어려운 사실 기록으로 인정하면서

1) 연암 당대의 유득공(『泠齋書種』 卷三, 「古芸堂筆記」)을 위시하여 김택영(『燕巖集』, 「虎叱文跋」 1900 및 1913), 이가원(『연암소설연구』, 을유문화사, 1965) 이래 많은 연구자들이 지지해 오던 견해이다. 이에 대해서는 이가원의 책, 492~584면 참조.

작품의 원작가는 중국인으로, 원작의 출처와 배경은 중국으로 못 박게 되고,[2] 이와 함께 작품의 주제나 내용 또한 중국의 사회현실과 연관하여 이해하는 견해가 힘을 얻게 되었다.[3] 그러나 「호질」의 작품 세계가 당대의 상식과 금기를 깨트리는 비판적 담론과 풍자를 담기 위한 우언으로 이루어진 점을 고려하면, 중국의 작품임을 밝히는 『열하일기』의 서술 문맥을 가탁을 위한 우언의 허구적 수사로 보아온 전통적 견해 또한 어느 정도 설득력을 지니고 있으며, 무엇보다 불후의 명작을 한국문학의 고전으로 복권시킬 수 있기에 이 '연암 창작'설을 재확인하려는 주장 역시 소설기법론이나 작품 구조론, 작가론의 측면에서 계속 보강되어 왔다.[4] 이와 함께 '중국인[漢人] 원작'설을 일단 수용하면서도 연암에 의해 개작 또는 재창작된 창의의 측면을 강조하는 절충적 시각을 통해 작품의 의미 구조나 문학사적 가치를 논진하는 견해가 제시되기도 하였다.[5] 이 같은 논의들을 거친 후 「호질」의 연구사를 종합하는 단계에 이르러 이 작가 문제에 관해 내려진 한 결론은 대개 중국인 원작의 존재 자체는 일단 사실로 인정해야 한다는 것이다.[6] 그러나 이러한 결론도 일기의 기록을 허구로 볼 수 없다는 상식적 판단에 기초한 것이어서 상식의 허를 찌른 작가 연암의 트릭이 개입했다는 연암 창작설의 주

---

2) 이우성, 「호질의 작자와 주제」, 『창작과비평』 3권 3호, 1968, 446~453면 참조.

3) 이우성・임형택, 『이조 한문단편집・하』, 일조각, 1978, 316면 ; 김명호, 『열하일기 연구』, 창작과비평사, 1990, 184~192면 등 참조.

4) 액자소설론을 주축으로 한 이재선(『한국단편소설연구』, 일조각, 1975, 115~117면)의 소론과 아이러니를 「호질」과 연암 소설의 기본 구조와 수사 기법으로 파악한 성현경(「호질 연구」, 이상택・성현경 편, 『한국고전소설연구』, 새문사, 1983, 406~419면)의 소론이 대표적 주장이다.

5) 황패강(「호질 연구」, 『한국소설문학의 탐구』, 일조각, 1978, 205~237면)의 소론이 대표적 견해이다. 소재영(「호질 재론」, 『숭전어문학』 2집, 1973, 107~129면)의 논의에서도 이러한 견해가 피력된 바 있다.

6) 박기석(「호질의 작자」, 『한국문학사의 쟁점』, 집문당, 1986, 451~460면)은 이 문제에 대한 연구사를 처음 정리하면서 이와 같은 결론을 내리고 있다.

장을 완전히 봉쇄할 수 있는 것은 아니다. 또한 원작의 존재와 연암의 개작을 동시에 인정하는 경우도 현존 작품이 원작의 자구나 문맥을 수정·보충한 정도의 개작인가,[7] 아니면 하나의 작품 소재에 불과하던 중국의 원작을 연암이 대폭 수정·개편하여 재창작한 것인가[8] 하는 문제 등은 아직 좀 더 따져 봐야할 문제로 남아 있다고 하겠다.

한편 이 같은 연구사적 반성을 통해 내려진 또 하나의 결론은 현존하는 「호질」이 연암에 의해 완성된 작품인 이상 더 이상 진척을 보기 어려운 원작가 문제에 대한 논의를 지양하고 연암의 사상·문학적 특성과 관련하여 작품 자체에 대한 다각적인 연구의 심화가 필요하다는 것이다.[9] 근자에 이루어진 새로운 연구들이 「호질」의 작품 세계와 이를 일기의 기술 속에 은근히 삽입하거나 해설까지 하고 있는 『열하일기』의 전후 문맥을 연암 자신의 청에 대한 인식의 우언적 표현물로 분석하거나,[10] 연암이 터득한 개성적인 서사 방식이나 기법의 완전한 구현물로 분석하고[11] 있는 것은 중국 원작이나 원작가의 존재를 더 이상 캐묻지 않고 연암의 사상이나 문학적 특성과 연관하여 작품을 재조명하려는 이 같은 연구사의 흐름을 잘 보여주고 있는 것이라 생각된다. 그러나 전자의 경우 '화이론(華夷論)적 세계관에 대한 우언'이라는 새로운 작품 해석을 시도하는 과정에서 희화적 인물 북곽을 작가인 연암 자신의 자화상적 형상으로 이해하는, 작품 세계의 실상과는 다소 균형이 맞지 않는 결론을 도출하고 있는 것이 문제이다. 참신한 시각이 돋보이는 후자의 경우 연암 창작설의 관점에서 「호질」 전후의 『일기』 문맥을 허

7) 김균태(「호질」, 『한국고전소설작품론』, 집문당, 1990, 227~243면)의 연구사는 이러한 결론으로 문제를 정리하였다.

8) 소재영, 앞의 논문이나 황패강, 앞의 논문의 견해는 이런 쪽에 가깝다 할 수 있다.

9) 박기석, 「호질」, 『고전소설연구』, 일지사, 1993, 953~965면 참조.

10) 이현식, 「호질, 청나라 인식에 관한 우언」, 『한국한문학연구』, 2005, 353~394면 참조.

11) 이승수, 「호질과 허생전의 독법 하나」, 『고소설연구』 20, 2005, 179~204면 참조.

구와 사실이 교묘하게 교직된 창의적인 수사 문맥으로 간주하고, 그를 연암이 구현하고 있다는 서사 창작론에 맞추어 정치하게 분석하면서도 정작 「호질」의 작품 세계 자체에 대한 논의가 없다는 점이 유감이다. 이런 점들은 '작품 자체'에 대한 분석적 논의가 아직은 좀 더 세심하게 이루어질 필요가 있으며, '후지(後識)'를 비롯한 『일기』의 전후 문맥에서 다소 혼란스럽고 모호하게 기술되고 있는 작품의 형성 과정 또는 원작의 문제에 대해서도 작품 자체의 문맥과 연관하여 다시금 논의될 필요가 있음을 잘 보여주고 있는 것이라 하겠다.

지금까지 「호질」에 대해 그간의 논의와 연구 성과를 새삼 개관하면서 그 문제점과 남겨진 과제에 대해 나름대로 짚어 보았다. 이 같은 문제의식의 연장에서 본고에서 재검토해 보고자하는 작품 「호질」 및 그 연구 쟁점에 대한 논변은 결국 서로 얽혀 있는 두 가지 문제에 대한 논의가 될 수 있을 것이다.

첫째는 '중국인 원작'설을 포함하는 작품의 성립 과정에 대한 논의이다. 본고의 입각점은 원천이나 소재로서 '중국인[漢人] 원작'의 존재를 일단 인정하되 연암에 의해 재창작된 측면을 강조하는 일종의 '절충'설이라 할 수 있다. 여기에는 중국인 원작의 실상을 좀 더 구체적으로 감지할 수 있는 현존 작품 문맥에 대한 분석적 논의가 뒤따를 것이다. 또한 작품이 중국인의 원작을 수용한 것이라 하더라도 연암의 개작 또는 창의가 작품에 상당 정도 작용하고 있는 것이라면 이를 가늠할 수 있는 근거가 작품 「호질」과 『일기』의 문맥 안과 밖에서 가능한 대로 찾아져야 할 것이다. 작가 문제에 대해 명쾌한 해답이 도출되지 않을지라도 본고에서 제시하는 문헌적 전거들은 「호질」의 성립 과정뿐 아니라 그 구조나 의미를 해명하는 데 일정한 단서를 제공할 수 있을 것이다.

둘째는 작품의 주제 및 의미 구조와 함께 미적 구조나 특성에 대한 분석과 논의이다. 이 문제는 첫 번째 문제 즉 '원작가'나 출처의 문제와 상관없이 별도로 논의될 수도 있겠으나, 여기서는 작품의 미적 구조나 이를 통해 형상되는 정서적 특질은 원작가의 정체를 밝히는 단서가 될 수 있다는 점에서 양자를 연관시키며 논의하기로 한다. 또한 작품의 주제와 관련해서 '중국인 원작'설은, 『일기』에서 작품의 출처를 중국으로 밝히고 있는 이상 작품의 주제는 "중국인에 의한 중국인 자신의 고발이요 성토"이며 연암은 이 주제를 변경시킬 수는 없었으므로 「호질」은 조선의 독자나 현실과는 거리가 있는 작품으로 보며,[12] 조선의 현실과 작품 주제를 연관시키는 것은 순전히 독자 수용의 문제로 본다.[13] 원작의 존재와 함께 연암에 의한 개작의 측면을 동시에 주목하는 본고의 입각점은 개작도 원작 수용의 한 측면을 이루며, 이 같은 형성 과정상의 사정으로 인해 작품상에서 중국적 특수성보다는 보편성을 지향·강화하는 쪽으로 주제의 확대·변용이 이루어지고 있다는 것이다.

본고의 논의는 비록 모태가 되는 원작을 각색·개작한 작품이라 하더라도 여기에는 연암의 창의성이 발휘되고 있다고 보느니 만큼 「호질」의 한국문학사적 지위를 재평가하는 문제를 논의 선상에 둔다. 이 문제는 연암에 의해 개작 또는 재창작된 작품 양상의 질·량에 대한 평가와 관련될 것이지만, 문학사적 지위나 평가가 꼭 민족문학의 협소한 테두리 안에서 이루어질 것은 아니라는 시각을 취하기로 한다.

2. 그로테스크한 우화 속의 풍자 구조

「호질」의 작품 세계는 크게 세 단락 정도로 나눌 수 있다. 첫 단락은 범[虎]의 위무(威武)에도 불구하고 천적들에 의해 제어되는 범의 존재

12) 이우성, 앞의 논문 참조.
13) 김균태, 앞의 논문 참조.

양태를 설명적으로 제시하는 서두 부분에 이어, 창귀(倀鬼)들과 범이 등장하여 범의 먹거리에 대한 대화를 나누는 장면으로 구성되어 있다. 둘째 단락은 북곽이 등장하여 동리자와 밀회를 갖다가 아이들에게 쫓겨나는 희화적 촌극 한 마당으로 구성되어 있다. 셋째 단락은 범이 북곽을 만나 장광설의 질책[虎叱]을 하는 대목에 이어 볼썽사납게 망가진 북곽이 촌부에게 변명하는 끝 장면으로 구성되어 있다.

교묘하게 연결되어 있는 이 세 단락의 이야기는 각기 우언(寓言),[14] 풍자담, 논변체의 양식을 취하고 있어 사실 따로 하나씩 독립된 작품으로 꾸려도 무방할 만큼 상이한 체재 속에 어느 정도의 자기완결성을 갖추고 있다. 그러나 세 단락이 유(儒)에 대한 비판이라는 주제를 중심으로 서로 연결되어 있고 통일적인 서사(사건) 구성상 필요한 최소한의 내적 계기를 갖추고 있는 것도 사실이다. 이처럼 주제 중심으로 엮어진 이 작품의 구조에서 가장 주요한 서사 방식상의 특징은 작품 서두부터 마련된 우언의 서사 구조이다. 그러므로 작품에 대한 논의는 당연히 첫 단락부터 마련된 그 우언의 특징적 구조에 대해서부터 시작되어야 하겠다.

범을 의인화한 이 우화에서 주인공 범[虎]의 성격이나 형상은 물론 설화의 전통 속에 형성되어 온 범의 형상들에 기본적으로 의거하고 있다. 첫 대목 "虎, 睿聖文武, 慈孝智仁, 雄猛壯勇…"의 설명적 제시로 시작되는 범의 모습은 신령스럽고도 용맹하며 장군이나 황제처럼 예찬되

14) '우언'과 '우화'는 대개 동일한 개념을 지칭하는 용어들이나 '우언'은 중국과 한문 고전에서 주로 쓰이고 수사 방식을 포괄하는 의미를 지님에 비해, '우화'는 근대에 와서 한국, 일본에서 주로 통용되는 용어로 이야기(서사) 양식에 한정해 쓰이는 차이가 있다고 보인다. 본고에서는 이 같은 차이를 염두에 두나 두 용어를 기본적으로 동일한 개념으로 간주하여 혼용키로 한다. '우언'과 '우화'의 용어에 대해서는 정학성(「우언 양식의 서사 구조와 비판정신」, 『동양학』 38집, 단국대 동양학연구소, 2005)의 논의 참조.

고 있다. 그러나 이어지는 대목에서 중국의 신화, 전설에 나오는 여러 이수(異獸)들에 의해 잡아먹히고 있는 범의 모습을 통해 그 위무는 적잖이 폄하되고 있다. 작가는 범의 위무에 대해 예찬하고 폄하하는 이중적 태도를 보이고 있는 것이다. 이어지는 대목에서 창귀들에 대한 설명을 통해 제시되는 범의 모습 곧, 사람을 잡아먹고 그 혼령을 종으로 부리는 범의 모습은 끔찍하도록 무섭다. 그리고 깊은 산 속에서 밤이 되자 굴각과 이올, 육혼과 같은 창귀들이 사람 고기[人肉]를, 그 중에서도 가장 맛있는 인육을 범의 먹이로 차례로 추천하는 대목은 으스스한 괴기담의 분위기를 만든다. 설화 전통에 입각해 순전히 가공(架空)된 이러한 괴기담의 분위기는 그러나 창귀가 사람을 형용하는 대목에서부터 적잖이 흐트러진 채로 전개된다. 즉, 굴각(屈角)이 사람을 "뿔 달린 것도 날개 달린 것도 아니요 까만 머리 달린 놈이, 눈길에 발자국은 비틀비틀 성긴 걸음걸이에, 꼬리는 뒤통수에 올라붙어 꽁무니를 가리지 못하는 놈"[15)]이라고 동물처럼 해괴하고도 우스꽝스러운 모습으로 묘사하는 대목에서 독자는 역겨움 속에서도 가벼운 웃음을 참을 수 없게 되며 작가가 괴기한 이야기를 꾸미는 척하면서도 실은 우스개와 장난을 하고 있다는 사실을 눈치 채게 된다.

끔찍하게 무서우면서도 우스꽝스러운, 역겨운 혐오와 장난스러운 골계의 상반된 두 요소나 감정이 공존하며 얽혀 있는 이러한 작품 세계는 그로테스크하다고[16)] 할 만하다. 우리말로 '기괴' 또는 '기괴미(奇怪美)'로 번역될 수 있는 이 같은 성격은 「호질」의 첫 단락에서 지배적인 미적 구조 혹은 정서적인 특징을 이루고 있다. 굴각이 사람 고기를 추천하는 데 이어, 이올이 사람 중 특히 의원[醫]과 무당[巫], 육혼이 선비

15) 匪角匪羽, 黔首之物, 雪中有跡, 彳亍踈武, 瞻尾在腦, 莫掩其尻.

16) '그로테스크'에 대한 이론은 Phillip Thomson, *Grotesque*, 김영무 역, 서울대출판부, 1986 참조.

[儒]의 특장을 얘기하며 그 고기가 인육 중 최고라고 추천하는 대목은 그 자체로서도 공포나 혐오·역겨움과 함께 웃음이나 골계, 장난기를 어느 정도 느끼게 하는 기괴한 양상을 보이고 있다. 게다가 작가는 끔찍하게 무서운 범의 입을 통해 문득 "醫者, 疑也, 巫者, 誣也"와 같은 골계스런 말장난을 동원하며 선량하고 그럴듯한 외양에 감추어져 있는 인간·사회 이면의 끔찍하고 혐오스런 부조리와 추악함을 폭로한다. 즉 향기롭고 깨끗하고 조화로운 삶을 추구한다는 이들이 실인즉 인민의 생명을 함부로 유린하고 자연스런 기(氣)의 운행을 인위적 관념으로 조작하는 따위의 부조리와 악행을 서슴없이 저지른다는 것이다. 이와 같이 비판의 대상인 인간 사회의 부조리를 끔찍하고 우스꽝스러운 방식으로 풍자하는 작품의 구조를 학자들은 '반어(아이러니)'에 기반한 풍자나,[17] "모순으로 모순을 폭로하는 풍자"[18]와 같은 말로 설명해 왔다. 모두 옳은 말이나, 여기서 지적하고자 하는 것은 이 같은 풍자를 위해 작가는 공포와 웃음 같은 상반되는 요소가 혼합·공존하는 기괴미를 연출하고 있다는 것이다. 향기롭고 깨끗하고 오미가 갖추어졌을 것이라는 의원, 무당, 선비[儒]의 인육들이 실인즉 그들의 비리로 말미암아 독이 가득차거나 잡되고, 불순하거나 뻣뻣해서 범은 먹기 싫어한다는 식으로 말하는 끔찍한 골계, 혹은 섬뜩한 우스개를 통해 앞서 말한 인간·사회의 풍자는 이루어지고 있는 것이다. 부조리의 추악함을 과장하고 강조하는 이러한 그로테스크한 풍자가 부조리에 대한 독자의 혐오감·심리적 반동을 유발함으로써 독자의 반성을 촉구하는 풍자 효과의 극대화를 목적하고 있음은 두 말할 나위가 없을 것이다.

---

17) 성현경, 앞의 논문, 406~419면 참조.
18) 김균태, 앞의 논문, 240면 참조.

3. 기괴와 냉소 속에 묻어나는 한인(漢人)의 비분

여기서 우리는 범에게 인육을 차례로 천거하는 창귀들과 범의 대화로 이루어지는 이 대목의 우화가 어떠한 현실적 상황과 정서를 반영하고 있는 것인지를 짚어보아야겠다. 이에 대해서는 중국인 원작설의 결정적 논거가 된 작가 연암 자신의 기술, 이른바 작품 '후지'가 해명의 단서를 제공하고 있다.

> 이 작품이 비록 지은이의 성명은 없으나 대체로 근세 한인(漢人)의 비분(悲憤)의 작일 것이다. 세운(世運)이 암흑시대에 들어 이적(夷狄)의 화가 맹수보다 더 심한데, 지금 선비 가운데 염치없는 자들은 장구(章句)나 주어맞춰 시세(時勢)에 여우 아양을 떠니, 이야말로 남의 묘혈을 뒤지는 유자(儒者)들로 승냥이나 범도 먹지 않는 것들이 아닐까.[19]

연암이 여기서 이 작품을 "근세 한인의 비분의 작"이라고 추단하고 있는 근거는 작품 문맥의 두 가지 면에서이다. 첫째는 (한인의 처지에서 보면) 세운이 암흑시대에 들어 이적 즉 만청(滿淸)의 화가 맹수에 비견될 정도라는 것이요, 이는 곧 만청의 폭압적 지배에 비분을 느낀 한인 작가가 작품 속의 범을 통해 만청의 폭압을 비유적으로 형상한 것이라는 점을 시사하는 말이다. 둘째는 이러한 만청의 폭압적 지배에도 불구하고 많은 유자(儒者)들은 시세 즉 청의 지배세력에 아부하며 곡학아세를 일삼고 있어, 이러한 현실에 비분을 느낀 작가가 작품 속 북곽의 형상을 통해 타락한 유자들의 작태를 풍자·조소하고 있다는 것이다. 이

19) 燕巖氏曰, 篇雖無作者姓名, 而近世華人悲憤之作也. 世運入於長夜, 而夷狄之禍甚於猛獸, 士之無恥者, 綴拾章句, 以狐媚當世, 豈非發塚之儒而豺狼之所不食者乎.

중 북곽을 중심으로 한 유자에 대한 풍자에 대해서는 다음 장에서 살피도록 하고 여기서는 범과 창귀의 형상과 대화를 통해 표현되는 작가의 의식에 대해 좀 더 논의해 보자.

중국인 원작설을 처음 제기한 원로 학자는 일찍이 서상한 연암의 논평에 의거하여 작품 서두에 "虎, 睿聖文武, 慈孝智仁, 雄猛壯勇"이라 묘사된 범이 만주(청) 황제와 그로 대표되는 만주족의 압제적 무력을 형상한 것임을 논파한 바 있다.[20] 이 같은 견해를 이어받은 연구들은 또한 범의 앞잡이가 된 굴각 등의 창귀가 청 황제의 무력에 굴복하여 그 앞잡이가 된 사인(士人) 군상들을 형상하는 것으로 그 상징적 의미를 분석하기도 했다.[21] 충분히 수긍이 가는 해석이다. 여기서 주목해 보고자 하는 것은 청의 압제적 지배와 위무를 사람을 잡아먹는 범으로 형상하고, 그 압제에 굴복하여 동족을 범의 먹이 즉 압제의 희생양으로 끌어들이려는 사인들은 창귀로 형상하는, 이 끔찍한 비유와 괴기담을 방불케 하는 환상적 허구에 깔려 있는 작가의 의식 또는 정서의 실체이다. 이 같은 비유와 허구에는 만청의 폭압적 지배와 무력에 대한 한인(漢人)의 공포와 분노라는 상반된 감정이 동시에 표현되어 있으며, 만청에 대한 일말의 외경과 패배감, 압제적 현실에 대한 소외·무력감과 함께 부조리하고 못마땅한 현실에 대한 조소의 감정이 복합적으로 반영되어 있다. 연암은 이를 뭉뚱그려 한인의 '비분(悲憤)'의 작이라 한 것이다.

한편 굴각이 인간을 괴기하고 우스꽝스럽게 묘사하고 있는 대목 중 특히 "꼬리는 뒤통수에 올라붙어 꽁무니를 가리지 못하는 놈"이라고 한 구절은 만청인의 변발을 특히 해괴하고 우스꽝스럽게 묘사하고 있는

20) 이우성, 앞의 논문(1968), 452면 참조. 특히 "睿, 聖, 文, 武, 慈, 孝, 智, 仁"과 같은 형용어는 청의 1대 태조로부터 연암의 연행 직전 황제인 6대 고종까지의 시호에서 항용 써 오던 투식어들이다. 예컨대 4대 聖祖(康熙帝)는 "文武睿哲…", 5대 世宗(擁正帝)은 "文武英明…", 6대 高宗(乾隆帝)은 "…孝慈神聖" 등의 시호를 썼다.

21) 김균태, 앞의 논문, 237면 참조.

것인데, 여기에는 변발을 강제당한 한인의 변발에 대한 격렬한 반감과 이질감, 차디찬 조소의 감정이 묻어나고 있다. 즉 작가에게 있어서 만청은 범 같이 무서운 존재이면서도 뒤통수에 꼬리를 달고 다니는 해괴하고 우스꽝스런 모습을 한 존재인 것이다. 뿐만 아니라, 한인 자신들의 존재 위상 또한 만청의 폭압적 위무에 그 정신이 꼼짝없이 예속당한 채 앞잡이가 되어 가는 창귀같이 부조리한 존재, 해괴한 변발을 어쩔 수 없이 감수해야 하는 우스꽝스런 존재이다. 섬뜩하게 무서우면서도 우스꽝스러운, 기괴(그로테스크)의 양상은 작품의 미적 구조상의 특징이자 동시에 작품 속에 형상된바 부조리한 현실 세계나 인간 존재를 포괄하는 하나의 존재 원리를 이루고 있는 것이다.

이제까지 우리는 기괴를 특징으로 하는 「호질」의 작품 구조(내지는 작품 속에 형상된 세계 구조)를 살피고, 연암의 '후지' 및 이를 근거로 한 중국인 원작설의 작품 해석에 입각하여 이 같은 작품 구조를 분비한 작가의 현실적・정서적 상황을 살펴보았다. 그것은 나라를 빼앗고 지식인의 정신을 탄압하는 만청의 강포한 무력에 대한 두려움과 함께 그에 굴복하고 있는 한인의 부조리한 현실에 대한 분노와 조소, 만청의 변발을 이질감 속에서 경멸・조소하면서도 두려움에 떨며 변발을 하고 있는 자기모멸의 감정 등 상반되는 여러 감정상의 갈등을 겪고 있는 당시 한인들의 뒤틀리고 뒤숭숭한 심정을 반영하고 있다. 그리고 이처럼 불안한 심정이나 복합적 정서는 천재 문호라 할지라도 조선인인 연암으로서는 그처럼 절실하게 느껴 이를 작품의 기본적인 미적 구조로 전환시켜 표현해 내기는 어려운 성질의 것이라 할 수 있다. 연암 창작설은 범의 우의적 형상이 "睿聖文武, 慈孝智仁…(後略)…"에 암시하는바 청 황제의 위압적 권능을 상징하는 의미를 함축하고 있다는 사실을 간취하지 못하였거나, '기괴미'를 특징으로 한 우화 구조나 냉소적 어조가 연암이 지적한바 한인의 비분을 담고 있다는 사실에 유의하려 하지 않은 데서 비롯된 것이다.

그러나 우의적 인물 범의 형상은 만청이나 그를 대표하는 청 황제의 폭압적 위무를 암시적으로 상징하는 의미를 일면에 함축하면서도, 한편으로는 작가의 비판적 지성과 사상을 대변하는 구실을 하고 있는 복합적 측면을 지니고 있느니 만큼, 그의 대화 문맥 가운데 연암이 예컨대 작위적인 음양오행설에 비판적인 자신의 사상 일단을 피력하는 등 일부 문맥에 수정이나 첨삭을 가했을 소지는 충분히 열려 있다. 관념화되어 가는 유가 사상의 비합리성・비현실성에 대한 비판과 반성은 당대 한인 지식인에게 있어서나 조선의 지식인 연암에 있어서나 공동의 관심사요 보편적 주제가 될 수 있었기 때문이다. 다만 '한인의 비분' 속에서 빚어진 '기괴'한 우화의 기본 구도 속에서 연암의 개작을 통한 창의의 발휘는 제한적일 수밖에 없었을 것으로 보인다.

4. 청초 필기문을 원용한 작품 문맥

한편 「호질」의 서두 문맥에는 청초(淸初) 한인 작가의 필기문(筆記文) 한 구절이 원용되고 있음을 찾아볼 수 있어 작품의 형성 과정과 관련하여 한 번 음미해 볼 필요가 있을 것 같다. 즉 앞서 본 바 작품의 초두에서 작가는 범을 "睿聖文武, 慈孝智仁, 雄猛壯勇하다."고 예찬한 이후 곧바로 이러한 범의 모습이나 예찬과는 상반되는 다음과 같은 해설을 가하고 있다.

> 그러나 비위(狒胃)는 범을 잡아먹고 죽우(竹牛)도 범을 잡아먹고, 박(駮)도 범을 잡아먹고, 오색사자는 큰 나무 구멍에서 범을 잡아먹고, 자백(玆白)도 범을 잡아먹는다. 표견(豹犬)은 범・표범을 날아서 잡아먹고, 황요(黃

要)는 범·표범의 심장을 꺼내서 먹고, 활(猾)은 [無骨인데] 범·표범에게 잡혀 먹힌 다음 뱃속에서 범·표범의 간을 뜯어 먹고, 추이(酋耳)는 범을 만나면 찢어서 씹어 먹는다. 범이 맹용(猛㺎)을 만나면 눈을 감은 채 감히 뜨지도 못하는데 사람은 맹용을 두려워하지 않고 범을 두려워하니 범의 위엄이 당당하지 않은가.

(然, 狒胃食虎, 竹牛食虎, 駮食虎, 五色獅子食虎於巨木之岫, 玆白食虎, 䶂犬飛食虎豹, 黃要取虎豹心而食之, 猾(無骨)爲虎豹所呑, 內食虎豹之肝, 酋耳遇虎, 則裂而啖之. 虎遇猛㺎, 則閉目不敢視, 人不畏猛㺎而畏虎, 虎之威其嚴乎.)

범에 대한 공포와 외경 속에서 그를 신령스럽고도 용맹한 황제처럼 예찬하고 있는 첫 구절과 달리, 이 대목에서 여러 이수들에 의해 갖가지 방법으로 잡아먹히고 겁박당하고 있는 범의 모습을 장황하게 제시함으로써 작가는 범을 보잘 것 없이 왜소한 존재로 폄하하고 있다. 그래서 "범의 위엄이 당당하지 않은가"라는 마지막 구절은 오히려 "범의 위엄이란 것도 변변치 않다"는 말의 역설적 표현으로 들린다. 범의 형상을 만청이나 그 황제의 압제와 위무를 우의적으로 표현한 것이라는 관점에서 보면, 이 대목은 만청에 대한 공포감으로부터 벗어나 그 위압적 폭력의 권위를 애써 무시하는 경멸의 감정이나 조롱의 어조를 범에 빗대어 은근히 나타내고 있는 것으로 보아 무방하다. 그런데 이 대목은 청초 문인 왕사정(王士禎: 王士禛; 1634~1711)의 『향조필기(香祖筆記)』 중 다음과 같은 대목과 혹사(酷似)하다.

범은 서방의 맹수여서 뭇 짐승들이 모두 범을 두려워한다. 그러나 전기(傳記)의 기록을 보면 호랑이를 제압할 수 있는 자가 한둘이 아니다. 예컨대 사자는 구리 머리에 철색(鐵色)인데 범·표범을 잡아먹을 수 있고, 박(駮)은 말과 같이 생기고 외뿔인데 범을 잡아먹고, 자백은 의거국(義渠國)

에서 나온 짐승으로 범·표범을 잡아먹는다. 추이는 범과 생김새가 비슷한데 범을 만나면 곧 죽여 버리고, 표견은 날아서 범·표범을 잡아먹을 수 있고, 황요는 족제비와 생김새가 비슷한데 범·표범의 심장과 간을 꺼내서 먹는다. 죽우도 범을 꿇릴 수 있으니 새끼를 대나무 사이에 낳아 두면 범이 지나가다 곧 무서워 꿇는다. 또 위(猬)도 범을 제압할 수 있으니 『諸皐記』에는 비위가 범을 잡아먹는다 하였고, 활은 무골인데 범의 뱃속에 들어가 안에서 범을 물어뜯는다 한다. 한 무제 때 서역에서 승냥이 비슷한 짐승을 바쳐 상림(上林)[22]에 보냈더니 범이 그를 보고는 눈을 감은 채 감히 뜨지도 못하였는데, 혹자는 이를 맹용이라 했다. 오색사자는 큰 나무 구멍에서 범을 잡아먹는다. 근자에 남해자(南海子)[23]에서 코끼리가 범과 싸우는 걸 보았는데 왕왕이 범을 죽이곤 했다. 그런즉 범의 위세라는 것도 변변찮은 것이다.(『향조필기』 권 5. 이상 번역문에서 주석은 필자의 역주임.)
(虎爲西方猛獸, 毛族皆畏之. 然, 觀傳記所載, 能制虎者, 不一而足. 如獅子, 銅頭鐵色, 能食虎豹, 駮如馬·一角, 食虎豹, 兹白出義渠國, 食虎豹, 酋耳似虎, 遇虎則殺之, 䶂犬能飛食虎豹, 黃腰形似鼠狼, 取虎豹心肝而食, 竹牛能伏虎, 生子竹中, 虎行過卽懾伏. 又猬能制虎, 『諸皐記』狒胃食虎, 猾無骨, 入虎腹, 自內齧虎. 漢武帝時, 西域貢獸如狸, 以付上林, 虎見之, 閉目不敢視, 或曰猛獽也. 五色獅子, 食虎于巨木之岫. 近見南海子象與虎鬪, 往往殺虎, 則虎之威, 亦僅僅耳.)

두 글의 내용과 문맥의 유사성을 놓고 볼 때 「호질」의 위 대목이 『향조필기』의 이 대목을 약간 변형시킨 것이라는 점은 분명하다. 『향조필기』의 작가 왕사정이 청을 염두에 두고 조롱할 의도로 이 글을 썼는지는 전후 문맥을 통해 확실히 드러나지 않는다.[24] 하지만 청초 최고의

22) 진(秦) 나라 시대에 만든 황실 궁정의 동물원.

23) 북경 교외에 있는 동물원.

24) 『향조필기』의 이 대목에 이어지는 바로 뒤 대목에는 사람 말을 하는 신통력을 지닌 범이 산신의 사당에서 신의 허락을 받아 마을의 한 초부(樵夫)를 잡아먹으려

문사 왕사정의 글에서 이런 가능성을 읽은 「호질」의 한인 원작가가 작품 문맥의 상당 부분을 패러디로 엮어 가는 이 우화의 초두에 『향조필기』의 한 구절을 변형시켜 원용해, 무섭고도 우스운 이 범 이야기를 시작하는 화두로 삼았을 수도 있었을 것이다.[25] 그러나 이 대목이 연암 사상의 한 특징을 이루는 상대주의적 세계관과 바로 통하는 내용을 담고 있으며, 연암은 『열하일기』를 집필할 당시 이미 『향조필기』를 숙독하고 『열하일기』 곳곳에서 그 내용을 소개·원용하고 있기도 한 점을[26] 보아서는 이 대목에서 『향조필기』의 원용도 연암의 개작 과정에서 첨입된 것일 가능성이 훨씬 크다고 보인다.[27] 이런 점에서 본다면 『일기』에서 연암이 진술한 바, 작품 전반부까지는 연암 자신이 전사한 원작 문맥 그대로이고 후반부는 동행한 정 진사가 잘못 전사한 부분이 많아 이를 자신이 윤문·보완했다는 기록[28]도 완전한 사실의 기록이라 믿기는 어려울 것 같다. 원작을 바탕으로 한 연암의 윤문 또는 개작은

하자 그 소문을 들은 초부가 범을 단숨에 쳐 죽이고 사당도 허물어 버렸다는 이야기가 서술되어 있다. 두 대목의 범 이야기에서 범은 강포하여 두려운 존재였으나 끝내는 가증스럽고 경멸스런 존재로 나타나 있다. 그러나 짤막한 이 범 이야기 두 대목에는 청을 암시하는 어떤 단서도 나타나 있지 않다. 『향조필기』 권5의 내용은 모두 시화 형식의 문학비평으로 채워져 있고 이 대목 전후의 문맥도 모두 당면한 역사 현실과는 관계없는 시화·비평이나 야사 따위의 글로 이어지고 있다.

25) 필자는 이 논문을 구상하는 도중 인하대학교 대학원 학생들과 수업 중 「호질」의 작가 문제에 대한 세미나를 한 차례 가진 바 있는데, 박사과정에서 현대문학을 전공하는 중국인 유학생 徐黎明 군은 작품 속에 이 『香祖筆記』가 원용된 사실을 밝히고, 이를 근거로 「호질」이 『향조필기』를 읽은 중국인 원작임을 입증하는 의견을 제출했다. 중요한 사실을 밝히고 필자에게 『향조필기』의 전문 파일은 제공해 준 徐 군에게 감사한다.

26) 이에 대해서는 김명호, 앞의 책, 113면 참조.

27) 왕사정은 청초 문학사를 빛낸 名士이나 그 역시 清朝에 협조하며 고관을 지낸 漢人 문사인데 청에 아부하는 儒者들을 '비분' 속에서 우의적으로 풍자하는 한인 작가가 이러한 왕사정의 글을 애써 작품 속에 끌어들였을까 하는 의문도 든다.

28) 余囑鄭君, 自中間起筆, 余從頭寫下…(中略)…及還宇, 點燈閱視, 鄭之所謄, 無數誤書, 漏落字句, 全不成文理, 故略以己意, 點綴爲篇焉.

작품 전반에 걸쳐 이루어지고 있었던 것이며, 이러한 개작은 단순히 전사 과정의 오기나 누락에서 비롯된 원작의 자구나 문맥을 수정·보충하는 정도를 넘어 작가의 창의에 따라 일정한 각색과 수정·윤문을 가하는 재창작에 가까운 것이라 할 수 있다. 그리고 연암이 위 대목을 첨입한 것은 범의 형상을 통해 청(황제)에 대한 漢人의 복합적 의식을 투영하려는 원작의 취지를 보완하면서도, 우의적 문맥을 당면한 정치·역사적 상황뿐 아니라 사물·자연의 보편적인 존재 원리와 관련시켜 그 상징적인 의미의 확대를 기하고자 하는 의도에서였다고 볼 수 있다.

5. 북곽의 전형성·보편성과 구체적 특수성

이제 작품의 둘째 단락을 중심으로 전개되는 북곽의 형상과 그를 주인공으로 하는 풍자담 쪽으로 눈을 돌려 보자. 여기서 "둘째 단락을 중심으로"라 한 것은 북곽에 대한 풍자나 그를 주인공으로 한 이야기가 둘째 단락 즉 북곽과 동리자, 그 아들들이 벌이는 한 바탕의 풍자 소극(笑劇)을 중심으로 하되, 실제로는 셋째 단락 초두에서 북곽이 범을 만나는 대목이나, 장광설로 전개되는 범의 질책 대목 후 북곽이 농민을 만나 변명하는 끝 장면까지 계속 이어지고 있기 때문이다. 작가가 이 과정을 통해 그리고 있는 북곽의 전체적인 모습은 학행으로 세상에 명망을 얻었으나(북곽의 인물 제시 대목) 도덕을 남몰래 팽개치고 음욕을 채우며(동리자와의 밀애 대목), 이러한 자신의 정체가 탄로될까 두려워 여우귀신 같은 짓을 마다 않으며(도망 대목), 위압적인 권능(범) 앞에서는 자신의 지식을 한껏 동원하여 비굴하게 아첨하면서도(범에게 구명하는 대목) 민중 앞에서는 뻔뻔스레 위선으로 버티는(농민에게 변명하는 말미 부분), 퍽이나 아이러닉하게 희화화된 유사(儒士)의 모습이다. 앞서 본 '후지'에서 연암은 이 북곽을 "장구(章句)나 주워 맞춰 당대 권력에 여우 아양을 떠는 염치없는 선비(士)"의 형상이라 했다.[29] 즉 '위선적인 선비, 타락한 유(儒), 곡학아세하며 뒤로는 사욕을 채우는 위학자'가 북곽이 보여주는 희화적인 전형성의 요체이다.[30]

그런데 우화로 전개되는 작품 초두에서 범을 제시하는 첫 구절을 주목하여 이것이 만주(청) 황제를 암시하는 상징적 표현임을 지적했던 원로학자는 우언의 구도 속에 전개되는 이 둘째 단락의 풍자담 초두에서 "손수 교정한 책이 만 권에다 九經의 뜻을 부연해서 다시 저술한 책이 만 오천 권"[31]이라는 구절을 주목하여, 이처럼 과장된 희화적 묘사를 통해 제시된 북곽의 정체를 연암의 지적대로 청의 압제에 곡학아세하는 중국의 일부 타락한 士人群을 형상한 것일 뿐만 아니라 청의 '右文之治' 정책에 수응하여 일어난 고증학의 풍조를 반영하는 인물이라 해명하고, 작품의 주제를 오로지 중국의 현실과 관련시켜 이해해야 함을 역설하였다.[32] 이처럼 북곽에게서 청대 학풍이라는 특수한 시대·사회적 전형성을 읽어낸 날카로운 안목은 값진 것이나, 작품 세계를 중국의 현실과 연관시켜서만 해석하는 것은 우화나 동아시아 문학으로서 보편적 의미와 풍부한 문예적 가치를 지닌 이 작품의 온전한 이해와 평가를 가로막는 것이 아닐까 한다. 앞서 우리는 기괴미를 특징으로 하는 첫 단락의 우화 구조나 냉소적 어조가 기본적으로 한인의 비분에서 비롯된 것이지만 우의적 인물 범의 언설을 통해 개진되는 비판적 사상은 청

29) 주 19)의 인용문 참조.

30) 타락한 유(儒) 즉 위학자로서 북곽의 전형성은 셋째 단락에서 좀 더 일반화되어 유자 일반을 대표하는 유형성을 지니게 되는데 이에 대해서는 다음 장에서 다시 논하기로 한다.

31) "北郭先生, 行年四十, 手自校書者萬卷, 敷衍九經之義, 更著書一萬五千卷, 天子嘉其義, 諸侯慕其名."

32) 이우성, 앞의 논문 참조.

의 지식인뿐 아니라 조선의 지식인 연암이나 독자들에게 공동의 관심사요 보편적 주제가 될 수 있음을 지적하였다. 의술의 과학적 불확실성으로 인한 인명의 피해, 무당의 혹세무민으로 인한 사회적 폐해, 관념화되어 가는 유가 사상의 비합리성·비현실성 등은 중국이나 조선이 함께 안고 있는 심각한 사회·문화적 문제였던 것이다. 연암이 이 작품을 애써 전사해 오고 자기 뜻으로 윤문·완성하여 소개한 중요한 이유 중 하나는 이 같은 공동의 사회·문화적 체험과 문제의식을 바탕으로 한 작품의 보편적 주제의식이 조선의 지식인 독자에게 큰 공감과 흥미를 이끌어 낼 만큼 의미심장한 것으로 여겨졌기 때문일 것이다. 이는 '곡학아세하는 위학자·타락한 위선적 선비'로서 북곽이라는 인물의 전형성이 중국뿐 아니라 조선의 현실에 대해서도 일반적 양상에서 대응되는 보편성을 일면에 지니며, 그에 대한 풍자가 조선의 지식인 작가나 독자에게 공동의 흥미 대상이 될 수 있다는 점에 있어서 마찬가지이다.

연암 창작설을 주창한 학자들에 의해 지적된 바와 같이, 민생의 현실과 유리된 당시 조선 儒者(士人層)의 공소한 학문 풍토는 연암과 같은 실학자들의 반성과 비판의 대상이 되었으며, 곡학아세로 시세(권력)에 편승하려는 일부 타락한 위학자의 사회적 행태는 훈척·벌열 세력에 타협하지 않고 독립적 자세를 견지한 연암에 의해 풍자의 표적이 되기도 했다.[33] 그러므로 연암 당대 조선의 현실 속에서도 실용적인 학문은 도외시한 채 경서의 뜻을 부연하는 저술 따위를 내며 명망 있는 학자로 행세하는 사인들은 보는 시각에 따라서는 북곽처럼 곡학아세하는 위학자에 다름없는 인물로 비쳐질 수 있는 것이다.[34]

---

33) 실전된 연암의 「易學大盜傳」은 『연암집』을 편찬한 朴宗采에 의하면 곡학아세로 권귀를 탐하던 당시 위학자를 풍자한 작품이다. 『燕巖集』 卷八, 「放瓊閣外傳」 自序 및 後注 참조.

34) 북곽을 尤庵 宋時烈로 지목하여 이우성 교수의 비판을 받았던 이가원 교수는 역시 실전된 연암의 「鳳山學者傳」을 논하면서, 당시 도학자로 자처하던 沙溪 金長

그런데 이처럼 북곽이라는 인물의 형상이 '곡학아세하는 위학자・타락한 위선적 선비'로서 보편적 전형성 또는 유형성을 지니고 있어 그에 대한 풍자가 조선의 현실과 관련해서도 상당 정도 유효하다 하더라도 그것이 매우 우회적인 방식에 의해 이루어지기 때문에 현실감이 부족한 것 또한 사실이다. 북곽이 부수적 인물 동리자를 대동하고 등장해 벌이는 밀애 행각 즉 음행(淫行)이 문제인데, 이러한 사건이 과연 조선의 '위선적 선비(위학자)'의 행태나 세태 현실을 반영・풍자하는 전형적 의미를 지닐 수 있을 것인가 하는 점에 대해 선뜻 논단하기 힘든 면이 있다. '北郭'과 마찬가지로 '東里子'라는 이름도 가공의 유형적 인물임을 나타내는 이름이며, 작가는 지리적 배경 또한 풍속이 음탕하다는 '鄭'이라는 가상적・우의적 공간으로 설정하여 북곽과 동리자라는 인물을 중심으로 한 작품 의미의 일반적 유형성・보편적 상징성을 강조하고 있다.[35] 여기서 "미모의 젊은 과부로 천자가 그 절개를 가상히 여겨 정려(旌閭)로 포창했으나 실인즉 슬하에 성이 다른 다섯 아이를 둔 여인"으로[36] 제시된 동리자의 전형성은 "정려 포창을 받은 음부(淫婦)"가 그 의미의 핵심이라 할 수 있다. 북곽에게서 청대 고증학풍의 징후를 해독해 낸 중국인 원작설은 이 동리자에 대해서 "만주 정부의 유교적

生을 僞德者로, 김장생・김집 일파의 학문을 곡학아세의 학문으로 논단하고 있다. 이 같은 논단에는 문제가 없지 않을 것이나 「호질」을 각색하여 소개하는 연암이나 이를 읽은 조선의 사대부 독자들이 북곽으로 표상되는 조선의 당대 위덕・위학자 군상을 염두에 둘 수 있었다는 점은 의심할 나위 없을 것이다. 실제로 「호질」을 연암 창작의 우언으로 본 연암 당대의 유득공으로부터 김택영, 이가원에 이르기까지 작품 수용은 이런 측면에서 이루어졌다고 할 수 있다. 이에 대해서는 주 1)의 서지 및 이가원, 앞의 책, 422~435면 참조.

35) 이는 양반이나 농부 등 작중인물 모두 선량한 인물로 구성되어 있는 「양반전(兩班傳)」의 무대를 "착한 일을 표창한다"는 뜻의 '정선(旌善)' 고을로 설정하고 있는 것과 동일한 우언의 수법이다.

36) "邑之東, 有美而早寡者, 曰東里子, 天子嘉其節, 諸侯慕其賢…(中略)…東里子善守寡, 然, 有子五人, 各有其姓."

풍화의 장려책[旌表 政策]의 분비물"로 본다.[37] 그런데 정표 정책은 청만의 전유물이 아니라 17세기 후반 이후 조선의 벌열층도 이를 강화하던 사회 통제의 수단이었으며,[38] 정절 관념을 동원한 이 같은 통제의 강화에도 불구하고 이면에 있어서는 포정(褒旌)의 남발이 문제가 되기도 하였으며,[39] 육체적 · 물질적 욕구의 금제가 내면으로부터 점차 약화되는 사회 풍조가 연암 당시에 이미 대두되고 있었음을 우리는 알고 있다. 그러므로 북곽과 마찬가지로 표리부동의 부조리가 희화적으로 과장된 동리자와 동일한 모습의 인물이 현실적으로 실재할 리는 없었겠으나, 적어도 그와 같은 부조리를 일부 안고 있는 인물들의 삶을 연암 당대 조선의 세태 속에서도 충분히 상상할 수는 있다.[40]

하지만 이와 같은 점들은 조선의 독자들에게 작품 속 풍자의 이해와 공감을 가능하게 하는 배경적 토대가 될 수는 있어도 연암에게 이 대목(북곽과 동리자의 밀회를 중심으로 한 풍자담)을 직접 창작하는 계기로 작용할 성질의 것은 아니라고 보인다. 즉 위선적 선비의 음행 또는 정숙을 가장하고 있는 사가녀(士家女) 과부의 음행이나 정표 정책의 불합리가 연암 시대에 사회적으로 문제가 되어 풍자의 대상이 될 상황까지는 아니었으며, 이런 것들은 역시 청초에 실재했던 특정한 인간 군상이나 시대 · 사회적 현실과 보다 직접적 · 구체적으로 연관되고 있다고 보는 것이 온당하리라 보인다.[41] 그러므로 '위학자 북곽'과 '정려 포창을

37) 따라서 중국인 창작설에 입각한 해석은 동리자의 형상을 통한 풍자를 청의 정표 정책에 대한 풍자로 파악한다.

38) 박주, 『조선시대의 정표정책』, 일조각, 1990, 220~228면 참조.

39) 이가원, 앞의 책, 568면 참조.

40) 한 세기 전 柳夢寅의 『於于野談』 卷一, 「人倫」篇, 「朋友」에 이미 간통을 한 음부가 정려비를 포장(褒奬) 받은 이야기가 실려 있다.

41) 김명호는 한인 원작설에 입각하여, 앞의 책 186-7면에서 북곽이나 동리자의 모델 또는 소재적 원천이 될 만한 인물이 중국(청)에는 실재했다는 점을 논의한 바 있다.

받은 음부 동리자'가 벌이는 가소로운 밀애 행각(음행)을 통해 그 타락과 위선을 폭로하는 풍자의 기본 틀은 중국의 원작에 설정되어 있던 것이라 볼 수 있다. 그러나 앞서 보았듯이 작품 속 북곽의 형상은 사실상 매우 희화화·유형화되어 있어 연암 당대와 후대의 조선의 독자들이 그렇게 이해했듯이 청대(淸代)의 특정한 시대·사회적 현실과 연관되는 특수성과 개인성은 부차적이거나 사소한 것이 되고, 오히려 이를 뛰어넘는 '타락한 위학자·위선적 선비'로서 보편적 전형성 내지 유형성이 주목을 끌고 있으며, 작품 전체의 문맥에서 보면 유자(儒者) 일반을 대표하고 나아가서는 인간을 대표하기까지 하는 보편적·일반적 차원의 의미가 강조·확대되고 있어 이런 의미가 북곽이라는 인물 형상의 주요한 의미 국면을 형성하고 있다고 할 것이다. (그리고 이 과정에서 등장시킨 동리자나 그를 통해 이루어지는 정표 정책에 대한 풍자는 작품 전체의 구조나 문맥에서 보면 북곽 또는 그로써 대표되는 타락한 유사(儒士)와 유가(儒家) 문화에 대한 풍자를 위한 도구나 부수적 구실을 하는 것에 불과한 것이다.)

6. 민간 패설을 원용한 풍자담의 구조와 소설적 각색

이처럼 「호질」의 작품 세계가 청대의 특정한 사회 현실과 구체적으로 관련되어 있고 정치·문화적 상황에서 분비되었다는 사실을 인정할 수 있지만, 그러나 청의 현실에서도 비록 위학자라 하나 이름을 제법 얻은 학자와 정려 과부가 밀애를 나누는 일 따위는 실제 현실에서는 불가능에 가까운 일일 것이다. 이러한 허구적 상황이나 사건 결구는 위학자와 정려 과부라는 특정한 시대·사회적 인간상을 풍자하기 위해 작위적으로 설정한 허구적·우의적 구도에서 나온 것이다. 그런데 여기서 우리가 인물의 시대·사회적 특성을 조금 걷어내고 이 둘째 단락의 이야기의 구조를 살펴보면 중세 하에서 자라나온 매우 일반적인 인물 유형과 풍자적 소화(笑話)의 구조를 보게 된다. 호색적인 유생이나 타락한 승려가 과부와 눈이 맞았으나 곡절 끝에 욕망을 이루지 못하고 망신만 당하게 된다는 식의 소화나 풍자담의 골격이 그것이다. 북곽이 동리자와 밀애를 나누려다가 자식들에게 들켜 망신을 당하게 된다는 한바탕 소극은 대개 이 같은 유형의 민간 패설 곧 소화나 풍자담의 유형적인 구조 속에 위학자와 정표 정책이라는 당대의 특수한 정치·사회상을 투영시켜 그 부조리가 첨예하게 드러나도록 변형시킨 것이라 볼 수 있다. 즉 작가는 뒤이어지는 범과의 조우 대목을 통해 위학자 북곽의 곡학아세하는 행태를 풍자하기에 앞서, 우선 그의 탐욕과 위선적인 본질을 극적으로 폭로하기 위해 이러한 민간의 패설을 원용한 것이며, 이러한 소화의 구조 속에 특정한 현실을 향한 작가의 풍자적인 주제 의식을 가탁 또는 우의한 것이다.

이렇게 말할 수 있는 근거를 우리는 이 둘째 단락의 북곽을 주인공으로 한 풍자담이 다음과 같은 민간 패설(소화)과 유사한 구조와 결말 처리를 보여주고 있는 데서도 찾을 수 있지 않을까 한다. 그 이야기의 경개는 이러하다.

> 한 행승(行僧)이 가끔 묵고 가는 집 주인 과부에게 뜻이 있으나 말은 못하고 있는데 과부 역시 중에게 마음이 있었다. 하루는 중이 과부집에 머물러 자게 되었는데 밤이 깊어 과부를 통간코자 하나, 일이 잘못될 경우 곧 도망치기 위해 옷을 바랑에 벗어 넣고 서까래 머리에 바랑을 걸어두었다. 그리고는 과부 침소에 맨몸으로 쳐들어가는데 이때 과부는 중의 거동을 보고 속으로 좋아라고 기다리다가 중이 들어오자 곧 두 손으로 중을 껴안으려 했다. 중이 깜짝 놀라 밖으로 뛰어 나가는데 경겁 중에 옷이 든 바랑

> 대신 그 옆에 걸려 있는 닭 둥지를 매고 벌거숭이로 줄행랑을 쳤다. 날이 밝아 행인이 괴이히 여겨 "이 스님은 어째서 맨몸으로 닭 둥지를 짊어지고 달아나시는고?" 하고 물었다. 중은 그제야 제 모습을 깨닫고 궁색하여 답하기를 "이렇게 하면 대풍이 든다 하기에…(후략)…" 하였다.

수행을 본분으로 하는 중과 정절을 미덕으로 하는 과부의 탈선을 가볍게 풍자하고 있는 소화이다. 물론 이 이야기와 북곽의 이야기는 인물의 신분이나 행태, 사건 진행에 있어 여러 차이점이 있다. 그러나 규범이나 본분으로부터 이탈한 인물들 즉, 타락한 사이비 수행자 또는 도덕군자가 서로 뜻이 통한 과부에게 사통하려다가 돌발적인 사태로 뜻을 이루지 못하고 황급히 도망 나오다가 망신스러운 모습이 행인의 눈에 띄게 되자 황급히 핑계를 둘러대며 변명을 한다는, 이야기의 전체 유형과 결말의 처리 장면에 있어 적지 않은 유사성을 띄고 있는 것도 사실이다. 『파수추(破睡椎)』(『破睡錄』), 『진담록(陳談錄)』 등에 실려 있는 위 이야기는 조선의 소화로서 문헌의 연대로 보아 대체로 『열하일기』가 씌워지던 정조 4(1780)년 경에는 널리 유전되어 오던 것으로 볼 수 있다.[42] 당시의 중국에도 이 같은 유형의 소화가 유전되고 있었는지 확인하지 못하였으나 중국의 소화류나 소화집이 조선에 유입되곤 하던 사정으로 미루어볼 때 그럴 가능성도 있으리라고 보인다. 그런데 특히 위 소화의 끝 장면은, 「호질」의 끝 장면에서 범이 이미 떠나버린 줄도 모르고 머리를 계속 조아리던 북곽이, 새벽이 되어 해괴한 광경을 목도한 농민에게 "하늘이 높다 하되 머리 어찌 안 굽히랴!(謂天蓋高, 不敢不局)"는 『시경(詩經)』 구절을 둘러대며 변명하는 장면과 흡사하여 주목

42) 「鷄巢鉢囊」이란 제목으로 된 이 소화가 실려 있는 『파수추(破睡椎)』의 문헌 연대에 대해서는 김준형(「『파수추(破睡椎)』의 존재 양상」, 『고전문학연구』 23집, 한국고전문학연구회, 2003, 239~274면)의 논문 참조.

되는데, 이런 점은 또 다른 가능성을 시사해 준다. 즉 중국에도 동종의 소화가 있어서 「호질」의 원작가가 이러한 소화를 북곽의 풍자담으로 변환시켰을 수도 있으나, 연암 자신이 위와 같은 조선의 패설을 부분적으로 원용하여, 북곽의 위선을 폭로하려는 작품의 풍자적 의도가 극대화되도록 원작을 더욱 흥미롭게 윤색·개편했으리라는 것이다.

그런데 여기서 우리는 범과 창귀의 대화로 진행되는 첫째 단락이나 범의 일방적 논변으로 주로 진행되는 셋째 단락의 우언적·의논적 성격과 달리 이 둘째 단락의 풍자담은 시종 서사적 흥미와 강도 높은 희극적 긴장을 유지하며 극적 생동감이 넘치는 장면 묘사로 구성돼 있어 작품에 풍자소설로서의 틀을 부여하고 있음에 또한 주목하지 않을 수 없다. 즉 단순한 대화체의 우언이나 소박한 민간 패설에 비해 이 작품에서 동리자에게 수작을 거는 북곽의 음시(吟詩) 장면, 그의 정체를 여우 귀신으로 몰아대는 아이들의 의논 장면, 아이들에게 쫓기면서도 자신의 정체를 들키지 않기 위해 여우 귀신 흉내를 내는 북곽의 우스꽝스런 도망 장면에 이어 위에서 본 변명 장면으로 끝나는 이 북곽의 풍자담은 전형적 인물의 행태를 통한 지배층의 타락상과 위선적인 풍습의 소묘, 외양과 진실의 모순·추악한 위선의 실체를 극적으로 폭로하는 아이러닉한 사건 전개, 극적 장면들의 생동감 있는 묘사 등 신랄한 풍자와 구체적 서사 디테일에서 뛰어난 풍자·소설가의 치밀한 각색을 거친 것이 사실이다. 그러므로 북곽이나 동리자를 등장시킨 이 둘째 단락이 연암 창작설이나 일부 절충설의 추정처럼 전적으로 풍자와 반어에 능한 연암의 순수한 창작일[43] 수는 없어도, 적어도 구체적 장면이나 디테일의 조직과 서술에서 야담 패설을 즐기고 「양반전」을 쓴 풍자·소설의 대가 연암이 유형성을 지닌 풍자담의 구조에 조선의 민간 패설

---

43) 성현경, 앞의 논문 및 소재영, 앞의 논문 등에 의해 이와 같은 견해가 표명되기도 했다.

한 단락을 첨입하기도 하면서, 작품에 신랄한 풍자와 골계미를 더하고 서사적 흥미와 극적 생동감을 배가하는 정도의 윤색 또는 개작을 했을 가능성은 충분하다고 보인다.[44] 더구나 방금 우리가 주목했던 대목은 연암이 "대충 자신의 뜻으로 문맥을 보충해 작품을 만들었다"고[45] 명시한 작품 후반부의 끝에 위치한 만큼 그 가능성을 무시할 수 없을 것이다.

7. 사대부[儒]의 자의식 심화에 따른 주제의 확충

작품의 둘째 단락을 통해서 도덕규범으로부터 이탈한 위학자 북곽의 위선적 실체는 여지없이 폭로되고, 해괴한 모습으로 도망치던 북곽이 똥거름 구덩이에 빠지는 끝 장면을 통해 그의 위선과 타락은 통렬하게

44) 북곽과 동리자의 형상이나 배경의 서술에서 원작이 언급하고 있던 중국의 특정 시대·사회적 현실을 연암이 일부 개삭하여 보편성을 강화시키는 문맥으로 바꾸었을 가능성도 상정할 수 있다. 또는 격자로 만들어져 골동품 가게의 벽상에 걸려 있었다는 漢人 원작의 '奇文'은 대화체와 의논체의 풍자적 우언문 즉 작품의 첫째 단락과 셋째 단락이 중심이 되어 있고 둘째 단락의 풍자담은 연암에 의해 보완된 현전 작품의 문맥보다는 좀 더 간략하게 서술된 글이었을 가능성도 상정해 볼 수 있겠다. 패담을 각색하여 소설적 색채가 짙어진 글을 격자에 담아 걸어 두는 일은 상식적으로 보아 드문 일이겠기 때문이다. 또 이런 각도에서 보면 읽는 사람이 "배를 잡고 한바탕 웃다가 쓰러지며(捧腹軒渠, 嘔噱絶倒), 입안에 든 밥알이 벌떼처럼 날아가고, 갓끈이 썩은 새끼줄처럼 끊어지도록(噴飯如飛蜂, 絶纓如拉朽)" 하기 위해 작품을 전사해 와 조선에 소개하겠다는 『일기』의 기술도 연암 스스로 일부 문맥을 보완했을 이 작품의 한 득의처가 "儒者, 諛也"와 같은 아이러닉한 어휘와 함께 북곽의 보편적 유형성을 중심으로 한 풍자담의 희극적 각색과 그것이 빚는 강도 높은 골계에 있음을 독자에게 시사하는 말로 이해할 수 있다(첫째 단락의 범과 창귀 간 대화에서 골계는 앞서 보았듯이 섬뜩하고 기괴한 것이어서 폭소를 유발할 만한 것이 아니며, 셋째 단락에서도 범의 질책과 논변 중에는 폭소를 자아낼 대목이 별로 없다).

45) 주 28)의 인용문 참조.

응징된다. 셋째 단락은 오물 투성이가 되어 기어 나온 북곽을 범이 만나 "선비…(중략)…구리구나!(儒…(中略)…臭矣)"고[46] 조롱하는 장면에 이어, 북곽이 갖은 문자를 둘러대며 범을 찬미하자 "유(儒)는 유(諛)라(儒者, 諛也)."며 말문을 여는 범의 장광설 질책으로 전개된다. 둘째 단락에서 호색과 음행이라는 도덕적 약점을 매개 고리로 하여 규범으로부터 이탈한 선비, '타락한 가유(假儒)'의 위선적 행태를 비판・공격하던 풍자 대상이 여기서는 유(儒) 일반으로 확대되며 특히 범의 위세에 아첨하는 이른바 곡학아세의 행태가 그 보편적 본질로 비난 받는 점이 눈여겨보아야 할 대목이다.[47] 북곽은 이제 청초의 현실에서 배태된 위선적이고 타락한 儒者일 뿐 아니라 조선의 가유를 포함하여 대다수 유자 일반을 대표하는 보편적 유형, 또는 유가 문명 속의 인간상을 대표하는 상징적 인물로 범 앞에 서 있는 것이다.

그리하여 이 셋째 단락에서 범은 이제 인간에 대립하는 자연을 대표・대변하며 북곽을 향해, 인간 사회를 지배해 온 유가의 윤리 도덕(오륜과 四綱 등)과 이념(인의), 관념적 인성론(성선설) 따위가 혹독한 법과 제도 및 전쟁이나 정쟁 같은 동족상잔으로 점철되어 온 사회 현실이나

---

46) 현전 『연암집』(『열하일기』) 소재 「호질」 본문에는 이 구절 사이에 원전에 있던 구절 일부가 누락되어 있는 것으로 주석되어 있다.

47) 이 대목의 "儒者, 諛也"라는 어휘가 조선식의 동음이의를 이용한 연암의 창의적 경구일 가능성이 있다는 점이 지적되어 왔는데, 그렇다면 연암의 개작이 원작에 화룡점정의 구실을 할 정도로 작품의 완성도를 높여주었다 할 수 있다. 이 구절은 첫 단락의 "巫者, 誣也, 醫者, 疑也"와 대(對)를 이루면서 통일성이 결여된 작품의 첫째 단락과 둘째 단락을 주제・구성 면에서 긴밀하게 연결시켜 줄 뿐 아니라, 북곽의 전형성과 그의 풍자를 통한 비판적 주제의식에서 원작의 문맥이 지향하던 보편성을 강조・강화하며 둘째 단락과 셋째 단락을 연결시켜 주고 있기 때문이다. 그런데 '儒'와 '諛'가 중국식 발음으로는 동음이 아니라는 것은(김명호 앞의 책, 188면 등) 현재 중국의 표준 발음에 한하는 사실이며, 山東 등 일부 지역에서 쓰여 오던 방언에서는 두 글자가 동일하게 발음되어 오고 있었던 것 또한 사실이다. (이는 중국 인터넷 사이트를 통해 확인한 사실이다.)

역사의 실상과 모순됨을 비판한다. 나아가서 자연을 도적질하며 잔생해물(殘生害物)을 일삼아 온 인간의 탐욕과 이기적 문명의 폐해를 성토하면서, 말끝마다 천명과 인의를 들먹이며 이 인간 세계의 부조리를 외면하고 합리화해 온 유가의 도덕이나 형이상학(성리학)적 이념의 모순과 한계를 비판하기도 한다.[48] 여기서 비판되는 인간 사회와 역사, 문화와 문명의 부조리한 측면은 유가적인 것이면서 또한 중국적인 특성을 일면으로 지닌 것이기도 해,[49] 범에게 만청의 색채를 입히고 있는 원작가의 관점에서는 유가와 함께 이른바 '중화의 문물'을 총체적으로 비판하고 있는 것으로 보인다. 여기서 우리의 주목을 끄는 것은 그러나 작품의 일부 문맥에 반영된 현실의 중국적 특수성이 아니라, 북곽으로 대표되는 儒[士]에 대한 작가의 풍자와 비판이 둘째 단락에서 본 바 규범으로부터 타락하고 본분이나 이상으로부터 추락한 현실을 향하고 있을 뿐 아니라, 현실에 대한 절망과 분노 속에서 그들[儒]의 정치・사회적 이상이나 윤리적 이념과 함께 인간 문명에 대한 회의와 비판으로까지 확대・심화되고 있다는 점이다. 범의 질책에 의하면 인간 세계를 지배하고 있는 것은 끝없는 이기적 탐욕이며, 착취(잔생해물)와 상잔을 일삼는 인간의 탐학의 정점에는 권력을 향한 지배층의 탐욕이 자리하고 있으며, 지배층인 유자가 내거는 인의와 같은 도덕・이념은 위선에 지나지 않는다는 것이다. 그러면서도 동물인 범이 인・의나 효와 같은 유교의 이념과 덕목을 인간보다 더 잘 실현하고 있다는 작가의 역설(逆說)에서 우리는 아직 자기 계급의 도덕적 이념에서 눈을 떼지 못한 채, 이러한 이상으로부터 추악한 현실로 추락하고 있는 유자[士]의 자의식과

48) 이 같은 셋째 단락의 내용에 대해서는 기왕의 연구에서 여러 차례 분석・논의된 바 있으므로 장황한 원문의 인용을 생략하기로 한다.

49) 예컨대 산동에 흉년이 들어 사람들이 서로 잡아먹은 것이 수만을 헤아린다는 구절 등은 식인의 풍습을 가졌던 중국의 특수한 현실로 볼 수 있다.

비분을 엿볼 수 있다. 타락한 유사 북곽의 곡학아세하는 입을 통해 유가 경전의 구절들이 줄줄이 엮여 나오고 흉포한 범의 입을 통해 진정한 인의가 주장되는 패러디와 역설적 풍자는 그러므로 유자의 타락한 현실과 공허한 이상(이념) 양면을 다 향하는 양의적 성격을 지니고 있다 할 것이다.

이와 같이 첫째 단락에서 관념화되어 가는 유가 사상의 비합리성·비현실성에 대한 부분적 비판으로부터 출발한 유자에 대한 풍자·비판은 둘째, 셋째 단락에서 작품의 중심 주제로 자리하며 점차 강도와 심도를 더해 마침내는 반(탈)유가적인 도가 사상에로의 지향으로까지 확대되고 있다. 그리고 이 같이 유자의 도덕·이념에 대한 비판과 함께 인간 사회와 문명에 대한 전면적 비판으로 확장되는 작품의 주제 또는 작가의 사상의 근저에는 더 이상 사회·역사적 기능이나 문화적 창조력을 잃고 역사적으로 몰락해 가는 유자 즉 사대부의 계급적 자의식이 자리하고 있다 할 것이다. 바로 이 점이 중국의 원작가와 역사적 운명을 함께한 전환기 조선의 사대부 연암으로 하여금 이 작품에 '뼈아픈 공감'을 느끼게 하고 작가적 영감을 촉발하여 천재를 발휘하는 개작에 임하게 한 것이다.[50]

널리 알려진 바와 같이, 유가 즉 사대부 계급은 그들의 무능으로 인해 청의 지배하에 들어간 중국뿐 아니라 비슷한 체험을 했었던 당대 조선에서도 그 사회·역사적 기능이 연암을 비롯한 유자 자신에 의해 문제가 되는 계급적 정체성의 위기를 맞고 있었으며,[51] 민중의 성장 등 새롭게 전개되는 사회·역사적 상황 속에서 연암과 같은 진보적 사대

---

50) 중국인 원작설을 처음 제기한 이우성 교수는 연암의 '뼈아픈 공감'이 "중국민족의 뿌리 깊은 저항의식"을 피부로 느낀 데서 비롯된 것이라 했다. 이우성, 앞의 논문, 452~453면 참조.

51) 연암의 글 「原士」(『燕巖集』 卷之十 雜著)도 이러한 '士'의 자의식을 언명하는 대표적인 예가 될 것이다.

부들은 이러한 계급적 자의식의 심화에 따라 전통 성리학의 관념화된 학문 풍토 및 士(양반)의 사회적 위상과 기능에 대한 통렬한 반성과 함께 의식과 사상의 새로운 전환을 모색하지 않으면 안 되는 운명에 처했던 것이다. 그러므로 「호질」의 작품 세계는 애초 청과 조선의 지식인 작가가 공유하던 유교의 사상·문화적 전통과 사대부의 계급적 자의식(혹은 유자로서 자신의 의식을 그가 처해 있는 사회·역사적 현실과 함께 객관적으로 인식하는 비판정신)의 소산으로서 유사한 역사 과정과 의식 변화의 궤적을 같이하는 두 나라의 비판적 지식인에 의해 각색·보완의 과정을 통한 공동 창작이 가능한 것이었다고 할 수 있다.

다만 「호질」의 원작가 즉 청의 지배에 복속된 한인 儒士가 자기 계급의 타락과 몰락에 대해 느끼는 비분은 새로운 역사의 출로를 찾지 못하는 상태에서 중화 문물과 역사에 대한 비관과 절망으로, 이것이 또한 인간 문화와 역사·문명에 대한 회의로 발전되자, 도가 사상에서 역사·현실에 만연된 부조리를 비판·고발하는 사유의 접점이나 출로를 찾고 있었던 것으로 보인다. 연암의 경우 작품의 '후지(後識)'에서, 위선적인 유가나 이기적인 인간의 인의보다 범의 인의가 더 진실되다는 등, 『장자(莊子)』류의 반유가적 역설을 따르는 셋째 단락의 문맥이 절망과 짝을 이루는 냉소적 역설로 일관한 데 대해서는 패리(悖理)한 말이 많다며 일단 경계하였다.[52] 그러나 부조리를 강조하며 섬뜩한 웃음을 유발하고 있는 그로테스크한 풍자, 흉포한 범이 간교한 인간보다 선량하다는 식의 역설적인 모순어법이 유교 문화나 인간 문명의 모순과 부조리에 대한 반성을 촉구하는 수사적 방편임을 그가 모를 리 없다. 또한 도가 사상에 입각한 상대주의적 세계관이나 반어는 연암이 낡은 고정관념이나 세계관의 맹점을 타파할 때 늘 원용해 오던 사상적 소양이기

52) "今讀其文, 言多悖理, 與胠篋盜跖同旨."

도 했다.[53] 그러므로 연암이 "대충 자신의 뜻으로 문맥을 보충해 작품을 만들었다"는 작품 후반부의 대부분을 차지하고 있는 이 셋째 단락의 경우, 역사적 한계를 노정한 유가와 중화(인간) 문물에 대해 맹성을 촉구하는 원작의 취의를 수긍하며, 당면한 시대·사회와 유가에 대한 비판으로부터 인간 문명에 대한 비판으로 주제를 확충해 가는 비판적 언설의 문맥을 연암이 조선의 사대부 독자들에게도 보편적 공감이 확대될 수 있는 방향으로 다양하게 보완·각색했을 가능성은 매우 크다고 보인다.

마지막으로 북곽의 전형성 내지 상징성과 짝을 이루며 작품의 주제와 의미의 확대를 가져오는 「호질」의 주인공 '범'의 상징적 의미에 대해 짚어 보아야 할 것 같다. 첫째 단락 즉 작품 초두에 제시되는 범[虎]이 청 황제 또는 그로써 대표되는 만청 즉 호(胡)의 위무를 암시적으로 상징하는 의미를 띠고 있음은 기왕의 연구들에서 이미 밝혀지고 본고에서도 재음미된 바다. 그렇다고 해서 범의 상징적 의미를 늘 이처럼 청 황제나 청으로 이해하는 것은 지나치게 단순하고 도식적인 견해이다. 작품 속에 형상된 범은 보다 복합적인 의미를 띠고 있다. 셋째 단락에 다시 등장해서 인간(북곽)을 꾸짖는 범의 장황한 질책과 항변에서 볼 수 있듯이, 범은 한갓 야수인 범일 뿐 아니라 인간 사회와 문명에 대립되는 '자연'을 대표하며, 자연의 질서와 원리[道]를 대변·상징하고 있다. 작품의 문맥에 따라 그 의미가 조금씩 달라지기도 하고 새롭게 부가되기도 하며, 이 같은 과정 속에서 독자의 뇌리에는 여러 가지 의미가 겹쳐지기도 하는 것이 복합적 의미와 사상을 담는 문학 작품 속의 상징적 형상이 갖게 되는 의미이다.[54] 뿐만 아니라 민속과 설화에서 신령스러

53) 연암의 비판적 사유가 『莊子』에 특히 영향을 받고 있었음에 대해서는 김명호, 앞의 책, 148~149면 등에서도 지적된 바 있다.

54) 이런 복합적·중층적인 의미 구조 속에서 북곽으로 환기·상징되는 儒[士]·인

운 동물로 표상되는 범은 이 작품의 우화적 구도 속에서 작가의 비판적 지성과 사상의 일단을 대변하는 구실을 하기도 한다. 서로 충돌하는 상반적 요소가 혼합되어 있고 모순된 양면성이 비정상적으로 공존하는 그로테스크한 풍자가 작품의 구조적 특징을 이루고 있음을 앞서 살펴보았다. 끔찍스러운 공포의 대상, 사람을 잡아먹는 야수이자 중화의 문물을 폭압적으로 지배하는 야만의 오랑캐이기도 하며, 타락한 유가 문화와 이기적인 인간 문명의 부조리와 오만을 꾸짖으며 작가의 지성을 대변하기도 하는 범의 상징적 형상에도 이 같은 작품의 구조적 특징은 구현되고 있다. 이런 점에서 보면 유가의 도덕·이념과 인간 문명의 부조리를 공박하며 무위·자연의 사상을 설파하는 범의 비판적 언설도 실은 작가의 사상을 온전하게 대변하는 그의 진정한 목소리, 그가 제시하려는 종국적인 가치관은 아니라고 할 수 있다. 유자 또는 그들로 대표되는 인간의 이기적 탐욕과 위선, 그들의 문물이 안고 있는 부조리와 모순을 고발·성토하는 범이 실은 끔찍하게 무서운 위무로 만물과 인간을 폭압하며 향기로운 먹이로 인육을 탐하려 했던 자기모순을 안고 있는 자이기 때문이다. 그러므로 인간의 탐욕과 작위를 경계하는 무위·자연의 사상이 작품의 주제나 작가의 주제 의식의 일면을 이루고 있다 해도,[55] 작품의 종국적 주제는 결국 모순과 부조리로 가득 찬 세계, 기존 질서와 가치관의 전도를 겪으며 혼란에 처한 시대·사회와 문명의 위기를 갈등과 불안 속에서 고발하는 심각한 문제 제기 자체에 있다 할 것이다.

간·중화·문명 따위의 표상이 하나의 계열을 이루며 범으로 상징되는 청[황제]·야수·오랑캐·자연 등의 표상과 체계적으로 대립하고 있다고 볼 수도 있다.

55) 이 점은 문영오, 『연암소설의 도교철학적 조명』, 태학사, 1993, 101~183면 등에서 지적된 바 있다.

8. 마무리

본론에서 논의한 바의 요지는 국문초록에 정리되고 있으므로 여기서는 제한된 지면에 중복을 피하기로 한다. 작품의 '후지'에 나타나 있듯이 청과 조선을 오가며 역사적 전환기에 처한 동아시아의 정세와 지식인의 풍토를 예의 주시하고 있던 연암은 중국 여행 도중 자신의 작가적 취향과 문제의식에 걸맞는 작품을 발견하고, 그 우의적 풍자가 지니는 보편성에 착안하여 자기 나름의 창의와 문필을 발휘해 원작에 문학적 생기를 불어넣고 조선의 독자에게 공감이 확대될 수 있도록 내용을 개편·확충하여 「호질」을 완성하였던 것이다.

이제 끝으로 이러한 작품 「호질」이 지니는 문학사적 가치나 지위에 대해 간단히 점검하며 본고를 마무리해 보겠다. 일찍이 중국인 원작설을 제기한 원로 학자는 이 작품이 비록 중국의 원작이었으나 연암의 문필을 거친 후 조선에서 문학적 가치를 비로소 발휘하게 되었음을 들어 이 작품의 국적은 우리나라에 속하는 것이라 규정한 바 있다.[56] 여기에 굳이 이의를 달 생각은 없으나 이른바 지구화 시대, 동아시아 시대가 운위되고 있는 오늘날 굳이 국적을 따지자면 양국의 합작으로서 일차생산지보다는 이차생산지 또는 가공지에서 주로 유통되고 수용되어 온 이 작품은 동아시아의 고전으로 문학사적 지위를 자리매김함이 시의적절할 것인지도 모르겠다. 이름도 없는 중국의 소품을 원료로 하여 조선의 문호 연암이 이를 새롭게 가공해서 문제작으로 재창작해 냈다는 것은 이 작품이 동아시아 고전으로서 필요조건을 우선 갖춘 것이라 할 수 있다. 보다 중요한 사실로서, 작품을 가공해서 소개한 작가 연암은 관념화되어 가는 유가 사상(성리학)의 폐해나 士(儒者)의 타락 등 「호질」이

56) 이우성, 앞의 논문, 453면.

문제 삼고 있는 청 황제 치하의 사회·문화적 제 문제와 문명의 위기를 중국의 문제인 동시에 역사적 전환기에 처한 동아시아 전체의 문제, 조선의 현실과도 직결되는 자기 시대의 중심 문제로 인식하면서 작품의 수용과 개작(또는 재창작)에 임하고 있었다는 점이다.[57] 이처럼 일국적 시각을 넘어서 동아시아적 시각으로 당면한 역사·현실을 조망하면서, 이름 없이 파묻혀 있는 중국의 소품을 발굴하여 중국인의 비판적 현실 인식을 조선의 독자에게 알리는 한편, 작품의 주제와 내용이 조선의 현실과도 관련된 문제임을 계몽하기 위해 독자의 보편적 공감이 확대될 수 있도록 작품을 다듬어 조선의 독자 앞에 내놓았다는 사실은 이 작품이 동아시아의 고전으로서 충분조건을 갖추고 있는 것이라 할 수 있을 것이다. 작품의 문학사적 가치와 관련하여 끝으로 한 가지 더 첨언한다면 「호질」은 그로테스크한 풍자를 도입하고 있다는 점에서 「서옥기(鼠獄記)」와 함께 한국의 우언·풍자문학사에서 독특한 위치를 점하고 있다는 것이다.

57) 이는 『열하일기』를 저술하는 연암의 작가의식 전반에도 해당하는 말로서, 이에 대해서는 임형택(「박지원의 주체의식과 세계인식」, 『제3회 동양학 국제학술회의 논문집』, 성대 대동문화연구원, 1985 ; 『실사구시의 한국학』, 창작과비평사, 2000, 137~166면에 재수록)의 논의 참조.

제3편

몽유록과 풍자의 서사

몽유록의 역사의식과 유형적 특질

1. 서론

몽유록(夢遊錄)은 조선의 사대부들에 의해 창작된 작품들로서, 고인(故人)의 망령들을 꿈속에서 목격했던 기사를 서술한 이야기들이다. 이들 작품은 온전한 소설이라 할 수는 없으나 허구를 꺼리던 조선 사대부들에 의해 창작, 수용된 허구적 서사문학이라는 점에서 가전체와 함께 그 소설사적 가치가 중시될 수 있다.

몽유록을 소설사의 전통 속에서 파악하려는 관점 아래, 이제까지 학자들은 이들 작품을 몽유의 모티프를 가진 여타 설화나 소설들과 관련・비교시키면서 논의해 왔다. 그리하여 몽유록은 하나의 독특한 소설 유형으로 규정되고, ① 입몽(入夢)－각몽(覺夢)이라는 공식적 구성 ② 현실 비판과 이상 토로라는 강한 윤리적 주제의식 ③ 불만에 찬 강개지사(慷慨之士)라는 작가(또는 주인공)의 성격 등과 같은 공통점이 그 유형적 특질로 추출되었다.[1)]

---

1) 장덕순, 「몽유록소고」(『동방학지』 4, 연대출판부, 1959).
차용주, 「몽유록과 몽자류 소설의 동이에 대한 고찰」(『청주여사대논문집』 3, 1974).

그러나 몽유록을 특이한 하나의 문학장르로 보고 이에 대한 장르론적 논의를 본격적으로 전개한 것은 최근 서대석 교수의 논문에서였다.[2] 몽유록과 소설과의 차이를 밝힌 이 논문에서 몽유록은 여타의 몽유 설화나 소설과는 달리 "작품 외적 사실의 의미를 전달하는 교술장르"라고 규정된다. 역사적 사실을 기초로 한 몽유록의 구조적 특성은 여기서 명백히 드러났으나, 한편 몽유록의 서사적 특질은 무시되고 소설사적 관련도 멀어지게 되었다.

이상과 같은 논의는 각기 관점은 다르나 몽유록계의 각 작품과 몽유록의 유형적 특질 및 그 문학사적 가치를 이해하는 데에 큰 기여를 했다. 이제 본고는 이상의 논의 성과를 받아들인 위에, 아래와 같은 작품들을[3] 중심으로 다음 몇 가지 문제를 논의함으로써 몽유록에 대한 기왕의 연구를 보완코자 한다.

첫째, 몽유록이라는 특이한 유형의 작품들이 특정 시대에 왜 창출되고 유행되었는가 하는 문제다. 장르의 형식론적 논의와 주제론적 논의만으로는 이 문제에 대한 구체적 해답을 얻을 수 없으며, 하위유형 또는 장르로서 몽유록의 역사적 성격이 분명해지지 않는다. 우리는 몽유록이 역사적 모순이 심화되던 조선 중기 양반관료사회라는 특정 사회·역사적 배경과 이에 대응되는 사대부들의 고유한 문화의식·문예전통의 소산임을 주시해야 할 것이다. 이러한 관점에서 본고는 창출 당시의 두 작품 「대관재몽유록」과 「원생몽유록」을 중심으로 그 출현 배경을 작품 구조와 관련시켜 고찰해 보기로 한다. 두 작품은 여타 작품의 원천이 되었을 뿐 아니라 그 문학적 가치의 면에서도 가장 주목할

---

2) 서대석, 「몽유록의 장르적 성격과 문학사적 의의」(『한국학논문집』 3, 계명대, 1975).

3) 「대관재몽유록(大觀齋夢遊錄)」 「원생몽유록(元生夢遊錄)」 「금화사몽유록(金華寺夢遊錄)」 「사수몽유록(泗水夢遊錄)」 「달천몽유록(達川夢遊錄)」 「피생명몽록(皮生冥夢錄)」 「강도몽유록(江都夢遊錄)」 등에 본고의 관심은 국한된다.

만하기에 특히 이들 작품에 대해서는 장을 달리하여 집중적으로 조명할 필요가 있을 것이다.

둘째, 작품의 윤리적 내용에 대한 검토이다. 몽유록의 작가나 주인공이 의기방장한 강개지사라 해서 곧 작품 내용의 윤리적 정당성이나 보편성이 보장되는 것은 아니다. 몽유록에서 문제가 되는 것은 역사 과정과 현실을 인식하는 작가의 태도와 신념이다. 우리는 각 작품에 투영된 작가의 역사의식이 과연 어떤 사회적 입장을 대변하고 있으며, 이러한 작가의 의식이 당대 역사 과정 속에서 실현할 수 있었던 역사적 기능과 그 한계는 무엇인가를 보다 엄격히 따져 볼 필요가 있을 것이다.

셋째, 이들 작품의 형식에 대한 문제로서, 역사적 사실과 허구와의 관계에 대한 검토이다. 문학 작품의 의미란 결국 현실(또는 사실)과 허구적 질서와의 관련 방식에 의해 결정된다. 필자가 보기로는 몽유록 작품들에서 사실이 제시되는 방식은 작품의 목적이 현실을 비판하기 위한 것인가 아니면 이념을 제시하기 위한 것인가에 따라 크게 두 가지 유형으로 구분될 수 있을 것 같다. 이와 같이 서술 방식(사실의 제시 방식)에 따라 몽유록의 유형을 구분하고 작품의 의미에 접근하려는 관점은 몽유록의 서사적·허구적 측면을 중시하는 입장에서 나온 것이지만, 작가의 의식의 방향 특히 역사의식의 포착과 밀접하게 관련되어 있다. 따라서 본고에서는 각기 장을 달리하여 이 두 가지 유형의 작품에 표현된 작가의 역사의식을 작품의 허구적·서사적 구조와 관련하여 개관함으로써 둘째, 셋째 문제를 함께 논의하고자 한다.

마지막으로 이상의 논의를 종합하여 몽유록의 유형적 특질과 장르적 성격이 재고될 수 있다면, 몽유록의 문학사적 위치가 소설사적 측면에서 다시 논의될 수 있을 것이다.

이들 작품은 그러나 각기 독자적 세계를 가진 개별적 작품들이다. 기왕의 연구가 아직 미흡했던 작품 분석에 내실을 기하기 위해, 각 작품이 지니는 개별적 특성이 유형적 특질과 함께 언급되지 않으면 안 될 것이다.

2. 이념제시형 몽유록

'이념제시형' 몽유록이란 꿈속에 시공을 초월한 수많은 위인이 등장하여 그들의 이상국을 꾸미거나 연락(宴樂)을 벌이는 내용의 작품들을 말한다. 「대관재몽유록」·「사수몽유록」·「금화사몽유록」 등이 이 유형의 작품에 속하며 「대관재몽유록」은 그 최초의 작품이다.

1) 「대관재몽유록」의 환상과 그 배경

「대관재몽유록」[4]에서는 최치원·을지문덕을 위시하여 이규보, 정도전, 김종직 등 역대의 문사를 통해 봉건 관료사회가 이상적 형태로 제시된다. 그들의 문재(文才)에 따라서 관직이 배수되며, 주인공인 작가는 이곳에 와서 봉건 관료로서 가질 수 있는 사회적 욕구와 의지를 완벽하게 실현한다.

이상과 같은 내용의 이 작품이 과거 문인들과 그들의 시라는 문학사적 사실과 그 전통에 대한 관심 속에서 창작되었음은 두 말할 나위 없다. 한시에 대한 사대부층의 오랜 관심과 시화(詩話)와 시평(詩評)의 오랜 문예 전통 위에서 이 작품은 창작된 것이다.[5] 그러나 시화와 시평을

---

4) 자료는 『잡동산이(雜同散異)』 소재 「대관재기몽(大觀齋記夢)」, 장덕순, 『국문학통론』(신구문화사, 1973)의 재수록본.

5) 따라서 이 작품에 대해 시론(詩論)과 시평(詩評)의 서사적 전개라는 측면에서 접근할 수도 있을 것이다.

버리고 이 작품을 창작한 작가에게 있어서 사실에 대한 관심은 부차적인 것이며, 그 주된 관심은 오히려 역사 과정의 실재와는 거리를 멀리 둔 환상의 허구 자체에 있다고 보아야 할 것이다. 이 작품을 창작한 진정한 이유는 그러므로 작품의 허구적 의미와 형식을 중시하고 이를 당대의 역사적 배경과 관련시키는데서 찾아질 수 있을 것이다.

문사들의 이상향을 그린 이 작품의 환상은 대체로 15세기 후반에 형성된 관료적 문인 집단의 타락에서 그 배경적 관련을 찾을 수 있다. 이 시기에 이르러 권력과 토지를 겸장(兼掌)한 훈신(勳臣) 세력이 귀족화의 경향을 나타냄과 동시에 문학적 재능이 관료적 기능에 우선적 필수 요건이 된다는 의식이 유행하게 되었다는 것은 잘 알려진 사실이다.[6] 이처럼 문학을 수단으로 하여 관료로서 정치·문학적 기능을 수행한다는 그들의 문화의식은, 보다 불리한 사회적 조건 속에서 공명한 정치윤리를 무기로 삼아 그들에게 도전해 온 신진 사림(士林)과의 대립 속에서 점차 자기방어적인 이념적 성향을 띄게 되었다.

작가 심의(沈義)는 양 세력 집단 간의 대립이 가장 격화되었던 시기에 관료로 활동하던 인물이었다. 기록에 의할 것 같으면 그는 공신 심정(沈貞)의 친제였음에도 불구하고 당대의 집권 훈신세력 일각의 타락한 정치 윤리와 귀족 지향적 의식에 대해서 무척 강한 반감과 비판의식을 보인 인물이었다.[7] 그러나 그는 뛰어난 문재를 가졌었고, 기묘사화가 있기 전까지만 하더라도 관직에 출사하여 그의 재기를 펴려는 포부

---

6) 이가원, 「유가사상과 한국문학」(『한국사상대계』 I, 성대 대동문화연구원 1973) 및 임형택, 「16세기 사림파의 문예의식」(『한국학논집』 3, 계명대출판부, 1975) 참조.

7) 심의(沈義)와 남곤(南袞), 심정(沈貞)과의 관계에 대해서는 『연려실기술(燃藜室記述)』에 의거한 장덕순 교수의 소개(『국문학통론』, 294면)가 있었다. 실록의 기록을 보면 심의는 기묘사화가 있기 직전 남곤을 탄핵하는 상소를 올려 남곤이 사직하기에 이른다. 또 사신(史臣)의 기록에 따른다면 박순(朴珣)과 심의는 동년배와 의논하여 그의 형 심정을 탄핵하도록 한 것이 한두 번이 아니었었다. 『중종실록』 권36 중종 14년 9월 기묘조(己卯條) 등.

를 버리지 않았던 인물이었다.[8] 이러한 그는 훈구 관료로서의 사회적 입장과 문화의식의 제약을 벗어나지는 못한 인물이었다.[9] 그리하여 그는 당대 관료사회 속에서 타락한 훈신들로부터도, 편견을 가지고 그를 대하는 강직한 사림들로부터도 환영을 받지 못하는 소외를 자초하였다.[10]

「대관재몽유록」이 씌어진 중종 24년(1529)은 집권 훈신 세력이 정치적 윤리의식의 한계로 말미암아 관료로서 역량의 한계를 드러내고 그들 내부의 분열과 부패 속에서 타락해 가던 시기이다. 그리고 작가 심의에게 있어서는 좌절과 불안 속에서 모순된 사회를 희롱하며 지내야 했던 시기이다. 기존의 정치·사회 질서에 안주하면서 문학을 통해 이를 세련·강화시킴으로써 봉건관료로서 문화적 기능을 수행하겠다던 훈구 관료-문인 집단의 이념은 퇴색해 버린 것이며, 관료적 문인이었던 심의로서는 자신의 사회적 기반을 상실하고 만 것이었다.

한데 「대관재몽유록」이 보여 주는 작품 세계는 이상과 같은 작품의 역사적 배경과 완전히 상반되는 세계이다. 앞서 개략한바 작품 속에 구축된 세계는 관료적 문인의 이념적 세계라 할 수 있으며 작가인 주인공의 욕구와 의지가 갈등 없이 전개되는 환상적 체험의 세계이다. 이와 같은 작품 배경과 내용과의 대립적 상관관계를 두고 볼 때 이 작품은

---

8) 젊어서부터 그는 윤대(輪對)를 통해 또는 잠(箴)이나 소(疎) 등을 올려 상주(上奏)를 계속했는데, 중종(中宗)은 그의 직언을 사랑하고 명문에 감동하여 관직을 특진시키기도 했으나, 주위에서는 그가 관직만을 탐한다고 비방하였으며, 이 때문에 그의 관직은 현달하지 못했다. 『중종실록』 권9 중종 4년 10월 기사 조(己巳條), 권36 중종 14년 9월 기묘 조(己卯條) 등.

9) 남곤의 사장(詞章)이 보잘것없음을 한 이유로 들어 그를 탄핵하는 상소문의 일절(一節)도 이러한 그의 의식이 반영된 것이라 볼 수 있다. "詞章雖爲優贍, 亦浮靡而小氣骨, 不足以勸奬後進."(『중종실록』 권36 중종 14년 9월 기묘 조(己卯條)).

10) 남곤을 탄핵한 심의에 대해 조광조(趙光祖)는 "他日搖動朝廷者, 必此人也."라고 공박하고 남곤을 옹호했다. (同上)

당대 훈구 관료-문인 집단의 분열과 타락, 그리고 역사 과정의 모순 속에서 작가가 체험한 좌절과 불안에 대한 반동으로 출현한 것이라고 볼 수 있다. 즉 작가에게 요구된 것은 당면한 역사 과정의 모순과 좌절을 부정하고 이상을 실현할 수 있는 사건의 체험이었던 것이다. 알다시피 허구는 주관적 이상과 의지의 작용으로 형성되며, 허구적 서사문학은 이의 행동적 실현을 지향하는 문학이다. 이미 현실성을 상실하고 그의 의식 속에 주관화된 관료적 문인의 이상과 좌절된 그의 의지를 삶과 행동 속에 실현시켜 보기 위해 작가는 허구적 서사 형식을 요구하지 않을 수 없었던 것이다.

그러나 이와 같은 환상의 허구가 단순히 적대적 현실에 대한 작가의 원망충족으로 유발된 것은 아니다. 작품의 허구는 과거 문사들과 그들의 시에 대한 관심과 애착 속에서 배태할 수 있었으며, 관료적 문인의 이상은 실재했던 과거 문사들을 통해서만 실현될 수 있었던 것이다. 이와 같은 작품의 허구는 그러므로 일면으로 이상과 의지를 실현하려는 작가의 원망(願望)을 반영하고 있지만 일면으로는 역사적으로 실재했던 사실에 어느 정도 기초하고 있다고 보아야 할 것이다. 즉 작품의 허구는 최치원·을지문덕을 정점으로 하여, 나말-선초의 명유(名儒)·현신(賢臣)으로 봉건관료사회의 역사적 전개에 기여해온 명문장들과 그들의 창조적 전통에 대한 작가의 긍정과 신뢰를 반영하고 있는 것이다. 선배 문인들과 일체감 속에 문인-관료 사회를 구축하고 있는 이 작품의 허구는 바로 이와 같이 실재했던 과거 문사들의 창조적 전통에 대한 작가의 일체감을 표현하고 있다고 볼 수 있다. 역사상의 실재 인물을 통해 이념적 세계를 구축하고 있는 이 작품의 허구는 그러므로, 자기 집단의 역사적 동일성을 과거 전통을 통해 구하고자 하는 작가의 과거지향적·반동적 역사의식의 소산이라 할 수 있다.

이와 같이 도피적·반동적인 작가의 역사의식의 한계는 물론 봉건관료사회의 폐쇄성과 당대 관료사회의 정치·사회적 불안이라는 역사적 조건의 한계에서 연유한다. 작가는 대립과 모순이 극에 달한 당대 관료사회 속에서 좌절된 그의 의지를 실현할 방도를 찾을 수 없었으며, 관료사회의 어느 측에서도 일체감을 구할 수 없었던 것이다. 현실에 대한 이 같은 작가의 좌절과 불안은 도피적 환상 속에도 깊이 도사리고 있다.

작품의 결말은 애처로운 고독과 고통 속의 환멸로 끝난다.[11] 그런데 이와 같은 환멸로 떨어지게 되는 결정적 계기는 작가가 고난의 현실 속에서 실제 경험한 좌절이 환상의 세계에서도 꼭 같이 일어났기 때문이다. 즉 이판(吏判) 남곤(南袞)을 탄핵한 뒤 옥당(玉堂) 등의 참소를 받아 관계에서 축출된 그의 체험이, 우상(右相) 이규보(李奎報)를 탄핵한 뒤 한원(翰苑)의 참소를 받아 문인 왕국으로부터 축출되는 환상 속의 사건으로 바꾸어 표현되고 있는 것이다.[12] 이처럼 해체되어 가는 자기 집단의 이념을 과거 전통을 통해 재확인하고 현실을 도피하여 이상에 탐닉해 봐도 그것은 경험적 현실에 의해 무화될 뿐이라는 각성을 이 작품은 보여준다. 이것은 또한 실제에 있어 정치 윤리적 기초가 박약한 관료적 문인 집단의 이념의 허약성과 잠시 빠져들 수 있는 반동의 무의미를 작가가 이미 지실(知悉)하고 있었음을 뜻한다.

이와 같은 작가의 이율배반적인 의식 갈등을 인식할 때 우리는 이 작품의 환상이 근본적으로 자기 집단의 타락에 대한 반동에서 유래했으면서도 정치적 색채를 거의 띠지 않고 있음을 이해할 수 있을 것이다. 환상 세계는 오히려 적대적인 정치 현실에 대한 무관심 속에 전개되는 예술지상주의적 세계로 볼 수도 있다. 그리고 정치적 이념에 대한 집착

---

11) "遽然覺則腹張如鼓, 殘燈欲翳, 病妻臥側, 呻吟而已."(『국문학통론』, 306면)

12) 실록을 보면 심의를 탄핵하는 남곤 일파의 참소가 끊이지 않자 그는 마침내 관계를 떠나기 된다. 곧 이어 터진 기묘사화 이후 수년간 그의 관계 기록이 없음을 보아 이후 그는 은거하면서 청광(淸狂)으로 남곤의 보복을 피한 것 같다.

이 표면에 강하게 나타나지 않는 대신 사장(詞章)과 당률(唐律)을 중시하는 문학관에 대한 집착은 매우 강하게 표명된다. 작품을 정치·사회적 배경과 유리시켜 보는 한, 문인왕국의 구축을 통해 시도되는 전통의 확인도 중국의 문예전통에 대립되는 조선의 문예 전통이라는 문학사적 주체성의 추구로 풀이될 수 있다.

이와 같은 작품 세계는 심미적일 뿐 아니라 동시에 향락적이다. 기라성 같은 선배 문인들이 경이롭게 등장하여 일체감 속의 안락을 구가하고, 자아의 일방적 실현이 보장되는 작품의 환상적 내용이 향락적일 뿐 아니라, 이 같은 환상을 마련하는 작가의 태도가 또한 그러하다. 작품의 환상 또는 적대적 현실에 대한 반동과 보상은 환멸로 끝나는 그 결말이 말해 주듯이 작가의 진정한 윤리의식의 의귀처는 아니었다. 오히려 그 무의미를 지실하고 있는 작가의 일시적 유희의 방도였던 것이다. 즉 이 작품은 사대부의 파적(破寂)을 위한 희필(戱筆)로 지어진 것이다.

향락을 위한 희필이라는 사실과 대응되는 것이 환상 세계의 향락적 성격을 보완하는 작가의 희극적 관점이다. 작가의 주관에 다소 대립되는 인물들은 왜소한 모습으로 희화화되어 제시된다.[13] 김시습은 작가의 주관과 첨예하게 대립되어 모반·전쟁 같은 극적 갈등을 야기하나, 사건 처리의 희극적 경쾌성 속에 대립과 갈등은 완화된다. 이처럼 희극적 관점을 통해 작가는 그들에 대한 비판적 거리를 표시하면서도, 일체감 속의 안락을 추구하는 작품의 목적은 전혀 손상시키지 않은 채, 오히려 흥미만 더해주고 있다. 그러나 환상과 현실 사이의 긴장이 이루어지는 환멸의 순간은 애상 속에서도 희극적 톤을 잃지 않고 있기에 양자 사이의 대조를 더욱 심각하게 만들면서 환상의 허무함을 폭로하고 있다.[14]

---

13) "當廳前, 知印一人, 言〻搖頭動足, 輕躁無雙, 問之乃卞季良也. 胥吏一人, 長身古貌, 如佛家所謂專者像, 問之, 乃俞好仁也.(『국문학통론』, 304면)

14) 앞의 주 11) 참조.

다각도에서 평가될 수 있는 이 작품의 독창성에도 불구하고 이와같은 작품의 향락적·희극적 성격은 이 작품이 독자의 요구에 영합하는 통속적 취향 속에 씌어졌음을 말해주고 있다.

2) 전통의식과 환상의 서사적 성격

「사수몽유록(泗水夢遊錄)」과 「금화사몽유록(金華寺夢遊錄)」의 두 작품은 그 환상의 내용이나 창작의 배경, 작가의식의 면에서 「대관재몽유록」과 유형적 공통성을 지닌다. 때문에 두 작품은 「대관재몽유록」의 아류로 볼 수 있는데, 독창성이나 문학적 흥미의 면에서 전 작품에 미치지 못하고 있다. 여기서는 우선 두 작품의 창작 배경과 작가의식을 작품의 내용과 관련하여 간단히 밝히고 이어 이 세 작품의 유형적 특질과 각 작품 간의 주목할 만한 차이점을 개관하기로 한다. 분석 및 추론 과정을 대충 생략하는 것은 「대관재몽유록」의 경우와 유추가 가능하리라 생각하기 때문이다.

「사수몽유록」[15]에는 공자를 위시한 그 제자들과 맹자 및 정·주(程朱) 등 유자(儒者)들로 이루어진 봉건관료국가가 구축된다. 그들의 학업에 따라 관직이 배수되고, 조정에서는 성리의 도학이 강론되며, 유사(儒士)를 숭용치 않는 군왕이 여기서 규탄된다. 정몽주를 비롯한 동방의 9현(九賢)도 이곳에 합세하며, 양(楊)·묵(墨)과 노(老)·불(佛) 군(軍)의 침공이 격퇴되기도 한다.

공맹과 송유(宋儒)를 아우른 중국 관인학자들을 통해 봉건관료체제의 이상을 그리고 성리학의 정치 이념을 밝히고 있는 이 작품은, 그들의 후예인 사림 집단의 이념 및 역사적 기능을 재천명하고 있다고 볼

15) 자료는 『인문평론』 2권 6호(인문사, 1940) 소재 한글본.

수 있다. 여기서 주의할 것은 이 작품 역시 과거 선배들의 전통을 통해 자기 집단의 역사적 동일성을 구하려하는, 현실 속의 자기 존재에 대한 작가의 불안을 보이고 있으며, 작품의 환상은 주인공의 역사과정에 대한 불만에서 비롯되고 있다는 점이다. 이 같은 사실은 이 작품이 17세기말 - 18세기 초에 걸친 재야사림 일각의 불안을 반영하고 있으며, 이때 급증된 서원(書院)·사우(祠宇)의 팽창을 배경으로 작품이 출현했음을 시사하고 있다. 서원·사우는 작품에서 표명되고 있는 바와 같이 선현의 학통을 보수·확인함으로써 중앙 권력에서 소외된 사림들이 그들의 정치 이념과 사회적 기능을 천명해 온 재지세력(在地勢力)의 거점이었던 것이다. 그러므로 이 작품 역시 「대관재몽유록」과 마찬가지고 자기 집단의 정치·사회적 기반의 불안 및 관료사회의 모순에 대한 반동으로 출현하였으며, 적대적 현실에 대치할 수 있는 환상의 향락에 작가의 기본 의도가 있다고 할 것이다.

이런 점은 「금화사몽유록」[16]에 있어서도 마찬가지이다. 여기에서는 한(漢)·당(唐)·송(宋)·명(明)의 창업지주를 위시하여 4대에 걸쳐 명멸했던 중국의 제왕과 영웅 300여 명이 등장하여 축연을 벌인다. 그들의 역사적 업적에 따라 반열이 정해지고 봉건관료 기구의 이상적 형태가 편성되기도 한다. 왕도와 덕치, 절의와 정통사상이 강조되고, 이런 유교 이념에 어긋난 왕조와 인물들은 논쟁과 전쟁을 통해 규탄·축출된다.

이 작품은 현왕(賢王)·명신(名臣)이 위업(偉業)으로서 이룩한 관료정치의 전통을 통해 봉건 관료사회의 이념과 사대부의 역사적 기능을 밝히고 있다. 환상을 꿈꾸는 주인공이 당대 사회를 무시해 버리는 방외(方外)의 인물로 그려진 점으로 보아, 이 작품 역시 양반관료사회의 모순과 이에 따른 사대부층의 불안에 대한 반동으로 출현했다고 볼 수 있

16) 자료는 국립도서관소장 한문 필사본.

다. 찬란한 위업을 남긴 과거 영웅들의 황홀한 연락(宴樂)으로 진행되는 작품의 환상이, 관료사회 속에서 유교적 제가치(諸價値)를 실현할 길 없는 사대부 작가의 현실적 무력과 불안을 잊기 위한, 도피적·향락적 취향을 지니고 있음을 두 말할 나위 없을 것이다.

이상에서 살펴본바 「대관재몽유록」을 포함한 이들 세 작품은 다음과 같은 몇 가지 유형적 공통성을 지니고 있다.

첫째, 작가 또는 주인공들은 봉건관료사회의 이상과 현실 간의 모순 때문에 갈등을 겪고 있으면서도, 이러한 현실을 초월하여 관료사회의 이념적 질서에 갈등 없이 안주하려는 도피적이고 원망충족적(願望充足的) 환상을 그리고 있다는 것.

둘째, 작가는 당면한 역사 과정의 모순, 또는 양반관료집단의 대립·분열에 대한 반동으로, 양반 사대부들의 이념적 공동체를 구축하는 사건을 연출하고 있다는 것.

셋째, 그러나 찬란한 과거 전통에 의거하여 쇠퇴해 가는 자기 집단의 이념과 문화·역사적 기능을 재확인하려는 작가의 의식은 반동적이고 이념옹호적 성향을 지고 있다는 것.

넷째, 과거 위인들이 경이 속에 등장하여 이념적 세계를 구축하고 안락을 구가하는 환상적 자품 세계는 향락적·통속적 성격을 지닌다는 것.

세 작품은 이상과 같은 유형적 공통성을 지니고 있으나 또한 작가의 식이나 작품 구조의 면에서 각기 큰 차이를 보이고 있기도 하다.

우선 「대관재몽유록」에서는 환멸을 통해 환상과 현실의 대조가 강조되고 있음에 반해, 다른 두 작품에는 이러한 환멸이 없다는 점을 들 수 있다. 환멸이 없는 두 작품은 「대관재몽유록」과는 달리 쉽게 붕괴될 수 없는 봉건사회체제의 사회·경제적 기반에 근거한 정치 이념을 옹호하고 있기 때문이다. 두 작품은 그러므로 정치적, 이데올로기적 성격이 「대관재몽유록」보다 강하고, 희극적 성격이 다소 약화되어 있다. 이러한 두 작품 사이에도 각각의 차이는 있다. 「사수몽유록」에서는 환멸이 없을 뿐 아니라 오히려 숭고하고 경이로운 환상세계(이념적 세계)의 일부가 현실화되어 나타나 그 실재를 증명하고 있다.[17] 이를 통해 주인공(따라서 작가)이 개탄해 마지않는 역사 과정의 모순은 언젠가 극복되고, 유교정치의 이념은 실현될 수 있으리라는 신념이 강하게 표시되고 있다. 이에 비해 「금화사몽유록」의 경우에는 환멸의 쓰라림도 없지만 그렇다고 환상 세계에 대한 믿음이 나타나 있지도 않다. 작품의 주인공은 애초부터 사회 현실의 모순에 대해서는 무관심 또는 초월해 있고, 환상 속의 이념적 세계도 하나의 장관(壯觀)으로 경이 속에서 관상(觀賞)될 뿐이다. 전자의 경우는 사림 측의 정치・사회적 기능을 옹호해야 할 절박한 현실적 요구가 있기에, 도학자적 근엄 속에 불안이 음폐되고 당위적 이념이 강조되는 것이다. 후자의 경우는 자신을 소외시킨 당대 관료사회에 대해 무관심을 표방하면서도, 봉건관료사회의 제가치를 안락하게 확인하고 있는 그 향락적 취향이 보다 두드러진다.

이상과 같은 작가의식의 차에 따라 작품의 허구적 성격 또는 서사구조도 조금씩 차이를 보인다. 당대 관료사회의 분열과 대립에 대한 반동으로 이루어진 환상의 허구는 대립과 갈등보다는 집단적 공동성 내지는 일체감을 추구하는 데 주안점이 가 있다. 이들 작품에서 작가의 목적은 애초부터, 다수 인물의 복합을 통해 이념적 공동체를 구축하고 집단의 이념적 질서를 확립하는 데 있었던 것이다. 이와 같은 허구적 상황 속에서 갈등의 지속적 고양이라든가, 사건 전개의 단일성을 기대할 수는 없다.[18] 그러나 다수 인물의 복합적 관련과 단편적 행동・대화를

17) 이념 세계 실상을 적어 세상에 전하라는 한유(韓愈)의 글을, 꿈이 깬 주인공이 소매 속에서 발견하는 데서 작품은 끝난다.

18) 때문에 서대석 교수 위의 논문에서는 이들 작품이 서사문학이 아니라고 했다. 서대석, 앞의 논문, 140면.

통해서나마 허구적 세계가 형성·전개되어 가고 있는 이 작품들의 서사적 성격을 무시할 수는 없는 일이다.

몽유라는 모티프를 서사의 기본 틀로 취하고 있는 이들 작품 중, 특히 「대관재몽유록」은 몽유의 모티프를 전기적(傳奇的) 여행담으로 발전시켜 몽유자의 모험을 통해 서사적 골격과 통일성을 유지하고 있다. 몽유자의 극중 개입이 최소한으로 축소되거나 아예 없는 나머지 두 작품은 목격담의 성격을 지닌다. 「사수몽유록」의 환상 세계는 특히, 이념적 공동체와 그 적대자와의 대립·갈등(양·묵·노·불과의 전쟁)으로 서사적 골격을 유지하고 있다. 「금화사몽유록」의 경우는 혼란한 군중이 집단의 이념적 질서를 확립해 가는 연회의 과정(연회의 參退·配席·班列·職制 등)을 통해 갈등—해소 과정에 대응되는 서사적 골격을 찾고 있다.

이와 같은 두 작품의 서사 구조는 알레고리[우언(寓言)]로서의 면모를 어느 정도 갖추고 있다. 노(老)·불(佛)·양(楊)·묵(墨)은 특정한 역사적 인물로서가 아니라 그들로서 대표되는 철학 사상의 상징으로서의 의미를 갖는 것이며, 그들이 유가왕국과 벌이는 극적 대립 역시 상징적·비유적 의미를 갖는 것이다. 이런 점은 「금화사몽유록」에서 더욱 두드러진다. 짧은 지면에 기억하기도 힘들 만큼 숱한 인물이 등장하는 이 작품에서 작가나 독자의 관심이 그들의 특정한 역사적 행위나 인격 자체에 개별적으로 분산될 수는 없는 일이다. 그들이 통일적으로 인식될 수 있는 것은 봉건관료사회의 보편적 제가치를 상징적으로 구현하고 있는 그 정치·윤리적 유형성을 변별하는 데에 독자의 흥미가 쏠려 있기 때문이다. 작품의 허구는 이와 같이 특정한 인물을 보편화하여 그 유형적 의미를 강조하고, 유형적 인물간의 극적 대립과 갈등을 통해 그 윤리적 제가치를 질서화해서 하나의 이념 속에 통합하는 데에 목적이 있는 것이다. 이런 점에서 볼 때 작품에 등장하는 모든 허구적 인물과 사건들은 주제적으로 통일되어 있다고 할 수 있다.

3. 현실비판형 몽유록

'현실비판형' 몽유록이란 특정한 역사적 사건에 연루·희생된 몇몇 인물(원혼)들이 등장하여 사건 당시의 정치·사회적 부조리를 반성·비판하는 내용의 작품들을 말한다. 「원생몽유록(元生夢遊錄)」 「달천몽유록(達川夢遊錄)」 「피생명유록(皮生冥夢錄)」 「강도몽유록(江都夢遊錄)」 등이 이 유형에 속하며 「원생몽유록」은 그 최초의 작품이다.

1) 「원생몽유록」의 문제의식과 그 배경

「원생몽유록」[19]은 알려진 바와 같이 임제(林悌)의 소작으로,[20] 단종복위운동에 실패한 사육신의 원혼들이 등장하여 작품의 주인공 원생과 만나 세조의 찬탈을 규탄하고 복위운동에 실패한 원한을 시로 읊는 내용의 작품이다.

어리고 무력한 군왕을 보좌하여 국정을 관장한다는 것은 대체로 봉건관료사회의 역사적 주체로 자부하고 있었던 사대부들의 이상이었으며, 의리와 명분을 바로 세운다는 것은 봉건사회의 유교적 이념을 실현할 수 있는 근본요강이었다. 사육신의 좌절은 그러므로 사대부 또는 양반관료의 이상의 좌절을, 세조의 찬탈은 유교 이념의 근본을 배반한 봉

---

19) 자료는 『백호문집(白湖文集)』(목판본) 부록 소재본.

20) 이 작품의 작가에 대해서 여러 가지 시비가 있었으나 황패강 교수의 논문(「원생몽유록과 임제문학」, 『한국서사문학연구』, 단국대출판사, 1972)에서도 밝혀졌듯이 임제의 소작임을 더 이상 의심할 필요가 없을 것 같다.

건사회의 역사적 현실을 극적으로 보여 주는 사건이다. 그러므로 이 작품은 사대부의 이상의 좌절과 함께, 봉건관료사회의 이념과 현실의 모순을 문제삼은 작품이라 할 수 있다.[21]

이상과 같은 문제의식은 대체로 16세기 후반, 양반 사대부들의 적극적인 정치참여의식과 이에 수반되는 양반관료의 분열에서 그 배경적 관련을 찾을 수 있다. 이 시기에 이르러 양반관료사회의 이념의 담당자인 사대부(사림)들은 안정된 정치·사회적 기반을 구축하고, 관료 사회의 전면에 나서서 활약할 수 있게 되었다. 그들은 이제 현실을 긍정하며 적극적으로 그들의 정치 이념을 실현해야 할 단계에 당도한 것이다. 그러나 실제에 있어서는 봉건관료체제 자체가 가진 근본적 모순은 계속 심화되어 당쟁의 형태로 나타나게 되었으며, 분열된 관료 집단은 붕당정치의 미숙으로 인해 당파 간의 대립을 격화시키고 그 이념의 소재(所在)를 혼미케 하였다.[22] 임제는 이와 같은 당쟁 초기 관료사회 분열의 틈바구니 속에서도 더디게나마 환로(宦路)에 진출하여 그의 경륜과 포부를 펴보려 했던 적극적인 양반 사대부 의식의 소유자였다. 그러나 끝까지 붕당에 뇌동하지 않는 고고한 인품과 절의 때문에 환로의 박운을 면할 길 없어, 마침내는 관료사회를 등지고 말았던 인물이다.[23] 그러니까 임제는 당대 관료사회에 대해 비판적인 사대부로서, 경험적 현실과 실현되어야 할 이상 사이의 모순을 체험을 통해 어느 누구보다도 절

---

21) 이 점은 요(堯)·순(舜)·우(禹)·탕(湯)의 선위(禪位)를 공격하는 작중인물의 대사를 문제삼은 임형택 교수에 의해 지적된 바 있다. 「양반관료사회의 문화」, 『한국사』 11(국사편찬위원회, 1972), 286면.

22) 이상 역사적 배경에 대해서는 성낙훈, 「한국치쟁사(韓國治爭史)」, 『한국문화사대계』 II(고대민족문화연구소, 1965) 참조.

23) 임백호(林白湖)의 전기적 고찰은 전게한 황패강 교수의 논문에서 상세하게 되어 있으므로 여기서는 생략한다. 다만 이제까지는 그의 방외적(方外的) 태도만이 주목되어 왔기에 여기서는 만년의 그와 달리, 소장 시(少壯時)의 백호는 출사입공(出仕立功)하려 했던 양반사대부로서 의욕 역시 깊었음을 강조하고자 한다.

박하게 인식한 인물이었으며, 관료사회에 대해 깊은 포부와 적극적 참여의식이 있었기에 이를 배반당한 그의 좌절은 한층 심각한 것이었다. 사육신의 좌절을 통해 사대부의 좌절과 봉건관료사회의 모순을 문제 삼고 있는 「원생몽유록」은 그러므로 이러한 작가의 좌절과 당대 관료사회의 모순이 투영된 작품이다.[24] 높은 기개와 비판적인 언사 때문에 관료사회로부터 배척받고 좌절과 고뇌 속에서 사육신의 원혼을 만나는 원생[25]은 바로 이 작품을 짓는 작가의 분신인 것이다.

한데 이와 같은 작가의 문제의식이 어째서 꼭 사육신의 사령(死靈)을 등장시키는 허구를 통해 표현되었는가는 좀 더 따져 봐야할 문제이다. 우선 얘기할 수 있는 바로, 작가에게 요구된 것은 봉건관료사회의 역사적 모순과 사대부의 좌절을 부정하는 사건의 체험이었다는 것이다. 좌절과 모순을 그대로 용인할 수 없기에 좌절된 자의 사령이 나타나 그 부조리를 규탄하는 사건이 허구된 것이다. 그러나 문제는 이 같은 사건과정을 통해 좌절과 모순은 극복될 수 없다는 데에 있다. 좌절과 고뇌 속에서 원생은 사육신과 만났으나 비탄과 규탄 끝에 이르른 사건의 결과는 결국 양쪽 모두 다시 좌절과 암흑 속에 깊이 빠지는 것이다. 그러니까 작가는 원생이라는 허구적 인물과 사육신을 만나는 허구적 사건을 통해 관료사회의 모순과 사대부의 좌절을 문제 삼고 그 극복을 심정적으로 요구할 뿐, 이를 실현할 수 있는 사건(또는 행동) 방식을 찾지 못하고 있는 것이다. 그만큼 좌절과 모순을 부정하고자 하는 작가의 의지와 신념은 강하지만, 또한 그에 못지않게 그의 좌절은 깊고 현실의

24) 황패강 교수는 작품 말미의 "戊辰仲秋海月居士志"를 그대로 인정하여 이 작품이 백호 20세 때(선조 원년)의 소작으로 보고 있다(황패강, 앞의 책, 294면). 그러나 이 구절도 허구의 일부로 볼 수 있으며, 그 내용으로 보아 작품은 백호의 좌절과 사회적 갈등이 보다 깊어지고 사상이 성숙된 시기의 소작으로 볼 수 있다.

25) "世有元子虛者, 懷慨士土也. 氣宇磊落, 不適於時, 屢抱羅隱之寃."(『백호문집』 부록 「원생몽유록」 서두)

모순 역시 심각한 것이다. 혹은 관점을 바꾸어, 작가가 당면한 모순과 좌절이 너무도 심각하기에 이미 좌절을 극복하고 이념을 실현할 모든 가능성이 절멸된 과거의 사령에 공감하며, 그들을 통해 이를 문제삼고 있다고 봄이 옳을는지도 모른다.

이와 같이 해결할 길이 없는 작가의 내적 갈등은 결국, 봉건관료사회 자체의 이념상의 모순을 인정하면서도[26] 그의 의식 속에는 사대부의 의리와 명분을 포기하지 않겠다는, 개인적 성실의 표백으로 그 잠정적인 타결을 본다. 그리하여 초반에 터뜨리던 타인과 사회에 대한 불평과 규탄은 이윽고 중단되고, 시를 통해 의리와 명분에의 신념을 표백하고 좌절의 한을 달래는 내적 화해로 사건은 끝난다. 그러나 시회를 끝나며 그들과 작별하는 원생의 시와 전체 사건의 경과를 결론하는 해월거사(海月居士)의 시는 우수와 절망으로 가득 차 있다. (인용-생략)

이처럼 「원생몽유록」은 사대부로서 작가가 갖는 이상과 관료사회의 현실, 또는 봉건관료사회의 이념과 역사과정의 실재가 근본적으로 배치되어 있다는 작가의 절망 또는 비관적 역사의식을 반영하고 있다. 그러나 동시에 이와 같은 모순된 상황 자체를 문제삼고, 아직 그 절망의 극복을 요구하고 있는 작가의 내적 갈등을 반영하고 있다.

이와 같은 「원생몽유록」이 서사구조상 여러 가지 결함을 갖고 있음은 분명하다. 실재했던 과거 인물의 추회(追懷), 그들을 통한 역사 과정에 대한 논의, 시 낭송으로 전개되는 몽유세계는 전(傳)과 논(論), 시(詩)의 주제적 결합에 지나지 않는다. 그러나 이 작품이 근본적으로 원생이

---

26) 당대의 정치적 상황이나 시대적 특수성을 고려한다 해도 그 역시 이념적 질서[天道]의 테두리를 벗어나지 못할 역사현실이었다면 봉건관료사회의 현실과 이념간의 모순은 쉽게 청산하기 어려운 문제라는 작중인물 海月居士의 언변은 이를 명백히 보여주고 있다. (嗚呼. 勢使然邪時使然邪. 然則不可不歸之於時與勢, 而不可不歸之於天也. 歸之於天, 則福善禍淫非天道也邪. 夫不可歸之於天, 則冥然漠然, 此理難詳.) (위의 책)

라는 허구적 인물을 창조하고 그의 좌절과 고뇌를 그리고 있으며, 목격담의 형식을 통해 극적 사건을 개입시킴으로써 이를 심화시키고 있다는 점을 감안한다면, 작품의 서사적 성격은 의심할 여지가 없는 것이다. 더구나 허구적 인물 원생의 고뇌 속에 떠오른 사육신은 특정한 역사적 사실로서가 아니라 자신과 같이 역사적 모순 속에 좌절된 사대부의 전형으로 의미가 있는 것이다. 즉 사육신은 원생과 마찬가지로 작가 임제의 좌절과 고뇌를 표현하기 위한 상징, 또는 우의적 인물로 보아 무방한 것이며 그들의 대화・토론을 통해 양반관료사회의 모순을 극적으로 부각시키고 있는 것이다.

2) 비판의식과 내적 갈등의 극화

「원생몽유록」 이후 그 영향을 받아 「달천몽유록(達川夢遊錄)」[27] 등 3작품이 창작되었다. 「달천몽유록」은 임란으로 전사한 지방관, 장군, 의병장들을 등장시켜 당시의 전황을 반성하는 내용의 작품이다. 「피생명몽록(皮生冥夢錄)」[28]은 임란(壬亂) 직후 가족의 시체를 미처 수장(收葬)치 못하는 비인도적인 참상과 관련하여 탐학한 지방관 이극신(李克信)의 비행과 포악한 성품을 난중유골(亂中遺骨)이 된 그 아비의 입을 통해 비난한 작품이다. 「강도몽유록(江都夢遊錄)」[29]은 병란(丙亂) 시 강화 함락의 원흉이라 할 수 있는 강화(江華) 유수(留守)와 조정대신들을 전란으로 희생된 그들의 부녀의 입을 통해 규탄한 작품이다.

이들 작품의 내용 및 작가의식에 대해서는 기왕의 소개가 있었기에[30] 여기서는 이들 작품에서 특히 문제가 될 수 있는 작가의식과 작품

27) 자료는 고대도서관 소장 한문 필사본.
28) 자료는 국립도서관 소장 한문 필사본.
29) 자료는 국립도서관 소장 한문 필사본.

구조 상의 차이만을 밝히고 이어 「원생몽유록」을 포함한 이들 작품이 가지는 유형적 공통성을 추출하기로 한다.

우선 지적할 수 있는 차이점으로 「원생몽유록」과는 달리 나머지 세 작품에서 작가가 문제삼고 있는 것은 당면한 시대의 특정 역사적 사건이라는 것이다. 따라서 부조리한 사태의 진상을 고발·폭로한다는 작가의 목적의식이 「원생몽유록」에 비해 보다 강하게 나타난다. 그러나 이 작품들에서 우리가 중시할 것은 이러한 작가의 의도 역시 「원생몽유록」과 마찬가지로, 목격담이란 형식 속에 극적 장면을 삽입한 몽유록의 허구적 서사형식에 의해 고양된 표현을 얻고 있다는 점이다. 목격담의 형식은 감추어진 사태의 진상을 드러내고자 하는 작가의 의도를 가장 효과적으로 수식할 수 있는 서사적 방안이며 무고하게 희생된 원혼의 등장은 사회적 부조리와 역사 과정의 모순을 가장 첨예하게 부각시킬 수 있는 극화의 방안인 것이다.[31]

다음, 보다 중요한 문제로, 작가의 사회적 입장에 따라 문제를 제기하는 작가의 의도와 태도가 다르고 그와 함께 작품구조도 조금씩 차이가 난다. 「원생몽유록」은 소외된 사대부의 입장에서 양반관료사회의 근본적 모순을 문제로 제기하면서도, 이를 해결할 가능성에 대한 전망이 서지 않았기에 모순을 규탄하다 말고 시를 통해 내적 화해를 시도했다. 집권 사대부에 대한 소외된 사대부의 비판으로 볼 수 있는 「피생명몽록」에서도 이런 점은 모두 마찬가지이다. 그런데 「원생몽유록」과는 달리 문제를 제기하는 작가의 태도가 비장하지 않고 해학적인 면이 있다. 천민 김검손(金儉孫)의 망령을 등장시켜 공격하려는 이극신의 또 다른

30) 서대석, 앞의 논문.

31) 그러나 허구 세계에 등장하는 사령이 부대상황의 부조리나 모순을 비판하기 위한 극화적 방편으로서 허구적·우의적 의미가 강한가 아니면 실세계에 존재했던 특정한 인물의 면모를 지시하는 측면이 강한가는 작품에 따라 차이가 있다. 「피생명몽록」의 경우는 허구적 성격이 두드러지고 「달천몽유록」의 경우는 그 반대다.

아비이며 극신의 어미와 운우의 정이 깊은 동포라고 주장케 하여 생부의 망령을 능욕하는 것이다. 적대적 현실을 간접적으로 조롱하고 경멸함으로써 사실상 극복할 수 없는 사회적 갈등을 의식 속에서 극복하고 있는 것이다. 「피생명몽록」과 마찬가지로 소외된 사대부의 입장에서 집권 사대부 세력을 비판한 「강도몽유록」에서는 그러나 이와 같은 시나 해학을 통한 내적 화해가 없다. 격렬한 규탄과 처절한 애소(哀訴)로 시종 일관하는 것이다. 또한 다른 작품과 달리 희생된 원혼들의 비탄을 위무하고 내적 화해에 기여하는 몽유자의 극중 개입이 배제되어 있다. 문제된 역사적 모순 또는 정치적 부조리는 혁파되어야 한다는 작가의 요구가 보다 절박하고 심각한 것이며, 집권층의 불의와 무능으로 인한 희생과 상처는 보상받을 길 없다는 것을 냉정히 고발하고 있는 것이다. 「달천몽유록」의 경우는 위의 세 작품과는 달리 집권 사대부에 의해 창작되었기 때문에[32] 여타 작품들의 유형적 공통성에서 어느 정도 벗어나 있다. 임란의 패전은 바로 작가 자신들에 의해 저질러진 일이므로 전황을 반성하고 패전과 전사를 한탄하기는 해도, 공격과 비난의 대상이 뚜렷이 없다. 오히려 고군분투와 진력충성에도 불구하고 패전의 책임을 도맡아야 하는 전몰 고혼(孤魂)들의 비장한 좌절이 서로에 의해 위무되며, 따라서 이 작품도 시연(詩宴)을 통한 내적 화해로 끝날 수밖에 없다. 제문(祭文)을 첨가한 결말이 말해 주듯이 이 작품의 의도는 전몰 영웅의 정충고절(精忠苦節)을 기리고, 그들의 고혼을 애도하면서 패전의 반성적 극복을 다짐하는 데에 있다.

이상과 같은 차이점에도 불구하고 우리는 이들 작품에서 이념제시형과는 구분·대조되는 이들 작품의 대체적인 유형적 특질을 추출할 수 있다.

32) 작가 윤계선(尹繼善)은 작품 서두에서 호서(湖西) 암행의 어명을 받고 내려가는 중임을 밝히고 있다.

첫째, 양반과료사회의 사회·역사적 모순을 정면으로 인식하고, 갈등 속에서 이를 비판·반성하고 있다는 점이다. 반동적·도피적인 '이념형'의 경우와는 달리 역사적 모순으로 인해 깊은 좌절을 체험했기 때문에 그것이 생존의 절박한 문제로 인식된 것이다.

둘째, 특정 사회·역사적 모순을 부정하기 위해 그러한 모순에 의해 희생된 자의 망령을 등장시켜, 이를 규탄하는 사건을 연출한다. 그리하여 부조리와 모순을 극적으로 부각시키고 현실의 심각한 문제로 제기한다.

셋째, 그러나 문제를 제기하고 모순의 해결을 심정적으로 요구할 뿐, 모순을 해결할 방도나 행동방식을 강구·제시하지 못한다. 깊은 좌절이나 모순을 극복할 전망이 서지 않기 때문에, 내적 갈등에서 시작해 내적 화해로 끝난다.

넷째, 이처럼 좌절과 모순을 극복할 전망이 없는 가운데 좌절된 자의 주관이 토로되고 있기 때문에, 작품의 분위기는 주정적(主情的)·비극적이다. 그리고 통속적·희극적·향락적인 '이념형'과는 달리 작가의 어조는 비장하고 공격적이며 윤리의식은 준열성을 띤다.

4. 장르적 성격과 소설사적 위치

몽유록의 장르적 성격과 그 소설사적 위치는 이상의 논의를 종합하는 가운데 개관될 수 있을 것이다. 앞에서 두 유형으로 논의해온 이들 작품들은 결국 ① 역사 과정과 역사적 사실에 대한 사대부들의 관심을 ② 몽유담(夢遊譚)이라는 허구적 서사 형식을 통해 표현했다는 공통성을 지닌다. ②의 성격을 중시할 때 몽유록은 「용궁부연록(龍宮赴宴錄)」 등 좌절된 사대부의 원망(願望)을 표현하는 전기적(傳奇的) 몽유담(또는 '몽유소설')의 한 변형으로 다루어질 수 있다.[33] 그러나 이와 같이 전기적 성격이 분명한 '이념제시형'과는 달리 변란에 희생된 사령의 원한이 하소연되는 '현실비판형'의 환상은 좌절된 민중의 한을 표현하는 원혼설화에 보다 가까운 연원을 둔 그 사대부적 변형이라 할 수 있다. 이처럼 그 발상과 서사구조를 달리하는 두 유형의 작품이 상호 영향을 수수하면서 '몽유록'이라는 통일적 명칭 아래 유행될 수 있었던 것은 ①의 특성이 ②를 경계하는 사대부의 의식의 지지를 받았기 때문이다.[34] 그러므로 이러한 특성을 중시하여 이들 작품을 여타의 몽유담(소설)들과 구분되는 독특한 유형으로 규정하자는 견해는 근본적으로 타당성을 지닌다.[35] 그러나 이러한 성격을 중시한 나머지 이들 작품이 일률적으로 객관적 사실을 전달하기 위한 교술문학이라 규정하고, 이들을 서사문학사에서 분리시키는 것은 관점의 차에 따라 재고해 볼 문제이다.

시화(詩話: 「대관재몽유록」), 경(經: 「사수몽유록」), 사(史: 「금화사몽유록」), 전(傳: 「원생몽유록」) 따위의 장르를 통해 이미 숙지하고 있는 사실들을 구태여 허구적 형식을 통해 재구하고 있는 작가의 의도는, 객관적 사실의 전달이 아니라 주관적 신념의 표현에 있다고 보아야 할 것이다. 즉 작가의 주관과 괴리된 채 전개되는 역사과정의 모순에 대항하여, 과거 또는 현재의 역사적 사실을 허구를 통해 변형시킴으로써, 이러한 괴리와 모순이 극복되어야 한다는 신념을 표현하는 것이다. 이념적 공동체를 구축하고 사령의 하소연을 듣는 허구적 사건은 이와 같은 작가의 이상과 의지가 투영된, 역사과정에 대한 '신념'을 행동적으로 표현하고 있다. 목격담 또는 전기적 여행담의 형식을 취하고 허구적 사건을

33) 장덕순, 「몽유록소고」(『동방학지』 4, 연대출판부, 1959)

34) 몽유록이 유행하게 된 것은 「원생몽유록」 이후로 볼 수 있으며, 「사수몽유록」과 「금화사몽유록」은 「원생몽유록」의 영향을 받고 창작되었으므로 「대관재몽유록」과는 달리 작품 후반이 시연(詩宴)으로 끝난다. 그러나 「원생몽유록」이 「대관재몽유록」의 영향을 받았다고는 볼 수 없다.

35) 서대석, 앞의 논문.

통해 작가의 주관을 피력하고 있는 이들 작품을 우리는 서사문학에 귀속시키지 않을 수 없는 것이다.

그러므로 우리는 몽유록이, 관료 집단의 분열과 대립 등 역사적 모순이 심화되던 조선중기 양반관료사회를 배경으로 하여, 주로 관료사회에서 소외된 사대부들의 사회적 갈등과 역사 과정에 대한 관심의 고조에서 유발된 사대부들의 독특한 서사유형이라고 규정할 수 있겠다. 허나 사대부의 독특한 서사유형으로서, 또는 나아가서 하나의 하위 장르로서 몽유록의 유형적 성격을 강조할 때 몽유록이 가지는 특이성이란, 현실의 경험 과정과 단절된 고인(故人)에 가탁하여 작가의 주관을 객관화하려한 그 서사적·허구적 성격의 한계에 있음도 명백하다.

따라서 당대 사회의 역사적 모순과 사대부들의 사회적 갈등에서 연유한 서사적·허구적 충동을 논외로 한다면, 몽유록이 창출·유행된 원인에 대해서는 다음 두 가지 측면에서 보완적 설명이 가능하다.

우선, 초월적·비현실적 체험을 서술하는 몽유담 일반의 출현 배경이기도 하겠지만, 사회·역사적 모순에도 불구하고 사대부들에게 이를 극복해 갈 방도가 개방돼 있지 않았던 양반관료사회의 폐쇄성과 사대부들의 깊은 좌절을 들 수 있겠다. 아울러 우리는 고인의 영령이 활화(活化)된 몽유록의 특이한 환상의 유래를, 주체와 객체의 분리를 의식하지 않고 외계에 실재하는 객체에 작가의 주관을 가탁해 온, 우언(寓言)이라는 사대부의 독특한 문예전통에서 찾아 볼 수 있다.36)

36) 앞에서 '현실비판형' 작품들이 원혼설화의 사대부적 변형이라 했는데, 그 변용의 방식은 바로 이 우언(寓言)이다. 원혼설화도 그 근본 발상은 이 같은 공감작용에 의한 것일 터이다. 한편 관점을 달리해 보면, 이들 작품에서 공감이 일어나는 대상은 인간이므로, 몽유록의 환상은 과거 전통에 대한 일체감과 집단적 좌절에 대한 공분(公憤)이라는 사대부들의 집단의식, 역사의식의 소산이라는 말도 된다. 작품에 표현된 이 같은 의식 내용은 전장에서 강조한 바 있으므로 여기에서는 그 표현방식에만 주목한다.

이처럼 몽유록은 양반 사대부들이 역사 과정에 대한 그들의 갈등과 신념을 표현하기 위해, 역사적 실재에 무관심한 허구적 서사유형[傳奇的 夢遊譚 · 冤魂說話]을 그들 나름의 고유한 사고방식과 표현방식에 의해 변형시킨 독특한 류의 작품이다. 그리하여 봉건관료사회 질서가 해체의 조짐을 드러내고, 이에 따라 소외된 사대부들의 역사과정에 대한 관심이 다변화되면서 더 이상 폐쇄적 사회 공간 속에 머물러 있을 수 없게 되자, 몽유록의 창작도 그 이상의 진전을 보지 못하고 만 것으로 보인다. 영웅소설과 결합한 「천궁몽유록(天宮夢遊錄)」과 「저마무전」(夢決楚漢訟)은 몽유록의 변질을 뜻하며, 이것은 또한 몽유록이 전통적인 사대부의식으로부터 멀어져 간 것을 뜻한다. 몽유록을 창작하던 소외된 사대부들의 작가의식은 사회변화에 따라 사대부들의 의식이 분화되면서 새로이 등장한 서사형식을 통해 표현되었을 것으로 추측된다.

5. 결어

몽유록은 역사 과정의 객관적 사실에 대한 관심과 작가의 주관적 이상 또는 의지를 실현하려는 욕구를 함께 표현하고 있으며, 이 두 가지 대립적 충동의 긴장 속에서 창작된 작품들이다. 본고에서는 후자의 측면을 중시하여 몽유록의 허구적 · 서사적 성격을 강조하고, 갈등하고 있는 작가의 역사의식을 규명해 보려 했다. 특히 「대관재몽유록」과 「원생몽유록」이 지니는 문학적 가치와 문학사적 비중을 중시하여 이들의 배경, 작가 의식 및 작품 구조를 상호 관련 하에 논의하고, 여기서 얻은 결론을 일반화하여 향락적 · 반동적 · 이념옹호적인 「대관재몽유록」계 작품들과 고발적 · 비극적 · 주정적인 「원생몽유록」계 작품들의 유형적 특질을 밝혔다. 그리고 이러한 논의를 종합하여 이들 작품이 사대부들에게 고유한 문학의식과 역사에 대한 관심 속에서 이루어진 독특한 서사유형이라는 점을 지적하고, 그 소설사적 관련을 살폈다.

이상에서 논의한 문제는 관점을 달리한 기왕의 연구에서도 부분적으로나마 언급되었던 것들이다. 기왕의 연구를 보완하는 입장에 있었으면서도, 바로 이 때문에 추상에 치우쳐 구체적인 작품 분석에 철저하지 못하고 논증에 소루했던 점을 반성하지 않을 수 없다. 아울러 몽유록의 문학사적 중요성을 사대부들의 독특한 문학형식이라는 데서 찾고 있으면서도, 한문사(漢文辭)의 천착을 통한 작품의 평가에 미급(未及)했다는 점을 시인하지 않을 수 없다.

사대부의 후예들인 개화기 지식인에 의해서도 몽유록은 창작되었다. 개화기의 몽유록은 민족적 위기의식 속에서 봉건사회의 제모순을 비판하는 한편, 식민 제국주의 침략에 대한 민족주의적 반동을 표현하고 있다. 따라서 우리는 이들 작품에서 조선시대 몽유록의 전통의 영향을 찾아 볼 수는 있다. 그러나 이들의 각 작품은 또한 그 작가의식이나 작품의 형식면에서 전대 몽유록에 비해 많은 변형을 보여주고 있어, 한 시대에 유행되었던 몽유록의 유형적 특성에서는 벗어난 것으로 볼 수 있다. 본고에서 이들 작품을 함께 다루지 않았던 이유는 여기에 있다.

몽유담의 우의적 전통과 개화기 몽유록

1. 서론

개화기를 과도기적 단계로 파악하려는 문학사적 관점으로 인해, 개화기 소설 작품의 구조나 형태에 대한 연구는 전대 소설과의 연속성 및 전통의 발전적 계승 여부를 늘 문제 삼아 왔었다.[1] 한편 이들 작품의 사상적 내용에 대한 근래의 연구는 정치·문화운동과 관련된 개화기 문학 일반의 역사적 성격으로 인해, 이른바 작가의 역사의식에 있어서 주체성과 정통성을 문제 삼게 되었다.[2]

'개화기 몽유록'이라는 이름 아래 본고에서 다루려는 몇 작품들이 근년에 주목받게 된 것도 우선은 역사의식과 관련된 작품의 사상적 가치에 대한 재인식 때문이었다.[3] 이들 작품에는 민족적 위기에 직면한 개

1) 전광용(全光鏞) 박사의 「신소설연구」(『사상계』, 1955.10～1956.11) 이래 이재선(『한국개화기소설연구』, 일조각, 1972), 조동일(『신소설의 문학사적 성격』, 한국문화연구소, 1973) 두 분의 연구를 대표적 예로 들 수 있겠다.

2) 신동욱, 「신소설에 반영된 신문화의 수용태도」(『동서문화』 4집, 계명대출판부, 1970) ; 이재선, 「개화기의 우국소설」(『개화기의 우국문학』, 신구문화사, 1974) ; 조동일, 「개화기문학의 개념과 특성」(『국어문학』 68·69 합, 1975)

3) 유원표(劉元杓)의 「몽견제갈량(夢見諸葛亮)」(隆熙 2년 廣學書鋪 발행), 박은식(朴殷植)의 「몽배금태조(夢拜金太祖)」(『朴殷植全集』 中, 단국대출판부, 1975, 187～

화기 지식인들의 고뇌와 함께 민족의 진로에 대한 그들의 소신이 폭넓고 자유롭게 표명되어 있는 것이다. 그러나 이들 작품이 '개화기 소설'의 범주와 소설사의 맥락 속에서 거론되기 위해서는 우선 이들 작품의 서술구조가 전대 소설사의 전통에 어떻게 접맥되어 있는가가 해명되어야 할 것이다.

본고에서는 이들 작품이 몽유록이라는 전대 형식을 수용하여 새로운 사상을 표현하는 과도기적 특수성을 뚜렷이 보여 주고 있음에 착안하여, 몽유록의 전통이 이들 작품에 어떻게 계승·변용되고 있는가를 형식사 또는 장르사의 측면에서 논의함으로써 이 문제에 접근해 보고자 한다. 즉 전대의 몽유록을 교훈적·우의적 성향이 강한 고대소설의 한 변형으로 보고, 몽유록의 서술구조와 개화기 작품의 구조를 상호관련하에 논의함으로써, 이들 작품의 구조적 특질과 소설사적 관련을 밝혀 보려 하는 것이다. 그러나 이와 같은 입론이 타당성을 얻기 위해서는 전대 몽유록 작품의 서술구조가 이를 분비한 소설사의 전통에 어떻게 접맥되는가를 밝히는 방법론적 단계가 필요할 것이다.

논의의 전개를 위해 앞질러 말해 두어야 할 것은 개화기 몽유록 각 작품의 구조는 전대 작품의 규범화된 유형적 공통성[4]으로부터 어느 정도 벗어나, 각기 독자적인 변형을 보여주고 있다는 것이다. 그러나 우리는 여기서 전대 소설들 중에는 일정 패턴으로 유형화된 몽유록 외에도 '몽유(夢遊; 꿈의 여행)' 모티프를 서사의 기본 구조로 삼고 있는 작품이 숱하다는 사실과, 개화기 문학 작품들 중에는 이들 몽유록계 작품 외에

---

312), 신채호(申采浩)의 「꿈하늘」(『丹齋 申采浩全集·補遺』, 형설출판사, 1975, 153~201면) 등 세 작품을 본고의 자료로 삼았다. 이들에 대한 기왕의 연구로는 윤명구(尹明求)의 「몽견제갈량고」(『우리문화』 5집 별책, 1975)와 이명재(李明宰)의 「단재소설고」(『연민 이가원 박사 육질송수기념논총』, 범학도서, 1977) 등이 있다.

4) 이에 대해서는 졸고, 「몽유록의 역사의식과 유형적 특질」(『관악어문연구』 2집, 서울대학교출판부, 1977) 참조.

도 「금수회의록」과 같은 우화나 교훈적인 개화가사의 일부도 몽유의 모티프를 작품 전개의 기본 틀로 삼고 있음을 상기할 필요가 있다. 이런 점을 고려할 때, 우리는 개화기 몽유록의 구조적 특질과 관련하여 몽유 모티프를 서사의 기본 구조로 삼고 있는 몽유담 형식의 전승 일반에 대해 다음과 같은 몇 가지 문제를 함께 생각해 볼 수 있다.

우리의 소설 전통 속에서 몽유의 모티프는 이야기의 전체 구조 속에서 주로 어떠한 의미와 기능을 지니며, 이를 통해 얻을 수 있는 표현 효과와 가능성은 어떤 것이었을까? 그것은 혹시 교훈적 목적의식과 자연스런 관련을 맺을 소지가 있었던 것은 아닐까? 개화기 작품들의 구조는 전대의 여러 작품에 비해 어떻게 변용되었으며, 이러한 작품 구조는 몽유라는 모티프와 어떻게 연관되고 있는가?

이상과 같은 문제는 몽유라는 모티프의 발상 및 서사적 구조원리, 서사문학 전통 속의 다양한 작품에 대해 광범위한 논의를 요구하는 것이므로, 필자의 능력으로 이 자리에서 간단하게 해명할 성질의 것은 아니다. 다만 본고에서 의도하는 바는, 몽유담이 전승 과정 가운데서 왜 몽유록과 같이 교훈적 목적의식이 강한 서사 양식으로 전화(轉化)되게 되었으며, 개화기의 작품들은 이러한 전통을 어떻게 계승·변용하고 있는가를 살펴봄으로써, 이들 작품의 구조와 소설사적 관련을 새롭게 검토해 보고자 할 따름이다.

그리고 이러한 전통 계승에 대한 논의가 다만 형식이나 구조의 측면에서 그칠 것이 아니라, 앞서 말한 또 다른 문제 즉, 작가의식 또는 사상적 내용과의 관련 속에서 이루어져야 한다는 것이 본고에서 지향하는 입론의 방향이다. 거꾸로 이들 작품의 사상적 내용을 따로 논의하는 자리에서도, 본고의 주된 관심은 몽유록 형식의 수용을 통해 표현될 수 있었던 사상적 특질이 무엇인가를 적출하는 데에 두고자 한다.

2. 몽유담(夢遊譚)의 우의적 전통과 몽유록

현실과 불화 속에서 안주하지 못하는 인간 심성은 새로운 세계의 체험을 소원한다. 상식적인 이론이지만 꿈은 이러한 인간 심성의 요구와 경험적 현실 사이의 갈등을 해소할 수 있는 원초적 방법이기에, 자고로 "서사적 모티프의 원천이 되어 왔었고 또 허구적 플롯의 출발에 많은 영향을 주어"온 것이다.[5] 그리고 새로운 체험을 향해, 자신과 화해할 수 있는 곳을 찾아 떠난다는 점에서 꿈은 일종의 여행에 비유되고, 따라서 몽유담은 일종의 여행담으로 간주될 수 있다.

꿈의 여행에서 얻어지는 체험은 그 자체가 이야기의 목적으로 추구될 수 있다. 예컨대 「용궁부연록」과 같은 작품에서 꿈의 여로는 주인공(또는 작가)이 처한 현실의 억압과 불안으로부터 자신을 구원할 수 있는, 그의 자유로운 삶의 가능성으로 추구된 것이다.[6]

그러나 꿈의 여행은 각성된 의식의 상태로 회귀하면서 끝나기 마련이다. 그러므로 몽중 체험은 때로 몽유담의 전체 구조 속에서 자체가 목적으로 추구되기 보다는 오히려 새롭게 각성된 의식에 도달하기 위한 하나의 과정 또는 단계로서 기능화되기도 한다. 예컨대 「구운몽」의 경우 주인공이 궁극적으로 추구한 것은 몽중의 편력이 아니라 이를 거쳐 새롭게 회복된 그의 본성이며, 영원하고 진실한 삶의 각성에 작품의 궁극적 목적인 주제가 놓여있는 것이다. 여기서 몽중 체험은 그러므로 주인공이 빠져든 정서적 불안과 의혹을 해결할 통찰력을 제공하는 일종의 변증법적 과정이나 계기로서 이해될 수 있다.[7]

---

5) 이재선, 위의 책, 249면.

6) 「옥루몽」 등 몽자류 소설도 이런 점에서 마찬가지일 것이다. 'quest romance'와 꿈과의 친근성에 대한 N. Frye의 설명(*Anatomy of Criticism*, Princeton University Press, 1973, p.193) 참조.

7) 「구운몽」의 몽유 체험이 갖는 변증법적 성격에 대해서는 김병국, 「구운몽연구」(『국

바로 이런 점에서, 즉 현실 경험에서 생긴 불안이나 문제를 해결·통찰할 수 있는 경험적 계기를 마련해 주면서도,[8] 실제의 삶(경험과정)을 온전히 유지시킬 수 있다는 점에서 몽유의 모티프는 교훈적 우의(寓意)의 손쉬운 방편이 된다. 이때 작가의 의식적인 주제와 기교는 불안의 해소라는 순수한 정서적·심리적 갈등 과정에 대응하여, 의문의 해소 또는 진실의 각성이라는 지적 체험의 요소를 다소간 개입시키는 것이다.[9] 예컨대 우리는 「구운몽」보다 훨씬 교훈적·지적 성향이 강한 작품으로 「남염부주지(南炎浮洲志)」를 볼 수 있다. 이 작품에서 주인공은 좌절과 갈등 속에서 방황하다가 꿈의 여행을 떠나는데, 그가 평소에 고민·갈등하던 모든 지적·철학적 문제는 몽중체험을 통해 남김없이 해명·각성되고 있다. 여기서 몽중세계는 왜곡되어 있는 현실세계의 혼미를 이에 비추어 수정·해결할 수 있는 궁극적 진리를 계시해 주고 있는 것이다.

역사적 모순 속에서 갈등에 처한 사대부들이 이러한 그들의 갈등과 역사과정에 대한 신념을 표현하기 위해 창출한 몽유록은, 몽유담의 형식이 내포할 수 있었던 이러한 우의적·지적 요소를 새롭게 강화·계승한 것이다. 우리는 꿈속에서 사자(死者; 故人)를 만나 그의 지식이나 예시를 구해 오는 몽유담의 특이한 유형을 익히 알고 있다. 과거 경험에 비추어 현실을 조명해 보고 미래를 예시(豫視)하는 것이 우리의 역사의식이라면, 고인과 만나는 몽유담이 이러한 역사의식과 결합할 소지

문학연구』 6집, 서울대 국문학연구회, 1968) 참조.

8) 이것은 '여행'의 모티프가 이야기 속에서 갖는 일반적인 의미와 기능이다. cf. *Myths & Motifs in Literature*, ed. by David J. Burrows & Frederic R. Lapids & John T. Shawcross, The Free Press, New York, 1973, p.135.

9) 서사구조 속에서 정서적·지적·모사적(模寫的) 등 제요소가 결합하는 방식에 대해서는 R. Kellog & R. Scholes, *The Nature of Narrative*, Oxford University Press, New York, 1966, ch.3·4 참조.

는 애초부터 지니고 있는 것이다. 과거 역사의 위인들을 모아 전통사회의 이념적 형태를 그린 몽유록 작품들에서[10] 몽중세계는 일면 현실 경험의 좌절과 불안을 보상하는 환상 자체의 향락적 추구를 목적하는 것이기도 하다. 그러나 역사 전통 속에서 추구된 이념세계는 또한 일면으로 각성된 의식 속에서 다시 만나는 현실세계가 도달해야 할 목적으로서, 또는 타락한 현사회가 이에 의해 수정되어야 할 변증법적 대립명제로서 제시되고 있는 것이다.[11] 그리고 우리는 이 작품들에서 몽유(夢遊)가, 상징적 · 심리적 차원에서는 절망과 불안 속에 퇴행하는 내면세계로의 여행임을 여기서 상기할 필요가 있다. 그리하여 이들 작품에서 전개되는 몽중세계는 역사적 시간이 절멸된 초월적 공간이며, 따라서 역사 전개의 이념을 추구하기 위해 동원된 역사적 제 사실은 그 객관적 · 구체적 실재성을 부분적으로 상실하고 관념적으로 추상된 상징적 의미를 띤다는 것을 지적할 수 있을 것이다.

이들 작품에 비해 「원생몽유록」 등 몇 작품[12]들에서 몽유는 심리적 차원에서 좌절과 불안, 절망으로 인한 사계(死界)로의 퇴행이라는 점은 동일하나, 몽유의 체험과정을 통해 혼란한 현실의 문제가 해결되기 보다는 오히려 정면으로 인식 · 각성되고 있다는 점에서 전자와는 구별되는 교훈을 주고 있다. 즉 부조리한 현실세계에 의해 부당하게 소외된 자(死者의 冤魂)들을 몽중세계에 등장시켜, 일상현실 속에 매몰되고 음폐된 진실을 고발 · 폭로케 하고 있는 것이다. 이들 작품에서 몽유의 모

10) 「대관재몽유록」 「사수몽유록」 「금화사몽유록」 등의 작품. 이들 작품의 환상은 사대부층의 분열과 타락에 대한 반동으로 이루어졌다. 졸고, 「몽유록의 역사적 의식과 유형적 특질」 참조.

11) 동서의 모든 유토피아의 꿈은 이와 같은 양면적 속성을 지니고 있을 것이다(cf. Arthur O. Lewis. Jr., "The Utopian Dream", *Directions in Literary Criticism*, ed. by S. Weintraub & Philip Young, The Pennsylvania State University Press, 1973, pp.192~200).

12) 「피생명몽록」 「달천몽유록」 「강도몽유록」 등의 작품.

티프는 그러므로 역사적 체험을 재생할 뿐 아니라, 인간사회에서 소외된 이계인을 불러들여 그들을 통해 현실사회의 부조리를 통찰·비판케 하는 시선을 제공하는 구실을 하는 것이다.

여기서 우리는 비록 꿈의 여행은 아니지만 환상적 여행이라는 점에서 그와 동질의 것으로 간주될 수 있는, 「토끼전」의 수궁여행을 상기해 볼 수 있다. 토끼의 수궁 방문—회귀는 그의 내면세계와 관련하여 볼 때, 욕망에의 깊은 침잠과 인간본성의 회복·강화 또는, 맹목적 욕망과 진실의 각성이라는 상징적 의미를 지닌다. 그러나 한편 토끼의 수궁여행을 그의 외부세계와 관련하여 볼 때, 그것은 소외자(서민)의 눈에 비친 부조리한 봉건사회의 희화가 되는 것이다.[13)]

3. 개화기 몽유록에서의 변용

이상에서 개관해 본 바로, 몽유담의 형식은 교훈적 목적의식을 가탁할 수 있는 우의적 성분을 다분히 포함하고 있으며, 이상의 제시나 사상의 전달, 현실의 비판이나 사실의 보고, 진실의 각성 등 다양한 방식으로 그 가능성이 전개되어 왔다. 따라서 이러한 몽유담의 형식이 우화나 풍자·논설 등 여타의 교훈적 문학 형식과 결합할 소지는 충분한 것이다.

「금수회의록(禽獸會議錄)」은 그 대표적인 예이다. 이 작품에 담겨진 세계는 황폐한 인간사회·세태가 풍자적으로 묘사·규탄되는 이른바 디스토피아의 세계이다. 몽유의 모티프는 여기서 인간사회의 이방인이라 할 수 있는 동물들을 불러들여 그들의 시선으로 가치 전도된 인간사

13) 「토끼전」의 풍자적 성격과 토끼 성격의 내적 발전에 대해서는 졸고, 「우화소설연구」(『국문학연구』 18집, 서울대 국문학연구회, 1972) 참조.

회의 부조리를 바라보게 하는 장치로 쓰이고 있다. 이처럼 동물에 의한 인간사회 비판은 한편 연암의 「호질(虎叱)」에로 그 전통의 맥이 소급될 수 있는데, 그 경우는 북곽(北郭)을 주인공으로 하는 풍자담과 호질의 장면을 조작된 극적 플롯을 통해 기묘하게 결합시킨 것이다. 몽유의 모티프는 이처럼 기묘한 플롯의 고안 없이도 손쉽게 동물과 인간사회를 결합시켜 풍자를 가능케 하고, 최소한의 허구적 구도를 마련할 수 있는 방편이 되는 것이다. 「경세종(警世鐘)」은 몽유에 의한 가탁 없이 직접 동물과 인간사회를 결합시키고 있는데, 이에 비해 몽유의 모티프를 액자로 이용한 「금수회의록」은 양자의 결합이 자연스럽다는 이점을 갖는다. 환상적 체험을 끌어들이는 액자적 장치로서 꿈은, 독자로 하여금 환상세계의 허구성과 유희성을 경멸하지 않고 그것을 자연스럽게 용납하게 하는 화해의 가교인 셈이며,[14] 환상에 진실성을 부여하는 수사적 방안인 것이다.

개화기 몽유록 세 작품은 전대의 몽유록과 마찬가지로, 역사적 모순에 처한 개화기 지식인들의 갈등과, 역사 과정에 대한 그들의 신념을 꿈에 가탁해서 피력하고 있다. 「몽견제갈량」과 「몽배금태조」는 서술자요 작가 자신인 몽유자가 작품 전면에 등장하여 전시대인과 토론을 벌이는 형식으로 작품 내용이 전개된다. 인물들의 대화를 통해 작가의 사상을 극화시키는 것은 전대 몽유록에서 부터 있어 오던 전통이나, 과거인과 현대인이 만나 당면한 역사적 현실을 두고 토론을 벌이는 것은 이들 작품에서 새롭게 변형된 양상이다. 이 중 「몽견제갈량」의 경우는 현대·개혁시대·조선인인 몽유자에 대립하여 과거·봉건시대·중국인인 제갈량(諸葛亮)을 허구 속에 끌어들이고, 양자의 상호 대화와 비판을 통해 한·중 양국이 당면한 역사적 제문제를 새롭게 이해해 가는 형식

14) Arthur O. Lewis, Jr., op.cit., p.194.

을 취하고 있다. 이에 반해 「몽배금태조」의 경우는 금태조를 민족사와 민족정신을 약진시킨 위인으로 허구 속에 설정하고, 그로 하여금 몽유자에게 민족사의 새로운 진로와 이념을 계도・각성시키는 형식을 취하고 있다.

이와 같은 작품 구조는 강화된 작가의 계몽적인 목적의식과 관련된 사실로서, 다수 인물의 등장과 갈등을 통해 극화된 환상세계를 몽유자가 향락・목도하는 전대 몽유록의 서사 구조와는 차이가 있다. 그러나 전대 몽유록과 마찬가지로 꿈을 통해서 과거인과 과거 역사를 현재인의 의식 속에 불러들이고 있으므로, 역사체험과 관련하는 전대 몽유록의 지적・교훈적 성분을 대화의 형식으로 확대・발전시킨 것이라 볼 수 있다. 그러나 또한 지적・교훈적 목적의식만이 너무 승해 대화와 설교로서 전 작품이 전개될 때, 서사적 성격은 극소화되어, 전대 몽유록에서 추구되어 오던 심미적 문학성과 극적 긴장감을 다분히 상실하고 있다. 「몽배금태조」에서 금태조는 토론과 대화를 매듭하는 대단원에서 몽유자를 이상적 교육국가로 안내하는데, 여기에서도 볼 수 있듯이 이들 작품은 전대 몽유록의 convention에 의해서만 그 서사적 성격을 유지할 수 있는 것이다.

이들 작품과는 달리 풍부한 비유 속에 다채로운 사건이 전개되는 「꿈하늘」은 개화기 몽유록의 압권이다. 삶・세계・역사를 지배하는 추상적 원리가 예컨대 서로 맞싸우는 두 손과 같이 비유적으로 형상되고 있는 이 작품은 몽유록의 형식이 내포하고 있는 우의적 성분을 활용하여, 이를 알레고리(협의의 개념으로서, 비유에 의해 관념세계를 형상하는 서사 양식)로 전환・계승하고 있는 것이다. 허구적 작품세계요 의식내면의 세계인 초월적 공간 '꿈하늘'과 여기에 등장하는 모든 역사적 사실과 인물들은 민족정신의 발양이라는 이념적・초월적・상징적 양상을 띠고 있으며, 이에 의해 전개되는 허구적 사건 역시 마찬가지로 비유적·상징적 의미를 지니는 것이다. 그리고 이 같은 작품세계는 궁극적으로 작가의 관념론적인 역사철학에서 유래한 것이지만,[15] 또한 일면으로는 「사수몽유록」과 같은 전대 몽유록의 우의적 전통을 발전적으로 계승한 것이라 볼 수 있다.

「몽배금태조」와 마찬가지로 이 작품에서는 역사의 원동력은 민족정신이라는 진리와, 이러한 진리에 입각해 새로운 역사를 개척해야 할 소명의 내적 각성이 강조된다. 한데 이러한 진리와 소명의 각성이 작품에서는 관념적·사변적 논리로서 얻어지는 것이 아니라, 몽유자 자신의 직접적인 체험과정을 통해 극적 긴장 속에서 심화되고 있다. 즉 단속적으로 진행되는 몽유자의 환상적 모험에서 각 사건은, 밖으로는 '영원한 과정'으로서 초월적 세계의 다양한 국면을 계시해 주며, 안으로는 이 새로운 세계에 부딪치며 진리와 소명을 각성해 가는 몽유자 자신의 내적 발전(내면의식의 변화)의 계기가 되는 것이다. 그리하여 작가 자신의 분신이자 평범한 모든 한민족(민중)의 전형인 주인공 '한놈'은, 진실의 충격에 울고 눈 돌리던 그의 약한 인간성과 모든 시련을 극복하고 '임의 나라'(민족의 이상향)에 도달하게 되는 성격의 발전을 보는 것이다. 이처럼 사건의 전개과정에 따라 주인공의 성격 또는 내심이 발전하는 이 작품의 구조는 그것이 이미 소설 형태에 가깝게 접맥되어 있음을 말해 준다 하겠다.

끝으로 우리는 여기서, '영원한 과정' 또는 영원한 세계로 제시되는 몽중세계(환상세계) 꿈하늘은 현실세계에 대립·배치되지 않고 오히려 그것과 융합·병렬되는 세계임을 주목해야 할 것이다. 나아가서 개화기의 작품 모두는 전대 몽유록 작품들과 달리, 꿈과 실제세계, 환상과 현

15) 작가 신채호에 의하면 역사란 "인간사회의 '我와 非我'의 투쟁이 시간부터 발전하며 공간부터 확대하는 심적 활동의 상태의 기록"이다. 신채호, 「조선사연구」, 『단재 신채호전집』 상권(을유문화사, 1972), 19면.

실 간의 대립 또는 이율배반적인 대조를 강조하지 않고 있다는 점을 여기서 주시할 필요가 있다. 「몽견제갈량」과 「몽배금태조」에서 강화된 작가의 교훈적 목적의식은 꿈의 진실성을 강조하면서, 꿈속의 인물에 가탁한 작가 자신의 주관(사상)이 현실 속에 반드시 실현되어야 할 것이라는 것을 독자에게 요구하고 있다. 꿈속의 세계 또는 내면세계가 다채롭게 극화되어 있는 「꿈하늘」의 경우, 몽유자의 체험 과정을 통해 제고되고 있는 환상의 진실성은, 객관적 현실세계에 못지않게 주관적 심성 또는 정신세계가 진실된 존재임을 강조하고 있다.

4. 개화기 몽유록의 역사의식

개화기 몽유록 세 작품은 연대적으로 애국계몽운동 · 의병전쟁 · 독립투쟁의 연장선상에 있으며,[16] 반봉건 개혁과 반외세 투쟁이라는 역사적 요청에 의해 씌어진 것이다. 과도기의 두 역사적 모순을 해결 · 극복하기 위한 지적 노력은 그 시대적 배경이나 지적 내용물에 있어 유사한 양상을 함축하고 있는 몽유록 형식을 사고와 표현 매체로 수용한 것이다. 그러나 역사적으로 볼 때 몽유록 형식은 폐쇄된 양반관료사회에 속하는 사대부들의 관념적 갈등에서 분비된 형식인데, 이를 수용하여 위의 두 역사적 모순을 해결하려한 개화기 작가들의 지적 노력은 필연적으로 과도기적 한계를 가질 수밖에 없는 것이다. 과도기의 사상으로서 이들 작품이 가지는 가치는 다각적으로 평가될 수 있겠으나, 여기서는 전대의 형식을 통해 표현될 수밖에 없었던 사상의 과도기적 한계 몇 가지를 지적함으로써 나머지 가치를 당연한 것으로 받아들이고자 한다.

16) 「몽배금태조」와 「꿈하늘」은 각각 1911년 · 1916년에 작가들의 중국 망명 중 씌어졌다.

우선 「꿈하늘」과 「몽배금태조」에서 볼 수 있는 바와 같이 민족적 좌절과 모순은 너무 심각하고 이를 극복해야 한다는 의지와 신념은 상대적으로 강화되기에, 역사를 파악하는 태도가 현실에 대한 반동 속에서 관념적 성향을 띠게 되었다는 점을 들 수 있다.[17)]

「꿈하늘」의 경우 이것은 작가가 사회·역사적 모순의 실상을 정확히 인식하고는 있으나, 모순의 해결 방안을 지속적으로 전개되는 객관적 현실 가운데서 냉엄하게 검토·파악할 여유가 없다는 점으로 나타난다. 그리하여 투쟁을 통해 모순을 극복하고 새로운 역사를 추진해 갈 민족(민중; 한놈)의 정신력 또는 의지만이 무한히 강조되기에 이르른다. 민족의 이상(임의 나라 : 독립)에 도달하기 위해서는 모든 현세적 욕망과 감정을 떨치고 극복해야 된다는 상징적 모험의 여로를 통해서도 이러한 작가의 사상은 단적인 표현을 보지만, '민중 직접혁명론'의 비유적 표현인 지옥의 순례 장면에서 이 점은 특히 두드러진다. 작가가 작중인물 을지문덕을 통해 "영계(靈界)는 육신의 영상"[18)]에 지나지 않음을 밝혀 현실과 배치되는 일체의 초월적 존재를 부정하면서도, 꿈하늘이라는 초월적 공간을 마련하여 현실과 또 다른 내면세계(정신세계)를 형상하게 된 것도 이런 점에서 이해될 수 있을 것이다.[19)]

유학의 철학전통에 깊이 뿌리박고 있는 백암(白巖)의 「몽배금태조」는 관념론적 성격이 보다 뚜렷하다.[20)] 반봉건적 개혁이 독립의 지름길

---

17) 두 작가의 민족사관이 지닌 관념론적 성향은 사상사의 면에서 다각도로 이해될 수 있을 것이나, 여기서는 두 작품이 지닌 내용과 전대 몽유록과의 공분모를 지적해 본 것이다.

18) 『단재 신채호전집·보유』, 159면.

19) 이 작품에 표현된 작가의 사상은 "我와 非我의 투쟁으로서의 역사"라는 그의 사관과 「조선혁명선언」의 비유적 압축이므로, 이 자리에서는 작품의 구조와 관련된 이상의 사실을 지적하는 것으로 그치려 한다.

20) 백암의 사상과 사관에 대해서는 이 작품만을 가지고 간단히 거론할 바가 못된다. 다만 이 작품이 공간되지 않은 문학작품이기 때문에 오히려 민족사에 대한 그의

이라는 것이 작가의 입장인데, 이 작품에서 그에게 지목된 개혁의 가장 큰 표적은 공허한 성리학의 관념과 누습 그리고 자비(自卑)·사대(事大) 정신이다. 이와 같이 작가가 관심을 두고 있는 것은 모순된 역사적 현실의 구체적 실상이 아니라, 주로 모순에 대처한 민족의 정신자세이다. 그리하여 모든 문제가 결국 '심(心)'의 묘용(妙用)과 쇄신으로 해결된다는 입장에서 이것의 본질을 밝히고 있다.[21] 모든 문제의 해결이 '심'에 달려 있다면 이러한 심성의 계발과 수련이 필요하다는 것은 당연한 귀결이다. 때문에 이 작품에 나타나는 바, 역사적 제모순을 해결하는 데 있어서 작가가 줄 수 있었던 가장 구체적이고 유일한 해답은 심성의 계발·수양과 지식의 계몽을 위한 교육(학교교육과 단체운동)이다.[22] 그리하여 작가는 이상적인 교육국가로 독자를 안내하면서 대단원을 맺고 있다.[23]

이러한 그의 교육론은 민족사를 파악하는 그의 사관에로 연결된다. 즉 조선의 역사를 이끌어 온 조선민족은 본시 천부의 자질을 가진 종족으로 단군 이래 여말까지 그 총명·민혜(敏慧)한 정신을 잃지 않고 있었으나, 조선조 이후 주자학이 가져 온 당쟁과 자비(自卑)·문약·태만·허위 등의 누습에 병들어 이러한 정신이 흐려졌다는 것이다.[24] 그러면 이러한 민족의 정신을 어떻게 되살려 침체한 민족사를 다시 약진시킬 것인가? 작가는 주자학의 누습에 물들지 않은 "하층사회"에서 민족정신의 부활을 기대한다.[25] 그러나 작가는 또 말하기를 조선의 인민

소신이 아무런 위장이나 이론적 분식(粉飾)없이 순연한 형태로 표명될 수 있었으리라는 관점이 설 수 있기에, 거론의 소지가 이 자리에서 마련되리라 본다.

21) 『박은식전집』, 266~9면.

22) 위의 책, 276, 280면, 286~290면.

23) 위의 책, 293~307면.

24) 위의 책, 272-3면, 290~292면.

25) 위의 책, 250~252면.

은 지배층의 학정에도 불구하고 그 압제에 눌려 복종할 뿐 이에 반항하여 타락한 역사 과정을 개혁할 진보적 용기와 역량이 부족하다고 말한다.[26] 이와 같이 작가는 현 단계에서 민족사의 주체를 민중으로 파악하면서도 그 역량을 신뢰하지 못하고 있다는 난국에 빠져든다. 작품에서 주장하는 개혁의 구체적 방향이 민중의 역량을 계도하고 민족성을 개조하는 교육에 쏠릴 수밖에 없었던 것도 이 때문이다.

이 작품의 근본 의도는 그러므로 민중을 교화시킬 수 있는 상층지식인을 독자 대상으로 삼고 그들에게 민족의 진로를 제시해 주는 데 있다 할 것이다. 「꿈하늘」과 달리 어려운 국한문혼용체로 작품이 씌어진 것도 이와 관련될 수 있는 사실이다.

이 밖에도 우리는 이상의 두 작품이 민족사의 위인들로 구축된 이상국이나 이상적 교육기구를 대단원에서 설정하고 있는 것을 볼 수 있는데, 당면한 역사과정에 대한 반동이라는 점에서 이것 역시 전대 몽유록과 형식 · 내용 양 측면에서 상통하는 점으로 볼 수 있다.

봉건관료사회의 이상형을 설정하는 전대 몽유록의 convention은 「몽견제갈량」에서 중국의 관제를 혁신할 이상적 관료기구를 설정하는 것으로 나타난다. 그러나 앞의 두 작품과는 달리 이 경우는 작가가 구한말 관료출신이었다는 데서 기인하는 현상이다. 작가는 중국과 한국이 전근대적 봉건관료사회의 잔재 때문에 발전하지 못하는 문화 · 역사적 공동체로 보고, 관료-지식인으로서 자신이 갖는 관료정치의 이상을 중국에 가탁하여 개진해 본 것이다. 사회 상층의 계몽을 목적하고 관료정치의 이상을 밝히기도 하지만, 개혁의 문제를 사회 상층 내부에서만 해

26) "(전략)··· 소이로 인민된 자는 관부에서 여하한 학정을 施할지라도 服從而已라 ···(중략)··· 然則 如此히 無骨無血한 인민을 安用가 自國 政府의 虐待를 反抗치 못하는 者가 엇지 他邦의 虐待를 不受ᄒᆞ며 ···(중략)··· 엇지 他族의 奴隷를 得免ᄒᆞ리오···" 위의 책, 262면.

결하려 생각했다는 점에서 관료 출신 작가의 역사 인식의 한계를 볼 수 있다. 일제의 유신을 선망 속에서 찬미하고 있는 작가의 논조 역시 이와 관련하여 이해되어야 할 성질의 것이다.

5. 결어

이상에서 본고는 꿈의 모티프에 의해 서사의 기본구조를 마련하는 몽유담의 전통과 몽유록, 개화기의 몽유록을 함께 놓고, 그 의미구조를 상호 관련 하에 논의해 보았다. 몽유의 환상적 체험과정은 새로운 진실을 각성하는 계기가 되기 때문에 몽유담은 소설사의 전통 속에서 우의적 · 교훈적 성분을 역사체험과 관련시켜, 작가의 역사의식을 피력하는 특수한 유형의 서술구조를 마련했다. 민족적 위기와 역사적 모순을 해결하기 위한 개화기 지식인들의 지적 노력은 이러한 몽유록의 우의적 · 교훈적 성격에 착안하여, 몽유록 형식을 자신들의 역사의식과 개혁 · 투쟁사상을 피력하는 도구로 수용했다. 「몽견제갈량」과 「몽배금태조」의 경우 강화된 작가의 교훈적 목적의식은 전대 몽유록이 전승해 오던 지적 · 교훈적 성분을 과거인과 현대인의 대화라는 형식으로 확장시키고, 민족사의 전개과정에 대한 그들의 소신을 이를 통해 폭넓고 자유롭게 표현했다. 그러나 극화와 서사를 벗어나 논설화되어 가는 대화 형식은 전대 몽유록의 서사구조를 희생시키고 이를 교훈적 주제로 대치하고 있다. '꿈하늘'은 이와 달리 전대 몽유록이 지니던 우의적 서사구조를 활용하여 이를 알레고리와 모험담의 형식으로 발전시키고, 민족사의 이상을 향해 투쟁해야 하는 민족적 의지 또는 민족정신의 각성을 촉구했다. 따라서 소설사의 맥락에서 볼 때 「꿈하늘」은 전대의 형식을 새로운 차원의 서사 양식으로 발전시킨 작품으로 평가될 수 있겠으나, 앞의 두 작품은 전대 형식의 convention을 차용하면서도 서사의 전통으로부터는 멀리 벗어나간 것으로 볼 수 있다.

그러나 우리는 이들 작품의 소설사적 또는 문학사적 가치를 형식론적 측면에서만 이야기할 수는 없다. 비록 관념론적 한계(또는 상층지식인·관료로서의 한계)를 완전히 벗어난 것은 아니나, 이들 작품의 작가들은 사회·역사적 현실의 객관적 실상을 비판적으로 인식하고, 문학작품을 통해 이를 독자들에게 각성시키고자 했다. 이와 같은 작가의 의식이 후대 작가의 리얼리즘 정신의 사상적 저류가 되었음을 우리는 높이 평가해야 할 것이다.

끝으로 우화와 우화소설이 같은 장르의 범주에 들 수 없듯이 전대의 몽유록과 개화기의 작품들이 같은 장르의 범주에서 논의될 성질의 것이 아님을 지적하고자 한다. 양자는 꿈의 모티프를 통해 작가의 역사의식을 피력하고 내적진실을 강조하는 등 몇 가지 공통점을 갖고 있기는 하다. 그러나 동일한 시대사회를 배경으로 하여 그 구조의 면에서 일정한 양식으로 유형화된 전대 몽유록에 비해, 개화기의 작품들은 작가의식의 변화에 따라 전대 작품들의 서술구조로부터 멀리 벗어나 각기 새롭고 독자적인 변형을 보여 주고 있기 때문이다. 그럼에도 불구하고 전대 형식의 잔재를 보여주는 과도기적 작품군으로서, '개화기 몽유록' 이라는 이름 아래 이들 작품이 문학사에서 함께 거론될 소지는 충분하다고 본다.

「원생몽유록(元生夢遊錄)」 연구

1. 문제 제기

백호(白湖) 임제(林悌)의 저작으로 전해지는[1] 「원생몽유록(元生夢遊錄)」은 동일한 작가의 작품 「수성지(愁城誌)」, 「화사(花史)」와 함께 이조 전기의 소설사에 특수한 위치를 점하고 있는 작품이다. 작품은 허구적 주인공 원생(元生)이 역적의 누명을 쓰고 죽은 사육신(死六臣)과 단종(端宗)의 원혼(冤魂)을 꿈속에서 만나 시연(詩宴)을 나누고 돌아왔었다는 이야기를 마치 실제 일어났던 사건처럼 기술하는 형식으로 되어있다. 이처럼 환상적인 허구와 실제 사실을 교묘하게 결합시킨 이야기를 통해 작가는 자신의 울분에 찬 심사를 토로하고 특정한 역사・철학적 문제를 제기하고 있는 것이다. 그러므로 이 작품은 한문학의 고전적 문체 개념으로 보면 '우언(寓言)' 혹은 실사(實事)를 기술하는 기사체(記事體) 문장 '록(錄)'의 별체(別體)요, 오늘날의 장르 개념으로 보면 '소설'에

1) 이 작품의 작가에 대해서는 종래 이론이 분분하였으나 황패강 교수의 논문(「원생몽유록과 임제 문학」, 『한국서사문학의 연구』, 단대출판부, 1972)에서도 밝혀진 바와 같이 임백호의 저작으로 보아 틀림없을 것 같다. 이에 대해서는 본론에서 다시 확인키로 한다.

가까운 작품으로서 전기소설(傳奇小說)의 별체라고도 볼 수 있다.

작품은 현재 여러 가지 종류의 수많은 이본이 전해져 내려오고 있고 숙종(肅宗) 당시에는 어람(御覽)을 거쳐 능지(陵誌)에 수록되기까지 했던 사실로[2] 미루어 보아 백호 당대와 후대의 독서인[士大夫]들에게 큰 반향을 불러일으켰던 것을 알 수 있다. 이 작품이 이처럼 일찍부터 이조 사대부들에게 주목을 받았던 것은 우선, 작품의 내용 자체가 당시 사대부들의 상식을 뒤엎고 금기의 벽을 깨트릴 만큼 충격적인 사상과 발언을 담고 있었기 때문이었다.[3] 뿐만 아니라 전통적인 문예 개념이나 문체에 사로잡혀 있던 당시 독서인들에게 있어 이 작품은 한 개의 기이한 문자·별종의 문체로서 읽혀졌으니, 실사를 다루고 있으면서도 전통적 문예의식의 제약을 벗어나 소설적 허구를 가미하고 있는 작품의 특이한 형식이나 구조 자체가 그들의 흥미를 끌었던 것이다.

사대부층에게 신선한 충격을 주면서도 정통문학으로서 대접을 받지 못하였던 이 작품의 사상적 내용과 문예적 형식의 독창성은 근대의 문학사가·연구자들의 새로운 시각에 의해 재조명되었다. 탁월한 시인이기도 했던 백호에 대한 작가론적 관심과 문학사적 시각을 통해 이루어진 근래의 연구는 주로 이 작품에 표현된 작가의 사상 또는 작품의 주제를 이해하는 데 진경(進境)을 보이고 있다. 특히 진지한 문헌고증을 통해 「원생몽유록」의 작가가 임백호임을 확인해 준 황패강 교수의 논문은 이 작품의 주제가 "합리적으로 해석할 수 없는 인간사회의 부조리를 형이상학적으로 파악"한 데 있다고 보고 「수성지」와 함께 이 작품이

2) 『백호문집』 4권에 실린 「원생몽유록」의 부기(附記) 및 『장릉지(莊陵誌)』(국립도서관 소장) 참조.

3) 이 작품이 문제 삼고 있는 사육신의 단종 복위운동 사건은 작품이 창작되던 당시까지만 해도 금기[諱事]로 되어 있었으며, 숙종의 어람을 거칠 당시 작품의 과격한 표현 일부는 자구 상의 개삭(改削)을 당했다고도 한다. 이에 대해서는 본론에서 상론키로 한다.

지니고 있는 형이상학적 주제의식을 주목하였다.[4] 비슷한 시기에 임형택 교수는 이조 전기 한문학사를 약술하는 글에서 이 작품의 중심 주제가 "봉건 이념과 역사 현실과의 괴리"를 문제삼은 데 있다고 하는, 짧막한 논진이지만 역사적 통찰을 얻은 견해를 제시하였다.[5]

이 작품의 주제나 사상적 내용에 관한 한 이제 본고에 남겨진 과제는 기왕의 형이상학적·역사적 통찰을 수렴하면서 필요한 보완과 수정을 가하는 일이다. 단, 논의를 좀 더 진전시키기 위해서 우리는 작가가 당면하고 있는 현실세계나 역사 과정이 이 작품을 통해 어떻게 인식·반영되고 있는가 하는 문제를 좀 더 구체적으로 검토할 필요가 있다. 따라서 본고는 작품을 자족적 실체나 자폐적 구조물로만 보지 않고 현실과의 갈등 속에 운동하는 작가의 의식이나 사상의 흐름 전체 속에서 이해하고자 한다. 작품 외적 사실에 기초한 작품의 의미구조가 우리에게 이미 이러한 방법론을 요구하고 있다.

그러나 작품 속에 내포된 작가 의식이나 사상의 실체에 접근하기 위해서는 무엇보다도 작품 자체의 문맥이나 구조에 대한 보다 면밀한 검토가 요구된다. 그런데 「원생몽유록」의 경우 작가에 대한 시비를 일으켰던 등장인물(元子虛·海月居士)의 실존성 여부와 함께 이본마다 각기 다르게 되어있는 작품 말미의 어느 부분까지를 원전의 문맥으로 확정시킬 것인가 하는 원전비평상의 문제가 아직 남아 있다.[6] 이제 본고에서는 작품 외적 전거와 작품 내적 문맥의 분석을 통해 이런 문제를 다시 한 번 해명해야 할 것이다.

---

4) 황패강, 앞의 논문, 331~335면.

5) 임형택, 「이조 전기의 사대부 문학」(『한국사』 11, 국사편찬위원회, 1974 및 『한국문학사의 시각』, 창작과 비평사, 1984)

6) 이 문제를 다룬 논문으로는 장덕순 님의 「몽유록 소고」(『국어국문학』 20, 1959), 이가원 님의 「몽유록의 작자 소고」(『국어국문학』 23집, 1960) 및 황패강 님의 상게 논문이 있다.

한편, 이 작품의 서사 형식이나 구조면의 특성에 대한 논의는 이제까지 주로 이 작품의 아류작이나 동일계의 작품군 즉 몽유록계 소설의 유형적·양식적 원리를 추출하는 작업을 통해 진행되어 왔다.[7] 그러나 이러한 논의는 현실을 인식·반영하는 형식을 그 내용과 불가분의 것으로, 양식적 원리를 그 기초가 되는 사회·역사적 배경 조건과 관련지어 설명할 때 내실을 갖출 수 있는 것이다. 본고는 작품론을 목적으로 하기 때문에 이 문제를 깊이 다루지 않는다. 그러나 과거의 역사적 사건이나 인물을 환상적 허구 세계 속에 끌어들이고 있는 이 작품의 우언적 구조나 형식상의 특징을 사회·역사적 현실로부터 소외된 사대부 작가의 자의식과 관련시켜 설명하고자 하며 작품을 분석하는 과정에서 앞서 말한 작품의 구조나 형식을 그 내용 즉 작품을 통해 인식·반영된 현실 세계의 양상이나 혹은 작가의 역사관·현실관 따위와 상호관련하에 고찰하고자 한다.

2. 원전비평(原典批評) 상의 문제

「원생몽유록」은 허구적 주인공이 환상 속에서 역사적 실존 인물을 만나는 사건의 결구를 통해 역사적 사실과 허구를 교묘하게 결합시키고 있는 작품이다. 그러나 실재했던 역사적 인물이나 사실은 허구적 작품 세계 속에 충분히 극화되지 않은 채 제시되고 있기 때문에 작품 외적 사실에 대한 사전 지식 없이 작품 자체의 문맥만으로는 그 의미나 내용을 파악하기란 불가능하다. 즉 주인공 원자허가 꿈속에서 사육신과

---

7) 이 문제를 다룬 논문으로는 장덕순 님의 상게 논문과 차용주 님의 「몽유록과 몽자류 소설의 同異에 의한 고찰」(『청주여사대논문집』 3, 1974), 서대석 님의 「몽유록의 장르적 성격과 문학사적 의의」(『한국학논문집』 3, 계명대, 1975) 및 졸고, 「몽유록의 역사의식과 유형적 특질」(『관악어문연구』 2, 서울대 국문과, 1977) 등이 있다.

단종 등의 원혼을 만나 과거사를 회고하며 시회를 갖는 허구적 사건이 작품 속에 전개되지만, 이 역사적 인물들의 생애나 그들이 연루돼 있는 사건에 대한 충분한 지식 없이는 그들의 대화나 논쟁, 시 따위를 독자는 전혀 이해할 수가 없는 것이다. 그런데도 작가는 등장하는 역사적 인물을 그 이름도 밝히지 않은 채 마치 정체불명의 인물들처럼 묘사·제시하고 있는 것이 이 작품의 특색이다.

이와 같이 특이한 작품 구조는 작품이 씌어진 당대의 특수한 역사적 사정과 관련된 사실로서 이에 대해서는 따로 설명이 필요하다. 여기서 우선 살펴보고자 하는 것은 이 까다로운 의미 구조상의 특질 때문에 이 작품은 수백 년 동안 독자들에게 여러 가지 해석상의 문제를 일으켜 오고 마침내는 원전을 훼손하는 혼란을 일으키게까지 된 사정이다.

그 중 하나가 허구적 주인공 '元子虛'를 역사적 실존 인물 원호(元昊)로 오해하고, 그를 작가라고까지 착각하게 된 혼란이다. 이와 같은 오해와 착란은 무엇보다도 사실과 허구가 결합된 작품구조를 잘못 이해한 데서 비롯된 것이지만, 원호의 자(字)가 자허(子虛)인데다가 그가 능히 사육신의 원혼을 꿈속에서 만날 수 있는 인물이었다는 점 때문에 일어난 착오이기도 했다. 그리하여 원호의 후인들은 이 작품이 원호가 실제로 겪은 꿈 이야기를 자술한 것으로 보고 그의 문집에 싣기도 하였으며,[8] 어떤 야사집의 편찬자는 이 작품을 수록하면서 백호의 저작임을 명기하면서도 작중 인물 원자허는 바로 원호라고 못 박기도 하였다.[9]

---

8) 이에 대해서는 이가원 님의 앞의 논문 및 원호의 문집 『관란유고(觀瀾遺稿)』 참조.

9) 『청야만집(青野謾集)』 권2(국립도서관소장본, 동국대 한국문학연구소 간행 『한국문헌설화전집』 9권에 영인 수록) 참조. 이 야사집은 영조 15년에 이희겸(李喜謙)이란 이가 편찬한 것인데 여기에 실린 「원생몽유록」은 "元昊字子虛慷慨士也…"로 시작되어 "…子虛亦驚悟乃一夢也"로 끝나고 '林悌所記'라는 부기(附記)가 붙어 있다. 다른 이본의 경우 작품의 첫머리는 대개 "世有元子虛者慷慨士也…"로 시작되고 있다.

그러나 이와 같은 문헌상의 기록은 그 자체가 사실과 허구가 결합된 이 원작의 작품 구조를 오독한 데서 빚어진 결과이므로 믿을 만한 것이 못된다. 기왕의 연구에서도 밝혀졌듯이, 원자허가 원호이거나 작가가 원호일 수 없음은 작품의 내용 자체가 이미 이를 증명하고 있다.[10)]

'子虛'라는 허구적 주인공의 명칭은 본시 사마상여(司馬相如)의 우언 「자허부(子虛賦)」에서 나온 것이다. 사마상여는 이 글 속에서 '자허(子虛)' '오유선생(烏有先生)' '무시공(無是公)'이라는 세 명의 허구적 인물을 등장시키고 그들의 대화를 통해 천자의 治道를 밝히고자 했던 것이다. 한데 여기에 등장하는 세 인물의 이름 가운데 子·先生·公 등은 모두 존칭대명사요 虛·烏有·無是 등은 모두 '이런 자는 없다'는 뜻을 나타내는 말로서 결국 세 인물은 모두 허구적 인물에 지나지 않음을 강조하는 뜻으로 작가는 이런 이름을 지어 썼던 것이다. 「원생몽유록」의 작가 백호는 이 '子虛'라는 이름에 '元'이라는 성을 붙여 '본시부터 없는 사람' 즉 허구적 인물이라는 점을 다시 한 번 강조한 것이다. 그러나 작가 백호라고 하여 원호의 자가 '子虛'임을 몰랐을 리 없었을 것이다. 필자의 생각으로는 '元子虛'라는 이름은 일면 허구적 인물임을 강

---

10) 이가원 교수는 앞의 논문에서 『관란유고』의 부기에 의거하여 작품의 주인공 원자허는 원호이며 작품 속에서 자허를 꿈속의 이계로 안내하는 '복건자(幅巾者)'는 원호의 친우 烟村 崔德之라고 주장하고 있다. 여러 이본의 주석에 복건자는 秋江 南孝溫이라고 명기되어 있으나 원호의 생몰연대가 남효온보다 훨씬 앞서고 있는데 반해 꿈속의 이계에서 시회를 벌이는 극중 인물들의 座次는 복건자 아랫자리에 원자허가 배석되어 있다는 사실을 지적하면서, 이같은 작품 내적 사실이 복건자가 남효온이 아니라 최덕지임을 증명하고 있다고 주장하고 있다. 그러나 이러한 주장은 「관란유고」의 부기를 그대로 믿어 원자허=원호라는 사실을 전제할 때 나올 수 있는 것이다. 그러므로 원자허가 원호가 아니라고 보는 황 교수는 앞의 논문에서 원호와 최덕지가 친우지간이라면 어찌하여 작품 속의 원자허가 복건자를 생면부지의 인물로 대하고 있는가 하는 의문을 던지면서 원자허=원호, 복건자=최덕지라는 이가원 교수의 설을 전적으로 부인하였다, 여러 말할 것 없이 복건자의 음시(吟詩) 가운데 "一篇野史堪傳後 千載應爲善惡師"라는 한 구절은 복건자가 「六臣傳」을 쓴 남효온임을 증명하고 있다.

조하면서도 일면 그의 성격 창조를 위해 실존인물 원호의 인상이 여기에 겹치도록 하는 이중효과를 노린 일종의 트릭으로 붙여진 이름이다. 원자허를 원호로 오인하게 된 고래의 착각은 물론 이러한 작가의 트릭에 독자가 즐겨 넘어갔기 때문일 것이다.

그런데 이 경우와 비슷하게, 세월이 흐르는 동안에 원전을 해석하는 시각에 또 한 번의 중대한 혼란이 일어나게 되었으니, 이번의 경우는 작품의 말미에서 원자허의 꿈 이야기를 듣고 이에 대해 논평을 가하고 시를 지어 부치는 작중 인물 '海月居士'를 실존인물로 오인하게 된 것이다. 작품 속에서 '子虛之友'라고 소개되는 이 '海月'은 이본에 따라서는 '梅月'로 되어 있고 작품 말미에 '戊辰仲秋 海(梅)月居士志'라는 부기가 붙어 있어, 이 작품의 작가가 원호의 친구 매월당(梅月堂) 김시습(金時習)이라는 견해도 피력된 바 있다.11)

한편 이 견해와 함께 작가=원호 설을 다 함께 부인한 황패강 교수의 앞의 논문은 작가=백호라는 견해를 재확인하면서 '海月居士'가 백호와 동시대를 살았던 황여일(黃汝一)이라는 설을 강력하게 주장하였다. 그리고 그 근거로서 황여일의 호가 '海月'이며 이 황해월의 문집에는 「원생몽유록」에 나오는 해월거사의 시와 논평이 '題林白湖元生夢遊錄', '書林白湖元生夢遊錄後'라는 제목으로 각기 수록되어 있고, 이유원(李裕元)이 찬(撰)한 황해월의 신도비명(神道碑銘) 병서(幷序)에도 황해월이 「원생몽유록」에 제(題)와 발(跋)을 붙인 사실을 기술하고 있다는 사실 등을 들고 있다.

이상의 문헌적 사실에 의거하는 한, 해월거사=황여일이라는 황 교수의 논단은 털끝만치도 의심할 소지가 없다. 그러나 만약 서상한 문헌적 사실이 믿을 수 없는 것이라면 어찌될 것인가? 마치 원호의 후인들이

11) 장덕순, 앞의 논문. 그러나 원자허가 원호가 아닌 이상 자허의 벗 매월거사가 매월당이라는 등식도 성립되기 어렵다.

원자허를 원호라고 즐겨 오인했던 것처럼 원작의 허구적 인물 '해월거사'를 황해월의 후인들이 즐겨 그들의 선인이라고 오인하고 이를 그의 문집에 실었다면?

여기서 우리는 우선 황 교수가 전거로 삼았던 해월문집이 「원생몽유록」이 창작되었던 연대(백호 생몰 연대)보다 근 200년이나 뒤(영조 52년; 1776년)에 간행되었다는 사실에 유의하지 않을 수 없다. 이 200년 동안 「원생몽유록」은 독서계에 파문을 던지며 널리 유포되고 단종의 복위가 이루어지는 숙종 때에는 어람을 거치며 능지에 수록되기도 하였으니, 「해월문집」이 간행된 시기에 「원생몽유록」은 이미 작가 백호의 탁월한 기개, 높은 문명(文名)과 더불어 사대부 사회 속에서 큰 성가를 누릴 수 있었던 것이다. 따라서 200년 뒤의 후인들이 황해월의 문집을 간행할 때 이 성가 높은 작품 속에 선인의 호가 끼어 있음을 눈여겨보고, 이를 선인의 저작이라고 즐겨 추단하면서 그의 문집에 떼어 실음으로써 선인의 명망을 한층 높이고자 했음은 어렵잖게 짐작할 수 있는 일이다. 이렇게 볼 때 이유원의 「신도비명 병서」도 결국 해월을 높이려는 의도 때문에 전대의 실정을 명확히 알지 못하면서 성급하게 내린 후인의 추단에서 별로 벗어나지 못하는 글로 여겨진다.

물론 황해월 자신은 기개와 문명이 높은 인물이었고 백호와 교우를 가지기도 했었을 것이다. 그러나 이 「원생몽유록」은 당시의 국휘(國諱)를 건드리는 위언(危言)과 격론을 담고 있는 까닭에, 작가부터도 스스로 자기 이름을 밝혀 적을 수 없었으며[12] 필화를 두려워한 편찬자의 기휘

12) 「원생몽유록」의 몇몇 이본의 말미에는 '白湖所記'라는 부기가 붙어 있다. 그러나 이 부기는 작가 스스로 자신의 이름을 밝힌 것이 아니라 전사자(轉寫者)나 후인들이 원작자가 백호임을 밝힌 주석이다. 여타의 많은 이본에는 대개 권두에 '白湖著'가 명기되어 있으며, 이 역시 후인이 밝혀 적은 것이다. 뒤에 다시 상론하겠지만 선조 당시에 이런 글을 쓴 사람이 누구라고 밝혀지면 국형(國刑)에 처해질 위험이 있었으며, 그럼에도 불구하고 백호 자신이 스스로 상례를 깨트리며 단편적인 글의

(忌諱) 때문에 그의 문집에도 실리지 못했던 작품이다.[13] 이처럼 작가 자신부터도 스스로 자기 이름을 밝혀 적을 수 없었던 작품의 말미에 감히 자신의 명호(名號)를 밝히면서 題·跋을 붙이는 인물이라면 백호와 더불어 생사고락을 같이 할 정도의 친교가 있어야 할 것이다. 그러나 우리는 백호의 행적을 알려 주는 어떤 글에서도 황해월이 백호와 친교를 맺었다는 일언척자(一言隻字)의 기록도 발견할 수가 없다.[14] 더구나 문제는 황해월이 백호와 깊은 친교를 맺었느냐는 사실이[15] 아니라, 작가는 물론 작중인물의 명호조차 은휘하고 있는 작품의 말미에 그가 어찌 자신의 명호를 밝혀 적을 수 있었겠느냐는 점이다. 그런데도 특정 이본에 표기된 '戊辰仲秋 海月居士志'라는 부기를 그대로 인정하여 이 작품이 백호 20세(선조 원년 1586년) 때의 저작이며 13세 된 황해월이 이 때 작품을 읽고 제·발을 붙인 것으로 본다면 이는 상식에 어긋나는

말미에 감히 자기 이름을 밝혀 적었다면 이는 목숨까지 건 모험이었을 것이다.

13) 『백호문집』을 찬집한 사람은 백사(白沙) 이항복(李恒福)이며, 그는 백호의 종제(從弟) 임서(林惰)와 신중한 토론 끝에 작품을 엄선하여 문집을 편찬했다고 전한다(林惰, 『白湖文集』 跋 참조). 또 문집을 재간한 후인들의 부기에 의하면 당시의 국휘(國諱)를 다치지 않기 위해 백사는 이 「원생몽유록」을 원집에 싣지 않았는데, 원집이 불타버린 후 후인들이 재간하면서 이 작품을 문집에 실었다 한다.

14) 단, 해월 측의 기록인 그의 문집이나 이유원의 「신도비명 병서」 등은 예외이다. 그러나 이 기록들이 믿을 수 없는 후인들의 자의적·추단적인 기술임은 앞서 말한 바대로다. 백호 측의 기록, 예컨대 그의 묘표음기(墓表陰記) 등이 전하는 바로는 백호의 지기(志氣)를 이해하고 서로 허락한 사람은 허봉(許篈)·이이(李珥)·양사언(楊士彦) 등 몇 사람에 지나지 않았으며, 백호문집에는 그가 여러 인물들과 수창(酬唱)한 시가 실려 있으나 황해월의 이름은 보이지 않는다.

15) 이에 관해서도 黃海月이 車五山·林白湖와 더불어 "並驅於一世"했다는 李象靖의 기록(『해월문집』 서문) 등(李光庭의 「해월묘지명」, 이유원의 「신도비명 병서」도 비슷한 사실을 기록하고 있다)에 의거해 백호와 해월이 지기지분(知己之分)을 맺고 있었으리라 추측하는 황 교수의 추론은 저윽이 의심스러운 바 있다. 황해월이 임백호·차오산과 더불어 丁丑의 大科에 합격하고 성균관에서 수학했다 해도 백호와 해월은 연배가 7년 이상 차이가 있는데다가 당시에 이미 혁혁한 문명을 날리고 있던 두 사람과 황해월은 아직 어깨를 나란히 한다든가 흉금을 털어 놓을 처지는 아니었던 것이다.

추론이 될 것이다.[16] 작품 내용으로 보아 「원생몽유록」은 백호로서도 그 사상이 20세보다는 좀 더 원숙해지고 역사 현실과의 갈등도 좀 더 깊어졌을 시기에 나올 수 있는 것이다.

그렇다면 '해월거사'는 누구인가? '무진중추 해월거사지'라는 부기가 믿을 수 없는 허구이듯[17] '해월거사'란 인물은 애당초 작가에 의해 허구된 가공적 인물로 보아야 한다. 해면(海面)에 비친 달그림자는 실체 없는 허상에 불과하며 '원자허' '무시공' '오유선생'과 마찬가지로 '해월거사'는 허구적·가공적 성격을 강조하는 이름인 것이다.[18] '자허지우 해월거사'라는 말도 이렇게 해서 성립되는 것이니 허구적 인물 '원자허'의 벗이 어찌 실존 인물이 될 수 있겠는가? "子虛之友 海月居士…"라는 말로 교묘하게 이어지는 말미의 작품 구성은 이렇게 보면 당초부터 허구적 통일성을 완전히 갖추고 있는 것이다.

---

16) 뒤에 다시 상론하겠지만 단종 복위운동의 실패에 대해 비분강개를 마지않는 원생의 꿈 이야기를 듣고 이를 형이상학적·역사철학적 문제와 결부시켜 작품의 주제를 확대·심화시키고 있는 것이 이 작품 속의 해월거사의 해설(논평)이다. 황여일이 아무리 신동이라 한들 13세에 어찌 능히 '居士'를 자처하면서 형이상학적·역사철학적 문제를 심각하게 제기하여 작품의 주제를 심화시킬 수 있겠는가? 또한 그가 아무리 의기 높은 신동(이 말 자체가 모순이지만)이라 한들 13세에 어찌 능히 국휘를 깨트리는 위언·격론의 책임을 자담하고 나설 수 있겠는가? 황 교수의 조사에 의하면 황여일은 경북 울진 출생으로 13세까지 향리에서 수학하고 14세에 鄕試에 입격했다(황패강, 전게 논문, 295면 참조). 이 때 백호는 羅州(會津) 향리에서 과업을 닦고 있었으니, 이 戊辰년에는 두 사람이 상면했을 리 만무한 것이다.

17) 상술한대로 이 구절이 없는 이본도 많다.

18) '해월거사'가 '원자허'나 마찬가지로 허구적 성격을 강조하는 이름이라는 본고의 논진은 우전(雨田) 신호열(辛鎬烈) 선생의 교시에 힘입은 것이다. 필자는 몇 년 전에 「몽유록의 유형적 특질과 역사의식」(『관악어문연구』 2집, 1977)이란 논문에서 선생의 자문을 얻어 '海月居士'를 허구적 인물로 보아야 한다는 사실을 지적한 바 있다. 그러나 이 글은 「원생몽유록」의 작품론을 목적으로 한 글이 아니었으므로 단지 이 사실을 간단히 지적했을 뿐 충분하게 논증하지 못했다. 이번 기회에 선생의 교시에 의거해 이 문제에 대해 본격적으로 논의함으로써 원전의 오독으로부터 시작되어 작가에 대한 시비로까지 번졌던 고래의 혼란을 바로잡고자 한다.

그런데 현전하는 「원생몽유록」의 이본들 가운데는 이 후미(後尾)부분을 각기 달리하고 있는 네 가지 종류의 이본류가 있다.[19] 그 하나는 '자허지우 해월거사…' 이하가 모두 생략된 채 주인공 원자허가 꿈을 깬 상황에서 "子虛驚悟則乃一夢也"로 작품이 끝나는 것이다.[20] 이들 이본은 대개 야사집에 채록된 것이어서, 작품 서두에 주인공 원자허의 성격(인물)이 제시되는 부분도 생략되어 있으니 소설을 일화 식으로 개작한 간략본이라 할 수 있다. 둘째로, 원자허의 꿈 이야기에 이어, "子虛之友海月居士 聞而痛(恨)之曰…"로 시작되는 해월거사의 논평을 붙여 작품을 끝맺고 있는 이본류와,[21] 셋째로, 이 논평에 이어 해월거사의 시를 붙이고 경우에 따라 '戊辰仲秋 海(梅)月居士志'를 부기하여 작품을 끝낸 류가 있다.[22] 끝으로 현전하는 백호문집(三刊本 및 四刊本) 소재본이 있는데, 여기서는 해월거사의 논평・시에 이어 앞의 논평에서 해월이 제기한 역사철학적 의문을 해월이 스스로 풀이하는 '自解'를 덧붙인 다음, 이 해석을 들은 원자허가 '좋다'고 수긍하며 "이에 사건의 전말을 적었다(子虛曰, 善. 於是乎記)"는 식으로 끝맺고 있다.[23]

원전을 확인할 길 없는 오늘날 이 중 어느 것이 딱히 원전이라고 못박을 사실적인 근거는 없다. 그러나 해월거사가 원작자 백호의 창조물

---

19) 「원생몽유록」의 이본에 대한 기왕의 고찰로는 황패강 교수의 전게 논문이 소상하다.

20) 『青野謾集』(국립도서관 소장 ; 동국대간 『한국설화전집』 9권에 영인 수록) 소재본 및 『朝野僉載』(서울대도서관 소장) 소재본.

21) 『南秋江集』(국립도서관 소장) 소재본 및 『莊陵誌』(국립도서관 소장) 소재본.

22) 장서각 소장 「화사」의 부록으로 실린 「원자허전」(『花史歷代 附元子虛傳』)과 이가원 박사 소장본(『국어국문학』 4집에 소개), 『觀瀾遺稿』(국립도서관 소장) 소재본 등.

23) 참고로 작품 분석을 위한 인용을 겸해서, 이 해월거사의 自解 부분을 인용해 둔다. 仍又自解曰, 世之欲富貴其身者, 古今何限. 盡拘於時與勢, 而亦有名義之不可犯者存焉, 是大可懼也. 苟或不計名義之重, 而徒自占其時與勢, 欲以智力相勝, 則其不歸於僭竊者, 幾希矣. 名義者, 萬古之常經, 時勢者, 一時之權行也. 行權而廢經, 則亂賊將接跡而起矣, 豈不益可懼乎. 子虛曰善, 於是乎記.

이라면 간략본인 첫째번의 이본류는 원본이 될 수 없다. 구조상 큰 차이가 없는 둘째 · 셋째 류가 이조후기까지 가장 일반화되어 있던 본으로 보이는데, 셋째 번의 것은 "戊辰仲秋 海月居士志"라는 부기를 통해 '록(錄)'이라는 기사체(記事體) 양식을 종결짓는 체재를 갖추려는 노력을 보이기도 한다. 기사문의 체재로서 가장 완결된 형태를 갖추려 노력한 것은 후손들이 펴낸 백호문집 소재본인데, 이 경우 장황한 '自解' 부의 의론으로 인해 작품의 극적 · 예술적 긴장이 해소되어 버리고 긴축미가 상실돼 버리는 것도 사실이다.[24)]

물론 문집 소재본도 백호의 원작일 가능성이 전혀 없다고 보기도 힘든 실정이나, 이보다 훨신 앞서 간행된(영조 52년 1776년) 황해월의 문집 편찬자들이 작품 속의 해월거사의 시와 논평 부분을 따로 떼 내어 제시(題詩)와 발문(跋文)으로 분류하여[25)] 「해월문집」에 실은 것을 보면 당시까지 유포되던 이본류도 위의 셋째 번 이본류에 해당하는 것임을 알 수 있다. 서상한 여러 가지 사정으로 미루어 본고에서는 일단 이 세 번째 이본류가 원전에 가장 가까운 것이라 간주하고 이를 중심으로 작품을 분석하고자 한다.

3. 작품의 분석

앞에서 사육신의 생애나 단종 복위운동과 같은 작품 외적 사실에 기초한 이 작품의 의미구조에 대해 언급한 바 있다. 이제 특정한 역사적

---

24) 게다가 이 '自解' 부의 의론은 너무나 관조적이고 합리적인 태도로 역사 현실을 비판하고 있기 때문에 비분강개로 일관하고 있는 이전의 작품 문맥과 동떨어진 감을 주고 있다. 이런 점으로 보아 다른 이본에는 없는 해월의 '自解' 부를 유독 첨가하고 있는 이 문집 소재본이 백호의 원작일지에 대해서는 의심을 품지 않을 수 없다.

25) 『海月文集』 권3 및 권7 참조.

사건을 문제 삼고 있는 작품의 주제나 작가의 의도를 올바로 이해하기 위해서 우리는 잠시 문제의 사건이 지니는 역사적 의미와 함께 이를 문제 삼고 있는 작가 당대의 역사적 배경을 돌이켜볼 필요가 있다.

우리는 우선 단종을 위세로 강압하여 왕위를 승계 받은 세조의 정권이 성장하는 사대부층의 세력을 탄압하면서 왕권의 강화에 주력했음을 상기해야 할 것이다. 당초에 세조가 왕위를 승계할 때 내세운 명분이란 것이, 유약한 군주 때문에 위난에 처한 종사(宗社)를 구하기 위해서 천명(天命)에 의해 선위(禪位)를 받는다는 것이었다.[26] 그러나 종묘・사직이 위난에 처했다는 말은 정란(政亂)을 일으키는 세력이 항용 들고 나오는 구호이거니와, 군주의 유약(幼弱)을 문제삼은 선위의 명분 자체가 이미 당시 사대부들의 이상이나 정치 이념과는 배치되는 것이었다. 어리고 무력한 군주를 보좌하여 국정을 관장하고 왕도(王道)정치를 펴겠다는 것은 대체로 봉건관료사회의 역사적 주체로 자부하고 있었던 사대부들의 오래된 계급적 이상이었던 것이다. 그런데 이처럼 사대부들에게 용납되기 힘든 명분을 내세우며 왕위에 오른 세조가 일부 기회주의적인 권간(權奸)이나 무기력한 사대부들과는 달리, 그의 지배 권력에 불복하고 저항해온 六臣 등 사대부들을 역적의 이름으로 처형하면서, 무고한 단종에게까지 사약을 내린 것은 유교적 봉건질서와 정치이념의 근본 요강이라 할 수 있는 강상(綱常)의 윤리를 저버리는 폭거였다. 명

---

26) 이 같은 명분은 왕실의 권세를 이용해 스스로 왕위를 노리고 세력 부식에 힘써오던 수양대군(首陽大君: 世祖)이 기회주의적인 간인(奸人) 한명회(韓明澮)의 계략을 받아들여 왕실의 다른 대군(大君)들을 숙청한 다음 단종을 강압하여 그의 선위 敎旨를 통해 선전한 것이다(이상 『세조실록』 권1 원년 올해 6월 조・서거정 찬(撰) 한명회 묘표음기 및 전게한 『청야만집』에 수록된 『동각잡기(東閣雜記)』의 기록 참조). 종묘・사직이 위난에 처했다는 것은 안평대군(安平大君)・금성대군(錦城大君) 등이 권신과 결탁하여 국권을 노리며 정사를 어지럽히고 있었다는 것인데 야사의 기록은 이것이 누명이라고 전하고 있다(전게한 「세조실록」 및 「청야만집」의 기록 참조).

분이야 어쨌건 신(臣)·숙(叔)이었던 몸으로 어린 단종을 왕위에서 몰아낸 다음 그를 죽이기까지 했기 때문이다.

이상 묵은 이야기를 새삼 늘어놓은 것은 작품 속에 등장하는 역사적 인물과 사건의 전형적·상징적 의미를 이해하기 위함이었다. 앞서 본대로 사육신의 좌절은 전제 왕권에 의한 사대부층의 이상의 좌절을, 세조의 찬탈과 단종의 사사(賜死)는 유교적 봉건이념의 근본을 배반하는 지배 권력의 횡포를 극적으로 보여주는 사건이었다. 그런데 지배권력에 의해 강상의 윤리가 침해되고 사대부층에게 수치와 좌절을 안겨준 이 일련의 사건에 대해 이조 사대부들은 정면으로 시비를 가리는 의논을 기피하고 있었다. 사건에 연루되어 있는 왕권의 정통성에 대한 시비는 후대의 왕들에게는 바로 현존 왕권 또는 왕조의 정통성에 대한 도전으로 받아들여질 수 있었기 때문이었다.[27)]

특히 「원생몽유록」이 나온 선조 당시의 금제적인 분위기는 매우 험악하고 경직된 것이었다. 즉 선조 9년에 한 경연관(經筵官)이 경석(經席)에서 선조에게 성삼문의 충절을 논하면서 남효온(南孝溫)의 「육신전(六臣傳)」을 읽기를 권한 적이 있었다. 선조는 이를 읽고 노발대발하면

---

27) 「조의제문(弔義帝文)」을 쓴 김종직과 昭陵(세조의 등극을 반대한 단종의 어머니이자 문종비인 현덕왕후의 능)의 追復을 疏請한 남효온이 연산조에 권간의 사주에 의해 부관참시를 당한 것은 바로 이런 사실을 잘 증명하고 있다. 이 밖에도 중종 연간에 여러 차례 있었던 소릉 추복이나 魯山(단종) 立後의 소청들도 권신들과 왕에 의해 매번 거부되어 왔다. 그러니까 당시의 士類들은 이 사건에 대해 정면으로 시비를 벌이지 못하는 대신 지엽적인 문제를 거론함으로써 사육신과 단종의 도덕적 정당성을 계속 확인하려 했고 이에 반해 왕실과 권신들은 대체로 이와 같은 사림의 공세를 봉쇄하는 대립적 입장에 있었던 것이다(이상 『중종실록』 권17 7년 임신 12월 조; 권26 11년 병자 10월 조; 권91 34년 기해 윤 7월 조 및 『청야만집』의 기록 참조).

士類들의 끊임없는 소청과 여론에 의해 사육신의 復爵이 이루어진 것은 숙종 17년, 단종의 복위가 이루어진 것은 숙종 23년이었다(이상 『숙종실록』 권17년 신미 12월 을유 조·권32 24년 무인 9월 신축 조 참조).

서, "…세조께서 천명을 받아 중흥을 이룬 것은 인력(人力)으로 된 것이 아니었다. …저 남효온이란 자는 어떤 놈이기에 감히 붓끝을 희롱하여 국사(國事)를 함부로 들추어내니 이는 우리 왕조의 죄인이다."라 하고, 또 육신을 가리켜 "우리 왕조의 불공대천의 원수"라 욕하면서, "「육신전」을 거둬 불태우고 혹 이에 대해 마주앉아 이야기하는 자가 있어도 중벌로 다스리라"고까지 하였다.[28)]

이때 선조에게 「육신전」을 읽으라고 권한 경연관은 다름 아닌 관원(灌園) 박계현(朴啓賢)이란 인물로 그는 임백호가 일생의 지기로 삼고 흉금을 털어놓고 사귀던 인물이었다.[29)] 필자는 「원생몽유록」이 이 사건을 계기로 창작되었으며 따라서 이 작품은 적어도 선조 9년, 백호나이 28세[30)] 이후의 소작이 아닐까 추측한다. 그 이유로 우선 「원생몽유록」에서 주인공 원생과 함께 가장 부각되고 있는 인물은 사육신이나 단종이 아니라 선조의 분통을 자아냈던 복건자 남효온이라는 점을 들 수 있다.[31)] 또한 작가가 사육신이나 단종 등의 명호(名號)를 전혀 밝히지

28) 이 같은 선조의 「육신전」 소각령과 대화 금지령은 三公이 극구 만류하여 실제 시행되지는 않았다. 대신들의 견해로는, 禁書를 수색하게 되면 사대부사회에 일대 소동이 벌어지게 되고 사석의 대화까지 죄벌로 다스린다면 모함과 무고가 잇따르게 되어 때마침 일게 된 당파간의 대립 분열을 격화시킬 소지가 있었던 것이다(이상 『선조실록』 권10 9년 병자 7월 을유 조 참조).

29) 백호가 박계현을 처음 만난 것은 이 경연에서의 물의가 일어나기 바로 전 해인 선조 8년이었다. 당시 박계현은 호남 방백으로 부임해 있었는데 때마침 왜구가 침입하자 백호는 포의로 그의 막부에 들어가 從事했다. 이후 백호는 그와 여러 차례 만나 시를 주고받으며, 그를 둘도 없는 일생의 지기로 여기고 있노라고 고백하고 있다(이상 『백호문집』 권1 「醉呈朴使相」·「悼灌園」, 『백호문집』 권3, 「呈朴使相」 참조).

30) 이 해 백호는 생원·진사 兩試에 입격하고 다음 해에 대과에 登第했다. 따라서 이 작품은 백호가 관계로 나아가기 이전에 지었을 것이라는 일반적인 통념과는 달리 그 이후에 창작되었을 가능성이 짙다.

31) 작품 속에서 복건자는 작가의 분신이라 할 수 있는 주인공 원자허를 사육신과 단종의 모임으로 이끌고 가는 안내자 역할을 하고 있으며, 원자허와 마찬가지로 작가와 가장 가까운 정서적 거리에서 그의 사상을 대변하는 생동적 인물로 그려지고 있다.

않고, 특히 복건자 남효온은 마치 신비의 인물처럼 제시하면서 수수께끼같은 허구적 세계를 연출하고 있는 것도 그냥 간과해 버릴 수 없는 사실이다.[32] 경연관이 임금에게 성삼문의 충절을 논하며 「육신전」을 읽으라 권할 수도 있었던 당시까지의 분위기에 견주어 볼 때 이와 같은 작품의 가위눌린 듯한 은휘(隱諱)는 이후에 새롭게 강화된 금제의 분위기를 반영하고 있는 것으로 보이는 것이다.

그런데 경연관의 간언을 무색케 하고 사류의 청론(「육신전」)을 비난하는 선조의 위압적·독선적 논리는 대개 그가 변호하고 있는 세조의 논리와 일치하는 것으로, 천명에 의해 확립된 왕권의 권위는 신성불가침의 것이며 이에 대한 시비는 있을 수 없다는 것이다. 또한 왕권의 권위를 휘두르며 언론 탄압을 서슴지 않으려 한 선조의 정치적 태도는 전제 군주의 횡포를 드러내고 있다는 점에서 육신을 처형하고 사류를 탄압한 세조의 정책이나 남효온을 부관참시한 연산의 탄압정책과도 상통하는 것이다. 그러므로 복건자 남효온의 원혼을 통해 천명을 빙자한 선위의 명분을 비난하고,[33] 사육신의 원혼을 통해 그들의 충절과 원한을 강개한 어조로 새삼 밝히도록 한 「원생몽유록」의 작품세계는 비단 과거 역사의 부조리를 문제 삼고 있을 뿐 아니라 상술한 선조의 위압적·독선적 논리와 전제적 통치 의도에 대한 사대부 작가의 저항을 묵시적으로 표현하고 있는 것으로 보인다.

물론 선조대는 세조나 연산 때와는 달리 이조의 사대부층이 정치·문화적으로 일대 약진을 맞이하게 되었던 시대였음을 우리는 익히 알고 있다. 그러나 그들이 이제 현실을 긍정하며 적극적으로 사대부적 정

---

32) 이 점은 일반적인 기휘를 깨트리고 사육신의 명절(名節)을 찬연하게 표양(表揚)하고 있는 「육신전」이 당시까지만 하더라도 사대부들 간에 읽혀지고 있었던 사실과는 좋은 대조를 이룬다.

33) 남추강 자신은 「육신전」에서 이 문제를 서술자의 논평을 통해 직접 거론하지는 않았다.

치이념을 실현해야 할 단계에 당도한 바로 이 무렵, 이조의 사대부사회는 그 한계와 모순을 여지없이 드러내면서 사대부층은 분열되어 당쟁의 혼미 속으로 빠지게 되었던 사실 역시 잊어서는 안 될 것이다. 그리고 어린 나이에 등극하여 사대부층의 정치적 세력 확대를 방임할 수밖에 없었던 선조가 전제군주로서의 성격을 표면화하기 시작한 것도 바로 이 「육신전」의 물의가 일어나고 당파의 대립이 일어나기 시작한 이 무렵(선조 8, 9년)부터이다. 그는 때마침 일게 된 붕당의 대립을 막기는커녕 사대부 세력을 약화시키고 전제 왕권을 강화하기 위해 오히려 이를 막후에서 조장함으로써 사대부층의 분열과 타락을 촉진하고 봉건적 모순을 심화시킨 교활한 암주(暗主)였던 것이다.[34]

작가 백호는 이와 같은 정치적 분위기 속에서도 더디게나마 환로에 진출하여 사대부로서 그의 경륜과 이상을 펴보려 했던 적극적인 사대부의식의 소유자였다. 그러나 왕권의 전제를 강화하려는 암주의 혼미와 권세를 장악할 기회만을 엿보고 있는 관료층의 타락에 타협하지 않으려 한 그의 고고한 인품과 열렬한 기개 때문에, 환로의 박운(薄運)을 면할 길 없어 마침내는 관료사회를 등지고 말았던 인물이다. 그러니까 약진하는 사대부 관료사회에 대한 그의 기대와 함께 관료사회의 일익을 담당함으로써 사대부적 이상을 펴보려 한 그의 포부가 컸던 만큼 이를 좌절시키는 암주의 횡포와 교만에 대한 그의 분노도 그만큼 컸고, 관료사회의 분열과 기회주의적인 타락에 대한 그의 실망과 환멸도 그만큼 깊었던 것이다.[35]

---

34) 이에 대해서는 成樂熏, 「한국치쟁사(韓國治爭史)」, 『한국문화사대계』 II(고대민족문화연구소, 1965) 참조.
「육신전」에 대해 수색·소각령과 대화 금지령을 내리겠다는 선조의 협박은 사실상 이처럼 약진하는 당대 사대부들의 세력에 대한 그의 제어·분열정책과 전제적 통치 술수를 단적으로 드러내는 한 사례에 지나지 않는 것이었다.

35) 당시에 일어나던 당파의 대립을 백호가 얼마나 혐오하고 있었던가에 대해서는 그

그러므로 세조의 찬탈과 사육신의 좌절이라는 역사적 비극을 문제 삼고 있는 이 작품에는 작가가 당면한 현실문제 즉 암주의 전제적 횡포와 함께 이에 의해 촉진되는 사대부층의 기회주의적 타락과 사대부적 이상의 좌절 등에 대한 작가의 비분이 투영돼 있다. 높은 기개와 비판적 언사 때문에 관료사회로부터 소외되고 고뇌와 비분 속에서 사육신의 원혼을 만나는 원자허는 바로 이 작품을 짓는 작가의 분신이며,[36] 전제왕권과 기회주의적인 인간들에 의해 사대부적 이상이 좌절되고 역사과정에서 소외된 채 안주할 곳이 없이 떠도는 사육신 등의 원혼에도 이러한 작가의 고뇌와 비분은 투영돼 있는 것이다.

그러나 작품은 이와 같은 고뇌와 비분의 한가운데서 끝나고 있을 뿐 작가가 대면하고 있는 현실적·역사적 문제를 해결하고 좌절을 극복할 어떤 가능성이나 방법도 작품 속에는 나타나 있지 않다. 즉 작중인물들은 사대부적 이상을 좌절시키고 봉건이념을 배반하는 지배권력의 불의와 횡포를 비난하고는 있지만, 자허의 꿈이 깨면서 원혼들은 다 함께

의 행적을 알려주는 여러 일화(묘표음기의 기록 등 참조)가 이를 직접 전하고 있으며, 「次苔軒韻贈僧」(『문집』 권3) 등 여러 한시 작품에서 그는 당시의 사대부사회에 걸었던 그의 기대와 포부가 실망과 환멸로 변해 버린 심경을 자탄조로 읊고 있다. 백호가 암주 선조의 不德에 대해 불만과 비난을 터뜨리고 있는 작품으로는 「愁城志」에 삽입한 그의 시와, 「優談」(『문집』 권1), 「青石洞放言」(『문집』 권3) 등의 시를 들 수 있다. 그러나 백호가 타협하기를 거부한 것은 당쟁으로 인한 사대부들의 타락이나 암주 선조의 전제적 성격 뿐만이 아니라, 왕권을 정점으로 한 전제적인 통치질서와 가치질서 전반이라고 보는 것이 보다 정확한 관찰이 될 것이다.

36) 작품의 서두에서 원자허는 다음과 같은 인물로 제시되고 있다. "世有元子虛者, 慷慨士也. 氣宇磊落, 不適於時, 屢抱羅隱之寃, 難堪原憲之貧. 朝出而耕, 夜歸讀古人書, 穿壁囊螢, 無所不爲. 嘗閱史, 至歷代危亡, 運移勢去處, 則未嘗不掩卷流涕, 若身其處其時, 汲汲然見其垂亡, 而力不能扶持者也.

그런데 원자허가 작가의 분신이라는 말은 성격이나 의식적인 면에서 양자가 상통하고 있다는 것이지, 허구적 인물 자허와 작가가 동일한 인물이라는 것은 물론 아니다. 백호는 '羅隱之寃'을 겪어보기는 했으나 '原憲之貧'을 겪지는 않았다. 그러므로 이 구절을 중시하여 이 작품이 꼭 백호가 포의로 있을 때 지은 것으로 보는 데는 문제가 없지 않다(본고의 주 30) 참조).

암흑 속에 흩어지고 자허는 빈손으로 고뇌에 찬 현실로 되돌아오고 마는 것이다.

여기에서 우리는, 꿈속에서 환체(幻體)를 만나는 '몽유(夢遊: 꿈속의 여행)'라는 이야기 형식은 본시 사회·역사적 현실로부터 소외를 기술하는 고전적 양식임을 상기할 필요가 있다.[37] 그리고 역사과정 속에서 소외된 채 안주할 곳 없이 떠도는 사육신들의 원혼이나 관료사회로부터 소외된 채 고뇌와 비분 속에서 그들을 만나는 원자허는 다 함께 현실적·역사적 문제로부터 소외된 사대부 작가의 자의식을 반영하고 있음에 다시 한 번 주의해야 할 것이다. 이처럼 사대부적 이상의 실현을 열렬히 원하면서도 현실세계에서는 끝내 좌절과 소외 속에 남아있어야 하는 이 사대부 작가의 자의식은, 현실과 환상이 교차되는 이중적 구조를 지닌 '몽유' 모티프를 기본 구조로 하여, 지극히 역설적이고 이율배반적인 작품 세계를 이루어 내고 있다. 한편으로는 현주(賢主)와 충신·지사들이 함께 모여 강개한 어조로 의리(강상의 윤리 또는 유교적 봉건 이념)에 대한 신념을 밝히고 불의를 규탄하는 극적 사건을 연출하면서도, 한편으로는 이와 같은 당위적 이념[義理]은 결국 현실 속에 실현될 가망 없는 괴로운 환상(꿈)에 지나지 않지 않는가 하는 절망에 가까운 불안과 회의를 작품의 전체 구조와 분위기는 보여주고 있는 것이다.

그리하여 허구적 작품 세계를 총괄하는 해월거사의 논평과 시는 이 봉건이념과 역사·현실 간의 근본적 모순을 고뇌와 탄식 속에 각성하는 것으로 끝맺고 있다. 혼주(昏主)와 암신(暗臣)의 역사라면 몰라도 현명지주와 충의지신이 힘을 모았는데도 의롭지 못한 권력(세력)의 횡포에 의해 참화를 입고 말았으니, 당시의 특수한 역사적 상황[時]이나 정치 세력(권력)의 판도[勢]가 일을 그렇게 만들었다손 치더라도 그 역시

37) 졸고, 「몽유록의 역사의식과 유형적 특질」 참조.

복선화음(福善禍淫)하는 초월적 · 당위적 이념의 지배하에 있을진댄, 이 현실과 이념간의 모순은 극복하기 어려운 문제로 남아 한갓 지사의 한(恨)을 도울 뿐이라는 것이다.[38)]

그런데 이 해월거사가 제기하는 역사철학적 의문이 해결할 길 없는 곤경(딜렘마)을 빠져들게 된 것은 그 사유의 중세적 한계 때문이라고 볼 수 있다. 즉 그의 곤경과 혼란은 가치와 당위의 법칙인 초월적 이념[天道: 理]이 時 · 勢 즉 역사적 상황 · 세력에 의해 규정되는 현실의 법칙[理]을 지배해야 된다고 본 데서 연유하고 있는 것이다. 그러나 이처럼 현실세계나 역사과정을 초월적 · 선험적 天道의 작용으로 이해 설명하고자 하는 해월의 사유나 논리는 사실상 봉건적인 지배질서나 체제를 당연한 것으로 합리화하기 위해 당대의 지배층이 도출해 낸 전도된 사유 · 논리요, 이데올로기적인 것에 불과한 것이다. 그러므로 이러한 논리는 강상의 윤리를 저버리고 왕권을 탈취한 세조와 같은 무리가 손쉽게 전용(專用)할 수 있는 논리로 타락해 버리기 십상이다. 즉 단종을 옹위하고 있는 세력을 숙청한 세조의 무리는 아직 사대부층의 세력이 완전히 성숙되지 못하고 어린 왕이 즉위했던 당시의 특수한 역사적 상황[時]을 기회로, 왕실의 권세[勢]를 이용해 왕권을 탈취했음에도 불구하고 이러한 현실을 천명(天命: 天道)에 의한 당연한 결과라고 합리화시켰던 것이다.

그런데 작품 속에서 또 하나의 작가의 분신이라 할 수 있는 복건자는 바로 이와 같은 중세적 · 주자학적 사유(현실관 · 역사관)나 논리의 한계를 날카롭게 지적한다. 요 · 순(堯舜) 이래 세조와 같이 불의의 세력으로

---

38) "海月居士聞而痛之曰, 大抵自古主昏臣暗, 卒至顚覆者多矣. 今觀其王者, 想必賢明之主也. 其六人者, 亦皆忠義之臣也. 安有以如此等臣, 補如此等主, 而若是其慘酷者乎. 嗚呼, 勢使然耶. 時使然耶. 然則不可不歸之於時與勢, 而亦不可不歸之於天也. 歸之於天, 則福善禍淫非天道也耶. 夫不可歸之於天, 則冥然漠然, 此理難詳. 宇宙悠悠, 徒增志士之恨."(『백호문집』 부록 「원생몽유록」)

국권을 도적질한 무리들이 천명을 빙자한 선위의 명분을 내세워 자신의 지배체제를 합리화시켜도 이를 막을 도리가 없으며, 천재(千載)를 두고 도도히 흐르는 역사의 진행과정에서 이러한 사태는 꼬리를 맞대고 일어나고 있다는 것이다.[39] 복건자의 이 격론은 단지 선위의 명분을 비난했다는 점 때문만이 아니라, 역사과정이 복선화음하는 초월적 원리[天道; 天命]에 의해서가 아니라 時·勢에 의해 규정되는 현실의 법칙에 의해 진행되고 있다는 사실을 날카롭게 지적했다는 점에서 우리에게 기억될 만하다. 물론 그는 권력쟁탈의 기회[時]만 노리고 있는 불의의 세력에 대해 격분하고 있기 때문에 그들을 만인의 '賊'이라고 규탄하고 있으나 현실의 문제나 부조리를 초월적 천도(천명)의 논리로 설명·호도 할 수 없다는 탈이데올로기적 사유를 명확하게 드러내 주고 있는 것이다.

그리하여 우리는 동일한 모순을 문제삼고 있음에도 불구하고 해월거사의 고뇌에 찬 관념적 역사 인식과 복건자의 격분에 찬 현실적 역사 인식 사이에서 간과할 수 없는 차이를 볼 수 있으며, 이것은 동시에 사대부적 이념과 현실의 모순 속에서 갈등하고 있는 작가 백호의 사상의 진폭을 그대로 나타내고 있는 것으로 볼 수 있다. 그리고 해월거사가 빠지고 있는 고뇌와 곤경, 원자허와 사육신들이 겪는 좌절과 소외 등이 모두 작가 백호 자신의 고뇌와 좌절·소외를 반영하고 있는 것이라 할 때, 이 모든 것은 복건자의 사유에 의해 어떤 식으로든 극복될 가능성이 있다.

인간 사회와 역사가 초월적·타율적 천도의 지배하에 있는 것이 아니라면 그것은 인간성 자체 즉 인간적 요구와 능력 자체의 주체적·자

---

39) "堯舜禹湯, 萬古罪人也. 後世之狐媚取禪者藉焉, 以臣伐君者名焉, 千載滔滔, 卒莫之救. 咄咄, 四君爲賊(人)嚆矢. (위의 책. 인용문 마지막 구절 중 '賊'자는 숙종 어람 시에 '人'자로 고쳐졌다는 사실이 『문집』에 註로 밝혀져 있다.)

발적 실현으로 이루어지는 것일 터이다. 그리고 세조가 저버린 강상의 윤리와 사대부적 정치이념[天道]이 결코 포기할 수 없는 현실의 법칙이 되어야 한다면 그 역시 인간 자신의 요구와 능력에 내재한 원리여야 할 것이다. 이러한 사유의 결과로서 백호의 문학과 행적에서 우리는 다음과 같은 특징적 경향들이 나타나고 있음을 볼 수 있다. 즉 무엇보다도 자신의 주체적·내면적 가능성을 믿고 사대부적 이상을 좌절시키는 전제적인 암주와 타락한 사대부들의 세력에 열정적으로 저항하는 한편, 그들의 타율적·관념적 정신풍토를 타파하고, 이것이 야기한 당시 사회의 갖가지 병폐에 대한 개혁을 요구하고 있다는 점들이다.[40]

초월적 천도로 모든 것을 설명하려는 낡은 사대부적 이상(주자학적 이념) 및 이와 함께 파탄해 가는 낡은 질서(봉건질서)의 모순을 당시의 누구보다도 예리하게 인식했던 백호는 변해 가는 현실에 대응하면서 낡은 질서를 새롭게 개편하기 위해, 현실·역사를 능동적으로 변혁시킬 수 있는 인간(사대부) 개개인의 주체적·자발적 자기실현을 요구하고 현실로부터의 소외와 좌절을 극복할 수 있는 그의 의지와 열정을 강조했던 것이다. 복건자와 원자허 등 「원생몽유록」의 작중인물들이 터뜨리고 있는 비분강개에서 우리가 어떤 역사적 의미를 찾는다면 그것은 이와 같은 백호의 문학과 행적이 보여주고 있는 역사적 의미의 맥락에서 벗어나는 것이 아닐 것이다.

---

40) 이에 대해서는 졸고, 「白湖詩의 浪漫性에 대한 歷史的 理解」(『한국한문학연구』, 7, 1984) 참조

「요로원야화기(要路院夜話記)」 연구

Ⅰ. 머리말

「요로원야화기(要路院夜話記)」는 숙종시 박두세(朴斗世: 효종원년; 1650~영조9년; 1933)의 저작으로 알려진 필기류(筆記類)의 소설 작품이다.

일찍이 가람의 한글본 소개가[1] 있은 이후 새로운 한문 이본들이 발견되면서 작가·창작연대에 대한 이의가 제기되기도 하였으나,[2] 당시의 제도·풍속을 여실히 그리며 양반의 습기(習氣)를 비판·풍자한 기문(奇文)으로서 그 문학사적 가치는 널리 인정되어 혹은 소설사에서 혹은 수필사에서 빼놓을 수 없는 작품으로 꼽히고 있다.

그러나 서술적 형상성이 뚜렷하고 허구적 독창성이 엿보이는 이 작품을 단순히 수필문학으로 치부하는 근래의 견해는[3] 이 작품을 소설사의 전통으로부터 멀어지게 하고 작품에 대한 소설론적 접근을 가로막

---

1) 이병기(李秉岐) 선해(選解), 『要路院夜話記』, 을유문화사, 1949.

2) 김동욱(金東旭), 『要路院夜話』(민중서관, 1975 및 교문사, 1984) ; 이수봉(李樹鳳), 『要路院夜話記研究』(태학사, 1984)의 견해.

3) 조동일(『한국문학통사』 3, 지식산업사, 1984, 414면) ; 김준영(『한국고전문학사』, 형설출판사, 1981, 417-8면) ; 이수봉(위의 책, 54-6면) 등의 견해.

고 있다. 한편 개설적인 논급을 통해 이 작품을 소설사 속에 포함시켜 온 전통적 견해[4] 역시 傳奇·傳記類의 소설 전통에 익숙해 있는 연구 시각의 한계 때문에 그 소설사적 의미나 위치에 대해서는 깊이 관심을 기울이지 않았으며, 소설적 혹은 서사적 구조에 대한 분석을 통해 작품 의미에 접근하려는 본격적인 작품론도 아직 영성한 편이다.

이제 본고에서는 이 작품을 풍자담의 전통을 흡수하고 여행체험기의 서술 형태를 취해 쓴 한편의 소설로 보고 그 작품 세계와 소설사적 의미에 접근해 보고자 한다.

그런데 작가의 현실 체험을 직접 고백하는 일인칭 체험기의 서술형식을 취하고 풍자적 성격이 농후한 이 작품의 내용을 분석하는 데 있어서 우선 해명해야 할 문제는 작가가 당면한 현실 속의 제 문제를 어떠한 사회적 처지에서 어떤 시각으로 인식·비판하고 있는가 하는 점이다.[5] 이제 본고에서는 이 문제를 봉건사회의 해체 과정 속에서 의식의 새로운 전환을 맞이하게 된 사대부층의 자의식과 관련지어 논의해 보고자 한다.

한편 이 작품을 소설로 보고자 하는 본고의 입론에는 소설의 내포 개념과 관련된 까다로운 장르론의 문제가 연루되게 되고 작품의 소설적 구조나 서술문맥에 대한 천착이 또한 요구 될 것이다. 그러나 장르의

---

4) 이병기(『국문학개론』, 일지사, 1965, 218면) ; 정주동(『고대소설론』, 형설출판사, 1976, 171면) ; 김동욱(『국문학사』, 일신사, 1978, 163면) ; 장덕순(『한국문학사』, 동화문화사, 1980, 180면) 등의 견해.

5) 이에 대하여 현재 소략한 대로 두 가지 주요한 의견이 제시되고 있다. 그 하나는 鄕班의 관점에서 京班과 그를 중심으로 한 서울 문명을 비판하고 있다는 견해이고(김태준, 「요로원야화기의 서울 문명론」, 『국어국문학』 82, 1980), 또 하나는 몰락양반[過客]의 관점에서 집권사대부를 비판하고 있다는 견해이다(임형택, 「이조말 지식인의 분화와 희작화 경향」, 『전환기의 동아시아 문학』, 창작과 비평사, 1985). 두 견해 모두 사회·역사적 통찰을 얻고 있으나 소재론·배경론에 논의가 머물고 있는 점이 아쉽다. 본고의 논의는 이 같은 기왕의 연구를 발판으로 해서 시작된다.

문제와 관련하여 본고에서 보다 관심을 두는 쪽은, 여행 체험기(수필)와 소설 양식 사이의 어중간한 위치에 놓여있는 이 같은 형태의 작품이 출현하게 된 원인을 소설이 대두되던 당시의 역사적 배경과 서사 장르사의 맥락 속에서 살펴봄으로써, 이 작품이 지니는 소설사적 의미를 재조명해 보는 일이다.

그런데 작품 분석이나 소설사적 위치를 논하기 전에 우선 검토·확인되어야 할 문제가 있으니 작품의 원전과 작가·창작연대의 문제이다. 즉 작가를 '朴斗世'로 명기해 둔 한글본이 가람에 의해 처음 소개된 이래 각지에서 여러 한문 이본들이 속속 발굴되었는데, 이본마다 그 문체와 내용을 상당 부분 달리하고 있을 뿐 아니라 간혹 작가명이나 시대배경 따위를 한글본과는 다르게 주기(註記)한 이본도 있다는 사실이 발견된 것이다.[6] 게다가 연구자들은 각기 자신이 새로 발굴한 자료의 문헌적 가치를 중시하여 이를 중심으로 작가, 원본, 창작연대 등에 대한 이견과 의문을 제출하고 있어 문제를 꽤나 혼란시키고 있는 실정이다. 따라서 본고에서는 여러 이본 자료와 함께 기왕의 견해들을 비교·검토하면서 우선 이 문제를 상고해 보기로 한다. 이 작품이 적층문학이 아닌 개인의 독창적인 저작물인 이상, 작가의 정체와 함께 원전의 언어와 문맥도 어느 정도 확인된 다음에 작품 내용과 소설사적 가치에 대한 해석과 평가의 시작이 정해질 수 있겠기 때문이다.

II. 원전 및 작가의 문제

서론에서 언급한 바와 같이 「요로원야화기」는 현재 문체·내용뿐 아

6) 김동욱, 이수봉의 앞의 책들 및 大谷森繁, 「批評新增要路院記の 紹介」, (『朝鮮學報』 49집, 1968) 참조.

니라 저자명이나 주기를 각기 달리하는 여러 가지 형태의 이본이 전해지고 있다. 그런데 이처럼 여러 이본의 형태로 전해지는 작품의 소재 문헌 이외에는 원전의 실상이나 원작가의 정체를 해명해 주는 어떤 다른 문헌들이 아직 발견되고 있지 않기 때문에 우리는 결국 이본 자료의 대비 · 검토를 통해 이 문제들을 해명할 단서를 찾아야 한다. 이제 기왕에 학계에 소개된 6종의[7] 이본과 필자가 조사한 1종을 합해 7종의 이본 자료를 두고 그 내용 · 문체와 함께 문헌 · 주기 상의 중요한 차이를 열거해 보면 다음과 같다.

㉮ 한글본(가람본: 규장각도서관 소장): 내제(內題)에 '朴ㅅ斗世' 저(著)가 명기되어 있고 말미에 "무ᄌ 이월 초삼일 필셔"라는 부기(附記)가 있다.

㉯ 한문본A(이수봉 소장본): 박두세 가문(울산 박씨)의 외예(外裔) 이양오(李養吾: 영조13; 1737~순조11; 1811)가 찬서(撰書)한 『파수집(罷睡集)』에 실려 있다. 문체가 여타 한문본에 비해 가장 전아(典雅) · 유려(流麗)하며, 여타 이본과의 비교에 기준이 될 만하다.

㉰ 한문본B1(연세대도서관 소장본): 작가를 '朴ㅅ斗瑞'로 명기하고 있다. ㉯(한문본A)와 자구 · 문체 상의 차이가 보일 뿐 아니라 몇 대목의 내용이 상당 정도 부연 · 첨가돼 있어 ㉯와는 계통을 달리하는 이본이라 할 수 있다.

㉱ 한문본B2(서울대도서관 소장 『해총(海叢)』 동권(冬卷) 소재본)… '박두세' 저라 명기되어 있으며 ㉰(한문본B1)와 동종의 이본이라 할 수 있다. 간혹 자구 상의 차이를 보이고 있으나 B1, B2는 대체로 그 내용 · 문장이 일치하고 있다. 아직 학계에 소개되지 않았던 이본이다.

---

7) 전기(前記)한 이수봉 교수의 연구서는 이 중 ㉮ ㉯ ㉲ ㉴ 4종의 이본을 주로 검토하고 있다.

㉤ 한문본C(일본 천리대도서관 소장본): 내제에 '批評新增要路院記'라 되어 있고, 작품의 시대적 배경을 서술하는 본문 첫 구절 "往歲戊午春…"에 '英廟十四年'이라는 주기를 달고 있다. 한문에 백화체(白話體)가 혼용되어 있으며, 서술이 일인칭이 아닌 삼인칭으로 되어 있다. 대체적인 서술내용 문맥과 자구 상으로는 ㉯(한문본A) 및 ㉮(한글본)와 상통하고 있다.

㉥ 한문본D: 『동야휘집(東野彙集)』에 「要路院二客問答」이란 제명(題名)으로 수록되어 있다. ㉰, ㉱(한문본B1, B2)와 내용은 거의 같으나 일인칭이 아닌 삼인칭의 시점으로 서술되고 있다. ㉰, ㉱에 비해 서술 내용이 약간씩 축약된 부분이 있고 자구 상의 차이가 나타난다.

㉦ 한문본E(국립중앙도서관 소장본): 전편이 실리지 못하고 "言之長也, 不盡記焉"이라는 말로 중도에서 필사가 중단되어 버린 미완본이다.

이상 현전하는 이본 자료들은 모두 필사본이다. 번거로움을 피하기 위해 구체적 자료 제시를 생략하였으나, 대충의 대비에서도 드러나듯이 여러 이본들은 단순한 오자(誤字)·낙자(落字)나 자구 상의 차이를 드러내는 정도를 넘어 언어 문체와 함께 서술 방식이나 내용에 있어서도 상당 정도 차이를 보여 주고 있다. 이 같은 사실은 이 작품이 오랜 기간을 두고 널리 읽혀져 왔을 뿐 아니라, 전사(傳寫)·유전(流傳)되는 과정 속에서 전사자나 독자의 요구에 따라 원전이 부분적으로 연변(演變)·개작 또는 번역되어 왔음을 알려주고 있다.[8)]

---

8) 개인의 독창적인 저작물일 것이 분명한 이 작품이 이처럼 적층문학에 버금가는 여러 형태의 이본을 출현시키는 데는 그만한 이유가 있다. 우선 이야기 대부분이 두 인물의 대화와 어희(語戲)로 엮어져 그 중 어느 한 부분이 적당히 축약 또는 생략되거나 부연 또는 첨가되어도 좋으리만큼 서술구조가 개방적이다. 또한 육담(肉談)·구어(口語)를 한문·문어와 뒤섞어 쓰는 두 인물의 대화는 문체와 격(格)에 크게 구애받지 않는 여러 가지 스타일의 한문투나 또는 한글로도 개작·독해될 수

우선 이 가운데서 한글본과 한문본 중 어느 한 쪽은 독자층의 확대에 따른 번역본으로 추정함이 옳을 것이다.

또한 한문본[C]는 제목에 '신증(新增)'임을 밝히고 있으니 개작본임이 분명하고, 개작본인 이 [C]처럼 삼인칭의 시점으로 서술된 한문본[D] 역시 야담집의 편찬자에 의해 개작된 것으로 보아도 좋을 것이다.

그러므로 전사가 도중에서 중단된 미완의 한문본 [E]를 논외로 한다면, 우리는 한문본 [C][D]를 참고로 하되, 주로 한글본과 한문본[A][B1, B2]를 대비 검토하면서, 이 가운데서 원전의 서술문맥을 추적・확인해 보는 것이 옳을 것이다.

그런데 이 원전의 문제에 대해 일찍이 이 작품을 학계에 처음 소개한 가람은 한글본과 한문본(위[A]~[E] 중 어느 본인지는 알 수 없다) 양쪽을 다 그 원전으로 보아도 좋다는 견해를 간단히 피력한 바 있다.[9] 이에 비해 한문본[B1](연세대본)을 학계에 처음 소개한 김동욱 교수는 가람의 한글본이 이 연대본 계통(한문본B1, B2 따위)을 축약・번역한 느낌이 있다고 하면서 앞으로 「요로원야화기」의 연구는 이를 저본으로 하여 출발할 것을 제언하였다.[10] 그러나 한글본 및 한문본[A][B][E] 4종의 이본을 비교 검토한 이수봉 교수는 한문본[A]가 현전하는 최고본(最古本)이자 원전이라고 보고 그 필사자인 이양오(李養吾)를 원작자로 추정한 바 있다.[11]

이제 필자의 견해를 미리 밝힌다면 이수봉 교수가 주장한 '작가 이양

있는 소지를 지녀, 전사자나 독자의 한문소양이나 문예적 취향에 따라 원전의 서술 내용과 문체를 적당히 연변해 내는 새로운 이본들이 파생할 수 있었던 것이다.

9) 이병기 선해, 앞의 책, 7면 참조. 가람의 이 같은 견해는 한글본의 가치를 매우 소중히 여긴 데다가 한문본들과 면밀히 비교・검토할 여유가 없었기 때문에 우선 한글과 한문 창작 양쪽의 가능성을 모두 배제하지 않겠다는 태도를 표명한 것이다.

10) 김동욱 교주, 앞의 책, 13면.

11) 이수봉, 앞의 책, 32~48면 참조.

오' 설은 근거가 박약하여 수긍키 어려우나, 그가 소개한 한문본[A]는 바로 원전이라고 단정할 수는 없지만[12] 현전하는 이본 중 가장 믿을 만한 원전적 가치를 지닌다는 것이다.[13]

여타 이본의 경우를 보면 우선 한글본은 한문본들(A, B1, B2, 및 C, D)에 비해 그 내용이 축약된 대목이 많다. 또한 이 축약으로 말미암아 한글본의 어떤 대목에 이르면 대화를 통해 이루어지는 사건 전개의 정황을 잘 납득할 수 없거나[14] 또는, 번역상의 난점으로 인해 언술된 대화 내용을 전후의 서술 문맥 속에서 이해하기 힘든 경우가 더러 있다. 특히 한글본의 다음과 같은 대목

> 니 대(對) 왈,
>
> "향곡(鄕曲) 사름은 물과 소롤 겸ᄒᆞ여 [마소라고] 니ᄅᆞ고 냥식을 ᄡᆞᆯ노 겸ᄒᆞ여 [양식쌀이라고] 니ᄅᆞ노니 이런 말을 향곡은 웃디 아니ᄒᆞ더니 힝ᄎᆞ 홀로 우ᄉᆞ시니 힝ᄎᆞ도 일정 경긱(京客)이로소이다"
>
> 긱왈,

12) '원전'이라기보다 '원전에 가까운 사본' 또는 '정본(正本)'이라 함이 옳을 것이다. 원작자의 육필본(肉筆本)은 그 존재가 확인되지 않고 있기 때문이다.

13) 따라서 본장에서의 논의는 이 교수의 견해를 수정 · 보완하는 성격을 갖는다. 이 교수는 이양오 전사본(한문본A)을 원본으로 추정한 근거로서 이 본이 최고본(最古本)으로 추정될 뿐 아니라 한문본 중 낙자 · 오자가 없고 문장이 가장 자연스럽다는 점과, 한글본의 경우 번역투의 문장이 눈에 뜨이고 육담 · 진서 풍월 대목이 이치에 맞지 않는 점이 있음을 들고 있다. 그러나 원전의 문맥을 확인할 수 있는 결정적인 논거의 제시가 부족하고 한문본 B1 · B2를 논의에서 제외시켰기 때문에 이를 보충할 필요가 있다.

14) 예컨대 작중화자(余)의 언문풍월은 한문본에서처럼 화자 스스로가 뜻을 풀이해 주지 않으면 그 내용을 이해하기가 지극히 곤란하게 되어 있다. 한글본의 경우는 한자로 씌어진 풍월 문자(風月文字) 아래 한글 뜻풀이를 주기(註記)해 둠으로써 화자의 설명(대화내용)을 생략해 버렸는데 작중인물인 경객(京客)은 풍월 문자만으로 즉시 그 의미를 이해하는 식으로 되어 있어, 아둔한 경객을 질타하는 극적 논리와 배치될 뿐 아니라 번역의 흔적을 강하게 보여주고 있다.

"<u>그대 ᄯᅩᄒᆞᆫ 아름다온 사ᄅᆞᆷ이로다</u>"
(이상에서 한자와 밑줄 및 [ ] 속의 말은 필자 첨가)

에서 'ᄀᆡᆨ왈' 이하 밑줄 친 구절의 언술내용은 그 앞의 상대방 말에 대한 대꾸로는 자못 어색하여 엉뚱한 감이 있다. 그러나 한문본[A·B1·B2]의 경우 이 구절은 "如君言亦復佳也"라고 되어 있어 이를 "그대 말대로라면 그도 그럴 듯하이" 정도로 번역해 놓고 보면 앞뒤의 대화 문맥이 자연스러워 아무런 이상이 없는 구절임을 알 수 있다.

또 한글본의 다음과 같은 대목,

ᄂᆡ 답ᄒᆞᄃᆡ,
"힝ᄎᆞᄂᆞᆫ 글을 ᄒᆞ시니 진실노 셩인이요 나도 언문을 ᄒᆞ니 금슈ᄂᆞᆫ 면ᄒᆞ리로소이다"
ᄀᆡᆨ이 웃고 닐오ᄃᆡ,
"도쳑이라타 언문이야 못ᄒᆞ랴" ᄒᆞ고 혼쟈 말ᄒᆞ여 ᄀᆞᆯ오ᄃᆡ,
"<u>그러나 ᄉᆞᆯ갑다</u>"[15)]
ᄒᆞ여ᄂᆞᆯ 내 그 말을 몰나 듯ᄂᆞᆫ 쳬ᄒᆞ고 거ᄌᆺ 닐오ᄃᆡ,
"힝ᄎᆞ의셔 독ᄒᆞ시ᄂᆞᆫ 풍월이 무ᄉᆞᆫ 말이니잇가"

에서 밑줄 친 부분은 한문본[A][C]에는 "又以文字自言曰, <u>雖然稍黠稍黠</u>"이라 되어 있다.[16)] 이 경우 한문본의 서술 내용인 즉 경객(京客)이

---

15) 'ᄉᆞᆯ갑다'(>살갑다/슬겁다)는 '슬기롭다' '(나이에 비해) 어른스럽다'는 뜻의 고어(古語)·충청 방언이다. 가람 교주본에는 '말갑다'로, 나손(羅孫) 교주본에는 '알갑다'로 표기하고 있으나 원전의 자체를 오독한 것으로 보인다.

16) "又以文字自言曰, <u>雖然稍黠稍黠</u>. 余若不知其文字, 而謂之客之風月, 問曰, 行次又讀風月耶. 其義云何, 其體若何." 한문본 [B1] [B2]에 밑줄 친 구절은 "又以文字自言曰, <u>小癡大黠</u>"이라 되어 있다. 이 대목에서 한글본의 "그러나 살갑다"라는 구절에 가장 흡사한 뜻의 한문 구절은 [A] [C]본의 "雖然稍黠稍黠"이며, [B1]

한문 문자로 독백하는 말 "雖然稍黠稍黠"이라는 일절(一節)에 대해 화자(주인공)가 문자 말을 못 알아듣는 체하고 "방금 무슨 풍월을 읊었느냐"고 물었다는 것이어서 문맥상 아무 어색함이 없다. 그런데 한글본의 경우는 밑줄 친 일절(一節)이 의역돼 "그러나 살갑다"라고 혼자 중얼거리자 주인공이 "방금 무슨 풍월을 읊었느냐"고 물었다는 것이어서 대화의 연결이 어색하기 짝이 없다. (따라서 한글본의 이 구절을 읽는 독자는 경객이 대화를 나누면서 또 다시 무슨 책을 읽고 있는 줄로 오해하기 쉽다.)

이상에서 보았듯이 「요로원야화기」는 애초에 한문으로 씌어졌고 또 한문본으로 읽어야 작품의 원의(原意)와 해학을 온전히 이해할 수 있는 작품이다. 뿐만 아니라 작품의 후반부에 지리하게 전개되는 한시 풍월은 한문에 제법 능한 사대부라야 그 우열과 진미를 알 수 있는 것이니 이 작품은 애초에 풍월에 관심이 깊은 사대부 독자를 상대로 씌어진 것이다. 그렇다면 이제 한문본[A]와 [B1][B2] 중 어느 족이 더 원전에 가까울 것인가를 판별해 보자.

[A]와 [B]류의 가장 큰 차이는 [A]에는 없던 몇몇 대목들이 [B]에 첨가·부연되어 나타난다는 점이다. 예컨대 진서풍월을 즐기는 대목은 [A]보다 두 배 정도 길어지고 성리학이나 당파 등에 대한 토론도 상식적인 설명을 곁들이며 [A]보다 두세 배 이상으로 장황하게 길어진다. 이처럼 [B]본류는 [A]본에 비해 그 서술 내용이 보다 확장된 점은 있으나 상대적으로 극적 긴장은 완화되어 작품이 매우 지리해지고 있다.

[B2] [D]본의 경우는 한글본 및 한문본 [A] [C]에서 어구가 약간 변형되어 있음을 눈여겨본다면 한글본이 한문본 [B(1·2)]류가 아닌 [A]류를 底本으로 한 것임을 추찰할 수 있다. (한문본 [C]의 경우 "稍黠稍黠"이란 구절 아래 小字로 "何不曰, 大黠大黠"이라 주기(註記)해 두었는데, 한문본 [B1] [B2]에는 "小癡大黠"로 나타난 것도 흥미롭다.)

뿐만 아니라 이러한 내용의 연변·확대 과정 속에서 주·객 양인의 대화 진술 내용이 [A]의 그것과 서로 뒤바뀌어지는 경우가 있어 결과적으로 [B]본류에서는 등장인물의 주요 성격이나 사상이 [A]와는 사뭇 변질된 형태로 전개되기도 한다. 예컨대 [A]의 경우 '斂膝危坐'를 일삼는 당시 사대부들의 고루·타락한 학문 자세에 대해, 주인공인 화자는 매우 비판적 견해를 피력하나 [B]본류에서는 경객이 비판적 견해를 피력하고 화자는 오히려 이를 장황하게 옹호하는 논설을 편다. 따라서 주인공－화자의 탁월한 지성이 경객(벌열자제)의 타락·몽매한 지성을 압도하며 진실을 개유(開諭)해 가는 작품의 풍자적 서술구조가 [B]본류의 경우는 중도에서 흐트러지며 상호 대등한 지성의 토론으로 이어지게 되는 것이다. 결과적으로 [B]본류는 [A]본이 보여주는 간결·압축된 대화와 인물의 선명한 대립을 통한 극적 긴장과 서사적 통일성을 약화시키고 있을 뿐 아니라 통렬한 풍자의 맛을 반감시키고 있는 것이다.[17)]

이본들을 대비·비교할 때 또 하나 주목되는 사실은 한문본[A]는 한글본 및 한문본[C]와 그 서술 내용·문맥이나 자구(어구)가 대개 합치되고, 한문본[B1]은 [B2] 및 [D]본과 거의 일치하고 있다는 점이다.[18)] 바꾸어 말하면 한문본[A]에 없다가 [B]본류에 첨가·부연된 대목은 한글본이나 한문본[C]에도 전혀 나타나고 있지 않다는 것이다. 따라서 우

17) 또한 [B] 본류에서 주인공－화자는 경객과 풍월을 주고받는 도중 경객의 시재(詩才)에 감복해 마지않는데, [B]본류의 작가는 이 대목부터 경객의 재담과 지성을 [A]본보다 애써 부각시키고 주·객 양인에 사실상 동일한 서술적 거리를 유지하고 있다. 이 같은 차이 외에도 [B]본류에서는 어리석은 향반(鄕班)으로 가장한 주인공－화자의 성격이나 언동이 [A]본보다 훨씬 비속한 풍모를 풍긴다는 점도 유의할 만한 사실이다. 예컨대 [A]본에서 주인공－화자는 비록 가계에 도움이 될 것이나 상민(常民)의 소임인 호수(戶首)는 양반 체면에 못하겠노라 하는데 반해 [B]본류에서 화자는 가계에 도움이 되면 戶主 노릇하는 데 거리낄 것이 없다 말하고, 경객이 물던 담뱃대를 빼앗아 물기도 한다.

18) 상기한 주 16)의 인용문들도 그 일례(一例)다.

리는 한글본 및 한문본[C]는 한문본[A]류를 저본(底本)으로 하여 번역 또는 개작된 것이라 추정할 수 있을 것이다. 또한 [B1] [B2] 및 [D]본을 포함한 한문 [B]본류는, 원작의 풍자적 의도가 긴밀한 극적구성과 서술의 통일을 통해 수미일관 관철되고 있는 [A]본류를 부연·개작한 이본류로 추정하는 것이 사리에 합당할 것이다. 그밖에도 뛰어난 식견과 예술적 재기가 번득이는 문사의 저작물로 보이는 한문본[A]는 [B]본류에 비해 그 문체가 훨씬 유려하다는 사실도 이 [A]본이 원전에 가장 가까운 정본임을 방증해 주고 있다.

이상에서 한문본[A]가 현전하는 「요로원야화기」의 이본들 중 원전적 가치가 비교적 높은 정본(正本)임을 확인해 보았다. 이제 우리는 이쯤에서 작가의 문제로 관심을 돌려 뚜렷한 근거 없이 의문시되던 '원작가 박두세' 설[19]을 재확인해 보기로 하자.

우선 후대의 개작본인 한문본[B1]에 작가로 기재된 '朴斗瑞'는 자료 자체의 신빙성에 하자가 큰 만큼, 믿을 수 없는 기록이므로 이를 무시해도 좋지 않을까 생각한다.[20]

마찬가지로 후대의 한 개작본에 불과한 한문본[C]의 주기(註記) 내용을 주목하여 원작의 시대 배경·창작 연대를 후대로 돌리는 것은 불합리한 추론이며,[21] 현전하는 최고(最古)의 자료라 하여 한문본[A]의 필

19) 일찍이 가람은 표지에 '朴斗世' 著가 명기된 한글본의 해제에서, "그 경력과 언행이 이 글의 사연과 많이 符合"됨을 들어 "그(박두세-필자 주)가 이 작자임을 믿을 만하다"고 단정하며 자료(표지)에 나타난 문헌상의 기록을 인정한 바 있다.

20) 朴斗瑞라는 인물의 존재는 정체불명이다. 한문본[B1]과 동종의 이본인[B2]에는 작가가 '박두세'로 명기되어 있다.

21) 앞서 말한 대로 한문본[C]에는 시대배경을 서술하는 작품 첫머리의 "往歲戊午春…"이라는 어구에 '英廟十四年'(1738년)이라는 주기가 붙어 있다. 이 자료를 天理大 도서관에서 발굴한 日人 大谷森繁氏는 이 부분을 문제 삼아, 천리대본의 작중인물을 朴斗世로 등치시킬 수 없다는 주장을 편 바 있다(大谷森繁, '「批評新增要路院記」の 紹介', 『朝鮮學報』 49집, 64면 참조). 그런데 이수봉 교수는 전게한 연구서에서 이 한문본 [C]의 註記 내용 및 일인학자 大谷氏의 주장 등에 의거하여

사자를 바로 원작가로 추정하는 견해[22] 역시 원작가=필사자임을 확인할 수 있는 뚜렷한 사실적 근거를 찾지 못하는 한 정당성을 갖지 못한다.

그러고 보면 표지에 '朴斗世' 작(作)을 명기해 둔 한글본의 문헌 기록이나, 그의 언행과 경력이 작품 내용(일인칭 화자의 진술 내용)과 여러 가지로 부합됨을 근거로 하여 박두세 작임이 믿음직하다고 결론한 가람의 견해에 부질없이 이의를 제기할 아무런 까닭이 없는 것이다. 작가명을 '박두세'로 명기한 기록은 한글본 외에 한문본[B1]에서도 발견되거니와, 실제로 우리는 작품 속에서 화자가 밝히고 있는 그의 귀로 여정과 부과(賦科) 경력, 본인은 물론 아들 및 조카의 나이까지 박두세 자신의 전기적 행적과 거의 일치됨을 문헌을 통해 확인할 수 있다.[23]

또한 박두세의 '언행'과 「요로원야화기」의 작품 내용이 여러 모로 상통하고 있는 것도 사실이다. 족보의 기록을 보면 그는 「삼운통고보유(三韻通考補遺)」라는 운서(韻書)를 비롯 삼십 권의 유집(미간)을 남길 정도로 탁월한 문식을 지닌 문사였음에도 불구하고 세상에 밉보여 관직이 종내 현달하지 못하였다 한다.[24] 이를테면 그는 현실에 타협하지 않는 비판적 지식인의 자세를 견지하여 당대의 사대부·관료사회로부터 소외를 자초한 셈인데, 이 같은 그의 전기적 행적은 작품 속에 나타

가람의 작가=朴斗世 설에 강한 의문을 제기했던 것이다(주 2) 및 11) 참조).

22) 이수봉 교수는 한문본[A]가 두루마리본이라는 점을 들어 현존하는 최고본(最古本)으로 추정하고 그 필사자 이양오(李養吾)가 이 작품의 원작자일 가능성이 높다고 주장하였으나 이는 막연한 추측일 뿐이다.

23) 「蔚山朴氏大興派譜(국립도서관소장)」 참조(작품 및 족보의 원문의 인용은 생략함). 이 교수는 앞의 책에서 박두세의 부과(賦科) 경력(經歷)과 작품 속에 운위된 과거(科擧)의 시종(試種)이 부합되지 않는다고 의문을 제기하고 있으나, 이는 시종의 성격에 대한 이 교수의 오해나 착각에서 비롯된 것일 뿐, 사실 자체에는 의문의 소지가 없다.

24) "公有華國之文, 經世之才, 見忤於世, 官終不顯, 有遺集三十卷未刊, 三韻補遺二冊."(『蔚山朴氏大興派譜』) 「三韻通考補遺」는 현재 남아 있으나 나머지 유고는 그의 문중에서 유실되어 버린 것으로 보인다.

난 작가의 분세(憤世)의식 즉, 문벌에 의해 좌우되는 과거제의 문란과 권세에 추부(趨附)하는 편당(偏黨)의 폐해를 비난하고, "歛膝危坐"한 채 궁리(窮理)를 일삼는 당시 사대부들의 타락한 정신 풍토를 질타하는 화자의 강개한 현실 비판의식과 서로 부합되는 사실이다.[25)]

원전 및 작가의 문제와 관련하여 이제 남은 문제는 작가 박두세가 과연 이 작품을 그의 생애 중 어느 시기쯤에 창작하였을까 하는 점이다. 작품 배경만 두고 본다면 이 작품은 그가 29세 되던 무오(戊午)년(숙종4년, 1678) 봄, 과거에 응시하고 낙향하던 귀로 도중의 체험담을 서술한 것으로 되어 있다. 그렇다면 이 작품은 바로 무오 당년에 저작된 것으로 볼 수 있을 것인가?[26)] 그럴 가능성이 전혀 없는 것은 아니나 "戊午春余…"로 시작되는 작품의 배경 서술로 미루어볼 때 적어도 무오 당년의 저작은 아니라고 보는 것이 옳을 듯하다. 그러나 작품에는 과거에 낙방하여 울울히 낙향하는 빈한한 시골 문사의 경화호족(京華豪族)에 대한 일말의 적개심과 투쟁심, 그리고 재기와 문식으로 상대방을 굴복시키고 마는 젊은 오기가 번득이며, 전술한 바와 같이 소외된 사대부의 강개한 분세의식이 작품의 주조를 이루고 있는 것이 사실이다. 그러므로 우리는 이 작품이 무오 당년은 아닐지라도 작가 박두세가 아직 낙척불우하던 그 즈음 2~3년 사이에[27)] 저작된 것으로 추측해 볼 수 있다.[28)]

---

25) 울산 박씨 족보에는 박두세의 유작 중 당쟁의 폐해를 혹독하게 비판하며 편당의 혁파를 주장하는 對策文 한편이 유일하게 실려 있는데, 아마도 이 글이 그의 관료적 자세와 사상을 단적으로 알려주는 대표적인 유음(遺音)일 것이다. 박두세의 직계 종손 朴永泰翁(忠南 牙山郡 大德面 觀音里 居住)의 증언에 의하면 박두세는 남인계의 학자였다고 하나 그의 생애와 사상·학문을 추적할 수 있는 문헌 자료는 그의 宗家에서도 다 유실되어 구해볼 수가 없었다.

26) 가람은 전술한 한글본 해제에서 사건 배경으로 서술된 이 무오년에 작품이 창작된 것으로 추정하고 있다.

27) 박두세는 무오(戊午)년으로부터 4년 뒤 임술(壬戌) 년(1682: 숙종 8년)에 문과에 급제하였다.

28) 박두세는 1650년(효종 원년 : 庚寅)에 태어나 숙종 시에 주로 활약하다가 1733년

III. 작품내용 및 작가의식의 분석

이 작품의 일인칭 화자이자 주인공인 '나'(余)는 작가 자신의 실제 모습이 예술적으로 투영된 그 작품내적 분신이라 할 수 있다. 그는 충청도 향리의 가난한 선비로 방금 과거에 낙방하여 서울로부터 낙향하는 길이다. 작가는 작품의 초두에서, 절름거리는 말 한 필에 짐바리를 싣고 지친 몸을 의지한 채, 누더기를 걸친 아이에게 말잡이를 시켜 낙향하는 그의 꾀죄죄한 몰골을 꽤나 해학적인 어조로 묘사하고 있다.[29)]

이같이 초라한 행색 때문에 그는 객사에 들 때마다 사람들이 업신여겨 수모를 당하기 일쑤였거니와, 이제 황혼이 되어 행인으로 가득찬 요로원 객사에 당도해서도 감히 "주인을 호령하여 행인을 쫓아내"[30)]고 자신의 사처를 마련할 엄두를 내지 못한다. 그러나 그는 양반으로서 상인들과 함께 뒹굴며 밤을 지낼 처지도 못되는지라, 차라리 같은 양반이 묵고 있는 객사를 찾아 그에게 하룻밤 동숙하기를 청하여 더 이상의 수모를 면해 보고자 하는 계책을 세운다.

그러니까 그는 지금 사회적으로 인정받지 못하는 자신의 신분(양반)적 지위에 어느 정도 불안을 느끼면도 양반—사대부로서 자기의 계급적 동일성을 잃지 않으려는 내적 갈등을 겪고 있는 것이다.

(영조 9년: 癸丑)에 棄世하였으니 장수를 누린 인물이다. 우리는 작가 박두세가 관직에서 퇴임한 이후 노년의 파적(破寂)으로 젊은 날을 회상하며 이 작품을 지었으리라 추측할 수도 있으나, 상술한 바와 같이 작품에 표현되어 있는 것은 老成家의 사상이나 인생관이 아니며, 과거를 추억하는 회고적인 서술 흔적이 눈에 띄게 나타나 있지도 않다. 오히려 도전적인 담략(膽略)을 자랑하는 젊은 패기와 함께 전진적인 사상과 강개한 언사가 돋보이며, 淸南·濁南의 정쟁 등 당면 시사(時事)에 민감하게 반응하는 시론적(時論的) 성격을 보여주고 있다.

29) "戊午春, 余自固廨來, 網軍行色…匹馬玄黃, 駄任而騎, 牽童殊劣, 弊衣剪腰, 每投院務, 受侮見輕, 不一而足. 午發素沙, 未至要路院五里許而日暮, 緣蹇蹄也."

30) "將此單草行裝, 不可號令主人, 驅斥行人."

이처럼 가뜩이나 불편한 심기를 지닌 그가 숙소를 얻기 위해 찾아들어간 객사에는 마침 '경화군극(京華裙屐)' 즉 서울 권세가(벌열층)의 자제로 보이는 꽤나 호사스런 젊은 양반이 들어 있어, 그의 초라한 차림을 보고 '시골내기(鄕谷者)'라 여겨 마구 냉대하며 모멸하는 것이었다. 이에 몹시 비위가 상한 화자(余)는 권세와 호사를 뽐내며 자신을 위압해 오는 경객(京客)을 맞갚기보다 술책으로서 그의 어리석은 교기를 꺾어주리라 작심한다.[31] 즉 화자는 자신의 정체를 초라한 외양 속에 감추고, 몹시 영락하며 상민(농민)이나 다름없이 빈한하고 무지한 지경에 처한 향암(鄕黯)[32]으로 가장하여 '상등양반'인 벌열 자제와 재기의 대결을 벌이려는 것이다. 인간 사회의 현실을 지체와 외양만으로 판단・평가하려드는 그의 우둔과 교만을 짐짓 부채질 한 다음, 일시에 그의 악덕을 폭로하여 망신을 주려는 속셈이다.

그런데 화자의 이 같은 벌열 자제에 대한 대결 의식에는 복합적인 계기가 작용하고 있는 것으로 보인다. 우선 그는 같은 양반・사대부로서 자신의 존재(동일성)를 무시하는 벌열 자제에 대해 심한 배반감을 느꼈거니와, 화자 자신이 뒤에 토로하듯이 벌열층의 농단으로 인해 지금껏 과거에 계속 낙방하여, 양반・관료사회로부터 소외된 울분과 함께 집권층에 대한 불만이 여러 가지로 쌓여 있던 터였다. 게다가 그는 재지의 물적 토대도 빈약한 것이 드러나 이제 양반으로 대접도 제대로 받지 못하는 심한 몰락감을 맛보고 있었던 것이다.

농민화된 잔반(殘班) 또는 향암으로 가장하는 화자의 속임수에는 이 같은 그의 벌열층에 대한 적대감・상대적 몰락감과 함께, 농민층이나

31) "余思之, 彼京華裙屐, 衣冠鮮麗, 鞍馬豪壯, 謂我鄕谷者流, 不爲之禮也. 其騃志驕氣, 可以術折之."

32) '殘班'이라는 역사적 용어도 적합할 듯하다. '鄕黯'과 함께 '上等兩班'이란 용어는 작중 인물의 입을 통해 작가가 문면에서 쓰고 있는 용어이다.

향리(鄕里)의 잔반(殘班)들에 대한 그의 친근감이 또한 작용하고 있다고 볼 수 있다. 그가 완벽하게 잔반·향암으로 행세할 수 있었던 것도 평소 향리에 머물고 있던 그가 자기 주변에서 이러한 계층의 인물들에게 친근감을 느끼고 그들의 세계관이나 언어 풍습에 익숙해 있었기 때문이다. 이런 까닭에 몰락 '양반'임을 내세워 벌열 자제에 친압(親狎)해 가던 그는 이제 도리어, 순진·무지하되 발랄하고 기지에 찬 농민적(또는 농민화된 잔반) 성격을 빌어 벌열자제의 권위 의식에 맞선다. 동시에 그는 생활상의 필요에 의해 현실의 변화와 제도적 모순에 민감할 수밖에 없는 농민적 시각을 빌어, 지배층의 부패 등 모순 속에 변화되어 가는 당대 봉건사회의 구체적 실상들을 풍자적 언설로 묘파해 가며, 중앙 귀족의 편견에 자만하고 있는 경객과 의도적 논쟁을 벌인다.

호사(豪奢) 속에 교기(驕氣)가 몸에 밴 경객에게 그는 우선 제도적 수탈에 도망('軍役에 罪侵')한 대가를 뇌물로 치러야 하는 고달픈 농민의 신세를 알리며 수뢰(受賂)가 횡행하는 지배층(官員·胥吏)의 부패상을 폭로한다.[33] 또한 자기 신세와 다름없이 상한(常漢)과 함께 어울리던 향곡의 하등양반이 지방관과 야합하여 일조(一朝)에 좌수·별감의 지위에 오르자, 권력의 비호를 받는 계급적 횡포와 착취를 통해 경제적 부요와 호사를 누리게 된 향촌 사회의 실정을 들어, 분화·해체되어 가는 과정 속에서도 민중적 수탈을 제도적으로 강화해 가는 양반사회의 모순을 폭로하기도 한다.

또 양반문화(眞書風月 등)의 세련된 품위를 퍽이나 뽐내며 문식이 없는 사람은 금수와 같다고 주장하는 경객에 대해 모든 사람이 나를 다 사람으로 여기는데 당신만 어찌 금수로 여기는가 반문하며, 농민에게 있어서 문식(文識 : 文字)이란 단지 노동 없는 한유(閑遊)와 면역(免役),

33) 내용 분석을 위한 본문 인용은 특히 필요한 경우가 아닌 한 생략하기로 한다.

출세와 치부의 수단으로 선망되고 있음을 설파하고 있다. 이 같은 설전(舌戰)을 통해 그는 문자[文識]를 지배의 수단으로 전유(專有)하고 있던 양반(사대부) 계급의 문화가 지닌 비생산성과 그들의 인간관에 내재한 이데올로기적 편파성을 비난하는 한편, 신분적 지위의 상승·경제적 부의 축적에 대한 열망과 함께 성장하는 민중층의 문화적 욕구를 대변하고 있는 것이다.[34] 요컨대 그는 무지하고 순진하되 지배층과의 대립을 자각하고 있는 하층 민중(농민)의 현실관·세계관을 빌어 상층 양반－벌열층의 존재 기반인 봉건사회·문화의 모순·결함을 비판하고 그들의 세계관·현실관을 격파해 나가고 있는 것이다.

그러나 이것은 화자 자신에게 있어서는 어디까지나 빌려 온 시각이요, 일시적으로 취해진 타인의 의식·세계관의 대리 표현이다. 화자 자신의 실체(정체)는 소외의 울분을 감추고 있는 낙방거사(落榜居士) 또는 비판적인 재지 사대부(在地士大夫)이다. 하지만 상층 양반과의 사회적 갈등을 겪으며 그에 대한 반감 속에서 상층 양반의 의식을 부정하려는 화자가 자신의 내면에 이 농민적인 시각과 의식을 공유하고 있다는 사실을 부정할 수 없는 일이다. 그렇다면 일면으로는 하층민에 공감하는 탈(脫)양반적 시각으로 봉건사회의 모순과 이에 기초한 상층 양반의 왜곡된 인간관·허위의식을 부정하며 일면 사대부로서 사회적 입장을 버리지 않는 작가의 의식은 이율배반적인 자기모순을 노정하고 있는 것으로 보아야만 할 것인가. 그러나 사회적 갈등 속에서 하층민의 삶과 의식에 접근해 가면서도 정작 사대부의 길을 가고 있는 이 같은 그의 의식은 기실 봉건적 모순의 심화와 더불어 분해·몰락의 위기를 맞이하여 의식의 새로운 전환을 꾀할 수밖에 없었던 이조 후기 양반·사대

34) 그는 당시 민중층의 현실적 요구에 의해 새롭게 대두된 소설 등 언문문화 역시 그들에게 있어서는 지배문화인 한문문화에 버금가는 중요성을 지니고 있음을 역설하고 있다.

부의 계급적 자의식[35])을 여실히 보여주고 있는 데 지나지 않는다. 이런 점에서 그의 의식은 그보다 한두 세대 뒤에 활약하던 실학자 문인의 현실주의적·민중지향적 의식과 상통하고 있으며, 그들의 선구로 보아도 좋을 것이다.

작품은 문식에 대한 이야기를 빌미로 하여 언문·진서 풍월을 주고받는 시작(詩作) 경쟁에 상당량을 할애하고 있는데 화자가 자신의 정체를 밝히며 적대자를 공격하는 언문풍월 한 수(首)는 역사적 기능을 상실하고 실속 없는 허위의식 속에서 계급적 특권을 누리고 있는 당시의 상층양반—반동적 지배 계급의 존재 근거를 박멸하는 직격탄이라 할 수 있다.[36]) 낡은 권위에 사로잡혀 지체와 외양만 따질 뿐, 인간·사회의

---

35) '양반·사대부의 계급적 자의식'이란 용어는 저자가 백호(白湖) 임제(林悌)의 문학세계를 논의 할 때 "자신의 사대부적 의식이 그를 둘러싸고 있는 사회적 조건에 의해 제약당하고 있는 존재임을 자각"하는 의식이라는 의미로 처음 사용한 바 있다(졸고, 「林白湖文學硏究」, 서울대 박사학위논문, 1985, 119면). '계급적 자의식'이라 할 때 그것은 사대부 개인의 자의식과 달리 계급의 사회적 기능과 지위가 문제가 될 때 사용될 수 있는 용어다. 이 같은 의미에서 사대부의 계급적 자의식은 독서인으로서 '士'의 사회적 기능을 옹호하던 18세기 이후 실학자 문인들에서 그 내용이 본격적으로 정식화(定式化)되기에 이른다. 실학자의 의식에 대해서는 이우성, 「실학연구서설」(『실학연구입문』, 일조각, 1973) 및 本書 344-5면 참조.

36) 我觀京之表 내 서울 것을 보니
果然擧動戎 과연 거동이 되도다
大抵人物貸 대저 인물을 뀌었으니
不過衣冠夢 불과 의관만 꾸미었도다.

위 시에서 表(것)·戎(되)·貸(뀌다)·夢(꿈이다→꾸미다)은 우리말 석의(釋意)를 한자로 바꾸어 놓은 문자이다. 이중 '貸'는 작품(원문) 속의 작가(화자)의 해설을 빌면 '뀌다(꾸어주다)'라는 우리말이 '방귀를 뀌다'의 '뀌다'와 동음어이기 때문에 썼다는 것이다(한글본에는 이 같은 해설이 나와 있지 않아 이 부분을 쉬 이해할 수 없게 되어 있다). 여기서 앞의 두 구절은 상대방의 운(韻)을 따라 단지 벌열 자제(서울것)의 거만한 거조를 비꼬는 데 그치고 있으나, 아래의 두 구는 듣는 당사자로 하여금 '太甚哉辱也'라는 탄식이 절로 나오리 만큼 극히 모욕적인 내용이다. 허위대(人物)는 멀쩡할지 모르나 (마치 방귀처럼) 아무 실속 없는 헛놈이라 '바지저고리'(衣冠)나 마찬가지라는 뜻이다.

진실을 외면하고 목전의 현실(화자의 정체)조차 깨닫지 못하던 벌열 자제의 우둔과 교만은 이로써 끝장이 난 셈이다. 그리하여 가상적으로 유지되어 오던 양인(兩人) 사이의 대립적 우열 관계는 단번에 역전되어, 이제 화자의 지성의 우위가 판명되었음에도 불구하고 벌열 자제는 또 다시 진서풍월(眞書風月)로 대결하여 자기 문재(文才)의 우월을 확인코자 한다. 그러나 작가의 의도 면에서 본다면 이 진서풍월도 실인 즉 낙방 서생인 화자(또는 작가)의 문재를 과시하려는 의도가 엿보이는 대목이며, 작품 내적 구조의 면에서는 이제까지 권세와 조롱으로 맞서던 양인의 첨예한 대립과 갈등을 완화시키고 새로운 차원으로 이야기를 발전시키는 계기가 된다. 양반·사대부에게 사교적 유희의 성격이 농후한 진서풍월은 양인 사이에 사대부적 일체감을 회복하고 화해의 기분을 돋구는 구실을 하는 것이다.[37]

그리하여 풍월 문답이 끝난 다음 이제 자신의 학식과 시재로 상층 양반의 기를 완전히 꺾고 도덕적·지적 우위를 확보한 주인공은, 전에 없이 예의를 갖추고 친근하게 다가오는 경객(京客; 벌열자제)에게 진실을 계몽해 주는 설교조의 문답을 나눈다. 즉 뛰어난 문재로도 대과(大科)에 낙방한 자신의 불운이 벌열층의 농단에 의한 과거제의 문란에서 비롯된 것임을 논핵(論劾)하여 벌열 자제의 자인(自認)을 받은 다음, 화자는 다시 말머리를 당쟁으로 돌린다. 과거제의 농단과 함께 집권 세력에 의해 추동되던 당시 양반 사회의 가장 심각한 정치적 문제가 당쟁의 폐해였던 까닭이다. 여기서 언급되고 있는 당쟁은 당시의 이른바 청남(淸南)·탁남(濁南) 간의 분쟁인데, 작가는 허목(許穆)이 이끄는 청남의 도덕적 순수성을 일단 인정하면서도 권욕(權慾) 때문에 타락 일로를 달리고

37) 작품 속에 상당량을 차지하고 있는 한시 풍월[眞書風月] 대목은 당시의 사대부 독자에게는 흥미꺼리가 될 수 있었을 것이나, 오늘날의 독자에게는 흥미가 삭연한 대목이므로 논의를 생략한다.

있던 당시 집권 사대부층의 명분 없는 분쟁을 타매(唾罵)하고 있다.[38]

이처럼 집권층에 대한 비난 · 공격이 계속되자 경객은 울분으로 가득 찬 화자를 달래며 차라리 과업을 폐하고 '생리(生利)'에 힘써 빈한한 가계를 면하라 권고한다. 그러나 화자는 '식화(殖貨) · 부리(富利)'는 사대부가 도모할 바가 못되며 자신은 도덕 · 학문에 뜻을 둔 선비임을 굳이 주장한다. 부귀 · 공명을 이루지 못하더라도 지식인(독서인)으로서 '士'의 자기 본분과 사명을 외면하지 않겠다는 사대부의 자세를 견지한 것이다. 대화가 사대부의 학문 자세에 이르자 화자는 상대방이 이른바 학문[讀書窮理]이란 것이 세칭(世稱) '이학(理學)'인가 묻고 이학이 반드시 "팔짱 끼고 무릎 끓어 종일토록 앉아 있는 것"만을 일삼는 것인가. 이는 "거짓 외모를 꾸며 허명(虛名)을 도적질"하는 짓이 되고 마는 것이 아니냐고 비난한다.[39] '세칭 이학' 즉 당시 사대부층의 의식을 지배하고 있던 성리학의 관념적인 학문 풍토에 대한 그의 이러한 비난은 이른바 '위인지학(爲人之學)'을 비판하면서 현실적 문제를 합리적으로 해결할 수 있는 현실주의적 · 실천적 학문 자세를 재정립하려 한 실학자의 사상과 궤를 같이하는 것이다.

이상에서 살펴본바 「요로원야화기」의 작품 구조는 봉건적 모순의 심화와 함께 분해 · 몰락의 운명을 맞이하게 된 17세기 후반 양반 사대부의 계급적 자의식에 기초하고 있다. 작품 속에 반영되어 있듯이 집권층의 농단으로 인해 지배체제로부터 소외된 이 시기의 재지 사대부층은 새로운 경제 관계의 대두와 함께 재지(在地)의 물적 토대마저 흔들리게 되자 다양한 계층으로 분화되면서 '양반'으로서 일체감을 상실해 간다. 그들은 때로 신분적 지위의 몰락에서 오는 사회적 갈등과 의식내적 갈등을 동시에 겪기도 했거니와, 이 같은 갈등은 그들로 하여 금 민중(하

38) 당쟁의 일소(一掃)를 주장하는 작가의 사상에 대해서는 주 25) 참조.

39) "子所謂讀書窮理者, 非世之所稱理學乎…理學必須措手斂膝, 終日危坐乎."

층민)의 생활·현실에 눈을 돌리고 그들의 삶과 의식에 근접해 갈 수 있는 계기를 마련해 주는 한편, 집권 사대부(벌열 양반)층에 대립되는 사대부로서 자기 존재의 동일성을 새롭게 재확인해야 하는 필요를 느끼게 한 것이다.

향암(잔반)으로 가장한 낙방 서생이 기지와 풍자적 언설로 벌열층 자제의 교만과 편견을 분쇄한 다음, 그 여세를 몰아 집권층의 타락과 사대부의 암매한 정신 풍토를 질타하게 되는 「요로원야화기」의 서사 과정은 바로 상술한 재지 사대부의 사회적 갈등과 계급적 자의식의 심화 과정에 전적으로 조응되고 있는 것이다.

그러므로 이 같은 작품의 서사 구조 또는 서술 과정 전체를 통해 작가가 제시해 주고자 하는 도덕적 지침은 결국, 역사적 책무를 망각한 채 지배 권력(질서)에 안주하려는 사대부의 타락한 정신 자세를 청산하고, 변해가는 현실과 하층민(민중층)의 세계관에 접근하여 양반사회·문화의 모순을 직시할 수 있는 진보적인 시각과 실천적인 학문의 자세를 확립·견지해 갈 때 역사적 기능을 상실하고 몰락의 위기에 처한 사대부 계급은 비로소 자신의 도덕적·사회적 존재 근거(동일성)를 확보할 수 있다는 것이다.

그리하여 작품 속의 논쟁은 작가의 분신이라 할 수 있는 주인공-화자가 벌열 양반의 자세를 이 같은 자신의 세계관 속으로 견인해 가며, 귀족적 체질에서 비롯되는 갖가지 인간성의 결함을 극복할 방도를 계도해 주는 인격적 훈화로 끝나고 있다.

Ⅳ. 소설적 구조와 소설사적 위치

앞서 말한 대로 일인칭 서사체로 된 이 작품의 내용은 작가 박두세의 행적 · 사상과 여러 모로 부합되고 있다. 그렇다면 이 이야기(夜話)가 실화(實話)를 기술한 체험기이며 수필이라 할 수 있는가? 그렇다고 할 소지가 전혀 없다고 단언할 수는 없으나 지극히 회의적이다. 두 인물의 대화를 중심으로 이야기가 엮어져 있는 이 작품에서, 말꼬리에 꼬리를 물고 이어지는 대화의 진행은 희극적 · 논쟁적 성격을 지니고 있어 시종 극적 흥미와 긴장을 유지하고 있는데, 특히 희극적 갈등과 논쟁을 계획적으로 유발하고 있는 주인공(화자)의 문 · 답은 놀라운 재치와 기지로 가득 차 있어 작중인물인 그의 적대자마저 경탄시키고 있다. 게다가 강렬한 주제 의식을 담고 있는 말 한 마디 한 마디가 주고받는 극적 대화를 통해 지극히 교묘하게 접속 · 연결되면서 주제의 확대가 이루어지고 있다.

한두 가지 예를 들어본다면 시골 양반의 지체를 묻는 경객에 대한 화자의 답은 향임(鄕任)들의 발호에 대한 풍자로 이어지며, 어린 아들에게 방소(方所)를 가르쳤냐는 물음에 대한 답은 동서남북의 당파에 대한 비판으로 이어진다. 이와 같은 화자의 기지는 대화 도중 즉석에서 지어진 것처럼 되어 있는 그의 풍자시(언문풍월)에서 가장 극적인 효과를 거두고 있는데, 이 시는[40] 사실상 지극히 정교하게 구성된 것이어서 작품 속의 극적 갈등을 반전시키며 이제까지의 희극적 갈등과 주제를 일단락 짓는 한편 인물들의 대화 · 갈등을 새로운 차원으로 진전시키는 계기가 된다.

이처럼 주제적 통일성과 극적 긴밀성을 갖춘 작중 인물들의 대화는 주 · 객이 여사(旅舍)에서 우연히 만나 즉흥적으로 벌인 자연스런 문답 · 대화의 기록으로 볼 수 없으며, 작가의 예술적 의도와 허구적 구도에 따라 정교하게 조작 · 구성된 극적인 대화로 보아야 한다. 또한 이처

40) 주 36)에서 인용 · 거론한 시이다.

럼 기지로 가득찬 극적 대화 속에 작가의 사상・체험을 농축시켜 표현하고, 정교한 구성을 통해 허구적 통일성을 완벽하게 갖추고 있는 작품은 예술적 재능이 숙련된 개인의 합리적 숙고와 독창적 창작을 통하지 않고는 이루어지기 어렵다.

물론 이 같은 창작 과정 속에 작가의 체험이 부분적으로 반영될 수 있었을 것이다. 그러나 이 작품이 비록 일인칭 체험담의 형식을 취하고 있다 하더라도, 예술적 통제를 받고 있는 작품 세계 속에서 일인칭 서술자(작중화자: 余)의 서술 내용과 서술 시각은 작가에 의해 예술적으로 극화되어 있는 것이 사실이다. 무엇보다도 우리는 이 작품의 화자—주인공이 제삼의 인물로 가장하여 극적인 연기를 훌륭히 해 냄으로써 소설적 상황을 만들어 가고 있음을 잊어서는 안 될 것이다. 소설의 본질은 여러 가지로 정의될 수 있겠지만, 서로 상이한 가치관(세계관)을 지닌 복수 인물과 한 화자의 시점(시각)의 복합을 통해서, 또는 그들 간의 상호 대립・갈등하는 세계관의 복합을 통해 현실의 총체적 모습을 제시해 주려하는 서술 구조상의 특성을 지닌 장르라는 이론이 현재로서는 유력하다. 그렇다면 양반 계층의 분열・몰락에 따라 복합적인 시각을 갖게 된 작가가 자신의 시각을 극화시키는 과정에서 농민적 시각・세계관을 빌어 벌열 양반의 시각・세계관과 희극적으로 대립시킨 다음, 다시 논쟁의 형태를 통해 소외된 재지 사대부로서 자신이 갖는 비판적 시각・진보적 세계관을 진지하게 개진함으로써, 당시 사회・현실의 다양한 모습을 총체적으로 제시해 주려하는 이 작품의 서술 구조는 '소설적'인 성격을 지녔다 해도 무방할 것이다. 더구나 치밀하고 재치 있게 구성된 대화체의 문장은 주제의 표출과 함께 인물의 극화에도 성공을 거두며 뛰어난 형상력(形象力)을 지닌 서술의 문체와 조화되고 있어 소설적 묘사와 허구적 구성을 제대로 갖춘 작품 세계를 엮어 내고 있는 것이다.

그러나 이 작품이 소설인가 아닌가를 양단식(兩斷式)으로 가름하는 논의보다는 소설적 요소를 풍부하게 갖추고 있으면서도 수필의 영역을 넘나드는 여행체험기의 형태를 취한 이 같은 작품이 당대에 출현하게 된 소설사적 배경과 작품이 지니는 소설사적 의미를 논의하는 편이 보다 유익할 것이다. 자전적(自傳的) 요소를 지닌 이 작품이 작가 박두세의 독창적인 예술적 재능의 소산임은 두말할 나위가 없으나, 일인칭 서사체로서 우리 소설사에서 매우 독특한 위치를 점하고 있는 이 작품에는 사실상 당시에 유행하던 몇 가지 유형의 서사 형식이 접맥되어 있다.

우선 소설적 갈등이 야기되고 있는 작품의 전반부에서 서사 구조의 기본 골격을 이루고 있는 것은 소화(笑話)나 야담(野談)의 형식을 통해 구비・전승되어 오던 풍자담(諷刺談)의 형식이다. 권세 없는 자가 가진 자를 공격하기 위해서 기지와 속임수로 상대방을 곤경(함정)에 빠트리고 승리를 얻어낸다는 것이 대개의 풍자담이 지니는 유형적인 서사 구조(plot)다. 또 일상 현실과 생활 주변(풍습) 속에서 포착되는 사소한 결함을 공격의 빌미로 삼아 지배층이 표방하는 가치관의 위선적인 실체와 함께 그들이 지니는 권위의 허망한 본질을 폭로・부정하려는 것이 풍자 문학이 일반적으로 보여주는 윤리 의식상의 특징이다. 이처럼 가치관의 갈등을 생생하게 묘파하면서, 제도와 풍습 등 구체적인 사회 현실을 민감하게 반영하게 되므로, 풍자담은 단순한 소화의 상태를 벗어나 사회적 내용을 풍부히 갖는 소설적 형태로 쉬 접근해 갈 수 있었다.[41] 이처럼 사실주의적 성향을 지닌 소설의 한 모태나 또는 원형으로 성장해 온 풍자담은 여타의 풍자문학과 마찬가지로 봉건 질서가 점진적으로 해체되고 가치관의 갈등이 심화되던 이 시기(17세기 후반) 이후

---

41) 풍자-소설은 그러므로 사실주의를 지향하는 소설류의 초기적인 한 유형을 이루게 된다.

에 특히 성행하게 되었으니, 「요로원야화기」의 작가 박두세 역시 당시에 발달하던 이 풍자담의 서사 구조에서 자신의 사회적 갈등과 울분 그리고 새로운 가치관을 객관적으로 극화시켜 표현할 수 있는 허구적인 틀을 취해 온 것이다.

이 작품이 씌어지던 당시에 풍자담의 소설화가 어떤 형태로까지 진전되었는지 정확하게 추적해 내기는 힘들다. 그러나 작품 속에도 반영되어 있듯이 당시에 소설은 이미 향곡에서도 큰 인기를 얻을 정도로 널리 유행되고 있었고,[42] 이 작품의 제호(題號) 『요로원야화기(要路院夜話記)』에서 볼 수 있듯이 객사(客舍)와 사랑(舍廊)에서 밤새워 이야기되던 야담(野譚) 역시 상당 정도 발달하고 있었음을 추찰할 수 있다.[43] 복합적인 시각으로 당시의 사회 풍속을 사실적으로 묘사하고, 허구적 구도에 따라 정교한 구성을 갖추는 등 소설적 요소를 풍부히 갖춘 이 작품은 풍자담을 포함한 야담류의 발달과 더불어 당시에 이미 양식화되기 시작한 소설 기법의 영향 속에서 창작된 것이다.[44]

그러나 우리는 이 작품의 작가가 여타의 풍자담·풍자소설에서와는 달리 일인칭 체험기(또는 여행체험기)의 서술 형식을 택함으로써 그의

42) "我里中, 有金戶首者…誦讀古談冊, 雄於一村中耳."

43) 이야기 문학이 발달하던 당시의 '夜話'는 단순히 '밤에 하는 이야기'라기보다 객사·사랑과 같은 장소에서 만난 사람들이 밤을 도와 나누는 흥미로운 이야기의 뜻을 내포하고 있었다고 보인다. 「허생전(許生傳)」이 끼어 있는 연암(燕巖)의 「옥갑야화(玉匣夜話)」나 17세기 후반을 배경으로 한 작품 「일석화(一夕話)」(일본 천리대도서관 소장, 『조선학보』 90집에 소개) 등에서 볼 수 있듯이 그것은 주로 야담의 소설화를 뜻하는 제호(題號)로 붙여진 것이다.

44) 풍자담과 함께 이 시기에 유행하던 풍자문학의 한 유형으로 몰락 양반(과객)들에 의해 발달된 언문풍월(諺文風月)이 있었는데, 「요로원야화기」의 풍자적인 서술구조에서 이 언문풍월은 특히 중요한 기능을 하고 있다. 따라서 이 작품의 창작에는 당시에 유행하던 언문풍월이 풍자담의 구조와 결합하면서 중요한 모티브로 작용하고 있다고 볼 수 있다. 언문풍월의 풍자적·사회적 성격에 대해서는 임형택의 전게 논문 참조.

독자적인 사상과 의식 내용을 비교적 자유롭게 개진할 수 있었으며, 또 이로 인해 이 작품이 우리 소설사에서 독특한 위치를 점하게 된 사실을 주목해야 할 것이다. 이 작품이 창작되던 17세기말 경에 이르면 전란의 체험과 자본 및 교통의 발달, 그리고 외부 세계에 대한 관심의 확대에 따라 사대부들의 문예활동에서도 여행·체험의 서술이 양적으로 증대하게 되는 것은 역사 발전에 따른 필연적인 추세라 할 수 있다. 즉 변해가는 현실 속에서 삶의 다양한 가치가 인식·추구되면서 야담과 소설 양식이 새롭게 유행하는 한편, 사대부들의 잡다한 필기(筆記: 敍事) 전통 내에서도 여행·체험기류가 성행하게 되는 문학사적 분위기 속에서 이 작품은 창작된 것이다.

일인칭 체험기의 서사 양식은 사실상 경험적 현실을 존중하는 사대부들의 필기문학의 전통 속에서 개인의 다양한 체험과 견문을 통괄적으로 서술해 낼 수 있었던 고전적인 서술 양식이다. 이런 까닭에 그것은 우선 소설적 허구를 꺼리는 사대부들에게 전통적인 문예관·세계관에 정면으로 저촉되지 않으면서도 허구적·소설적 창작을 가능하게 하는 훌륭한 장치가 될 수 있었다.[45]

일인칭 체험기의 형식은 또한 서술자의 체험을 통해 새롭게 인식된 외부 세계의 객관적 진상(실상)을 충실하게 재현하는 한편, 체험자(서술자)의 주관적 반응과 내면 의식·사상을 동시에 개진할 수 있는 서술 양식이다. 때문에 그것은 작가 자신의 가치관·내면적인 지성의 거울에 외부 사회의 모순·결함을 비춰볼 수 있는 풍자의 손쉬운 방편이 될 수 있다. 또 서술자(작가)의 체험적 진실을 강조하고 외부 현실의 재현에

---

45) 이처럼 서술자의 체험담 또는 실화임을 소박하게 표방하면서 현실과 허구를 자연스럽게 접맥시킬 수 있었기 때문에 (일인칭)체험기의 서술형식은 사대부의 소설적 창작에서 초기적인 특징을 이루고 있다고 볼 수 있다. 우리는 허구적 성격이 강한 '記'나 '錄'(예컨대 夢記· 夢遊錄系 작품)에서 이 같은 예를 쉽게 찾아볼 수 있다.

충실한 그 사실주의적 성격은 일상 현실 속에 야기되는 가치관의 갈등을 생생하게 묘파해 내는 풍자(담)의 사실주의적 성향과 본래적인 친연성을 지니고 있는 것이다. 일인칭 체험기 또는 여행체험기의 서술 방식에 풍자담의 구조가 접합된 소설 「요로원야화기」의 작품 구도는 이렇게 해서 배태된 것이다.

그러나 일인칭 서사체 또는 체험기적 서술 양식은 작가 자신의 체험 · 세계관을 아무리 객관화(극화)시켜 제시하려 해도 결국 지식인 작가인 사대부 자신의 사상 · 내면의식을 쉽게 드러낼 수밖에 없는 서술 방식이므로 고백적 · 교훈적 성격을 띠기 십상이다. 실제로 우리는 대화와 논쟁을 통해 작가 자신의 사상을 자유롭게 개진하고 있는 이 작품의 후반부에서, 식자(사대부)층의 독자를 상대로 양심적인 지식인으로서 가져야 할 학문과 생활 자세를 계몽시켜 주고자 하는 사대부 작가의 강한 열망을 읽을 수 있다. 그러므로 풍자적 성격과 고백적 성격을 아울러 갖춘 이 같은 류의 작품이 번역 · 개안을 통해서 부녀층이나 하층의 양반, 중서인들로까지 그 독자를 확대해 나갈 수 있었다 할지라도, 작가는 수준 이상의 지성과 덕성 그리고 탁월한 문재를 겸비한 대가가 아닌 경우라면 널리 읽힐 수 있는 작품을 쓰기 힘들었을 것이다. 풍자를 통해 외부 사회와 타인을 비난 · 공격하는 작가의 내면적 지성과 덕성이 독자 대중의 상식이나 지적 · 도덕적 수준을 압도할 만큼 풍부한 내실을 우선 갖추고 있어야 할 뿐 아니라, 이것이 재기 있는 문체와 언설로 형상 · 표현될 때 비로소 독자의 심미적 · 지적 흥미를 충족시킬 수 있겠기 때문이다. 바로 여기서 연암과 같은 실학자 문인에 앞서 자신의 비판적이고 진보적인 사상을 탁월한 문예적 재능으로 빛낸 문호 박두세의 선구적 역할과 함께 이 작품이 우리 소설사에서 차지할 수 있는 독보적인 지위가 드러나게 된다.

V. 맺음말

이상에서 보았듯이 작가 박두세는 현실에 불만을 품은 일개 의식분자였을 뿐 아니라 당시로서는 선구적이라 할 만큼 탁발(卓跋)한 지성의 소유자였다. 이와 같은 자신의 내면적 지성에 대한 확신이 그로 하여금 자전적·고백적 성격을 지닌 일인칭 체험기의 서술 형식을 택하도록 하였거니와, 스스로를 풍자담의 주인공으로 삼는 대담한 착상도 이 같은 지적 확신과 문예적 표현 형식에 민감한 그의 예술적 재능이 결부되어 이루어진 것이다. 그는 민중층의 요구에 의해 대두된 새로운 서사 양식에도 진취적인 태도를 취한 독창적인 문예적 재능의 소유자이기도 했던 것이다. 그리하여 지적으로 통제되고 예술적으로 세련된 정교한 구성의 기교와, 속어를 섞어 쓰는 재치 있는 대화 문체를 조직적으로 구사하여, 희학적(戲謔的)인 야화(夜話; 諷刺譚)나 소박한 필기문(筆記文; 여행체험기)으로부터 '소설'로의 질적 전화(비약)를 이룩한 『요로원야화기(要路院夜話記)』를 창작할 수 있었던 것이다.

소설적 허구를 꺼리고 과문(科文)과 성리학의 누습(陋習)에 잠겨있던 당대 사대부들에게 이 작품은 신선한 충격을 주었을 것이고, 사대부의 분화·몰락이 심화되어 가던 18·9세기에 이 작품은 더욱 진가를 발휘하여 번역본·개작본을 포함한 여러 가지 이본을 파생시키며 독서계에 널리 유행하게 되었다. 그럼에도 불구하고 일인칭 체험기의 서술 형식을 취한 필기 소설류가 이 작품에 뒤이어 쉬 출현할 수 없었던 것은 앞서 말한 대로 작가 박두세 이상으로 예리한 지성과 진보적인 세계관·문예관을 함께 지니고, 뛰어난 문재를 통해 이를 자신 있게 표출해 낼 사대부 문인이 당시로서는 그리 많지 않았음에 연유한다 할 것이다. 그러나 사대부의 계급적 자의식이 보다 심화되고 소설 양식이 좀 더 무르익어감에 따라 그의 선구적 작업을 계승·발전시킬 대가도 나타나게 되었다. 「옥갑야화(玉匣夜話)」나 「호질(虎叱)」을 포함하고 있는 연암의 『열하일기(熱河日記)』는 바로 이처럼 여행체험기의 서술 양식에 소설 양식이 접맥되는 또 다른 예를 보여주고 있다.

끝으로 이 작품이 지니는 과도기적 특성 몇 가지를 지적해 두고자 한다. 연암과 같은 실학자 문인의 사상이나 문예 작품이 보여주는 민중지향적·진보적 성향에도 일정한 역사적 한계가 자재(自在)해 있듯이, 그보다 한 세기 앞서 출현한 이 작품에서, 양반층의 인습적인 세계관·문예의식으로부터 탈피하고자 한 작가의 노력이 당대적인 여러 한계를 안게 되는 것은 불가피한 일이다.

기본적으로 양반계급 내부의 분열·갈등을 그리고 있다고 보아야 할 이 작품에서 작가는 몰락 양반의 의식을 매개로 하여 민중층의 삶이나 언어·문예 장르에 접근해 가면서도, 이를 사대부층 내의 삶이나 의식의 변화를 반영하는 형태로 굴절·전화시키고 있다. 작가(화자)는 또한 타락한 집권 사대부(상층양반)층의 의식·행태를 신랄한 어조로 비판·풍자하면서도 극단적인 대립은 피하며, 대화와 시작(詩作; 風月)을 통해 오히려 그와 화해를 시도하는 가운데 사대부적 이상과 가치를 함께 모색해 감으로써 풍자를 해학으로 전환시키는 중도적·양가적 태도를 보이고 있다. 육담 문자(肉談文字; 俗語)를 섞어 쓰며 일상적 현실을 생생하게 묘파하면서도 전체적으로 전아한 한문체 속에 이를 용해하고 있는 작품의 언어·문체에서도 우리는 작가의식의 사실주의(현실주의)적 지향과 함께, 타락해 가는 양반사회의 현실에 대한 지적·도덕적 우위를 확보함으로써 자기만족을 구하고자 하는 고답적 자세를 아울러 살펴볼 수 있는 것이다.

이 같은 중도적·양가적 태도는 궁극적으로 자전적 체험기라는 전통적 서술형식과 풍자-소설 형식의 접합으로 이루어진 이 작품의 서술구조상의 과도기적 특징에도 나타나 있듯이, 양반층의 고루한 계급적 편견에서 개방되기를 원하면서도 아직은 양반으로서 자기의 계급적 조건으로부터 자유로울 수 없었던 전환기 사대부의 세계관·문예의식 상의 역사적 특성을 뚜렷이 반영하고 있다. 그러나 이 같은 역사적 한계에도 불구하고 동시대의 사대부문인에 앞서 작가 박두세가 추구하고자 했던 의식의 개방성·진보성과 함께, 작품 「요로원야화기」가 우리 소설사 속에서 지니는 선구적 지위가 결코 간과될 수는 없을 것이다.

「적벽가(赤壁歌)」의 『삼국지』 변용과 패러디

1. 서론

「적벽가(赤壁歌)」는 주지하다시피 중국의 역사영웅소설 『삼국지연의(三國志演義)』 일부를 판소리 사설로 개작한 작품이다. 이에 대해서는 그간 형성 과정과 이본, 주제와 구조, 미적 특질과 작가의식, 원작과의 비교 등 다방면에 걸친 논의 속에 상당한 연구의 진척을 이루어 오고 있으며, 근년에는 그간의 주요한 연구가 단행본으로 정리되고[1] 여러 이본 자료가 수합되어 전집으로 편찬되기도 했다.[2]

『삼국지』의 한국적 서사 변용을 살피는 공동 연구의 일환으로 이루어지는 본고는 이 같은 학계의 연구 성과를 발판으로 하여, 『삼국지』가 판소리화를 거치면서 「적벽가」에 어떻게 변용되고 있으며, 변용·개작된 작품 세계를 어떻게 이해·평가할 수 있는가를 재론해 보고자 한다.[3] 본고가 특히 주목하고 해명해 보고자 하는 것은 원작의 전쟁·영

---

1) 김기형·최동현 편, 『적벽가 연구』, 신아출판사, 2000.

2) 김진영 외 편, 『적벽가 전집』, 박이정, 2003.

3) 본고에서는 판소리 사설본을 「적벽가」, 소설본을 「화용도(華容道)」로 지칭해 온 학계의 관례를 따르기로 한다. 한편, 중국에서는 소설 「삼국지」를 「三國衍義」 또

웅담적인 성격과 문맥을 일면에 담지하고 있으면서도 한편으로 이러한 원작의 문맥으로부터 일탈하여 이를 패러디하고 있는 작품 세계의 이중적 성격과 그 양상이다. 그간의 연구에서도 드러났듯이 이러한 이중성이야말로 작품의 주제나 작가의식, 형성 과정과 이본의 특성 등을 이해하는 데 있어 여러 논란과 이견이 제기되어 온 문제의 소재처이며, 『삼국지』의 '변용'을 새삼 논의하게 되는 소이가 되기 때문이다.

이러한 논의에서 본고가 입각해 있는 지점은 「적벽가」에서의 개작은 원전인 『삼국지』에 대한 개작자(층)의 해석과 비평을 담고 있다는 점이다. 이러한 논의가 내실을 갖기 위해서는 판소리 사설의 내용 또는 문맥에 다소간 편차를 보이고 있는 여러 이본 또는 이본군의 차이가 고려되어야 할 것이나 본고의 주된 관심은 작품 「적벽가」 전승의 공통적 핵심을 이루는 서사적·미적 원리나 특징을 『삼국지』와 연관하여 해명하는 데 있다. 그러므로 여러 이본과 작품 전승을 대표하는 텍스트로 〈신재효본 「적벽가」〉를 중심에 놓고 여타 이본(송만갑 판, 박봉술 창본 등)을 참고하며 논의를 진행키로 한다. 비교의 대상인 『삼국지』는 「적벽가」의 형성 당시 正傳化되어 주로 읽혔을 『毛宗崗本』을 텍스트로 삼는다.

2. 『삼국지』의 대중성과 「적벽가」의 민중성

『삼국지』가 「적벽가」로 수용·개작되는 양상을 논의하는 데 있어서 지금까지 큰 영향력을 끼쳐온 견해 중 하나는 전자가 본시 한문으로 된 상층 문화 즉 귀족층의 독서물임에 비해 후자는 일상적인 구어체로 된 하층 문화 즉 민중층의 공연예술로서, 이 같은 하층 문화가 상층 문화

는 「三國志演義」 등등으로 이름해 왔는데, 여기서는 공동연구단의 합의에 따라 한국에서 통용되고 있는 『삼국지』라는 작품명을 쓰며 번거로움을 줄이기로 한다.

를 수용하면서 한편으로 이를 해체하고 있다는 것이다.[4] 이 같은 견해에는 『삼국지』와는 다른 판소리 「적벽가」의 개성이나 독창성이 민중층의 언어뿐 아니라 그들의 미의식 · 세계관으로부터 유래하고 있다는 전제가 깔려 있고, 그렇기 때문에 논자는 「적벽가」의 작중 인물이나 서사 세계도 『삼국지』에 비해 민중적 성격을 농후하게 지닌 것으로 개변되고 있음을 지적하기도 한다. 「적벽가」의 독자성이나 『삼국지』와의 상이점을 강조하는 이러한 견해에 반해 양자 간의 계승 관계 내지 상동성(相同性)을 주목하는 또 하나의 유력한 견해는 「적벽가」가 유교적 명분과 이념을 중시하는 지배층의 가치관과 이에 기초한 『삼국지』의 작가의식이나 서사적 틀을 근본적으로 벗어나고 있지 않다는 사실을 주목하여 환기시키고 있다. 즉 「적벽가」의 서사 세계는 기본적으로 촉(蜀) 정통론과 제갈공명 등의 영웅담을 주축으로 한 『삼국지』의 서사적 흐름을 계승하고 있으며, 여타 판소리 작품과는 달리 「적벽가」는 애초부터 이념과 명분을 중시하는 양반층의 애호를 받으며 성립했고 장면의 극대화를 통해 구현되는 민중성은 부분적인 것이라는 것이다.[5]

관점을 달리하는 이 같은 논의들에 대해 여기서 우선 문제 삼는 것은 두 견해에 대한 시비를 가리자는 것이 아니라, 이러한 논의들이 『삼국지』를 지배층(또는 상층)의 문학으로, 그 작품세계를 양반층의 의식에 부합되는 것으로만 간주하는 오해를 불러올 수 있다는 점이다. 실제에 있어 『삼국지』는 송대(宋代) 이래 민간에서 說話人들에 의해 유전되며 여항 · 시정의 인민 대중 혹은 민중의 취향에 맞도록 說話, 雜劇이나 소설 등으로 끊임없이 연변 · 각색되어 오는 과정을 거쳐 羅貫中 혹은 毛宗崗 같은 문필가에 의해 집대성된 대하소설로 정착되었다.[6] 즉 『삼국

4) 서종문, 「신재효본 적벽가에 나타난 작가의식」, 『판소리 사설 연구』, 형설출판사, 1987.

5) 정병헌, 「「적벽가」의 형성과 판소리사」, 『신재효 판소리 사설 연구』, 평민사, 1986.

지』는 판소리소설에 버금가는 적층문학으로서, 작품의 성립에는 민중층의 의식과 지식인층의 작가의식이 교합(交合)되어 있는 것이다. 그런 만큼 『삼국지』에는 뒷날 「적벽가」에 의해 확대되는 민중적인 계기(契機)나 대중적 취향이 함축되어 있으며, 바로 이런 이유 때문에 판소리를 향유하고 창작에 가담했던 조선 후기의 민중층은 이러한 『삼국지』를 수용하여 「적벽가」로 개작해 낼 수 있었던 것이다.

『삼국지』가 형성 과정에서부터 서민의 공감을 얻고 대중적 인기를 누릴 수 있었던 요소를 여러 가지로 꼽을 수 있겠으나 민중 예술인 판소리의 저본으로 수용되게까지 한 중요한 계기를 우리는 劉備와 諸葛孔明, 關羽와 張飛 등 영웅적 주인공의 출신 배경에서 우선 살필 수 있다. 이들의 신분을 일률적으로는 말할 수 없으나 대개 지배 권력으로부터 소외당하고 낙척(落拓)·불우(不遇)한 인물로서 한미한 신분이나 미천한 계층의 출신이다. 유비는 명색이 귀족의 후예라 하나 실인즉 시골에서 짚신을 삼고 돗자리를 짜 생계를 꾸리던 가난뱅이요, 관우는 살인죄로 정처 없이 표박하던 한량, 장비는 술과 돼지고기를 팔던 장사꾼 출신이며, 이들에게 포섭된 모사 공명 또한 궁벽한 산골에서 농사나 짓던 서생이다. 이 같은 인물들이 고난과 투쟁을 거쳐 창업의 영웅으로 성공을 거두는 과정이 『삼국지』 전반부 줄거리의 주요한 골격을 이룬다. 즉 『삼국지』는 서민 대중이 계층적 친연성을 느낄 수 있는 인물들을 주인공으로 한 대중적 성공담의 일종이다.[7] 그리고 이들 주인공을 의인화(義人化)·영웅화하고 적대자인 曺操를 간웅(奸雄)으로 형상하는 『삼국지』의 배면에 촉한(蜀漢) 정통론이 깔려 있다고 하나, 『삼국지』가

---

6) 이에 대해서는 루쉰(魯迅), 조관희 역주, 『중국소설사』, 소명출판, 2004, 314~332면.

7) 인하대 BK 연구단에서 『삼국지』의 한국적 서사 변용을 필자와 함께 공동 연구하고 있는 조성면은 최근 대중적 성공담의 측면에서 『삼국지』의 통속적 성격에 대해 논의한 바 있다. 조성면, 「대중문학과 문화콘텐츠로서의 삼국지」, 『한국문학연구』 6, 고려대 한국문학연구소, 2005, 66면 참조.

민중층을 매료시켜 온 비밀은 기실 이러한 주인공들의 민중적 친연성 내지는 대중적 성공담을 골격으로 하는 서사 구조상의 특성에 그 핵심이 있다 할 것이다. 물론 유비 등 촉한의 영웅들은 우국·애민 또는 충·의를 명분으로 내세우면서 전쟁을 일으키고 지배자로 상승해 가는 지배층으로서 성격을 지니고 있기도 하다. 그러나 이들은 또한 인민 대중에게 호감을 줄 수 있는 애민의식의 소유자로서, 강포하고 전횡적인 지배자나 권력가들에 대항하며 애민적(친민중적) 국가 질서와 권력을 욕망하는 인물들로 형상되어 있다. 즉 이들은 민중과 친연성을 지니고 그들을 위해 봉사할 수 있는, 또는 반인민적 지배 권력에 대항하며 민중의 힘과 권력에 대한 욕망을 대리충족시켜 줄 수 있는 대중적 영웅의 면모를 지니고 있다.

이런 점에서 본다면 『삼국지』의 서사 문맥을 해체하며 작품 전면에 등장하는 「적벽가」의 민중성도 『삼국지』에 내포·함축되어 있던 민중적 계기를 확대·발전시킨 것이라 할 수 있다. 이 점을 「적벽가」는 이른바 조조의 '좀놈사설' 대목의 역설을 통해 예리하게 드러내고 있다.

> 생각하니 시셕업퍼 우슴이 벗석 논다……악가 소위 한나라는 그것 다 무엇이냐 너 입을 쩌여 노면 그것덜이 갓 못 쓰제 유황슉은 탁군의서 신만삼뜬 궁조터오 제갈양은 남양에서 밧 파든 농토싱이 악가 그 관운장은 하동에 독 장수 더더구나 장비 그 손은 탁군에 제육 장수 괫심ᄒᆞ다 조ᄌᆞ룡은……8)

경망하고 횡포한 지배자로 형상된 부정적 주인공 조조가 그 적인 촉한의 영웅적 주인공들의 미천한 신분과 출신을 비웃는 대목인데 실제

8) 강한영 교주, 『신재효 판소리사설집』, 민중서관, 1971, 520면. 이 대목은 이본의 문맥을 따서 '좀놈 사설'이라 부르기도 한다.

로 작품에서 조롱당하고 있는 인물은 조조이므로, 「적벽가」를 창작·향유한 계층은 조조가 지적한 주인공들의 민중적 성격에 저으이 공감하고 있음을 내비치고 있는 것이며,[9] 이는 『삼국지』를 수용하는 민중층의 정서를 그대로 드러내고 있는 것이라 할 수 있다.[10] 더구나 『삼국지』 속의 조조는 이 대목에 이르기까지 제갈공명을 '촌놈'이라 부르는 등 '좀놈사설'의 조조나 마찬가지로 촉의 주인공들에 대해 멸시하는 태도를 보이고 있으므로[11] 위와 같은 「적벽가」의 문맥은 『삼국지』의 서사 문맥이 함축하고 있는 민중적 계기를 확대·발전시킨 것이라 할 수 있다. 그리고 이 같은 촉한 주인공들의 민중적 친연성과 그에 대한 민중적 일체감은 「적벽가」 중 서민의 형상을 하고 있는 장승의 모습에 관우의 모습이 겹쳐지는 '장승 타령' 대목에서도 나타나며,[12] 『삼국지』를 수용하는 당시 민중의 또 다른 작품에서도 확인된다. 즉 「적벽가」와 동시대의 야담 작품으로, 하층민 출신 장비의 입을 빌려 양반층을 능욕하는

9) 박봉술 창본에서는 인용한 대목과 같은 조조의 사설에 대해 작가는 程昱의 입을 빌려 "왕후장상(王侯將相)이 영유종호(寧有種乎)아"라고 비꼬며 촉한의 주인공들에 대한 민중적 친연성을 직접 드러낸다. 정병욱, 『한국의 판소리』, 집문당, 1981, 458면.

10) 기왕의 논의에서 이 대목(조조의 좀놈사설)은 조조의 언설을 통해 촉한 영웅들의 지배자적 위치를 부정하고, 그들과 계층적 동질성을 찾고자 하는 「적벽가」(및 「화용도」) 작가층의 의식의 발로라고 지적되었다(이기형, 『필사본 화용도 연구』, 민속원, 2003, 270면 ; 이성권, 「적벽가 사설 연구」, 고려대 석사학위논문, 1998, 94면 참조). 좀더 분명히 말하자면 이는 『삼국지』의 내용 또는 그 작가(층)의 의식이 本有하고 있던바 촉한 영웅들의 출신 성분이 지닌 민중성 내지 민중적 친연성에 대한 「적벽가」 창작·향유층의 대중적 호감을 부정적 인물 조조의 빈정거림을 통해 역설적으로 표현한 것으로 이해하는 것이 온당하리라 본다.

11) 적벽 대전 직전의 신야(薪野) 전투에서 패하게 되자 조조는 분기탱천하여 "촌놈 공명이 어찌 이리 무엄하게 군단 말이냐(諸葛村夫, 安敢如此)"며 三軍을 독촉하여 유비의 본영으로 진격한다. 『삼국지』 권41, 초두 부분 참조.

12) 이에 대해서는 '장승 타령' 대목에 제시되는 장승이 서민 대중의 상징적 형상이며, 장승의 형상을 묘사하는 문맥이 관우의 인물 묘사와 대동소이하다는 점을 지적한 이성권의 논의가 있었다(이성권, 앞의 논문, 1988, 137~144면 참조).

내용을 담고 있는 「假張飛」는 『삼국지』의 촉한 주인공들을 민중적 영웅상으로 받아들이고 있는 민중층의 시각이 「적벽가」를 향유하던 민중층의 시각과 다르지 않음을 보여주고 있다.[13] 이러한 야담이나 「적벽가」의 개작 대목들이 『삼국지』를 향유하고 있던 당시 민중들의 작품에 대한 해석을 반영하고 있다고 본다면, 「적벽가」의 내용이나 창작층의 의식에서 『삼국지』의 서사 문맥을 일탈하지 않고 계승하고 있는 부분이 꼭 지배층의 이념과 명분에 대한 충실성이라고 논단하기 어렵다.[14]

뿐만 아니라 종래 「적벽가」 작가층의 민중성의 발로라고 규정되던 조조에 대한 조롱의 서술 어조도 그에 대한 비판적 거리와[15] 함께 원전인 『삼국지』에 내재해 있던 요소이다. 예컨대 『삼국지』에는 조조가 적벽 대전에서 패주하는 중 烏林, 彝陵, 華容道의 소로(小路)를 지날 때마다 촉한의 매복병이 없음을 크게 비웃다가 곧 들이닥치는 촉의 매복 군사에 낭패를 당하곤 하는 장면이 반복된다. 이렇게 반복되는 사건 패턴은 조조의 자만에 가득차고 경망스런 인품, 제 나름의 지략이 공명의 술수 안에 놀아나고 조롱당하고 있음을 보여주는데 이는 바로 『삼국지』의 작가(혹은 작가층)가 조조에 대해 취하고 있는 정서적 태도를 그대로 보여주는 것이라 할 수 있으며, 여기에는 오랜 세월 『삼국지』를 향유해

13) 『陳談錄』 소재 「假張飛」에는 양반에게 고초를 당하던 서민이 古談을 빙자하여, 공신 후예 馬超가 張飛와 싸우며 백정 출신이라 조롱하자 마초를 꾸짖는 장비가 비속어를 섞어 가며 귀족(양반) 출신을 욕보이는 장면을 연출하여, 이야기를 듣는 양반을 무안케 하는 내용이 들어 있다. 민속학자료간행회, 『古今笑叢』 중 『陳談錄』, 1958, 27~28면 참조.

14) 「적벽가」의 촉한 영웅에 대한 형상에서 충의의 관념이나 명분은 『삼국지』에 비해 오히려 약화되어 있음이 지적되기도 한다. 최정락, 「적벽가의 구조와 의미」, 김기형 · 최동현 편, 『적벽가 연구』, 신아출판사, 2000, 240면 참조.

15) 『삼국지』 속의 조조가 권력의 확장을 위해 수단 방법을 가리지 않으며, 비정한 잔인성을 지닌 인물로 형상된 점에 대해서는 이경선, 『삼국지연의의 비교문학적 연구』, 일지사, 1976, 74~79면 ; 서대석, 「적벽가의 재검토」, 『陶谷 鄭琦鎬 博士 華甲紀念論叢』, 대제각, 2장, 1991 참조.

온 민중층의 정서가 일정하게 반영되어 있다고 보아야 할 것이다. 그리고 이 장면들은 어투만 민중[常民]의 것으로 바뀐 채 조조에 대한 작가층의 야유와 조롱의 어조를 전면적으로 드러내는 「적벽가」에 고스란히 수용되어 있는 것이다. 이처럼 『삼국지』에 함축·내포되어 있던 조조에 대한 야유와 조롱의 어조가 「적벽가」에로 계승되고 있음은 『삼국지』에서 조조가 馬超에게 정신없이 패주하는 도중 목숨을 구하기 위해 전포(戰袍)도 벗어던진 채 수염을 자르고 턱을 싸매며 변장을 하는 대목을 「적벽가」에서는 적벽 대전 장면 속으로 옮겨와 이를 黃蓋에게 패주하는 대목으로 바꿔 놓는 데서도 분명히 나타난다. 권모술수에 능한 잔인한 권력가요 전횡적 지배자로서 성격을 지닌 『삼국지』 속의 조조에 반감을 품고 그의 악덕과 결함을 조소하고자 하는 「적벽가」의 창작층은 황제 등극의 야심을 품은 조조가 대원수의 위엄을 잃고 허겁지겁 비겁하게 도주하는 이 장면에서 그들의 민중적 정서나 비판적 의도와 부합되는 『삼국지』의 일면을 포착하여 이를 「적벽가」로 수용·재창조해 낸 것이다. 그러므로 「적벽가」의 작품 세계는 전체적으로 보아 민중적 계기를 일면에 지니고 있는 『삼국지』의 서사 구조와 서술 문맥을 수용·재편하면서, 그 서술 행간에 새로운 민중적 내용을 창작·삽입해 넣는 방식으로 개작 내지 재창조가 이루어지고 있는 것이다.[16]

---

16) 예컨대 「적벽가」의 창작 삽입 사설로 대표적인 대목이 '군사점고 사설'인데, 여기서 패전으로 도주하며 군기가 해이해진 조조 군의 패잔 부상병들은 조조에게 희롱조의 막말을 하며 민중의 저항적 야유와 풍자를 쏟아내기 시작한다. 그런데 소설 『삼국지』는 비록 이처럼 이름 없는 민중을 작품 전면에 내세우고 있지는 않지만 사건 정황의 묘사에서 민중이 처한 현실을 외면하고 있지 않다. 「적벽가」의 '군사점고 사설'은 『삼국지』의 다음과 같은 문맥을 헤집고 군사들을 등장시켜 민중들의 삶과 목소리를 작품 속에 끌어들이고 있다.

"…이때 병사들은 모두 배가 고파 지치고 말들은 다 기진했다. 불에 머리와 이마를 그슬린 자는 지팡이를 짚고, 화살과 창에 부상당한 자는 끌려가다시피 도망간다. 그들의 옷과 갑옷은 젖은 데다가 저마다 제대로 갖추어 입지도 못하고, 무기와 깃발들은 어지러이 질서가 없는 것이 태반이었다."(此時, 人皆饑倒, 馬盡困乏, 焦

그런데 「적벽가」에 변용되고 있는 『삼국지』의 이 같은 서사 구조와 문맥들은 민중적 친연성이나 배경을 어느 정도 지니고는 있으나, 군졸들을 작품 전면에 내세우며 지배층에 대립하고 있는 그들에게 발언권을 주거나 이야기의 절반 이상을 그들 민중의 시각으로 서술하고 있는 「적벽가」의 서사 구조와는 달리 그 성격을 온전히 '민중적'이라 하기는 어렵다. 『삼국지』는 민중적 배경을 지닌 蜀의 영웅들뿐 아니라 숱한 귀족적 영웅들이 범인을 초월하는 지략과 무공으로 각축하며 삼국으로 나뉘어 쟁패(爭覇)하는 전쟁・영웅담의 성격을 기본적으로 지니고 있기 때문이다. 「적벽가」에 계승・확대되는 민중적 계기를 일면에 지니고 있는 『삼국지』의 이 같은 성격들을 아울러 우리는 대중성 또는 통속성이란 말로 규정할 수 있을 것이다. 그리고 『삼국지』가 지니는 이러한 대중적 통속성이 판소리화를 거치면서 점차 지배층에 대립하는 민중성으로 전화되어 가는 과정을 우리는 『삼국지』의 군담 즉 전쟁・영웅담이 「적벽가」로 계승・각색되면서 한편으로 민중들의 전쟁체험담으로 전환되어 가는 양상에서 우선 확인할 수 있다. 이에 대해 살펴보기로 하자.

3. 전쟁・영웅담의 판소리화와 민중적 굴절

등장인물의 대중적 친연성과 성공담이라는 이야기 구조와 함께 『삼국지』가 지니는 대중적 통속성의 또 다른 요체를 우리는 지략담과 무용담을 아우르는 전쟁・영웅담의 서사 구조에서 찾을 수 있을 것이다. 뭇 영웅들이 지략과 무공으로 각축하는 영웅담과 전쟁담은 긴박감 속에서

頭爛額者, 扶策而行, 中箭着槍者, 勉强而走, 衣甲濕透, 箇箇不全, 軍器旗幡, 紛紛不整太半…)

독자의 흥미와 감정을 계속 자극하며, 입체적 구조와 다채로운 사건의 빠른 진행 속에 간단없이 전개되는 전투 장면은 독자에게 흥분과 스릴을 느끼게 하는 등, 『삼국지』는 풍부한 재미와 오락성을 갖추고 있다. 그리고 전쟁·영웅담인 『삼국지』의 일부가 민중 예술인 판소리 「적벽가」로 개작(改作)·연변(演變)되고 인기 레파토리로 정착된 데는 이러한 원작의 대중적 통속성이 크게 작용하고 있음은 두말할 나위가 없을 것이다.

그럼에도 불구하고 「적벽가」에 대한 그간의 연구에서 이런 면에 대한 논의가 비교적 소루했던 것은 『삼국지』와 차별되는 「적벽가」의 독창성을 조명하기 위해 삽입 사설이나 가요에 연구자의 관심이 집중되고, 그 문예적 가치나 특성을 판소리적 민중성에서 주로 찾으려 하는 연구 시각이 일반화된 데서 비롯된 것이라 할 수 있다. 이러한 연구 시각이 잘못될 것은 없으나 다만 이러한 시각으로 연구 시선이 계속 고정될 경우 작품 이해가 평판적으로 흐를 수 있고, 또 이 같은 시각에 의한 기왕의 논의는 몇 가지 문제를 드러내기도 했다. 대표적인 것으로 『삼국지』의 줄거리를 따르는 전쟁·영웅담의 전개를 양반적인 문예 취향의 반영으로만 이해하고[17] 나아가서 민중적 내용의 삽입 사설이나 가요와 이 부분을 대립·모순되는 것으로만 이해하는[18] 식의 시각은 작품의 입체적·통일적 이해를 위해 신중하게 재검토되어야 할 문제다.

17) 정병헌, 앞의 논문이 대표적이지만 서종문, 앞의 논문이나 그 밖의 많은 견해들도 이러한 이해의 시각을 보이고 있다.

18) 이러한 이해의 시각이 작품의 통일적 이해를 저해하고 있음에 대해서는 「적벽가」의 주제론을 검토한 이성권의 논의(「적벽가의 주제론적 검토와 문제점」, 『판소리연구』 7집, 판소리학회, 1996) 참조.

전쟁·영웅담은 본시 남성 대중의 정서적 취향에 좀 더 맞는 것으로 대개 남성적 힘과 기개, 억압적 현실에 대한 지배와 승리의 욕구 따위를 영웅의 모험과 전투를 통해 분출하고 충족시키기 위해 창작·향수되는 것이라 할 수 있다. 또한 현실 속의 난관과 환경적 장애를 격파하는 투쟁을 통해 억압된 정서를 해방시키며 위축된 인간 정신을 고양시키는 것은 인간의 보편적 정서와 심성 구조에 기반하는 바 영웅적 투쟁담이 지닌 미학의 요체이기도 하다. 그것은 꼭 지배층의 전유물이 아니라 서민 대중을 위한 것이기도 하다. 서민 대중들과 정서적 유대를 지닌 영웅들을 매개로 한 환상 속에서 욕구의 대리충족과 정서의 발산이 가능하기 때문이다. 대개 『삼국지』로 짐작되는 패사(稗史)의 낭독을 듣던 청중이 영웅이 고난에 처하는 대목에 이르러 흥분 끝에 낭독인[講談師]을 칼로 찔러 죽였다는 일화는[19] 당시 민중이 『삼국지』 같은 영웅담에 몰입한 나머지 주인공에 자기 자신을 얼마나 투사하고 일체화하고 있었던가를 보여주는 예화라고도 할 수 있다.

우리는 앞서 『삼국지』의 주인공 즉 촉한의 영웅들이 지닌 서민 대중과의 친연성 내지 민중성과 함께 작품이 지닌 대중적 성공담의 성격에 대해 이미 살펴보았으며, 이러한 성공담과 함께 전쟁·영웅담이 『삼국지』의 대중적 통속성의 양축을 이루고 있음을 또한 짚어 보았다. 이런 점에서 볼 때 「적벽가」를 통해 재창작된 『삼국지』의 한 대목 즉 적벽화전에서 화용도 전투에 이르는 대목은 가히 『삼국지』의 정채(精彩)를 이루는 부분이라 할 수 있다. 이 전쟁을 통해서 이제껏 현실적인 미력함으로 궁지에 몰리거나 환경적 장애로 저침해 있던 촉의 영웅들은 일대 약진을 하며, 그간의 세불리(勢不利)와 난관을 극복하고 삼국으로 정립(鼎立)할 건국의 기틀을 마련하는 계기를 맞이하는 반면, 적대자인 조

19) 임형택, 「18·19세기 "이야기꾼"과 소설의 발달」, 『고전문학을 찾아서』, 문학과지성사, 1976, 323면 참조.

조는 거의 패망과 죽음의 곤경에 처하게 되는 것이다. 즉 인민 대중이나 그들과의 친근감 속에 뿌리를 두고 그들의 보호자로 형상된 촉의 영웅들이 놀라운 지략과 용맹으로 현실 속의 절대적 불리를 극복하고, 억압적 위력가로 형상된 조조의 백만대군과 대결하여 꿈같은 승리를 거두며 승승장구하는 것이다. 그러므로 전쟁·영웅담의 압권이라 할『삼국지』, 그 중에서도 백미요 압축편이라 할 이 대목은 양반층뿐 아니라 민중층도 다함께 신명 속에 즐길 수 있던 대목이라 할 수 있다.

그리고 이 대목을 판소리화한「적벽가」는 대중적 통속성을 생명으로 하는 전쟁·영웅담이 판소리로까지 침윤해 간 작품으로도, 또는 기본적으로 민중 예술인 판소리가 전쟁·영웅담을 자기 자장(磁場)으로까지 끌어들인 작품으로도 이해·평가될 수 있을 것이다. 기실『삼국지』는「적벽가」로 판소리화되기 이전부터도 소설 독자층에 의해 널리 향유되어 그 내용이 인구에 회자되어 왔으며,[20] 번역본 또는 개작본 소설(「화용도」류)의 독서나 청취 등을 통해 여항의 서민들이나 민중층도 그 줄거리와 함께 주인공의 영웅적 인물상이나 활약상에 대해서는 대충 알고 있었을 것이므로 그들이「적벽가」의 전쟁·영웅담을 이해하고 즐기는 데 큰 지장이 없었을 것으로 보인다. 그러므로 통속적 성격을 지닌『삼국지』의 전쟁·영웅담이「적벽가」 속에 개편·이입되었다 해서 이 측면을 양반층에게나 향유되던 부분으로 치부해서도 안 되겠거니와, 이 전쟁·영웅담의 플롯이나 스토리 전개 전체를 민중적 세계관에 입각한 창작 사설을 담기 위한 장치로만 이해하여 판소리로의 재창작이나 그 향유 과정에서 별다른 흥미의 대상이 될 수 없다고 본다면[21] 이는 작품

---

20)『西浦漫筆』의 기록은 임란 후부터 조선에서『삼국지』의 독서와 향유가 이미 성행하고 있었으며 17세기 말 당대에는 부녀와 아이들도 다 그 내용을 외워 이야기할 정도로 유행하고 있었음을 알려 주고 있다. "今所謂三國志衍義者, 出於元人羅貫中, 壬辰後盛行於我東, 婦儒[幼]皆能誦說…"(『西浦漫筆』影印本(1971), 通文館, 649면. [幼]는 필자 교감.)

의 실상이나 작품 향유의 현실과는 부합되지 않는 것이라 할 수 있다. 다만 지배층으로 상승한 역사적 영웅들 간의 쟁패(爭覇)를 소재로 한 전쟁·영웅담이 지배층 또는 식자층의 문예 취향에도 맞았을 것이고 판소리의 발전 도상에서 양반 좌상객(座上客)의 입김이 강해지며 서술에 있어서 원전인 『삼국지』의 문맥 인용과 함께 한문 문어체가 부분적으로 강화되기도 했던 점은 인정할 수 있겠다.

물론 웅장하고 다채롭게 전개되는 『삼국지』의 전쟁·영웅담이 「적벽가」로 판소리화되면서 서사구조 상의 변모를 겪으며 상당 부분 위축되고 있는 것 또한 사실이다. 그러나 장편소설의 전쟁·영웅담이 압축되며 문학성과 음악성을 겸비한 판소리라는 연행예술 장르로 새롭게 개편되었다는 창조적 측면 또한 무시되어서는 안 될 부분이다. 판소리의 호쾌한 우조(羽調)와 대마디 대장단 가락은 전쟁·영웅담을 능히 실을 수 있는 음악적 가능성(잠재력)을 지니고 있으며, 「적벽가」를 통해 이러한 판소리의 음악성은 수준 높은 예술성을 발휘할 수 있었다. 판소리를 즐기던 양반 좌상객이 「적벽가」를 최고급의 레퍼토리로 여기고 광대에게 이를 우선적으로 요구했던 것은[22] 그 사설이 담고 있던 전쟁·영웅담의 내용이 꼭 양반적 이념에 기반해 있기 때문[23]이라기보다, 영웅적 기개를 드날리며 긴박하게 전개되는 전쟁·영웅담의 사설을 호

---

21) 「적벽가」의 독창성과 민중성을 주목하는 많은 연구들은 대개 이 전쟁·영웅담의 측면을 「적벽가」의 핵심이라 할 수 있는 민중성이나 민중의식과 대립·모순되는 것으로서 이해하고 있으며, 논자에 따라서는 영웅담이 함축하고 있는바 '억압된 정서의 해방'이라는 측면을 일부 인정하면서도 이 전쟁·영웅담의 측면을 '표층사설'이라 하여 '심층사설'의 내용을 이루는 민중의 세속적 욕망이나 비판적 현실인식을 담기 위한 서사적·은유적(우의적) 장치로 이해하여 자체로서는 별다른 의미를 가질 수 없다고 보고 있다. 이성권, 앞의 논문(1988/1996)의 논의 참조.

22) 박동진, 「판소리 인간문화재 증언 자료」, 『판소리연구』 2집, 판소리학회, 1991, 227~228면.

23) 정병헌, 앞의 논문 참조.

쾌한 우조와 촉급한 자진모리 장단으로 신명나게 불러 재낄 수 있는 연창(演唱)의 능력이 아무 광대에게나 쉽게 갖추어지기 어려웠던 이유가 컸기 때문이라 보인다.

문학적 측면에 대해서 말하자면 민중적 현실주의에 입각한 판소리는 그 구술성과 극적 성격, 또는 우리말 구어의 구사와 극적 제시, 나열적 묘사 등을 통해 전쟁·영웅담의 내용을 생동하는 현장성을 살리며 보다 박진감 있게 서술·재현해 낼 수 있다. 「적벽가」가 『삼국지』의 전쟁·영웅담 내용 일부를 압축해서 서술하고 있다는 말은 엄밀하게 따져 볼 때 정확한 말이 아니다. 우리는 판소리의 문학적 예술성이 발휘되는 장면에서는 영웅의 무용(武勇)이나 전투 장면이 원전 『삼국지』보다 훨씬 실감있게 묘사되고 있음을 살필 수 있다. 예컨대 동남풍을 빌고 난 공명을 구하기 위해 조자룡이 공명을 배에 태우고 난 후, 쫓아오는 오(吳) 나라 장수 徐盛의 무리를 화살 한 대를 쏘아 물리치는 장면을 보면, 이 대목의 『삼국지』 원문은 다음과 같다.

> (자룡이) 말을 마치자 화살이 날아와 서성이 탄 배 위의 돛대 줄을 끊어 버리니, 돛이 물위에 떨어지자 그 배는 곧 옆으로 돈다.(言訖, 箭到處, 射斷徐盛船上蓬索, 那蓬墮落下水, 其船便橫)[24)]

이에 비해 신재효본과 박봉술 창본 「적벽가」에서 이 대목은 다음과 같이 되어 있다.

> 鐵弓에 矮箭 메겨 胸虛腹實 滿作하여 下三指 받아 쥐고 머문 깍지 떼떨치니 바람같이 빠른 살이 피루루 건너가서 徐盛 탄 배 돛대 질끈 용충줄 끊어져 또기또기 찢어진 돛폭 물에 둥둥 떠 나가니 뱃머리 뱅뱅 돌아 따라

24) 毛宗崗本 『삼국지』 제49회 중반.

갈 수 있겠느냐.[25)]

가는 배 머무르고 오는 배 바라보며 백보 안에 가 드듯마듯 張弓鐵箭을 먹여 非正非八 胸虛腹實하야 대투를 숙이고 호무 빼거들며 주먹이 허지게 좀통을 꽉 쥐고 삼지에 힘을 올려 깍지손을 딱 떼니 번개같이 빠른 살이 해상으로 피르피르 서성 탄 배 덜걱 돛대 와지끈 물에 가 빙빙빙빙 워리렁 출렁 뒤둥 끊어져 떠나갈 제, …[26)]

『삼국지』의 밋밋한 서술과 달리 「적벽가」에서는 활쏘는 자세부터 화살 날리는 순간의 동작, 화살 날아가는 모습, 화살이 돛 줄을 끊어 돛폭과 돛대가 물에 떨어는 모습, 그 결과 배가 옆으로 기우뚱거리며 물위에 빙빙 도는 모습 등을 한자어와 구어를 섞어 쓰며 세세하고도 실감나게 그려 무용담(武勇談)의 흥미를 북돋우면서 전투 장면을 생생하게 전하고 있다. 이와 같이 흥미로운 전투・무용담의 각색은 「적벽가」가 『삼국지』의 전쟁・영웅담을 그저 압축해서 서술하고 있는 것이 아니라 판소리 예술의 특장인 사실적 묘사와 극적 생동감을 더함으로써 청중을 매료시키고 있음을 보여주고 있다. 純憲哲 三代를 지낸 인물로 宋興祿・牟興甲이 고수(鼓手)로 다년 간 수행하였다는 명창 朱德基가 「적벽가」를 특장(特長)으로 삼으며 이 조자룡 활쏘는 대목을 후대에 유명한 더늠으로 전했다고 한 사실은 전쟁담 중에서도 영웅적 무용담이 인기 있는 대목으로 당대 청중과 창자들에게 애호받았다는 사실을 말해주는 것이라 할 수 있다. 또한 신재효본이나 「민적벽가」에는 없는 '장판교 대전'의 조자룡과 장비의 무용담이 현전하는 여러 판소리 사설에

25) 강한영 교주, 『신재효 판소리사설집』, 민중서관, 1971, 479면. 이하 이 『신재효본』의 인용문은 강한영의 교주를 따라 인용함.

26) 박봉술 창본 「적벽가」, 정병욱, 『한국의 판소리』, 집문당, 1981, 446면.

대개 전한다는 점 역시 이러한 사실을 방증하고 있다.

이처럼 통속적 흥미를 촉발하는 전쟁・영웅담이 「적벽가」의 백미 대목이라 할 수 있는 '적벽 火戰' 대목을 즈음해서는 영웅담보다는 전쟁담 쪽으로 기울어지는 것을 볼 수 있다.

> 바람은 불을 쫓고 불은 바람을 쫓아 火烈風猛 급한 형세 조조의 수만 戰船 連環이 굳었으니 저 어디로 도망하리. … 텡텡 연주포, 뙤뙤 天鵝聲, 둥둥 雷敲 소리… 번듯번듯 長槍, 還刀, 휘딱휘딱 쇠도리깨, 핑핑 오는 살소리, 훨훨 붙는 불소리, 우주가 바뀌고 벽력이 진동하니, 조조의 백만 대병 각색으로 다 죽는다. 불 속에서 타서 죽고, 물 속에 빠져 죽고… 수 없이 죽은 것이 강물이 피가 되어 赤壁江이 赤水江. 軍裝服色 다 타진다. 淸道, 巡視, 令旗이며… 鳥銃, 還刀, 쇠도리깨… 氈笠이며, 鞍匝다래막이며… 징, 북, 나발…夾袖, 號衣, 腰帶, 戰帶. 船上 器物 다 타진다…용총 닻줄, 돛대, 치목, 입으로 세는 대로 일시에 재가 되어 만경창파에 술렁술렁 다 떠 가니…[27]

조조의 함대가 화공(火攻)으로 불타는 이 '적벽 화전' 대목은 『삼국지』에서는 막상 전후 합해야 한두 줄 남짓 간단하게 서술되어 있고[28] 전쟁의 전후 진행 과정이 조조와 주유, 황개 등 장수들 중심으로 서술되고 있으나, 「적벽가」에서는 위에서 보듯이 너무 길어 태반 너머 인용을 생략할 수밖에 없도록 자세하게 전투 장면이 서술되어 있다. 여기에서는 포성과 나팔, 북 소리 속에 창칼과 화살이 날아오고, 불더미 속에 병사들이 수없이 죽어 강물이 핏빛으로 물들며, 온갖 軍旗와 兵仗器, 軍服과 船上 器物들과 함께 배가 송두리째 타들어 가는 전투의 실제

27) 『신재효 판소리사설집』, 489~491면.

28) 이 대목에 해당하는 서술은 "但見三江面上, 火逐風飛, 一派通紅, 漫天徹地"(이상 권49, 말미) 및 각주 31)에서 인용하는 대목(권50, 초두) 몇 구 정도이다.

상황이 의성어·의태어를 동원한 생동감 있는 인상, 관찰 대상을 차례로 바꾸어 가는 입체적 시각과 구체적 세부 대상의 풍부한 나열 등을 통해 극적 현장감 속에 실감 있게 묘사되고 있는 것이다. 모흥갑, 송흥록과 함께 일세를 풍미하며 「적벽가」를 특히 잘 불렀다는 명창 方萬春이 이 대목을 부를 때 좌석이 온통 바닷물과 불빛 천지로 되어 버리는 듯한 광경이 연출되었다는 일화가 전설처럼 전해지고 있다.[29] 이는 사설의 문학적 측면에서 작품의 서사적 긴장을 유지해 온 「적벽가」의 전쟁담이 판소리문학의 특장에 힘입어 이 대목에서 절정을 맞이하고 있으며, 동시에 문학과 음악을 종합한 연행예술로서 판소리 「적벽가」의 절정이 이 대목에서 이루어지고 있음을 말해 주고 있는 것이라 하겠다. 또한 비단 이 대목에서뿐 아니라 수용자의 정서를 고양·흥분시키는 전쟁·영웅담의 미학은 독서물보다 음악성과 극적 현장성이 가미된 구술물(口述物)인 판소리를 통해 그 예술적 효과가 더 잘 발휘될 수도 있는 것이다.

비록 전대의 문학 작품을 윤문·개작한 상상의 전투 장면이긴 하나 부분적으로 사실성(寫實性)을 강화하고 있기도 하는 위 대목에서 서술의 관심은 조조 군대의 괴멸적(壞滅的) 패전에 주어지고 있다. 강포한 성격을 지닌 반인민적·전횡적 지배자 조조 군대의 섬멸과 격파이므로 여기에는 민중층을 포함하는 작가나 향유층의 신명 또는 정서의 고양과 흥분이 담겨 있다 할 것이다. 그러나 한편으로는, 이 대목에 바로 앞서 원작이 지닌 영웅 위주의 전쟁담의 틀을 깨고 민중층인 조조의 군사들을 등장시켜 안락한 삶을 빼앗기고 전쟁에 강제로 동원된 그들의 한과 설움을 낱낱이 토로하게 하는 '군사설움타령' 대목을 삽입하여 서술의 초점을 패전하는 군사들에게로 옮기고, 이어 이 '적벽 화전' 대목에

29) 정노식, 『조선창극사』, 조선일보사, 1933, 31면.

서는 억울하게 희생되는 군사들의 죽음을 매거하는 '죽고타령'에 서술의 상당 부분을 할애하고 있다. 영웅들의 지략과 무공을 중심으로 전개되던 전쟁·영웅담은 이제 민중들의 비참하고 쓰라린 전쟁체험담으로 굴절·전환되고 있는 것이다. 그렇기 때문에 이 '적벽 화전' 대목에는 조조 군사들에 대한 연민·동정과 함께 조조 군대를 격파하는 신명이 한데 뒤섞여 있다. 전횡적이며 반인민적 지배자에 대한 염오(厭惡)와 투쟁의지가 승리하는 전쟁 이야기의 근저에 자리하여 신명을 불러일으키고 있다면, 민중의 안락한 삶을 짓밟는 전쟁에 대한 염오와 인간애가 패배하는 전쟁 이야기의 근저에 자리하여 동정(同情)을 불러일으키고 있다. 이것이 민중적 시각으로 본 적벽 대전의 양면적 또는 총체적 진실이며, 기존의 전쟁·영웅담을 비틀어 작품을 새롭게 재창조한 민중층의 적벽 대전과 전쟁에 대한 양가적(兩價的) 또는 이율배반적 감정이요 정서적 태도다.

4. 개작의 패러디적 성격과 구조

'적벽 화전' 대목 이후로도 공명의 계략에 따라 화용도로 패주하는 조조를 장비와 조자룡, 관운장 등 촉한 장수들이 추격하고, 곤경에 몰린 조조를 관운장이 끝내 놓아 주는 『삼국지』의 전쟁·영웅담의 플롯은 「적벽가」에 그대로 수용되어 서사적 긴장을 유지하는 요소로 작용하고 있다. 그러나 주지하다시피 작품의 중·후반부라 할 수 있는 이 부분에 이르러 「적벽가」는 『삼국지』의 전쟁·영웅담적 서사 구조나 내용을 벗어나 민중적 시각에서 새롭게 첨가·각색한 사설을 통해 독창적인 작품 세계를 전개하고 있다. 즉 전쟁·영웅담에 대한 서사적 흥미는 지연·차단되고 대신에 궁지에 몰린 영웅 조조의 희화화를 통한 풍자와 조롱, 원전인 『삼국지』에서는 존재가 거의 무시되던 병졸들을 하나씩 불러 등장시키는 '군사점고사설' 등을 통한 전쟁의 피해와 고통의 골계적 폭로, 조조와 그들 군사들 간에 벌어지는 희극적 갈등 쪽으로 서술(이야기)의 관심과 초점은 옮겨지는 것이다. 이러한 개작을 통해 형상·표출된 민중적 정서와 미의식의 여러 양상에 대해서는 판소리의 일반적 성격이나 구조와도 관련하여 그간 적지 않은 논의가 거듭 이루어졌다.[30] 여기서는 이러한 기왕의 논의를 개작의 패러디적 성격에 대한 논의로 수렴하면서, 원작이 지닌 전쟁·영웅담의 플롯이나 서사적 흥미를 판소리화를 통해 유지해 오다가 이를 희화적으로 비틀어 변환·각색하는, 일견 모순되어 보이는 작품 세계의 이원적 혹은 양면적 구조와 미학에 대한 논의를 좀 더 진전시켜 보고자 한다.

비록 흠결이 있으나 원전 속의 비범한 영웅을 범상한 졸부로 희화화시키고, 패잔 병졸들을 작품 전면에 등장시켜 패전으로 추락한 영웅을 조롱하는 등, 장중한 영웅담을 퇴색시켜 골계적인 풍자담으로 변질시키고 있는 이 같은 작품 세계는 전쟁·영웅담의 서사 구조나 미학에서 일탈한 것일 뿐 아니라 이를 체계적으로 해체·전도시키려는 의도를 포함하고 있다. 그러나 앞서 지적했듯이 「적벽가」는 한편으로 원전 『삼국지』의 전쟁·영웅담의 플롯을 기본적으로 따르면서 판소리화를 통해서도 그 흥미를 살려 가는 측면이 있다. 이처럼 영웅담과 反英雄譚이 병치되고, 원전의 플롯(스토리)에 희화적 개작이 덧붙여 겹쳐지는 작품 세계의 이중적 성격을 우리는 패러디의 측면에서 살펴볼 수 있을 것이다.

---

30) 이에 대해서는 서종문, 이성권, 서대석 등의 앞의 논문들과 함께 최래옥, 「적벽가의 해학적 구조」, 한국고전문학연구회 편, 『한국소설문학의 탐구』, 일조각, 1978, 57~82면 ; 김종철, 「적벽가의 민중 정서와 미적 성격」, 『판소리연구』 6, 판소리학회, 1995 ; 김진영·김현주, 「적벽가의 담화 확장 원리와 그 배경적 의미」, 『판소리연구』 9, 판소리학회, 1998 등의 논문 참조.

원작의 전쟁·영웅담적 구조나 미학을 부분적으로 해체·전도시키는 「적벽가」의 패러디적 개작은 실상 '적벽 화전' 장면 직전의 '군사설움타령'으로부터 이미 시작되고 있다. 이 '군사설움타령'은 원전에 없는 창작 사설로서, 『삼국지』 중 조조가 적벽 대전을 앞두고 잔치를 베풀면서 좌우에 명하여 술을 돌리고 노래시를 읊은 다음, 제장(諸將)이 또 이에 화답(歌罷, 衆和之)하며 즐기는 장면에 병행하여 삽입시킨 것이다. 『삼국지』의 조조가 장수들과 함께 승전의 미래를 기약하며 영웅적 호기(豪氣)를 자랑하는 노래시(「短歌行」)를 읊조릴 때, 「적벽가」의 군사들은 패전과 죽음을 두려워하며 불시에 전장으로 강제 동원된 한과 설움을 뽑아내고 있는 것이다. 작품의 상당 부분을 할애하고 있는 이 대목은 이제까지 원작의 문맥을 따라 진행되던 전쟁·영웅담의 서사적 구조와 흥미를 근본적으로 흔들기 시작한다. 난세(亂世)를 종식시키고 새로운 국가 질서를 세우려는 영웅들의 이상과 덕성, 전쟁의 승패, 지략과 무용의 대결에 대한 흥미와 관심으로부터 벗어나, 이제 이야기는 군사로 동원된 평범한 민중층이 차례로 회고하는 자질구레한 일상 현실과 그 속에서 이루어지는 범속한 삶의 가치, 국가와 무관하게 추구되는 그들의 개인적 행복과 욕구 실현의 소중함, 그리고 전쟁으로 이 모든 것을 일시에 빼앗기게 된 공포와 좌절감의 토로와 함께 전쟁을 일으킨 비정한 영웅에 대한 비난과 원망 등으로 서술의 관심을 옮긴다. 그리하여 올바른 국가 질서의 수립이라는 이념과 명분을 내세운 『삼국지』 속 영웅의 전쟁은 사실에 있어 민중의 평범한 삶과 행복, 인간적 소망을 파괴하고, 억압적 지배 질서와 지배층의 권력욕에 의해 강요되는 제도적 폭력이요 수탈임을 드러낸다. 요약하면 비범한 영웅에 대한 흥미와 관심은 평범한 민중층에게로, 지략과 무용의 각축으로 흥미를 자아내는 전쟁담은 전쟁에 대한 염오를 자아내는 반전(反戰)의 담론으로 문득 역전되고 있는 것이다.

이처럼 민중층의 생활 현실과 정서를 투영하여 원작의 전쟁·영웅담에 병치·대비시키기는 「적벽가」의 패러디적 개작은 앞서 말한 대로 원작 『삼국지』의 작품 세계와 함께 전쟁·영웅담이 기반하고 있는 영웅 중심적 세계관·인간관과 그것이 지향하고 있는 가치관·미학 따위를 비판하고 희롱하려는 의도를 함축하고 있다. 이전까지 전쟁·영웅담에 걸맞는 장중한 어조와 원작의 한문투를 따르는 문어투를 통해 장쾌하고 신비로운 분위기를 자아내며 숭고미를 지향하던 작품 세계가 '군사설움타령'에 와서는 민중적인 한과 비애를 뽑아내는 애상적 분위기 속에서도 비속한 구어를 섞어 쓰는 골계적 어조를 띠기 시작하고, 적벽대전 대목 이후 작품 후반부에 들어서서는 민중적인 구어 및 해학과 풍자의 어조를 통한 골계미 위주로 전환되며 이전의 작품 세계와 충돌하고 있는 것도 이러한 패러디를 지향하고 있는 민중적 미의식의 한 측면을 보여주고 있다. 신재효본에서는 '군사설움타령' 마지막 대목 부근에서 한 군사가 원작에 인용된 조조의 시(「短歌行」)에 등장하는 까치가 자기가 기르던 까치라고 웃기는 대목이 나오는데 이는 원작의 작품 세계를 가지고 희롱하는 「적벽가」의 작가의식을 단적으로 보여주는 많은 예들 중 하나이다.

원작의 작품 세계를 민중적인 의식과 언어를 통해 희롱하는 「적벽가」의 패러디는 '군사설움타령' 대목에 이어지는 적벽 대전 대목에서는 '죽고타령'을 통해 계속된다. 이 '죽고타령'은 원전 속의 문맥을 부연·확대시킨 것인데[31] 이 같은 확대·부연은 '군사설움타령'처럼 전쟁에 희

31) '죽고타령'의 첫머리 "불 속의 타셔 죽고 물 속의 ᄲᅡ져 죽고 총 마져 죽고 살마져 죽고 칼의 죽고 창에 죽고 … 죽고 슈업시 죽은 것이…"의 대목은 『삼국지』의 "조조의 군사는 창에 찔려 죽고 화살에 맞아 죽고 불에 타 죽고 물에 빠져 죽고 한 자가 그 수를 헤아리기 힘들 지경이었다.…"(曺軍, 着槍, 中箭, 火焚, 水溺者, 不計其數)의 문맥을 확대·변형한 것이다. 毛宗崗本, 『삼국지』, 제50회, 『신재효 판소리사설집』, 488면 참조.

생되는 민중층인 군사들의 전쟁 체험과 수난을 실감 있게 다루지 않는 『삼국지』의 영웅담적 서사 구조에 불만을 지닌 「적벽가」의 작가층이 원작을 비판적으로 수용하여 민중층의 전쟁관이나 현실 감각에 맞도록 변형·개작한 것이다. 그런데 이처럼 민중층의 수난에 초점을 맞춰 전쟁으로 인해 헛되게 희생되는 병사들의 수많은 죽음을 나열·서술하는 어조가 처음에는 원전 문맥을 보충하며 아수라장이 된 전장의 처참한 광경을 현실감 있게 묘사하려는 진지성을 띠다가, 차츰 원전 문맥을 떠나면서 민중의 비속한 언어를 동원하며 골계적으로 변해 가고 마침내는 우스개 말장난으로 변하고 있다. 원전의 문맥을 따라 "불 속에 타서 죽고, 물속에 빠져 죽고, 총 맞아 죽고, 살 맞아 죽고, 칼에 죽고, 창에 죽고…" 하던 병사들은 "밟혀 죽고, 눌려 죽고…창 터져 죽고, 등 터져 죽고" 하더니, "똥 싸고 죽고, 웃다 죽고…" 하다가 마침내는 "죽어 보느라고 죽고, 재담으로 죽고"까지 하는 것이다.[32] 전쟁에 억울하게 희생되는 군사들의 죽음을 이렇게 골계적으로 서술하고 말장난으로 서술하게 되는 까닭은 그 전쟁과 죽음이 실제 현실과는 동떨어진 허구적 작품 세계 속의 전쟁이요 죽음인 까닭이다. 즉 『삼국지』를 패러디하면서 「적벽가」의 작가들은 자기들의 전쟁담 곧 「적벽가」의 작품 세계가 허구의 산물이며 군사들의 죽음도 환상 속의 죽음에 불과하다는 것을 강조하는 한편 비극적 상황에 대한 독자의 동정과 연민을 차단하기 위해 죽음을 이렇게 골계적으로 장난끼 섞어 서술하고 있는 것이다. 그런데 허구적 작품 세계에 대한 「적벽가」 작가층의 이 같은 비판적 거리와 희학적(戱謔的) 태도는 「적벽가」의 소재가 된 『삼국지』의 작품 세계에 먼저 향해지고 있는 것이다. 즉 『삼국지』의 작품 세계가 비록 역사적 사실을 담고 있으나 결국은 상상과 허구의 산물인 소설적 환상에 불과하

32) 『신재효 판소리사설집』, 489면 참조.

다는 것을 지실(知悉)하고 있기에 「적벽가」의 작가들은 그들의 현실 감각에 따라 원전에 부족한 현실감을 불어넣기도 하다가 끝내는 그것이 원전의 허구에 기반한 가공의 현실임을 폭로하며 그 허구적 환상 세계를 임의로 조작하고 희롱하고 있음을 내비치고 있는 것이다.

이처럼 현실주의적 비판의식에 입각하여 원전의 허구성을 인식하고 있으면서도 오히려 개작을 통해 허구적 환상성을 자의식적으로 강조하면서 비현실적 판타지를 자유로이 펼치고 있는 것이 「적벽가」의 패러디가 취하고 있는 아이러닉한 어조요, 서사(서술) 구조상의 특질이다. '죽고타령'의 서술 문맥에서 찾아본다면 "웃다 죽고, 죽어 보느라고 죽고, 재담으로 죽고" 하는 허구적이고 말도 안 되는 죽음이 펼쳐지는 것이다. 전장의 죽음과 같은 심각한 사태를 아무렇지도 않은 듯 가볍게 말하며 말장난까지 섞어 우습게 서술하는 희화화와 희극적 경쾌성 또한 환상성과 짝을 이루며 패러디적 작품 세계를 구성하는 주요한 미적 특성이요 어조 상의 특성으로서 우리는 앞서 이를 골계미라 지칭했다. "창 터져 죽고, 똥 싸고 죽고…" 하는 등 육체와 관련된 언어, 비속어를 즐기기도 하는 민중층의 언어 또한 골계를 통해 전쟁·영웅담의 장중한 분위기와 서사적 긴장을 깨트리며 패러디를 이끌어 가는 주요한 요소가 되며, 그 근저에는 '군사설움타령'에서 보았듯이 영웅 중심의 서사 구조를 해체하며 이러한 패러디를 근본적으로 추동하는 반영웅적인 민중의 주체적인 세계관과 가치관이 자리하고 있다.

이 같은 구조와 성격을 지닌 「적벽가」의 패러디적 개작은 적벽 대전 대목 이후 조조의 패주(敗走) 과정을 좇는 작품의 후반부에서 본격적으로 전개된다. 화용도까지 패주하는 조조의 희화적 형상과 풍자가 원작이나 그 성립 과정에 내포되어 있던 민중적 계기를 확대·발전시킨 것임을 앞서 지적했다. 그러나 조선의 민중층에 의해 개작된 이 부분은 문필가에 의해 역사영웅소설로 다듬어진 원작의 문맥을 한동안 자유롭게 벗어나, 희극적 판타지를 통해 민중적 정서를 마음껏 펼치는 서사 공간으로 전환되어 있다. 장비에게 쫓기느라 얼이 빠져 "이에 정욱아 날 보아라, 목이 붙어 있냐"고[33] 방정을 떠는 등, 상스럽기도 한 민중의 구어를 통해 희화적으로 서술·묘사되고 스스로 민중의 언어를 쓰기도 하는 조조는, 『삼국지』에서 보는 바 비록 패전으로 체통을 잠시 구기긴 하나 위권(威權)을 한 손에 지닌 조조는 이미 아니다. 그는 범부화(凡夫化)·상민화(常民化)된 조조로서, 권모술수에 능한 전횡적 지배자 조조의 원래 이미지와 권위를 일시에 추락·훼손시키려는 의도에 따라 못난 군졸처럼 말하는 대원수, 상민처럼 행동하는 승상으로서 가공의 비현실적 인물이다. 또한 '통노구 사설(화병 사설)'이나 '군사점고 사설'을 통해 욕설을 섞어가며 거의 반말조로 조조에게 덤벼드는 군사들이나 副將 程昱과 조조 사이에서 벌어지는 우스꽝스런 실랑이, 희극적 갈등의 장면들도 현실 속의 대원수와 군사 및 부장 사이에서는 벌어지기가 불가능한 장면들이다.

이처럼 희화적이고 만화적인 판타지를 통해 전횡적인 지배자 조조를 범부화·무력화시키고 풍자·조롱하는 작품 세계에는 분명 이기적이고 억압적인 지배층의 전횡에 대해 저항하는 민중층의 정서나 의식이 투영되어 있다. 하지만 이 같은 희화적 판타지를 조선 후기의 무능하고 불의한 양반층 또는 집권 집단을 풍자하기 위한 것이라고만 보는 것은 패러디의 미학적 특성이나 우의적 성격에 대해 너무 단순하게 접근하는 것이 아닌가 한다. 조조는 『삼국지』의 서사 문맥에 의해 일정하게 한정되는 성격과 의미를 부여받고 있는 인물로서, 지배자로서 갖추어야 할 덕성을 지니지 못한 도덕적 결함과 약점 때문에 「적벽가」의 작가층 즉 조선 후기의 민중층에 의해서 조롱받고 있으나, 조선의 현실 세계에

33) 『신재효 판소리사설집』, 509면.

대해서는 어떠한 구체적 연관도 맺지 않으며, 기껏해야 지배층으로서 상징적 의미를 띨 뿐이다. 작품 속 '원조(寃鳥) 타령'의 문맥을 인용한다면 "挾天子 號令諸侯 逆賊 놈"으로, 전쟁을 일으킨 조조의 불의나 제갈량의 신출귀몰한 계략에 빠져 패주하게 된 조조의 실착(失錯)을 조선 후기 타락한 양반층의 불의·무능과 곧바로 등치시키기에는 무리한 점이 있으며, 양자 사이에 직접적 유추가 이루어지기에는 동떨어진 면이 있다.[34] 다만 패권을 차지하기 위해 전쟁을 일으켜 수많은 군사를 희생시키는 조조의 행태는 이기적 욕망을 위해 민중층에 대한 억압과 수탈을 일삼는 지배층의 전횡 및 부조리한 행태와 일반적 유비(類比)가 가능하며, 그가 일으킨 전쟁은 지배층에 의해 강제되어 민중층에 가해지는 제도적 억압과 수탈을 상징하는 의미를 지닐 수 있다. 전쟁의 폐해를 고발한다는 점에서 '군사설움타령'과 맥락을 같이하는 '군사점고사설'에서, 줄지어 등장하는 전상(戰傷) 불구자(不具者)의 괴기하고 우스꽝스런 모습에는 전횡적 지배자를 위해 봉사하고 희생해야 하는 부조리한 현실에 대한 민중층의 한(恨), 조소와 좌절의 감정이 뒤엉켜 반영되어 있으며, 조조에 대한 그들의 야유에는 억압적인 현실이나 지배층에 대한 민중의 분노와 저항의식이 투사되어 있다.

그러니까 『삼국지』 속 조조의 적벽 패전을 모티브로 삼아 전개되는 「적벽가」의 패러디적 서사에서 당대 지배층의 불의와 무능을 풍자하는 의미는 부차적인 것이며, 조조의 희화화와 패러디적 개작의 근본 목적이나 작가층의 주된 의도는 봉건 지배층의 권위와 부조리한 현실의 억압을 파탈하고 그에 대항하고자 하는 민중의 해방적 욕구나 정서 또는 한과 저항의식을 발산하는 데 있다고 해야 할 것이다. 즉 소설 『삼국지』

---

34) 이것이 용왕을 통해 봉건 군주의 모습을, 자라를 통해 봉건 관료의 모습을 떠올리게 하는 「토끼전」의 단순한 寓意的 풍자와 「적벽가」의 패러디적 풍자가 다른 점이다.

속의 허구적 인물 조조는 지배층의 억압과 전횡에 시달리는 조선 후기 민중층의 신명나는 한풀이를 위해 애매한 희생양으로 끌려나온 것이며, 그들의 민중적 정서나 의식을 패러디를 통해 표현하기 위한 '敍事的 相關物'로 선택된 우의적 인물이라 할 수 있다.[35] 이런 점에서 본다면 「적벽가」의 주제가 '조조 놀리기'에 있다는 말은[36] 옳은 말이나 이 '조조 놀리기'는 패러디를 통한 이러한 작가층의 우의적인 의도 또는 주제 의식을 함축하고 있는 것이다.

조조를 희화화하고 조롱하는 패러디는 앞서 말했듯이 지배층에 대한 직접적 풍자 자체를 주목적으로 한다기보다 조조라는 인물이 주요한 구성 부분으로 되어 있는 전쟁·영웅소설의 서사 구조나 미학에 대한 풍자와 비판을 포함하고 있으며, 이러한 전쟁·영웅담이 일면으로 담지하고 있는 지배층 위주의 영웅주의적 세계관·가치관이나 인간관에 대한 부정과 극복을 지향하고 있다. 그리고 민중적 가치관·인간관에 따라 패러디 속에 재창작된 조조는 스스로 귀족적·영웅적 권위와 면모를 허물어트리는 범부적·상민적인 언행을 통해 희극적 반영웅 anti-hero의 성격과 면모를 보여주고 있다. 『삼국지』의 전쟁·영웅담이 지닌 대중적 흥미에 한편으로 이끌리면서도 그것이 민중적 현실과 동떨어져 있다고 느낀 「적벽가」의 작가층은 그들의 정서에 맞지 않는 조조를 민중적 정서와 언어를 통해 풍자·비판하는 동시에, 원작에서 이미 반영웅적 성격을 일면에 지니고 있던[37] 그에게 자신들의 민중적 정서와 언

---

35) 『삼국지』의 '표층사설'이 민중적 정서나 의식을 표출하기 위한 서사적·우의적 장치라는 규정(각주 20) 참조)은 패러디가 이루어지는 부분에 한정해서 적용될 수도 있겠다.

36) 서대석, 앞의 논문 참조.

37) 역사상의 실제 인물 조조는 기성의 타락한 정치와 국가 질서에 도전하여 이를 해체시키고 새로운 질서를 세우려 한 개혁적 영웅으로 평가된다. 소설 『삼국지』는 이러한 조조를 대담하고 지모 출중한 영웅이면서도 기성의 도덕 질서와 국가 질서에 도전하는 불충·불의한 악한의 면모를 동시에 具有한, 부정적 영웅 또는 반영

어를 투사하여 스스로 귀족적 · 영웅적 규범을 우스꽝스럽게 해체하는 희극적 반영웅으로 만든 것이다. 그리하여 조조는 적벽에서 대패하여 다급하게 패주하는 순간에도 정욱에게 "내 馬上態가 어떠하냐"고 '재담'을 하고, "이게 어디 적벽강이냐 紙所房 고래 속이지. 내 형상을 보아도 숯 장수 뿐이로다."고[38] 익살을 부리는 등, 지배자의 오만과 함께 미워할 수 없는 민중적 소탈함과 인간미를 함께 지닌 인물로 그려지고 있다. 또한 '군사점고 사설'에서처럼 반영웅적인 민중층(군사들)의 야유와 공격을 받아 내며 그들과 해학으로 소통하면서, 때로는 전쟁의 승패보다 자기 목숨의 보전이 중요하다는 민중의 가치관에 어처구니없이 승복하기도 하는[39] 인물로 형상되어 있다. 풍자가 사회적 소통을 위한 것이듯 조조에 대한 조롱과 풍자는 지배층과의 대립적 장벽을 허물려는 민중층의 정서와 요구를 담고 있는 것이며, 전횡적 지배자 조조를 민중적 구기(口氣)가 묻어나는 해학적 인물로 형상한 것도 이런 점에서 이해할 수 있는 것이다.

그러나 여기서 새삼 짚어 두지 않으면 안 될 것이 이 같은 전쟁 · 영웅담에 대한 패러디는 부정적 영웅 조조를 중심으로 한 서사 문맥에 국한되고 있다는 점이다. 앞서 살폈듯 주동인물인 촉한 쪽 인물들의 영웅 · 무용담은 판소리를 통해서도 실감나게 극화되고 미화되고 있는 것이다. 이런 점에서 민중 의식의 성장에 입각하여 원작 『삼국지』의 영웅 중심적 서사 구조나 미학에 대한 극복을 지향하는 「적벽가」의 패러디

웅(反英雄)의 성격을 일면에 지닌 인물로 형상하고 있다.

38) 『신재효 판소리사설집』, 491면, 493면.

39) '군사점고사설' 중 만신창이가 된 군사들 가운데 한 군사가 상처 하나 없이 등장해 "설령 승전한다기로 승상이나 좋으시지 우리 같은 군사들이 무슨 큰 재미 보자 물인지 불인지 불계사생하고 왈칵왈칵 달려들어?" 하며 몸 보전한 내력을 설명하자 조조는 "네 몸 하나 아끼기는 물 샐 틈이 없겠구나" 하고 탄복하고 만다(신재효본, 505면). 이뿐 아니라 여러 대목에서 야유조로 쏟아지는 군사들의 비난과 원망에 대해 조조는 별 대꾸를 못한다.

는 기존의 가치관이나 미학을 한편으로 수용·계승하면서도 한편으로 이를 해체·극복해 가는, 판소리 문학 일반이 공유하고 있는 바 중세 해체기 문학으로서 시대적·문학사적 특성과 한계를 함께 보여주고 있다고 할 수 있다. 이전 장면에서 조자룡과 장비가 그랬던 것처럼 영웅적 용맹과 위용을 자랑하며 호통치는 관우 앞에 반영웅 조조가 두 손을 싹싹 비비며 목숨을 애걸하여 도망치는 작품의 희극적 결말은 영웅담과 반영웅적 패러디가 병행·교차하는 「적벽가」의 서사 구조를 압축적으로 보여준다.

5. 결어—작품의 이중적 서사구조에 대한 통일적 이해

이제 마지막으로 이처럼 영웅담과 반영웅적 패러디가 병행·교차하는 「적벽가」의 서사 구조와 미학을 어떻게 이해할 것인가에 대해 살펴봄으로써 본고의 논의를 매듭짓고자 한다.

그간 여러 연구자들에 의해 지적되어 왔듯이 제갈량과 촉한의 영웅들을 주인공으로 하는 작품 중반까지의 영웅담과, 이후 '군사설움타령'을 시작으로 해서 조조를 중심으로 진행되는 원전 문맥의 희화적 개작 또는 반영웅적 패러디 사이에는 분명 괴리가 있다. 그러나 이러한 모순점에 대해서 작품의 앞부분은 판소리를 함께 향유했던 양반층의 미의식이나 기호에 영합하기 위한 것이고 뒷부분은 민중층의 미의식의 소산이라고 설명하는 것은 손쉬운 해명이기는 하나, 앞서 지적한 바대로 민중층 역시 전쟁·영웅담을 즐기고 이에 탐닉할 수도 있었다는 점에서 온전한 설명이 될 수는 없다. 문어 또는 한자어의 多寡로 이러한 주장의 방증을 삼을 수도 있으나 이는 「적벽가」의 전체 문맥에서 보면 정도의 차이가 있을 뿐이며, 문어나 한자어와 우리말 구어가 혼재하고 장면이 바뀌면서 충돌하는 현상은 판소리 문학 전체에서 산견되는 현상이다. 물론 작품이나 소리의 형성·향유 과정에서 양반층의 문예 의식이나 취향이 패러디보다는 영웅담 쪽에 적극 개입했을 것이나, 그렇다고 현전 작품의 중반 이후 부분이 먼저 성립된 이후에 그 앞부분이 덧붙여졌을 것이라는[40] 추측도 실증이 부족할 뿐 아니라, 스토리의 통일적 구성없이 소리판이 짜여질 수 없고 이야기 문학이 향유될 수도 없다는 점을 생각하면 설득력이 약한 견해로 보인다. 그렇다면 장중한 영웅담과 희극적·반영웅적 패러디가 모순적으로 결합된 듯한 작품의 구조를 어떻게 이해·설명할 수 있을 것인가?

우리는 우선 영웅담이 구현하는 미의식이 희극이나 또는 골계미와 서로 결합될 수 없을 만큼 대립되는 것이 아니라는 점에 유의해야 할 것이다. 영웅담이 지니는 미학의 요체가 현실의 속박을 파탈하는 정신의 고양이나 억압된 정서의 해방을 가져오는 데 있음을 앞서 말했다. 그리고 현실의 억압을 파탈하며 정서적 긴장을 해소하는 해방적 특질은 희극이나 풍자 또는 골계가 공유하고 있는 미의식 상의 특징이기도 한 것이다. 그리하여 신출귀몰한 지략과 용맹으로 위압적 적대자를 무찌르는 촉한 영웅들의 호쾌하고 박진감 있는 전쟁·영웅담이 안겨 주는 고양감이나 해방감은, 악한이자 영웅인 위압적 지배자 조조를 희롱하고 민중의 한을 웃음으로 털어버리는 유쾌한 패러디를 통해 얻는 해방감과 서로 겹쳐지고 융합될 수 있는 것이다. 그러므로 영웅담과 패러디가 병행·교차하고 전자가 후자로 전환되는 것을 대립·모순된 것으로만 이해하는 것은 이 같은 정서와 미학의 상호융통성에 기반한 작품의 내적 통일성을 간과한 결과이다. 정서의 해방이나 고양을 뜻하는 우리 고유의 미학 용어로 '신명'이란 말이 있는데,

40) 김상훈, 「적벽가의 형성과 이본 연구」, 인하대 박사학위논문, 1992.

영웅담과 반영웅적 패러디가 모순적으로 결합되어 있는 듯한 「적벽가」는 성격을 달리하는 신명의 융합과 교차로 한 판의 판소리가 짜여진 작품이며, 청중들은 「적벽가」 전 과정을 한 판의 신명 속에 즐길 수 있는 것이다.

그러나 영웅담의 서술을 중도에서 그치고 문득 패러디로 전환한 데는 원전의 영웅담의 서사 문맥을 압축·선택하여 단순히 판소리적 형태로 재편하는 것에 만족하지 못하는 민중적 미의식과 이를 구현해 온 판소리 문학 전통 특유의 장르적 특성이 작용하고 있다. 민중적 생활 현실과 세계관 및 정서의 반영, 이러한 예술적 요구를 실현하는 우리말 구어의 구사, 해학과 풍자를 통한 골계미의 구현, 기존의 가치관·문예 미학·언어를 해체하는 패러디의 정신[41] 등이 그것이다. 그러니까 대중적 영웅을 매개로 한 욕망의 대리충족이나 전쟁·영웅담의 환상을 통해 현실의 억압을 파탈하는 심리적 고양·정서적 해방에 만족하지 못하는 「적벽가」의 작가층은 민중적 호소력을 지니나 지배층의 문예 취향이나 영웅주의가 승한 『삼국지』의 대중적 영웅담을 단순히 판소리라는 색다른 장르로 변환·각색하는 데 진력하기보다는, 민중층을 작품 전면에 등장시키고 지배자를 희화하는 희극적 패러디를 통해 판소리의 예술적 특장을 발휘하여 그들의 세계관과 정서·미의식이나 어법 따위가 자연스럽게 분출·표현되도록 한 것이다. '소리판의 개방성'이 서로 상반된 미감까지 소통시키는 판소리의 메카니즘(미학적 구성 원리)을 뒷받침한다는 견해가 있는데[42] 식자층의 취향과 구기가 비교적 승한 『삼국지』의 영웅담 및 그것이 담고 있는 미의식과 민중층의 정서와 구

41) 기성의 가치관·언어·미학을 해체하는 패러디의 정신은 이 「적벽가」에서 특징적으로 구현되고 있으나 판소리 문학 작품 전반에서 여러 형태로 찾아지는 일반적 성격이기도 한데 본고에서 詳論하지는 못한다.

42) 서종문, 「적벽가에 나타난 군사 점고 대목의 존재 양상과 그 의미」, 『판소리연구』 8집, 판소리학회, 1997, 결론부 참조.

기가 승한 반영웅적 패러디 및 그 미의식이 결합된 특이한 서사 구조와 미적 구조를 지닌 「적벽가」는 이러한 '소리판의 개방성' 속에서 큰 무리 없이 통일적으로 향유될 수 있었다고 보인다.

끝으로 기존 연구를 수정·보완하려는 의도에서 이루어진 이 같은 논의와 주장이 보다 큰 설득력을 지니기 위해서는 좀 더 반추·구명되어야 할 중요한 문제들이 남아 있음을 되짚어 두어야겠다. 본고에서는 특히 원전 『삼국지』의 수용으로 한문투가 짙게 된 촉한 중심의 전쟁·영웅담과 판소리화를 거치며 새롭게 창조된 조조 및 군사들 중심의 민중적 반영웅담이 결합되어 있는 작품 구조와 향유층의 미의식을 통일적으로 이해하는 데 주력한 나머지, 그 가운데 내재하고 있는 모순과 갈등의 양상을 판소리를 향유하던 제 계층의 길항과 역관계 속에서 궁구하는 데 진력하지 못했다. 이는 비단 「적벽가」의 형성·향유 과정뿐 아니라 판소리사 전반과도 연관되는 문제로서 이 자리에서 쉽게 논의할 수 있는 문제가 아니다. 다만 여기서는 『삼국지』가 장편소설로서 형성과정부터 다양한 인물과 계층의 언어와 가치관이 교류·소통하던 담론의 장이였다면, 판소리는 소설보다 더 개방된 대화와 소통의 자리였다는 사실을 상기해 두고자 한다. 양반 식자층은 소설 또는 『삼국지』의 대중성을 통해 판소리의 민중성으로 접근해 가고 있었던 것이며, 「적벽가」는 『삼국지』로부터 유래한 바 양반층의 문예 취향에 맞는 한문투 서술과 文飾을 포용하며 양반 식자층을 판소리의 민중적 정서와 미학으로 유인하면서, 때로는 만중적 언어를 이 한문투의 줄거리 서술에 충돌시키고, 때로는 민중적 언어의 문학적 한계를 문식을 통해 보완해 가기도 하면서 종내에는 그를 미학적으로 극복하고 있는 것이 아닌가 한다. 한문투가 승한 영웅담과 민중적 구기의 반영웅담이 길항하면서도 종당에는 후자에로 서술의 중심이 쏠려가 있는 「적벽가」의 작품 구조가 이를 바로 보여주고 있는 것이다.

참고문헌

1. 고전자료

(1) 국내

「강도몽유록」(江都夢遊錄)
『고금소총』(古今笑叢, 民俗學資料刊行會本)
「구운몽」(九雲夢)
「금생이문록」(琴生異聞錄)
『금오신화』(金鰲新話, 金時習)
「금화사몽유록」(金華寺夢遊錄)
『나산세고』(羅山世稿)
『나주임씨세승』(羅州林氏世乘)
「달천몽유록」(達川夢遊錄, 尹繼善)
「대관재몽유록」(大觀齋夢遊錄, 沈義, 『雜同散異』 所載 「大觀齋記夢」)
『동국여지승람』(東國輿地勝覽)
『동야휘집』(東野彙輯, 李源命)
「두껍전」:
「둑겁젼(蟾同知傳)」(永昌書館本)
「금섬전(金蟾傳)」(白影鄭炳昱本)
『매월당전집』(梅月堂全集 金時習)
『백호문집』(白湖文集, 林悌)
『비변사등록』(備邊司謄錄)
「사수몽유록」(泗水夢遊錄)
『삼국사기』(三國史記, 金富軾)
『삼국유사』(三國遺事, 一然)
『삼방요로기』(三芳要路記)
『삼설기』(三說記, 大英博物館本)
「서대주전」(鼠大州傳):
文旋奎本; 「다람의 소지」(白影本)
「서동지전」(永昌書館本)
「서옥기」(鼠獄記, 國立圖書館本, 「鼠獄說」, 奎章閣圖書館本)
『서포만필』(西浦漫筆, 金萬重,)
『선조실록』(宣祖實錄)
『성소부부고』(惺所覆瓿藁, 許筠)
『세조실록』(世祖實錄)
『수이전』(殊異傳, 逸文)
『숙종실록』(肅宗實錄)
『승정원일기』(承政院日記)
『신독재선생전집』(愼獨齋先生全集, 金集)
『신독재수택본전기집』(愼獨齋手澤本傳奇集, 白影所藏本)
『신독재유고』(愼獨齋遺稿, 金集)
『어우야담』(於于野談, 柳夢寅)
『연암집』(燕巖集, 朴趾源)
「영영전」(英英傳, 相思洞餞客記)
「왕시봉뎐」(『墨齋日記』 所載本)
『요로원야화기』(要路院夜話記):
가람본(奎章閣本); 李樹鳳本; 延大本; 『海叢』 所載本; 天理大本; 『東野彙輯』 所載 「要路院二客問

答」; 國立圖書館本)
『용천담적기』(龍泉談寂記, 金安老)
「운영전(雲英傳)」
「원생몽유록」(元生夢遊錄) :
『白湖文集』 所載本; 『青野謾集』本; 『朝野僉載』本; 『南秋江集』本; 『莊陵誌』本; 『觀瀾遺稿』本; 藏書閣本 「元子虛傳」
「장끼전」(永昌書館本)
「적벽가」 :
송만갑 판, 박봉술 창본; 신재효본 『적벽가 전집』(김진영 외 편)
「제호시화」(霽湖詩話)
『조대유고』(釣臺遺藁, 琴恪)
「주생전」(周生傳, 權韠)
『중종실록』(中宗實錄)
『지봉유설』(芝峰類說, 李睟光)
『청야만집』(青野謾集)
『청구야담』(青邱野談)
「최랑전」(崔娘傳) :
李樹鳳本; 金東旭本(藏書閣本)
「최척전」(崔陟傳, 趙緯韓)
『추강집』(秋江集, 南孝溫)
「토끼전」 :
『朝鮮文學全集』(中央印書館)本; 「별주부전(鼈主簿傳)」(永昌書館本); 「토선생전(兎先生傳)」(漢文板本); 「퇴기전」(白影本); 「불로초(不老草)」(永昌書館本); 「토생전(兎生傳)」(國立圖書館本); 「토별가(兎鼈歌)」(申在孝本)
『풍기읍지』(豊基邑誌)
「피생명몽록」(皮生冥夢錄)
『하곡집』(荷谷集, 許篈)
『학산초담』(鶴山樵談, 許筠)
『해월문집』(海月文集, 黃汝一)
『호곡집』(壺谷集, 南龍翼)
『효종실록』(孝宗實錄)
「화사」(花史) :
가람본(奎章閣本); 白影本
「화용도」(華容道)
『흥해고읍지』(興海古邑誌)

(2) 중국

『古文眞寶』
『唐宋八子百選』
『明史』
『史記』(司馬遷)
「三國演義」(毛宗崗)
『剪燈新話』(瞿佑)
『剪燈餘話』(李禎)
『元明雜劇』(黃山書社)
『香祖筆記』(王士禎)
「荊釵記」(暖紅室本)

외(外)

2. 교주 및 번역본 · 근현대 자료

강한영(姜漢永) 교주, 『신재효(申在孝) 판소리 사설집』, 민중서관, 1971.
김동욱(金東旭) 교주, 『요로원야화(要路院夜話)』, 교문사, 1984.
김시습(金時習), 『국역 매월당집』, 권오돈(權五惇) 외 역, 세종대왕기념사업회, 1977-8.
김시습(金時習), 『매월당 김시습 금오신화(金鰲新話)』, 심경호 역, 홍익출판사, 2000.
박동진(朴東鎭), 「판소리 인간문화재 증언 자료」, 『판소리연구』 2집, 1991.
박은식(朴殷植), 『박은식전집(朴殷植全集)』, 단국대출판부, 1975.
박재연, 『왕시봉뎐 · 荊釵記』, 선문대 중한번역문헌연구소, 1999.
박지원(朴趾源), 『국역 열하일기』, 이가원 역주, 민족문화추진회, 1968.
박희병 교주, 『한국한문소설 교합구해(校合句解)』, 소명출판, 2005.
신채호(申采浩), 『단재신채호전집(丹齋申采浩全集) · 보유』, 형설출판사, 1975.
유원표(劉元杓), 「몽견제갈량(夢見諸葛亮)」, 광학서포(廣學書鋪), 1908.
안국선(安國善), 「금수회의록(禽獸會議錄)」, 전광용 · 송민호 편, 『한국신소설전집』 9, 을유문화사, 1968.
이가원(李家源), 『이조한문소설선(李朝漢文小說選)』(재판본), 민중서관, 1971.
이병기(李秉岐) 선해(選解), 『요로원야화기(要路院夜話記)』, 을유문화사, 1949.
이복규, 『새로 발굴한 초기 국문 · 국문본 소설』, 박이정, 1998.
이우성 · 임형택, 『이조한문단편집(李朝漢文短篇集) · 하(下)』, 일조각, 1978.
이혜순 · 김경미 편역, 『한국의 열녀전』, 월인출판사, 2002.
임제(林悌), 『화사(花史)』, 문선규(文璇奎) 역, 통문관, 1961.
정병욱(鄭炳昱), 『한국의 판소리』, 집문당, 1981.
정학성 역주, 『17세기 한문소설집』, 삼경문화사, 2000.
허균(許筠), 국역 『성소부부고(惺所覆瓿藁)』, 신호열(辛鎬烈) 역, 민족문화추진위원회, 1982.
瞿佑, 『전등신화(剪燈新話)』, 최용철 역, 『전등삼종』 상, 소명출판, 2009.
李禎, 『전등여화(剪燈餘話)』, 최용철 역, 『전등삼종』 하, 소명출판, 2009.
외(外)

3. 저자 논문

「우화소설연구」, 서울대 석사학위논문, 1972.

「몽유록의 역사의식과 유형적 특질」, 『관악어문연구』 2, 서울대 국문과, 1977.

「몽유담의 우의적 전통과 개화기 몽유록」, 『관악어문연구』 3, 서울대 국문과, 1978.

「화사론」, 『한국한문학연구』 5, 한국한문학회, 1981.

「우화소설 서옥기의 소설사적 가치」, 『한국고전산문연구』(장덕순 선생 화갑기념), 동화문화사, 1981.

「전기소설의 문제」, 『한국문학연구입문』, 지식산업사, 1982.

「원생몽유록 연구」, 『한문학논집』 3, 단국대학교 한문학과, 1985.

「임백호문학연구」, 서울대 박사학위논문, 1986.

「최랑전 연구」, 『고소설연구논총』(이수봉 선생 회갑기념논총), 제일문화사, 1988.

「요로원야화기 연구」, 『국문학논집』 13, 단국대 국문학과, 1989.

「우언 · 패러디 · 여행기 형식에 의한 소설」, 『인하어문연구』 1, 인하대 국문과, 1994.

「조선전기의 비판적 문학」, 『민족문학사강좌』 (상), 창작과비평사, 1995.

「왕시붕기우기에 대한 고찰」, 『고소설연구』 8, 한국고소설학회, 1999.

「신독재수택본 전기집의 17세기 소설집으로서의 성격과 위상」, 『고소설연구』 13집, 한국고소설학회, 2002.

「유소랑전 연구」, 『고소설연구』 16, 한국고소설학회, 2003.

「우언 양식의 서사 구조와 비판정신」, 『동양학』 38, 단국대 동양학연구소, 2005.

「적벽가의 삼국지 변용 양상」, 『어문연구』 131, 한국어문학회, 2006.

「호질에 대한 재성찰」, 『한국한문학연구』 40, 한국한문학회, 2007.

「만복사저포기와 이생규장전의 작품 세계와 전기 미학에 대한 재성찰」, 『고전문학연구』 44, 한국고전문학회, 2013.

찾아보기

ㅂ

ㅇ

ㅈ

ㅎ

정학성 鄭學城

1949년 생
서울대학교 국어국문학과 학사, 석사, 박사
단국대학교 인문대학 국어국문학과 교수(1979~1991)
인하대학교 문과대학 한국어문학과 교수(1991~2015)
한국한문학회 회장 역임

저서 『17세기 한문소설집』(2000)
『한문고전강의』(2014) 외 논문 다수

고전소설의 양식과 비판정신

1쇄 발행 2015년 6월 26일
2쇄 발행 2016년 8월 26일
저　　자 정 학 성
펴 낸 이 박 성 복
펴 낸 곳 도서출판 月印
등 록 일 1998년 5월 4일
등록번호 제6-0364호
주　　소 서울시 강북구 노해로25길 61
전　　화 (02) 912-5000
팩　　스 (02) 900-5036
전자우편 worinnet@hanmail.net
홈페이지 http://www.worin.net

ISBN 978-89-8477-589-3 93810